高等职业学校旅游管理专业教材

U0825453

社交礼仪与形体训练

Social Etiquette and Physical Training

杨　新　姚正大　俸定娟　主编

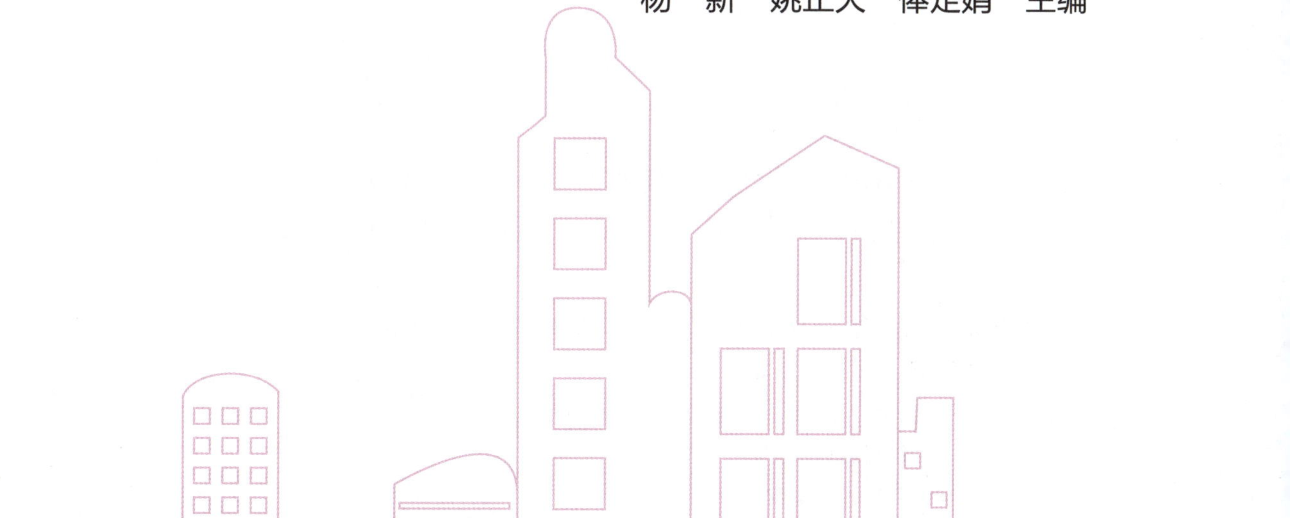

中国轻工业出版社

图书在版编目（CIP）数据

社交礼仪与形体训练 / 杨新，姚正大，俸定娟主编. —北京：中国轻工业出版社，2021.3
高等职业学校旅游管理专业教材
ISBN 978-7-5184-3185-4

Ⅰ.①社… Ⅱ.①杨… ②姚… ③俸… Ⅲ.①礼仪－高等职业教育－教材 ②形体－健身运动－高等职业教育－教材 Ⅳ.①K891.26 ②G831.3

中国版本图书馆CIP数据核字（2020）第174602号

责任编辑：史祖福　贺晓琴　　责任终审：李建华　　整体设计：锋尚设计
策划编辑：史祖福　　责任校对：晋　洁　　责任监印：张　可

出版发行：中国轻工业出版社（北京东长安街6号，邮编：100740）
印　　刷：河北鑫兆源印刷有限公司
经　　销：各地新华书店
版　　次：2021年3月第1版第1次印刷
开　　本：787×1092　1/16　印张：17.5
字　　数：392千字
书　　号：ISBN 978-7-5184-3185-4　定价：49.00元
邮购电话：010-65241695
发行电话：010-85119835　传真：85113293
网　　址：http：//www.chlip.com.cn
Email：club@chlip.com.cn
如发现图书残缺请与我社邮购联系调换
190415J2X101ZBW

本书编委会

主　编　杨　新　姚正大　俸定娟
副主编　罗燕春　肖乾丽　陈海燕
参　编　杨　刚　李启淑　赵春娟

前言

针对我国中职教育与高职教育衔接不畅，教材内容陈旧、脱离实际、缺乏与时俱进等问题，结合高职高专院校公共基础课教学计划及课程设置与调整的实际，我们组织编写了本教材，旨在全面贯彻落实《国家职业教育改革实施方案》，严格按照教育部发布的专业教学标准、实训教学条件建设标准、顶岗实习标准等有关要求，适应新时代高职高专技术技能人才培养的新要求，有效对接专业职业技能等级标准，紧扣学校专业人才培养方案和课程标准，强调培育学生的学习能力、信息素养以及专业精神、职业精神和工匠精神。

本教材按照认知规律系统地介绍了社交礼仪中的仪表美、日常交往礼仪等基本常识，为大学生更好地学习和从事各类专业打下良好的人文基础；同时还将突出形体训练的重要性，力图启迪学生智慧、陶冶学生情操、培养学生情趣，使其具有鉴赏、表现形体美的能力。特别是在内容结构上，融入高等职业教育公共基础课程创新实践教学理念，注重基础知识、突出学生应知应会，强化素质与能力的培养，本教材具有理论适中、知识系统、语言简洁、案例经典、侧重实践能力训练等特点，且采取新颖统一的体例格式化设计，因此既可作为高职高专、成人教育院校旅游管理、工商管理、经济管理、物流管理等专业教学的首选教材，也可作为素质教育通识课补充教材，还可作为一般社会读者学习社交礼仪与形体训练的参考用书。

本教材的编写人员主要来自高职院校长期从事旅游类专业教学的双师型教师，同时也得到企业专家的指导，体现了校企合作、校企融合的特点。本教材由杨新、姚正大、俸定娟担任主编，罗燕春、肖乾丽、陈海燕担任副主编，杨刚、李启淑、赵春娟参编。具体编写分工：前言和第一章由姚正大编写，第二、三、四章由杨新编写，第五、六章由罗燕春编写，第七章由杨刚编写，第八、九章由肖乾丽编写，第十、十一、十二章由俸定娟编写。李启淑、赵春娟负责图片的编辑，陈海燕作为企业专家负责大纲审定和书稿审核。全书由杨新、姚正大、肖乾丽负责统稿。

在教材编写过程中，编者参考了许多学者的有关著作，从中受到很多启发，在此表示衷心感谢！

由于礼仪和形体知识涉及的内容繁多，加之我们的学识和能力有限，书中难免存在不足之处，敬请专家、同行及广大读者批评指正。

编写组

2020年5月

目录

第一章　社交礼仪概述……1

第一节　礼仪的基本概念……3
第二节　成功社交者的素质要求……4
本章小结……12
思考与练习……13

第二章　仪表美……15

第一节　塑造良好的整体形象……16
第二节　服饰美……18
第三节　仪容美……25
第四节　仪态美……30
本章小结……37
思考与练习……38

第三章　美容化妆……39

第一节　美容化妆的目的和原则……40
第二节　美容化妆的基本步骤……41
第三节　美容化妆的注意事项……45
本章小结……47
思考与练习……47

第四章　日常交往礼仪……49

第一节　见面礼仪……50
第二节　谈吐礼仪……60
第三节　馈赠礼仪……64
第四节　电话礼仪……68

第五节　目光、距离、位置礼仪……71
本章小结……76
思考与练习……76

第五章　实务礼仪……77

第一节　宴请礼仪……78
第二节　专题活动礼仪……84
第三节　涉外礼仪……90
本章小结……95
思考与练习……96

第六章　酒店服务礼仪……97

第一节　前厅服务礼仪……98
第二节　客房服务礼仪……107
第三节　餐饮服务礼仪……112
第四节　康乐服务礼仪……117
本章小结……120
思考与练习……120

第七章　旅行社礼仪……122

第一节　旅行社销售接待礼仪……123
第二节　旅行社导游人员礼仪……126
本章小结……131
思考与练习……131

第八章　形体训练概述……133

第一节　形体训练的目的……134
第二节　形体美的概念和标准……136

第三节　形体训练的要求和原则……138
第四节　形体训练的作用……141
本章小结……142
思考与练习……143

第九章　形体基础素质训练……144

第一节　热身训练……145
第二节　柔韧性训练……150
第三节　力量训练……156
第四节　地面素质训练……160
第五节　把杆训练……179
本章小结……196
思考与练习……197

第十章　舞蹈动作基础训练……198

第一节　古典舞基本手位、脚位……199
第二节　舞步训练……206
第三节　中间动作组合训练……212
第四节　姿态综合训练……218
本章小结……223
思考与练习……223

第十一章　形体健美训练……224

第一节　芭蕾……225
第二节　形体瑜伽训练……238
第三节　健身健美操……242
第四节　形态矫正训练……247
本章小结……252
思考与练习……252

第十二章　体育舞蹈训练……253
第一节　体育舞蹈概述……254
第二节　华尔兹……257
第三节　探戈……262
第四节　拉丁舞（伦巴）……265
本章小结……269
思考与练习……269

参考文献……271

第一章
社交礼仪概述

第一节　礼仪的基本概念
第二节　成功社交者的素质要求

知识目标

1. 了解礼仪的概念和内容。
2. 懂得礼仪是人们在社会实践中形成的一种行为准则。
3. 了解礼仪的起源、发展及意义，掌握其含义、特征、重要性、功能。

能力目标

1. 培养学生分析问题、解决问题的能力。
2. 培养学生认知与感知的能力。

子曰："不知命，无以为君子也。不知礼，无以立也。不知言，无以知人也。"

——《论语·尧曰篇第二十》

礼，在汉语中本意为敬神，后引申为敬人。仪，《说文解字》中写道："仪，度也。"本意为法度、准则、典范，后引申为礼节、仪式和仪表。中国素有"文明古国，礼仪之邦"的美称，自古至今，历来尚礼。古代流传下来的有《周礼》《礼记》等专门记载礼仪的著作，历史典籍中也不乏关于礼仪方面的记载。孔子曰："不学礼，无以立。""礼用之，和为贵。"荀子曰："人无礼则不生，事无礼则不成，国无礼则不宁。"

几千年来，我国形成了一整套完善的礼仪，随着人类历史的发展、社会的进步，礼仪、礼节延续到现代，已被更新和注入了许多新的形式和内容，成为现代人际交往中的重要桥梁。如今我国进入市场经济时代，社会经济各个领域逐步与世界接轨，了解和掌握新时代下礼仪、礼节的基本常识，具备商务礼仪活动的基本素养，对现代商务人具有更重要的意义和作用。

第一节 礼仪的基本概念

一、礼仪的含义

礼仪是指人们在一定的社会交往场合，为表示相互尊重、友好而约定俗成的、共同遵循的行为规范和交往程序。礼仪包括“礼”和“仪”两部分，“礼”指“事神致福”的形式，即敬神，现引申为表示尊敬。“仪”指“法度标准”，现引申为表率、标准。

礼仪是有形的，它存在于社会的一切交往活动中，其基本形式受物质水平、历史传统、文化心态、民族习俗等众多因素的影响。语言（包括书面的、口头的）、行为表情、服饰器物是构成礼仪最基本的三大要素。一般说来，任何重大典礼活动都需要同时具备这三种要素才能完成。

二、礼仪的具体表现

礼仪属于道德范畴，是人类社会活动的行为规范，是人们在社交活动中应该遵守的行为准则。礼仪具体表现为礼貌、礼节、仪表、仪式等。

礼貌是指人们在交往时，通过言语、动作向交往对象表示谦虚、恭敬和友好的行为规范。礼貌是指一个人在待人接物时的外在表现，侧重于表现人的品质与素养。

礼节是礼貌的具体表现，通常是指人们在交际场合，相互表示尊重、友好的惯用形式，如我国古代的作揖、跪拜等。礼节与礼貌之间的相互关系是：没有礼节，就无所谓礼貌；有了礼貌，就必然伴有具体的礼节。

仪表是指人的外表，包括容貌、姿态、风度、服饰及个人卫生等，是礼仪的重要组成部分。在政务、商务、事务及社交场合，一个人的仪表不但可以体现其文化修养，也可以反映其审美趣味。穿着得体，举止优雅，不仅能赢得他人的信赖，给人留下良好的印象，而且能够提高与人交往的能力。相反，穿着不当，举止不雅，往往会降低身份，损害形象。由此可见，仪表是一门艺术，它既要讲究协调、色彩，也要注意场合、身份，同时，它是一种文化的体现。

仪式是指特定场合举行的专门化、规范化的活动。

总之，礼貌、礼节、仪表、仪式等都是礼仪的具体表现形式，它们是互相联系的。从交际的角度来看，礼仪可以说是人际交往中适用的一种艺术、一种交际方式或交际方法；是人际交往中约定俗成的示人以尊重、友好的习惯做法；是社交活动中自始至终以一定程序、方式来表现的完整行为，更具文化内涵。

三、社交礼仪的含义

在现代公共关系中，十分重视社交礼仪，那什么是社交礼仪？社交礼仪作为一种文化，是人们在社会生活中处理人际关系，用来对他人表达友谊和好感的符号。社交礼仪是在社会交往中使用频率较高的日常礼节。一个人生活在社会上，要想让别人尊重自己，首先要学会尊重别人。掌握规范的社交礼仪，能为交往创造出和谐融洽的气氛，建立、保持、改善人际关系。

第二节　成功社交者的素质要求

一、气质

气质是人的个性心理特征之一，是表现在心理过程的速度、强度、稳定性和内外倾向性方面的心理特征。

1. 气质的特点

气质指人的生理、心理等素质，是相当稳定的个性特点，也指人的风度、模样。它通常体现为人的心理活动速度（如语言、感知及思维的速度等）、强度（如情绪体验的强弱、意志的强弱等）、稳定性（如注意力集中时间的长短等）和指向性（如内向性、外向性）。

2. 气质的类型

气质类型是对人的气质进行的典型分类。以公元前5世纪古希腊医生希波克拉特的分类最为著名。他认为人体内有四种体液，即血液、黏液、黄胆汁、黑胆汁。这四种液体在人体内的比例不同，形成了气质的四个类型，即多血质、胆汁质、黏液质、抑郁质。

多血质的人体内血液占优势，胆汁质的人体内黄胆汁占优势，黏液质的人体内黏液占优势，抑郁质的人体内黑胆汁占优势。这种用体液解释气质类型的观点虽然缺乏坚实的科学根据，但把人的气质分为这样四个类型在今天看来仍具有其合理性。结合巴甫洛夫的高级神经活动类型学说（高级神经活动有四种基本类型），以及对心理活动的观测，以《红楼梦》中四个代表性人物概述不同气质类型的特点。

（1）多血质　相当于高级神经活动强而平衡灵活型，表现为活泼、敏感、好动、反应迅速、喜欢与人交往、注意力容易转移、兴趣容易变换。

代表人物：王熙凤

第一，多血质性格的王熙凤十分自信要强，具有较强的事务处理能力和组织协调能力。第十八回元妃省亲时，时辰尚早贾母不便久等，于是“贾母等暂且自便，园中悉赖凤姐照理。”省亲结束后，“凤姐事多任重……独她是不能脱的；二则本性要强，不肯落人褒贬，只挣扎着与无事人一样。”

第二，王熙凤敏捷灵活，具有出色的观察分析能力和预测能力。第三回林黛玉初入荣国府，王熙凤一早就备好了做新衣服的缎子，并且发放好了月钱。在贾珍请她协理事务时，作为下属和晚辈，她没有直接收对牌，用三言两语既接受了邀请，也顾及了王夫人的面子。

第三，王熙凤具有优秀口语表达能力，“凤辣子”便是对其直爽语言风格的爱称。在宴会中她往往用俏皮话使全府上下气氛融洽，行使权力时又让下人听得服帖，连薛宝钗都赞她“说尽了世上的话”。

第四，王熙凤善于交际，社交能力强。贾母有多宠爱和信任不必多言，作为堂侄媳妇兼娘家侄女，能与王夫人相处融洽更是难得。秦可卿、大观园众姐妹、贾宝玉、刘姥姥等人与她的交往也颇为和谐紧密，这种八面玲珑的交际能力对她在府中开展工作也具有极大的帮助。

（2）胆汁质　相当于高级神经活动强而不平衡型，表现为直率、热情、精力旺盛、情绪易于冲动、心境变换剧烈。

代表人物：晴雯

晴雯是典型的胆汁质代表人物，精力旺盛，脾气暴躁，直率坦白。

第一，从第五回出场到七十七回屈死，自始至终贯穿着对假、恶、丑的反抗、鞭挞和讽刺。晴雯“身为下贱，心比天高”，敢在主子面前任性使气。第三十一回，她自己不小心跌破扇子落得主子指责，却反过来自己发脾气抱怨，需得主子用撕扇子来哄她。

第二，她直率、不分场合的发言曾惹得袭人不快，周遭的老妈子们和小丫头们也颇有怨言。但是晴雯身上仍具备许多难以发现的独特品质。作为一名高级丫鬟的基本职业素养她是具备的，对待贾宝玉也在自己能做到的范围内忠诚尽心，“勇晴雯病补孔雀裘”正是其闪光点的印证。

第三，坦荡正直、洁身自好、胆汁质类型的她做事较为果断直接。

总而观之，晴雯气质的兴奋以及表现出来的泼辣、倔强、对人苛刻、喜怒无常的特征，使她的高傲、天真、坦荡显得更加宝贵，并赢得贾宝玉的喜欢。

（3）黏液质　相当于高级神经活动强而平衡不灵活型，表现为安静、稳重、反应缓慢、沉默寡言、情绪不易外露，注意稳定但又难于转移，善于忍耐。

代表人物：袭人

黏液质是一种以强而平衡，但灵活性较低的神经活动类型为基础的气质类型。袭人作为贾宝玉身边的大丫鬟，在贾母眼中“心地纯良，恪尽职任”，是稳重而贴心的典型。

第一，黏液质的性格让袭人的工作态度踏实细致，一丝不苟，忠于职守，并且能够积极履行劝诫进言的职能。她能够无微不至关照到贾宝玉的生活日常，连“身边配物一切无存”都能及时发现。

她自身带着股痴气，服侍谁心中便唯有谁。在平日她总是督促贾宝玉认真读书考取功名，规劝贾宝玉收敛心性。

第二，袭人能敏锐地捕捉别人的想法，也善于平衡各种人际关系。在第三十四回贾宝玉挨打后，王夫人向袭人询问事情经过，袭人道：“论理，我们二爷也需得老爷教训两顿。”正迎合王夫人心中所想，再加之后面劝贾宝玉搬出大观园，进一步让王夫人感受其一片护主之心，这便是巧妙地讨得了主子的欢心。

此外，袭人身份特殊，可视作贾宝玉未来的姨娘。因而她与薛宝钗因对主流思想的认同逐步建立起一种类似主母与妾氏的“默契”。在府中，无论上下人等，对袭人的总体印象都是随和可靠的，这也正是她对人际关系的平衡之妙。

第三，袭人谨言慎行，处事稳健大方。她最开始便是以“闷葫芦”落得少言寡语的可信之名。薛姨妈曾评袭人“行事大方，说话见人，和气里头带着刚硬要强，这个十分难得”；连王夫人也言：“袭人那孩子的好处，比我的宝玉强十倍！”能得到两位主子的高评价，可见袭人平常行事的妥帖。

第四，袭人具有奉献精神和较强的忍耐力。在贾宝玉没好气不小心踢到袭人后，纵使“吐血”，袭人也只暗暗心头不忍，不敢声张，一如既往地忠心服侍主子。从中可看出袭人这一类型的坚韧意志力及约束自我的忍耐力。

（4）抑郁质　相当于高级神经活动弱型，表现为孤僻、行动迟缓、多愁善感、善于觉察别人不易觉察到的细小事物。

代表人物：林黛玉

林黛玉可谓是抑郁质女子的一个典型，她在对待和贾宝玉的感情问题上常常表现过分自卑、猜疑和忧虑，既不相信自我，更不相信别人。这种猜疑结果，常常一方面伤害自我，另一方面又伤害自我的心上人。这类性格就是心理学家定义的内向型性格。其心理特点上往往具有高度的情绪易感性，她的行为孤僻、寡言，但又常为一些别人认为微不足道的事情而动感情。表面上看，她们有时似乎很坚强，但内心世界却充满自卑和怯懦。

第一，林黛玉十分敏感。第二十六回“蜂腰桥设言传心事　潇湘馆春困发幽情”中，因贾宝玉被贾政叫去，怕有事端，等到贾宝玉回怡红院便前去看看他，谁知晴雯和碧痕正拌了嘴，没好气，忽见宝钗来了，那晴雯正把气移在宝钗身上，正在院内抱怨说：“有事没事跑了来坐着，叫我们三更半夜的不得睡觉！”忽听又有人叫门，晴雯越发动了气，也并不问是谁，便说道：“都睡下了，明儿再来罢！”林黛玉素知丫头们的性情，他们彼此玩耍惯了，恐怕院内的丫头没听真是他的声音，只当是别的丫头们来了，所以不开门，因而又高声说道：“是我，还不开么？”晴雯偏生还没听出来，便使性子说道：“凭你是谁，二爷吩咐的，一概不许放人进来呢！”林黛玉听了，不觉气怔在门外，待要高声问他，逗起气来，自己又回思一番：“虽说是舅母家如同自己家一样，到底是客边。如今父母双亡，无依无靠，现在他家依栖。如今认真淘气，也觉没趣。”一面想，一面又滚下泪珠来了。正是回去不是，站着不是。正没主意，只听里面一阵笑语之声，细听一听，竟是宝玉、宝钗二人。林黛玉心中益发动了气，左思右想，忽然想起了早起的事来：“必竟是宝玉恼我要告他的原故。但只我何尝告你了，你也打听打听，就恼我到这步田地。你今儿不叫我进来，难道明儿就不见面了！”越想越伤感起来，也不顾苍苔露冷，花径风寒，独立墙角边花阴之下，悲悲戚戚呜咽起来。

第二，抑郁质的林黛玉十分细心，经常注意到一些细小的地方。林黛玉是在母亲去世后投奔外婆家的，虽然贾母十分疼爱她，她却总有寄人篱下之感，所以，进贾府后始终是“步步留心，时时在意，不肯轻易多说一句话，多行一步路，惟恐被人耻笑了”。比如在邢夫人处，邢夫人“苦留吃过晚饭去”，林黛玉婉言拒绝了，她说：“舅母爱惜赐饭，原不应辞，只是还要过去拜见二舅舅，恐领了赐去不恭，异日再领，未为不可。望舅母容谅。”这一番十分得体的话，既表达了对邢夫人的感激和尊敬，又表现了自我懂礼节、识大体，能够看出林黛玉做事处处留心在意。

第三，特别多愁善感，林黛玉用诗词来宣泄自己的离情别绪。她所写的多是些哀伤的诗句，想到的往往是死、老、分散、衰败。第二十三回“西厢记妙言通戏语牡丹亭艳曲警芳心”中的林黛玉葬花足以体现她的多愁善感。与前面所说的敏感差不多。

虽然现代的生理学家和心理学家提出过别的气质类型学说，例如按人体胖瘦高矮划分气质类型的观点，但都没能被普遍接受。

3. 气质的培养

气质是一个人的内在，不是光鲜亮丽的外表，而是由内而外的一种感染力。良好的气质是以一个人的文化素质、文明程度和思想品质为基础的，同时还取决于其对生活的态度。气质是一个人多种内在素质的综合反映，气质看似无形，实为有形，通过一个人对待生活的态度、个性特征、言谈行为等表现出来。良好的气质能够深深地吸引他人、征服他人。培养良好的气质绝非一朝一夕之事，须经过长期的磨炼和多方面的积累。

知识链接

床头提刀人乃真英雄也

刘义庆的《世说新语》曾记述过历史著名人物的一个小故事，有一次，匈奴派使者求见曹操，曹操想：世人都知道大名鼎鼎的曹操叱咤疆场、英雄盖世，可实际上自己却身材矮小，貌不惊人，因此，他不想亲自接见，就派手下大将——英俊威武的崔琰装扮成自己去见匈奴人，而曹操却手提大刀站在床头扮作卫士，接见过后，曹操派人去打听求见者对“大王”的印象。使者说：“大王雅望非常，然，床头提刀人，乃真英雄也。”可见，单纯注重外表形象并不能决定一个人的气度。曹操集政治家、军事家、文学家于一身，他的英雄气度是学识和才能的综合体现，“装扮”是扮不出来的。

二、性格

性格是一个人对现实的稳定的态度，以及与这种态度相应的、习惯化了的行为方式中表现出来的人格特征。性格一经形成便比较稳定，但是并非一成不变，而是具有可塑性的。性格不同于气质，更多体现了人格的社会属性，个体之间的人格差异的核心是性格的差异，性格分为以下四类。

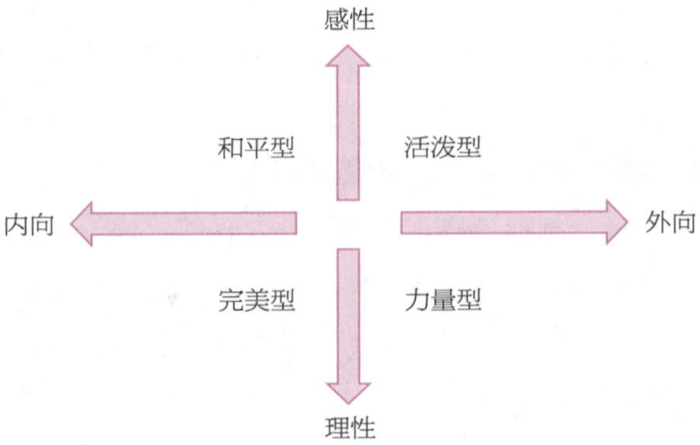

1. 活泼型

活泼型的人情感外露，热情奔放，懂得把工作变成乐趣，而且乐于与人交往，能够从任何事情中发掘出兴奋点，既外向，又乐观。

在《西游记》人物性格当中，猪八戒是活泼型性格的典型，他是团队中的开心果，让团队有活力，给大家带来快乐，起着一种催化剂、调解者的作用。

2. 完美型

完美型的人似乎懂得深思熟虑，文静，随和，喜欢独处。完美型的成年人是个思想家，对待目标严肃认真，强调做事情的先后和组织，崇尚美感和才智，会为生活作长远且最好的安排。

如果这世界少了完美型的人，会少了很多文学、哲学和音乐，埋藏在人们性格深处的教养、品位、才干便会失去；世界可能少了很多工程师、发明家、科学家，社会的经济和资讯都会失去平衡。

在《西游记》人物性格当中，唐三藏是完美型性格的典型，他是团队中的领导者，是团队凝聚力和号召力的核心，也是团队目标的始终贯彻者。

在职场中，这一性格的人执着于自己选择的事业，能够切实地做好规划，有目标有方向，是一个团队的领头人物。

3. 力量型

当活泼型的人在说话，完美型的人在思考，力量型的人会进取、会发现，他的脾气最容易懂，并且是最好相处的，力量型的人能够坦诚地与人交流，知道一切将会妥当——只要他来负责。

在《西游记》人物性格当中，孙悟空是力量型性格的典型，他在团队中执行能力强，富有创新精神，能够推进团队建设和发展。总是固执地认为自己是对的，骄傲而自负，人际关系处理不佳。

4. 和平型

拒绝过分欣赏力量型的优秀决定，对完美型的复杂计划也不过分认真，和平型的人是中间伟大的促进平等者。

在《西游记》人物性格当中，沙僧是和平型性格的典型，他是团队中最忠诚的一个，能够协调团队中的冲突，维护团队的和睦与团结。没有太多自己的主见，自信心缺乏，创造力不强。

三、品德

礼仪是社会道德的载体，是人生道德的具体化。人类社会的发展，也包括道德理论和道德实践的进化。人们根据时代发展的要求，不断提出新的道德准则和规范，以调节和约束人们的行为。礼仪作为人生道德在社会交往中的表现形式，体现着时代的行为准则和规范。一个人礼仪修养水平的高低，是受其道德修养水平制约的。优良的道德品质本身就是一种魅力。有德才会有礼，无德必定无礼，修礼必先修德。大力加强道德修养对于提高礼仪修养水平是十分重要的。

品德是一个人思想品质和处世能力的全面要求。品德高尚的人能顺应社会的发展，能明辨是非、弃恶扬善，能以礼待人、以理处事。

四、知识

在人际交往中，需要与方方面面的人交朋友，进行广泛的交流，因而应当具备各方面的科学知识和人文知识。具有一定的文学知识，能够提高理解问题的能力、语言表达的能力，有助于进行业务洽谈、总结业务活动的经验、改进经济管理；具有一定的哲学、历史、心理学知识，能够提高认识问题、分析问题的能力，善于处理经营管理中的各种矛盾、协调各方面关系、掌握公众心理，根据不同对象的特点和要求，运用不同的方法，达到他们的满意程度；具有一定的经济学、法律学知识，能够掌握经济规律，依法办事，提高办事能力；具有一定的美学、音乐、绘画方面的知识，能够陶冶情操、净化心灵，使人情趣高雅、充满活力，工作中积极热情、潇洒自信；了解各地风俗民情，熟悉当地经济、文化、交通、娱乐等方面的情况，可以使人在社交活动中广结人缘，应付自如。

知识就是财富，有了科学文化知识，才能使自己懂礼貌、讲礼节，才能分析、思考问题，解决问题得体妥当。广泛阅读各种书籍，欣赏艺术作品，不断寻找生活中的美好事物，久而久之，人的精神面貌、内在素质就会升华，仪表风度也会悄然改变。知识与教养结合，可以使人具有脱俗的气质和优雅的风度。

五、能力

成功社交还要求人们具备各种能力。能力是顺利地完成某种活动，并直接影响活动效果的心理特征。能力是与效果相互联系的，与人交往的效果如何，关键在于人的能力。能力是知识与经验的结晶，成功的社交者应具备以下能力。

1. 应变能力

应变能力是指应付突然情况的能力。在与人交往时常常会发生意想不到的事情，出现令人尴尬的场面。在这种情况下要做到不失礼，就需要有较强的应变能力，做到沉着冷静、应付自如、果断巧妙地处理问题。

知识链接

在日内瓦会议期间，一个美国记者先是主动和周恩来总理握手，周恩来总理出于礼节没有拒绝，但没有想到这个记者刚握完手，忽然大声说："我怎么跟中国的好战者握手呢？真不该！真不该！"然后拿出手帕不停地擦自己刚和周恩来总理握过的那只手，然后把手帕塞进裤兜。这时很多人在围观，看周总理如何处理。周恩来总理略略皱了一下眉头，他从自己的口袋里也拿出手帕，随意地在手上扫了几下，然后走到拐角处，把这个手帕扔进了痰盂。他说："这个手帕再也洗不干净了。"

2. 自控能力

自控能力是指控制自己情绪的能力。注重礼仪必须能够有效地调整和控制自己的情绪。在社交场合，若是意想不到地受到冷遇、无缘无故地被指责，必须控制自己的情绪，不失态、不失礼、豁达大度、文明礼让。

知识链接

有次，苏格拉底在街上行走，有人用棍子打他的背，痛得他无法站立而蹲下去，但很快他又若无其事地站起来。目睹整个经过的旁人，看见他没有任何反应，好奇地问他：你挨打，为什么不还手？苏格拉底微笑着回答："当一只发野性的驴踢你时，你会还它一脚吗？"

3. 表达能力

表达能力是指用语言、文字和动作等方式，将自己的知识、观点、意见明确地传递给他人的能力。与人交往的效果如何，在很大程度上取决于人的表达能力。注重礼仪，应注意多用敬语，委婉地表达。这样既是对他人的尊重和礼貌，也能够为自己创造一个和谐的人际关系，这正是礼仪的目的所在。

知识链接

有一次达尔文去赴宴，席间与一位美貌的女士坐在一排，这位女士带着玩笑的口吻向科学家提问题：“达尔文先生，听说您断言，人类是由猴子变来的，我也属于您的论断之列吗？”达尔文看了她一眼，彬彬有礼地回答：“是的，不过，您不是由普通猴子变来的，而是由长得非常迷人的猴子变来的。”

六、心理素质

现代礼仪的实行要求具有良好的心理素质，保持积极的心态。没有健康积极的心态，就很难在待人接物时表现出主动热情，也不可能做到彬彬有礼、自尊自信。有的人虽然也读了关于提高自身素质的书籍，学习了行为举止礼仪规范，但在待人接物时却缩手缩脚、羞于见人，究其原因，往往是由于自卑胆怯、缺乏自信所致，这就需要提高自身心理素质、调整好自己的心态。

在现代人际交往中，具备良好的心理素质、建立积极的心态是十分重要的。健康积极心态的特点是保持乐观而稳定的情绪，在工作和生活中充满热情和活力；有较强的事业心和目标意识，能够与组织行为和公众利益协调一致；能够正确地认识自己，并能公正地评价别人，豁达大度，自尊、尊人，建立和保持和谐的人际关系；积极进取，勇于追求，意志坚强，自我克制；能够坦然冷静地接受所发生的各种事情，迅速地做出应变反应。健康良好的心态是实施礼仪的重要因素。

总之，学习礼仪，不是单纯的动作的表演、姿态的训练及语言的规范化，礼仪须以良好的素质为基础。慧中才能秀外，一个人无论具有多么优越的先天条件，无论经过多么精心的打扮，或受过再多严格的训练，如果不努力提高自己的内在素质，那么，礼仪也只能是一种缺乏内涵的机械模仿。所以，加强礼仪修养必须在提高内在素质上多下功夫。

本章小结

本章所讲述的是礼仪的相关概念，礼仪是指人们在一定的社会交往场合，为表示相互尊重、友好而约定俗成的、共同遵循的行为规范和交往程序。第一节主要讲述了礼仪的基本概念，包括礼仪的含义、礼仪的具体表现和社交礼仪的含义。第二节讲述了成功社交者的素质要求，包括了气质、性格、品德、知识、能力、心理素质六个方面在社交礼仪中的重要性。其中气质、性格、能力的不同特点在社会交往中也有不同的表现力。

思考与练习

案例1：灌夫骂坐

汉武帝时期，有一个叫灌夫的将军，他为人刚直，好打抱不平，如果地位比他高的权势大臣对他不以礼相待，他就一定会反击，而对地位在他之上的豪杰之士，他则敬重不已。他与魏其侯窦婴是好朋友。当时，魏其侯窦婴因为得罪了太后与丞相田蚡，因此受到众大臣的冷落。

有一次丞相田蚡宴请宾客，灌夫和魏其侯窦婴也受邀参加。在宴席上，主人田蚡首先向大家敬酒，按照汉代的礼仪，有人敬酒时，宾客们都应该离开座位，表示对敬酒者的尊重。田蚡敬酒时，大家纷纷离席。轮到窦婴敬酒时，却只有他的旧相识离席示敬，其他大部分人都端坐不动，非常无礼。

灌夫对此愤愤不平，于是也起身敬酒。他按照礼数先敬田蚡，哪知田蚡态度傲慢，不但不离席，还说不能满杯，灌夫很生气，揶揄田蚡说："你是贵人呀！"田蚡只当作没听见。

灌夫无奈，只好转向其他人敬酒，结果那个人当时正与旁人讲话，没有看到灌夫，灌夫见此勃然大怒，开口大骂："我一向说你一钱不值，没想到你竟然还喜欢像妇人一样嚼舌根！"灌夫把对田蚡的怒气一股脑儿撒在了那个人身上，田蚡出面劝解，灌夫根本不买账："我今天人头落地、刀剑穿胸都不怕，哪管什么程、李将军！"灌夫骂坐，弄得宴会不欢而散。

其实在此之前还有一回，丞相田蚡与灌夫说好第二天去拜访魏其侯窦婴，到了第二天，窦婴夫妇在家准备好酒食等待田蚡，却迟迟不见他的踪影。灌夫忍不住亲自去田蚡府上，却发现田蚡还在睡觉，原来他早就把这约定给忘了。对于重承诺、讲义气的灌夫来说，这当然是不可忍的，也难怪灌夫大闹宴会了。

问题：

（1）丞相田蚡在宴会上的行为失礼在哪儿？

（2）社交的礼仪有哪些？

（3）社交的礼仪对我们每个人有什么意义？

案例2：长江到底有多宽？

清朝张之洞新任湖广总督时，抚军谭继洵在黄鹤楼设宴为张之洞接风，并请了鄂东诸县的县官作陪。席间，大家聊起了长江，没想到谭张二人为了长江到底有多宽的问题争论起来。谭说五里三，张说七里三，两人各执己见，争得面红耳赤，谁也不肯承认对方是对的。这时，坐在末座的江夏知事陈树屏站了起来，于是二人便让陈作答。陈略作思考，朗声答道："长江的宽度，水涨七里三，水落五里三。二位大人说得都对。"一句话说得谭、张二人均抚掌大笑，赏了陈树屏20锭大银。

问题：

（1）面对尴尬的问题，陈树屏是如何巧妙应对的？

（2）请结合案例谈一下，在遇到领导之间出现纷争的情况时作为下属应如何调解？

第二章
仪表美

第一节　塑造良好的整体形象

第二节　服饰美

第三节　仪容美

第四节　仪态美

知识目标

1. 了解仪容仪态服饰的内涵，懂得旅游服务人员注重仪容仪表美的意义。
2. 掌握服饰搭配、形体美以及举止美的基本要求。

能力目标

1. 掌握基本的仪表礼仪。
2. 掌握服饰搭配的技巧。
3. 通过自我审视，完善自我形象。

每个人在一生中必须要推销一件产品——自己。专业化的仪表，温文尔雅的举止，亲切文明的语言，会帮助我们赢得他人的信任，带来与人合作的机会。因为社会公众更愿意与尊重他们，并使他们感到心情愉悦的专业人士合作。

个人形象是一个人内在美和外在美的集合，能充分显示一个人的品德、文化、修养、气质、性格和职业特征。一个注重形象的人，就是一个热爱生活、真诚友善、工作作风严谨的人，在工作中体现自信认真的同时，也展现了对社会、对他人的尊重。

一流的企业，一定具有一流的形象，在社会交往中，企业员工不仅代表的是个人，更多层面代表的是所在的企业，应该说每一位职场工作者都是所在企业的形象代表，社会公众对该企业每一个个体形象的评价，都会直接影响到社会公众对该企业的评价和取舍。

第一节　塑造良好的整体形象

在多元化的社会里，行业之间的竞争已经变得复杂难辨，不再是以往的学历高、能力大就可以了。现代社会除了重视学历和能力之外，更加重视一个人的个人魅力，即是否招人喜欢，是否有团队精神和创新精神，是否是一个内在优秀、外在光亮的人。

一件好的商品要想吸引人的眼球，就要精美包装。同样，一个人要想拥有良好的形象，被别人注意，必须要内外兼修，既注意内涵，外表也需光亮。

在一个人给公众的整体印象中，什么因素占据了重要的位置？根据首轮效应原则，人们与某一个人交往或者与某一事物、接触之初所获得的重要信息，就是第一印象产生的制约要素，就是影响个人形象的重要因素。

关于形象的形成，美国心理学家奥伯特·麦拉比安有一个著名的公式：

人类信息表达 = 55%的仪表 + 38%的声音 + 7%的语言

由此看来，我们要塑造好个人的良好形象可以通过以下途径来实现。

一、展现形象的外在魅力

服饰、仪表是首先进入人们眼帘的。特别是与人初次相识时，由于双方不了解，服饰和仪表在人们心目中就占有很大分量。整洁的仪表、得体的修饰，这是最基本的要求。只要是适合自己体型，漂亮又有新意的衣服，就应当大胆穿着。服饰的个性，也能让人判断出你的审美观和性格特征。服饰样式过时，人家会认为你刻板守旧；服饰样式太过超前，则会使人觉得轻率固执、我行我素。这两种情况都易使人得出“此人不好接近”的结论，自然会影响社交中的形象。

二、言谈举止放大内在形象

言谈举止是一个人精神面貌的体现。作为一位商务人员要开朗、热情，使合作者感到随和亲切，平易近人，容易接触。很多商务人员在商务社交中总担心没有出众的言谈来打动合作者，吸引合作者的注意，以致造成精神上的紧张，使表情、动作都变得十分僵硬。这些都是自尊心太强造成的。因此，应该放松心情，保持自己的特点，而不要故意矫揉造作。其实最好的办法是保持自身原有的个性和特质，言谈要有幽默感。在商务社交中，谈吐幽默的商务人员往往容易取胜，没有幽默感的人在社交中往往会失败。在商务交际场合，幽默的语言极易迅速打开交际局面，使气氛轻松、活跃、融洽。在出现意见有分歧的难堪场面时，幽默、诙谐便可以成为紧张情境中的缓冲剂，使朋友、同事摆脱窘境或消除敌意。此外，幽默、诙谐还能用来含蓄地拒绝对方的要求，或进行一种善意的批评。我们生活中应多积攒一些妙趣横生的幽默故事。

三、发挥微笑的魅力

保持微笑，似蓓蕾初绽。真诚和善良，在微笑中洋溢着感人肺腑的芳香。微笑的风采，包含着丰富的内涵。它是一种激发想象和启迪智慧的力量。在商务社交场合，微笑可以吸引别人的注意，也可以使自己与合作者心情轻松些。微笑可以提升人格、感染周围，最终赢得顾客，达成交易。

四、充分展示性别美

男士切忌有狭隘和嫉妒的心理，不要斤斤计较，更不要睚眦必报。男人的性别美，是一种粗犷的美，具有内涵的美。真正的男子汉应该有性格、有棱角、有力度、有一种阳刚之气。女性美普遍被人认可的形象一直是娴静的、温柔的、甜美的。女性容貌清秀，线条柔和，言谈举止中散发出来的脉脉温情强烈动人。女性如能巧妙地利用自己的性别特点，表现得谦恭仁爱，热情温柔，一般总能激起男性的爱怜感和保护欲。女性自然的柔和产生的社交力量，有时比刚强的力量要大得多。个人魅力是无法在短时间内改变的，但个人形象是能够在短时间内树立的。

我们通过学习礼仪、运用礼仪，可以更好地展示个人良好的教养和优雅的风度，找到实现自我价值的最佳表现形式。

第二节　服饰美

莎士比亚说：“一个人的穿着打扮是他自身修养的最形象的说明。”服饰是一种无声的语言，表述着一个人的身份、修养、文化、性格、心理状态等多种信息。旅游服务人员在社会交往中不仅代表自己，而且代表的是企业形象，因此应该了解服饰装扮的基本常识，把握着装的基本原则，重视自己的着装技巧。

一、着装原则

旅游服务人员的工作场合属于正式场合，所以就衣着而言，应该着统一的制服，制服着装的基本要求是整齐规范，挺阔整洁，便于工作。同时还要充分体现出服饰与环境、气氛的协调，服饰与职业、身份的协调。得体的穿着，不仅可以让人显得美丽，还可以体现出现代文明人良好的修养和独到的品位。

（一）制服着装要求

1. 整齐规范

同一岗位的制服款式要整齐划一。合身的制服，必须做到“四长”“四围”。四长是指袖长到手腕、衣长到虎口、裤长到脚面、裙长到膝盖；四围是指领围以能插入一指的宽松度为宜，上衣的胸围、腰围及裤子的臀围以能穿一件羊毛裤的松紧度为宜。同时还要注意内衣不要外露，不挽袖，不卷裤，不漏扣，不掉扣，领带、领结不系歪且与衬衫搭配得当，工号牌或标志牌要佩戴在左胸前。

2. 挺阔整洁

制服穿前要熨烫平整，穿后要挂好，在社交场合，一个穿着整洁的人总能给人以积极向上的感觉，也表示出对交往对象的尊重和对社交活动的重视。如制服有破损，就不宜继续在工作岗位上穿着，特别是在窗口部门工作的人员更应该注意制服的完好。

3. 便于工作

制服同时还要便于工作，否则就失去了实际意义。比如，酒店女服务人员裙子太长，裙摆太窄，都不便于工作。

（二）着装的TPO原则

TPO是服饰礼仪的基本原则，T（time）指时间，P（place）指地点，O（occasion）指场合，即着装应当与当时的时间、地点、场合相适应。

1. 时间原则

从时间上讲，一年有春、夏、秋、冬四季的交替，一天有24小时的变化，显而易见，在不同的时间里，着装的类别、样式、造型应因此而有所变化。比如在工作时间，着装应遵循端庄、整洁、稳重、美观的原则，要符合公司的要求和工作的特点。要注意一定的舒适性，不宜过紧或过松，以适应一整天的工作强度。晚间参加宴请、派对、听音乐会等活动，男士最好穿西装，女士最好穿礼服。此外，服装的选择还要适合季节和气候特点，保持与潮流大体同步。

2. 地点原则

从地点上讲，置身在室内或室外，驻足于闹市或乡村，停留在国内或国外，身处于单位或家中，在这些变化不同的地点，着装的款式应当有所不同，切不可以不变而应万变。例如，穿泳装出现在海滨、浴场，是人们司空见惯的；但若是穿着它去上班、逛街，则令人哗然。在国内，一位女性可以穿小背心、超短裙，但她若是以这身行头出现在着装保守的阿拉伯国家，就显得非常不合时了。

3. 场合原则

从场合上讲，人们的着装往往体现着其一定的意愿。即自己对着装留给他人的印象如何，是有一定预期的。着装应适应自己扮演的社会角色，而不讲其目的性，在现代社会中是不大可能的。服装的款式在表现服装的目的性方面发挥着一定的作用。自尊，还是敬人；颓废，还是消沉；放肆，还是嚣张。

一个人的穿着打扮必须要考虑是什么季节、什么特定的时间，比如说工作时间、娱乐时间、社交时间等；必须考虑到要去的目的地、场合。工作场合需要穿工作装，社交场合穿正装。还有就是要考虑到目的性。比如为了表达自己悲伤的心情，可以穿着深色、灰色的衣服等。一个人身着款式庄重的服装前去应聘新职、洽谈生意，说明其郑重其事、渴望成功。而在这类场合，若选择款式暴露、性感的服装，则表示自视甚高，对求职、生意的重视，远远不及对其本人的重视。

二、服饰的穿着和要求

（一）男士着装礼仪要求

西装，又称西服。它起源于欧洲，目前是全世界最流行的一种服装，也是男士在正式场合着装的优先选择。“西装一半在做，一半在穿”。因此穿西装时就必须在西装的选择、西装的穿法、西装的搭配等方面循规蹈矩，严守相关的礼仪规范。

1. 用料的选择

西装的用料选择需注意两点，一是要鉴别面料的质地。一般情况下，毛料应为西装的首选面料。具体而言，纯毛、纯羊绒的面料以及高比例含毛的毛涤混纺面料皆可用作西装面料。不透气、不散热、发光发亮的各类化纤面料尽量不要用来作为西装面料。二是注意内衬和口袋衬布的用料，看其是否密度过于稀松，以免好面配次衬，影响穿着。

2. 尺寸的选择

穿着西装，务必要令其大小合身，宽松适度。一套西装，无论其品牌名气有多大，只要它的尺寸不适合自己，就坚决不要穿它。商务活动中，一位男士所穿西装无论是过大还是过小，过肥还是过瘦，都肯定会损害其个人形象。

3. 做工的选择

在挑选西装时，检查西装做工的好坏，特别需要注意以下六点：一是要看其衬里是否外露；二是要看其衣袋是否对称；三是要看其纽扣是否缝牢；四是要看其表面是否起毛；五是要看其针脚是否均匀；六是要看其外观是否平整。

在选择西装时，除了以上细节必须加以关注以外，还要了解西装有正装西装与休闲西装的区别。一般来说，正装西装适合正式场合穿着，其面料多为毛料，其色彩多为深色，其款式讲究庄重、保守，并且基本上都是套装。而休闲西装则恰好与其相反，休闲西装适合在非正式场合穿着。它的面料可以是棉、麻、丝、皮或化纤、塑料，色彩多半都是鲜艳、亮丽的，并且多为浅色。它的款式则强调宽松、舒坦、自然，有时甚至标新立异。一般来说，休闲西装都是单件的。

4. 色彩的选择

在正式场合，西装颜色宜选用深蓝色、深灰色等深色调。黑色一般用作礼服的颜色，用于宴会、婚礼等场合。其他如咖啡色、深棕色等都不太适合正式场合穿着。日常生活中，身材高大者宜选择深色，可避免视觉上的臃肿感；身材较为矮小者，宜选择浅色面料，给人一种伸展感。年轻人不宜穿花形模糊、颜色灰暗的面料，以免显得老气横秋；老年人不宜选择花形明快的鲜艳面料，以免有失其稳重、深沉的形象。

5. 西装纽扣的选择

按西装上衣的纽扣排列来划分，分单排扣西装上衣和双排扣西装上衣。

（1）单排扣西装上衣　最常见的有一粒纽扣、两粒纽扣和三粒纽扣三种。一粒纽扣、三粒纽扣的单排扣西装上衣穿起来较时髦，两粒纽扣的单排扣西装上衣则显得更为正规一些。男士在正式场合常穿的单排扣西装款式以两粒扣、平驳领、高驳头、圆角下摆款为主。一粒扣的西装可以系也可以不系；两粒扣的西装讲究“扣上不扣下”；三粒扣的西装要么扣中间一粒，要么扣上面两粒。

（2）双排扣西装上衣　最常见的有两粒纽扣、四粒纽扣和六粒纽扣三种。两粒纽扣、六粒纽扣的双排扣西装上衣属于流行的款式，四粒纽扣的双排扣西装上衣则明显具有传统风格。男士正式场合常穿的双排扣西装是六粒扣、枪驳领、方角下摆款。双排扣的西装一定要扣上所有纽扣。

6. 版型的选择

所谓版型是指西装的外观轮廓。严格地说，西装有以下四大基本版型。

（1）欧版西装　欧版西装实际上是在欧洲大陆，如意大利、法国流行的。总体来说，它们都称欧版西装。重要的代表品牌有“杰尼亚”“阿玛尼”“费雷”。欧版西装的基本轮廓是倒梯形，实际上就是肩宽收腰，垫肩与袖笼较高，衣领较宽，后摆无开衩，多为双排两粒扣式或双排六粒扣式，且纽扣的位置较低。这与欧洲男士比较高大魁梧的身材相吻合。选西装时，对这种欧版西装，要三思而后行，因为一般人肩不够宽。双排扣、收腰和肩宽是欧版西装的基本特点。

（2）英版西装　它是欧版西装的一个变形。不刻意强调肩宽，垫肩较薄，讲究穿在身上自然、贴身。衣领是“V”形，比较狭长。这与盎格鲁–撒克逊人这个主体民族有关。盎格鲁–撒克逊人的脸形比较长，所以他们的西装领子也比较狭长。英版西装一般是单排扣，三个扣子的居多，后背两侧开衩，绅士味十足，其基本轮廓也是倒梯形。

（3）美版西装　即美国版的西装。美国版西装较欧版西装稍短一些。肩部不加衬垫，基本轮廓特点是“O”形，领型较宽大，多为单排扣式，后摆中间开衩。它宽松肥大，适合于休闲场合穿。美版西装往往以单件者居多，一般都是休闲风格。美国人一般着装的基本特点可以用四个字来概括，即宽衣大裤。强调舒适和随意是美国人的特点。

（4）日版西装　日版西装的基本轮廓是“H”形的。垫肩不高，领子较短、较窄，不过分收腰，后摆也不开衩，多为单排扣式，适合亚洲男士的身材。

7. 西装的穿着要求

男士在穿西装时，不能不对具体的穿法加以重视。遵守西装的规范化穿法，如果在穿西装时任意妄为，都是有违礼仪的无知表现。西装的礼仪基本要求主要注意以下几个具体问题。

（1）拆除商标　在西装上衣左袖的袖口处，通常缝有一块商标。在正式穿西装之前，切勿忘记将它们先行拆除。假如在西装已经穿过许久之后，袖子上的商标依然停留于原处，这会给人以招摇过市之感，让人笑话。

（2）熨烫平整　欲使一套穿在自己身上的西装看上去美观大方，首先就要使其显得平整挺阔，线条笔直。要做到此点，除了要定期对西装进行干洗外，还要在每次正式穿之前对其进行认真的熨烫。不要使之皱巴巴、脏兮兮，显得美感全失。

（3）扣好纽扣　穿西装时，上衣、背心与裤子的纽扣都有一定的系法。在此三者中，以上衣纽扣的系法讲究最多。一般而言，站立时，特别是在大庭广众之前起身而立之后，西装上衣的纽扣应当系上，以示郑重其事。就座之后，西装上衣的纽扣则大都需要解开，以防其“扭曲”走样。唯独在内穿背心或羊毛衫、外穿单排扣上衣时，才允许站立时不系上衣的纽扣。

（4）不卷不挽　穿西装时，一定要悉心呵护，以维持其原状。在公共场所里，千万不要当众随心所欲地脱下西装上衣，更不能把它当作披风一样地披在肩上。需要特别强调的是，无论如何，都不可以将西装上衣的衣袖挽上去。否则，极易给人以粗俗之感。一般情况下，随意卷起西裤的裤管，也是一种不符合礼仪的表现。

（5）慎穿毛衫　男士若想将一套西装穿得有“型”、有“味”，那么除衬衫与背心之外，在西装上衣之内最好不要再穿其他任何衣服。即便在冬季寒冷难忍时，也只宜暂作变通，穿上一件薄型“V”领的单色羊毛衫或羊绒衫，既不会显得过于花哨，也不会妨碍自己打领带。既不要去穿色彩、图案十分繁杂的羊毛衫或羊绒衫，也不要穿扣式的开领羊毛衫或羊绒衫。后者往往有不少纽扣，与西装上衣同穿容易让人眼花缭乱。更不要穿上一件手工编织的毛衣，否则领口处会出现层次分明的“梯田”，还会使西装鼓胀不堪，变形走样。

（6）巧配内衣　西装的标准穿法是：衬衫内不穿棉纺或毛织的背心、内衣。至于不穿衬衫而以T恤衫直接与西装配套的穿法，则更是不符合规范。

（7）腰间无物　穿西装时，着装者的腰带上不宜别挂任何物品。一名男士的社会地位，通常与其腰带上所别挂的物品的数量成反比。类似钥匙、手机等类物品，切勿在穿西装时悬挂在腰间。

（8）少装东西　为了保证西装在外观上不走样，应当在西装的口袋里少装东西，或者不装任何东西。对待上衣、背心和裤子均应如此。

在西装上衣上，左侧的外胸袋除了可以插入一块用来发挥装饰作用的真丝手帕，不能再放其他任何东西，尤其不应当别钢笔、挂眼镜。内侧的胸袋可以用来别钢笔、放钱夹或名片夹，但应注意不要放过大、过厚的东西或无用之物。外侧下方的两只口袋，则原则上以不放任何东西为佳。

8. 西装的搭配

“西装的韵味不是单靠西装本身穿出来的，而是用西装与其衣饰一道精心组合与搭配出来的。”由此可见西装的搭配对于成功地穿着西装何等重要。

（1）衬衫　在正式场合搭配西装套装的正装衬衫是硬领式的，主要面料为纯棉或棉涤混纺，高支纱为首选，颜色应与西装颜色相协调，白色、浅蓝色与深色西装都是很好的搭配。棕色系是一个较为特殊的色系，所以棕色衬衫只能与棕色西装搭配。

衬衫合身与否将直接影响到整体着装的贴合程度。选购衬衫时，领围以合领后可以伸入一个手指为宜，衬衫肩线应落于肩膀骨外侧约1～2厘米处，过宽会产生慵懒的视觉感受；过窄则显得人瘦小不够庄重。西装穿好后，衬衫领应高出西装领口1～2厘米，衬衫袖子应比西装上装衣袖长出1～2厘米，这样既可以避免西装袖口受到过多的磨损，也可以用衬衫来衬托西装的美观，显得干净、利落。同时，领口与袖口露出部分相呼应，有一种协调美。在正式场合，无论是否与西装合穿，长袖衬衫的下摆必须塞在西裤内，袖口必须扣上扣子，不可翻起。系领带时，衬衫领口的扣子必须系好。

（2）领带　男士正装最出彩的地方就是胸前的“V”字部分。领带是平衡西装胸前“V”区的关键，因此领带就成为被关注的焦点。领带被视为“西装的灵魂”，是西装的重要装饰品，在西装的穿着中起着画龙点睛的作用。正式场合领带的材质以丝质的为上乘，颜色以单色或印有斜纹的色彩为主。单色领带中，灰色、红色和蓝色是最常见也是最实用的，打领带结的基本要求是挺阔、端正，并且外观上呈倒三角形。领带结的大小最好与衬衫衣领大小成正比。打领带时最忌讳领带结不正，松松垮垮。标准的长度是领带打好之后，下端的大箭头正好抵达皮带的上端。应将领带置于西装上衣与衬衫之间，令其自然下垂。

（3）鞋袜　穿西装时，男士所穿的鞋与袜子均应符合规定，并与西装相配套。对商界男士来说，鞋袜在正式场合也被视作“足部的正装”。如果不遵守相关的礼仪规范，就必定会使自己“足下无光”。

与西装配套的鞋，只能选择皮鞋。布鞋、球鞋、旅游鞋、凉鞋或拖鞋，显然都是与西装“互相抵触”的。

与西装配套的皮鞋，通常应当是真皮制品而非仿皮。一般来说，牛皮鞋与西装最是般配，羊皮鞋、猪皮鞋则不甚合适。需要说明的是，磨砂皮鞋、翻毛皮鞋、编织皮鞋大都属于休闲皮鞋，均不适合与西装相配套。

与西装配套的皮鞋，按照惯例应为深色、单色。浅色皮鞋、艳色皮鞋与多色皮鞋都不宜在穿西装时选择。通常认为，最适于同西装套装配套的皮鞋唯有黑色一种。在正式场合里，一定要自觉遵守“三一法则”。即应使自己皮鞋的颜色与腰带、公文包的颜色一致。并最好使三者皆为黑色。

男士在正式场合所穿的皮鞋，应当没有任何图案与装饰。打孔皮鞋、绣花皮鞋、拼图皮鞋、带有文字或金属扣的皮鞋等，均不应予以考虑。

穿西装、皮鞋时所穿的袜子，最好是纯棉、纯毛制品。有些质量好的以棉、毛为主要成分的混纺袜子，也可以选用。不过最好不要选择尼龙袜与丝袜。与西装、皮鞋相配套的袜子，以深色、单色为宜，并且最好是黑色的。千万别穿与西装、皮鞋的色彩对比鲜明的白色袜子，也不要穿过分“扎眼”的彩袜、花袜或其他浅色的袜子。

（4）公文包　公文包往往被称为商界男士的“移动式办公桌”，是其外出之际不可离身之物。对穿西装的商界男士而言，外出办事时手中若是少了一只公文包，未免会使其神采和风度大受损害，而且还会让人对其身份置疑。

商界男士在选择公文包时，有许多特定的讲究。其面料以真皮为宜，并以牛皮、羊皮制品为最佳。一般来讲，棉、麻、丝、毛、革以及塑料、尼龙所制作的公文包，均难登大雅之堂。公文包的色彩以深色、单色为佳，浅色、多色甚至艳色的公文包均不适用于正式场合。

（二）女士着装要求

职业女性穿着职业化的套裙，可以彰显女性与众不同的气质，能够恰如其分地展示其认真的工作态度和温婉大方的女性美。

1. 着装选择

款式：西服套裙、款式多样的两件套裙、裤套装、单色连衣裙等。在正式场合，西服套裙是首选。

面料：毛料为首选。基本要求是不起皱、不起球、不起毛。

色彩：以冷色调为主。基础色为黑、白、灰、咖啡、米白、暗红、蓝等，穿着遵循三色原则，体现女性典雅、端庄、稳重。

款式：千变万化，主要在上衣领、纽扣和裙的样式上。常见造型有H、X、A、V四种。商务套装一般为H形。

2. 穿着与搭配

套装：熨烫平整，成套穿着，系好纽扣。

衬衣：以单色与套装匹配为佳。穿着时，应衣扣整齐，除最上粒扣，其他纽扣应系好。不挽袖挽裤。下摆掖入裙（裤）腰内。

丝巾：常用丝巾做套装的装饰或点缀。丝巾不同的颜色、款式和结法，使女士套装增加了几分俏丽、时尚和活力。

袜子：宜选用中性色，如肉色、灰褐色、浅灰色、骨色、黑色（透）等单色袜，较肤色略深，穿裙子时，应避免露出袜口，宜用连裤袜。

鞋：颜色与衣服下摆或裤同色或深色。皮质以牛皮为上品。以高跟、半高跟的船式或盖式皮鞋为宜。穿套裙，以黑色牛皮鞋为正统，与套裙色彩一致的皮鞋也可选择。

3. 修饰方面

服务员工在酒店工作岗位上，一般不可佩戴耳环、手链、项链等饰物。对于员工来说，外貌修饰是很必要的，适当的外貌修饰，可以扬长避短，使自己容光焕发，充满活力。但必须指出，过分地浓妆艳抹、刻意追求打扮是不适宜的。从心理学角度去认识，饭店服务人员过分的修饰，会在宾客面前造成显示自己华贵娇艳的印象，从而影响宾客的心理情绪。

第三节 仪容美

仪容修饰不仅能够反映旅游工作人员的工作态度、工作作风，同时也是个人素质的综合反映，仪容修饰塑造了我们的职业形象，同时也影响了工作中他人对我们的评判。

仪容美包括自然美和修饰美两个方面。自然美是指天生丽质；修饰美是指对自己的容貌进行必要的修饰，在外形上加以美化，“爱美之心人皆有之”，以美好的形象展现在工作中充分体现了我们对他人的尊重。

一、仪容修饰的五大原则

（一）自然的原则

自然是最高境界的美，妆成有却无，没有明显的痕迹，给人一种天然的感觉。仪容不应该是娇饰的、造作的，而应该是自然的美。

（二）美化的原则

要求人们在了解自己容貌的基本特征和规律的情况下，通过修饰、化妆、保养等手段对自己容貌进行适当修饰，达到美的效果，但不能过分前卫，美化要符合大众审美标准。

（三）协调的原则

强调整体的美，仪容包括头部、颈部、手部、体味等一系列仪容细节的综合协调搭配，任何一个细节的忽视，都将导致整体美的失败。要求整体协调，身份协调，场合协调。

（四）礼貌的原则

仪容修饰应相互愉悦、礼貌于人。在进行修饰的时候要注意修饰回避，不要当众化妆，不要妄自评论他人的仪容修饰。

（五）健康的原则

健康的原则强调在完善自身仪容时要注意健康、内外兼修、从而真正做到表里如一、秀外慧中。具体要求有平衡膳食、保证充足的睡眠、良好的生活习惯、平和的心态。

二、发部修饰

职场人员按照职业要求、自身特点、审美习惯及社会风尚等对自己的头发进行清洁、修剪、护理和美化。商务人员进行发部修饰，不仅应遵循一般社会礼仪规范，而且应该服从行业、企业的具体规定。

（一）护发

每个人都希望有一头秀美、亮泽、健康的头发，这主要是靠平时的悉心保养和护理来实现的。护发应主要从洗发、护理、修剪等方面入手。

1. 经常清洗

头发要求保持没有异物，没有异味。应根据自己的发质，选用适合自己的洗发水和护发素，定期对头发进行清洗。

2. 适时修剪

男士一般应半月修剪一次，最长不超过一个月为宜；女士不宜留过长的头发，应定期对头发进行修剪。具体而言可根据职业、季节、自身特点、具体情况各异，修剪的频率也不同。

3. 勤于护理

要养成良好的养护头发的习惯，让头发光洁柔顺。让人看了觉得整洁健康。

（二）发型的选择

发型是指头发经过一定修剪、修饰后表现出来的整体形状。它是职业形象中一种独特的语言，能直观地体现一个人的身份、年龄、个性、气质等特征。发型选择应综合考虑自身特点和工作性质，而不宜过度彰显个性、标新立异。通常应该从以下两个方面考虑。

1. 长短适度

过短的头发不够优雅、过长的头发不够职业。因此，我们应该选择长短适度的头发来塑造干练又不失优雅的职业形象。男士不要留长发，要求前不覆额，侧不覆耳，后不触领，不留大鬓角，也不能剪光头。女士要求前不遮眉，后不过肩，不剪光头。不及肩的短发较职业化。头发过肩的女士可以挽发或者盘发。

2. 注重美发

美发就是人们为了护发，使头发更加漂亮，运用一些护发、美发用品和修剪手法，对头发装饰打扮。一般而言，美发的手段主要有正确护发、修剪协调、适当染发、慎用发饰等。

三、面部修饰

面部修饰的基本要求有三个：洁净、健康、自然。

仪容在很大程度上指的就是人的面部，由此可见，面部的修饰有举足轻重的地位。修饰面部首先要做到清洁，即要勤于洗脸，使之干净清爽，无汗渍、无油污、无泪痕、无其他任何不洁之物。具体到各个不同的部位，修饰面容还有些不尽相同之处。

（一）眼睛修饰

眼睛是人际交往中被他人注视得最多的地方，因此它是修饰面容时的首要之处。

1. 保洁

保洁在此主要是指眼部分泌物的及时清除。对此点，一定要铭记于心，并随时注意。此外，若眼睛患有传染病，也应自觉回避，省得让他人近之不宜、避之不恭。

2. 修眉

若感到自己的眉形刻板或不甚雅观，可进行必要的修饰，但不提倡进行“一成不变”的文眉，更不允许剃光所有眉毛刻意标新立异。此外，文面、文身一般也都在禁忌之列。

3. 眼镜

在日常生活中，人们常为了矫正视力，保护眼睛或追求时尚配戴眼镜。戴眼镜不仅需要美观、舒适、方便、安全，而且还应随时对其进行必要的擦拭或清洗。在正规的场合，按惯例不应戴太阳镜，免得让人“不识庐山真面目”，给人以拒人千里之外之感。

（二）耳部修饰

进行耳部修饰时，应该注意细节，定期进行耳部除垢。耳朵除了会经常堆积分泌物之外，也很容易积存外部进入的灰尘。当耳朵里面堆积分泌物或尘土过多，是极不雅观和不卫生的。忌讳在工作场合或当着他人的面掏挖耳垢。

（三）鼻部修饰

鼻部位于面部的中轴线，是面部的最高点。进行鼻部修饰应注意以下三点。

1. 去除鼻涕

切勿当众以手去擤鼻涕、挖鼻孔，更不要用力回吸。有必要去除鼻涕时，应避人进行，宜以手帕或纸巾进行辅助，同时要注意声音的控制。

2. 清理“黑头”

清理“黑头”时，切勿乱挤乱抠，造成局部感染。

3. 修剪鼻毛

鼻毛长到一定的程度会冒出鼻孔之外。这样既不美观也有失风雅，应注意定期对其进行检查。一经发现其超长，即应对其进行修剪。

（四）口腔修饰

口腔修饰是发声之所，也是进食之处，理所当然地应当对其多作修饰，并悉心照顾。

1. 护理

牙齿洁白、口腔无味是护理口腔的基本要求。要做好这一点，就应谨记：第一，每天定时刷三次牙，以去除异物、异味。第二，经常采用爽口液、牙线等清理口腔和采用洗牙等方式，以有效保护牙齿。第三，在参加重要应酬之前，忌食葱、蒜、洋葱头、韭菜、腐乳之类食后易于散发出异味的食物，更不要抽烟或喝酒，免得令他人掩鼻受罪。

2. 异响

商务礼仪规定人体之内发出的所有声音，如咳嗽、哈欠、喷嚏、吐痰、清嗓、吸鼻、打嗝、放屁等，都属于不雅之声，它被统称为异响，在交际场合均应禁止出现。需要指出的是，禁止异响重在自律，而不必强求于人。在大庭广众之前，若他人不慎制造了异响，最明智的做法是视而不见，置若罔闻。若本人不慎出现了异响，则最好及时承认，并向身边之人抱歉。不要显得若无其事，反而让他人相互猜疑、人人自危。

3. 胡须

唇间长有胡须，是成年男子的生理特点。男士若无特殊宗教信仰和民族习惯，最好不要蓄须，应及时地剃去胡须。在交际场合，即使胡须极浅，但若被人看出，也十分失礼。

（五）脖颈修饰

脖颈与头部相连，属于面部的自然延伸部分。一是要防止其皮肤过早老化，与面容产生较大反差；二是要保持清洁干净，不要只顾脸面不顾其他。脸上干干净净，脖子上，尤其脖子后耳后藏污纳垢、与脸上泾渭分明、反差过大，同样不合适。

四、手部修饰

手部修饰应注意以下几点。

（一）不留长指甲

要及时修剪与洗刷，做到“三天一修剪，每天检查”。

（二）不涂画艳妆

养护指甲，可以涂无色指甲油，但不应涂艳丽的指甲油。在臂上刺字、文身更不允许。

（三）不让腋毛外露

一般情况下，商务人员不穿无袖外衣以免露出腋窝，但在某些特殊情况下必须穿无袖外衣时，应注意剃去腋毛使其不外露。

五、腿部修饰

“远看头，近看脚”。虽然腿部并非我们个人形象的主要部分，但是也绝不可不闻不问、听之任之。进行腿部修饰，主要应做好以下几点。

（一）清洁

注意下肢清洁，杜绝“凤凰头，扫帚脚”。重要的是勤洗脚，勤换袜子，勤换鞋。

（二）掩饰

考虑到礼貌和修养的因素，应以服饰适当遮掩下肢。要做到“四不”：不光腿、不光脚、不露趾、不露跟。

（三）美化

考虑到整体协调的因素，从业人员对下肢进行常规的美化处理是非常必要的。具体讲，下肢的美化应考虑以下三方面：注意腿毛、修剪趾甲、忌画彩妆。

六、控制体味

俗语说：“闻香识人”，你的体味影响别人对你的判断，无形之中，体味影响了你的个人形象，而这正是仪容礼仪中容易忽视的问题。具体来讲，需要注意以下三点。

（一）洁净身体

在职场中保持身体的洁净是基本的礼仪规范，只有长期保持洁净的身体，才能拥有清新的体味，而不至于让人敬而远之，退避三舍。养成爱卫生的好习惯，要定期对身体、头发进行清洗。

（二）注意防病

有些人的体臭是因为遗传或者因为患病的原因，比如腋臭、脚臭等。应该及时就医，同时应勤于清洁，勤于更换服饰，不让臭味聚集。

（三）合理运用香水

香水是很好修饰体味的化妆品，香水芬芳的气味具有提神醒脑、控制体味的功能。交往中，正确使用香水控制自身体味，能使个人魅力倍增，风度迷人；反之，如果使用不当，则会让人感觉俗不可耐，难以忍受。

第四节 仪态美

仪态是指人体在空间活动、变化的姿态。仪态是胜过有声语言的形体语言，它主要是通过人的肢体形态、活动向其他社会公众传递信息的，是一种身体语言，即“体态语言”。

英国哲学家培根说：“相貌的美高于色泽的美，而秀雅合适的动作美，高于相貌的美，这是美的精华。”一个人的仪态是社会公众对其形成整体印象的主要因素之一，是个人形象的重要组成部分，我们往往可以从一个人的仪态来判断他的品格、学识、能力和修养程度等。仪态塑造，对于个人形象的塑造具有举足轻重的意义。它包括端庄而优雅的体态，站姿、坐姿、蹲姿、行姿，以及有教养的举止、手势和常用工作仪态等。

一、站姿

站立是人们生活中最基本的举止，是人体静态的造型动作，是培养优美仪态的起点，是表现举止不同的动态美的基础。

“站如松”是人们对美好站姿的一种描述。正确规范的站姿给人以挺拔端庄、舒展优美，自信大方的感觉，以及可靠、脚踏实地和诚实守信的印象，展现出美好的个人气质与风度。

（一）标准站姿规范“十要点”

1. 头正

抬头，头顶上悬。双目平视前方，面带微笑。嘴微闭，下颌微收。精神饱满，表情自然。

2. 颈直

脖颈挺直，防止头位不正，偏左、偏右或偏前，不能无精打采。人体有向上的感觉。

3. 肩平

双肩放平、放松，保持水平，并微微向后下压，自然呼吸。

4. 胸挺

挺起胸部，自然吸气，肩部自然打开。

5. 腹收

腹部向后压，微微收起。

6. 腰立

脊椎从中间往上下进行拉升，后背挺直。

7. 臀收

臀大肌微收缩，向内夹，并向上提升。

8. 腿直

两腿并拢，膝关节用力挺直，髋部上提。

9. 脚靠

双脚并拢，重心在双脚之间，两脚的脚尖向前，或呈“V”形，脚尖分开45°，也可两脚微分开。身体的重心主要支撑在脚掌和脚弓上。

10. 手垂

两手自然下垂于体侧，手指自然弯曲，也可双手搭于腹前或置于背后。

（二）男性的标准站姿

1. 叉手站姿

两手在腹前交叉，右手握住左手手腕部分；两脚分开，距离不超过自己的肩宽。在站立时，身体重心可以在两脚间转换，以减轻疲劳，这是一种常用的接待站姿。

2. 背手站姿

双手在身后交叉，右手贴在左手外面，自然贴在背后。两脚可分可并，两脚分开时，双脚不超过肩宽；立正时，脚跟靠拢，脚尖分开呈60°，挺胸立腰，收颌收腹，双眼平视。这种站姿优美中带有威严，易产生距离感，所以常用于保安、门卫等。

3. 垂手站姿

两手自然下垂，手自然弯曲，两手中指对准裤缝，两脚可以并拢也可以分开，两脚分开时不超过肩宽。这种站姿显得大方、自然。

（三）女性的标准站姿

正确的站姿能够衬托出美好的气质和风度。女性站立时要表现出轻盈、妩媚、典雅、娴静的女性美。站立时，双手自然垂于身体两侧，或两手在腹前交叉，右手搭在左手上，轻贴于腹前，双腿膝盖并拢，脚后跟并拢或双脚呈小“丁”字步。端正的脊柱是构成女性形体曲线美的根本，因此站立时要腰部挺直、下腹微收、胸部挺起，只有这样才能展示出女性的曲线美，才能有亭亭玉立的美感。

女性站姿的注意事项。

（1）切忌无精打采、东倒西歪。

（2）切忌双手叉腰、抱头、交叉抱在胸前。

（3）切忌身体倚墙、以物支撑。

（4）切忌弓腰驼背，两肩不平。

（5）切忌手臂乱摆，两腿抖动。

（6）切忌手插衣袋，多小动作。

二、坐姿

坐姿文雅、端庄，不仅给人以沉着、稳重的感觉，而且也是展示自身气质和风度的形式。

（一）坐姿的基本要求

头部挺直，双目平视，下颌内收，神态从容自然；身体端正，两肩自然放松，勿倚靠座椅的靠背；挺胸收腹，上身微微前倾，坐满椅子的2/3左右，双膝自然并拢（男士可略分开）。

坐姿可以分为入座、就座和离座三个细节，因此应掌握以下坐姿规范。

（1）入座时，要尽量轻稳，避免座椅乱响，噪声扰人。

（2）女士在就座时应右手轻按住衣服前角，左手抚平后裙摆，缓缓坐下。

（3）女士如因坐立时间长而感到有所疲劳时，可以变换腿部姿势，即在标准坐姿的基础上，双腿可向右或向左自然倾斜。

（4）离座时，身旁如有人在座，须以语言或动作向其先示意随后方可站起身来；起身离座时，最好动作轻缓，无声无息；地位低于对方时，应稍后离开，双方身份相似时，才可同时起身离座。

（5）离开座椅后，要先站定，方可离去。

（二）规范的坐姿注意事项

1. 两手摆法

有扶手时，双手轻搭或一搭一放。

无扶手时，两手相交或轻握放于腹部；左手放在左腿上，右手搭在左手背上；两手呈“八”字形放于腿上。

2. 两腿摆法

凳面适中时，两腿相靠或稍分，但不能超过肩宽。

凳面低时，两腿并拢，自然倾斜于一方。

凳面高时，一腿略搁于另一腿上，脚尖向下。

3. 两脚摆法

脚跟与脚尖全靠或一靠一分。

可一前一后或右脚放在左脚外侧。

4. 上下车的坐姿要求

女士在上车时，应该先坐到车座上，然后再把双腿一起收进车内。在这个过程中，一定要保持双腿并拢。女士在下车时，应该先打开车门，伸出双脚在地上踏住之后，再把身体从车内移出。

5. 坐姿禁忌

不前仰后靠，不左摇右晃，不趴在工作台上休息。

忌坐在椅子上转动。

尽量不跷二郎腿。

座椅上，切忌双腿大幅度叉开，或将双腿直伸出去，或将腿放在桌椅上。

忌双腿习惯性抖动，这不仅会令他人心烦意乱，而且也会给人以极不安稳的印象。

忌将手夹在腿间，这一动作显得胆怯或害羞。

脚尖指向他人，这种做法是非常失礼的。

忌脱鞋脱袜或以手触摸脚部。

三、行姿

行进间的举止是一种动态美，轻盈、稳健的行姿能反映出积极向上的精神状态。

（一）行姿的基本要求

1. 基本姿态

抬头挺胸收腹，目光平视前方，表情自然；脚尖向前，双腿自然向前迈进，双臂在身体两侧自然摆动，步履轻捷，神态平和，要走出节奏，走出韵律。

2. 注意步位

所谓步位，就是脚下落到地上的位置，这一点对女士来说尤为重要。两脚轮换前进，要踩一条直线，而不是两条平行线。在行走时，必须保持明确的行进方向，尽可能地使自己犹如在直线上行走，不突然转向，更忌突然大转身。

3．注意步度

步度是指跨步时两脚之间的距离。一般人的步度有时大有时小，而标准的步度是一个脚长。因此，不同的人标准步度的大小是不同的。就一般而言，行进时迈出的步度与本人一只脚的长度相近，即男子每步约50厘米，女子每步约30厘米。

4．速度均匀

男士走路步态应稳重，以显示其刚强英武的男子风骨美；女士走路步态应轻柔、匀称，以显示其端庄典雅的女子窈窕美。在正常情况下，男子每分钟108～110步，女子每分钟118～120步。不宜突然加速或减速。

5．陪同客人的行姿

位于客人侧前方两三步，按客人的速度行进，不时用手势指引方向，招呼客人。

6．与客人反向而行的行姿

接近客人时，应放慢速度；与客人交会时，应暂停行进；空间小的地方，要侧身，让客人通过后再前进。

7．与客人同向而行的行姿

尽量不超过客人；实在必须超过，要先道歉后超越，再道谢。

8．后退时的行姿

与人告别时，应先后退两三步，再转身离去，后退时步幅应小，先转身再转头。

（二）行姿礼仪

1．多人同行时

多人同行时，要让长辈或职位较高者走在最前面，其次跟随在其右后方，资历较浅者应行于左后方。

2．男女同行时

男女同行时，男士要让女士行走在比较安全的一侧。比如，若走在路边，应让女士行走在离车道较远的一侧。对待长辈和职位较高者也是一样。

3．进门时

行进到需要开门进入的场所时，男士或职位较低者应先快步向前开门，并等同行的女士或职位较高者通过门口之后再通过。如果不是自动开关的门，应轻声关好门再跟上。不要走过之后就让门“砰”的一声关上，这样显得冒失而且不礼貌。

4．上下楼时

上楼时，应该让女士或长者走在前面；下楼时，男士或职位较低者应该走在前面，防止客人摔跤时起到保护作用。

5. 搭乘自动扶梯时

搭乘自动扶梯时，握住扶手，靠右边站立，让出左边一侧的通道给急需快速通过的人。如果几人同时搭乘，不要并排站立而把扶梯占满，应遵循靠边站立的原则。若携带大件物品，应放在自己前面。

6. 搭乘直梯时

搭乘直梯时，应遵循先下后上的原则，先让电梯里面的人出来，然后外面的人再进入电梯；进入电梯后，尽量站在电梯的两侧及后壁处，给他人让出地方。如果够不着电梯的指示键，可以请人代劳，并致谢，切勿伸长胳膊越过别人的头顶去按指示键。

在电梯内不要大声讨论或大声笑闹；若不小心触碰他人，要立刻道歉；不要长时间凝视陌生的同乘者，为了避免尴尬，可以微笑或点头致意。

在同一座大厦上班，每天都与同一座大厦的人一起乘坐电梯，经常会遇到一些熟悉的面孔，进出电梯时说一句问候语，可以增加亲和力，提升形象指数。

如果与客户或上司一同搭乘电梯，要遵循让客户或上司先进先出的原则。在进电梯时，扶住电梯门，让客户或上司先进入电梯；在出电梯时，也要扶住电梯门让客户或上司先出，然后再快步跟上，为客户引路。

（三）行姿禁忌

行进时忌讳驼背弯腰，晃臂扣腰，晃肩摇头，左顾右盼，东张西望。

行走中脚后跟不要拖地，防止内“八”字或外“八”字。

四、蹲姿

蹲姿是由站立的姿势转变为两腿弯曲和身体高度下降的姿势。蹲姿是人们在比较特殊情况下采用的一种暂时性的体态。

（一）蹲姿的基本要求

身体保持直线，双腿靠拢，一脚在前，一脚在后，两腿向下蹲，前脚全着地，小腿基本垂直于地面，脚后跟提起，脚掌着地，臀部向下。注意下蹲时，应是单腿弯曲下蹲，不要整个弯腰低头；下蹲时应尽可能避免后背朝人，应正面朝人。蹲姿分为以下三种类型。

（1）高低式蹲姿　它的基本特征是，双膝一高一低。要求在下蹲时，左脚在前，右脚稍后。左脚应完全着地，小腿基本垂直于地面；右脚脚掌着地，脚后跟提起。这时右膝低于左膝，右膝内侧可以靠在左小腿内侧，形成左膝高、右膝低的姿态。女性应靠紧两腿，男性可以适度地分开。臀部向下，基本上以右腿支撑身体。依照个人习惯，左右脚可以反向替换。

（2）交叉式蹲姿　通常适用于女士，特别是穿短裙的女士采用。优点在于造型优美典雅。基本特征是蹲下后双腿交叉在一起，两腿前后靠近，合力支撑身体。上身略向前倾，而臀部朝下。

（3）半跪式蹲姿　又称单跪式蹲姿。它也是一种非正式蹲姿，多用在下蹲时间较长，或为了用力方便时。双腿一蹲一跪。主要要求是在下蹲后，改为一腿单膝点地，臀部坐在脚后跟上，以脚尖着地。另外一条腿应当全脚着地，小腿垂直于地面。双膝应同时向外，双腿应尽力靠拢。

（二）蹲姿注意事项

（1）在捡掉落地上的东西或者拿取低处的物品时，为了省事，只弯下腰，臀部向后翘起，这样很不雅观。

（2）切忌突然下蹲、距人过近、方位失当、毫无遮掩。

（3）蹲着休息也是女士忌讳的姿态。

五、手势

手势也是人体的一种自然流露的本能的体态语言，是人们表达某种思想、感情、内在涵养的辅助行为。遵循手势礼仪，会产生优雅、职业的印象，否则会影响我们的社交形象。

（一）几种基本手势

1. 垂放

垂放是最基本的手势。其做法有两种：第一，双手自然下垂，掌心向内，叠放或相握于腹前。第二，双手伸直下垂，掌心向内，分别贴放于大腿两侧，多用于站立之时。

2. 背手

背手多见于站立、行走时。它既可显示权威，又可镇定自己。其具体做法是：双臂伸到身后，双手相握，同时昂首挺身出胸。

3. 持物

持物即用手拿东西。其做法多样，既可仅用一只手，也可使用双手。但最关键的是，拿东西时动作应自然，五指并拢，用力均匀。不应翘起无名指或小指，显得扭捏作态。

4. 鼓掌

鼓掌是用以表示欢迎、祝贺、支持的一种手势，多用于会议、演出、比赛或迎候嘉宾。具体做法以右手掌心向下，有节奏地拍击掌心向上的左掌，必要时，应起身站立。但是，不应以此表示反对、拒绝、讽刺、驱赶之意，即不允许“鼓倒掌”。

5. 夸奖

夸奖主要用以表扬他人。其做法是：伸出右手，跷起拇指，指尖向上，指腹面向被称道者。

但在交谈时则不应将右手拇指竖起来反向指向其他人，因为它意味着自大或藐视。以之自指鼻尖，也有自高自大、不可一世之意。

6. 指示

指示是用以引导来宾、指示方向的手势。其做法是：以右手或左手抬至一定高度，五指并拢，掌心向上，与地面呈45°，以其肘部为轴，朝一定方向伸出手臂。

（二）禁忌的手势

在人际交往中，下列几种手势均在禁止范围之内。

1. 易误解的手势

易被他人误解的手势有两种：第一，出自个人习惯，但不通用、不为他人理解。第二，因为文化背景不同，而被赋予了不同的含义。比如，伸起右臂，右手掌心向外，拇指与食指合成圆圈，其余手指伸直这一手势，在英美表示“OK”，在日本表示钱，在德国则表示下流，不了解这一文化背景的人往往就很容易发生误会。

2. 不卫生的手势

在他人面前搔头皮、掏耳朵、抠鼻孔、剔牙齿、搓脚丫等这样一些手势，均极不卫生，甚至令人恶心，自然属于不当之举。

3. 欠稳重的手势

在大庭广众之前，双手乱动、乱摸、乱举、乱扶、乱放，或咬指尖、折衣角、抱大腿、拢头发等手势，也是应当禁止的不稳重的手势。

4. 非敬人的手势

掌心向下挥动手臂，勾动食指或除拇指外的其他四指招呼别人，用手指指点他人，都是失敬于人的手势。其中指点他人，即伸出一只手臂，食指指向他人、其余四指握拢这一手势，因含有指责、教训之意，尤为失礼。

本章小结

本章所讲授的是仪表美，它是指职场工作者个人修饰与打扮的基本规范。遵守仪表美有助于更好维护工作中的个人形象及其所代表的单位形象。第一节主要讲述了重视个人形象的重要性。第二节从着装的规范角度讲述男士和女士的着装要求，对职场工作中着装搭配提出了建议。第三节讲述有关仪容的礼仪，对个人的头发、面部、手部、腿部修饰提出了建议。第四节讲授了仪态美，主要讲述职场工作中站姿、坐姿、走姿、蹲姿、手势的规范要求。

思考与练习

案例1：航空公司的招聘

某航空公司要面向社会招一批空姐，前来报名的人络绎不绝。其中有几个女孩，心想空姐是多么时髦的职业，招的都是那些漂亮的女孩。于是，几个姑娘就到美容院将自己浓妆艳抹地打扮了一番，活像电视剧里的明星。她们高高兴兴地来到报名地点，谁知工作人员连报名的机会都不给她们，就让她们走。看到别的姑娘一个个地报上了名，她们几个很纳闷："这是为什么呢？"

问题：

（1）工作人员为什么不给这几个姑娘报名？

（2）空姐的漂亮究竟有什么样的含义？

案例2：形象的重要性

房地产商李先生曾有心投资高科技事业，于是会面了一位中关村的计算机"天才"。这位"天才"在讲了自己的网络前景后，要求投资一千万元。李先生在讲到这段经历时说："他身穿廉价西服，穿着毛衣，打着领带，一双沾着灰尘的破皮鞋和不清洁而发黄的牙，那至少一周没有清洗的稻草般的头发，还有那狡诈的眼光，一切都告诉我，他来自于一个没有良好教养的家庭。他可能心胸狭隘，没有理性商业思维，他渴望一笔交易就致富，可能带有极大的欺骗性，网络时代带给他的是疯狂和投机，这种人在商业合作中的行为是难以预测的。"

问题：

李先生为什么会产生如此的印象？

第三章 美容化妆

第一节　美容化妆的目的和原则
第二节　美容化妆的基本步骤
第三节　美容化妆的注意事项

知识目标

1. 掌握美容化妆的目的和基本原则。
2. 掌握美容化妆的基本要领。
3. 掌握美容化妆中的注意事项。

能力目标

1. 掌握并能运用美发、美容与化妆技巧。
2. 能够展示职场人员的完美第一印象。

职场上的工作人员必须始终不懈地保持精神饱满，神采奕奕的状态。正是基于这一原因，在职场上，绝大多数的单位都要求自己的职员，一律在工作岗位上“严阵以待”，必须做到：化妆上岗、淡妆上岗。

俗话说“三分人才，七分打扮”。美容化妆，是一种通过对美容用品或美容手段的使用来修饰自己的仪容，美化自我形象的行为。简单地说化妆就是有意识、有步骤地为自己美容和进行修饰。

第一节　美容化妆的目的和原则

一、美容化妆的目的

在日常生活和工作中，每个人的修饰打扮、仪表风度、举止言谈都能构成每个人独特的个人形象，同时也反映自身的修养与内涵。化妆是一种修饰美化艺术，不同的场合应施以不同的装扮，才能使人们藏缺扬优，起到美化形象的作用。对一般的人来讲，化妆最实际的目的就是为了遮掩自己容貌的某些缺陷，以期扬长避短，使自己变得更加美丽，光彩照人。经过化妆，人们大都会自我感觉良好，身心愉悦，精神倍增，不仅可以缓解来自外界的各种压力，而且还可以在人际交往中表现得更加自信，更加开放，潇洒自如。

对职场人士来说，化妆最重要的功能主要体现在两个方面。

（1）塑造形象　要求员工化妆上岗，有助于体现本单位的令行禁止和统一性、纪律性，有助于使其单位形象更为鲜明、更具特色。一句话，这样做更能塑造单位在管理上严谨有序的形象。

（2）体现尊重　要求职员化妆上岗，意在向工作中交往对象表示尊重之意。在商务交往中化妆与否绝非个人私事，而被交往对象作为一个标尺，来判定商界人士对其尊重的程度。在对外商务交往中，这一点表现得尤为明显，在国外的许多地方，参加商务活动时若不化妆，常常会被交往对象理解为蔑视对方，或视为一种侮辱。

由于美容化妆在商务交往中与维护单位形象、对交往对象尊重与否等两桩大事紧密相关，因此每一位职场上的工作人员对化妆问题都绝对不可以掉以轻心。

二、美容化妆的基本原则

（一）扬长避短

先找优点，把优点扩大，缺点淡修饰，让人不易察觉，扬长避短。

（二）真实自然

不虚不夸，流露自然真实的一面。

（三）突出个性

有自己的个人风格，不要千面化，塑造独特形象的风格。

（四）整体协调

色调、外形、款式搭配协调和谐，给人视觉柔和、清楚整齐的形象。

第二节　美容化妆的基本步骤

一、化妆品的选择

化妆品的选择标准是要适合自己。化妆品种类繁多，主要有两大类，即基础性化妆品和修饰性化妆品。选用化妆品，除了根据用途选择以外，还要注意以下几点：选用与自己肤色相近色彩的化妆品；根据自己的皮肤性质选用化妆品；根据化妆品的质量选用，切忌不要买假冒伪劣化妆产品以免危害皮肤；不宜频繁更换化妆品牌。

二、化妆的基本步骤和方法

（一）清洁皮肤

用选好的洗面奶或清洁霜清洗面部和颈部肌肤。水温不要过高。洗脸时动作要轻柔，手的动作应是从里向外清洗，从下向上清洗。为了避免搓泥，最好三分钟后再化妆。

（二）拍化妆水

清洁完面部之后在面部拍化妆水。补充水分，收缩毛孔。

（三）护肤

涂乳液或营养霜，滋养肌肤。

（四）打粉底

打粉底即上粉底霜。需要注意的是，粉底的颜色一定要和自己真实的肤色匹配，同时，打粉底的时候千万不要忘了脖子。尽量使用化妆工具涂抹粉底。可以选择海绵粉扑、化妆刷，都要比用手上粉底更加服帖。如果脸上有斑点、粉刺等瑕疵，可以在粉底之前和之后用遮瑕膏进行遮瑕，遮瑕膏有很多颜色，如粉色、肤色、橘色、绿色、紫色等。

遮瑕使用顺序的选择如下。

（1）彩色的遮瑕要用在粉底之前，肤色的遮瑕可以用在粉底之前，也可以用在粉底之后。

（2）还可以根据面部的瑕疵程度来决定。皮肤瑕疵较多的顺序是遮瑕—粉底—遮瑕。皮肤瑕疵较少的顺序是粉底—遮瑕。

（五）散粉

粉底和遮瑕涂抹好之后，就要给面部定妆了。可以用散粉自带的粉扑，也可以用散粉刷，脸部爱出油的地方可以多刷一些散粉。

（六）描眉

眉毛的化妆需注意以下几点。

（1）在描眉之前要先进行修眉，首先用眉刷把眉毛整理好，然后用专用的镊子把多余的眉毛拔去，最后还要对过长的眉毛进行修剪。

（2）所描的眉形应该要综合考虑自己的年龄、性格、脸形和眼睛大小。

（3）用眉笔画眉，不要画成一条线，要一根一根地画，表现出质感。

（4）眉毛的特点是中间浓、两头淡，在描画时要遵循这一特点，使所描之眉更富有立体感。

（5）要注意眉毛的对称美，描好之后要用眉刷轻轻刷匀，并检查是否对称。

（七）施眼影

选择咖啡色系等淡雅的色彩来修饰，注意以下几点。

（1）要选择颜色合适的眼影，选择的颜色不宜过分鲜艳。

（2）眼影要有层次感。

（八）画眼线

画眼线应注意以下几点。

（1）先画上眼线，从睫毛底部用黑色或褐色眼线笔由内眼角画到外眼角。

（2）画下眼线时由外眼角画到内眼角的三分之二处，避免全画上，将眼睛包围。

（3）应该先上后下，上重下淡，必须紧贴眼睑边缘。画上眼线时，把镜子放低，眼睛向下看，在眼睑最边缘处画上眼线。画下眼线时，把镜子抬高，眼睛向上看，沿着下睫毛根部画上细细的线。

（九）刷腮红

面颊红润会给人留下生气勃勃、精神焕发的良好印象。要显得自然红润，面颊可以上些腮红。

（1）涂腮红时，应以颧骨部位为中心向四周扫匀，越来越淡，直到与底色自然衔接。

（2）涂抹腮红可以用来矫正脸形，圆形脸的腮红形状应该是长条形的，刷子竖扫以减弱肥胖之感；长脸形的应该涂的宽一些，刷子横扫，以增加横向感觉，减弱瘦的感觉。

（3）要注意腮红的颜色选择，皮肤白皙的人，可以选择淡一些、明快的颜色，如浅桃色；皮肤深一些的人应该选择深一些、暗一些的腮红。同时，腮红的颜色要与口红、眼影属于同一色系，相互协调。

（十）涂唇彩

理想的唇形唇线清楚，下唇略厚于上唇，大小与脸形协调，嘴角微翘，富有立体感。涂唇彩，既可以矫正不理想的唇形，也可以让双唇更加美丽迷人。唇彩可以是口红，也可以是唇膏。应注意以下几点。

（1）用唇刷或唇笔按照从上唇到下唇，从嘴角向唇中央涂抹口红或唇膏。

（2）根据需要涂上光亮剂，以增加透明感。

（3）唇彩应该涂抹在唇线以内，在唇彩的用色上不应过于鲜艳、古怪。

（十一）修妆

化妆完成以后，应该隔镜子远点，观察妆面的整体效果。主要看妆形、妆色是否协调；左右是否对称，尤其是双眉和双眼；底色是否匀称；如果有不足的地方要加以改进并进行修补。

三、仪容修饰的技能技巧

下面就几种脸形扬长避短的化妆方法进行简单介绍。

（一）长脸形

化妆应选择较浅淡的自然色粉底。胭脂用淡红色，从颧骨的中心往耳朵方向推抹成扇形。在下巴、额头上也略施暖色调阴影色，眉毛修饰成横向发展的平弧状缓和曲线。用睫毛膏染外眼角睫毛。总之，化妆采用的线条和色彩，都应以横向引导来造成视错觉，以便使长脸形有所改观。发型应避免直长发和盘髻发式，这些发型易使脸形长度加强。而蓬松的卷发或留有齐眉刘海的童发式等，都会在视觉上使脸变宽。服装应选择高圆领及横向开领的款式。

（二）脸形大者

化妆应选用比自己原来肤色偏深一些的粉底作为底色，面部的两侧可以涂一些能与底色衔接的阴影色，额头、鼻梁、下巴涂上亮色，但也需要与底色自然相接，以形成脸部大的起伏。再用鼻侧影使脸部唯一的纵长结构更具立体感，鼻侧影的颜色比肤色略深，并应和眼影色融合。眼睛作重点修饰，加上眉毛与嘴唇的衬托，使五官明艳清晰，以此来减弱脸庞轮廓线的印象，发型应留简洁流畅的短发，飘逸的直长发，以及能遮掩脸廓的发式。衣服的领口线条以简洁明快为好，少加或不加花边，“V”形领是较为理想的样式。

（三）方脸形

化妆上底色不宜太浅，色彩沉着的底色加上红褐色的面颊，会使方脸有结实感。眉形可以是略粗呈角度弧形，又细又弯的眉会与方脸的轮廓线形成较明显的对比。眼影与唇膏的颜色应鲜明一些，用强调五官来减弱方脸的轮廓。发式以短发型、垂眉的中长发型为宜。服装则以“V”形领及“一”字领为合适。

（四）圆脸形

化妆时应加强面部的立体塑造，在涂粉底时，可用偏深的粉底涂面部两侧，在额头、鼻梁、下巴处涂明亮色。鼻侧影略向眉头部位揉擦，以抬高鼻根，使鼻型挺拔。眉毛作上挑圆弧形描画。眼影不宜用浅亮色，深色眼影可使面部凹凸加强。发式应留直线型长发或高耸型盘发。服装以长方领及“V”形领为宜。

（五）脸形小者

脸形的大小主要是与身材相比。身材高大而脸形小，或身材矮小而脸形大，都让人产生不和谐的感觉，并有面目不清之感。脸形小者，化妆时应用浅色粉底，腮红可选用桃红、淡红。眉毛、眼睛、嘴唇的颜色可适当明丽，线条的描画清晰，使修饰过的五官显得眉清目秀。在发型上，具有蓬松感的卷发、中长发、长波浪等发型能使头部显得饱满，从而与身材协调。服饰不宜穿着领口宽大或大衣领服装，也不宜穿领口紧闭的服装。服装少用或不用垫肩。

总之，化妆应该因人而异，因形而异。

第三节 美容化妆的注意事项

在职场礼仪中，除了要能根据职业淡妆的原则，熟练运用化妆程序和方法画出符合职业礼仪规范的妆外，还要掌握一些职场化妆中要注意的问题及禁忌，否则会贻笑大方。

一、化妆中应注意的问题

（一）工作妆以淡妆为主

工作妆的主要特征是简约、清丽、素雅并具有鲜明的立体感。它既要给人以深刻的印象，又不容许显得脂粉气十足。总的来说，就是要求清淡而又传神。

化妆与化淡妆，其实是并不完全重合的两个概念，如果只要求职场工作人员化妆就行，其后果有时会让人大吃一惊。

一般而言，化妆有晨妆、晚妆、上班妆、舞会妆、结婚妆等多种具体形式。它们在浓淡程度和化妆品的选择使用方面，都存在一定差异。要求职场工作人员在工作岗位上化淡妆，实际上就是限定其在工作岗位上不仅要化妆，而且只适合选择工作妆这种具体化妆形式。简单说就是“淡妆上岗”。

男士所化的工作妆，一般包括美发定型；清洁面部与手部，并使用护肤品进行保护；使用无色唇膏与无色指甲油，保护嘴唇与手指甲；使用香水等。女士所化的工作妆，在此基础上，还需要使用相应的化妆品略施粉黛、淡扫蛾眉、轻点红唇，以求恰到好处地强化可以充分展现女性光彩与魅力的面颊、眉眼与唇部。

应当强调的是，与晨妆的明朗、晚妆的亮丽、舞会妆的浓郁、少女妆的妩媚、结婚妆的清纯均不相同，工作妆只强调一个“淡”字。它要求着妆者化妆后若有若无、自然而然，好似天生如此。而且在化妆品的具体选择上也不甚一致。以唇膏为例，虽然鲜红的唇膏最容易吸引异性的注意，但职场女性在化工作妆时，还是要优先选择与肤色所接近的棕色、橙色或深红色的唇膏。

工作妆要求以淡为主，目的在于不至于过分地突出职场人员的性别特征，使其不过分地引人注目。如果一位职场女性在工作场合妆化得过于浓艳，往往会使人觉得她过分艳俗，甚至有“风尘女子”之嫌。

（二）不要过量使用浓香型化妆品

在工作岗位上，使用任何化妆品都不能过量。浓香型化妆品，尤其是香水，使用时更应当铭记这一点。

实际上人们过量地使用香水，不但有可能使人觉得自己表现欲望过于强烈，而且还可能因此而“摧残”他人的嗅觉，并引起对方的反感和不快。由于有许多地方，尤其酒店场所空气流通不畅，因此如果在这些地方出现一颗“香弹”，那可能成为“害群之马”了。

通常认为，与他人相处时，自己身上的香味在一米以内能被对方闻到不算是过量。若在三米开外，自己身上的香味依旧能被对方闻到，则肯定是过量使用香水了。

要使自己在工作岗位上所使用的香水恰到好处，应注意以下两个问题：一方面，应选择适当类型的香水。像淡香型、微香型的香水，都比较合适。而诸如浓香型等本身香味过于浓烈厚重的香水，在工作岗位上则不适用。另一方面，使用香水的剂量不宜过大。用得多，不如用得精、用得准。所谓用得精、用得准，是说香水有当用之处，也有不当用之处。将香水用在当用之处，即便只是一两滴，也能见效。通常认为，若同时使用几种香水很容易“串味”，所以在某一段时间内只能用同一品种。凡是身上容易出汗的地方，比如发际、腋窝、脊背、膝弯等处，均不可涂抹香水，否则汗味与香味混合掺杂在一起，往往就会产生“复合”型的气味，更加难闻。

正确使用香水的位置主要有两个：一是脉搏离皮肤比较近的地方，如手腕、颈侧、膝部、踝部等处；二是既不会污损面料，又容易扩散出香味的服装上的某些部位，如衣领、口袋、裙摆的内侧，或西装上所用的装饰性手帕的下端。

二、化妆禁忌

（一）不分场合，随意化妆

化妆应注意三不宜：不宜当众化妆，这是公共道德问题；不宜在工作场所化妆，这是职业道德问题；不宜当着异性的面化妆，这是个人修养问题。

（二）不重维护，残妆示人

应努力维护妆面的完整，养成随时维护妆面的习惯，不要出现残妆。这不仅是对自己、对他人的尊重，也是对职业的一种尊重。

（三）胡涂乱抹，技法错误

化妆的目的是美化自己，同时化妆还体现一个人的审美情趣、修养、气质和职业素养。所以职场工作人员切不可等闲视之，要多学习化妆技法、提高修养，切不可胡涂乱抹，不懂装懂，出现错误的化妆技法。

（四）戒与他人探讨化妆

现在有不少人，尤其女性居多，对化妆都比较有兴趣。虽然如此，在工作岗位上，不能随便与他人一起切磋化妆之术，那样会让人觉得你不务正业。

本章小结

本章主要从日常化妆中应注意的礼仪规范和化妆技巧方面让大家了解化妆中应遵守的基本原则和注意事项，避免社交场合中不得体的化妆给人留下不好的印象。第一节主要讲授的是社交场合化妆的目的和意义；第二节主要讲授的是化妆的步骤和基本技巧；第三节主要讲授的是化妆应注意的问题和礼仪规范。

思考与练习

案例：美中不足

一天，黄先生与两位好友小聚，来到某知名酒店。接待他们的是一位五官清秀的服务员，接待服务工作做得很好，可是她面无血色，显得无精打采。黄先生一看到她就觉得心情欠佳，仔细留意才发现，这位服务员没有化工作淡妆，在餐厅昏黄的灯光下显得病态十足。上菜时，黄先生又突然看到传菜员涂的指甲油缺了一块，他的第一个反应就是“不知道是不是掉我的菜里了”。但为了不惊扰其他客人用餐，黄先生没有将他的怀疑说出来。用餐结束后，黄先生呼唤柜台内服务员结账，而服务员却一直对着反光玻璃墙面修饰自己的妆容，丝毫没注意到客人的需要。自此以后，黄先生再也没有去过这家酒店。

问题:

（1）请指出案例中服务员在仪容上存在的问题有哪些?

（2）本案例对你有哪些启示?

第四章
日常交往礼仪

第一节　见面礼仪
第二节　谈吐礼仪
第三节　馈赠礼仪
第四节　电话礼仪
第五节　目光、距离、位置礼仪

知识目标

1. 掌握见面的礼仪规范和要求。
2. 掌握与人交谈的礼仪规范和要求。
3. 掌握馈赠时机的把握、地点确定，馈赠时如何选择礼品。
4. 掌握打电话的基本要求和基本原则。
5. 掌握与人交往中目光表情、距离、位置礼仪规范和要求。

能力目标

1. 能够在社交接待中完成接待工作，掌握接待礼仪规范。
2. 养成日常礼貌用语的习惯。
3. 培养不同场合的语言应变能力。
4. 掌握礼品赠送的相关礼仪。
5. 掌握打电话的基本要求，养成礼貌接打电话的习惯。
6. 能够在社交场合展示自然、大方、得体的个人行为。

第一节　见面礼仪

交往礼仪是人们在平时的交际应酬中应该遵守的行为规范，在人际交往中，惟有有教养、懂礼貌的人才容易赢得朋友，广结善缘。交往礼仪能在生活中营造一种轻松、融洽、和谐的氛围。

一、称谓礼仪

称谓礼仪是在对亲属、朋友、同事或其他有关人员称呼时所使用的一种规范性礼貌语，它能恰当地体现出当事人之间的关系。合理地称呼对方，既是对客人的尊重，又反映了个人的礼仪修养，同时也代表了所在单位的礼仪形象，在接待与服务过程起着不可忽视的作用，对交往十分重要。

（一）常用称谓

现代社会中，常用称谓如下。

1. 行政职务

在人际交往中，尤其是在对外界的交往中，此类称呼最为常用。意在表示交往双方身份有别。

2. 技术职称

对于具有技术职称者，特别是具有高、中级技术职称者，在工作中可直称其技术职称，以示对其敬意有加。

3. 职业名称

一般来说，直接称呼被称呼者的职业名称，往往都是可行的。

4. 通行尊称

通行尊称也称为泛尊称，它通常适用于各类被称呼者。如“同志”“先生”等，都属于通行尊称。不过，其具体适用对象也存在着差别。

5. 称谓姓名

称呼同事、熟人，可以直接称呼其姓名，以示关系亲近。但对尊长、外人，显然不可如此。使用单纯的姓名称呼，一般来说是在年龄、职务等相仿的情况，或者是好朋友之间，否则，只有将姓名，职务或职业等并称才合适，如“王刚老师”“李强先生”等。

6. 性别称谓

男子无论年龄大小与婚否，均可统称为“先生”。女子则视婚姻状况，已婚女子统称为“夫人”或“太太”，未婚女子统称为“小姐”；如果不清楚被称呼女子的婚姻状况，可统称为“小姐”或“女士”。

7. 亲属称谓

如舅舅、哥哥、小妹等，这是亲属之间的一种称谓。

（二）称谓的规则

1. 合乎常规

一般情况下，同时与多人打招呼应遵循先长后幼、先上后下、先宾后主、先近后远、先女后男、先疏后亲的原则；或者由近及远依次进行，即先称呼离自己近的人，再依次称呼下去。

2. 入乡随俗

由于不同国家、地区存在着不同的语言习惯、文化背景、风土人情等方面的差异，因而称呼时要做到入乡随俗、灵活运用。如“小姐”称呼在西方十分普遍，但在我国一些少数民族地区不宜使用；“爱人”在中国表示合法配偶，但在有些国家的人们的意识里，“爱人”是“第三者”、情人的意思。

（三）称谓的禁忌

1. 错误的称呼

常见的错误称呼无非就是误读或者误会。误读也就是念错姓名。为了避免这种情况的发生，对于不认识的字，事先要有所准备；如果临时遇到，就要谦虚请教。误会主要是指被称呼者的年纪、辈分、婚否以及与其他人的关系做出了错误判断。比如，将未婚妇女称为“夫人”，就属于误会。相对年轻的女性，都可以称为“小姐”，这样对方也乐意听。

2. 使用不通行的称呼

有些称呼具有一定的地域性和实效性。比如，山东人喜欢称呼“伙计”，但南方人听来“伙计”就是“打工仔”。中国人经常把配偶称为“爱人”，在外国人的意识里，“爱人”是“第三者”的意思。

3. 使用俗气的称呼

有些称呼在正式场合不适合使用。比如，“兄弟”“哥们儿”等一类的称呼，显然听起来亲切，但在正式场合显得不规范。

4. 称呼外号

对于关系一般的，不要自作主张给对方起外号。更不能用道听途说来的外号去称呼对方，也不能随便拿别人的姓名乱开玩笑。

5. 没有称谓

如“喂”“下一个”“几号”等，这种称呼不仅失敬于人，而且很难得到他人回应。

6. 使用不当的称呼

工人可以称呼为“师傅”，道士、和尚、尼姑可以称为“出家人”。但如果用这些来称呼其他人，没准还会让对方产生自己被贬低的感觉。

二、问候礼仪

问候也称问好、打招呼。一般而言，它是人们与他人相见时以语言向对方进行致意的一种方式。通常认为，一个人在接触他人时，假定不主动问候对方，或者对对方的问候不予以回应，那是十分失礼的。

（一）问候

在有必要问候他人时，办公室员工主要需要在问候次序、问候态度和问候内容三个方面加以注意。

1. 问候次序

在正式会面时，宾主之间的问候，在具体的次序上有一定的讲究。

（1）一个人问候另一个人　一个人与另外一个人之间的问候，通常应为“位低者先行”，即双方之间身份较低者首先问候身份较高者，才是适当的。

（2）一个人问候多人　一个人有必要问候多个人时，既可以笼统地加以问候，也可以逐一加以问候。当一个人逐一问候许多人时，既可以由尊而卑、由长而幼地依次而行，也可以由近而远地依次而行。

2. 问候态度

问候是敬意的一种表现。当问候他人时，在具体态度上需要注意以下四点。

（1）主动　问候他人，应该积极、主动。当他人首先问候自己之后，应立即予以回应。

（2）热情　在问候他人时，通常应表现得热情而友好。毫无表情或者表情冷漠，都是应当避免的。

（3）自然　问候他人时，主动、热情的态度，必须表现得自然而大方。矫揉造作、神态夸张或者扭扭捏捏，都不会给他人留下良好的印象。

（4）专注　办公室员工在对其交往对象进行问候时，应当面含笑意，以双目注视对方的两眼，以示口到、眼到、意到，专心致志。

3. 问候内容

问候他人在具体内容上大致有两种形式，它们各有自己适用的不同范围。

（1）直接式　所谓直接式问候，就是直截了当地以问好作为问候的主要内容。它适用于正式的人际交往，尤其是宾主双方初次相见。

（2）间接式　所谓间接式问候，就是以某些约定俗成的问候语，或者在当时条件下可以引起的话题，如“忙什么呢”“您去哪里”来替代直接式问好。它主要适用于非正式交往，尤其是经常见面的熟人之间。

（二）寒暄

在交往中，为了拉近与对方的距离，为以后的深入交谈作情感上的铺垫而采用的一种问候形式。寒暄的主要用途是在人际交往中打破僵局，缩短人际距离，向交谈对象表达自己的敬意，或者借以向对方表达乐于与其多结交之意。所以说，在与他人见面时，若能选用适当的寒暄语，往往会为双方进一步的交谈作良好的铺垫。反之，在本该与对方寒暄几句的时刻，反而一言不发，则是极其无礼的。

1. 寒暄的类型

寒暄有很多种类型，比较常见的寒暄方式大体有以下几种。

（1）问候型　“您好”“早上好”这类问好、打招呼形式可以拉近人与人之间的距离。

（2）言他式　“今天天气真好”这类话也是日常生活中常用的一种寒暄方式。特别是陌生人之间见面，一时难以找到话题，就会说类似于“东北天气很冷吧”之类的话，可以打破尴尬的场面。言他式是初次见面时较好的寒暄形式。

（3）触景生情式　触景生情式是针对具体的交谈场景临时产生的问候语，如对方刚做完什么事、正在做什么事以及将做什么事，都可以作为寒暄的话题。如在图书馆或教室里问："这么用功，还在读书啊？"这种寒暄，随口而来，自然得体。

（4）夸赞式　心理学家根据人的天性曾作过如下论断：能够使人们在平和的精神状态中度过幸福人生的最简单的法则，就是给人以赞美，作为一个社会成员，都需要别人的肯定和承认，需要别人的诚意和赞美。比如，你的同事新穿一件连衣裙，你可以用赞美的语言说："小张，你穿上这件连衣裙更加漂亮了！"等。

（5）攀认型　俗话说："山不转水转。"在人际交往中，只要彼此留意，就不难发现双方有着这样那样的"亲""友"关系，如同乡、同事、同学甚至远亲等沾亲带故的关系。在初次见面时，寒暄攀认某种关系，一见如故，立即转化为建立交往、发展友谊的契机。三国时，鲁肃见到诸葛亮的第一句话是："我，子瑜友也。"（子瑜是诸葛亮的哥哥诸葛瑾。）这短短一句话就奠定了鲁肃与诸葛亮之间的情义。

（6）敬慕型　这是对初次见面者尊重、仰慕、热情有礼的表现，如"久仰大名！早就听说过您！您的大作，我已拜读，获益匪浅！""您也精神多了！您的气质真好，您是做什么工作的？""您设计的公关方案真好！"等。

2. 寒暄注意事项

寒暄语或客套话的使用应根据环境、条件、对象以及双方见面时的感受来选择和调整，没有固定的模式，只要见面时使人感到自然、亲切，没有陌生感就行。具体需要做到以下几点。

（1）态度要真诚，语言要得体　客套话要运用得妥帖、自然、真诚，言必由衷，为彼此的交谈奠定融洽的气氛。要避免粗言俗语和过头的恭维话，如"久闻大名，如雷贯耳！""今日得见，三生有幸！"这样就显得极不自然。

（2）要看对象　对不同的人应使用不同的寒暄语。在交际场合，男女有别、长幼有序，彼此熟悉的程度也不同，寒暄时的口吻、用语、话题也应有所不同。一般来说，上级和下级、长者和晚辈之间交往，如前者为主人，最好能使对方感到主人平易近人；如后者为主人，最好能使对方感到主人对自己的尊敬和仰慕。

（3）寒暄用语要恰如其分　如中国人过去见面，喜欢用"你又发福了"作为恭维话，现在人们都想方设法减肥，再用它作为恭维话恐怕就不合适了。西方小姐在听到别人赞美她"你真是太美了"时会很兴奋，并会很礼貌地以"谢谢"作答。倘若在中国小姐面前讲这样的话就应特别谨慎，弄不好会引起误会。

（4）要看场合　在不同的地方使用不同的寒暄语。拜访别人时要表现出谦和，不妨说一句"打扰您了"；接待来访时应表现出热情，不妨说一句"欢迎"。庄重场合要注意分寸，一般场合可以随便些。有的人不分场合、时间，甚至在厕所见面也问对方"吃饭了没有"，使人感到啼笑皆非。当然，也有适用场合较广的问候语和答谢语，如“您好”“谢谢”这类词，可以在较大范围、各类人物之间使用。

三、握手礼仪

握手是一种礼仪，握手往往表示友好，是一种交流，可以沟通原本隔膜的情感，可以加深双方的理解、信任，可以表示一方的尊敬、景仰、祝贺、鼓励，也能传达出一些人的淡漠、敷衍、逢迎、虚假、傲慢。

握手是在相见、离别、恭贺或致谢时相互表示情义、致意的一种礼节，双方往往是先打招呼，后握手致意。

在见面和告别时，人们通常都会握手行礼。在国内外交往中，握手都是最为通行的会见礼节。办公室员工学习和掌握握手礼仪，主要应当从握手方式、握手禁忌等方面加以注意。

（一）握手方式

作为一种常规礼节，握手的具体方式颇有讲究。其具体操作中的要点如下。

1. 神态

与他人握手时，应当神态专注、认真、友好。在正常情况下，握手时应目视对方双眼，面含笑容，并且同时问候对方。

2. 姿势

与人握手时，一般均应起身站立，迎向对方，在距其约两米左右伸出右手，握住对方的右手手掌，稍许上下晃动一两下，并且令其垂直于地面。

3. 力度

握手的时候，用力既不可过轻，也不可过重。若用力过轻，有怠慢对方之嫌；不看对象而用力过重，则会使对方难以接受而生反感。男士之间的握手力度稍大，女士之间的握手力度稍轻，男士与女士之间的握手力度稍轻。

4. 时间

一般来说，在普通场合与别人握手所用的时间以3秒钟左右为宜。

5. 姿势

身体以标准站姿站立，上体略前倾，右手手臂前伸，肘关节屈；拇指张开，四指并拢。

6. 伸手顺序

主人与客人之间，客人抵达时主人应先伸手，客人告辞时由客人先伸手。年长者与年轻者之间，年长者应先伸手；身份、地位不同者之间，应由身份和地位高者先伸手；女士与男士之间，应由女士先伸手。

7. 目光

注视对方的双眼。

8. 握手的位置

男士与男士握手，两手掌心虎口相对；男士与女士握手，男士握女士的手指；女士与女士握手，手指相握。

9. 握手时的表情

一般情况下，要自然地微笑。对方心情沉痛时，表情要凝重。

（二）握手禁忌

在正式场合与他人握手时，主要有下述五条禁忌应当避免。

1. 用左手与人握手

握手宜用右手，用左手握手被普遍认为是失礼之举。

2. 戴手套与人握手

握手前务必要脱下手套。只有女士在社交场合戴着薄纱手套与人握手，才是允许的。

3. 戴墨镜与人握手

在握手时一定要提前摘下墨镜，不然就有防人之嫌。

4. 用双手与人握手

用双手与人相握，多数适用于熟人之间。与初识之人握手，用两手紧握对方的一只手，一般是不妥当的。

5. 以脏手与人握手

在一般情况下，用来与人相握的手理应干干净净。以脏手、病手与人相握，都是不应当的。

知识链接

握手十忌

忌不讲先后顺序，抢先出手；忌目光游移，漫不经心；忌不脱手套，自视高傲；忌掌心向下，目中无人；忌用力不当，敷衍鲁莽；忌左手相握，有悖习俗；忌“乞讨式”握手，过于谦恭；忌握手时间太长，让人无所适从；忌滥用“双握式”，令人尴尬；忌“死鱼式”握手，冷漠无趣。

四、拥抱与吻手礼仪

（一）拥抱礼仪

拥抱礼是西方国家通用的一种礼节，我国还不多用，只是国际交往中对比较熟的朋友才施此礼，而且仅用于同性之间。

拥抱礼的标准做法是：双方相对，双臂张开，接着右臂高，左臂稍低，两人靠近，上体接触后，双方用右臂拥住对方的左肩背部，左手稍微抱持对方的腰部，有时手可以轻轻地拍一拍对方的背部，头部向左，口称“欢迎”“你好”等，然后二人交换下姿势，向对方右侧再进行拥抱礼。

（二）吻手礼仪

吻手礼是欧美男士在较为正规的社交场合，以亲吻女士手背或手指的方式表示敬意的一种隆重的见面礼仪。

吻手礼的标准做法是：男士行至女士面前。首先立正欠身致敬，然后以右手或双手轻轻抬起女士的右手，同时俯首躬腰以自己的双唇靠近它，最后用微闭的嘴象征性地轻轻碰一下女士的手背或手指。对未婚少女不行此礼，它主要是男士用手向自己敬重的已婚妇女表示崇高的敬意。行吻手礼要文雅，不要粗俗，而且男士要得到女士的准许后方可行礼，若女士无此表示且双手套着手套，男士欲强行吻手礼，则是非常失礼的。

吻手礼的吻，只是一种象征，故要求干净利索，不发声响，否则就显得无礼。在波兰、法国和拉美的一些国家，向已婚女士行吻手礼是男士有修养的一种标志。在一般情况下，中国女士遇到外国男士在社交场合向自己行吻手礼，是可以接受的，不可失礼。这种礼节现在已不太流行，只在一些比较隆重的场合，或对一些身份特别高的妇女才行。

五、介绍礼仪

介绍是社会交往中与他人进行沟通、增进了解、建立联系的一种最基本、最常规的方式，是人们进行沟通的出发点。在日常生活中，和素不相识的人相识和建立友谊，主要靠的就是相互介绍或自我介绍。

（一）自我介绍

将本人介绍给他人的这种介绍方式被称为自我介绍，这种介绍方式有助于自我展示和自我宣传，在交往中迅速打破人与人之间的距离。

1. 基本程序

先向对方点头致意，得到回应后再向对方介绍自己的姓名、单位和身份，有时递上事先准备好的名片。

2. 具体形式

（1）应酬式　适用于某些公共场合和一般性的商务交往。这种自我介绍最为简洁，往往只包括姓名一项，如“你好，我叫××。”

（2）工作式　适用于工作场合，介绍内容包括本人姓名、就职单位及其部门、职务或从事的具体工作等，如“你好，我叫××，×××公司的销售经理”。

（3）交流式　适用于商务交往活动中，表示希望与交往对象进一步交流与沟通。内容具体应包括本人的姓名、工作、籍贯、学历、兴趣及与交往对象有关的内容。

（4）礼仪式　适用于讲座、报告、演出、庆典、仪式等一些正规而隆重的场合，内容包括姓名、单位、职务等，介绍时还应加入一些适当的谦辞、敬辞。

（5）问答式　适用于应试、应聘和公务交往。问答式的自我介绍应该是有问必答。

3. 注意事项

（1）态度要自然、亲切、随和，充满自信，目光正视对方。

（2）选择适当的时间，当对方无兴趣、无要求、心情不好，或正在休息、用餐、忙于处理事务时，切忌去打扰，以免尴尬。

（3）自我介绍时要简洁，尽可能节省时间，一般以30秒为宜。为了节省时间，做自我介绍时可利用名片、介绍信加以辅助。

（二）为他人介绍

1. 介绍的顺序

介绍他人时必须遵守“尊者优先了解情况”的原则，即：把年轻者介绍给年长者；把职务低者介绍给职务高者。如果双方年龄、职务相当，则把男士介绍给女士；把家人介绍给同事、朋友；把未婚者介绍给已婚者；把熟悉的人介绍给不熟悉的人；把后来者介绍给先到者。

2. 为他人介绍的方式

为他人介绍的方式有一般式、引见式、简单式、附加式、推荐式、礼仪式。

3. 注意事项

（1）介绍人为被介绍人介绍之前，一定要征求一下被介绍双方的意见，否则会显得很唐突，让被介绍人感到措手不及。

（2）被介绍人在介绍人询问自己是否有意认识某人时，一般不应该拒绝，实在不愿意时，应说明理由。

（3）为他人做介绍时，介绍人和被介绍人都应起立，以示尊重和礼貌；待介绍人介绍完毕后，双方应依照合乎礼仪的顺序握手，并且问候对方。必要时还可以补充自我介绍。

六、名片礼仪

名片在交往中被普遍使用，它是现代社会交往中最经济实用的介绍媒介。名片记录了个人和组织的重要信息，是一个人尊严、价值的外显，也是使用者要求社会认可，获得社会承认与尊重的一种方式。在递送、接受、保管名片的时候都应该格外重视礼仪，不能随随便便。

（一）名片的种类

根据名片的用途不同，名片的种类也不同。从名片使用者和使用目的来区分，名片大体可分为企业单位名片、个人社交名片、个人商务名片三大类。从个人日常生活使用的名片来分，可分为应酬名片、社交名片、公务名片和单位名片。在不同场合和不同交往对象，可使用不同的名片。

（二）名片的内容

名片一般需要印上姓名、单位标志或商标（徽记）、单位名称、职务、联系电话、传真、邮箱、地址等。具体内容可以根据名片的种类选择使用。

（三）名片的作用

名片主要用于自我介绍、业务推广、结交朋友、信息收集、保持联系、拜会他人、简短留言、替人介绍等。

（四）名片的使用礼仪

1. 递交名片的要领

（1）双手呈递，以表示对对方的尊重。将名片放置手中，用拇指夹住名片两个角，其余四指托住名片背面，手不要压住字。

（2）将名片的文字正向对方，以便对方观看，切勿将名片的背面面对对方或颠倒着递向对方。

（3）在递交名片的同时，可以讲些“请多联系”“有事可以联络我”之类的表示友好的话，或者先作一下简单的自我介绍。

（4）在多人交换名片时，要注意讲究先后顺序，由近而远，由尊而卑。

（5）在未确定对方的来历之前，不要轻易递出名片，否则不仅有失庄重，而且可能日后被冒用。同样，为了尊重对方的意愿，尽量不要向他人索要名片。

2. 接受名片要领

接受名片的时候讲究一个“恭”字，即恭恭敬敬。

（1）空手的时候必须双手接受。试想，如果别人用同样的方法来接受你的名片，你也一定会因感到被尊重而由衷地高兴。

（2）接过名片后要马上浏览一下，不可随便瞟一眼或根本看都不看。礼貌的做法是边看边复述重要信息，以示敬仰。遇到难认的字要及时向对方询问。

（3）如果一次同时接受多张名片，一定要记住哪张名片的主人是哪位。如果是在会议席上，休息时不妨拿出来摆在桌上，按对方的座次排列次序，这样的举动不仅不会让人觉得失礼，反而会让对方感受到被重视。

（4）当对方递给你名片之后，如果自己没有名片或没带名片，应当首先对对方表示歉意，再如实说明理由，如“很抱歉，我没有名片”“对不起，今天我带的名片用完了，过几天我会亲自寄一张给您的”等。

（5）接过他人名片后，应郑重其事地将他人的名片放入名片盒、名片夹或西装内侧胸袋，不可边交谈边摆弄名片或随意搁在桌上。

第二节　谈吐礼仪

交谈是一门艺术，是待人接物的工具，是人与人沟通的桥梁。恭谨有礼的话语可以温暖人心，粗俗低级的话语则会伤害人心，使人关系紧张、冷淡。大量事实证明，交谈的艺术并不是你说得多么流畅、滔滔不绝，而在于你善于表达真诚。最能推销产品的人并不一定是那种口若悬河的人，而是善于表达真诚的人。当你用得体的话语表达出真诚时，会让对方信任你，赢得对方的信赖，进而信赖你的产品。

谈话的技巧，还具有极强的可操作性，而且需要针对不同的人与事来加以灵活的运用。比如，当一位朋友不邀而至贸然闯进自己的写字间，而自己又实在难用很长的时间与之交流时，如直接告知对方“来的不是时候”，或对其爱答不理，都很可能得罪对方。这时我们为了不至于使其难堪，使用委婉的语言一样可以暗示对方应尽早离去。比方说，可在见面之初一面真诚地对其表示欢迎，一面则婉言相告：“我本来要去参加公司的例会，可您这位稀客驾到，我岂敢怠慢。所以专门请假5分钟，和您叙一叙。”这句话的“话外音”，就是在暗示对方“只能谈5分钟时间”，这样对方很快就理解我们的意思，不会产生误会。

一、谈吐的原则

（一）“四有”原则

1. 有分寸

这是语言得体、有礼貌的首要问题。在人际交往中，谈话要有分寸，清楚自己的身份，适当考虑措辞，哪些话该说，哪些话不该说，哪些话应该怎样说才能获得更好的交谈效果，是讲究谈话礼仪时应该注意的。

2. 有礼节

有礼节就是在与人交谈时，多运用文明用语。文明用语不仅可以向别人表达感激的心情或歉意，沟通人与人的心灵，更重要的是能够建立起融洽的人际关系。如在得到别人的帮助时，应真诚地说一声“谢谢”。同样，在打搅别人、给别人添麻烦时能真诚地说一声“对不起”，对方的气就会削弱大半。恰当地使用文明用语是建立融洽的人际关系的第一秘诀。另外，在旅游服务工作中注意使用一些“添加语言”，比如，“实在对不起”“打搅您一下”“麻烦您一下”“对不起，我能打扰您一下吗”等，把这些语言添加进去，会让你的工作开展变得更加顺利。人际交往中，多使用“添加语言”，人际关系会变得更加融洽和谐。

3. 有教养

在生活中，我们形容一个有教养的人，常常评价其谈吐不凡、谈吐优雅。可见，一个人的谈吐举止能够代表他的教养。说话有教养体现在：一是不要高声。二是不要语速太快。语速快了，别人听不明白还给人听上去像吵架的感觉。同时，语速太快会影响你表达的思路。三是不要抢话，别人正在说话，你突然打断别人自己说，是不尊重别人的表现。四是要耐心等待别人说完。无论别人说得如何没有道理，无论别人的观点如何刺耳，无论你的见解多么高明，你都要耐心地等待别人说完。五是不要指手画脚。在中国传统礼仪中，指手画脚是最没有教养的体现。

4. 有学识

“腹有诗书气自华”。准确、缜密的语言，头头是道，能够说服人；清新、优美的语言，饱含激情，能够打动人；幽默、机智的语言，妙趣横生，能够感染人。这些都来源于头脑中的广博知识。那种不学无术的油腔滑调、油嘴滑舌算不上好口才，那种不着边际的、没有什么实际意义的夸夸其谈也不是好口才。只有那种以丰富的知识为坚强的后盾，能够给人以力量、愉悦之感的谈话，才是真正的好口才。

（二）“四避”原则

1. 避隐私

当事人不愿他人知道或干涉的个人私事，以及不愿他人侵入的个人领域。在交谈过程中，不能窥探他人隐私，不能触及别人隐私、隐痛或伤及别人的自尊心。说话要坚持“六不问”原则，即不问年龄、婚姻、住址、收入、经历、信仰等。

2. 避浅薄

浅薄是指不懂装懂，讲外行话，或者言不及义。我们每个人都不可能是“万能博士”或“百事通”。我们即便学有专攻又知识渊博，但总有不如他人之处，总有不懂某种知识之处，要谦虚谨慎，不可妄发议论。

3. 避粗鄙

常言道："言语是一个人学问、品格的衣冠。"一个相貌堂堂、看上去高贵文雅的人，如果一开口就说出粗俗不堪的话，那么别人对他的敬慕之心就会马上烟消云散。要成为一个举止优雅的人，就要在日常生活中有意识地调整、训练自己的言谈举止，不断提高自己的文化素养。

4. 避忌讳

俗语"打人不打脸，揭人不揭短"说的就是这一道理。在交谈中，要注意管好自己的嘴，用好自己的嘴，要知道什么话应该讲，什么话不应该讲。不知道所忌，就会造成失败；不知道所宜，就会造成停滞。

二、谈话的技巧

（一）交谈的策略

交谈是生活中有效沟通的重要一环，通过良好的交谈，可以使人距离拉近，彼此产生信赖。所以交谈的策略很重要，主要包含以下几点。

1. 恰当运用恭维

交谈中的恭维，是保持相互信任，维持顺畅沟通的关键。不过恭维不可以肉麻，当看到对方值得欣赏之处时，以平实的口气表达真心的肯定和赞美时，对方会感到温暖，从而获得自信而永远难忘，成为你的知交。文学家马克·吐温曾经说过："听到一句受用的恭维，可以高兴两个月之久。"

2. 多问少说

要问对方有话可说的问题，让对方多说话，给予其展示自我的机会。

3. 对事不对人

说自己的感受，不抨击对方，如反驳对方时宜选择委婉的询问方式来表达。比如"我觉得这样可以吗？"

（二）交谈的要领

1. 宽松的交谈氛围

一方面，通过放松情绪，营造良好的交谈氛围，消除彼此的距离感。另一方面，正如约翰·莫菲指出的："我们不要硬是从头脑中榨出一些名言警句。当我们放松下来的时候，很多妙语就会自然而然地产生出来……"宽松的交谈氛围有助于使商务过程成为一个愉快的交谈过程。

2. 让交谈启动起来

不要期望对方开始就热情高涨，善于交流者总是等到对方变得热心以后才试图从他们那里引导出一些有趣的想法。比如，他们会先问诸如此类的问题：请问您尊姓大名？您是哪里人？您准备在这儿待多久？您是坐车来的吧？这样可激起对方的谈话兴趣。诚然，这些问题中似乎没有蕴含任何智慧，但它们的确能使交谈启动起来。

3. 保持谈话顺利进行

成为一位出色的交谈家并不在于你有多聪明，或者有多能说，而在于你是否善于启发、诱导别人讲话。要设法把谈话引向对方的兴趣点，可多用“为什么”“哪里”“怎么样”等词语启发对方说话。

4. 切忌以自我为中心

在交谈中必须顾全对方的兴趣、感受，而不能仅图自己的痛快。古希腊哲学家苏格说：“不要老是说‘我想’，而应多询问‘你认为如何’。”只有在满足别人心愿的同时，你自己的心愿才能得到满足。

5. 适当地谈论自己

当对方要求你讲自己的时候，不要一味地拒绝。稍微告诉对方一点你的情况，他会感到十分荣幸，因为这表示你是用非常友好的姿态与他交谈。

（三）交谈的语言

1. 文明用语

生活中与人交流时，我们应使用文明语言。

2. 基本语言

问候礼貌用语：“您好”“早安”“午安”“晚安”。

告别礼貌用语：“再见”“晚安”“祝您愉快！”“祝您一路平安”。

应答礼貌用语：“不必客气”“没关系”“非常感谢”“谢谢您的好意”“这是我应该做的”。

表示道歉的礼貌用语：“请原谅”“打扰了”“失礼了”“实在对不起”“谢谢您的提醒”“请不要介意”。

欢迎用语：“欢迎光顾”“敬请惠顾”。

初次见面：“久仰”“久仰大名”。

表达感谢：“谢谢”“非常感谢”。

3. 常用语言

在日常工作中，大家是否使用以下语言了呢？

请；对不起；麻烦您；劳驾；打扰了；好的；是；清楚；您；××先生或小姐；××经理或主任；贵公司；××的父亲或母亲（称他人父母）；您好；欢迎；请问；哪一位；请稍等（候）；抱歉；没关系；不客气；见到您（你）很高兴；请指教；有劳您了；请多关照；拜托；非常感谢；再会。

第三节　馈赠礼仪

一、礼物的挑选

选择礼物的出发点，就是送礼的目的。俗话说：礼下于人，必有所求。赠送礼品的时候，即便没有具体的事情相求，但也可以有增进了解、加深感情交流的考虑。所以在礼物的挑选上，就要对送礼对象的兴趣、爱好做一些简单的调查。要注意对方的风俗习惯、宗教信仰，了解对方的忌讳。如送花时，西方国家忌讳双数，喜欢单数，一般不送单一的花种，而是让颜色搭配得更加丰富，看起来更加漂亮；各国对颜色都有忌讳，一般认为白色是纯洁的象征，黑色是肃穆的象征，黄色是和谐的象征，红色和蓝色是吉祥如意的象征。

（一）礼物选择的原则

1. 拿捏轻重

礼物的贵贱厚薄，往往是体现交往人的诚意和情感浓烈程度的重要标志。但是不能将礼物的贵贱厚薄、价值意义简单地与物品的价格画等号。礼物讲究“礼轻情义重”，许多国家都不时兴赠送过于贵重的礼品，否则，很可能会让受礼人产生受贿之感。

人情无价物有价，有价的物只能寓情于其身，也就是说礼物既有其物质的价值含量，还要有其精神的价值含量。总的来说，确定礼物应以对方能够愉快接受为尺度。

2. 考虑实用

因人而异，即选择礼品时，务必要充分了解受礼人的性格爱好、修养与品位，尽量使礼品得到受礼人的喜欢，就是说的“投其所好”。因事而异，即在不同的情况下，向受礼人所赠送的礼品应当有所不同。如在国事访问中，宜向国宾赠送鲜花、艺术品；出席家宴时，宜向女主人赠送鲜花、土特产和工艺品或者向主人的孩子赠送糖果、玩具；探望病人时，则宜向对方赠送鲜花、水果、书刊、CD等。

3. 饱含心意

礼物作为感情的载体，代表着送礼人的一份特有心意。选择礼物时，应当精心构思，富于创意。个性化的礼品，不仅让受礼人高兴，还可以展示送礼者的诚意。

4. 易于携带

选择礼物时，应“小巧少轻”。中国人的习惯认为，个头大、分量重、数量多、包装多的礼物才能显示心意和诚意，其实，这反而会给对方造成不必要的麻烦。如有一公司上层，他出差时经常备有的礼物，是小的纯金毛主席像章。这种礼品很小巧，不超过一元的硬币大小，从重量上来看也很轻，非常便于携带。从价值上来看，既是纯金，有一定保值的意义，但因为只是一枚小小的像章，价格并不昂贵，通常为几百元，也让受礼人便于接受。反过来，像一些容易破碎、不好保管、体积大、重量重的物品则不宜选择，因为这样的礼物既不方便送礼人携带，更不利于受礼人携带回去，特别是远道而来的客人，收到这样的礼物之后，反而给其旅途增添不必要的麻烦。

5. 各类票据

有些礼物如电子产品、工艺品等，与普通商品一样有售后服务等问题。商界人士在选购礼品时应主动索取票据、说明书等一并放在礼品中，以免除受礼人的后顾之忧，从而让对方感到你的一份细心和周到。另外，即使是服装这样的礼品，也最好将票据一同放在物品中，因为如果受礼人发现大小、款式不合适，可以自行去更换，以选择一个适用的东西。

（二）礼物选择的禁忌

挑选商务拜访中赠送的礼品除了要注意以上原则，还要注意什么样的礼品是不宜赠送的。要主动、自觉地避开对方收礼的禁忌。

1. 违法物品

国家的法律体现了人民的意志，法律高于一切。在任何时候、任何情况下，礼品都不能违反国家现行法律。比如，涉及国家机密或商业机密，涉及“黄色”、毒品在任何时候都不能赠送给别人。否则，会既害人又害己。

2. 有害物品

有害物品主要是指假烟、烈酒、赌具以及低级庸俗的书刊、音像制品等，这些物品，虽不为法律禁止，但对人们的生活、学习及身体健康有害无益，也不要作为礼品赠送于人。并且这种礼品会让受礼人对赠送人的价值水准和生活品位产生不好的印象。

3. 广告物品

一般情况，把带有广告标志的物品送人，会使对方产生利用自己做免费宣传的嫌疑，会觉得送礼人没有诚意。但如果是代表本公司而制作的广告物品是可以的。

4. 私人化物品

商务拜访是工作中的人际交往，因此不要选择太私人化的物品作为礼物。过于私人化的物品会给对方造成误解甚至产生误会，是一种不礼貌的行为，如内衣、护肤品等。特别在异性间更要注意。

5. 犯规物品

犯规物品是指所赠礼物不符合馈赠双方，尤其是受礼人一方的有关规定。赠送犯规物品是成心让人为难，甚至有害于对方。比如，我国规定：公务员在执行公务时不得以任何理由，因公收受礼品，或变相收受礼品，否则，有受贿之嫌。2010年5月18日发布《最高人民检察院、公安部关于公安机关管辖的刑事案件立案追诉标准的规定（二）》规定，公司、企业或者其他单位的非国家工作人员受贿数额在五千元以上的，将被立案追诉。

6. 败俗物品

败俗物品是指所选礼品不符合受礼人的地方风俗、民族习惯、宗教信仰。在任何情况下，都要避免把对方认为属于伤风败俗的物品作为礼品相赠。这样做是尊重交往对象的表现，充分展示了自己的敬意和教养。比如，中国人不会把钟表送给老人，忌讳“送终”；不会把雨伞送给恋人，忌讳“散”；不会把剪刀送给伴侣，忌讳“一刀两断”；不能送法国人菊花，因为它代表着死亡、悲哀。

7. 其他

一般来说，商务拜访过程中的礼品赠送，是不允许选择现金、信用卡、购物卡、有价证券等类物品，或是价格过于昂贵的奢侈品作为礼品的。此类物品会给受礼人带来一定压力。

二、馈赠的方法

（一）把握时机

古今中外都注重礼尚往来，但总不会平白无故地送礼，总得事出有因。送礼起因很多，通常比较好的送礼时机如下。

1. 传统节日

春节、中秋节、圣诞节等，都可以成为馈赠礼品的黄金时间。

2. 喜庆之日

寿诞、晋升、获奖、婚庆、庆典、乔迁等日子，应当考虑送礼品以回报感恩。

3. 探视病人

去医院或亲友家中探视病人。

4. 亲友远行

当亲朋好友要远离家乡到外地，甚至到异国他乡求学、工作。

5. 酬谢他人

自己在亲友的支持和帮助下，战胜工作或生活上的困难，事后对其表示谢意。

6. 拜访、做客

到别人家登门拜访或应邀到亲友家中做客。

人们遇到以上这些时机，都可以给有关的对象送上一点礼品，以表达庆祝、慰问和酬谢之情。

（二）注重包装

礼品选好后，还要注意包装。给朋友送礼，特别是给一些社会地位比较高的人士送礼，更要注意包装。精美的包装不仅使礼品的外观更具艺术性和高雅的情调，显示出赠送者的文化艺术品位，而且可以避免给人俗气的感觉。不重视包装，会使礼品“贬值”甚至使对方有被轻视的感觉，产生不必要的误会。礼品上如有价格标签，必须事先拿掉。有时不妨在礼品盒上附上一张自己的名片，并写上简短的祝福话语。这不仅可以增添赠礼者的诚意，也便于受礼人在众多的礼品中加以辨认。

（三）选择场合

当面赠送礼物时，考虑好送礼的地点是非常重要的。一般而言，在公务交往中，应选择工作场所作为交往地点赠送礼物。在私人交往中，宜于私人赠送，则一般选择在受礼人家中。送礼时，一般要“公”“私”分明，不能把私人礼物直接送到工作场所，避免行贿嫌疑，更不能把因公的礼物送往交往对象的家中，使对方尴尬。

（四）注意态度

要当面赠送礼品，送礼时不能给人一种高高在上、施舍他人的感觉。馈赠人要神态自然，举止大方，双手把礼品送给对方，并加以必要的祝贺和说明，如说：“祝你生日快乐，这是我送你的礼物。”可以向对方介绍礼品的用途、特点等。不要扭扭捏捏，语无伦次，一副神秘生怕被人知道的样子；也不要把礼物胡乱塞给对方。

（五）区分送礼的途径

在涉外交往中，送礼的途径主要有两种：一种是当面亲自赠送；另一种则是委托他人转送。在一般情况下，送给外国友人的礼品，大都可以由送礼人当面交给受礼人。有些时候，如向外国友人赠送贺礼、喜礼，或者向重要的外籍人士赠送礼品，也可专程派遣礼宾人员前往转交，或者通过外交渠道转送。如果有必要，可以将礼品提前送达受礼人的手中。通常，送给外国人礼品时，尤其是委托他人转送给外国人礼品时，应附上一张送礼人的名片，它既可以放在礼品盒之内，也可以放在一封写有受礼人姓名的信封里，然后再设法将这个信封固定在礼品的外包装之上。尽量不要采用邮寄的方式向外国人赠送礼品。

三、礼品的接受

接受礼物时，西方国家的朋友喜欢当面打开，而且讲几句赞赏的话。大致上有如下三个方面的问题需要注意。

（一）欣然接受

当友人向自己赠送礼品时，一般应当大大方方、高高兴兴地接受。没有必要跟对方推来推去，过分地进行客套。在接受受赠的礼品时，应当起身站立，面含笑容，以双手接过礼品，然后与对方握手，并且郑重其事地向对方道谢。

（二）启封赞赏

在国际社会特别是在许多西方国家中，受礼人在接受礼品时，通常大都习惯于当着送礼人的面立即拆启礼品的包装，然后认真地对礼品进行欣赏，并且对礼品适当地赞赏几句。这种中国人以前难以接受的做法，现在已经逐渐演化为受礼人在接受礼品时必须讲究的一种礼节。

（三）事后再谢

接受外方人员赠送的礼品后，尤其接受了对方所赠送的较为贵重的礼品后，最好在1周之内写信或打电话给送礼人，向对方正式致谢。若礼品是由他人代为转交的，则上述做法更是必不可缺的。以后有机会再与送礼人相见时，不妨在适当之时，再次当面向对方表示一下自己的谢意；或者是告诉对方，他送给自己的礼品，自己不仅十分喜欢，而且经常使用。这种令对方感到他送的礼“物有所值”、备受重视的做法，会令对方极其开心。

第四节　电话礼仪

一、拨打电话礼仪

（一）选好时间

打电话时，如非重要事情，尽量避开休息、用餐的时间，而且最好不要在节假日打扰对方。

（二）掌握通话时间

打电话前，最好先想好要讲的内容，以便节约通话时间，不要现想现说，也不要“煲电话粥”，通常一次通话不应长于3分钟，即所谓的“3分钟原则”，应做到“以短为佳，宁短勿长”。

（三）态度友好

通话时不要大喊大叫，震耳欲聋。

（四）用语规范

通话之初，应先做自我介绍，不要让对方“猜一猜”。请受话人找人或代转时，应说“劳驾”或“麻烦您”，不要认为这是理所应当的。

（五）礼貌道别

通话完毕时应道“再见”，然后轻轻放下电话。

二、接听电话礼仪

（一）及时接电话

一般来说，电话铃响3遍之前就应接听，3遍后就应道歉：“对不起，让您久等了。”如果受话人正在做一件要紧的事情不能及时接听，代接的人应妥为解释。如果既不及时接电话，又不道歉，甚至极不耐烦，就是极不礼貌的行为。

（二）确认对方身份

对方打来电话，一般会主动自我介绍。如果没有介绍或者接电话者没有听清楚，就应该主动问：“请问您是哪位？能为您做什么？您找哪位？”但是，人们习惯的做法是，拿起电话听筒盘问一句：“喂！哪位？”这在对方听来，陌生而疏远，缺少人情味。接到对方打来的电话，拿起听筒应首先介绍：“您好！我是×××。”如果对方找的人在旁边，应说：“请稍等。”然后用手掩住话筒，轻声招呼你的同事接电话。如果对方找的人不在，应该告诉对方，并且问：“需要留言吗？一定转告！”

（三）认真清楚地记录

在电话中传达有关事宜，应重复要点，对于号码、数字、日期、时间等，应再次确认，以免出错。随时牢记5W1H技巧，所谓5W1H是指：When（何时），Who（何人），Where（何地），What（何事），Why（为什么），How（如何进行）。在工作中这些资料都是十分重要的，对打电话者、接电话者同等重要。

（四）代接电话

如果是代接电话，要用手轻捂话筒，然后通知受话人；如果受话人距离太远，要向对方说明“请您稍等一下”，然后轻放电话，再去找人，不要大声叫喊；如果对方要找的人不在，则重新拿起话筒，告知情况，并询问对方是否需要转达，可记下对方电话号码，帮忙转达。

（五）善待打错的电话

如果遇到打错的电话，应礼貌地说明，让对方重新确认电话号码，并尽可能主动提供帮助。

（六）讲究艺术

接听电话时，应注意使嘴和话筒保持4厘米左右的距离；要把耳朵贴近话筒，仔细倾听对方的讲话。挂电话一般由上级、长辈先挂，双方职级相当时，一般由主叫方先挂。挂断电话前的礼貌不可忽视，要确定对方已经挂断电话，才能轻轻挂上电话。不可“啪”的一下扔回原处，这极不礼貌。

（七）调整心态

不要以为笑容只能表现在脸上，它也会藏在声音里，亲切、温和的声音会使对方马上对我们产生良好的印象。打、接电话的时候不能叼着香烟、嚼着口香糖；说话时，声音不宜过大或过小，吐词清晰，保证对方能听明白。日本著名企业家松下幸之助说：“不管在公司，还是在家里，凭一个人打电话的方式就可以基本上判断出其教育水准。我每天除了收到好多预约讲演的信件，还接到很多邀请讲演的电话。我凭着对方电话讲话方式，就能判断其教养如何，凭对方在电话里的第一句话就可以基本决定我去还是不去。”

三、接听电话的姿态

通电话的精神状态，甚至姿势举止，都可以通过电话传给对方。站着、坐着，对方能“听”出来；躺着、歪着，对方也能“听”出来；喘气、吃东西，对方就更能“听”出来。所以，拨打电话时，不宜把话筒夹在脖子下，不要趴着、仰着，不要把固定电话打成移动式（边走边打），不要架双腿于桌子上，不要以笔代手拨号，不要大声叫喊，不要“吻”话筒，不要粗话伤人。

四、拨打电话的注意事项

（1）打电话尽量不选周一上午、上班的前两个小时；不选周末、周五下班前；不选晚上10点到第二天早上8点前。

（2）接听电话时统一使用企业接待服务规定使用标准语言。如普通话、英语等，也可根据客人方便改换客人方便使用的语言。

（3）外界的杂音或私语不能传入电话内。

五、使用手机的注意事项

手机的普及，让我们享受到了高科技带给人们生活的便利，同时应高度重视使用手机的基本礼仪。

（1）说话要简洁明了。

（2）先拨客户的固定电话，找不到时再拨手机。

（3）公共场合，特别是楼梯、电梯、路口、人行道等地方不可以旁若无人地使用手机。公共场合使用手机，应该把自己的声音尽可能地压低，说话声不要太大，以免影响他人，嘈杂环境中，听不清楚对方声音时要说明，并让对方过一会儿再打过来或自己打过去。

（4）重要场合，将手机关掉或调至静音、震动。

（5）在会议中、和别人洽谈的时候，最好把手机关掉，起码也要调到静音状态。这样既显示出对对方的尊重，又不会打断说话者的思路。在会场上铃声不断，并不能反映你“业务忙”，反而显得你缺少修养。

（6）在看电影时或在剧院，打手机是极其不合适的。如果非得回话，采用静音的方式发送手机短信是比较适合的。

（7）在特定场合，如飞机上、加油站等，都要关闭手机。

（8）办公室或公众场合，手机铃声设定不能过于怪异，以免让他人产生不良印象。

（9）使用手机接收短信，也要留意声音状态。不要一边和别人说话，一边查看手机短信。在短信的内容选择和编辑上，应该和通话文明一样重视。因为通过你发的短信，反映了你的品位和水准，所以不要编辑或转发不健康的短信，记得留下你的姓名。

第五节　目光、距离、位置礼仪

一、目光礼仪

印度诗人泰戈尔说过：“一旦学会了眼睛的语言，表情的变化将是无穷无尽的。”眼睛是心灵的窗户，目光是心灵的语言。目光交流处于人际交往的重要位置。人们相互间的信息交流总是以目光交流为起点。目光交流发挥着信息传递的重要作用，故有所谓“眉目传情”。目光语也称眼语，在人际交往中是通过视线的接触来传递信息的。目光语是最富有表现力的一种体态语。它能传达出人们表达的某种信息的最精细最微妙的差异，而且，人们普遍对目光语具有一定的解读能力。

（一）注视方式

注视他人，在社交场合可以有多种方式的选择。其中，常见的有如下几种。

1. 直视

直视指直接地注视交往对象，它表示认真、尊重，适用于各种情况。若直视他人双眼，即称为对视。对视表明自己大方、坦诚，或是关注对方。但应礼貌地掌控好直视的时间和区域。

2. 凝视

凝视是直视的一种特殊情况，即全神贯注地进行注视。它多用于表示专注、恭敬。

3. 盯视

盯视指目不转睛，长时间地凝视某人的某一部位。它常表示出神或挑衅等，在职场中一定要慎用。

4. 扫视

扫视指视线移来移去，注视时上下左右反复打量。表示好奇、吃惊或挑衅等，职场中建议尽量不用。

5. 环视

环视指有节奏地注视不同的人或事物。它表示重视、认真等，适用于同时与多人交流，表示自己一视同仁。

（二）人际交往中的注视范围

与人交谈时，目光应该注视对方。应使眼光局限于上至对方额头、下至对方衬衣的第二粒纽扣以上，左右以两肩为准的方框中。在这个方框中，一般有三种注视方式。

1. 公务注视

一般用于洽谈、磋商等场合，注视的位置在对方的双眼与额头之间的三角区域。这样注视显得严肃、认真、公事公办，别人也会感到你有诚意。

2. 社交注视

一般在社交场合，如舞会、酒会上使用，位置在对方的双眼与嘴唇之间的三角区域。这样注视会使对方感到礼貌、舒适。

3. 亲密注视

一般在亲人之间、恋人之间、家庭成员等亲近人员之间使用，注视的位置在对方的双眼和胸部之间。这样注视表示亲近、友善。

（三）注视角度

1. 正视对方

在注视他人的时候，与之正面相向，同时还须将身体前部朝向对方。正视对方是交往中的一种基本礼貌，其含意表示重视对方。

2. 平视对方

在注视他人的时候，目光与对方相比处于相似的高度。在工作中平视服务对象可以表现出双方地位平等和不卑不亢的精神面貌。

3. 仰视对方

在注视他人的时候，本人所处的位置比对方低，就需要抬头向上仰望对方。在仰视对方的状况下，往往可以给对方留下信任、重视的感觉。

4. 俯视对方

抬眼向下注视他人。一般表示对晚辈的爱护、宽容，也可对他人表示轻视、歧视。

（四）注视时间

在交谈时，听的一方通常应多注视说的一方，目光与对方接触的时间一般占全部相处时间的三分之一。

谈话时，若对方为一般关系的同性，应该不时与对方双目对视，以示尊重；如果双方关系密切，则可较多较长时间地注视对方，以拉近心理距离；如果对方是异性，双目对视不宜持续超过10分钟。目不转睛地长时间注视，这样不仅会使对方感到不自在，也是不礼貌和失礼的表现。

（五）目光语运用中应注意的问题

在目光语运用中不要长时间注视对方，不能死盯着对方，不要斜视对方，也不要躲躲闪闪，飘忽不定或眉来眼去，更不应有瞪眼、鄙视、白眼、窃视等不礼貌的眼神。

更要克服不良的看人习惯。尤其面对不熟悉的人，有的眼神容易引起误会或者麻烦，更要特别注意。尤其异性，不要浑身上下打量别人，这样会让人觉得你没有教养，或者认为你在寻衅滋事。不要盯住对方某一部位使劲看，这是表示憎恨、威胁、仇视、愤怒的意思。不要用眼角瞥人，这是表示鄙视他人的目光。不要左顾右盼东张西望，或者目光游离不定，会让对方觉得你用心不专，不耐烦，有逐客之意。

二、距离礼仪

距离，物与物之间要保持，人与人之间更要保持。开车，归根结底就是个保持距离的问题。情感，说来说去也是距离没把握好。所以无论情感事故还是安全事故，首先考虑的是距离。美国人类学家爱德华·霍尔博士为人际交往划分了四种距离。

（一）公众距离

3.7～7.6米。在公共场合，无关系或不认识的人之间是这个距离最合适。这里指的是机场、码头拉着行李箱时的距离，而不是排队过摆渡车或挤地铁的距离。

（二）社交距离

1.2～3.7米。这是一个桌上吃饭或到某单位办事的距离，体现出一种公事上或礼节上的较正式关系。

（三）个人距离

46～122厘米。这是同事之间或拥挤办公区域的距离，若是低于44厘米，就会感到不舒服，特别是不同性别的人，低于44厘米就意味着入侵。

（四）亲密距离

15厘米以内，是最亲密区间，彼此能感受到对方的体温、气息；15～44厘米，身体上的接触可能表现为挽臂执手，或促膝谈心。44厘米以内，在异性，只限于恋人、夫妻等之间；在同性别的人之间，往往只限于贴心朋友。

三、位置礼仪

公共场合中，有必要排定位置的主次尊卑，位置礼仪在人际交往中体现了待人之道，在位次排列时，以右为尊的原则是普遍适用的。它的含义是，在并排排列的位置上，右侧为尊位。尤其商务人员要正确使用位置礼仪。

（一）交谈时位置的类型

在交谈中，以自己为参照，一般来说可将位置分为友好位置、公关位置、竞争位置和公共位置四种类型。

（1）友好位置　自己的邻座是友好位置，适用于两个人之间的谈心，体现一种亲密或者信任，往往在好友间使用，当然也可以用于上司与员工之间的谈心交流。

（2）公关位置　自己的斜对角位置属公关位置，往往用于与客户交谈或向领导汇报工作情况，因为这个角度比较适合与对方互换意见，并适于观察对方。

（3）竞争位置　自己对面的位置属竞争位置，一般用于双方的正式交谈特别是谈判，易产生心理抵制。所以，如果是一般的友好形式的随意交流，就不推荐使用这种交流方式。

（4）公共位置　是指双方无沟通的欲望、彼此不受干扰的位置。

（二）宴会座次

排序原则：以远为上，面门为上，以右为上，以中为上，观景为上，靠墙为上。

座次分布：面门居中位置为主位；主左宾右分两侧而坐；或主宾双方交错而坐；越近首席，位次越高；同等距离，右高左低。

（三）乘车时座次

在比较正规的场合，乘坐轿车时一定要分清座次的尊卑，在适合自己身份处就座。而在非正式场合，则不必过分拘礼。轿车上座次的尊卑，以五人座的商务轿车为例。

1. 主人亲自驾驶轿车

一般前排座为上，后排座为下，以右为尊，以左为卑。

双排五人座轿车，座次由尊而卑依次是：副驾驶座，后排右座，后排左座，后排中座。

主人驾车，最重要的是不能令前排座空着，一定要有一个人坐在那里，以示相伴。

2. 专职司机驾驶轿车

和主人驾车不同是座次变化为后排为上，前排为下，以右为尊，以左为卑。

双排五人座轿车，座位由尊而卑依次是：后排右座，后排左座，后排中座，副驾驶座。

3. 轿车上座次的安全系数

从某种意义上讲，乘坐轿车理当优先考虑安全问题。在轿车里，后排座比前排座要安全得多，最不安全的座位，当数前排右座。最安全的座位，则当数后排左座（驾驶座之后），或是后排中座。当主人亲自开车时，之所以以副驾驶座为上座，是因为这表示了对主人的尊重，也显示着主与客同舟共济之意。由专人驾车时，副驾驶座一般也称随员座，通常坐于此处者多为随员、译员、警卫等。鉴于此，孩子与尊长也不宜在此座就座。在许多城市，出租车的副驾驶座经常不允许乘客就座。这主要是为了防范歹徒劫车，其实质也是出于安全考虑。

4. 轿车上嘉宾的本人意愿

通常，在正式场合乘坐轿车时，应请尊长、女士、来宾就座于上座，这是给予对方的一种礼遇。然而，更为重要的是，应尊重嘉宾本人的意愿和选择。即便嘉宾不明白座次，坐错了地方，轻易也不要对其指出或纠正。这时务必要讲“主随客便”。

上面这四条因素往往相互交错，在具体运用时，可根据实际情况而定。

（四）商务陪同的位置礼仪

在商务活动中常有接待任务，这时都会遇到陪同站位的问题。如果自己是一般接待人员，在带领客人进行参观、游览时，若主宾是多人或者有贴身随从跟从，则让主宾站在中间位置，次宾位于主宾的右边，自己站在主宾的左后位置；如需要给宾客做及时的参观介绍，则可以站在主宾客的右后位置。距离主宾和次主宾位置不能太远，以便与宾客随时交流。在行走期间，应该随时调整自己的位置，做到“礼让三分”。

本章小结

本章所讲授的是日常生活涉及的一些礼仪常识，详细地讲解了各项礼仪注意事项和禁忌。第一节主要讲授了见面过程中正确的称呼、行礼和沟通方式。第二节主要讲授了见面交流的谈吐技巧和礼仪规范。第三节主要讲授了馈赠礼物的礼仪规范和技巧。第四节主要讲授的是社交中的目光礼仪、人与人之间相处的距离礼仪和位置礼仪。

思考与练习

案例1：细节决定成败

王芳在某公司市场部工作，她准备去拜访顺达公司的市场部经理李明先生。王芳事先预约的时间是本周三下午三点。事先王芳准备好有关的资料、名片，并对顺达公司和李明先生进行了解。拜访前，王芳对自己的仪容、仪表进行了精心、得体的修饰。到了周三，王芳提前5分钟到达顺达公司。在与李明先生的交谈过程中，王芳简明扼要地表达了拜访的来意，交谈中始终紧扣主题，给李明先生留下了很好的印象，最终促成了合作。

问题：

王芳在拜访顺达公司李明经理之前和期间，在哪些方面做得比较成功，从而最终促成了与顺达公司的合作？

案例2：饱含心意的礼品

国际著名影星奥黛丽·赫本十分爱狗，多年来一直豢养着一只叫杰西的长耳罗塞尔种的小猎犬。白天，杰西那无忧无虑和温柔的品性，使赫本感到心态平和；夜晚，杰西暖融融地依偎在赫本的脚旁，伴她入睡。然而，有一天杰西误吃了毒药，很快就死了。赫本爱犬心切，竟无法调整好自己的情绪，一连数日，终因悲伤过度而一病不起。这时，她的朋友克里斯多夫·格里文森托人给她送来了又一只长耳罗塞尔狗。它叫彭妮，小巧玲珑，毛色白亮，十分可爱。彭妮给了赫本无限的慰藉。赫本说：“彭妮不仅使我恢复了健康，也赐给我无限的幸福，它真是来自天堂的宝贝。”

问题：

请分析格里文森成功赠送礼物的原因。

第五章 实务礼仪

第一节　宴请礼仪
第二节　专题活动礼仪
第三节　涉外礼仪

知识目标

1. 了解宴请、专题活动、涉外礼仪的内涵。
2. 掌握宴请、专题活动、涉外礼仪的基本要求。

能力目标

1. 掌握宴请及赴宴礼仪基本要领。
2. 在工作过程中能够整体运用相关实务礼仪。

第一节　宴请礼仪

宴请是为了表示欢迎、庆祝、答谢、喜庆等举行的一种隆重的、正式的餐饮活动，是人们沟通和交流感情的交际活动之一。宴请采用何种形式办，通常会根据不同的交际目的、邀请的对象、活动的目的及经费开支等多种因素来决定。

一、宴请的分类

（一）按接待规格分类

1. 国宴

国宴是以国家名义举行仪式最高规格、最隆重的一种宴会形式，是国家元首、政府首脑为庆祝国家的重要节日，或欢迎外国元首、政府首脑来访而举行的正式宴会。按规定，举行国宴，宴会厅里要悬挂两国国旗、安排乐队演奏两国国歌及席间乐，席间主、宾先后发表致词、祝酒词。国宴的格调庄重，礼仪要求严格，场地布置隆重、气氛热烈，参加者身份高、代表性强，都必须穿着正装，按规定的座次入座。

2. 正式宴会

正式宴会除了不挂国旗、不演奏国歌、出席者规格不同外，其余与国宴相似，正式宴会规格稍低于国宴，宾主按照身份排位就座。有时也会安排乐队席间演奏。通常是政府和人民团体等有关部门为欢迎应邀来访的宾客，或来访宾客为了答谢主人而举行的宴会。正式宴会对场地环境、餐具、酒水、菜肴、服务人员的装束、仪态等都有严格的要求。

3. 便宴

便宴是一种非正式宴会，通常用于日常友好交往，一般规模较小，形式简便，可以不排席位，不作正式讲话，不拘严格的礼仪程序，多用于招待熟悉的宾朋好友。常见的有午宴、晚宴，有时也有早宴；有时也可以采取自助餐形式，自由取餐，可以自由行动，更显亲切随和。

4. 家宴

家宴即在家中以私人名义举行的宴请。宾主席间随意交谈，气氛轻松。

（二）按餐别分类

宴请按照餐别将其分为冷餐会（自助餐）、酒会、茶会等。

1. 冷餐会（自助餐）

冷餐会（自助餐）这种宴请形式的特点是不排席位，菜肴以冷食为主，也可用菜，连同餐具陈设在桌上，供客人自取。客人可自由活动，可以多次取食。酒水可陈放在桌上，也可由招待员端送。冷餐会在室内或在院子里、花园里举行，可设小桌、椅子，自入座，也可以不设座椅，站立进餐。根据主、客双方身份，招待会规格隆重程度可高可低，举办时间一般在中午12时至下午2时、下午5时至下午7时。冷餐会是西方国家较为流行的一种宴会形式。

2. 酒会

酒会又称鸡尾酒会，这种招待会形式较活泼，便于广泛接触交谈。酒会规模不限，灵活、轻松、自由，招待品以酒水为主，也有一些小吃。不设座椅，仅置小桌（或茶几），以便客人随意走动。酒会举行的时间较灵活，中午、下午、晚上均可，请柬上往往注明整个活动延续的时间，客人可在期间任何时候到达和退席，来去自由，不受约束。

3. 茶会

茶会是一种比较简单的招待会形式。它一般在西方人早、午茶时间（上午10时、下午4时左右）举行，多为社会团体、企业等举行庆祝活动所采用。茶会的形式比较随便自由，气氛融洽、轻松，席间一般只摆放茶点和一些风味小吃。宾主共聚一堂，喝茶叙谈。

二、宴请的组织

宴请宾客是一种礼仪性的社交活动，为了使宴请能够圆满地举办，取得预想的效果，组织方应该事先做好充分的准备工作。

（一）确定宴请的对象、规格和形式

举办宴会要根据宴会的性质、目的、主宾的身份及双方的关系及习惯做法和国际惯例等，来确定请柬信封上被邀请人的姓名、职务，要注意书写准确。请柬发出后，应及时落实出席情况，准确记载，以便调整席位。一般来说，正式的、高级别的、小范围的宴请，以举行正式宴会为宜；人数多，则以冷餐会或茶会等形式为宜。宴请主办方和客方的人数要比例适当，未被邀请的人员不可进入宴请活动场所。在按礼宾次序草拟具体邀请主客双方人员名单时，一定要注意职务准确、称呼恰当，必要时注明人员之间的关系。在可能的情况下，多了解一些主宾的相关情况，如个人禁忌、口味、喜好等。

宴请的时间应对主、客双方都合适，尤其应该照顾来宾的时间。重大宴请活动时间应该与主宾商定，小型宴请要征询主宾意见，可口头或者电话约请。注意不要选择对方的重大节日、有重要活动或有禁忌的时间。

宴会的地点要根据宴请的规模和形式决定，可以按宴请的性质、规模、主人意愿等实际情况来选择。在可能的条件下，宴会厅外另设休息厅（又称等候厅）、吸烟室、存衣处，供宴会前简短交谈用，待主宾到达后一起进宴会厅入席。

（二）邀请方式和请柬格式

一般的各种宴请活动，应该发请柬，表示对客人的重视。请柬内容包括活动时间及地点、形式、主人姓名。行文不用标点符号，其中人名、单位名、节日和活动名称都应采用全称。便宴经约定后，也可以不发请柬。家宴和工作进餐一般不发请柬用口头约定即可。请柬一般提前1～2周发出，以便客人早安排。已经口头约定的活动，仍应补送请柬。如果是必须安排座次的宴请，要确切掌握出席情况，往往要求被邀请者答复能否出席。

（三）拟订菜单和确定酒水

宴请的酒菜根据宴请规格、活动形式、性质来确定，并且要按规定的预算标准安排。拟订菜单时要考虑主人、主宾的爱好与禁忌，也要考虑身体原因不能吃某种食品的客人，如果其有特殊需要，也可特别照顾单独为其备菜。要注意菜肴的营养构成和荤素搭配，还要注意酒水与菜肴的搭配，菜肴的数量和分量都要适宜。宴请前应将菜单向主管部门负责人进行审定，获准后将菜单印制若干份。菜单的印制要美观、大方、精致、得体，每桌两三份菜单，宴请规格较高的话，也可以每人一份。

（四）布置现场环境和营造氛围

宴会现场的环境和气氛对宴会的成功与否有相当大的影响。宴会现场的布置取决于宴会的性

质和形式。正式宴会厅的布置应该严肃、庄重高雅、大方，不要用太多花哨的灯、气球等装饰，应该适当地用一些鲜花来装饰，桌席的排列也应符合规范。

三、宴会桌席的排列礼仪

举办正式宴请的应当提前安排桌次与席位，或者只排定主桌席位，其他只排桌次。桌次高低以离主桌位置远近而定，近高远低，右高左低。在同一桌上时，席位高低以离主人的座位远近而定。

（一）常见宴会桌席安排

正式或大型宴会一般都排席位，也可只排部分客人席位，其他人员只排桌次或自由入座。

（1）宴会席位主要是根据出席人员礼宾次序安排的，同时还要综合考虑政治关系、语言、宗教信仰和专业等诸多因素。

（2）同一桌上，席位的高低以离主人的座位远近而定，右高左低。

（3）两桌以上的宴会，其他各桌第一主人的位置可以与主桌主人位置同向，也可以以面对主桌的位置为主位。

（4）如遇主宾身份高于主人，为表示对他的尊重，可以把主宾安排在主人的位置上，而主人则坐在主宾位置上，第二主人在主宾的左侧。

（5）如果本国出席人员中有身份高于主人者，可以由身份高者坐主位，主人坐在其左侧。

（6）有女宾时，中国习惯把女方排在一起，即主宾坐男主人右上方，主宾夫人坐女主人右上方。按照国际惯例，不安排夫妇坐在一起，通常是将男女穿插安排，以女主人为准，主宾在女主人右上方，主宾夫人在男主人右上方。

（7）主宾带夫人，而主人的夫人又不能出席，通常可请其他身份相当的女士作第二主人。如无适当身份的女士出席，也可以把主宾夫妇安排在主人的左右两侧。

（8）如使用长桌，一桌6人、10人或14人时，男女主人可坐在餐桌两端的传统位置上；如果一桌8人或12人时，男女主人就只宜坐在长桌两端。

（9）如使用圆桌，译员一般安排在主宾的右侧；使用长桌时，也可以安排在主宾与主人的对面。译员不上席时，则坐在主宾和主人的身后。

（二）中式宴会桌席安排

1. 中式宴会的桌次排列

举办中式宴会，在宴会不止一桌时，要安排桌次。其基本原则如下。

（1）以右为上　当餐桌分为左右时，以面门为据，居右之桌为上。

（2）以远为上　当餐桌距离餐厅正门有远近之分时，以距门远者为上。

（3）居中为上　多张餐桌并列时，以居于中央者为上。

（4）在桌次较多的情况下　上述排列常规往往交叉使用。

2. 中式宴会的席次安排

席次，指同一餐桌上的席位高低。排列席次的原则如下。

（1）面门为上　即主人面对餐厅正门。有多位主人时，双方可交叉排列，离主位越近地位越尊。

（2）主宾居右　即主宾在主位（第一主位）右侧。

（3）好事成双　即每张餐桌人数为双数，吉庆宴会尤其如此。

（4）各桌同向　即每张餐桌的排位均大体相同。

（三）西式宴会桌席安排

西式宴会的餐桌习惯用长桌，或是根据人数多少、场地大小自行设置。同中式宴会一样，举办西式宴会也要排定桌次和席次。

1. 西式宴会的桌次排列

西式宴会一般不涉及桌次的排列，除非极盛大的宴会。如果参加宴会的人数较多，那西式宴会桌次可以有四种排列方法，即一字形、T字形、门字形和E字形。

2. 西式宴会的席次排列

西式宴会席次排列有自己的礼仪规则，与中式宴会的席次排列有区别。西方人一向推崇“女士优先”；西式宴会采用长条桌，面对人口的位置优于背对人口的位置；席位的高低以离主人座位的远近而定，以近为上，如果是距离相等，以右为上；主宾应该坐在主人的右边；一般要男女穿插排列位置；如果男女主人在长桌的中间相对而坐，那么桌子两端可以坐人也可以不坐人；男女主人也可以分坐在长桌的两端，客人依次而坐。

四、出席宴会礼仪

宴会是社交应酬的一种重要场合，形式多种多样，参加宴会，无论是作为组织的代表，还是以个人的身份出席，都应该注意礼仪。出席宴会前，要做简单的梳洗打扮，女士要淡淡地修饰一下，显出秀丽高雅的气质。男士也要把头发和胡须整理和刮洗干净，穿上一套整洁大方、适合身份的衣服，容光焕发地赴宴。这既能体现一个人的道德素养与修养，也是对主人的一种尊敬。特别注意正式宴会，邀请人在请柬上会注明服装要求，赴宴前要特别注意，按要求着装。

（一）接受邀请

当受邀人接到宴请后，能否出席应尽早答复，以便邀请人做出安排。接受邀请以后如果没有特殊原因，不要随意改变，一定要按时出席。如果临时遇到不得已的情况，不能前往赴约，要尽早、礼貌地向主人解释，并深表歉意。

（二）出席宴会时间

参加宴会时应该守时，这是出席宴请活动的基本礼貌，在一定程度反映宾客对宴请人的尊重。赴宴迟到是非常失礼的行为，当然也不能去得太早，如果去得太早，也许宴请人还没有做好接待准备，同样不妥。不管是迟到、早退、逗留时间过短都被视为失礼或有意冷落。一般比邀请时间早到3～5分钟为宜，如果延迟到达时间，应及时通知宴请人，以免宴请人等候。席间，确实有事不得不提前退席时，应事前和主人打招呼，届时悄悄离席。

（三）席间的仪态礼仪

出席宴会活动，应听从主人安排。先了解自己的桌次和座位，端庄入座，不可随意乱坐。若是年长者或妇女，应主动协助他们先坐下。入座后注意坐姿和仪态，不要用手托腮或将双臂肘放在桌上。双手应该放在膝盖上，身体轻靠在椅背上。双脚应踏在本人座位下，不可随意伸出，也不要跷二郎腿、抖腿等，以免影响别人。不要玩餐桌上的餐具，也不要用餐巾、纸巾等擦餐具。

（四）席间的祝酒礼仪

主人和主宾致词祝酒时，在场所有人都应该暂停进餐、交谈，要注意倾听。碰杯时主人和主宾先进行，人多时可同时举杯示意，不一定逐一碰杯。祝酒时不能交叉碰杯，也不要将手伸得太长去和别人碰杯。碰杯时要目视对方向对方致意。切忌喝酒过量，更不要饮酒过多失言失态。不能喝酒时可以声明，但不要随意拒绝，即使不会喝也要沾一点表示敬意。

（五）席间的谈话礼仪

入席后，不要立即动手取食，而应待邀请人打招呼，由主人举杯示意开始时，客人才能开始；客人不能抢在邀请人前面。席间狼吞虎咽、埋头苦吃、沉默不语是非常失礼的行为，也会使宴会的气氛显得沉闷。应该照顾到旁边的客人，谦让一下，并主动和别人交谈，调节气氛。但与人交谈的时候不要一边吃东西，一边和人聊天。交谈时的音量要适中，不要把筷子或勺子在餐桌上乱舞。

（六）宴会结束后的注意事项

宴会结束后，离开餐桌时，将椅子拉开离座后，应该将椅子再挪回原处。男士应该帮身边的女士或长辈移开椅子，然后再将椅子放回原处。不要在宴会结束时立刻就走，应该向主人的热情款待表示感谢并向主人告别。要先让身份高的人、年长者和女士先走。可以将主人发给的纪念品拿走，但不要将桌上的招待用品如水果、香烟等带走。

第二节　专题活动礼仪

一、庆典礼仪

（一）庆典礼仪的类型

1. 舆论宣传

举办庆典的主旨在于塑造本单位的良好形象，所以应做好舆论宣传工作，以吸引社会各界的注意，取得社会公众的认可和接受。其一，企业可选择有效的大众传播媒介性的广告宣传。在报纸、电台和电视台广泛地发布广告，或在告示栏中张贴庆典告示，告知社会大众庆典举行的时间、地点，庆典期间对顾客的优惠情况，企业的经营范围及特色等。广告或告示一般应在庆典仪式举行前的3～5天内发布。其二，企业可邀请有关的大众传播界人士，在庆典仪式举行之时到现场进行采访、报道，以便对企业进行正面宣传。

2. 邀请来宾

庆典仪式影响的大小，往往取决于来宾身份地位的高低和数量的多少。企业应在力所能及的条件下，尽可能多地邀请一些重要来宾参加庆典。

一般来说，可邀请上级领导地方主管部门、同行业代表社会名流、新闻界人士等。出席庆典的人员一旦确定，应提前一周发出请柬，使于被邀者及早安排和准备。请柬的印制要精美，内容要完整，文字要简洁，措辞要热情。被邀者的姓名要认真书写，将请柬装入精美的信封。一般的请柬可派工作人员送达也可通过邮局邮寄，给主要领导或有名望的人士的请柬应派专人送达，以示诚恳和尊重，也方便对方早作安排。

3. 场地布置

庆典仪式一般在单位的现场举行，其场地可以是正门之外的广场，也可以是正门之内的大厅。为了显示隆重与敬客，可在贵宾站立之处铺设红地毯，在主席台两侧摆放来宾赠送的花篮、贺牌。此外，为了烘托出热烈、隆重、喜庆的气氛，也可在场地四周悬挂横幅、标语、气球、彩带。来宾的签到簿、企业的宣传材料、待客的食品、酒水等，也应提前准备好。对于仪式举行时所使用的音响、照明设备以及用具，必须事先认真进行检查、调试，以防在使用时出现差错，确保庆典能够顺利地进行。

4. 接待服务

在举行庆典仪式的现场，要有专人负责来宾的接待服务工作。一般由年轻、精干、身材和相貌较好的男女青年承担，主要负责来宾的迎送、引导、陪同招待等。在接待贵宾时须由本单位主要负责人亲自出面。在接待其他来宾时，则可由本单位的礼仪小姐负责。若来宾较多时，须为来宾准备好专用的停车场、休息室，并应为其安排饮食。

企业的全体员工对来宾都要以主人翁的身份热情待客，分工负责，各尽其职。做好接待服务工作，可以使来宾感受到主人真挚的尊重和敬意，会给来宾留下深刻的印象。因此，庆典仪式前要认真地安排，并对接待人员进行系统的培训。

5. 礼品馈赠

举行庆典仪式之后，企业应赠予来宾礼品，礼品应以宣传本单位为主，并给来宾留下美好的印象。按照惯例，礼品应有如下三大特征：一是宣传性，可选用自己单位的产品，也可在礼品及其外包装上印有企业的标志、广告用语等；二是纪念性，要使礼品具有一定的纪念意义，并使拥有者对其珍惜、重视；三是独特性，它应当与众不同，具有本单位的鲜明特色，令人过目不忘。

（二）庆典仪式的程序

庆典仪式的一般流程为：迎宾、宣布、奏乐、致辞、揭幕、参观、接待顾客。

1. 迎宾

接待人员应站在会场门口接待来宾，请来宾签到后，引导来宾在相应的座位上就位。

2. 宣布

主持人宣布庆典仪式正式开始，并且介绍本次庆典的主要来宾。

3. 奏乐

奏乐的时候全场参会人员起立。必要时，也可随之演奏企业标志性的歌曲。

4. 致辞

由上级领导和嘉宾代表致贺词，主要表达对庆典单位的祝贺，并寄予厚望。对外来的贺电、贺信等不必一一宣读，但对署名的单位或个人应予以公布。由本单位负责人致答谢词，主要是向来宾及祝贺单位表示感谢，并简要介绍本单位的经营特色和经营目标等。

5. 揭幕

由本单位负责人和上级领导或嘉宾代表揭去盖在牌匾上的红布，参加典礼的全体人员应鼓掌祝贺，在非限制燃放鞭炮的地区还可放鞭炮庆贺。

6. 参观

本企业的工作人员可引导来宾参观，介绍本企业的主要设施设备、特色商品及经营策略等。

7. 接待顾客

企业可采取让利销售或赠送纪念品的方式吸引顾客，也可以邀请一些有代表性的消费者参加座谈，听取消费者的意见，拉近企业与消费者的距离。

（三）参加庆典的礼仪

1. 庆典主办方的礼仪

（1）仪容整洁　所有出席本单位庆典的人员，都应适当整理妆容，女士要适当化妆，男士应梳理好头发，剃掉胡须，不应蓬头垢面、胡子拉碴，给企业造成不良的影响。

（2）服饰规范　出席庆典的人员最好穿工作服或统一样式的服装；若没有统一的服装，应要求每个人穿着礼仪性的服装，即男士穿深色西装或中山装，女士穿深色西装套裙或套装，不应在服饰方面给来宾凌乱的感觉。

（3）准备周到　庆典请柬的发放应按时，企业还应为来宾准备好贵宾席位，不得有遗漏。席位的安排要讲究，一般按身份与职务的高低安排主席台的位次及贵宾席位。企业还应为来宾准备好迎送车辆。

（4）守时守信　庆典仪式的起止时间公布后，主办单位应准时开始和结束，守时守信。所以出席本单位庆典的工作人员，也都应严格遵守时间，不得迟到、中途退场或无故缺席。

（5）态度友好　庆典的工作人员遇到来宾要主动热情地问好，对来宾提出的问题应予以友善的答复。当来宾发表贺词后，应主动鼓掌表示感谢。

（6）举止得体　主办方人员的举止得体，能充分地展示本单位文明礼貌，礼尚往来的良好风范。在典礼过程中，主办方人员不应做与典礼无关的事。

2. 庆典宾客的礼仪

（1）宾客要准时参加庆典，为主办方捧场。如遇到特殊情况不能到场，应提早通知主办方，以免有失礼之处。

（2）宾客在庆典仪式开始之前，可送一些花篮或楹联等贺礼，以表示对主办方的祝贺。在贺礼上写明庆贺对象、贺词及祝贺单位。

（3）见到主办方的领导，应主动向其表示祝贺。入座后应礼貌地与邻座打招呼，可通过自我介绍、互换名片等方式表示友好。

（4）在庆典上致贺词时，要简短精练，不能随意发挥，拖沓冗长，而且要表现得大方得体。

（5）在庆典的过程中，宾客要根据庆典的进展情况，做一些礼节性的附和，如鼓掌、跟随参观、写留言等。

（6）在庆典结束之后，宾客离开时应与主办方的领导以及工作人员等握手告别，并致谢意。

二、剪彩礼仪

（一）剪彩的准备工作

剪彩仪式的准备工作与庆典的准备工作有相似之处，企业应认真细致、充分、周密地筹备，如舆论宣传、邀请嘉宾、发放请柬、准备礼品、布置场地、调试灯光与音响等。除此以外，剪彩仪式还应做好以下几项准备工作。

1. 备好剪彩用具

（1）红色缎带　红色缎带即剪彩中的“彩”，按照传统做法，应由一整匹未曾使用过的红色绸缎，在中间结成数朵花团而成。现在有些单位为了节约，一般使用长2米左右的红缎带或红布条代替。红色缎带上所结的花团，不仅要生动、硕大、醒目而且在具体数目上往往还同现场剪彩者的人数直接相关，花团的数目比现场剪彩者的人数多一个，可使每位剪彩者总是处于两朵花团之间，比较正式，是现在通用的做法。

（2）白色手套　白色手套是专为剪彩者准备的，要确保手套洁白无暇，人手一副、大小适中。在正式的剪彩仪式上。剪彩者剪彩时每人戴上一副白色手套，以示郑重其事。

（3）新剪刀　每位现场剪彩者人手一把崭新、锋利而且顺手的新剪刀以确保剪彩者在正式剪彩时，可以一举成功。在剪彩仪式结束之后，主办方还可将剪刀精心包装后，送给剪彩者以作纪念。

（4）托盘　在剪彩仪式上使用的托盘，是用来盛放红色缎带、白色手套和剪刀的，最好是崭新、洁净的。通常首选银色的不锈钢制品。为了显示正规，可在使用时铺上红色绒布或绸布。至于托盘的数量，可以是用一只托盘依次向各位剪彩者提供剪刀与手套，并同时盛放红色缎带；也可以是为每一位剪彩者配置一只专为其服务的托盘，而红色缎带也由一只专用的托盘盛放。

（5）红色地毯　在剪彩现场铺设红色地毯，主要是为了提升仪式档次，营造一种喜庆的气氛。红色地毯铺设在主席台或者剪彩者的站立之处，其长度可视剪彩者人数的多少而定，宽度则应在1米以上。

知识链接

剪彩的由来

相传在20世纪初期，在美国圣安东尼奥的一个小镇上，有一家商店即将开业。在开张这天的一大早，店主按当地的风俗，在开着的店门前横系一条布带，以阻挡公司未开张前拥挤的人群涌入店内。正在顾客迫不及待地要进入店内购物的时候，老板10岁的小女儿牵着一条哈巴狗突然从店里匆匆跑了出来，那条“不谙世事”的可爱的小狗若无其事地将拴在店门上的布带碰落在地。等在门外的顾客以为是这家店搞的“新花样”，便蜂拥而入，争相抢购。从此，这家小店便顾客盈门，财源茂盛。店主从这次偶然的事故中得到启迪。不久，当店主的“连锁店”要开张时，他想起第一次开张时的盛况，便在开业的过程中如法炮制。这次是老板有意让小女儿把布带碰断，果然财运又很好。于是，人们认为公司、店铺开张时，让女孩碰断布带是一个好兆头，都纷纷效仿。后来，人们用红色缎带取代了颜色单一的布带，并用新剪刀剪断，剪彩人也由小狗改成小女孩，又从小女孩改成年轻貌美的姑娘，后又由当地官员或社会名流所替代，人们还给这种做法正式取名为“剪彩”。

2. 选定剪彩人员

（1）主剪者　剪彩者的身份地位与剪彩仪式的档次高低有着密切的关系，通常多由上级领导、合作伙伴、社会名流、员工代表或客户代表担任。根据惯例，剪彩者可以是一个人，也可以是几个人，但一般不应多于五人。若剪彩者仅为一人，则其剪彩时居中而立即可。若剪彩者不止一个人时，则同时上场剪彩的位次就应予以重视。通常是主剪者位于中间，中间高于两侧，右侧高于左侧，距离中间越远位次就越低。

（2）助剪者　助剪者是指在剪彩者剪彩的一系列过程中在旁边为其提供帮助的人员，为了增加剪彩仪式热烈而隆重的喜庆气氛，助剪者可以邀请几位专业的礼仪小姐，或由东道主的女职员担任礼仪小姐。具体而言，又可以分为迎宾者、引导者、服务者、拉彩者、捧花者、托盘者等。礼仪小姐一般要求文雅、大方庄重、穿着整齐划一，化淡妆、盘起头发，统一穿着红色旗袍或西式套装。

（二）剪彩仪式的程序

剪彩仪式的一般流程为：迎宾、宣布剪彩仪式开始、奏乐、致辞、剪彩、参观。

1. 迎宾

在剪彩仪式开始时，应请大家在事先已排好顺序的座位上就座。一般情况下，剪彩者应就座于前排。若其不止一个人时，则应使之按照剪彩时的具体顺序就座，即主剪者居于中间，距离主剪者越远，位次越低，且右侧位次高于左侧。

2. 宣布剪彩仪式开始

由主持人宣布剪彩仪式开始后，现场可燃放鞭炮，全体到场者应当热烈鼓掌，以烘托现场的热烈气氛。此后，主持人应向全体到场者介绍到场的重要来宾。

3. 奏乐

此刻，乐队应演奏音乐，全场起立。必要时，也可随之演奏企业标志性的歌曲。

4. 致辞

由东道主单位的代表、上级主管部门的代表、地方政府的代表、合作单位的代表等依次致辞。致辞的内容应言简意赅，每人不超过3分钟，重点分别应为介绍、道谢与致贺，应富有鼓动性，使场面隆重而热烈。

5. 剪彩

当主持人宣布剪彩仪式开始后，礼仪小姐排成一行率先登场，从两侧同时登台，仅从右侧登台也可。登台之后，拉彩者处于两端将红色缎带拉直，其余的礼仪小姐手持托盘站在捧花者身后一米左右，并且自成一行。在剪彩者登台时，引导者应在其左前方引导，从右侧出场并各就各位。在剪彩前，主办方须向全体到场者介绍剪彩者。剪彩者仅为一人时，则其剪彩时站在中间。若剪彩者不止一个人时，则须按礼宾次序就位。剪彩仪式开始后，礼仪小姐从各剪彩人员的左后侧递上托盘，待剪彩人员戴上手套拿好剪刀后，应做好接稳捧花的准备。剪彩者在剪彩结束后，可右手举起剪刀，面向全体到场者致意；然后放下剪刀、取下手套放于托盘内，举手鼓掌。此刻，全体应当热烈鼓掌，必要时还可奏乐或燃放鞭炮（须当地政府允许燃放）。剪彩人员依次与主人握手道贺后，在引导者的引导下从右侧退场。最后，礼仪小姐才列队由右侧退场。

6. 参观

剪彩之后，主办方可组织来宾参观或举行酒会庆祝，还可向来宾赠送纪念性礼品，并设宴款待全体来宾。

（三）参加剪彩的礼仪

1. 整洁规范

剪彩者的着装要整洁、正规，一般穿西装、中山装或职业套装。头发要梳理好，女士妆容要整洁，男士胡须要剃净，容光焕发精干而有修养。

2. 交谈适当

当主持人宣布剪彩仪式开始后，剪彩者应立即停止与其他人的交谈，全神贯注地听主持人的安排。剪彩期间，可与邻座低声耳语两句，表示自己的感受。剪彩完毕剪彩者向四周的人们鼓掌致意后，方可与主人进行礼节性的交谈，或与其他剪彩者进行赞赏性的交谈，但时间不宜过长，要有节制，高谈阔论或放声谈笑都是失礼的行为。

3. 举止得体

在剪彩过程中，剪彩者要使自己保持稳重的姿态，做到不慌不乱。当主持人宣布开始剪彩时，剪彩者要面带微笑，步履稳健地走到主席台，走向红色缎带。当礼仪小姐用托盘呈上剪刀时，要用微笑表示谢意。剪彩带时，要聚精会神、严肃认真，不可大声交谈或者大笑。如果同时有几位剪彩者共同剪彩时，应配合他人同时剪断彩带。另外，剪彩者还应与礼仪小姐配合，让彩球落于托盘中。剪彩者把剪刀放回托盘后，应转身向四周的人们鼓掌致意，并与主持人和其他东道主一一握手，以示祝贺。在上下场时，都要井然有序、神态自然。在剪彩过程中，更要表现得大方得体。

第三节　涉外礼仪

涉外礼仪是在长期的国际往来中，逐步形成的外事礼仪规范，也就是人们参与国际交往所要遵守的惯例。它强调交往中的规范性、对象性、技巧性。

一、涉外礼仪基本原则

（一）维护国家利益原则

在参与涉外交往活动时，应时刻意识到在外国人眼里，自己是国家、民族、单位组织的代表，自己的言行应当端庄得体，堂堂正正。在外国人面前，要做到不卑不亢，既不应该表现得畏惧自卑，也不应该表现得自大狂傲、放肆嚣张。应表现得既谨慎又不拘谨，既主动又不盲动，既注意慎独自律又不是手足无措、无所事事。

（二）信守约定原则

当前，在国际交往活动中，人们将对交往对象的重视、恭敬、友好作为涉外礼仪的核心。在一切涉外交往中，都必须认真而严格地遵守自己的所有承诺，说话务必要算数，许诺一定要兑现。

（三）女士优先原则

要求在一切社交场合（有些公务场合除外），成年男子都有义务主动自觉地以自己的实际行为去尊重、照顾、体谅、关心、保护女士，并尽心竭力地去为女士排忧解难。

（四）尊重隐私原则

涉外交往中，凡涉及经历、收入、年龄、婚恋、健康状况、政治见解等均属个人隐私，别人不应查问，即在交往“有所不为”。

（五）不卑不亢原则

涉外交往是面对全球的跨文化活动，是一种双向互动交流活动。中国传统文化形成的热情好客、宾至如归以及谦逊等美德，在国际交往待人接物中必须有所适“度”。所以，在涉外礼仪中遵循热情有度、不必过谦原则尤为必要。

（六）入乡随俗原则

在涉外交往中，首先必须充分地了解与交往对象相关的习俗，即在衣食住行、言谈举止、待人接物等方面所特有的讲究与禁忌，其次必须充分尊重交往对象所特有的种种习俗，既不能少见多怪，妄加非议，也不能以我为尊，我行我素。

（七）不宜先为原则

在涉外交往中，面对自己一时难以应付、举棋不定，或者不知道到底怎样做才好的情况时，如果有可能，最明智的做法是尽量不要急于采取行动，尤其是不宜急于抢先，冒昧行事。

随着我国经济的不断发展和国力的稳步增强，在政治、经济、文化等领域与世界其他国家、地区的交往越来越频繁，各机关单位和公司企业的涉外活动也日益增多，同时，私人间的国际往来也普遍起来。在不同性质、不同形式、不同层次的国际交际中，外事礼仪无疑是增加交往双方相互理解和友谊的重要因素。但是，由于历史、文化、宗教、习俗等方面的差异，不同国家和地区在外事交往中的礼仪有很大不同，这就使外事礼仪更具有特殊性和复杂性。所以，了解和掌握交往中的外事礼仪，懂得相关习俗和规范，对于增进友谊、促进彼此理解和合作具有很重要的意义。

二、接待外宾礼仪

（一）接待外宾前的事项准备

1. 邀请的方式

外宾来访通常要由东道国先发出邀请，这既是礼节，也是一项必要的手续。被邀请者在接到邀请函后，应及时给予答复，并据此办理有关的手续。邀请函除表示欢迎之意外，也表明被邀请者的身份、访问的性质以及访问的时间等内容。有时，为了表示客气，也可请被邀请者在他认为“方便的时候”来访，或将时间留待以后“另行商定”。

2. 接待事前准备

为了做好接待，在外宾抵达以前，就应做好充分的准备工作。首先，要搞清楚来访外宾或代表团的基本情况。比如，来访外宾的总人数，是否包括主宾和其他人员的配偶，来访人员的职务、性别、礼宾次序等情况，这些均可请对方事先提供。重要国宾来访，其随访人员中，有正式随行人员（或代表团团员）和工作人员之分，而正式随行人员中有的还是政府的高级官员。此外，有的国家领导人来访，随行的还有企业家、记者以及专机的机组人员等。这些都应在事先了解清楚，以便由有关单位做好相应的接待准备。

对于外宾的饮食爱好、宗教禁忌以及是否有其他特殊的生活习惯等也可事先向对方探询，必要时，还可向对方索要来访者的血型资料。拟订来宾访问日程前，还要向对方了解清楚抵离的日期和时间、交通工具和施行路线、对参观访问的具体愿望等。

3. 访问日程安排注意事项

访问日程一般应由东道方提出，日程草案拟订后，可先将主要内容告知对方，以便听取对方意见，并使对方有所准备。

日程的安排应松紧适当。活动安排太少，让客人有时在宾馆里无所事事，会感到受冷遇，活动安排太多，又会令客人筋疲力尽。要保持日程安排适当平衡确非易事。为了让客人在有限的时间内，多看一些东西，多接触一些人，常常容易把日程排得太满，没有轻松休息的时间。美国前总统艾森豪威尔谈起英国女王紧张的访美日程时说："她们一定希望有时间休息安静一下。如果任何助手敢把我的日程安排得像她们的那样（紧张），我就把他解雇。"

（二）接待外宾过程中的礼仪

1. 注重修养

（1）讲究仪表和衣帽整洁，面、手、衣履要洁净。头发、胡须不宜过长，要修剪整齐。

（2）举止大度得体、态度端正和蔼、挺胸正颈，精神饱满，任何失礼或不合礼仪的言行都被认为是有失体面的。

（3）讲究身份，说话客气，不做任何越礼之事。说话时神情矜持和蔼，略带微笑。

（4）遵守时约。与人约会必须严格守时，不能失约超时。允诺别人的事不能忘记，必须按时做好，不失信、不失约。

（5）遵守公共秩序。不给别人造成麻烦或不便，不打搅别人、不干扰影响别人，尊重别人。

2. 不卑不亢

国际礼仪的不亢不卑原则，最要紧的是要保持人格平等。要做到"不卑不亢"，应把握住以下几点。

（1）绝对不要对对方有金钱和物质利益上的企图。

（2）力争价值的平等和超越，要有为祖国和民族扬眉吐气的精神风貌。

（3）坚持实事求是态度，不说过头话，说客气话与谦虚都是需要的，但过分了就成为虚伪。

三、礼宾仪式

（一）礼宾次序

礼宾次序是指国际交往中对出席活动的国家、团体、各国人士的位次按某些规则和惯例进行排列的先后次序（在某些出版物中也有排列次序的问题）。一般来说，礼宾次序体现东道主对各国宾客所给予的礼遇；在一些国际性的集会上则表示各国主权平等的地位。礼宾次序安排不当或不符合国际惯例，则会引起不必要的争执与交涉，甚至影响国家关系。因此在组织涉外活动时，对礼宾次序应给予一定的重视。

下面仅就对外工作中礼宾次序的几种排列方法做简要介绍。

1. 按身份与职务的高低排列

这是礼宾次序排列的主要根据。一般的官方活动，经常是按身份与职务的高低安排礼宾次序。如按国家元首、副元首、政府总理（首相）、副总理（副首相）、部长、副部长等顺序排列。各国提供的正式名单或正式通知是确定职务的依据。由于各国的国家体制不同，部门之间的职务高低不尽一致，则要根据各国的规定，按相当的级别和官衔进行安排。在多边活动中，有时按其他方法排列。但无论按何种方法排列，都在考虑身份与职务的高低问题。

2. 按字母顺序排列

多边活动中的礼宾次序有时按参加国国名字母顺序排列，一般以英文字母排列居多，少数情况也有按其他语种的字母顺序排列。这种排列方法多见于国际会议、体育比赛等。在国际会议上，公布与会者名单，悬挂与会国国旗，座位安排等均按各国国名的英文拼写字母的顺序排列。在联合国召开联合国大会，各专门机构的会议和悬挂会员国旗等均按此法。联合国大会的席次也按英文字母排列，但为了避免一些国家总是占据前排席位，因此每年抽签一次，决定本年度大会席位以哪一个字母打头，以便让各国都有机会均等排在前列。

在安排礼宾次序时所考虑的其他因素包括国家之间的关系，地区所在，活动的性质、内容和对于活动的贡献大小，以及参加活动人的威望、资历等。比如，常把同一国家集团的、同一地区的、同一宗教信仰的，或关系特殊的国家的代表团排在前面或排在一起。对同一级别的人员，常把威望高、资历深、年龄大者排在前面。有时还考虑业务性质、相互关系、语言交流等因素。如在观礼、观看演出、比赛，特别是在大型宴请时，在考虑身份、职务的前提下，将业务性质对口的、语言相通的、宗教信仰一致的、风俗习惯相近的安排在一起。

总之，在具体工作中，要耐心、细致、反复考虑研究、设想多种方案，以避免因礼宾次序方面的问题引起一些不愉快。

（二）国旗的悬挂

国旗是国家的一种标志，是国家的象征。人们往往通过悬挂国旗，表示对本国的热爱或对他国的尊重。在一个主权国家领土上，一般不得随意悬挂他国国旗。不少国家对悬挂外国国旗都有专门的规定。在国际交往中，还形成了悬挂国旗的一些惯例，为各国所公认。

按国际关系准则，一国元首、政府首脑在他国领土上访问，在其住所及所乘交通工具上悬挂国旗（有的是元首旗）是一种外交特权。东道国接待来访的外国元首、政府首脑时，在隆重的场合，在贵宾下榻的宾馆、乘坐的汽车上悬挂对方（或双方）的国旗（或元首旗），这是一种礼遇。此外国际上公认，一个国家的外交代表在接受国境内有权在其办公处和官邸，以及所乘交通工具上悬挂本国国旗。

在国际会议上，除会场悬挂与会国国旗外，各国政府代表团团长也按会议组织者有关规定在一些场所或车辆上悬挂本国国旗。有些展览会、体育比赛等国际性活动，也往往悬挂有关国家的国旗。

在建筑物上或在室外悬挂国旗，一般应日出升旗，日落降旗。

悬挂双方国旗，按国际惯例，以右为上，左为下。两国国旗并挂，以旗本身面向为准，右挂客方国旗，左挂本国国旗。汽车上挂旗，则以汽车行进方向为准，驾驶员左手为主方，右手为客方。所谓主客，不以活动举行所在国为依据，而以举办活动的主人为依据。比如，外国代表团来访，东道国举行的欢迎宴会，东道国为主人；答谢宴会，来访者是主人。也有个别国家，把本国国旗挂在上首。

国旗不能倒挂，一些国家的国旗由于文字和图案的原因，也不能竖挂或反挂。有的国家明确规定，竖挂需另制旗，将图案转正。比如朝鲜民主主义人民共和国国旗竖挂时，五角星的星尖依然朝上。有的国家则无明确规定。因此，正式场合悬挂国旗宜以正面（即旗套在旗的右方）面向观众，不用反面。如果旗是挂在墙壁上，避免交叉挂法和竖挂。如果悬空挂旗，则不成问题。

各国国旗图案、式样、颜色、比例均由本国宪法规定。不同国家的国旗，如果比例不同，用同样尺寸制作，两面旗帜放在一起，就会显得大小不一。因此，并排悬挂不同比例的国旗，应将其中一面略放大或缩小，以使旗的面积大致相同。

（三）迎送礼仪

迎来送往是常见的社交礼节。在国际交往中，对外国来访的客人，通常均视其身份和访问性质，以及两国关系等因素，安排相应的迎送活动。

各国对外国国家元首、政府首脑的正式访问，往往都举行隆重的迎送仪式。对军方领导人的访问，也举行一定的欢迎仪式，如安排检阅仪仗队等。对其他人员的访问，一般不举行欢迎仪式。然而，对应邀前来访问者，无论是官方人士、专业代表团还是民间团体、知名人士，在他们抵离时，均安排相应身份人员前往机场（车站、码头）迎送。对长期在本国工作的外国人士和外交使节、专家等，他们离任时，各国有关方面也安排相应人员迎送。

1. 确定迎送规格

对来宾的迎送规格各国做法不尽一致。确定迎送规格，主要依据来访者的身份和访问目的，适当考虑两国关系，同时要注意国际惯例，综合平衡。主要迎送人通常都要与来宾的身份相当，但由于各种原因（如国家体制不同、当事人年高不便出面、临时身体不适或不在当地等），不可能完全对等。遇此情况，可灵活变通，由职位相当的人士或由副职出面。总之，主人身份总要与客人相差不大，同客人对口、对等为宜。当事人不能出面时，无论作何种处理，应从礼貌出发，向对方做出解释。其他迎送人员不宜过多。也有从发展两国关系或当前政治需要出发，破格接待，安排较大的迎送场面。然而，为避免造成厚此薄彼的印象，非有特殊需要，一般都按常规办理。

2. 掌握抵达和离开的时间

必须准确掌握来宾乘坐飞机（火车、船舶）抵离时间，及早通知全体迎送人员和有关单位。如有变化，应及时周知。由于天气变化等意外原因，飞机、火车、船舶都可能不准时。一般大城市，机场离市区又较远，因此，既要顺利地接送客人，又不过多耽误迎送人员的时间，就要准确掌握抵离时间。

迎接人员应在飞机（火车、船舶）抵达之前到达机场（车站、码头）。送行则应在客人登机之前抵达（离去时如有欢送仪式，则应在仪式开始之前到达）。如客人乘坐班机离开，应通知其按航空公司规定时间抵达机场办理有关手续（身份高的客人，可由接待人员提前前往代办手续）。

3. 献花

如安排献花，须用鲜花，并注意保持花束整洁、鲜艳，忌用菊花、杜鹃花、石竹花、黄色花朵。有的国家习惯送花环，或者送一两枝名贵的兰花、玫瑰花等。通常由儿童或女青年在参加迎送的主要领导人与客人握手之后，将花献上。有的国家由女主人向女宾献花。

4. 介绍

客人与迎接人员见面时，互相介绍。通常先将前来欢迎的人员介绍给来宾，可由礼宾交际工作人员或其他接待人员介绍，也可以由欢迎人员中身份最高者介绍。客人初到，一般较拘谨，主人应主动与客人寒暄。

5. 陪车

客人抵达后，从机场到住地，以及访问结束，由住地到机场，有的安排主人陪同乘车，也有不陪同乘车的。如果主人陪车，应请客人坐在主人的右侧。如是三排座的轿车，译员坐在主人前面的加座上；如是二排座，译员坐在司机旁边。上车时，最好客人从右侧门上车，主人从左侧门上车，避免从客人座前穿过。如果有客人先上车，坐到了主人的位置上，则不必请客人挪动位置。

6. 对一般客人的迎接

迎接一般客人，无官方正式仪式，主要是做好各项安排。如果客人是熟人，则可不必介绍，仅向前握手，互致问候；如果客人是首次前来，又不认识，接待人员应主动打听，主动自我介绍；如果迎接大批客人，也可以事先准备特定的标志，如小旗或牌子等，让客人从远处就能看到，以便客人主动前来接洽。

本章小结

本章所讲授的是实务礼仪相关知识，包括宴请、专题活动、涉外礼仪的基本规范。第一节主要讲述了宴请礼仪的分类、宴请的组织、宴会桌席的排列礼仪及出席宴会礼仪。第二节专题活动礼仪讲述了庆典礼仪的类型和程序、参加庆典的礼仪；剪彩礼仪的准备工作和程序。第三节讲述了有关涉外礼仪的基本原则、接待外宾礼仪和礼仪仪式。

思考与练习

案例1：宴会上的黄菊花

时值隆冬，北京街头已经是银装素裹，大风呼啸，行人甚是稀少。可是在市中心外的某大酒店里却张灯结彩，一派热闹景象。原来，这里有一场盛大宴会，各国在京的大商人将汇聚一堂，听取某大公司总经理关于寻找合作伙伴的讲话。

会后，客人被请到大宴会厅，宴会厅布置得十分高雅，每张桌子上都放着一盆大绣球似的黄澄澄的菊花插花，远远望去，甚是可爱。客人按照指定的座位一一坐下，原先拥堵的入口处在引座小姐的引领下，很快恢复了常态，客人们开始了新一轮的谈话。

不过，不知道是什么原因，引座小姐发现宴会厅左边的几张桌子前却还有几位法国客人没有就座。于是，引座小姐马上请翻译过来，经过一番交谈，终于明白了法国客人不肯就座的原因。她迅速将桌子上的菊花换成了玫瑰花，并一再请翻译向客人转达她真切的歉意，客人们终于高兴。

问题：

（1）在这次宴请活动中，法国客人为何迟迟不肯入座？

（2）在宴请活动开始前，除了应知道宴会规格、目的、性质外，还应该注意哪些问题？

案例2：不愉快的剪彩仪式

在一次涉外商务活动中，我国企业代表在与外国商务代表协商签订了一份商务合作合同后，举办了一场商务剪彩仪式活动。在仪式活动中，我国企业代表致辞，他说："先生们、女士们，大家下午好，我非常高兴……"此时，外国商务代表中有两位女士、三位男士，他们均表现出不愉快的表情，但没有做出太大的举动。后来，在剪彩过程中，这位企业代表不小心把剪下的红缎带大花掉落在主席台上。虽然他一再地解释是自己的疏忽造成的错误，但外国商务代表仍然非常生气，离席而去。

问题：

（1）外国商务代表为何要离席而去呢？

（2）在剪彩仪式上，我国企业代表的举止有何不妥之处？

第六章
酒店服务礼仪

第一节　前厅服务礼仪
第二节　客房服务礼仪
第三节　餐饮服务礼仪
第四节　康乐服务礼仪

知识目标

1. 了解酒店前厅、客房、餐厅及康乐服务接待工作中的礼仪规范。
2. 掌握酒店服务接待工作中常用的礼貌服务用语。

能力目标

1. 掌握酒店前厅、客房、餐厅及康乐服务各岗位对客服务礼仪技能。
2. 在酒店服务过程中能够整体运用服务礼仪。

酒店服务礼仪是职业礼仪的一种，通常是在酒店服务中形成并得到共同认可的礼节和仪式。它贯穿于酒店接待的全过程。酒店服务礼仪的核心是礼貌服务，目的是使客人有宾至如归的感觉，从而更好地树立酒店和个人的形象。酒店服务礼仪是展示酒店服务人员形象的重要方式，由于酒店服务是服务人员与客人之间面对面的交流，所以，服务礼仪能带给客人以美的享受和精神的愉悦，从而有利于树立酒店的良好形象，增加客人消费，为酒店带来更多的社会、经济效益。

第一节　前厅服务礼仪

前厅是酒店中十分重要的部门之一。前厅是酒店和客人之间建立联系的桥梁，是酒店运营的中枢，直接反映酒店的整体服务质量和管理水平。前厅接待服务对象对服务人员的素质和礼貌礼仪服务要求很高。因此，前厅部员工的礼仪修养水平直接影响酒店的业务和对外形象，应当引起酒店管理人员和员工的高度重视。

一、门童服务礼仪

门童是代表酒店向所有抵离店的客人致意并提供相应服务的岗位。在工作中，门童负责客人进出酒店大门的迎送服务。

（一）迎送服务礼仪

门童通常站在酒店大门外侧，他们代表酒店接待客人，主要工作是指挥车辆，协助客人上、下车及送别客人等。

1. 引领车辆服务礼仪规范

（1）上岗前　做好仪表、仪容的自我检查，做到服饰整洁、挺括，仪容端庄大方。

（2）上岗后　站立时，抬头挺胸，双手自然下垂，两脚分开与肩同宽，眼睛平视前方，面带微笑。散客乘车抵达时，使用规范的引导手势，示意司机将车停在指定地点或客人方便下车的地点。团队、会议客人乘车抵达酒店时，要配合警卫引导车辆停靠在团队客人入口处或团队停靠地点。

（3）车到店门　车辆驶近酒店大门时，负责外车道的门童应迅速用规范的手势引导车辆停靠在指定位置。

2. 客人下车服务礼仪规范

（1）开启车门　车辆停稳后，门童应按照座次礼仪微笑着为客人打开车门。如果客人乘坐的是出租车，应等客人付账后再拉开车门，微笑着注视客人，亲切地问候客人。

（2）护顶　客人下车时，用左手拉开车门呈70°，用右手挡住车门的上沿，为客人护顶防止客人头部碰伤；且护顶时应尊重客人的宗教信仰，并提醒客人注意脚下，以免绊倒。

（3）检查有无遗漏物品　迅速检查车内有无客人的遗留物品，然后轻轻关上车门。如果客人乘坐的是出租车，门童要记下车牌号，等客人付完车费再拉开车门。

（4）协助行李员工作　如果行李员未能及时赶到，门童应主动帮助客人卸行李、提行李，把客人引领到前厅，将行李交给行李员。

（5）服务周到　门童要牢记常来本店客人的车辆号码和颜色，以便提供快捷、周到的服务；送引至前厅，将行李交给行李员。用恰当手势示意行李员运送行李，不可以高声呼喊或使用夸张的肢体语言。

（二）送别散客礼仪

（1）门童两脚微分，身体自然站直站立在大门附近，眼睛注意观察周围，当客人行至门前两三米处，应主动点头致意。对暂时离店的客人主动问候打招呼，如“一会儿见”。对结账离店的客人应说“祝您一路顺利，欢迎下次光临”等。

（2）对乘车离店的客人，门童要把车引导到既便于客人上车又不妨碍装行李的位置。当候车人多而无车时，应有礼貌地请客人按先后次序排队乘车。载客的车多而人少时，应按汽车到达的先后顺序安排客人乘车。

（3）客人如随身携带行李，门童或行李员应礼貌地请客人核实行李件数，然后主动帮客人将行李放上车。

（4）车辆停稳后，门童站在适当位置，拉开车门约70°，请客人上车，并酌情提供护顶服务。

（5）客人坐稳后，轻轻地关上车门。注意不能用力过猛，不能夹住客人的手脚、衣服、裙子和物品。

（6）车辆即将开动时，门童躬身正立，站在靠近大门一侧汽车斜前方1米左右处，微笑着挥手向客人告别，目送客人离开，等客人走出视线后再转身离开。

（三）送别团队客人礼仪

（1）门童站在车门一侧，向客人点头致意，代表酒店对客人的光临表示感谢，祝客人一路顺利，欢迎客人下次光临。

（2）当团队客人、大型会议参会人员集中离开时，要提高效率，关注客人上车的过程，如有行动不便、行李较多等需要帮助的客人，应主动提供帮助。当候车人多而又没车时，应礼貌地请客人按先后顺序排队乘车；载客的车多而人少时，应按汽车到达的先后安排客人乘车。

（3）经领队确认客人全部到齐上车后，门童指挥车辆离开。对重点车辆离店要先行安排，重点照顾。

（4）站在客车前方1.5米处，身体前倾15°，双眼目视客人，挥手向客人告别，目送客人离开，等客人走出视线后再转身离开。

二、前厅行李员行李服务礼仪

行李员是酒店专设的为客人提供行李接送工作。

（一）散客抵店行李服务礼仪

（1）上岗之前做好仪表仪容的自我检查，做到服饰整洁、挺括，仪容端庄大方。

（2）上岗之后面带微笑，站姿端正，精神饱满，全神贯注，随时恭候客人的光临。行李员站在门童侧面或门厅适当位置。

（3）客人乘坐的车辆停稳后，行李员应主动迎接抵达饭店的客人，并致以亲切的问候；主动迅速地卸下客人的行李，请客人确认行李件数，是否完好。

（4）为客人提拿行李时，要轻拿轻放，数量准确，摆放有序，并得到客人的确认。注意贵重物品和易碎物品应尽量由客人自己提拿。贵重物品、易碎物品应妥善搬运，对于步行到达的客人，则应接过客人手中的大件行李。行李少时，可边提行李边迅速引领客人进店；行李多时，可由一位行李员先引领客人，其他的行李可由行李员用行李车随后运进前厅。装行李车时，应注意将大件、硬件、重件放在下面，小件、软件、轻件装在上面。

（5）引领客人时，应走在客人的左前方一两步处，随着客人的步伐徐徐前进。步伐节奏与客人保持一致，遇转弯处，用手势示意客人行走的方向。若有可能，则向客人了解姓名、有否预订等情况。

（6）引导客人到前台办理入住登记手续时，行李员要放下行李，站在离客人约1.5米的距离，站姿端正，目视客人，随时准备为客人提供服务。

（7）客人登记完毕后，主动上前向客人或前台接待员取房卡或钥匙，记住客人房号，用规范的手势引领客人去客房。

（8）引领客人搭乘电梯时，一只手按电梯键，门开后，另一只手挡着门，请客人先进电梯。行李员必须熟悉酒店服务设施、服务项目和内部各条通道，熟悉酒店所有客房的位置及房号，到达时，同样示意客人先走出电梯。为客人行李装车时，需摆放整齐。途中，行李员应主动向客人简要介绍酒店的服务设施和服务项目。

（9）到达楼层时，行李员应按着电梯按钮，使门保持敞开状态，用标准手势示意客人先行，随后提着行李跟出。如果使用行李车，行李员应先将行李车推出，然后站在电梯外按住电梯按钮，用手势示意客人出电梯。

（10）行李员走在客人侧前方约1.5米处领路，靠边行走，将中间的道路让给客人。如果对面来了客人，行李员要主动停下，侧身问候，并用手势示意客人先行。

（11）达到客房时，行李员把行李放在房门外左侧，应先按门铃，再敲门并自报身份，若房内无反应，则用房卡开门。

（12）开门后，应先开总开关，确认客房属可售房后，行李员先进入客房，将房卡插入电源孔开灯，检查并确认客房状态正常后，再请客人进入客房。

（13）将行李放在行李架上或客人指定的可以放置行李的地方，放置行李时，行李的正面应朝上，提手应朝外并让客人确认行李的数量和完好状态。

（14）根据酒店客房设施设备的具体情况向客人介绍房间电视、电话、空调、床头灯开关、客房小酒吧、卫生间内设施及电源的使用方法，告知客人写字桌上有酒店服务指南，并认真回答客人的提问。介绍时应根据客人的反应灵活应变。对常客只需介绍客房新增的设备和服务项目即可。介绍设备和操作方法时，应当依次介绍。介绍时不能用手指指点点，也不能隔着桌子介绍。

（15）介绍完毕后，征询客人有无其他吩咐，如没有，便可微笑告别：“请好好休息，再见！”然后面对客人，后退一两步，自然转身退出客房，将房门轻轻拉上。注意关门不能太重，以免造成客人不悦。

（16）在“散客行李进店登记表”上详细记载并签名。

（二）散客离店行李服务礼仪

（1）按接听电话礼仪接听客人要求运送行李的电话，问清房号、客人姓名、行李件数和收行李时间。若在前厅内看到客人携带行李离店时，应主动提供服务。

（2）根据客人行李件数选择合适的行李车，在客人要求的时间内准时到达客房。无论客房门是开还是关，均应先按门铃或敲门，经客人允许后进入房间。

（3）进房间后应向客人致意，帮助客人清点行李并检查行李的破损情况，按要求填写行李卡，并提醒客人不要遗留物品在房间，然后离开房间。

（4）如果客人不在房间内，应请楼层服务员开启房门，并取出行李，核对件数。注意检查房内客人遗留物品等。

（5）将行李运送至前台，确认客人办完离店手续后，随客人将行李送到酒店大门前，按道别礼仪向客人道别。若客人乘车离店，则按要求帮客人将行李装上车，请客人清点行李件数，确认无误后请客人上车。向客人道别，如“欢迎您再来”“祝您旅途愉快”等。

（6）在“散客行李离店登记表”上详细记载并签名。

（三）团队抵店行李服务礼仪

（1）提前掌握团队到达时间、行李数量和房间安排等信息，安排足够的当班行李员。

（2）团队行李到达酒店时，领班与团队行李运送人共同清点行李件数，检查行李破损情况，然后填写团队行李进出店登记表，写明交接情况并签名。

（3）行李如有破损，必须请来人签字证实，并通知团队陪同及领队。

（4）行李员认真核对团队分房表，并根据分房表在每件行李上贴上酒店行李牌，填上客人姓名、房号，然后及时准确地将行李送到客人房间。如果团队行李不需要送到房间，则把行李集中在行李房，用行李网将行李罩住，注明团队名称，做好登记。如果同时有几个团队，则给不同团队的行李系上不同颜色的行李牌或布袋，以示区别。

（5）放行李时，要轻拿轻放，将行李平稳地摆放在行李车上，不得过高，对于“请勿倒置”“小心易碎”等有特殊要求的行李，要按要求摆放。

（6）运送团队行李时，要使用团队行李专用电梯或酒店员工电梯。如果必须使用客梯则必须优先保证客人使用。如果乘梯人较多时，行李员要主动让出电梯，请客人先走。

（7）到达客房时，将行李放在房门左侧，先按门铃，再轻轻敲门，自报身份。客人开门后，主动向客人问好，将行李送入客房，放置行李时，将行李正面朝上，提手朝外，方便客人打开箱子。

（四）团队离店行李服务礼仪

（1）接到团队行李离店通知后，应将团队编号和送下行李的准确时间记清，并写在交接班本上，找出该团抵店时所填写的行李表，核对并重建此表。

（2）按照团号、团名和房号安排行李员上楼收取行李，与客人确认行李件数。如客人不在房内，又未将行李放在房间外面时，应及时报告领班解决。

（3）将该团队所有行李运到行李房，与陪同一起检查无误后，在行李进出单上签字，并用行李网将所有行李罩上，将行李进出单拴在行李网上。

（4）待运送行李的车到达后，协助押运员将行李装车，并由押运员清点行李件数，在行李进出店登记单上签字，注明车号。

（5）由领班将填写齐全的行李进出店登记单进行存档。

三、接待员服务礼仪

接待员是酒店专设的为客人提供入住登记和离店结账等手续的岗位。客人经过长时间的旅行，到达酒店时可能已经精疲力竭了，客人都希望接待员提供热情周到、高效率的服务。因此要特别讲究礼仪，给客人留下美好的印象。

（一）入住接待服务礼仪

（1）前厅接待员按标准站姿站立，仪表整齐，仪容端庄。

（2）当客人来到前台时，按问候礼仪标准问候客人，语气轻柔，面带微笑，目视客人。常用的礼貌用语为：“早上好！先生/小姐。请问需要我为您做什么？”

（3）礼貌地询问客人有无预订。常用的礼貌用语为：“先生/小姐。请问您有预订吗？”或者“您好！先生/小姐，需要住房吗？”

（4）对于已办理预订的客人，接待员应查阅预订记录，复述客人的订房要求，然后请客人填写登记表。

（5）对于没有预订的客人，接待员应首先了解客人的用房要求，热情地向客人介绍酒店现有可出租的房间种类和价格。确认客人能够接受的房价、房间种类、付款方式和离店日期，并将登记表递给客人，请客人填写登记表。常用的礼貌用语为：“××先生/小姐，请您填写一下入住登记表，好吗？”

（6）礼貌地请客人出示证件，检查客人的登记表上的有关内容是否与证件一致，扫描证件照片。常用的礼貌用语为：“××先生/小姐，能出示一个您的有效证件吗？”

（7）在客人的登记表上注明房间号，并将登记表复核一次，确认无误。

（8）礼貌地向客人收取定金，如果用信用卡，要先刷卡。常用的礼貌用语为：“××先生/小姐，请问您用什么方式付款呢？”

（9）制作房卡，并将房卡双手正面交给客人。常用的礼貌用语为：“××先生/小姐，这是您的房卡，请收好。”并向客人致以祝愿语“祝您入住愉快！”如果有客人的电传、电报、传真、邮件、留言等，应在办理入住登记时一并交给客人。

（10）如果同时到达客人较多，要按先后顺序依次为客人提供服务，做到办理第一位、询问第二位、招呼第三位，并说“对不起，请稍等”。提高服务效率，减少客人等待时间。注意，不能只关注一位客人或只关注熟悉的客人，不能使客人觉得受到冷落。

（11）VIP客人入住酒店时，一般都事先预订客房，因此接待员要在客人到达前填好“入住登记表”，并将客人的房卡制好。客人抵达酒店后，接待员将房卡交给客人或其随行人员，客人无须再办理入住登记手续，便可直接入住客房。

（二）问讯接待服务礼仪

（1）问讯接待员应姿态端庄大方，着装整洁，精神饱满，面带微笑，随时恭候客人光临，为客人提供问讯服务。

（2）客人来咨询时，前台服务人员应笑脸相迎，热情问候，要有问必答，再问不厌，用词得当，简洁明了。如果接待员手头有工作，应将工作暂时先放一下；如果因正在接电话等而无法放下手头工作，则对客人说“对不起”，表示歉意。对酒店设施、各部门服务时间、具体位置等情况应清楚。不能说“也许”“大概”之类没有把握或含糊不清的话。对不清楚的事，不要不懂装懂、不能简单地说“我不知道”，而应为客人提供“无NO服务”。

（3）接受来电查询，应热情接待，态度和蔼。对每一次查询都要有结果，有回音。如不能马上回答，应对来电客人讲明等候时间，以免对方久等而引起误会。

（4）回答客人咨询的同时，当好客人的参谋，向他们提供景点、交通、购物、娱乐等各方面的相关信息。

（5）在任何情况下都不得讥笑、讽刺客人，不得与客人争辩，决不允许言语粗俗、举止鲁莽。在客人因误解、不满而投诉时，要以诚恳的态度耐心听取客人的意见，不要中途打断，更不能回避或置之不理。

（三）结账收费服务礼仪

（1）结账服务员应服饰整洁，仪容端正，微笑站立，恭候客人的到来。

（2）客人来结账时，服务员应主动向其问好，礼貌地请其出示房卡，双手收回房卡并迅速通知楼层服务员。

（3）结账服务员应热情、周到、迅速、准确地处理客人退房事宜。收款数目要当面结清，不能有丝毫含糊，避免客人有被多收费的猜疑。将账单双手呈给客人。收费结账时，服务员应耐心细致、准确快捷。服务员凭借熟练的业务技能，快速地为客人准备好账单，请客人当面核对住店日期和消费款项。注意收取现金时，要当面唱票。

（4）递送物品时应双手递送或收回账单、房费、押金单、找零等物品。

（5）客人如果对账单有疑问，服务员要耐心解释，语言要亲切柔和，帮助客人弄明白。

（6）客人结账后，服务员应将账单、发票等凭证装入酒店信封里，用双手递送给客人，目视客人，并向其致谢："谢谢！欢迎再次光临。"

（四）话务员服务礼仪

电话总机是酒店内外信息沟通联络的枢纽和形象窗口。话务员是酒店设立的为客人和酒店内部各部门提供电话转接等服务的岗位。话务员的工作属"看不见的服务员"。客人只能通过话务员的声音和通话方式衡量酒店的服务质量。

1. 接听、转接电话服务礼仪

（1）话务员要服饰整洁，仪态端正，坚守岗位。

（2）接电话时提倡运用富有人情味的带笑声音与客人通话；用清晰明朗的声音使其感到舒服、满意。应使用标准的普通话或相应的外语，如"您好！××酒店。"

（3）接听电话能体现出服务人员的文化素质与修养水平。微笑而平静地接打电话，会让对方感到温暖亲切，尤其是使用敬语、谦语，能收到意想不到的效果，接听电话应迅速及时。饭店总机服务员接听来电，务必在铃响三声以内（一声太仓促，三声太慢，二声最佳）接听，以充分体现饭店的工作效率。超过三声接电话应对客人致歉。常用的礼貌用语为："对不起，让您久等了。"话务员接到电话，应主动先报出酒店的全称，然后倾听来电内容，再分别处理。比如，外线电话应答："早上好！××酒店。"内线电话应答："您好，总机。"

（4）回答客人提问时，切忌粗暴无礼，避免使用"不知道""我现在很忙"等不耐烦的语句，而应积极、委婉、耐心地回答问题。遇到言辞激烈的客人，也要保持平和的心态。

（5）话务员转接电话时要做到精力集中、准确无误。仔细聆听客人的要求，按其需求将电话转到相关客房或部门。如有不清楚的，请对方重复一遍，但态度要谦和。电话没人接或占线要向客人表示道歉，并说明原因，问清对方是否需要留言、呼叫。转接外线电话时，话务员应保护住店客人的私人信息。转接中不得监听通话内容。电话转接前应告知客人稍等。常用的礼貌用语为："请稍等，这就给您转接。"

（6）听不清客人的讲话时，可以委婉地请其复述，不可主观臆测或随意作答。

（7）客人提出不合理要求时，应婉言拒绝。

（8）接到客人电话咨询酒店住宿、酒店设施或当地旅游、购物等问题时，要及时而热情地为客人提供客观、有用的信息，切忌用"不知道""我不管"来打发客人。

（9）结束电话时，应向客人真诚地致谢。

（10）确认客人已经完成通话时再轻轻挂上电话。

2. 电话叫醒服务礼仪

（1）接到客人要求叫醒的电话时，话务员要礼貌地问清客人的房号、姓名和叫醒时间。

（2）复述叫醒客人的时间及要求，并获得客人的确认。

（3）填写“住客叫醒登记表”，内容包括房号、姓名、确切的叫醒时间及话务员签字。

（4）夜班和早班人员要做好交接，按“住客叫醒登记表”上的要求及时、准确地叫醒客人。

（5）客人接听后，问候客人并说明服务。叫醒的语言应简练，语音应甜美柔和。常用的礼貌用语为：“××先生您好，现在是早上6点，祝您一天愉快。”或“早上好，××女士，这是您6点的叫醒服务电话。”

（6）要保证在约定的时间内叫醒客人。

（7）叫醒时，如果没人应答，话务员应实施人工叫醒。如果仍然无人应答，要立即通知大堂值班经理，请楼层值班人员去敲客房房门，直到叫醒客人为止。

（8）将客人晚起的时间做好记录，以便日后备查。

（五）商务中心服务礼仪

商务中心是酒店设立的为客人提供收发文件、打字复印、传真扫描等服务的部门。商务中心的服务员不仅要具有娴熟的专业技能，还要具备良好的礼仪礼节，以更好地为客人提供满意的商务服务。打印、复印服务礼仪如下。

（1）服务员应仪表整洁，仪容端庄，仪态大方，精神饱满，坐立和行走姿势规范。

（2）宾客走进商务中心时，服务员微笑起立问候客人。

（3）服务人员应按照客人的要求，认真负责地提供电传、传真、打字、复印、翻译、快递等项服务。服务要高效、准确，做到急件快速，立等可取，并写好当班工作日志，做好交接班工作。如进行复印服务时，应将客人的文件码放整齐，注意文件保密，迅速、准确服务，向客人递送文件时，应微笑着注视客人，用双手递。

（4）复述客人的要求，并得到客人的确认。没有听清楚的地方，委婉地请客人重复一遍。

（5）礼貌地向客人报价，向客人说明打印或复印完成的时间。

（6）如果是打印应询问客人是否需要保存文件。如果需要保存，请客人确认保存期限；如果不需要，则当着客人的面，删除文件。

（7）守职业道德，对客人高度负责。注意保护客人的稿件，不随便折皱。客人不再收回的底稿一律用碎纸机销毁。代客保密，不向外泄漏文本内容。打印或复印完毕后，当着客人的面，将废弃的文件放入碎纸机中。

（8）将打印或复印好的文件整齐码放，观赏面或阅读面朝向客人，双手递给客人。

（9）请客人签单，递送签字笔时，双手递送，笔尖朝向自己。

（10）真诚地向客人致谢，欢迎客人下次光临。

第二节 客房服务礼仪

客房部的主要任务是负责酒店所有客房的清洁和保养工作，并且供应和配置各种用品，保证优质的服务，为住客创造一个清洁、舒适的理想住宿环境。

酒店是客人的“家外之家”，只有当客人住上整洁、舒适、安全的客房，在得到物质上的享受的同时，体会到热情、礼貌、周到、主动、耐心的服务，旅游饭店客房部的优质服务才能真正体现出来。

一、楼层服务礼仪

楼层服务台是酒店客房区域内各个楼层的服务点，24小时设专职服务员值台。楼层服务员主要负责所在楼层的清洁卫生和对客接待服务工作，与客人接触频繁，其礼貌礼节和服务技能直接影响顾客的消费体验，因此对此必须高度重视。

（一）基本行为礼仪

（1）服务员仪表整洁，仪容端庄，仪态大方，精神饱满，坐立和行走姿势规范。

（2）在楼层行走时，应沿着墙边地带行走。

（3）行走时，如果遇到客人迎面而来，服务员要放慢行走速度，在距离客人两三米时，自动停止行走，站立一边向客人微笑问好。

（4）如果和客人同向行走，一般情况下，不要赶超客人。在有急事需要赶超客人的情况下，走近客人时，步伐应放慢，并向客人致歉。

（5）应当注意楼层的安静、整洁和卫生。不在楼面大声喧哗，搬运物品时应轻拿轻放，保持安静。行走时，注意楼层上的设施设备有无损坏，注意地面有无纸屑和杂物。一旦发现应及时处理。

（6）对客服务时，除非客人先伸手，否则服务员不得先伸手和客人握手，仪态要大方，不得有叉腰、手插口袋或指手画脚等行为。

（7）服务员不得聚集一起议论客人。

（二）客人到店迎接服务礼仪

（1）客人来时的迎接工作是客房礼貌礼仪工作的开始，迎接时要做到态度热情、语言亲切、举止大方、礼貌周到、服务主动，给客人以宾至如归的感觉。

（2）提前掌握客人的国籍、民族、身份、抵店时间、接待标准等信息，做好接待服务的准备。

（3）客人来到电梯时，楼层服务员应在电梯口迎接，并主动向客人问好。打招呼之后要引导客人下电梯，主动接下客人的行李。常用礼貌用语："您好，欢迎光临！"

（4）引导客人进入客房，到达房间门口时先开门，礼让客人先进房间。服务人员进入房间后应帮助客人提取行李。贵重行李要做到轻拿轻放，不能倒置。

（5）服务人员应根据客人人数和要求，送来毛巾和茶水，做到人到，茶到，毛巾到，让客人产生宾至如归的感觉。

（6）简单介绍客房的主要设备、酒店服务项目、服务时间，包括空调开关、闭路电视节目时间、传呼服务员的电话和使用方法、各餐厅主要餐食风味、楼层和开餐时间等。

（7）介绍客人住店须知和酒店情况。介绍时要简洁明了，时间不能拖得太长，如果是接待团体大批客人，应集中人力具体分工，分别迎接客人。

（8）迎接工作就绪后，服务人员应该询问客人是否还需要其他服务。若需要，则应尽量满足客人的要求。若不需要，则应礼貌地向客人告别，祝客人住宿愉快，轻手将门关上。

（三）客房清洁服务礼仪

（1）服务员仪表整洁，仪容端正，仪态大方，精神饱满。

（2）清洁客房一般在客人外出时进行，客人如果一直在房间，应礼貌的征求客人意见，确定合理的清洁时间。

（3）敲门前先看清房门上是否悬挂了"请勿打扰"的牌子，不得擅自敲门。用食指或中指的第二关节轻敲房门三下，节奏为半秒一次。敲门的同时自报："客房服务员"，音量应当适中，以房内客人听到为准。在征得客人同意后方可入内。如果仍无应答，用房卡将房门轻轻打开，同时确认房门有没有扣防盗链，然后边推门边自报身份。注意，不得将房门推开一条缝隙窥探或者耳贴房门倾听。

（4）在进行客房清洁时，要把房门打开，工作车应挡住房门1/3，靠墙停放。

（5）清扫客房时，要按照清扫操作程序和标准，迅速、到位地完成。如果是当着客人的面清扫，应尽量减少进出客房的次数。打扫完毕，不要在房间逗留。

（6）清扫过程中，要遵循清扫的一般原则，如从上到下、从里到外、先铺后抹、环形整理、先房间后卫生间、干湿分开等原则，每一项操作都应符合卫生标准。

（7）打扫客房时，不得擅自翻阅或处置客人物品，一般不改变客人物品的摆放位置。服务过程中，不得在房内看电视、听音乐或使用电话以及接听客人的电话。

（8）清洁结束时，服务员应环顾一下房间、卫生间是否干净，家具用具是否摆放整齐，必备品是否放好，清洁用品是否遗留在房间等，同时填写好"楼层服务员清洁报表"。

（9）退出房间时，轻轻关好房门。若客人在房间，更礼貌地向客人表示谢意，然后退出房间，轻轻将房门关上。

知识链接

喝醉酒的客人

发现有醉酒客人时，应注意：对因醉酒而大吵大闹的客人要留意观察，一般不予干预，应报告部门办公室及保卫部门。对随地呕吐的醉酒客人要视情况处理，对呕吐过的地面应及时处理。对倒地不省人事的醉酒客人，应与保安人员配合将其搀扶至客房，切不要独入醉酒客人房间，同时应报告客房部主管。对醉酒客人的纠缠不休要机警应付，礼貌回避，不要刺激客人。如醉酒客人有严重的破坏行为，要通知保安人员出面干预。夜班人员应注意观察醉酒客人的动静，以防客人发生伤害或造成火灾等意外事故。

（四）客人洗衣服务礼仪

（1）服务员仪表整洁，仪容端庄，仪态大方，精神饱满。

（2）按进入客房礼仪进入客房。

（3）微笑着向客人致意。

（4）在收取待洗的衣物时，一定要认真核对衣物的数量与洗衣单上填写的数量是否一致；仔细检查衣物，有无破损，衣袋内有无客人遗留物品，检查纽扣和布质，检查颜色有无异样。如果发现问题，应及时告知客人，请客人签字确认后再收取客人衣物。

（5）洗衣房送回客人衣物后，服务员应按洗衣单逐件进行清点，检查衣物有无破损、缩水、褪色等，及时将衣物送进客人房间，把衣物摆放在床上或挂在衣橱内，码放或悬挂整齐。

（6）对于“请勿打扰”客房或衣物需要快洗的，服务员要给客人留言，礼貌地告知客人衣物已洗好并在楼层服务员处保管，客人可随时通知服务员送回衣物。

（7）衣物送回后，服务员按照递物礼仪，将账单呈给客人确认，请客人签字。

（五）访客接待礼仪

（1）服务员仪表整洁，仪容端正，仪态大方，精神饱满。

（2）见到客人，应当站立等候，礼貌热情的接待来访者。

（3）礼貌而详细地登记访客的姓名、地址和证件号码，在查看访客登记单及确认已得到住客同意后，将来访者引到客人的房间。

（4）访客来时住客不在房内，服务员应该请访客在大堂等公共区城等候或留言。

（5）主动为来访者进行茶水、香巾服务，或根据客人要求增添饮料，如座椅不够，可以添加座椅。

（6）对于晚间来访客人，服务员应向其讲清酒店有关会客时间的规定，访客超过访问时间仍在房间，服务员应礼貌地提醒客人到大堂或公共区域会客。如访客需要住宿，应礼貌地告知访客或带领访客到前厅接待处办理入住登记手续。

（7）访客走时，应热情欢送，对没有住客送的访客要特别留意。

（六）客人离店服务礼仪

客人离店时服务的礼貌礼仪，是客房服务礼貌服务的结尾和延伸。客人离店时的服务工作，既是客人对客房服务的最后印象，又是酒店争取回头客的重要时刻。

（1）服务人员进入客房后要向客人表示问候，并询问客人是否需要帮助。有行李的客人，特别询问客人是否需要行李服务。

（2）客人离房时要向客人告别，祝客人一路平安，欢迎下次光临。一般应将客人送到电梯口，特别是团体客人，要通知行李员帮助客人提送行李。对重要客人或老弱病残者应送到前厅，给予特别照顾。服务员应主动征求意见，以便不断改进服务工作。若发现客人有不满意的地方或未尽事宜，要在客人离店之前设法补救。

（3）客人离房后要迅速检查房间，看客人有无遗留的物品、房间设备有无损坏、客房用品有无丢失。如果发现遗留物，应尽可能归还原主，若客人已走，则按房号、时间、遗物名称等登记，及时报告；如果发现客房物品缺少或设施有损坏，应尽快打电话与总台联系，一般不直接与客人交涉，以免伤害客人的感情和自尊心。

二、客房服务中心服务礼仪

客房服务中心是酒店根据每层楼的房间数目分段设置的工作间，工作间不担任接待客人的任务。客人住宿期间需要找客房服务员时，可以直接拨内线电话通知客房服务中心，服务中心实行24小时值班制。在接到客人要求提供服务的电话后，通过酒店内部的呼叫系统通知客人所在楼层服务员上门为其服务。

（一）对客服务礼仪

（1）按接听电话礼仪接听电话，认真记录客人的房号和需求。

（2）如果能够满足客人需求，应当立即答应客人，同时告知客人服务完成所需时间。

（3）如果客人的需求不能立即得到满足，而需要其他部门协助的，应当立即帮助客人联系解决，不可让客人自己联系解决。

（4）如果无法满足客人的需求要委婉地拒绝客人，并向其致歉，同时说明原因，要争取客人的谅解，积极提出建议并安慰客人。

（5）跟踪服务结果，直至客人满意。

知识链接

叫醒服务失误的代价

小赵是刚从学校毕业的大学生，被酒店分配到客房服务中心工作，这是为了让他从基层开始锻炼。今天是他到客房服务中心上班的第二天，轮到值大夜班。接班没多久，电话铃响了，小赵接起电话："您好！客房服务中心，请讲。""明天早晨6点30分叫醒。"一位中年男子沙哑的声音。"6点30分叫醒是吗？好的。没问题。"小赵知道，叫醒虽然是总机的事，但一站式服务理念和首问负责制要求自己先接受客人要求，然后立即转告总机，于是他毫不犹豫地答应了。当小赵接通总机电话后，才突然想起来，刚才竟然忘了问清客人的房号！再看一下电话机键盘，把他吓出一身冷汗，这部电话机根本就没有号码显示屏！小赵顿时心慌，立即将此事向总机说明。总机告称也无法查到房号。于是小赵的领班马上报告值班经理。值班经理考虑到这时已是三更半夜，不好逐个房间查询。根据客人要求一大早叫醒的情况看，估计十有八九是明早赶飞机或火车的客人。现在只好把希望寄托在客人也许自己会将手机设置叫醒。否则，只有等待投诉了。

早晨8点30分，一位睡眼惺忪的客人来到前台，投诉说酒店未按他的要求叫醒，使他误了飞机，其神态沮丧而气愤。早已在大堂等候的大堂副理见状立即上前将这位客人请到大堂咖啡厅接受投诉。

原来，该客人是从郊县先到县城过夜，准备一大早赶往机场，与一家旅行社组织的一个旅游团成员会合后乘飞机外出旅游。没想到他在要求叫醒时，以为服务员可以从电话号码显示屏上知道自己的房号，就省略未报。

酒店方面立即与这家旅行社联系，商量弥补办法。该旅行社答应让这位客人可以加入明天的另一个旅游团。不过今天这位客人在旅游目的地的客房预订金380元要由客人负责。接下来酒店的处理结果是：为客人支付这笔订金，同时免费让客人在本酒店再住一夜，而且免去客人昨晚的房费。这样算下来，因为一次叫醒失误，导致酒店经济损失共计990元。

（二）处理客人遗留物品礼仪

（1）发现客人遗留物品时，应立即将发现遗留物品的时间、地点、名称、房间号等做一个详细的记录，并及时与客人联系。

（2）按照递送物品礼仪，当面将物品归还给客人，请其确认。

（3）如果物品不能及时归还客人，应妥善保管起来。按照国际惯例，客人遗留物品保存期为一年。

（4）在客人要求邮寄物品的情况下，如果根据酒店规定需要由客人支付邮费，应事先告知客人邮费由客人承担，并且需要客人同意后及时将物品邮寄给客人。

（5）跟踪服务，确认客人已经收到遗留的物品。

（三）公共区域卫生保洁服务礼仪

（1）服务员仪表整洁，仪态大方，精神饱满。

（2）在公共区域用拖把清除地面浮尘时，不得妨碍客人的自由走动。

（3）服务员操作过程中，如果有客人朝自己走来，应主动让道，必要时应放置警示牌，提醒客人注意安全，以免滑倒。

（4）在客人休息处清理烟灰缸、废纸及其他杂物时，动作要轻快，遇到客人要点头致意。

（5）若在高处擦拭时，要确保下方没有客人经过，避免灰尘掉落在客人身上或者工具掉落砸伤客人。

（6）工作中要提醒客人留意，给客人造成不便时要礼貌地向客人致歉。

第三节　餐饮服务礼仪

餐厅是酒店客人用餐的主要场所，是酒店的重要服务部门之一。餐厅的服务工作包含许多重要的环节，这些环节决定餐厅服务质量并且影响整个酒店的服务质量。

一、迎宾员服务礼仪

迎宾员是酒店内负责将客人由餐厅门口带至客人满意的餐座后，协助值台员引领客人入座，递送菜单，然后返回餐厅门口工作的岗位。迎宾员的形象气质、待客是否热情友好等会影响客人的用餐体验，所以对此必须予以高度重视。

（1）迎宾员衣着华丽、整洁、挺括，仪态端庄、大方，站姿优美、规范。营业前20分钟，迎宾员应站立于餐厅门口的两侧或餐厅内便于环顾四周的位置；开餐前5分钟，迎宾员应恭候在餐厅大门两侧，做好拉门迎客的准备；若是宴请规格较高，餐厅经理要在餐厅门口迎接。

（2）客人走到距餐厅两三米时，迎宾人员应面带微笑，拉门迎宾，并热情问候“您好，欢迎光临！”“小姐（先生），晚上好！”等。同时用内侧的手平伸指向大厅，请客人入厅。如果男女客人一起进来，要先问候女宾，然后再问候男宾。遇到行动不便的客人要主动上前搀扶，悉心照料。对携带物品的客人，帮其接物，但一定要先征得客人的同意，不必拘泥于餐厅迎宾规则礼仪。

（3）客人进门后，立即迎候，面带微笑地说："小姐（先生），您好！"或"晚上好！""请问，预订过吗？""请问，一共几位？"如果是男女客人一起进来，按先女后男礼仪规范问候。引领客人就餐时，在客人斜侧方领路，保持约1.5米距离。步伐节奏与客人保持一致，并时常用手势示意客人行走的方向，将客人引到适当的位置或进入包厢。对没有预订的客人，根据客人人数、喜好及餐厅的整体情况，为客人选择适合的桌位。

（4）迎宾顺序以客人到达先后为准，对同一批客人应遵循先主宾后随行人员、先女宾后男宾的顺序。

（5）将客人交给值台服务员，做好衔接协调。

（6）客人离开餐厅时，应面带微笑，礼貌道别。常用礼貌用语："谢谢光临，请慢走。欢迎下次光临。"语调柔和、亲切，身体自然前倾15°，向客人道别。

（7）目送客人离开期间，客人如果回头，应再次向客人致意。

二、值台员服务礼仪

值台员是酒店餐厅内负责值台区域客人所有就餐服务的岗位，也是客人用餐期间，与客人接触最直接、最频繁、最密切的岗位，值台员的服务技巧和礼节礼貌直接关系着酒店餐饮服务的成败。

（一）迎宾服务礼仪

（1）值台员衣着整洁，仪容端正，仪表大方。于开餐前10分钟到岗，准备迎接客人。

（2）客人走近餐台时，要主动迎上，微笑着问候客人。按照先主宾后主人，先女宾后男宾的礼仪顺序帮助客人拉椅让座。拉椅时，用双手扶住椅背两侧，用左膝顶住椅背上方，轻轻地将椅子拉出，并伸手示意客人就座，待客人屈膝入座时轻推椅子使客人坐好坐稳。注意要顺着客人落座的节奏进行，切勿操之过急。

（3）待客人就座后，应及时为客人斟茶递毛巾。上茶时将茶杯放在托盘里，轻轻放置在餐桌上。端茶时，切忌以手指接触茶杯杯口。使用玻璃水杯时要尽量套上杯套，以免烫伤客人。使用有盖有把的茶杯时，要用手握住杯把轻拿轻放，杯盖的启开、盖合要缓而轻，避免发出杯盖的碰撞声。续茶时应右手握壶把，左手按壶盖将茶水徐徐倒入杯内，不要将水倒得太满以免外溢，约占水杯的3/4即可。分发毛巾时要放在小碟内，用夹钳递给客人。

（4）安排客人落座，协助客人脱衣摘帽，并按顺序挂好。注意勿将衣服倒提，以防衣袋内的物品掉落。贵重衣服要用衣架挂好，以防衣服折皱走样。如果客人的衣服搭在椅背上，应及时套好衣罩。

（5）选择合理的站位，目视客人，用双手呈递菜单。呈递时，菜单的正面朝上，从客人右侧打开菜单第一页，双手握住菜单，右手执菜单右上角，左手执菜单左下角，将手自然地伸出，面带微笑递给客人。

（二）点菜服务礼仪

（1）值台员注意力集中，关注着客人的点菜示意。

（2）看到客人的点菜示意后，值台员应立即走上前，礼貌地询问："请问，可以为您点菜了吗？"得到首肯后，站在主人右侧约30厘米处，左手持点菜单于身前，右手握笔随时准备记录。

（3）点菜整个过程必须耐心，不能催促。如男女客人一起用餐时，应将菜单先给女士；如很多人一起用餐，最好先将菜单递给主宾。值台员应站立在客人的左侧，上身略微前倾，精神集中地聆听、记录客人点菜；主动征询客人需要什么酒水饮料，全部记好后，再礼貌地复述一遍，得到客人确认。当客人点菜不能决断时，可当好参谋，悉心介绍，热情推荐本餐厅的名菜、特色菜、创新菜及时令菜。推荐饮品菜肴时应注意讲究说话方式和语气，察言观色，注意客人的反应，不要勉强或硬性推荐，应充分尊重客人的意愿。

（4）为客人介绍菜品时，应该保持掌心斜向下方、五指并拢的指示方式，切忌用手指或笔指指点点。

（5）客人点菜时，不可催促客人，给客人留有思考和比较选择的时间。

（6）身体微前倾，认真、清楚地记下客人所点的菜品，不可将菜单置于客人面前的餐台上记录。填写点菜通知单要迅速、准确，注意冷菜、热菜、酒水、点心等分开填写，同时填写台号、日期、用餐人数、开单时间、值台员姓名，正确填写菜点的名称和数量。

（7）在认真倾听并准确记录客人选定菜点名称之后，当面复述以求确认（唱菜）。点完菜后要做到当面唱单，征询客人是否看菜单。

（8）复述完毕后，值台员应收回菜单并向客人表示感谢："非常感谢！请稍等。"

（9）客人点菜后10分钟内，凉菜备齐上桌，20分钟内开始上热菜。

（三）餐间服务礼仪

（1）值台员根据餐桌的实际情况，确定上菜时间。宴会的上菜位置一般选择在翻译和陪同之间，也可以在副主人左边上菜。零点餐厅的上菜位置可以灵活选择，以不干扰客人用餐为宜。

（2）上菜时要使用托盘，托盘走菜稳，不易发生外洒、碰撞、打翻现象。上菜餐饮服务要讲究效率，节约客人时间。一般来说，点菜后10分钟内凉菜要摆上台，热菜不超过20分钟。上菜要在陪客之间进行，不要在宾主之间进行，切忌越过客人头顶上菜，以免影响来宾用餐。主人或客人祝酒或发表讲话时，应停止上菜，但要及时斟酒以便干杯。服务员通常在上菜时要报菜名，必要时简要介绍所上菜肴的特色、典故、食用方法、风味特点等，如是最后一道菜，还应向客人说明，最好再加上一句："你们的菜上齐了，请慢用！"或者说："你们点的菜上齐了，不知还要添些什么吗？"这样做，既可以避免发生客人等菜的尴尬局面，又是一次促销行为，争取机会为酒店多做生意。档次越高的宴席，为客人分菜次数越多，普通宴席至少要为客人分汤。撤餐具时应按逆时针方向进行，从客人的左侧用左手将盘子撤下。如果客人不慎将餐具掉落地上，要及时清理，并马上为客人更换干净的餐具，绝不可在客人面前将未摔坏的餐具用抹布擦拭后再给客人。在客人用餐的整个过程中，服务员应始终站立一旁，随时准备应答客人的招呼。对客人提出的各种要求，均尽量满足，不得置之不理，不得厌烦，不得流露出不满的情绪。对所有客人一视同仁提供主动、热情、快捷、温馨的服务。

（3）客人点完酒水后，先要按规范示酒，征得客人同意后，当着客人的面打开酒瓶。菜点上桌时，示意客人用餐，为客人斟第一杯酒水。斟酒人员应站在客人的右侧身后，将瓶口对准杯口，但不可将瓶口放在杯口上，离杯口1～2厘米，缓缓注入，然后随手腕向上旋转45°后瓶口抬起。斟酒的浅满程度，要根据各类酒的要求和接待对象的不同而定。斟酒时，手指不要触摸酒杯杯口或将酒滴落到客人身上。开拉酒水饮料瓶盖时，应在客人的侧后方朝外拉开，倒香槟酒或其他冰镇酒时，要用餐巾包好酒瓶再倒，以免酒水喷洒或滴落在客人身上。一般要先主宾后其他客人，先女宾后男宾的次序进行，然后按顺时针方向逐斟。如果是两名服务员服务时，应一个从主宾开始，另一个从副主宾起，依次绕台斟酒。宾主祝酒时，应退立一旁，并保持安静，不可随意走动。在客人就餐过程中，要随时注意每位客人的酒杯和水杯，见杯内酒水还剩1/3时，就应及时添酒。

（4）需要分菜的时候，值台员应按照先主宾后主人，先女士后男士的顺序为客人逐一分菜。分菜时动作干净利落一次到位，分量均匀。注意，每道菜肴应保留约1/10于盘中。以示分量充足，同时便于客人添加。

（5）值台员根据进餐需要，灵活决定是否撤盘。一般菜肴数量较少的情况下，就餐结束撤盘。数量较多的情况下，可以分次撤盘。遵循先撤后上的原则，先撤下已用完的盘，再上新的菜肴。菜肴如有剩余，可以在征得客人同意的情况下，将剩下的菜肴换小盘或小碗盛着摆放到餐台上。撤盘时，应先征得客人同意，然后身体侧站。左手托托盘于客人身后，将盘撤下，整理台面。注意要轻拿轻放，不推不拖，不碰撞不损坏餐具，不得将汤汁洒出或滴到客人身上。

（6）席间，客人如有吸烟，应使用酒店配备的打火机为客人点火，并及时地为客人撤换烟灰缸，烟灰缸里的烟头不得超过三根。撤换烟灰缸时应使用托盘将两个干净的烟灰缸端至桌前征询客人意见："对不起，可以更换烟灰缸吗？"得到客人允许后，将干净的烟灰缸盖到脏的烟灰缸上，将两个烟灰缸一起收回放到托盘上，然后拿起另一个干净的烟灰缸轻轻地放到桌子上，然后向客人致谢，转身离开。

（7）值台员要根据用餐情况及时地为客人上小毛巾。要根据客人的人数，将蒸热消毒的小毛巾放入毛巾篮内，然后由主宾开始，将干净的热毛巾放到客人的毛巾托内，同时撤下用过的脏毛巾。注意毛巾的温度要适宜。

（8）值台员要根据实际情况，在不打扰客人的前提下，为客人更换骨碟。更换骨碟时，值台员左手托盘，站在客人身后约30厘米处，礼貌地征询客人："打扰了，可以为您更换骨碟吗？"经客人允许后，用右手将已用骨碟撤下，放到左手的托盘中然后将干净的骨碟放到客人原先摆放的位置。注意，拿干净的骨碟时，手指不可伸到骨碟中去，托盘应置于客人身后。

（9）如果客人不慎将餐具等掉落到地上，值台员要及时取走并为客人换上干净的餐具，如果客人将酒水或汤汁打翻，值台员要迅速地帮助客人处理，以方便客人用餐。

（10）客人祝酒时值台员要停止服务，站在合适的位置，不得随意走动。

（11）服务过程中要面带微笑，站姿规范，不倚墙靠台，不抓头挠耳，不串岗聊天，不大声喧哗。

（12）值台员应坚守岗位，即使营业时间已过也不要催促客人，不忙于收盘打扫或关灯。

（四）结账送客服务礼仪

（1）客人用餐结束并示意结账后，值台员应确认账单无误。并尽快将账单放在账单夹里。

（2）右手持账单夹右上角，左手轻托账单夹左下角，在客人右侧打开账单夹，将账单递给客人。注意，不得当众说出客人的消费金额，也不得将账单让其他客人看到。

（3）客人付款时，值台员应与客人保持一定距离，客人点清现金准备好后，再上前收取。

（4）收取现金时，要当面点验，并和客人确认收款金额。

（5）如果客人要求签字，值台员要递上签字笔，同时有礼貌地请客人出示酒店欢迎卡或房卡，认真迅速的检查并向客人致谢。

（6）客人付款或者签单后，要向客人致谢。

（7）客人结账后如继续交谈的，值台员应在一旁继续耐心热情地为客人提供服务。

（8）客人起身离座时，值台员应拉椅让路。方便客人离开，同时提醒客人不要遗留随身物品。欢迎客人下次光临。

（9）面带微笑，站姿端正，对将离店的客人，应说"再见，希望您满意"等告别语。

三、传菜员服务礼仪

传菜员是酒店餐厅内负责点菜订单和菜点的传递与输送工作的岗位。传菜员不直接面向客人提供服务，但在客人用餐期间，传菜员与值台员频繁接触，密切配合，其服务技能和礼貌礼节也直接关系着酒店餐饮接待的成败。

传菜员服务礼仪如下。

（1）传菜员衣着整洁，仪表大方。

（2）接到值台员传递的客人点菜订单后，应确认订单时间，同时将订单上客人的特殊要求告知厨房，并将结果反馈给值台员。

（3）随时与厨房互通情况，并及时与值台员沟通。

（4）及时上菜。冷菜先上，热菜及时上，火候菜随做随上，保证菜肴的色、香、味、形不变样。

（5）上菜时要掌握菜单、小菜、作料和器皿的搭配要求，正确搭配。

（6）传菜时，要准确地告诉值台员菜肴的名称和台号，切忌上错菜。

（7）传菜时，要使用干净、无破损的托盘，切忌用手直接端拿或用手接触菜肴。

（8）传菜姿势优美，轻松自如。端一般菜用健步，端汤菜用碎步，端火候菜用疾步，步速适中，步伐灵活。

（9）不能私自品尝。

第四节　康乐服务礼仪

康乐服务是酒店的重要服务项目，是酒店经济收入的主要来源之一。其每个项目的服务内容、服务方式、礼仪和质量标准礼仪又各不相同。要向客人提供一流的现场接待和服务，就必须注重礼节礼貌，仪容仪表，使用礼貌用语，注重安全，讲究卫生。

一、球类服务礼仪

（1）服务员提前上班，换好工作服，到服务台签到，查看交接班记录，落实交接的工作。打扫服务台卫生，地面吸尘，柜台擦拭干净，清理垃圾桶，将客用各种器械摆放整齐。打开球场门，检查球场设备是否符合标准。

（2）服务员规范地站立在服务台旁边，精神饱满地恭候客人的光临。

（3）客人到达时，服务员面带微笑，目视客人，站立问候客人。

（4）对常客，要记住客人的姓名，熟知客人选择的球类项目；对初来客人，要和客人耐心交流，掌握客人锻炼需求，帮助客人选择合适的球类项目。

（5）及时、准确地为客人填写运动登记表、开单、开计时器。

（6）客人需要换鞋时，应礼貌地询问客人所穿的鞋码，为客人拿取后端正地放在柜台上。

（7）单子开完后，柜台服务员应招呼场地服务员开始对客服务。

（8）场地服务员应礼貌地问候客人，并介绍球场规则和需要注意的事项。

（9）客人开始运动后，服务员应在不影响客人的地方，随时留意客人的举动，及时满足客人的需求。在客人打球期间适时提供面巾、酒水和饮料服务。

（10）如果客人需要陪练时，及时报告领班，安排陪练人员，服务员或教练应耐心指导，认真地示范或陪练，对不同水平的客人应一视同仁。

（11）客人如要求酒水服务，服务员应洗手消毒，按照酒水服务标准为客人提供相应服务。

（12）客人运动结束后，要礼貌地向客人收回球鞋，恭请客人结账，并礼貌地提醒客人带齐物品。

（13）向客人致谢，热情地与客人告别，欢迎客人再次光临。

二、游泳池服务礼仪

（1）服务员端庄地站立在服务台旁边，精神饱满地恭候客人的光临。

（2）住店客人进入游泳池一般凭房间钥匙或酒店发的证件免费游泳，服务员带领客人到更衣室更衣。客人的衣服用衣架托好挂在衣柜里，鞋袜放在柜下，贵重物品要客人自己保管好，需要加锁的要为客人锁好，钥匙由客人自己保管。客人更衣时，服务员应回避。

（3）发给客人三巾，即浴巾、长巾、方巾。方便客人游泳和游泳完后洗澡使用。

（4）若客人未带游泳衣裤来，可卖给客人游泳衣裤，服务一定要周到细致。

（5）引领客人进入消毒区域，用正确的手势告知客人摆放拖鞋的位置，并根据客人的鞋码拿取经过消毒的拖鞋，端正地摆放在方便客人穿用的地方。

（6）若有儿童或年纪大的客人，要特别提醒客人看护好儿童，到指定儿童区域游泳。

（7）客人如要求酒水服务，服务员应洗手消毒按照酒水服务标准为客人提供相应服务。

（8）不断巡视游泳池内情况，以免发生事故。随时擦净积水，提醒客人文明游泳，注意安全。

（9）年老者、儿童和行动迟缓者上岸时，应酌情搀扶。

（10）客人离开泳池时，主动收回衣柜钥匙，要注意礼貌地提醒客人带齐自己的东西。送客人到门口，向客人表示谢意，欢迎客人再次光临。

三、桑拿浴服务礼仪

（1）服务员规范地站立在服务台旁边，精神饱满地恭候客人的光临。

（2）客人到达，主动问好，热情迎接客人，询问有无预订。

（3）对初次光临的客人，要根据情况介绍桑拿浴的方法与注意事项。

（4）准确记录客人姓名（如酒店客人要登记房号）、到达时间和消费的服务项目种类。

（5）说明各项桑拿浴的费用标准，并按标准收费。

（6）细致地提供更衣柜号码、钥匙。

（7）礼貌地递送衣柜钥匙和毛巾，引领客人到更衣室，提醒客人妥善保管好自己的衣物。

（8）客人进入桑拿浴室前，做好开启桑拿、调好温度和沙漏控制器等准备工作。

（9）客人享用桑拿浴期间，每10分钟巡视一次，注意客人情况，若有呼唤，随时服务。

（10）客人使用药浴时，要特别提示有中药过敏史的客人慎用。

（11）客人在吸烟区吸烟，服务员应及时送上烟灰缸并及时更换。

（12）随时与前台人员保持联系，有情况及时与前台沟通。

（13）及时提供客人要求的各项服务。

（14）客人离开时，主动鞠躬相送："先生（女士），休息好了，欢迎再次光临！您慢走！"

知识链接

你适合蒸桑拿吗?

蒸桑拿可以缓解压力，放松神经，对人体健康有益。但是，桑拿并非人人可蒸，要看人的身体状况。心脏功能不好的人，有心肌病或有先天性心脏病的人不能蒸桑拿；有心血管疾病的患者或没有症状的潜在患者，包括冠心病、高血压、高血脂、高血糖、高血黏度等慢性病人群，以及糖尿病、肥胖、有心脏病家族史的人群也不适合蒸桑拿。

四、美容美发服务礼仪

（1）服务员规范地站立在服务台边，精神饱满地恭候客人的光临。

（2）当客人到来时应热情问候，帮助接、挂好衣帽，然后，将客人引领到美发、美容师处，帮助客人穿上理发衣或围上布罩为客人清洗头发或清洁皮肤。如果客人较多需要等待时，应为他们奉上茶水，递上杂志，请客人稍等，在为客人提供服务时，应按照客人的要求，专注地进行美容美发服务，为消除客人的陌生感，可以适当地与客人亲切交谈。但注意音量大小要适中，语气要温和亲切，表达要清晰准确，交谈内容不要涉及个人隐私，同时不要把自己的意见强施于人，以免引起客人的反感和不安。

（3）美容美发完毕后，要用手镜让客人观看头部后面，请客人对提供的服务成果进行检验，并礼貌地请客人提出自己的意见，如有所不满，应立刻为其修饰，直至满意为止。

（4）用托盘收款找钱，要迅速准确，并向客人致谢。送客时，取、递衣帽，礼貌告别，并向客人致谢，目送客人离去。

五、卡拉OK和舞厅服务礼仪

（1）服务员按时上班，穿着整齐，精神饱满地恭候客人的光临。

（2）客人到达时，在距离客人1.5～2米与客人眼光相遇时开始行礼，欢迎客人："先生（小姐），晚上好！欢迎光临！"行礼时必须双眼平视，收腹挺胸，同时鞠躬30°问候，要求全体人员一致。

（3）礼貌地询问客人消费的人数，引领客人到厅房内适当的位置。

（4）当客人被引领到包房门口时，应主动、热情地打开房门，左手（右手）扶着门柄手轻轻推开门，右手（左手）五指并拢，手掌心侧向上，手背向下，做"请"的手势，请客人入房入座。服务员应双手将点歌单、酒水单、食品单递上。平等待客、以礼待人，满足客人的合理要求。

（5）主动帮助客人查找歌名，接受点歌并告知客人需要等候的时间。客人入座后，应自我介绍："先生（小姐），晚上好！我是这间房的服务生，很高兴为你们服务！"然后送上酒店为客人准备的茶水或矿泉水，并请客人饮用，使用"请"的手势，右手五指并拢手心稍向上，手指方向距离杯子大约8～10厘米。

（6）热情地询问客人需要些什么酒水或是西厨的精美小食，当客人犹豫不决时要向客人介绍酒店的酒水及小食的特色和味道，引导和帮助客人选择。客人点单完毕，要重复采用正确的服务方式，将食品和酒水从右侧送到客人的桌上，并根据客人需要适时补充。注意，递送酒水时不要挡住客人的视线。

（7）在合适的时机为客人鼓掌，调动客人情绪。

（8）客人离开时，主动为客人开门，微笑送别客人。

本章小结

本章所讲授的是酒店各部门服务接待工作中的礼仪常识。第一节主要讲述了前厅服务规范操作程序。第二节主要讲述了客房服务规范操作程序。第三节讲述有关餐厅服务规范操作程序。第四节讲授了康乐服务规范操作程序。

思考与练习

案例1：用文字传递信息

某餐厅预订部接到客人打来的电话，要预订18日3桌酒席，预订标准为每桌1500元，四天后客人陆续步入餐厅。客人满座。迎宾小姐小王上前询问，客人说酒席已预订了，小王查看记录后并没有发现有此预订。他把餐厅经理叫来，经过核对，发现出错了，原来接听电话的接待员小李把“四天后”听成了“五天后”。客人愤然离去，说再也不会到这家酒店吃饭了。

问题：

你认为预订部接待员小李此次失误的原因是什么？

案例2：当客人被车门夹伤后

一天，某市正在举行各种各样的洽谈会和庆典活动，开心酒店是当地一家高档饭店，前来参加活动的客人非常多。上午，饭店的一位重要客人罗女士乘上一辆奥迪车，当门童推上车门时，只听罗女士“啊哟”一声，门童忙把门打开，可已经来不及了，罗女士的手指被门夹伤了，而且伤得很厉害。“你是怎么关的门？”罗女士怒气冲冲地责问门童。“对不起，夫人！我是看您落座后才关的门。”门童解释说。“你还强辩！”罗女士更是怒不可遏，于是双方发生了一场争执。

问题：

（1）这件事的主要责任在谁？

（2）如果你是酒店门童，遇到这样的情况该怎么处理？

（3）酒店门童应该如何避免这样的事故发生？

第七章
旅行社礼仪

第一节　旅行社销售接待礼仪

第二节　旅行社导游人员礼仪

知识目标

1. 了解旅行社服务礼仪的内容。
2. 掌握旅行社接待礼仪的相关知识。

能力目标

1. 掌握旅行社销售接待的相关礼仪技能。
2. 在旅行社日常工作中能比较恰当地运用服务礼仪知识。

旅行社导游作为与顾客直接接触的服务人员，其行为起着决定性的作用。如何加强旅行社导游人员社交礼仪规范就显得尤为重要，一名优秀的旅行社导游人员总是把礼貌修养作为自身修养不可缺少的一部分，这是事业的需要，也是人格完善的需要。因此导游人员必须注重严于律己、勤奋学习，努力提高自己的文化素养和道德修养，在旅行社导游过程中热情周到、高质量地为旅游者服务。这样的旅行社导游人员为旅游者提供的导游服务才能够得到他们的赏识，个人也能在竞争中获得更多的成功机会。旅行社导游人员与四海宾朋、八方游客交往，掌握一些中外社交礼仪并正确运用，不仅方便工作，而且能获得旅游者的好感，从而获得他们的信任。

第一节　旅行社销售接待礼仪

旅行社销售是旅行社对客服务的第一道防线，销售水平的高低直接关系到旅行社经营目标的达成与否。所以，旅行社销售对于旅行社业务板块就显得尤为重要，销售的接待礼仪水平又是顾客考察的首当其冲的一个方面。具有良好的接待礼仪，是旅行社销售人员应该具备的职业操守之一。

一、销售接待场所布置礼仪

（一）旅行社办公室

1. 布置原则

销售接待场所应该采光良好，光线和色彩柔和、深沉，格调高雅。空气清新、温湿度适宜，给人舒适感。家具设备不要太简陋，摆放有序，便于业务洽谈使用。桌面整洁、宣传资料齐全，拿取方便。尽可能地诱发旅游者去旅游的动机与欲望。

2. 一般布置

旅行社应该分成办公区域和接待区域。办公室可以小点，但是接待区域要求更加合理，包括室内的灯光、墙壁的颜色、挂图、旅游纪念品的陈列、旅游宣传资料和手册、沙发、桌子等应该注意，办公室墙面应该挂一些具有特色的图片。

（二）旅行社门市

门市部是旅行社的脸面，应该创造一种典雅、舒适、幽静的环境气氛，给来访者留下良好的“第一印象”。

1. 选址

门市面积不需太大，要求人流量大且集中、可达性好。一般选择在火车站、主要商业街等。

2. 布置方案

室外使用醒目的牌匾，加展示型橱窗，内设一些富有特色的照片或图片。

室内有三种布置方式：①办公桌式设计；②柜台式设计；③休闲式设计。

设计方式首先注意设施应齐全，其次是消费者参观、洽谈区域应宽敞，员工区域可以相对小些。

二、销售人员礼仪

（一）约见客户礼仪

1. 约见时间要适宜

约见客户要根据不同的客户选择适宜的时间，一般来说，不要在客户休息、上班时间或者晚上约见客户。

2. 约见地点要方便

约见客户应该选择在公共场合、办公场所，场所选择要安静，适合交流沟通，不应选择在较为杂吵的场合。异性客户更不能约在较为狭小、封闭的私人空间。

3. 约见方式要妥当

一般采用客户较为常用的通信工具或者通信方式约见客户，如电话、短信、邮件、微信等常用工具，尽量避免使用客户不常用或者不善用的通信工具邀约。

（二）拜访客户礼仪

1. 推销人员拜访客户的礼仪

（1）事先约定时间、做好准备工作，充分了解拜访对象的情况。

（2）会见拜访对象时，推销人员应主动问好，向客户自我介绍。

（3）商谈时，应与客户保持适当的距离，坐姿端正，举止大方得体。

（4）商谈完毕告辞时，推销人员应感谢对方抽出时间接待；行礼后轻轻关上办公室的门；若对方要相送，应礼貌地请对方留步。

2. 推销人员接待预约访客的礼仪

首先，看到客户时立刻起立，向客户微笑着打招呼；其次，礼貌地引领客户至会客室入座，奉茶或咖啡，再进行商谈；最后，推销人员视情况可将客户送出会客室或送至电梯口、楼大门。

3. 推销人员接待临时访客的礼仪

推销人员看到临时到访客户时应立刻起立，微笑着向客户打招呼。

（三）门店接待礼仪步骤

1. 整理形象

（1）仪表需要注意　“站如松”：挺胸、收腹、沉肩、收颌；“座如钟”：挺胸、收腹、平肩；“行如风”：优雅、稳健、敏捷；手势、目光、微笑。

（2）仪容需要注意　发型：整洁、规范、款式、长短适中；面部：女士化妆，男士胡子、鼻毛修整，口无异味；手：干净、修剪整齐、不涂指甲油。

2. 宾客到来

门市接待员要热情接待，应放下手头的工作站起来向宾客问候，请宾客坐下，送上茶水。

3. 礼貌地询问宾客需要什么帮助

根据宾客的实际需求合理推荐各种旅游产品。在旅游线路的设计、费用的预算中要善于站在宾客的立场思考问题，以宾客为主，为宾客着想，不要硬性的推荐。

4. 安排线路

顾客对于旅行社安排的线路、活动内容有意见时，应该尊重顾客的意见，合理修改以满足顾客的需求。由于客观原因难以满足顾客需求时，应耐心向顾客解释，以求得顾客的理解。不能漠视，厌倦顾客的合理需求。

5. 职业素养要求

注意职业素养，不能误导、隐瞒、恶意欺骗顾客，对顾客忠诚是服务礼仪最基本的要求。报价应该报实价，价外的收费项目应该和顾客说清楚。已谈妥的线路安排、活动项目不可以随便变动。

6. 举止大方

接待员与宾客交谈中做到谈吐优雅。举止大方，礼节运用得当，给宾客留下美好的印象，这也有助于业务洽谈的成功。

7. 控制表情

谈成一笔业务不要喜形于色，谈不成也不能表现出失望的神情，决不能因此对宾客冷漠或冷嘲热讽。

8. 送客

宾客离去，要对宾客的光临表示诚挚的谢意，亲自送到门外，礼貌的道别。

9. 追踪售后

业务谈妥，协议签订完毕，应不时地跟踪，有任何变化应主动、及时与客人联系，谈妥处理。

第二节　旅行社导游人员礼仪

一、个人礼仪

（一）男性导游人员

1. 短发，清洁，整齐，不要太新潮

导游人员的发型要以短发为美，千万不要以“长发飘逸”为美，要保持头发清洁、整洁，不能染发等（黑色染发除外）。

2. 精神饱满，面带微笑

饱满的精神状态能给人以美的享受，微笑的表情能把愉悦的心情带给游客。所以，导游人员必须精神饱满，面带微笑。

3. 刮胡须，饭后洁牙

男性导游人员必须每天坚持剃须，不能给游客以不修边幅的“艺术家”形象，饭后要清洁口腔，不能有异物和口气。

4. 短指甲，保持清洁

男性导游人员在工作状态下，应该保持短指甲，并时刻保持指甲和手部清洁，因为干净的手部能给服务对象整洁的印象。切忌出现长指甲或“黑指甲”。

5. 全身三种颜色以内

全身衣物控制在三种颜色之内，颜色太多，会给人以轻浮、不庄重的感觉。

（二）女性导游人员

1. 发型文雅、庄重，梳理整齐

女性导游人员发型杜绝散乱，不庄重。头发应该梳理整齐，并保证头发干净、整洁。长发应该使用发夹或者橡筋给予约束。

2. 化淡妆，面带微笑

女性导游人员应该化淡妆，给游客充分的尊重，切忌浓妆艳抹或者烟熏妆、舞台妆、非主流化妆等。

3. 着装大方得体

以休闲装为主，但是切忌“漏、透、短”的休闲装，这类衣服会给游客轻浮的感觉，在有的场所可能会因为服装惹来不必要的麻烦。休闲、大方、与身份相一致的得体着装是必须注意的细节。

4. 指甲保持清洁

女性导游人员可以适当留指甲，但是不宜过长。指甲油应以自然色彩为主，不宜采用太过艳丽和色彩过重的指甲油。

5. 全身三种颜色以内

女性全身衣物同样控制在三种颜色之内，颜色太多，会给人以轻浮、不庄重的感觉。

6. 戴首饰要适度

女性导游人员不应该佩戴过多或者过于贵重的首饰，这样会拉远与游客之间的距离，导游人员佩戴过于贵重首饰，也不利于自身安全。

二、语言礼仪

（一）文明待客

来有迎声：主动热情而友善的和接待的游客打招呼、问候。

问有答声：有问必答，按时回答，不厌其烦。

去有送声：在游客离开时，要主动与客户道别。

（二）礼貌待客

问候语："你好""早上好""早安""午安""晚安"。

请求语：当需要别人帮助、理解、支持、配合时，可说"请""拜托"等。

感谢语："谢谢""非常感谢！""劳您费心！"。表示向对方应答时，如"不必客气。""这是我应该做的。"

抱歉语：当怠慢了别人，伤害了别人，为别人平添了麻烦时，可说"对不起""抱歉""请原谅""打扰了""失礼了"。

道别语：用于分别时的告辞或送别。"再见""晚安""祝您一路平安"或"一路顺风"。

征询语：为他人服务时的常用征询语。如"需要我帮忙吗？""我能为您做些什么吗？"

慰问语：表示对他人的关切。如他人劳累后，可说"您辛苦了！""望您早日康复！"

祝贺语：当他人取得成果或成功或有喜事时，可说"恭喜！""祝贺！"

礼赞语：对人或事表示称颂、赞美。如"太好了""美极了""讲得真对！"

三、接团礼仪

（一）接团服务

接团服务要使旅游者抵达后能立即得到热情友好的接待，给旅游者宾至如归的感觉。

（二）时间要求

导游人员应比预定的时间提前半小时到接站地点迎候旅游者，而绝不能让客人等候接团导游人员。

（三）接团

接团前应全面了解团队情况，熟悉全陪的姓名、外貌特征等，备好醒目的接团标志。当团队到达时，举起接团标志旗帜，向到达客人挥手致意。

（四）接到客人后

应热情问候客人，并主动介绍自己的单位和姓名。应面带微笑，情绪饱满、热情、积极地举起接团标志，向到达的客人致意。与旅游者见面时，不要主动去和旅游者握手。

（五）介绍后

迅速引导客人来到要乘坐的旅游车旁，协助客人有序的将行李放进行李箱，招呼客人按次序上车。客人上车时，导游人员应恭候车门旁。上车后，应协助客人就座，礼貌的清点人数。

（六）行车过程中

导游人员应向旅游团致欢迎词并介绍本地概况。

（七）旅游团抵达饭店后

导游人员应引导旅游者到指定地点办理入住手续。旅游者进入房间之前，导游人员应向旅游者介绍饭店内就餐形式、地点、时间，并告知有关活动的时间安排。导游人员应等待行李送达饭店，核对行李，督促行李员及时将行李送至旅游者房间。

四、带团游览礼仪

（一）在带团时

导游人员应于出发前10分钟到集合地点。游客上车时，导游人员应主动、恭敬地站在车门口，欢迎每一位游客，并协助其上下车，待游客上齐后方可上车。

（二）游客落座后

及时清点人数，清点人数忌用社旗来回比划，也不能用手拍打客人的肩背部位，更不能用单手手指对游客头部或脸部指指点点。

（三）在车上做沿途讲解时

导游人员站姿规范，表情自然，与游客保持良好的视觉互动，目光应关注全体在场者，以示一视同仁。手持话筒，音量适当，手势力求到位，动作不宜过多，幅度不宜过大。

（四）到达目的地前

应提前将即将进行的活动安排、集合时间和地点等相关信息明白无误地告知全体游客，并在此提醒游客记住旅游车的车牌号码及司机姓名，以方便掉队者寻找。

（五）带客游览过程中

导游人员应认真组织好游客的活动，做到热情、主动、周到服务。各项活动时间安排应充裕。此外，还应注意给游客留下摄影时间，努力使旅游团旅行充实、轻松、愉快。

（六）带团游玩期间

导游人员应随时提醒游客注意行路安全。凡遇到崎岖或拐弯之处，应及早提醒游客多加注意，对年老体弱者更应及时提供必要的帮助。导游人员的行走速度不宜过急过快，以免游客掉队。要自始至终与游客在一起活动，并及时清点人数，以防游客走失。

（七）与游客交谈时

一般不要涉及疾病、死亡等不愉快的话题；不谈荒诞离奇、耸人听闻、黄色淫秽的事情；对方不愿回答的问题，不要追问；遇到客人反感或回避的话题，应表示歉意，立即转移话题；与外宾交谈，一般不议论对方国家的内政；不批评、议论团内任何人；不随便议论宗教问题；与女宾交谈要谨慎，不要开玩笑；对客人不要询问收入、婚姻状况、年龄、家庭、个人履历等私人问题。

（八）尊重客人的作息习惯

尽量避免在休息时间或深夜打搅对方。有事到客人房间，要预先约定，并准时到达，进门前要先敲门，经允许后方可进入。

（九）不要随意去客人的房间

特别注意不要单独去异性客人的房间，如果情况需要，进房后门要半掩着。

（十）有事到客人的房间

在客人没有示意请坐时，一般不要自己先坐下，更不要坐在客人的床上。尽量不要使用客人房间的卫生间。

五、讲解礼仪

（一）导游人员在工作中应尽职尽责

不可只游不导、在前往景点的途中，导游人员应向旅游者介绍本地的风土人情、自然人文景观，回答旅游者提出的问题。抵达景点时，应向旅游者介绍该景点的简要情况，尤其是景点的历史价值和特色。在景点导游的过程中，导游人员应保持在计划的时间里，旅游者能充分游览、观赏，做到讲解与引导游览相结合，劳逸适度，并应特别关注老弱病残的旅游者。

（二）语言礼仪

一般而言，导游人员的讲解语言应力求做到：达意、流畅、得体、生动和灵活，这是导游人员讲解最基本也是最起码的要求。

（三）讲解行为礼仪

导游人员在讲解过程中，应该注重个人清洁，不得在工作过程中吸烟，不得嚼口香糖，不得有其他嘴部不清洁行为，例如嘴部有饭渣等其他异物。

（四）对景点做必要的介绍

导游人员讲解应适当的辅以对话、谈论形式为好，和游客有良好的互动，要在现场回答游客提出的与景点相关的问题。

六、送团礼仪

（一）提前为客人预订好机（车、船）票

帮助客人顺利的离开，结束本地的行程。

（二）诚恳征求客人对待工作的意见和建议

询问有无来不及办理、需要自己代为解决的事情，提醒客人带好行李物品。

（三）如需出境，要协助旅游团办理好出境手续

客人所乘坐的交通工具开动后向客人挥手致意，祝愿旅途愉快，热忱送别。

本章小结

本章所讲授的是旅行社礼仪，第一节从销售接待场所、销售人员两个方面介绍了旅行社销售接待礼仪。第二节从导游人员个人礼仪、语言礼仪、接团礼仪、带团游览礼仪、讲解礼仪、送团礼仪等方面介绍了旅行社导游人员礼仪。

思考与练习

案例1：国别习俗

国内某家专门接待外国游客的旅行社，有一次准备在接待来华的意大利游客时送每人

一件小礼品。于是，该旅行社订购制作了一批纯丝手帕，是杭州制作的，还是名厂名产，每个手帕上绣着花草图案，十分美观大方。手帕装在特制的纸盒内，盒上又有旅行社社徽，显得是很像样的小礼品。中国丝织品闻名于世，预想会受到游客的喜欢。

旅游接待人员带着盒装的纯丝手帕，到机场迎接来自意大利的游客。欢迎词致得热情、得体。在车上他代表旅行社赠送给每位游客两盒包装甚好的手帕，作为礼品。

没想到车上一片哗然，议论纷纷，游客显出很不高兴的样子。特别是一位夫人，大声叫喊，表现极为气愤，还有些伤感。旅游接待人员心慌了，好心好意送人家礼物，不但得不到感谢，还出现这般景象。中国人总以为送礼人不怪，这些外国人为什么怪起来了？

问题：

（1）意大利游客为什么会表现出极大的不高兴？

（2）旅行社应该怎么杜绝此类事件的发生？

案例2：民族习俗

有个酒店入住了一个少数民族团体，团体中美丽的少女们都各戴着一个很漂亮的鸡冠帽。有个男导游与姑娘们混熟了一点后，出于好奇，用手摸了一下一位少女的帽子，结果反映到族长那里，族长以为男员工爱上了那位少女，向她求婚。后经领导出面调解，二者以兄妹相称才算完事。

问题：

男导游如何杜绝此类问题再次发生？

第八章 形体训练概述

第一节　形体训练的目的
第二节　形体美的概念和标准
第三节　形体训练的要求和原则
第四节　形体训练的作用

知识目标

1．了解形体训练的要求、目的和作用。
2．掌握形体美的概念和标准。
3．掌握形体训练应遵循的原则。

能力目标

1．培养学生的审美意识，提高学生的审美能力。
2．培养训练学生突出个性美的能力。

美是人们一直以来的追求，并不断寻求创造美的途径，训练则是一种有效的方式，形体训练学科便应运而生。所谓形体训练，是指通过徒手或器械的练习，进行有目的、有计划地训练，塑造自身体型、仪态，培养高雅气质，并纠正生活中不良姿态的训练过程。形体训练的主要特征是以生理学、美学等理论知识为指导，通过身体训练发展专业基础素质，以塑造优美的形体曲线、培养学生良好气质为核心目的，进行艺术美育教育。

第一节　形体训练的目的

形体训练课程可以引导学生根据美的规律塑造自己，创造优美的体型，促进身心健康发展，培养审美意识、提高审美能力，使学生更加热爱生活。

一、培养审美意识

人类的美包含了身体健美、精神丰富和道德纯洁。健美的身体是表现美的主要载体，健美是美的前提和基础，健康的身心是美的标志。美，可以分为内在美和外在美。外在美是人的形象，如妆容、穿着打扮、发型、体型等外在直观印象。内在美则是人所表现出来的精神风貌、道德品质。人的健美形体和优雅仪态可以完善外在美，体现出人的外在美和内在美的统一性。形体训练主要是培养人的形体美，即内在美的形象展现，这种美的形象是在不同环境中，通过外部举止动作表现出来的外部姿态和神韵，进行规律、科学的形体训练，有助于获得健美的形体，展现自身优雅的风度和魅力。

形体训练是利用舞蹈、体操舒展的动作培养优雅的姿态，培养人的内涵和修养，统一人的精神和形体之美，能够提高训练者的气质。此外，人们在改造自身的过程中，培养了自己的审美意识和审美能力。

大学是学生健全人格的重要阶段，也是青春发育的最佳时期，身体形态素质、兴趣爱好情感等方面都存在差异。形体训练可以改善学生形态缺点，提高生理机能水平。掌握形体训练的基本知识和技能，可以帮助学生塑造健美的体态，培养优雅的举止，使其具备现代人的健美形体和精神风貌，并提高学生身体的控制力和表现力，培养审美意识，为将来进入社会、参与竞争创造了较好的条件。

二、掌握形体训练的知识、技能，培养个性

形体训练的基本手段按照美化形体、发展体能的要求，采用各种动作的身体练习。在训练过程中，练习者需要反复训练，掌握正确的动作和方法，形成熟练动作技能，才能取得较理想的训练效果。形体训练是身体素质的训练，也是精神文明教育和美育教育，不仅重塑学生身体形态，也提高了学生的精神素养，形成个性气质。形体训练基础动作简单，比较容易掌握，在音乐伴奏下进行姿态练习，可以愉快地学习，激发学生的自主参与性和探究的学习兴趣，拓展学生的思维和创造力，达到最佳的艺术训练效果。

坚持长期的形体训练可以磨练人的意志，养成固定的训练习惯，可以培养独立锻炼的能力，增强审美意识，塑造自身具有个性化特征的形体美。

三、进行美育教育，陶冶情操

美育是学校培养学生德、智、体、美全面发展的重要组成部分，它把人的社会性与生理性融合在心理中，使一个人达到人生最高的境界。形体训练是一种动态美的行为艺术培养过程，也是美的教育过程，它通过以组织、美化和艺术加工的人体动作进行训练，由人自身局部的强化达到整体的完美。形体训练不仅影响人的外在形象，还影响人的品格和气质，其训练内容丰富，形式新颖多样，但核心都是展示美、塑造美。因此，它本身就具有培养学生审美趣味、审美能力和审美感受的作用。

形体训练是在音乐伴奏和优美的旋律中通过自己的身体活动来感受美，是情感的愉悦和最好的审美享受，长此以往，达到陶冶性情、美化心灵的目的。此外，美好形体的获得是需要长期的艰苦锻炼，形体训练也是培养毅力、磨炼意志的过程。形体训练中的美育是以美的音乐、动作、仪态等内容，培养正确的审美观念和感受美、鉴赏美、创造美的能力，引导学生注重自我美的塑造，使形体美与情感美达到和谐统一。因此，学生可以通过形体健美学习，体验健康优美、提高

审美水平、憧憬与追求未来的社会和理想的事物，以实现自己的个人理想和社会价值；也可以通过训练来表现自己心灵的想象与个人意志，享受形态美与生活美的情趣，不断完善自我。当代学生越来越注意自身的外在仪表美，而忽略了内在气质的培养，形体艺术教育在引导学生正确认识形体美以及风度气质方面有重要的作用。形体训练课程通过丰富的内容，新颖多样的训练方式，不断加强内在联系、深化提高，让学生全面地进行形体艺术训练的各种学习，最终实现美育目标。

第二节　形体美的概念和标准

对美的追求和热爱，是我们现实生活中永恒的主题。人的美包含了两层含义：一是人外在的形体美；二是作为社会人内在的心灵美，即气质美，这种美的形象蕴含了形式和内容的一致性。柏拉图认为身体的优美与心灵的优美和谐一致是最美的境界，形体美则是内在美和外在美和谐统一。形体美是美的主体，与社会美紧密相连，是社会美的核心，正如车尔尼雪夫斯基所言：“人是地球上最美的物类！”人的形体美是自然美的最高形态，是社会生活中最丰富多彩、最怡心动人的美，是社会美的最高体现。形体训练在追求高尚的情操和培养审美情趣方面有着不可替代的作用。为了更好地学习和掌握训练内容，首先应该明确形体美的概念内涵和基本标准。

一、形体美的概念

形体美即“人体美”，指人的形体结构的美。而人的形体结构由体格、体型、姿态三个方面构成。体格指标包括人的高度、体重、围度、宽度、长度等，身高反映骨骼的生长发育情况，体重反映骨骼、肌肉、脂肪的综合情况，胸围则反映胸廓的大小及胸部肌肉的生长发育状况。因此，身高、体重和胸围被列为人体形态变化的三项基本指标。体型是指身体各部分的比例，其取决于骨骼的组成和肌肉状况，身体各部分发展的均衡与整体的和谐是评价体型是否美的重要指标。姿态则是人坐、立、行、走等各种基本活动的姿势，姿势的优美与否，能够衬托、体现人的整体美，还可以反映一个人的气质与精神风貌。

古希腊将人体美称为“身体美”，毕达哥拉斯学派则认为身体美在于各部分之间的比例对称，柏拉图认为身体的优美与心灵的优美和谐一致是最美的境界，“站如松，坐如钟，行如风。”是我国国人对形体美的最基本要求。形体美是一种综合的整体美。它既包含了人体外表形状、轮廓的美，又包含了人体在各种活动中表现出来的体态美。所谓形体美，就是健康的身体，健硕的体型，优美的姿态，潇洒的风度，高雅的气质融合而成的，展现出来的和谐的整体美。

二、形体美的标准

由于时代的变化，个人文化水平、职业、性别、社会经历等方面的差异，以及地理环境、审美习惯的不同，人们对于美的看法也各有差异。因此，对于形体美的评价没有统一的标准。而根据国内外专家、学者对形体美的研究成果，以及我国人群的体质和体型的现状，提出相应的形体美评价标准。

（一）体型、姿态标准

1. 形体美对于体型的评价标准

骨骼发育正常，关节不显粗大突出；肌肉均匀，皮下脂肪适当。具体要求为：①五官美观端正，头部与躯干配合协调；②双肩平衡对称，男肩宽女肩圆；③脊柱正看垂直，侧看曲度正常；④男性胸廓隆起，呈现为倒三角形；女性胸廓丰满，曲线明显；⑤腰细而结实，微呈圆柱形；⑥腹部扁平，男性腹肌垒块隐现；⑦臀部圆润；⑧双腿修长，能并拢，肌肉线条柔和，小腿腓肠肌稍突出；⑨足弓高。

2. 形体美对于姿态的评价标准

①站立：抬头挺胸；收颚立颈；沉肩拎腰；收腹提气；夹臀并腿；闭唇微笑。②行走：双肩松弛；摆臂要自然；腰胯配合协调；步履轻盈；直线平移。③坐：上体自然挺直；双腿摆放得当；优雅端庄。④动：动作轻盈柔美；举止得体；衣着雅致。

（二）体格标准

1. 身高标准

人的身高应该以适中为宜，不宜过高或过矮。标准身高可以用身高指数来评定。

$$身高指数 = 身高（cm）- 体重（kg）$$

2. 体重标准

体重是反映和衡量一个人健康状况的重要标志之一。过胖和过瘦都不利于健康，也不会给人以健美感。可以用标准体重的计算公式判断自身体重是否标准。

$$男性：[身高（cm）- 80] \times 0.7 = 标准体重（kg）$$

$$女性：[身高（cm）- 70] \times 0.6 = 标准体重（kg）$$

标准体重正负10%为正常体重，标准体重正负10%～20%为体重过重或过轻，标准体重正负20%以上为肥胖或体重不足。

超重计算公式：

超重 =（实际体重–理想体重）/ 理想体重 × 100%

专门针对以南北地区划分的中国人的标准体重公式：

北方人理想体重（kg）=［身高（cm）–150］×0.6+50

南方人理想体重（kg）=［身高（cm）–150］×0.6+48

3. 其他标准

（1）比例　男子以股骨大转子为中心，上下身长度相等；女子以肚脐为界，上下身比例为5：8。

（2）肩、臂　男女两肩的宽度，约等于1/4身高；男女两臂侧举时的长度等于身高。

（3）腿　男女大腿长等于1/4身高（女子两腿长度加上足长应大于1/2身高）。

（4）三围　男子：胸围约等于1/2身高加5厘米；腰围比胸围约小18厘米；臀围等于胸围。女子：胸围不小于1/2身高；腰围不大于1/2身高；臀围大于胸围2～3厘米。

（5）其他　男子：大腿围比胸围约小22厘米；小腿围比大腿围约小18厘米；脚腕围约小于小腿围12厘米；上臂围约等于1/2大腿围；前臂围约小于上臂围5厘米；颈围等于小腿围。女子：大腿围小于腰围8～10厘米；小腿围小于大腿围18～20厘米。

第三节　形体训练的要求和原则

为了更好地实现形体训练的目的和任务，在参加训练时要根据参训者的身体状况、体态特征进行针对性训练，循序渐进，并长期坚持，逐步达到形体美的效果。

一、形体训练的要求

（一）针对性训练

在形体训练过程中，要充分了解个人的身体状况，全面掌握个人身体外形各项指标和身体协调能力等内容，制订具有针对性的训练计划，并长期坚持训练，才能达到训练目的，塑造形体美，不断完善自己。

（二）循序渐进

形体训练是一个由浅入深的过程，要循序渐进，逐渐掌握训练知识和技能，再塑造完美身型。优美的姿态养成需要从最基础的站立、行走、坐、蹲等基础动作来完成，这些动作的优美与否又与身体骨骼、肌肉、各关节及柔韧的支持息息相关。因此，要认识到基础训练十分重要，形体训练要从身体素质、单一动作开始训练，循序渐进地塑造完美体型。

（三）长期坚持

要通过形体训练达到塑造完美体型的目的需要长期坚持训练，并养成良好的动作习惯。对于学生而言，仅靠课堂上的短暂训练是不能实现最终训练目的的。课堂训练只是整个形体训练过程的一部分，要改变自身不良形态、实现完美塑型，就需要把形体训练融入到生活当中，并长期坚持，才能得到较好的效果。

（四）正确的自我认知

形体训练是一个客观认识自我、改变自我的过程，也是获取如何展现自己的能力及建立、培养和巩固自信心的过程。在训练过程中，可能会面临各种不同的比较和评价，比如体态状况、掌握动作快慢、表现力等。因此，练习者要保持良好心态，正确认知自我，正视自身不足，并不断提高、改进、改善动作，增强自信心。

二、形体训练遵循的原则

（一）目的性原则

明确的目的和端正的动机是形体训练积极性的来源。将形体训练与身体的健康发育联系起来，作为训练目标，有助于提高训练过程中的积极性，克服训练中的困难。形体训练是一个长期的过程，因此，在形体训练中，还应当设立阶段性目标，并争取按时达成预期目标。例如在训练中，练习者以每个组合动作为目标，从而对训练内容产生兴趣。兴趣又能促进练习者的积极性，然后坚持不断练习，必然会产生良好的效果，使自己在体型、气质上都能有所改善和提升。

（二）从实际出发原则

从实际出发原则是指，根据练习者的不同年龄、不同性别、不同的身体基础、不同的练习水平，制订出相应的练习方案，选择出相应的练习内容，使练习者在参与练习的过程中，既能对身体各部位产生有效的刺激，又不至于产生畏难情绪或是引起过度疲劳。如对有一定基础的学生，应选择中高难度组的动作，以局部的练习为主，着重雕琢身体的各个部位，并将扶把、离把练习交叉进行。同时又要将一般要求与区别对待相结合，对同水平的人的共同点提出一般要求，而对每个人的不同点加以区别对待。例如练习的次数、时间、动作感觉等。

（三）坚持经常性原则

形体练习必须长期坚持，持之以恒，使形体练习中各种有效的方法对人体各部位产生持久的影响，并逐渐形成一种“习惯”，使举手投足都体现出一种“行为美”。学生进行形体练习，应有足够的时间保障，有条件的学校每周至少开设两次形体教学课，保证学生在校期间有足够的时间接受全面系统的锻炼。这样不仅有助于学生在概念上正确理解形体姿态的规范要求，在实际操作上掌握形体练习的方法手段，更有助于生物节律的形成，使人体逐渐适应和有准备的参加练习，进一步提高练习效果，而且对于培养学生“终身体育”的思想有着极其重要的意义。

（四）循序渐进原则

形体训练的教学过程中，必须遵循由易到难，由简到繁，逐步提高教学难度和要求的原则。在内容方法和运动负荷的安排上做到合理有序，应反映形体练习教学过程的客观规律。课前开始要先进行热身活动，然后再进行所要练习的内容，这样可以使练习者以最佳的状态进入练习，增强接受能力，提高练习效果，同时又能防止伤害事故的出现；课程结束部分要有放松整理活动或以游戏的形式为主，使练习者尽快消除疲劳并产生快乐的情绪。对于刚参加练习的人来讲，应重视基础练习内容，随着身体素质以及动作感觉的不断提高，逐渐提出新的要求，逐渐向高一级的动作过渡。

（五）全面性原则

形体练习应全面发展身体各个部位、各种身体素质和基本活动能力，认真细致地“雕琢”人体的每个部位。学生正处于生长发育阶段，形体练习要力求全面影响人体，在各个不同阶段又要突出重点，并兼顾其他方面。同时，要把身体形态练习与内在气质的培养结合起来，使学生通过形体练习产生正确的审美意识，即使形体得到良好的发展，又拥有高雅脱俗的气质，在美好的艺术环境中得到健康成长，使形体练习成为提高学生综合素质的有效手段。

第四节　形体训练的作用

形体美是社会生活发展的产物。随着社会生活的发展而发展，它是社会生活、社会思想、社会风尚的一种反映和表现。它对社会的作用与影响，是通过生动鲜明的形体美来实现的。因此，人们对世界观的认识、道德的倾向以及其他的功能作用，与形体美的因素是分不开的，并以具体可感的美的形式表现出来。这种美的形式不是孤立的，它以特殊的意识形态作用于社会，并具有魅力的动态形象，使人赏心悦目，陶冶性情，美化心灵，促进人们的身心健康和社会风尚的完善，推动社会主义精神文明的建设和发展。

一、矫正形体，塑造完美身型

自古以来，人们对体型、体态十分重视，威武强健、亭亭玉立、婀娜多姿等对体型、体态的赞美之词弥漫在不同时期、不同阶层的生活中。人的体型是由骨骼、关节和肌肉组成，骨骼和肌肉在全身各部位的比例是否匀称、协调以及肌肉线条是否优美，决定了一个人的体型。而整个身体及各主要部位的姿态是否端庄优美，又决定了一个人的体态，同时体态的好坏也可能影响到某些骨骼的正常生长发育。

形体训练的各个动作能够对身体某些部位的生长发育产生巨大影响，促进骨骼生长和肌肉发展，对身体的比例及各部位间的协调配合产生积极的影响。科学、系统、针对性的形体训练，可以减少肌肉中的脂肪含量，达到消脂、减脂的目的，从而更有效地改善人体形态，使体态变得丰满、线条更加优美。同时，形体训练中还有许多伸展性的练习，能够促使关节囊、韧带和关节周围肌肉群增大伸展性，提高关节的灵活性和增强肌肉弹性，使软骨、韧带、肌腱等结缔组织富有弹性。对学生来说，长期坚持对肌肉、骨骼、关节、韧带进行良好的刺激，可以促进骨骼软骨的生长，有助于身体长高，促使骨骼更为紧密结实。此外，通过长期性的、正确的形体动作训练，能矫正不良的身体姿势（如脊柱侧屈、含胸驼背、O形腿、八字脚等），培养正确端正的体态，使练习者的形体和举止风度都发生良好的变化。

二、培养高雅的气质和风度

气质是人在活动中表现出的典型、稳定的心理特征，它是外在美和内在美的结合体。而风度是人的言谈举止、态度的良好表现。气质和风度不会因时间的流逝而消失，而是会随时随地自然地流露出来。气质和风度在男女之间的表现形式存在差异，男性通常表现为阳刚、果断、稳重、潇洒、大度；女性则常表现为慧美、典雅、婉约、恬静、善解人意。

在形体训练中，不仅可以通过动作练习塑造优美的体型，还可以通过体态训练培养个人高雅的气质和潇洒的风度。体态训练不仅对练习者静、动时的美进行塑造，还对练习者的心灵进行潜移默化的熏陶和净化。优雅的举止通过持久的练习后，会逐渐融入到生命中。当你真正懂得了什么是正确的体态后，不断坚持练习，直到有一天，不管出入任何场合，都能够完全自如的掌握怎么坐、站或者做某些动作。由此可以看出，高雅的气质和潇洒的风度是可以通过体态训练获得的，但体态只是气质和风度的外在表现和依托，气质和风度的养成只有通过内外兼修才能达到。

三、增强体质，全面发展

形体训练是一门特殊的实践性社会学科。它的首要功能是增强人们的体质，挖掘人体各种机能的潜力，加强免疫能力。形体训练对人体的心血管系统、呼吸系统、消化系统和运动系统等内脏器官都有良好的作用。经常参加训练的人可以使心肌增厚、心腔容量增大、血管弹性增强、进而提高心脏的收缩力和血管的舒张能力，使心搏有力、心输出量增加、提高供血能力，这有助于向脑组织供氧、供能、提高大脑的思维能力。形体训练还可以促进骨骼和肌肉的生长，使身体健康匀称地发展；能够调节心神，强化脏腑组织的协调功能、脾胃功能，有助于饮食的消化和吸收；可以增强“心主血脉”和“肺主气”的功能；能促进体内的新陈代谢，是恢复代谢功能最积极的措施。这种既能增强体质，又促进青春的功能运动，正是人们普遍追求的。

形体训练不仅仅是一般的健身运动，更是一种高级的艺术化的运动。形体训练的内容主要是由一种经过提炼、组织、美化、节律化的人体动态造型的运动组成的。参与者跟随优美的旋律，在自身形体有节奏的律动中，充分感受到自我的存在、生命的活力，感受到自我展示的形体之美、气质神韵之美、节律之美和力量之美，获得了自身精神和肉体融合的美感，进入身心合一、内外交融的美妙境界。形体训练是一种美好和谐的运动，既锻炼身体又净化心灵。经常在这样的氛围下运动，不仅能增强韵律感、节律感，同时能够提高认识美、鉴赏美、表现美、创造美的能力，对改善提高人的精神面貌和气质有很好的作用。

本章小结

通过本章学习，对形体标准和形体美有了理论上的认识，对形体训练采用的手段和要达到的目的有了充分的了解，为以后在学习中克服心理和身体的困难奠定了良好的理论和思想基础。形体训练是获得形体美和心理美的重要途径。学生通过基础训练、技能训练、健美协调训练和仪态训练的练习，逐渐形成健美的外形和优雅的气质、风度，培养和提高自身的审美意识和审美能力。

思考与练习

案例1：站姿

在体育课堂上，学生们在列队中总是站不好。有的一个肩膀高一个肩膀低；有的双脚站不直并不拢；有的歪着脑袋撅着屁股。老师一次次地提醒他们站好、站直。可这些学生都涨红了脸跟老师说："老师，我已经站好了。"

案例2：演讲的风采

演讲比赛上，我发现有很多参赛者虽然能在讲台上声情并茂的演讲着，可他们的身体却是那么的僵硬和不协调，双手在空中挥动着，无处安放。每一个动作都像刻意表现出来的，有的甚至驼着背，抖着脚。这样的行为直接影响了演讲的水平，让人为其感到可惜。

案例3：形体与生活

某班有一个女孩子总是被其他同学排斥，玩游戏或是分组练习时经常没人愿意跟她一起。有一次老师问了原因后才知道，大家都嫌弃她又胖又笨。后来老师观察发现，这个小女孩总是拖着脚走路，低头含胸，晃荡着双手，看上去确实很笨重。她不良的身体形态问题使她失去了优雅和自信，慢慢地影响了周围人对她的态度。

问题：

从以上案例中，你明白了什么道理？造成这些现象的原因是什么？谈谈你的体会。

第九章
形体基础素质训练

第一节　热身训练
第二节　柔韧性训练
第三节　力量训练
第四节　地面素质训练
第五节　把杆训练

知识目标

1. 了解形体基础素质训练的目的和作用。
2. 掌握身体各部位训练的技术要求、内容结构与方法。
3. 理解形体基础素质训练的内在联系、特点和塑身特征。

能力目标

1. 培养、提高学生身体的肌肉力量、柔韧性、控制能力。
2. 培养学生身体各部位的协调活动能力、舒展表现能力。
3. 促进身体良好发育、正确体态的形成。

形体基础素质练习是形体训练最重要的内容之一。在训练过程中，通常采用单人练习和多人配合练习两种形式，针对性地对人体的肩、胸、腰、腹、腿等各部位进行训练，进而提高人体机能的力度、柔韧性和控制力，为塑造良好的形态和提升控制力打下良好的基础。形体基础训练是对练习者的身体形态进行系统训练的过程，通过徒手单一动作、组合动作等强化训练，改善身体形态的不良状态，提高身体机能素质，促进形体动作的灵活性和协调发展，对于形成身体正确形态具有重要意义。该部分练习动作比较基础，部分动作要求比较严格，打好坚实的基础，才能提高后期形体技能训练课程的效果。

第一节　热身训练

热身训练又称为准备运动，是某些全身活动的组合，在主要身体活动之前，通过少量的运动量活动肢体，为随后更为强烈的身体活动做准备，可以提高后续激烈运动的效率和安全性，同时满足人体在生理和心理上的需要，热身训练可以对后续训练起到很好的帮助作用。此外，人体的机体能力和工作效率不可能在一开始就达到最高水平，因而需要通过热身调整运动状态。

一、训练目的

热身训练是运动训练的重要组成部分，可以有效地避免运动损伤的发生，减少损伤的风险系数。热身的首要作用是让身心做好准备接受难度系数较高的训练。首先，从简单和轻松动作开始，循序渐进地让身体接受更高强度的训练，促进身体和心理达到巅峰状态，尽可能使身体遭遇运动损伤的风险降到最大限度，因此，每次训练都应该把热身纳入锻炼目标的一个重要部分。

二、基本动作

（一）头、颈部动作

1. 动作内容

音乐：2/4拍，中速。

准备姿态：两脚开立与肩同宽，脚尖朝前，双肩松弛，两臂自然垂于体侧。

头俯仰：尽量向前低头，抻拉颈部，然后还原。再向后仰头、下颏朝上顶，然后还原，两拍一个动作，共做四小节。

头旁拧：头先向右侧旁转动，拧到适度位置，还原后，再向左侧做，两拍一个动作，共做四小节。

头侧倾：头先向右肩倾倒，还原后再做左侧动作，两拍一次，共做四小节。

头回旋：头由前俯经右肩旁向后旋绕180°，再循原路线接做对称动作向左肩旋绕，还原。四拍做一次180°的旋绕动作，共做八小节。

头环绕：以颈为轴，头按顺时针或逆时针方向绕动一圈后，再朝对称方向绕动一圈，八拍一个圆圈，交替进行两次，共做十六小节。

2. 动作要求

头、颈运动时要保持身体直立，头向前时，两肩下压保持平衡，后背要挺直。头向后时，不可塌腰，腆肚。头向右或左时不可侧腰，要保持肩的平展。头环绕时，身体保持直立，颈部要放松。

（二）肩部动作

1. 动作内容

音乐：2/4拍，中速。

准备姿态：两脚开立与肩同宽，脚尖朝前，双肩松弛，两臂自然垂于体侧。

双耸肩：双肩同时向上耸，尽量靠近耳朵，然后落肩放松。两拍一次，共做四小节。

单耸肩：要求与双耸肩相同，右、左肩交错上下耸动。两拍一次，共做四小节。

前绕肩：右肩由后经上向前绕一圈，还原，然后接做左肩由后经上向前绕一圈。四拍一次，共做八小节。

后绕肩：与前绕肩动作路线相反，是由前经上向后绕一圈。动作、节奏要求同上。

双绕肩：双肩同时做前绕肩两次，四拍一次。还原后，接做后绕肩两次，共做八小节。

2. 动作要求

耸肩时，尽量让肩部贴近耳朵，头不能主动倒向肩部。肩膀向下落时，手指尽量向下抻位。前、后绕肩要保持身体的直立及头部颈部的向上。每次肩部动作之后，要将肩部放松回到原位。

（三）上身动作

1. 动作内容

准备姿态：两脚脚尖朝前开立，与肩同宽，双膝微屈，双手扶胯，眼向前看。

顶胸凸背：胸部尽量前顶，还原，再将背部向后凸出。两拍一次，交替进行，八拍一套动作，共做八小节。

左右横移：上身保持垂直，胯部不动，右肋朝右横向移动，还原后，再朝左侧横移，还原。两拍一次，八拍一套动作，共做八小节。

2. 动作要求

顶胸时，两肘自然向后，不要撅臀。凸背时，两肘自然向前，不要腆肚。横移时，腰胯部尽量不跟着晃动，顶、凸、移时要迅速出去，停一拍后，迅速还原。

（四）双臂、扩胸动作

1. 动作内容

准备姿态：两脚开立与肩同宽，脚尖朝前，双肩松弛，两臂自然垂于体侧。

甩小臂：左、右小臂上下交错甩动，一拍一次，共做四小节。

甩大臂：左、右大臂前后交错甩动，两拍一次，共做八小节。

抻臂：在甩大臂动作的基础上，左臂从下向上抻，右臂弯曲的同时，右腿自然弯曲，左肋随左臂向上抻拉。右臂向上抻，动作相反。两拍一次，共做八小节。

抻臂展胸：两臂向上伸直，尽量往后抻拉，扩展胸部，一拍一抻，交替进行，共做四小节。

展臂扩胸：两臂向旁打开，双臂向后展开，扩展胸部，同时双肩后夹，一拍一展，共做四小节。

2. 动作要求

做甩臂时，两膝随甩臂的动律自然交替屈伸。做抻臂时，膝部可随动作幅度屈伸大些，但膝盖不得外开。展胸扩胸不可挺腹，要保持身体直立。

（五）腰部动作

1. 动作内容

准备姿态：两脚开立与肩同宽，脚尖朝前，双肩松弛，两臂自然垂于体侧。

转体拧腰：双臂由两侧抬起屈向双肩，两手五指并拢，指尖自然地搭在双肩上。接着，用肩部的力量带动上身先向左后，再向右后往返转体，拧动腰部的同时头随肩走。四拍一次，交替进行，共做八小节。

旁甩腰：脚并拢成正步，两臂下垂。第一拍时，左脚向左横迈一步，同时双手由右下方划向前，上身顺势前俯第二拍时，双臂带动上身向左旁甩，成左旁下腰，同时，右脚向左后方踏下。第三至四拍，做第一至二拍的对称动作。两拍一次，共做八小节。

涮腰：上身以双臂带动，向前屈体，尽量保持90°，从左经后，再经右旋绕一圈，还原后再做对称动作。两拍一个方位，八拍一套动作，反复交替进行，共做十六小节。

2. 动作要求

转体拧腰时，肩要主动向后。旁甩腰时，腰要上挑，头随手的方向看出。涮腰时，尽量做平圆大涮腰，两膝不能弯曲，两臂向长抻。

（六）腹部动作

1. 动作内容

准备姿态：脚下同上，两臂分别举向左、右上方，五指向上，掌心分别朝左、右前方。

前屈收腹：两腿保持绷直，收腹的同时上身前俯，双手从两腿之间向后尽量伸出，然后还原成准备状态。四拍一次，反复进行，共做十六小节。

斜叉手收腹：两腿保持绷直，收腹前屈体，然后用左手摸右脚，再用右手摸左脚。两拍一个方向，交替进行，共做四小节。

抻臂收腹：右臂抻直向上，左臂弯曲，手靠近肩部，然后向前屈体，用左肋尖部伸向右脚，左腿绷直，右腿稍屈，腹部尽量内收，然后做对称动作。四拍一次，交替进行，共做十六小节。

2. 动作要求

前屈收腹在做上身前俯时，下颚前伸，两臂要在双耳旁，上身保持夹背。后背平挺，直到上身与双腿相贴为准。斜叉手收腹、抻臂收腹时，都要注意腰转动的同时，后背要平挺。

（七）胯、髋部动作

1. 动作内容

准备姿态：脚下同上，双手叉腰。

摆胯：向左摆胯，重心顺势向左移，左腿与地面垂直，右腿微屈，膝盖内扣。胯向右摆动时，动作对称。一拍一次，交替进行，共做八小节。

转胯：胯部由右经前，再往左、往后平行旋绕一圈后回原位，然后再做对称动作。四拍一次，交替进行，共做八小节。

弹胯：两腿微屈，双手十指交叉抱于头后。髋关节快而脆地向前弹出，臀部向前顶，还原后，髋关节快而脆地向后弹出，臀顺势后翘，再还原，然后再向左快速弹出，还原后，再向右弹出，还原。两拍一次，依次进行，共做八小节。

2. 动作要求

动作过程中要固定两脚的位置，髋关节向前时，要感觉尾骨向前顶，向后时要感觉尾骨向后翘起，腰部则微微下塌，向旁时，尽量将髋关节向旁伸出。

（八）膝部动作

1. 动作内容

准备姿态：脚下同上，两腿直立，双臂侧平伸，掌心朝前，五指张开。

双膝颤动：两腿微屈，膝部上下颤动。一拍一下交替进行，共做八小节。

双膝屈伸：两腿微屈，然后膝部有力地伸直。两拍一次，反复进行，共做八小节。

屈腿绕膝：两腿弯曲，双膝先顺时针方向，再逆时针方向，不停地往返平划圈，四拍一次，交替进行，共做八小节。

2. 动作要求

“颤膝”要小而有弹性，“屈伸”要比“颤膝”动作大，但要有控制，“绕膝”不要晃腰，胯是附随动作的，不可乱晃。

（九）脚腕部动作

1. 动作内容

准备姿态：两脚并拢成正步，双手叉腰。

提踵：两脚半脚尖踮起，然后左脚落脚跟，右膝弯曲向前推脚背，两脚回到创立半脚尖状，接做对称动作。一拍一次，交替进行，共做八小节。

2. 动作要求

半脚尖踮起时要缓慢，推脚背不能晃动，两脚交替时要有节奏，身体保持直立，不可乱晃。

（十）展体呼吸动作

1. 动作内容

准备姿态：两脚开立与肩同宽，双臂自然下垂。深吸气的同时，上身向上抻，上体前屈的同时，挺胸仰头并呼气，后背保持平挺，上身尽量贴靠腿部，双臂松弛垂向地面。然后下颏抬起深吸气，同时双臂抬起至头前方，上身保持平挺慢慢立起，双臂举至头上方后呼气，同时双臂经两侧慢慢放下。八拍一次，反复进行，共做十六小节。

2. 动作要求

在运动中要保持平稳的呼吸，保持身体的松弛，双脚不能弯曲，脊柱的关节要得到充分的伸展。

第二节　柔韧性训练

柔韧是指人体关节活动幅度的大小以及韧带、肌腱、肌肉等软组织的伸展能力。柔韧性训练即软开度训练，是形体训练重要的组成部分。柔韧性的好坏是由人体各关节的运动幅度大小所决定的。良好的柔韧性是提高运动幅度、动作速度、动作力量以及完成一些难度动作和高质量动作的基础，同时能减少运动性损伤，还能使站姿、坐姿、蹲姿和走姿有棱有角，优美动人。在本节中，我们主要学习如何训练身体的柔韧性。

柔韧性训练通常从两方面着手进行，一是采用静力性拉伸和动力性拉伸的方法。静力性拉伸是指缓慢地压、控腿，这种方法不易拉伤肌肉、韧带等软组织，而且耗能小；动力性拉伸则是运动相对更加激烈的踢腿、甩腰等，这种方法对提高肌肉的能力效果显著，耗能也大，利于消除脂肪。练习时静力性拉伸和动力性拉伸应结合进行，这有利于练习部位的综合锻炼。二是采用主动柔韧性练习和被动柔韧性练习相结合的方法。主动柔韧性练习是指训练者依靠相应关节周围肌群的积极工作，完成大幅度动作的能力。主动柔韧性练习在培养训练者柔韧能力的同时，也起到发展力量素质的作用。被动柔韧性练习是指训练者被动用力或借助外力时，关节能达到的最大活动幅度。

在柔韧性训练中应注意：①准备活动要充分，动作由小到大、由慢到快、循序渐进，避免肌肉损伤或拉伤肌纤维、韧带组织，同时注意与放松练习交替进行，以保证肌肉原有的弹性和伸缩能力。②发展柔韧素质比发展其他素质容易见效，但也容易消退，需坚持训练。③发展柔韧素质要注意与发展速度和力量相结合。

一、手臂、肩部柔韧性训练

（一）手臂侧伸展训练

准备姿势：双腿盘腿坐，双手放在膝盖上，背部挺直坐好。

训练动作：先弯曲右侧手臂，尽量放在头部后侧，左手拉紧右手向左下侧用力拉伸（图9-2-1），动作同右手臂。左右交替连续做10次为一组，反复练习3组。

图9-2-1

（二）双手外推训练

准备姿势：双腿盘腿坐，双手放在膝盖上，背部挺直坐好。

训练动作：双手交叉相握在胸前，手心向外并向前直臂拉伸（图9-2-2），充分伸展后双手回到胸前。也可做双手向上动作（图9-2-3），动作同上。连续做10次为一组，反复练习3组。

图9-2-2

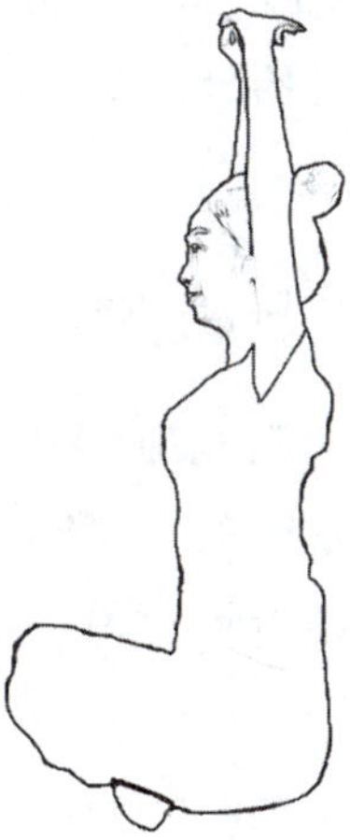

图9-2-3

二、胸腹部柔韧性训练

（一）挺胸训练

准备姿势：坐地，双腿并拢屈膝，脚掌着地，放于体前，身体挺直，收腹、立腰，双臂放于两侧，双手搭在两侧地面。

训练动作：抬臀离地，胸尽量向上挺，双肩下压（图9-2-4）。

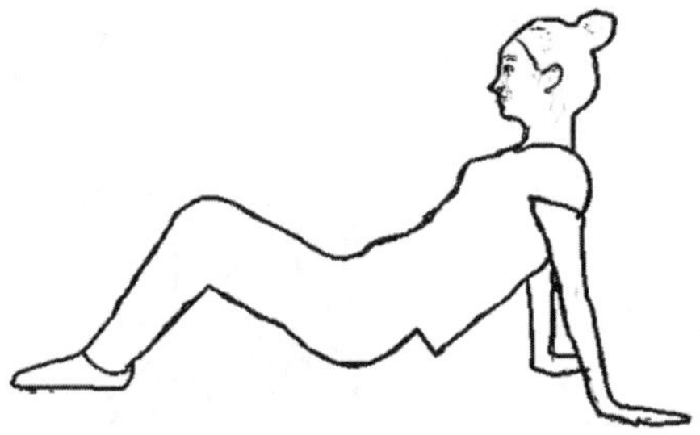

图9-2-4

图9-2-5

（二）双腿交替蹬踏训练

准备姿势：仰卧于地面，双手枕在后颈处，双腿并拢，绷脚压脚腕。

训练动作：弯曲双腿，使小腿与地面平行，先蹬出右腿回原位，再蹬出左腿回原位（图9-2-5）。

（三）仰卧90° 抬腿训练

准备姿势：仰卧于地面，双腿并拢，双臂放于身体两侧。

训练动作：双腿伸直抬起，伸向上方90°（图9-2-6），然后慢慢往下落，背部紧贴地面，尽量拉长手臂。

（四）仰卧抬腿起上体训练

准备姿势：仰卧于地面，双腿并拢，双臂放于身体两侧。

训练动作：双腿并拢上举，双臂向上方伸展，使上体抬起到最大限度，手指尖伸向双脚的方向，双腿保持不动，坚持数秒（图9-2-7）。

图9-2-6

图9-2-7

三、腰背部柔韧性训练

（一）俯撑后仰训练

准备姿势：俯卧于地面，上身抬起，双手放于体前。

训练动作：慢慢地将头尽量向后仰到最大限度（图9–2–8），保持数秒，然后再回到准备姿势。连续做10次为一组，反复练习3组。

图9-2-8

（二）单臂抬腿训练

准备姿势：俯卧于地面，上身抬起，双手放于体前。

训练动作：右手和左腿同时向上抬起（图9–2–9）。右手和左腿慢慢同时放下，然后抬起左手和右腿，动作同上。连续做10次为一组，反复练习3组。

图9-2-9

（三）下前腰抱腿训练

准备姿势：双腿分开站立与肩同宽，双臂自然下垂。

训练动作：上身下前腰，小腹尽量去贴大腿，双臂尽力抱住双腿（图9–2–10）。反复练习多次。

图9-2-10

（四）弓腰背训练

准备姿势：双膝跪地，双手撑地，保持背部平直，收腹。

训练动作：将背部向上拱起并收腹，同时让骨盆向前倾，保持弓背姿势（图9–2–11）；然后背部向下沉，胸部贴近地面（图9–2–12）；略微抬头并让臀部向前移动，使头部和脊椎骨保持在一条直线上，同时注意呼吸的协调配合。反复练习多次。

图9-2-11

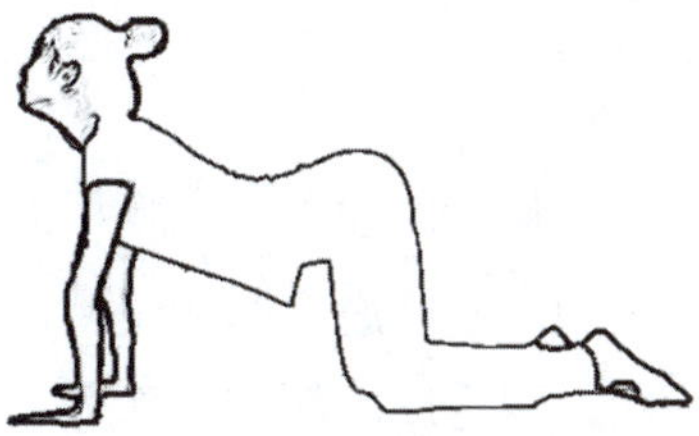

图9-2-12

四、胯部柔韧性训练

（一）左右摆胯训练

准备姿势：双脚打开与肩同宽，身体挺立，双手叉腰。

训练动作：左腿屈膝，重心移到右腿，胯向右顶出，同时上体向左侧曲，左肩下压（图9–2–13）；然后身体回正，右腿屈膝，重心移到左腿，胯向左顶出，同时上体向右侧曲，右肩下压，动作与之前完全相反。

（二）分腿屈上体训练

准备姿势：分腿坐在地上，挺胸，保持背部平直，同时向内收腹，双手扶大腿内侧。

训练动作：在保持腰部笔直的状态下（图9–2–14），从臀部开始向前尽力屈伸，双手平放在身前地上，头和脊椎骨保持在一条直线上，膝盖和脚趾始终保持向上，然后慢慢起身回到准备姿势。

图9–2–13

图9–2–14

五、腿部柔韧性训练

（一）下叉训练

准备姿势：坐立。

训练动作：右腿向前伸直，大腿尽力外旋，右脚尖与两肩垂直；左腿绷脚向体后伸直，使腿、膝、脚面尽力向外伸展，两腿平贴于地面成一条直线（图9–2–15）；然后上身前俯，用小腹和下巴贴前腿，双手抱前腿拉伸前韧带（图9–2–16）。然后相反的方向再做一遍。连续做10次为一组，反复练习3组。

图9-2-15

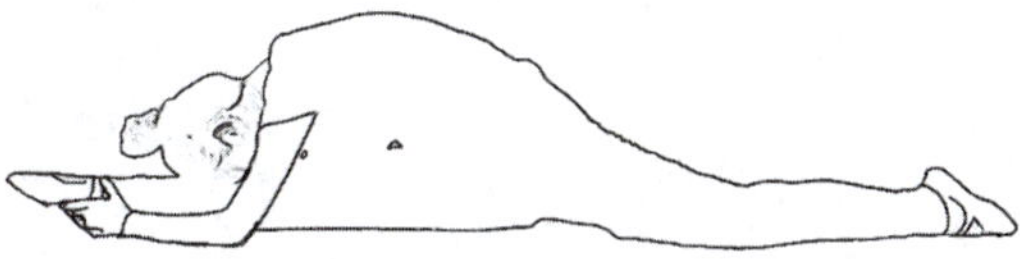

图9-2-16

（二）地面旁压腿训练

准备姿势：坐立，右腿向右侧伸直绷脚，脚面与膝盖向正上方，脚尖与右耳对齐；左腿屈腿贴于地面，贴近身体，左右两腿尽量开胯，双手放于体前。

训练动作：上身向右侧下旁腰，尽力用右肩、右耳贴近右腿，左手在头上方也用力去贴右腿（图9-2-17），控制数秒后直身。然后相反的方向再做一遍。连续做10次为一组，反复练习3组。

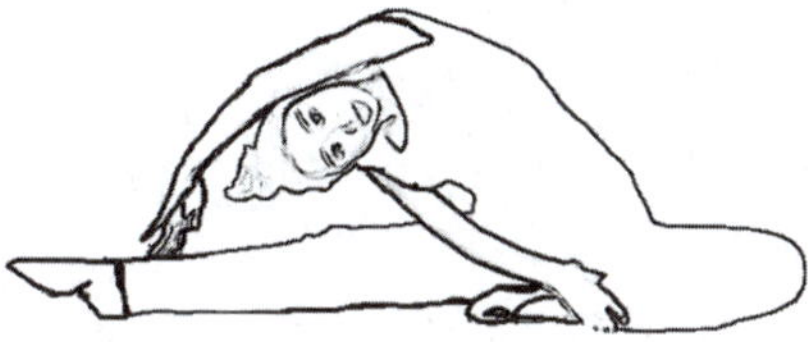

图9-2-17

六、脚部柔韧性训练

（一）脚面韧带训练

准备姿势：跪立于地面，双手放于体前撑地。

训练动作：双手撑于地，双膝离地抬起，大腿尽量贴于前胸，脚面绷直随同离地，脚趾不动，使脚趾根至脚尖完全贴靠在地面上（图9-2-18）；用身体重心下压脚面韧带，脚面要绷直前顶。

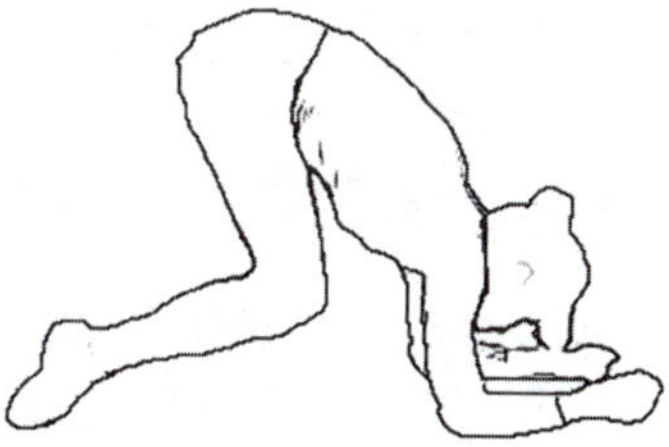

图9-2-18

（二）转脚腕训练

准备姿势：坐于地面，身体挺直，收腹、立腰，双腿并拢伸直，绷脚压脚腕，双手放于身体两侧（图9-2-19）。

训练动作：右腿稍微向上抬起，沿顺时针方向转动脚腕片刻，然后再沿逆时针方向转动片刻。然后放下右腿，换左腿重复上述动作。连续做10次为一组，反复练习3组。

图9-2-19

第三节　力量训练

力量素质是指人的肌体或肌体的某一部分肌肉工作（收缩和舒张）时克服内外阻力的能力。如立背需要腰背肌的力量，直膝需要腿肌的力量，绷脚需要小腿及踝关节部位肌肉的力量等。力量素质较好的人，训练时速度快、控制力强、弹跳力好，易于掌握较强动作，并保持良好的身体形态。在本节中，我们主要学习如何提高肌肉力量。

力量素质训练可以提高身体的稳定性、提高肌肉敏捷性与协调性、避免训练者受伤。在力量素质训练中要注意：力量素质的发展既要全面又要有重点；训练时要使肌肉充分拉长和收缩，训练后要使肌肉充分放松；进行力量训练时，要全神贯注，念动一致，注意安全；力量素质训练要有系统科学地安排，不间断的训练也很重要。

一、手臂、肩部力量训练

（一）站立上推举训练

准备姿势：双腿并拢站立，挺胸立背，双手握哑铃，拳心向上。

训练动作：上身保持直立，双臂尽力向上推举到最大限度。

（二）站立侧平举训练

准备姿势：双腿并拢站立，挺胸立背，双臂侧平举，双手握哑铃，拳心向前。

训练动作：上身保持直立，双肩与双臂尽量保持水平，双臂屈伸到最大限度。

（三）站立后屈伸训练

准备姿势：双腿并拢站立，收腹立腰，上臂上举，双手握哑铃，拳心相对。

训练动作：双臂向后屈伸到最大限度，并保持手臂和身体在一条直线上。

（四）仰卧上推举训练

准备姿势：仰卧于地面，双腿开立，屈膝，全脚掌着地，双手握哑铃，双肘支撑地面。

训练动作：左臂向上推举，右臂保持不动，连续做10次；换右臂向上推举，连续做10次。

（五）平板支撑训练

准备姿势：俯卧于地面，双肘弯曲支撑在地面上，肩膀和肘关节垂直于地面。

训练动作：双脚踩地，身体离开地面，躯干伸直，头部、肩部、胯部和踝部保持在同一平面，腹肌收紧，盆底肌收紧，脊椎延长，眼睛看向地面，保持均匀呼吸。

二、胸腹部力量训练

（一）挺胸训练

准备姿势：坐地，双腿并拢屈膝，脚掌着地，放于体前，收腹立腰，双臂放于体后，双手着地。

训练动作：抬臀离地，胸部尽量向上挺，双臂感觉下压，手脚不离地（图9–3–1），控制数秒，再回到准备姿势。连续做10次为一组，反复练习3组。

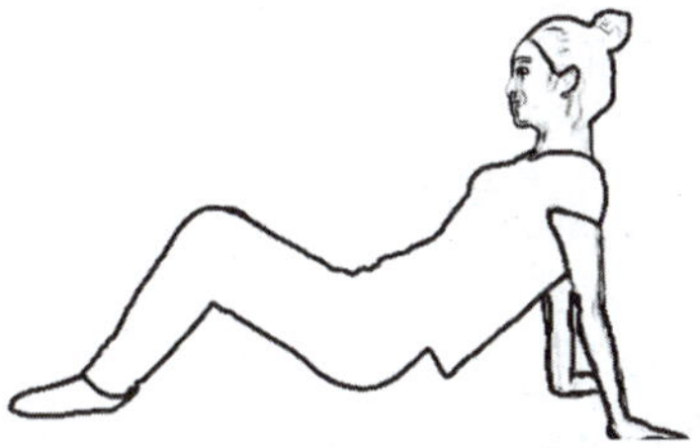

图9-3-1

（二）双腿起落训练

准备姿势：双臂曲肘着地，身体挺直，双腿并拢伸直，绷脚压脚腕。

训练动作：双腿伸直同时起，离地面30°或40°左右（图9–3–2），控制数秒，再慢慢放下。连续做10次为一组，反复练习3组。

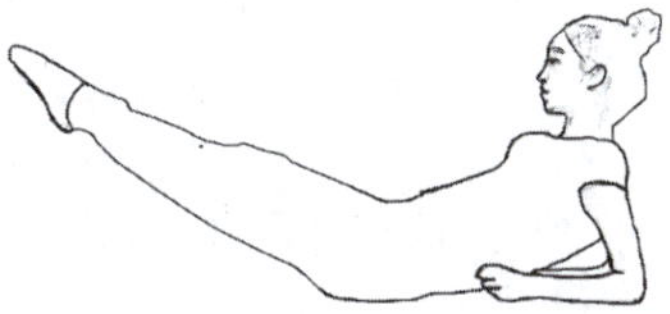

图9-3-2

（三）双腿双手起落训练

准备姿势：仰卧于地面，双腿并拢屈膝，脚尖点地，双臂上举。

训练动作：抬起上体的同时，双腿向斜侧方伸直，双手尽力前伸（图9–3–3），连续做10次为一组，反复练习3组。

图9-3-3

（四）双腿双臂交叉训练

准备姿势：仰卧于地面，双腿并拢，双臂头上举。

训练动作：将右腿和左臂同时抬起，使左手指尖尽量贴近右脚尖，同时带动头部、肩部离开地面抬起（图9–3–4），坚持数秒，还原

图9-3-4

后做反腿。连续做10次为一组，反复练习3组。

三、腰背部力量训练

（一）下前腰训练

准备姿势：双腿分开站立与肩同宽，双臂自然下垂。

训练动作：双臂上举高于头顶，抬头看前方，身体挺直，然后上体前屈下前腰，双臂在体前下压，双手按于地面，尽量用小腹贴大腿（图9-3-5）。连续做10次为一组，反复练习3组。

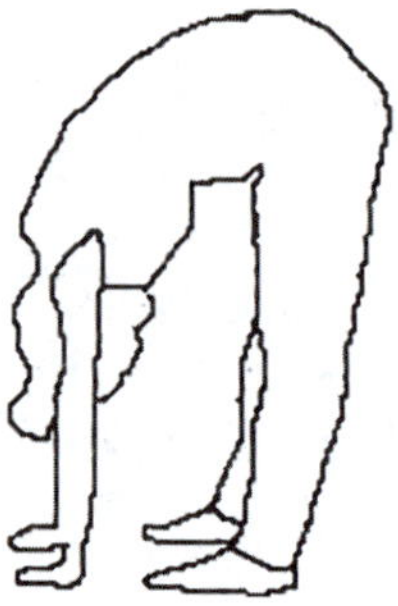

图9-3-5

（二）膝后抬腿训练

准备姿势：俯卧于地面，双手放于体前，上身抬起。

训练动作：将右腿慢慢抬起，保持右腿离地的姿态，然后向上屈小腿（图9-3-6），右腿保持离地的姿态，慢慢伸直，然后慢慢放下右腿，换左腿重复上述动作。连续做10次为一组，反复练习3组。

图9-3-6

（三）侧曲腰背训练

准备姿势：训练者右手臂伸直，手心向下，身体侧卧成一条直线，左手臂向斜上方伸直。辅助者面向训练者，站在其膝关节两侧。

训练动作：辅助者双手用力拉伸训练者左手臂，使其身体成侧曲形态，训练者右手臂侧平举控制20秒。反复练习15次。

四、臀部力量训练

（一）抬臀训练

准备姿势：仰卧于地面，屈膝分腿，脚掌着地，双脚与肩同宽，两臂放在身体两侧。

训练动作：双肩撑地，向上抬起臀部，臀大肌用力收紧，停留数秒，然后慢慢放下。连续做10次为一组，反复练习3组。

（二）仰卧举腿训练

准备姿势：仰卧于地面，双腿并拢屈膝，脚掌着地，双手放在身体两侧贴于地面。

训练动作：臀部抬起，身体后翻，双腿膝盖尽量靠近头顶，在半空形成控制动作。连续做10次为一组，反复练习3组。

（三）侧抬腿训练

准备姿势：双膝跪地，双手撑于地面，目视前方。

训练动作：左腿慢慢抬起直至与上身垂直，并向左侧转动，坚持数秒，然后慢慢放下，换右腿。连续做10次为一组，反复练习3组。

五、腿部力量训练

（一）仰卧前踢腿训练

准备姿势：仰卧于地面，双臂放于身体两侧，手心向下贴于地面，双腿伸直并拢，双脚成小八字位绷脚，整个身体舒展地贴在地面上，控制身体的稳定。

训练动作：右腿绷脚，向上踢至最大限度，身体其他部位贴住地面保持不动，控制数秒，然后慢慢放下。连续做10次为一组，反复练习3组。

（二）侧卧旁踢腿训练

准备姿势：身体侧卧，头枕左臂，手心向下；右手搭在地面上，手心向下。

训练动作：右腿绷脚，向上踢腿到最大限度，其他身体部分保持不动，坚持数秒，再慢慢放下，连续做10次为一组动作。然后换左腿，重复上述动作。左右腿交替，各练习3组。

（三）地面后踢腿训练

准备姿势：双膝跪地，双手撑地，上身前俯，目视前方。

训练动作：右腿向后伸直，绷脚面点地，然后向后上方尽力踢出，完成后还原到准备姿势，然后换左腿。连续做10次为一组，反复练习3组。

（四）团身上跳训练

准备姿势：自然站立，双手叉腰。

训练动作：原地连续团身跳，上体保持直立，双膝尽量靠拢胸部。连续做10次为一组动作，反复练习3组。

六、脚踝力量训练

准备姿势：身体挺直，收腹、立腰，双腿并拢伸直，绷脚压脚腕，双臂放于两侧，双手搭地

（图9–3–7）。

训练动作：右脚尽量向上勾起，坚持数秒，感觉脚踝有些酸，然后还原成准备姿势，然后换左脚，重复上述动作。连续做10次为一组动作，反复练习3组。

图9-3-7

第四节　地面素质训练

地面素质训练的主要目的是训练身体各部分与关节的柔韧性和弹性，其目的是能充分展示人体各种动作的幅度，以及线条所具备的柔软度、开度和力度。地面素质训练一般用坐、躺、跪等姿态进行，重心低，便于初学者掌握，且地面素质训练可以减轻身体负担、充分舒展身体各部位动作、拉长各关节的韧带、增强肌肉群的力量。

地面素质训练可以分为上肢训练和下肢训练，上肢训练主要包括对头部、肩部、腰部的训练；下肢训练主要是对脚部、腿膝部和腿部的训练。地面素质训练主要是解决柔韧性、软开度及身体各部分的灵活性，基本要求是解放身体、提高身体素质，同时为把杆等训练做好重要的准备。

一、身体基本形态

地面的身体基本形态包含盘坐和伸坐两种状态。

（一）盘坐

坐于地上，盘腿开胯，收腰垂肩，拔脊提背，尾椎上提保持离开地面不贴地。双手放于膝盖，双臂至手指放松，眼睛平视前方，收紧腰腹（图9–4–1）。

（二）伸坐

双腿并拢前伸，绷紧脚背，抻直膝盖，拔脊提背，尾椎上提保持离开地面不贴地。双臂向胯部两侧自然伸展，手腕下垂，指尖点地，收紧腰腹（图9–4–2）。

图9-4-1

图9-4-2

二、组合训练

（一）头部训练

头部训练内容：包括低头、仰头、倾头、转头、涮头。

组合训练示例：可由4个八拍完成头部动作，根据训练需要，可重复2～4次。

第1个八拍：

1～2拍：低头，1拍1次，共两次。在保持盘坐基本形态的基础上，使下巴不断接近胸口，将颈椎抻长到最大限度。

3～4拍：仰头，1拍1次，共两次。保持盘坐，将脖子伸直、沉肩，用后脑勺找后背，头不断向后仰，抻长到最大限度（图9-4-3）。

5～6拍：向左倾头，1拍1次，共两次。保持盘坐，向左用耳朵靠近肩部，尽可能抻长到最大限度（图9-4-4）。

7～8拍：向右倾头，1拍1次，共两次。具体动作与向左倾头一致，方向相反。

第2个八拍：

同第1个八拍。

第3个八拍：

1～4拍：向左转头，2拍1次，共两次。保持盘坐，身体保持不动，头部向左平稳转动，转到最大限度，尽量保持下巴和肩在同直线上（图9-4-5）。

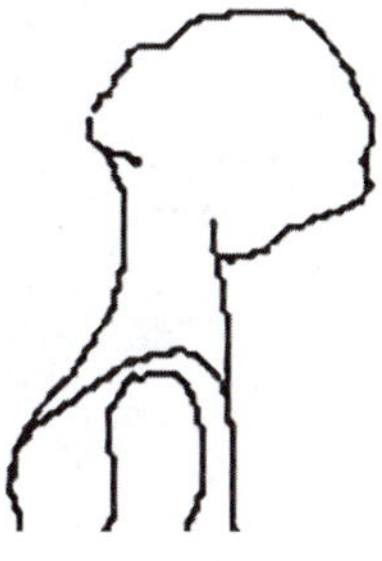

图9-4-3

图9-4-4

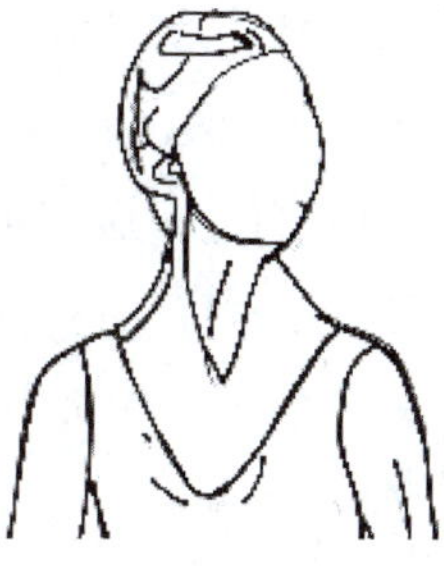

图9-4-5

5～8拍：向右转头，2拍1次，共两次。具体动作与向左转头一致，方向相反。

第4个八拍：

1～8拍：涮头，4拍一次，共两次。将低头、仰头、转头依次连贯完成，使头部在最大限度上做平圆运动。

（二）肩部训练

肩部训练内容：包括耸肩、绕肩。

组合训练示例：可由8个八拍完成肩部动作。

第1个八拍：

1～4拍：左耸肩，2拍1次，共两次。第1拍，保持盘坐、脖子拉长，沿垂直动作路线，将左肩膀向上提拉到最大限度（图9-4-6）；第2拍，肩部落下，压落到最大限度。

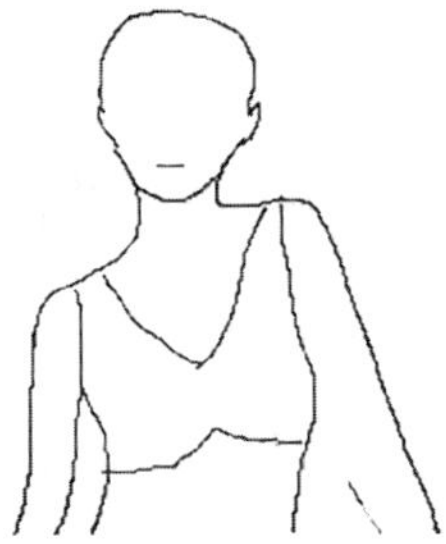
图9-4-6

5～8拍：右耸肩，2拍1次，共两次。具体动作与左耸肩一致，方向相反。

第2个八拍：

1～8拍：双耸肩，2拍一个动作，重复4次。第1拍，保持盘坐、脖子拉长，沿垂直动作路线，将双肩向上提拉到最大限度（图9-4-7）；第2拍，肩部落下，压落到最大限度。

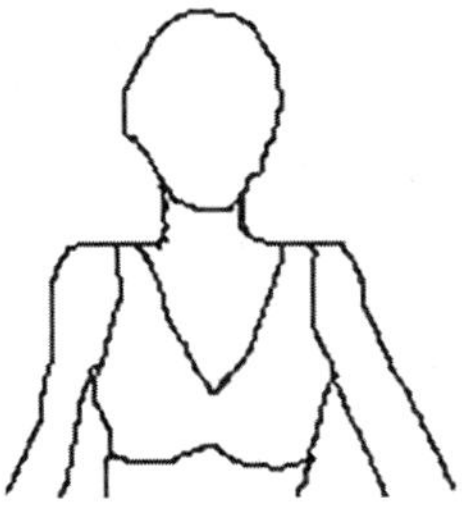
图9-4-7

第3个八拍：

同第1个八拍。

第4个八拍：

同第2个八拍。

第5个八拍：

1～4拍：左肩由前往后绕肩，2拍一个动作，重复2次。保持盘坐，后背不动，由肩膀头带着肩部由前往后最大程度的立圆（图9-4-8）。

图9-4-8

5～8拍：右肩由前往后绕肩，2拍一个动作，重复2次。具体动作与左绕肩一致，方向相反。

第6个八拍：

1～8拍：双肩由前往后绕肩，2拍一个动作，重复4次。保持盘坐，后背不动，双肩由肩膀头带着肩部由前往后最大程度的立圆，依次表现为含肩（图9-4-9）、耸肩（图9-4-10）、展肩（图9-4-11）连贯动作。

第7个八拍：

同第5个八拍。

图9-4-9

图9-4-10

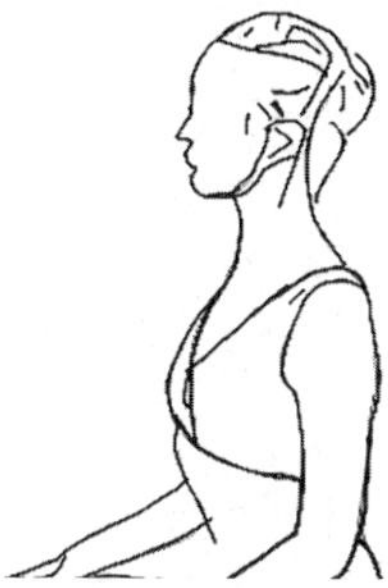

图9-4-11

第8个八拍：

同第6个八拍。

（三）胸部训练

胸部训练内容：包括含胸、展胸。

组合训练示例：可由1个八拍完成含胸、展胸动作训练，可根据训练要求重复2～4个八拍。

1～8拍：先含胸后展胸，2拍一个动作，重复4次。含胸时，吐气松肩，后背往后拉出，两肩自然往里收，头曲卷向肚脐方向用力，使后背呈半圆形（图9-4-12）。展胸时，动作与含胸相反，提气后敞胸掰肩，头上仰，使整个胸部和两肩最大限度地伸展（图9-4-13）。

图9-4-12

图9-4-13

（四）勾绷脚训练

勾绷脚训练内容：包括勾脚、绷脚、环动、外开。

1. 勾脚、绷脚

勾脚、绷脚动作要领：在保持伸坐基本形态的基础上，由脚趾到脚背，再到脚腕，依次最大限度地勾和绷，膝盖也应同时绷紧。勾脚如图9-4-14所示，绷脚如图9-4-15所示。

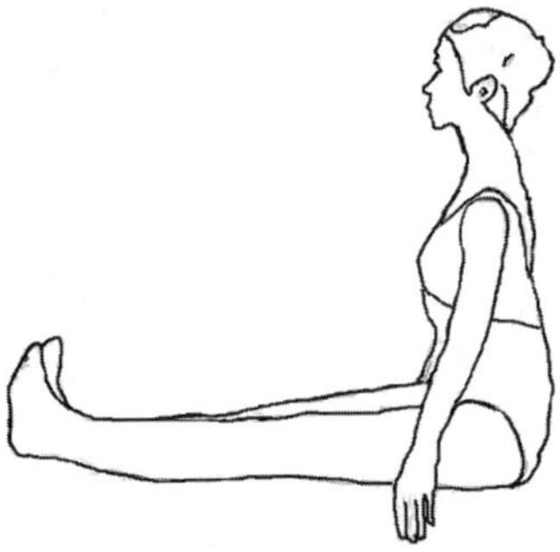

图9-4-14

图9-4-15

组合训练示例：训练时每个勾脚、绷脚动作应至少保持1个八拍，根据训练需要可增加至2～4个八拍。

2. 环动

环动分为往里的内环动和往外的外环动。

组合训练示例：可由2个八拍完成环动训练。根据训练需要，可增加2～4个八拍。

第1个八拍：

1～4拍：双脚由内往外进行环动，4拍完成。保持伸坐，以脚跟为轴，通过勾绷脚利用脚趾带动脚掌由内向两边最大限度地画立圆，膝盖保持绷紧（图9-4-16）。

图9-4-16

5～8拍：双脚由外往内进行环动，4拍完成。保持伸坐，以脚跟为轴，通过勾绷脚利用脚趾带动脚掌由两边向里最大限度地画立圆，膝盖保持绷紧。

第2个八拍：

同第1个八拍。

3. 外开

外开动作要领：保持伸坐，绷紧脚趾及脚背，由大腿根发力带动双腿向两边转开至两膝朝外，大腿内侧夹紧，小脚趾尽量贴地，膝盖紧绷（图9-4-17）。

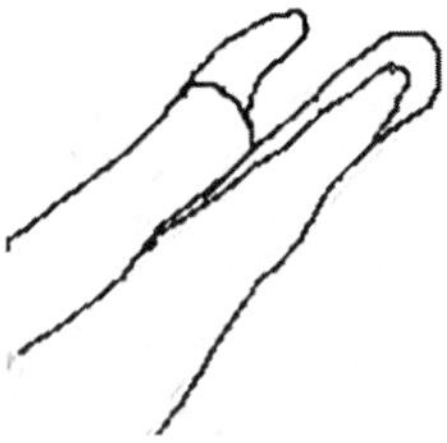

图9-4-17

（五）吸伸腿训练

吸伸腿训练内容：包括单吸腿、吸腿拧身、双吸腿。

组合训练示例：由4个八拍完成吸伸腿训练。根据训练需要，可重复2～4次。

第1个八拍：

1～2拍：单吸腿，2拍完成。保持伸坐，左腿提起膝盖，绷紧脚趾脚背，脚尖擦地向正上方吸腿，使脚尖往胯根部位收到最大限度，脚趾始终保持绷脚，脚趾、脚跟不落地（图9–4–18）。

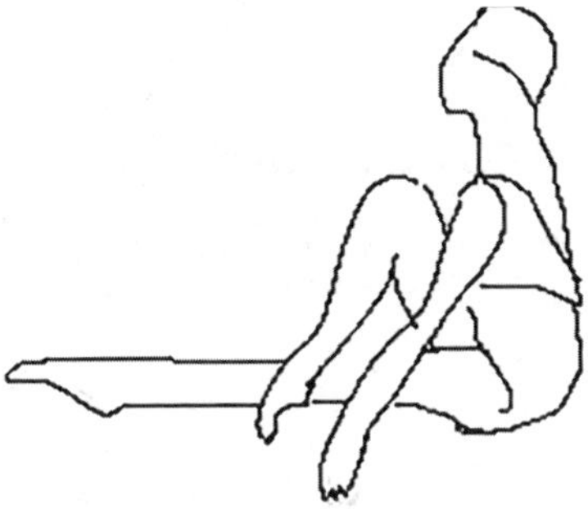

图9–4–18

图9–4–19

3～4拍：吸腿拧身，2拍完成。在单吸腿的基础上，从胯部开始水平转动整个上身到最大限度，腰部紧绷（图9–4–19）。

5～6拍：还原，2拍完成。从胯部开始水平转动整个上身，还原至单吸腿状态。

7～8拍：还原，2拍完成。单吸腿经过绷紧脚趾脚背，脚尖擦地返回原位。

第2个八拍：

动作同第1个八拍，方向相反。

第3个八拍：

1～4拍：双吸腿，4拍完成。保持双腿紧绷，同时绷紧双脚，脚尖擦地向胯根部位上吸到最大限度（脚跟不能落地），上身含胸，双手抱膝，使整个身体呈一圆球形，脊椎呈圆弧形伸展（图9–4–20）。

5～8拍：还原，4拍完成。在双吸腿基础上，缓慢放松身体，伸直双腿，还原至伸坐状态。

第4个八拍：

同第3个八拍。

图9–4–20

（六）压胯训练

压胯训练内容：包括用手压胯、俯身压胯、展臂压胯。

1. 用手压胯

用手压胯动作要领：首先保持双脚脚心相对，盘坐，然后将双手手掌放在膝盖上，有节奏地用力往地面上压（图9–4–21）。

图9-4-21

图9-4-22

图9-4-23

2. 俯身压胯

俯身压胯动作要领：首先保持双脚脚心相对，盘坐，然后用双手握住双脚，两腿膝盖尽量贴地，上身前俯，从胯根处折叠往脚方向压，到最大限度后停住，此时保持后背拉长呈下弧线，展肩，双眼平视前方，再直身还原（图9-4-22）。

3. 展臂压胯

展臂压胯动作要领：首先保持双脚脚心相对，盘坐，然后双手掌心向上，经过盘手从腋下往后穿，脊椎拉长，胯打开，形成展臂俯身压胯的姿态。此时，保持手心向下，后背拉长呈下弧线，展肩，眼睛看手的方向（图9-4-23）。

组合训练提示：压练可1～2个八拍分别进行训练，根据训练要求，可增加2～4个八拍。训练过程中，注意根据训练者身体素质，调整训练计划。

（七）压腿训练

压腿训练内容：包括勾脚压前腿、勾脚压旁腿、绷脚压前腿和绷脚压旁腿。

组合训练示例：由8个八拍完成压腿训练，每个动作2个八拍，重复2次。根据训练需要，可重复2～4次。

第1个八拍：

1～2拍：勾脚压前腿，2拍完成。保持勾脚伸坐，后背拉长，手呈芭蕾三位，然后，抻膝伸背，双脚始终保持最大限度地勾脚（图9-4-24）。

图9-4-24

3～4拍：上身从胯根处往前腿快速压下（图9-4-25）。

5～6拍：在勾脚压前腿的基础上，快速直身还原。

7～8拍：身体放松，双手放至身侧。

图9-4-25

第2个八拍：

同第1个八拍。

第3个八拍：

1～2拍：勾脚压旁腿，2拍完成。保持勾脚伸坐，左腿向旁边打开至90°，手呈芭蕾四位，抻膝伸背，双脚始终保持最大限度地勾脚（图9-4-26）。

图9-4-26

3～4拍：下压，2拍完成。用后背找腿快速旁压。

5～6拍：快速直身还原，2拍完成。

7～8拍：双手放至身侧，左腿还原，放松。

第4个八拍：

动作同第3个八拍，方向相反。

第5个八拍：

1～2拍：绷脚压前腿。绷脚伸坐，后背拉长，手呈芭蕾三位，抻膝伸背，双脚始终保持最大限度地绷脚。

3～4拍：上身从胯根处往前腿快速压下。

5～6拍：快速直身还原。

7～8拍：身体放松，双手放至身侧。

第6个八拍：

同第5个八拍。

第7个八拍：

1～2拍：绷脚压旁腿。保持勾脚伸坐，左腿向旁边打开至90°，手呈芭蕾四位，抻膝伸背，双脚始终保持最大限度地绷脚。

3～4拍：下压，用后背找腿快速旁压。

5～6拍：快速直身还原。

7～8拍：双手放至身侧，左腿还原，放松。

第8个八拍：

动作同第7个八拍，方向相反。

组合训练提示：勾脚压腿和绷脚压腿不分先后，但通常是先压前腿后压旁腿，节奏和次数可以根据需要自由变化。

（八）腰部训练

腰部训练内容：包括胸腰、中腰、挑腰。

1．胸腰

胸腰动作要领：首先，绷紧双脚，双腿并拢，俯卧，双手前伸准备；然后，双手慢慢向上撑起，由头、颈、肩、胸依次向后向上卷起，脖子抻长，肩往下沉，胸椎上挑，呼吸均匀，眼睛正

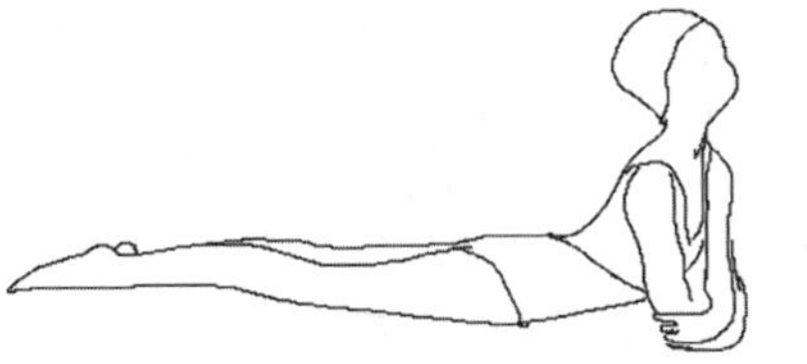

图9-4-27

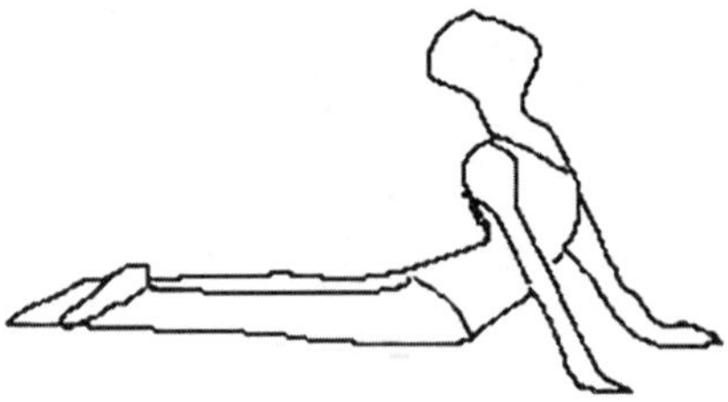

图9-4-28

视上方，用后背找腰，忌断脖子（图9-4-27）。

2. 中腰

中腰动作要领：在胸腰的基础上，继续往上推到腰部位，同时起小腿，绷脚并靠近脑袋，以头顶碰到脚尖为最佳，沉肩胸椎上挑，呼吸均匀（图9-4-28）。

3. 挑腰

挑腰动作要领：保持双腿跪立，两臂夹耳朵向上伸展准备；抻脖子沉肩，胯向前顶，由头带动自然后仰，颈、肩、胸、中腰、大腰依次一节节向后弯曲到最大限度。骨盆用力上挑，呼吸均匀，忌憋气（图9-4-29）。

图9-4-29

组合训练提示：腰部训练通常遵循由易到难的原则，先练习胸腰，再练习中腰，最后练习挑腰。根据练习者的身体素质情况，练习的速度可以根据实际情况而定。

（九）弹腿、撩腿训练

弹腿、撩腿训练内容：包括前小弹腿、旁小弹腿；前中弹腿、旁中弹腿；前小撩腿、旁小撩腿；前中撩腿、旁中撩腿。

1. 前小弹腿

前小弹腿动作要领：正步位绷脚，然后并腿仰卧，双手打开平放于身旁侧，掌心向下准备；动力腿紧绷，并快速向前小吸腿，大脚趾吸在主力腿小腿肚上，两个膝盖都朝正上方，然后小腿由脚尖带动往前斜上方快速弹踢约25° 后吸回，大腿保持不动。

组合训练示例：由2个八拍完成前小弹腿训练，根据训练需求，可适当增加训练次数。

第1个八拍：

1～2拍：正步位绷脚，然后并腿仰卧，双手打开平放于身旁侧，掌心向下准备（图9-4-30）。

3～4拍：左腿紧绷，并快速向前小吸腿，大脚趾吸在右腿小腿肚上，两个膝盖都朝正上方（图9-4-31）。

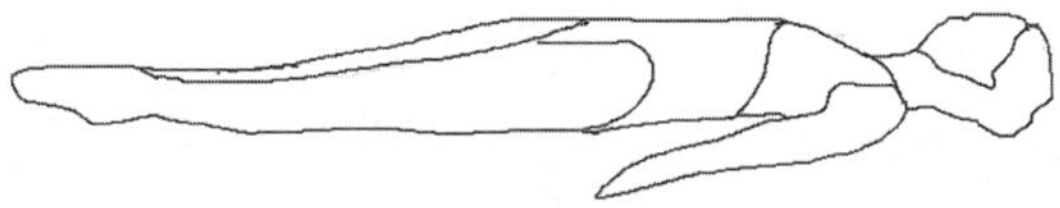

图9-4-30

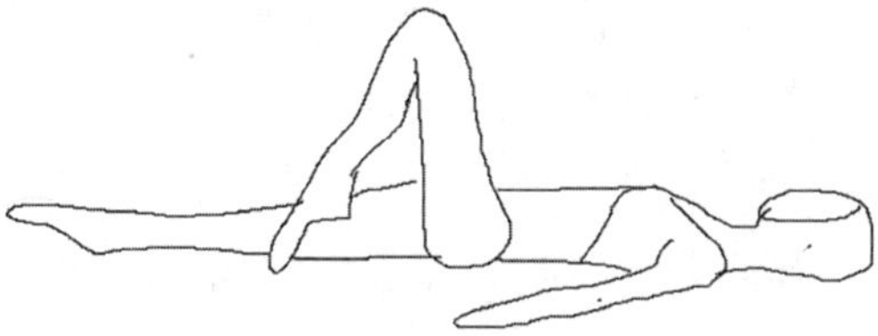

图9-4-31

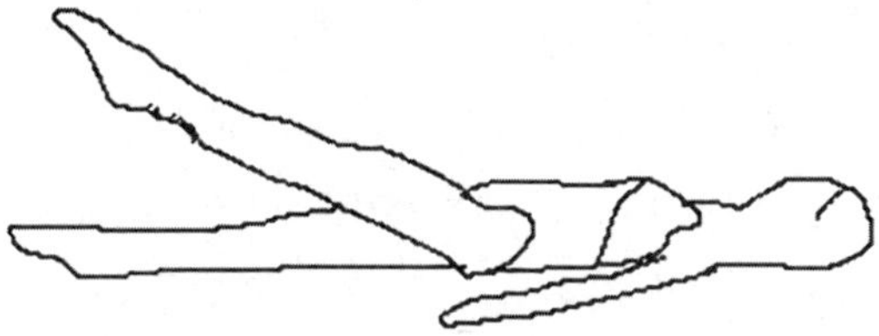

图9-4-32

5～6拍：小腿由脚尖带动往前斜上方快速弹踢约25°后吸回，大腿保持不动（图9-4-32）。

7～8拍：还原。将左腿伸直，双腿放松。

第2个八拍：

动作同第1个八拍，换右腿进行前小弹腿。

组合训练提示：弹腿动作要求瞬间完成，小弹腿时要收紧膝盖和腿，不能甩膝盖，要吸多高弹多高，注重动作的速度、力量和灵敏度。此外，要保持主力腿至上半身紧贴地不受动力腿的影响。

2. 旁小弹腿

旁小弹腿动作要领：绷脚外开并腿侧卧，一手贴耳掌心向下伸展于头的上方，另一手侧扶地准备。动力腿绷脚快速旁小吸腿，小脚趾吸在主力腿小腿肚上，然后小腿由脚尖带动往旁斜上方快速弹踢约25°后吸回，保持大腿不动。

组合训练示例：由2个八拍完成旁小弹腿训练，根据训练需求，可适当增加训练次数。

第1个八拍：

1～2拍：绷脚外开并腿侧卧，一手贴耳掌心向下伸展于头的上方，另一手侧扶地准备（图9-4-33）。

3～4拍：右腿绷脚快速旁小吸腿，小脚趾吸在左腿小腿肚上（图9-4-34）。

图9-4-33

图9-4-34

图9-4-35

5～6拍：小腿由脚尖带动往旁斜上方快速弹踢约25°后吸回，大腿保持不动（图9-4-35）。

7～8拍：还原。将右腿伸直，双腿放松。

第2个八拍：

动作同第1个八拍，换左腿进行旁小弹腿。

组合训练提示：弹腿动作要求瞬间完成，小弹腿时要收紧膝盖和腿，不能甩膝盖，要吸多高弹多高，注意动作的速度、力量和灵敏度，保持主力腿至上半身紧贴地不受动力腿的影响，动力腿始终外开。

3. 前中弹腿

前中弹腿动作要领：正步位绷脚并腿仰卧，双手打开旁平位置，掌心向下准备。动力腿绷脚快速前中吸腿，即动力腿前吸90°，全绷脚、大脚趾吸在主力腿膝盖旁，两个膝盖都朝正上方，然后小腿由脚尖带动往正前上方快速弹踢90°后吸回，保持大腿不动。

组合训练示例：由2个八拍完成前中弹腿训练，根据训练需求，可适当增加训练次数。

第1个八拍：

1～2拍：正步位绷脚并腿仰卧，双手打开旁平位置，掌心向下准备（图9-4-36）。

图9-4-36

图9-4-37

3～4拍：左腿绷脚快速前中吸腿，即左腿前吸90°，全绷脚、大脚趾吸在右腿膝盖旁，两个膝盖都朝正上方（图9-4-37）。

5～6拍：小腿由脚尖带动往正前上方快速弹踢90°后吸回，保持大腿不动（图9-4-38）。

7～8拍：还原。将左腿伸直，双腿放松。

第2个八拍：

动作同第1个八拍，换右腿进行前中弹腿。

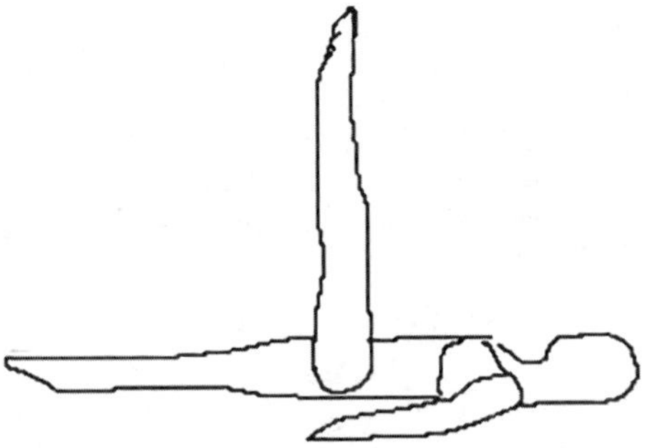

图9-4-38

组合训练提示：弹腿动作要求瞬间完成，中弹腿时要收紧膝盖和腿，不能甩膝盖，要吸多高弹多高，注意动作的速度、力量和灵敏度，保持主力腿至上半身紧贴地不受动力腿的影响。

4. 旁中弹腿

旁中弹腿动作要领：绷脚外开，并腿侧卧，一手贴耳掌心向下伸展于头的上方，另一手侧扶地准备。动力腿快速绷脚旁中吸腿，即动力腿旁吸90°，全绷脚、大脚趾吸在主力腿膝盖旁，然后小腿由脚尖带动往正旁上方快速弹踢90°后吸回，保持大腿不动。

组合训练示例：由2个八拍完成旁中弹腿训练，根据训练需求，可适当增加训练次数。

第1个八拍：

1～2拍：绷脚外开，并腿侧卧，一手贴耳掌心向下伸展于头的上方，另一手侧扶地准备（图9-4-39）。

3～4拍：右腿绷脚快速旁中吸腿，即右腿旁吸90°，全绷脚、大脚趾吸在左腿膝盖旁（图9-4-40）。

图9-4-39

图9-4-40

5～6拍：小腿由脚尖带动往正旁上方快速弹踢90°后吸回，保持大腿不动（图9-4-41）。

7～8拍：还原。将右腿伸直，双腿放松。

第2个八拍：

动作同第1个八拍，换左腿进行旁中弹腿。

组合训练提示：弹腿动作要求瞬间完成，中弹腿时要收紧膝盖和腿，不能甩膝盖，要吸多高弹多高，注意动作的速度、力量和灵敏度，保持主力腿至上半身紧贴地不受动力腿的影响，动力腿始终外开。

图9-4-41

5. 前小撩腿

前小撩腿动作要领：正步位绷脚，并腿仰卧，双手打开旁平位置掌心向下准备。动力腿经绷脚前小吸腿后，小腿（大腿不动）由脚尖带动往前斜上方撩出约25°后直膝慢落收回原位。

组合训练示例：由2个八拍完成前小撩腿训练，根据训练需求，可适当增加训练次数。

第1个八拍：

1～2拍：正步位绷脚，并腿仰卧，双手打开旁平位置掌心向下准备（图9-4-42）。

图9-4-42

图9-4-43

3～4拍：左腿经绷脚前小吸腿（图9-4-43）。

5～6拍：左腿小腿（大腿不动）由脚尖带动往前斜上方撩出约25°（图9-4-44）。

7～8拍：还原。将左腿直膝慢落收回原位，双腿放松。

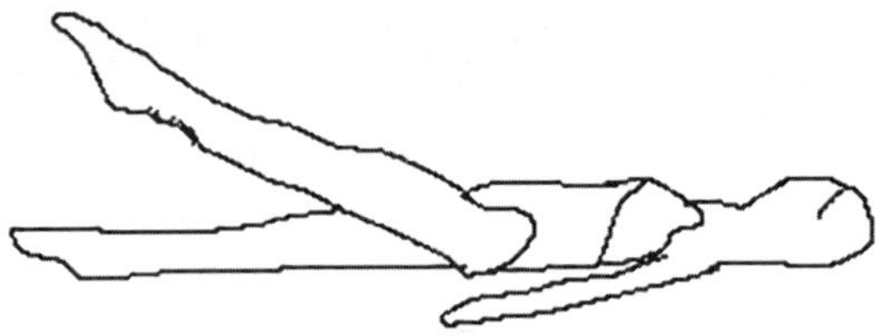

图9-4-44

第2个八拍：

动作同第1个八拍，换右腿进行前小撩腿。

组合训练提示：小撩腿时要注意撩出腿的延伸感和膝盖的收紧，不能甩膝盖，要吸多高撩多高，注意动作的灵敏度、连贯性和延伸感，注意保持主力腿至上半身紧贴地不受动力腿的影响。

6. 旁小撩腿

旁小撩腿动作要领：绷脚外开，并腿侧卧，一手贴耳掌心向下伸展于头的上方，另一手侧扶地准备。动力腿经绷脚旁小吸腿后，小腿（大腿不动）由脚尖带动往旁斜上方撩出约25°后直膝慢落收回原位。

组合训练示例：由2个八拍完成旁小撩腿训练，根据训练需求，可适当增加训练次数。

第1个八拍：

1～2拍：绷脚外开，并腿侧卧，一手贴耳掌心向下伸展于头的上方，另一手侧扶地准备（图9-4-45）。

3～4拍：右腿经绷脚旁小吸腿（图9-4-46）。

5～6拍：右腿小腿（大腿不动）由脚尖带动往旁斜上方撩出约25°（图9-4-47）。

7～8拍：还原。将右腿直膝慢落收回原位，双腿放松。

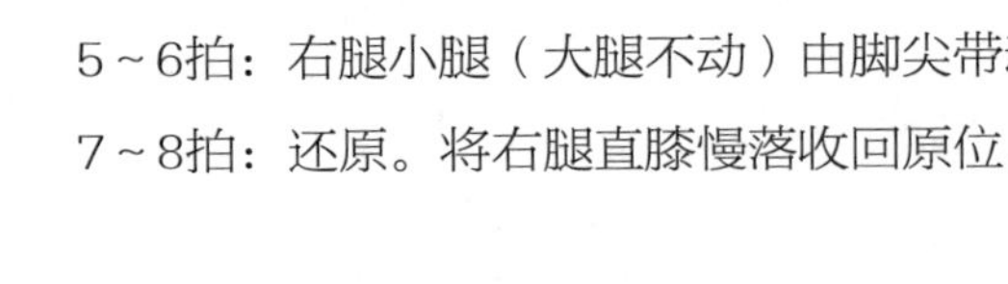

图9-4-45

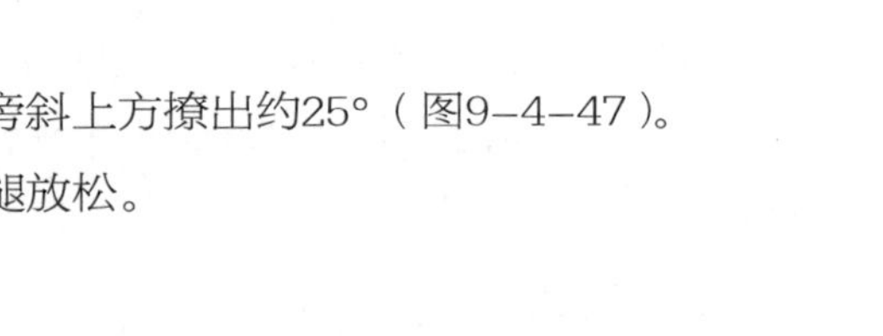

图9-4-46

第2个八拍：

动作同第1个八拍，换左腿进行旁小撩腿。

组合训练提示：小撩腿时要注意撩出腿的延伸感和膝盖的收紧，不能甩膝盖，要最大限度地撩高腿，注意动作的灵敏度、连贯性和延伸感，注意保持主力腿至上半身紧贴地不受动力腿的影响，动力腿外开。

图9-4-47

7. 前中撩腿

前中撩腿动作要领：正步位绷脚，并腿仰卧，双手打开旁平位置掌心向下准备。动力腿经绷脚前中吸腿后，小腿（大腿不动）由脚尖带动往正上方撩出90°后直膝慢落收回原位。

组合训练示例：由2个八拍完成前中撩腿训练，根据训练需求，可适当增加训练次数。

第1个八拍：

1~2拍：正步位绷脚，并腿仰卧，双手打开旁平位置掌心向下准备（图9-4-48）。

3~4拍：左腿经绷脚前中吸腿（图9-4-49）。

图9-4-48

图9-4-49

5~6拍：左腿小腿（大腿不动）由脚尖带动往正上方撩出90°（图9-4-50）。

7~8拍：还原。将左腿直膝慢落收回原位，双腿放松。

第2个八拍：

动作同第1个八拍，换右腿进行前中撩腿。

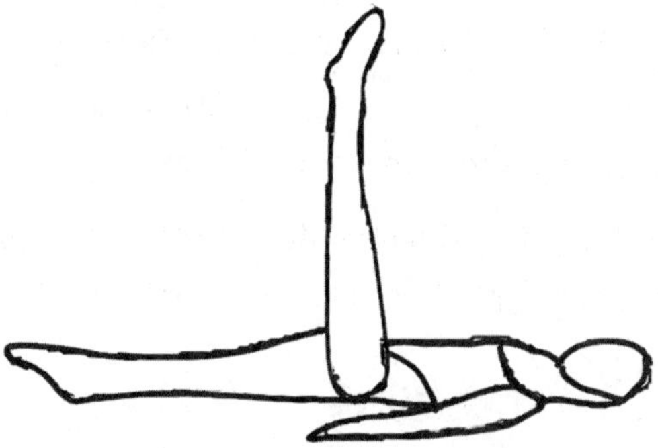

图9-4-50

组合训练提示：中撩腿时要注意撩出腿的延伸感和膝盖的收紧，不能甩膝盖，要吸多高撩多高，注意动作的灵敏度、连贯性和延伸感，注意保持主力腿至上半身紧贴地不受动力腿的影响。

8. 旁中撩腿

旁中撩腿动作要领：绷脚外开，并腿侧卧，一手贴耳掌心向下伸展于头的上方，另一手侧扶地准备。动力腿经绷脚旁中吸腿后，小腿（大腿不动）由脚尖带动往正旁上方撩出90° 后直膝慢落收回原位。

组合训练示例：由2个八拍完成旁中撩腿训练，根据训练需求，可适当增加训练次数。

第1个八拍：

1～2拍：绷脚外开，并腿侧卧，一手贴耳掌心向下伸展于头的上方，另一手侧扶地准备（图9–4–51）。

3～4拍：右腿经绷脚旁中吸腿（图9–4–52）。

图9–4–51

图9–4–52

5～6拍：右腿小腿（大腿不动）由脚尖带动往旁上方撩出90°（图9–4–53）。

7～8拍：还原。将右腿直膝慢落收回原位，双腿放松。

第2个八拍：

动作同第1个八拍，换左腿进行旁中撩腿。

组合训练提示：中撩腿时要注意撩出腿的延伸感和膝盖的收紧，不能甩膝盖，要吸多高撩多高，注意动作的灵敏度、连贯性和延伸感，注意保持主力腿至上半身紧贴地不受动力腿的影响，动力腿外开。

图9–4–53

（十）小踢腿训练

小踢腿训练内容：包括前小踢腿、旁小踢腿、后小踢腿。

1. 前小踢腿

前小踢腿动作要领：绷脚外开，并腿仰卧，双手打开旁平位置掌心向下准备。动力腿由腰发力脚背带动，从胯根处往前斜上方绷脚直膝快踢出约25°，内侧肌收紧。

组合训练示例：由2个八拍完成前小踢腿训练，根据训练需求，可适当增加训练次数。

第1个八拍：

1～2拍：绷脚外开，并腿仰卧，双手打开旁平位置掌心向下准备（图9-4-54），左腿由腰发力脚背带动，从胯根处往前斜上方绷脚直膝快踢出约25°，内侧肌收紧（图9-4-55）。

图9-4-54

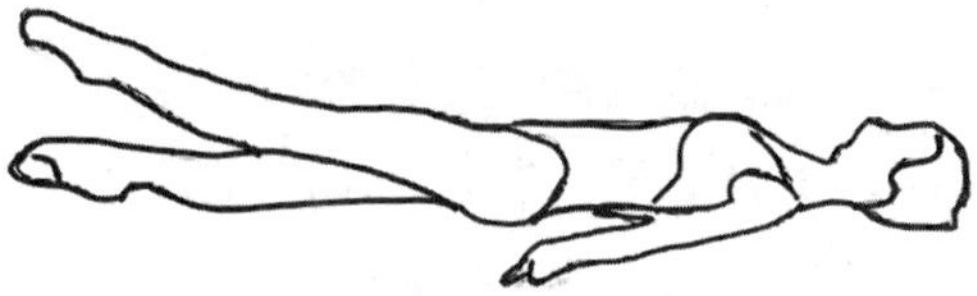
图9-4-55

3～4拍：还原。将左腿直膝慢落收回原位，双腿放松。

5～8拍：同1～4拍。

第2个八拍：

动作同第1个八拍，换右腿进行前小踢腿。

组合训练提示：踢时注意保持两腿同时外开，主力腿至上半身紧贴地不受动力腿的影响，动力腿有控制地落回原位（注意落地无声）。

2. 旁小踢腿

旁小踢腿动作要领：绷脚外开，并腿侧卧，一手贴耳掌心向下伸展于头的上方，另一手侧扶地准备。动力腿由腰发力脚背带动，从胯根处往旁斜上方绷脚直膝快踢出约25°。

组合训练示例：由2个八拍完成旁小踢腿训练，根据训练需求，可适当增加训练次数。

第1个八拍：

1～2拍：绷脚外开，并腿侧卧，一手贴耳掌心向下伸展于头的上方，另一手侧扶地准备（图9-4-56），右腿由腰发力脚背带动，从胯根处往旁斜上方绷脚直膝快踢出约25°，内侧肌收紧（图9-4-57）。

3～4拍：还原。将右腿直膝慢落收回原位，双腿放松。

5～8拍：同1～4拍。

图9-4-56

图9-4-57

第2个八拍：

动作同第1个八拍，换左腿进行旁小踢腿。

组合训练提示：踢时注意保持主力腿至上半身紧贴地不受动力腿的影响，动力腿外开并有控制地落回原位（注意落地无声）。

3. 后小踢腿

后小踢腿动作要领：绷脚外开，并腿俯卧，起胸腰准备，动力腿由腰发力脚尖带动，从胯根处往后斜上方绷脚直膝快踢出约25°，内侧肌收紧。

组合训练示例：由2个八拍完成后小踢腿训练，根据训练需求，可适当增加训练次数。

第1个八拍：

1～2拍：绷脚外开，并腿俯卧，起胸腰准备，右腿由腰发力脚尖带动，从胯根处往后斜上方绷脚直膝快踢出约25°，内侧肌收紧（图9-4-58）。

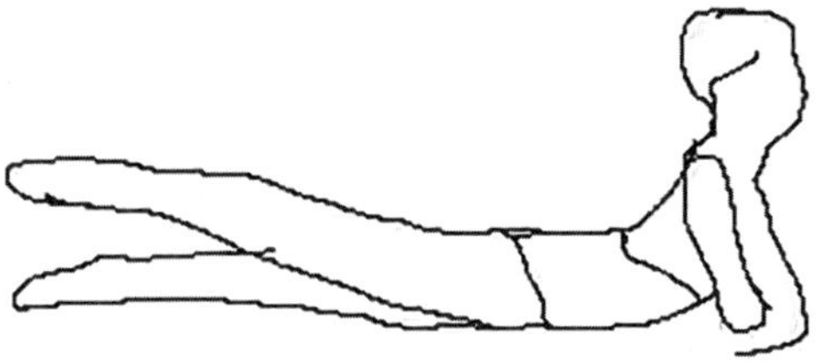

图9-4-58

3～4拍：还原。将右腿直膝慢落收回原位，双腿放松。

5～8拍：同1～4拍。

第2个八拍：

动作同第1个八拍，换左腿进行后小踢腿。

组合训练提示：小踢腿时注意沉肩抻脖子，并保持两肩一直线不歪斜。要特别注意保持两腿的同时外开，主力腿至腰胯部紧贴地不受动力腿的影响，动力腿忌送胯，并有控制地落回原位。

（十一）大踢腿训练

大踢腿训练内容：包括踢前腿、踢旁腿、踢后腿。

1. 踢前腿

踢前腿动作要领：绷脚外开，并腿仰卧，双手打开旁平位置掌心向下准备。在双腿外开（膝盖及腿部肌肉转开向上）的基础上，动力腿由腰发力脚背带动，从胯根处往上直膝快踢到最大限度（以踢到头为最佳）。

组合训练示例：由2个八拍完成踢前腿训练，根据训练需求，可适当增加训练次数。

第1个八拍：

1～2拍：绷脚外开，并腿仰卧，双手打开旁平位置掌心向下准备（图9-4-59）。在双腿外开（膝盖及腿部肌肉转开向上）的基础上，左腿由腰发力脚背带动，从胯根处往上直膝快踢到最大限度（以踢到头为最佳）（图9-4-60）。

3～4拍：还原。将左腿直膝慢落收回原位，双腿放松。

图9-4-59

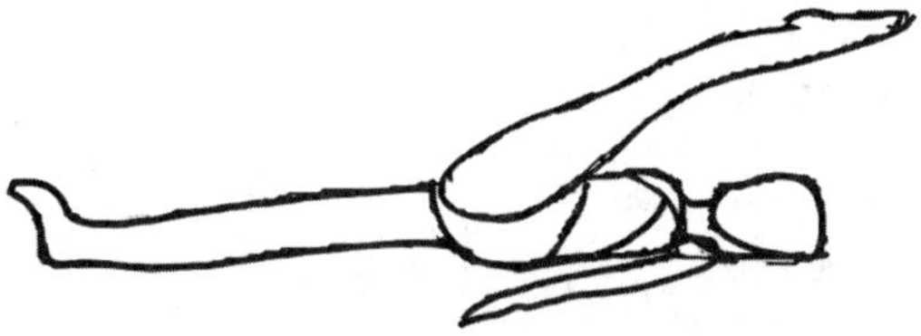

图9-4-60

5～8拍：同1～4拍。

第2个八拍：

动作同第1个八拍，换右腿进行踢前腿。

组合训练提示：大踢腿时注意保持两腿的同时外开，主力腿至上半身紧贴地不受动力腿的影响，动力腿有控制地慢落回原位（注意落地无声）。

2. 踢旁腿

踢旁腿动作要领：绷脚外开，并腿侧卧，一手贴耳掌心向下伸展于头的上方，另一手侧扶地准备。在动力腿外开（膝盖及腿部肌肉转开向上）的基础上，由腰发力脚背带动，从胯根处往上直膝快踢到最大限度（以踢到头为最佳）。

组合训练示例：由2个八拍完成踢旁腿训练，根据训练需求，可适当增加训练次数。

第1个八拍：

1～2拍：绷脚外开，并腿侧卧，一手贴耳掌心向下伸展于头的上方，另一手侧扶地准备（图9-4-61）。在双腿外开（膝盖及腿部肌肉转开向上）的基础上，右腿由腰发力脚背带动，从胯根处往上直膝快踢到最大限度（以踢到头为最佳）（图9-4-62）。

3～4拍：还原。将右腿直膝慢落收回原位，双腿放松。

5～8拍：同1～4拍。

第2个八拍：

动作同第1个八拍，换左腿进行踢旁腿。

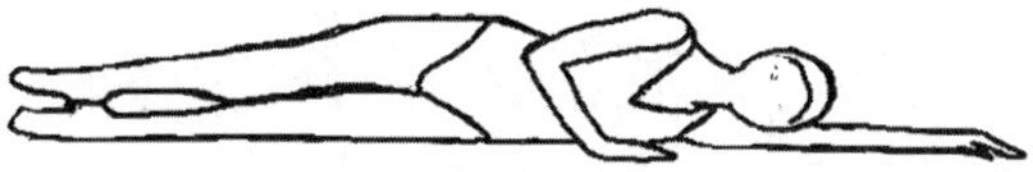

图9-4-61

图9-4-62

组合训练提示：踢腿时注意主力腿至上半身紧贴地不受动力腿的影响，动力腿外开并有控制地慢落回原位。

3. 踢后腿

踢后腿可以分为两种形式。

（1）第一种形式

第一种形式动作要领：绷脚外开，并腿俯卧，起胸腰准备（双手曲肘抱于胸前支撑）。在动力腿外开（膝盖及腿部肌肉转开向外）的基础上，由腰发力脚尖带动，从胯根处往上直膝快踢到最大限度（找脑袋）。

组合训练示例：由2个八拍完成踢后腿训练，根据训练需求，可适当增加训练次数。

第1个八拍：

1～2拍：绷脚外开，并腿俯卧，起胸腰准备（双手曲肘抱于胸前支撑）（图9–4–63）。在右腿外开（膝盖及腿部肌肉转开向外）的基础上，由腰发力脚尖带动，从胯根处往上直膝快踢到最大限度（找脑袋）（图9–4–64）。

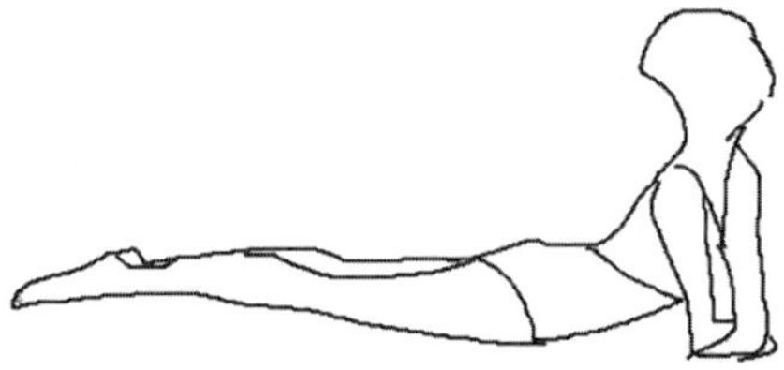

图9–4–63

图9–4–64

3～4拍：还原。将右腿直膝慢落收回原位，双腿放松。

5～8拍：同1～4拍。

第2个八拍：

动作同第1个八拍，换左腿进行踢后腿。

组合训练提示：踢腿时注意沉肩抻脖子，并保持两肩一直线不歪斜，特别注意保持两腿的同时外开，主力腿至腰胯部紧贴地不受动力腿的影响，动力腿忌送胯并有控制地慢落回原位。

（2）第二种形式

第二种形式动作要领：双手直臂撑地，主力腿单腿跪地，动力腿绷脚外开（膝盖及腿部肌肉转开向外）直膝点地，眼睛平视前方准备。动力腿由腰发力脚尖带动，从腰开始往上直膝快踢到最大限度（找脑袋），同时扬头往后甩胸腰。

组合训练示例：由2个八拍完成踢后腿训练，根据训练需求，可适当增加训练次数。

第1个八拍：

1～2拍：双手直臂撑地，左腿单腿跪地，右腿绷脚外开（膝盖及腿部肌肉转开向外）直膝点地，眼睛平视前方准备（图9-4-65）。右腿由腰发力脚尖带动，从腰开始往上直膝快踢到最大限度（找脑袋），同时扬头往后甩胸腰。

3～4拍：还原。将右腿收回原位，双腿放松。

5～8拍：同1～4拍。

第2个八拍：

动作同第1个八拍，换左腿进行踢后腿。

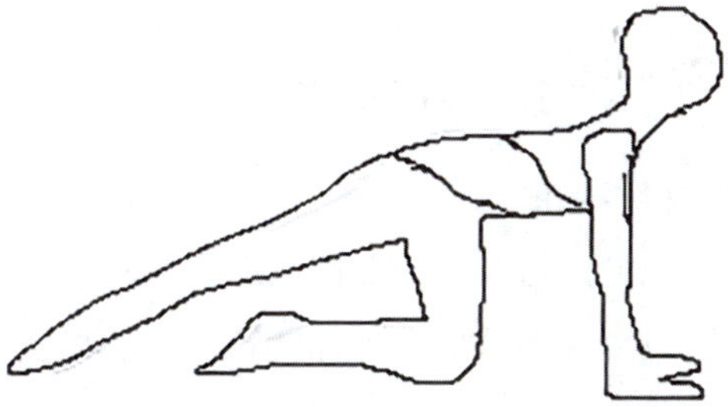

图9-4-65

组合训练提示：踢腿时注意沉肩抻脖子，并保持两肩一直线不歪斜，动力腿保持外开忌掀胯，并有控制地慢落回原位。

第五节　把杆训练

把杆训练是形体课训练的基本内容，通过把上训练可以帮助学生保持重心，校正学生的不良体态，让学生习惯于背、腹、臀的肌肉提起和收紧，培养肢体的灵活性和协调性，从而达到提高训练效果、保持身体优美姿态的效果。

动作要求：腿部练习是基本功训练的主要部分，重点是加强肘关节、膝关节、踝关节的坚固性和灵活性，以提高站立姿态的腿部支撑能力和优美程度。

一、身体基本形态及动作

（一）身体基本形态

直立：脚下一位打开（或正步位上），从脚后跟开始到小腿、膝盖、大腿内侧、臀，一步步收紧，肋骨往里收并同时往下插，展背挺胸，胸口放松不憋气，两肩往下沉同时向两边拉开延伸，脖子往后往上拉长，后脑勺往上拔，眼睛平视前方，使整个身体从脚跟到后脑勺成一条垂直直线（图9-5-1）。

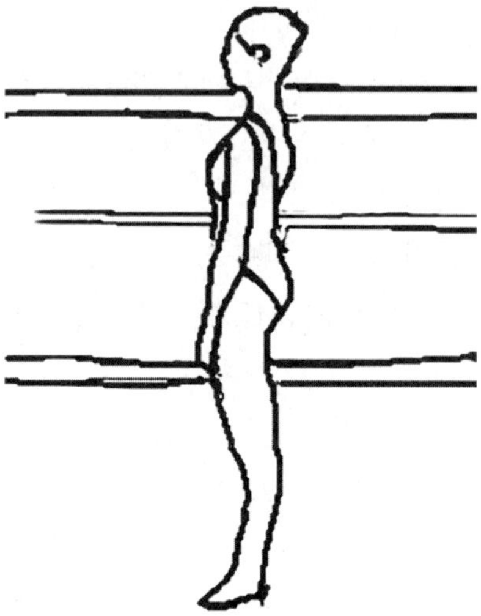

图9-5-1

（二）主要训练动作

1. 扶把

扶把分为单手扶把和双手扶把。

（1）单手扶把　身体侧对把杆，内侧手轻扶把杆稍前于身体，外侧手成所要求的位置，其他要求同双手扶把。

（2）双手扶把　身体面向把杆站立，距把杆约一米，双脚、两臂与肩部同宽，两手握住把杆，肩、肘、腕下沉且松弛，两脚并拢，脚尖微分，两眼平视前方。

2. 压腿

压腿分为前压腿、侧压腿和后压腿。

（1）前压腿　单手扶把，外侧腿脚跟置于把杆上，绷脚尖，外侧手上举。练习时上体前压，腹部尽量贴近大腿。

（2）侧压腿　身体正对把杆，一手扶把，同侧腿脚跟置于把杆上，绷脚尖，另一手上举。练习时上体侧倒，向把杆上腿的内侧屈压，上举手尽量触及脚尖。

（3）后压腿　单手扶把，外侧腿后举脚背放在把杆上，外侧手上举，练习时上体尽量后屈，以头去贴近后腿。

3. 压肩

压肩分为正压肩和拉肩。

（1）正压肩　双脚开立同肩宽，上体前倾，沉肩，双手握把杆，练习时肩部向下做压振动作。

（2）拉肩　身体背对把杆，双手扶把，练习时向前送髋，或者下蹲成反吊做静止练习。

4. 压腰

压腰分为俯压腰和仰压腰。

（1）俯压腰　双脚开立同肩宽，双手握把杆，上体前倾，抬头，塌腰，练习时也可由帮助者向下按压腰部。

（2）仰压腰　双脚开立同肩宽，一手握把杆，一手上举，上体后仰。

5. 踢腿

踢腿分为正踢腿、侧踢腿和后踢腿。

（1）正踢腿 单手扶把，外侧腿为动力腿（练习腿），其脚尖后点地，外侧手侧平举。练习时动力腿迅速用力向前上方踢出，绷脚尖，用脚背力量带动踢腿，两腿伸直。腿回落时注意控制至还原。

（2）侧踢腿 单手扶把，身体保持正直，外侧腿为动力腿，其脚尖于主力腿（重心支持的腿）前（后）外侧点地，外侧手侧平举。练习时动力腿迅速用力向侧上方踢出，绷脚尖，用脚背力量带动踢腿，两腿伸直。腿回落时注意控制至还原。

（3）后踢腿 扶把，动力腿脚尖前点地，练习时动力腿迅速用力向后上方踢出，绷脚尖，用脚的力量带动踢腿，两腿伸直。腿回落时注意控制至还原。

二、动作训练

（一）单扶把蹲训练

单扶把蹲训练内容：包括单扶把一位半蹲、单扶把一位全蹲；单扶把二位半蹲、单扶把二位全蹲；单扶把五位半蹲、单扶把五位全蹲；正步半蹲、正步全蹲；踏步半蹲、踏步全蹲。

1. 单扶把一位半蹲

（1）动作要领 单手扶把脚下一位直立体态准备，全脚踩地，脚趾紧抓地面，腿部收紧，膝盖用力打开后向下蹲，蹲到最大限度（不起脚后跟）。

（2）训练提示 蹲下时尾椎骨始终垂直于脚后跟，膝盖始终保持打开（顺着脚尖方向），同时保持上半身的直立状态，做蹲下动作时感觉身体被往上拉起而做对抗性的有韧性地往下蹲。起来时感觉头顶被压住而做对抗性地往上顶起，同时保持膝盖与腿的外开和肌肉的收紧，尾椎仍保持垂直脚后跟。

（3）组合训练示例 由2个八拍完成单扶把一位半蹲训练，根据训练需求，可适当增加训练次数。

第1个八拍：

1～2拍：右手扶把脚下一位直立体态准备，全脚踩地，脚趾紧抓地面，腿部收紧，膝盖用力打开后向下蹲，蹲到最大限度（不起脚后跟）（图9–5–2）。

图9–5–2

3～4拍：还原至直立、右手扶把状态。

5～8拍：同1～4拍。

第2个八拍：

左手扶把，动作同第1个八拍。

2. 单扶把一位全蹲

（1）动作要领 单手扶把脚下一位直立体态准备，全脚踩地，脚趾紧抓地面，腿部收紧膝盖用力打开后向下蹲，经过半蹲后被迫起脚后跟蹲到最大限度。

（2）训练提示　蹲时尾椎骨始终垂直脚后跟，膝盖始终保持打开不能往回关，同时保持上半身的直立状态。做蹲下动作时感觉身体被往上拉而做对抗性的有韧性地往下蹲，起来时感觉头顶被压住而做对抗性地往上顶起，同时保持膝盖与腿的外开和肌肉的收紧，尾椎仍保持垂直脚后跟。

（3）组合训练示例　由2个八拍完成单扶把一位全蹲训练，根据训练需求，可适当增加训练次数。

第1个八拍：

1～2拍：右手扶把脚下一位直立体态准备，全脚踩地，脚趾紧抓地面，腿部收紧膝盖用力打开后向下蹲，经过半蹲后被迫起脚后跟蹲到最大限度（图9–5–3）。

3～4拍：还原至直立、右手扶把状态。

5～8拍：同1～4拍。

第2个八拍：

左手扶把，动作同第1个八拍。

图9–5–3

3. 单扶把二位半蹲

（1）动作要领　单手扶把脚下二位（二位约为一位擦地出去再落重心后的位置）直立体态准备。全脚踩地，脚趾紧抓地面，腿部收紧膝盖用力打开后往下蹲到1/2的位置。

（2）训练提示　下蹲时尾椎骨始终垂直脚后跟，膝盖始终保持打开（顺着脚尖方向），同时保持上半身的直立状态。做下蹲动作时感觉身体被往上拉而做对抗性的有韧性地往下蹲。起来时感觉头顶被压住而做对抗性地往上顶起，同时保持膝盖与腿的外开和肌肉的收紧，尾椎仍保持垂直地面。

（3）组合训练示例　由2个八拍完成单扶把二位半蹲训练，根据训练需求，可适当增加训练次数。

第1个八拍：

1～2拍：右手扶把脚下二位直立体态准备，全脚踩地，脚趾紧抓地面，腿部收紧膝盖用力打开后往下蹲到1/2的位置（图9–5–4）。

3～4拍：还原至直立、右手扶把状态。

5～8拍：同1～4拍。

第2个八拍：

左手扶把，动作同第1个八拍。

图9–5–4

4. 单扶把二位全蹲

（1）动作要领　单手扶把脚下二位直立体态准备。全脚踩地，脚趾紧抓地面，腿部收紧膝盖用力打开后往下蹲到最大限度。

（2）训练提示　下蹲时尾椎骨始终垂直脚后跟，膝盖始终保持打开（顺着脚尖方向），同时保持上半身的直立状态。做下蹲动作时感觉身体被往上拉而做对抗性的有韧性地往下蹲，起来时感觉头顶被压住而做对抗性地往上顶起，同时保持膝盖与腿的外开和肌肉的收紧，尾椎仍保持垂直地面。

（3）组合训练示例　由2个八拍完成单扶把二位全蹲训练，根据训练需求，可适当增加训练次数。

第1个八拍：

1～2拍：右手扶把脚下二位直立体态准备，全脚踩地，脚趾紧抓地面，腿部收紧膝盖用力打开后往下蹲到最大限度（图9–5–5）。

3～4拍：还原至直立、右手扶把状态。

5～8拍：同1～4拍。

第2个八拍：

左手扶把，动作同第1个八拍。

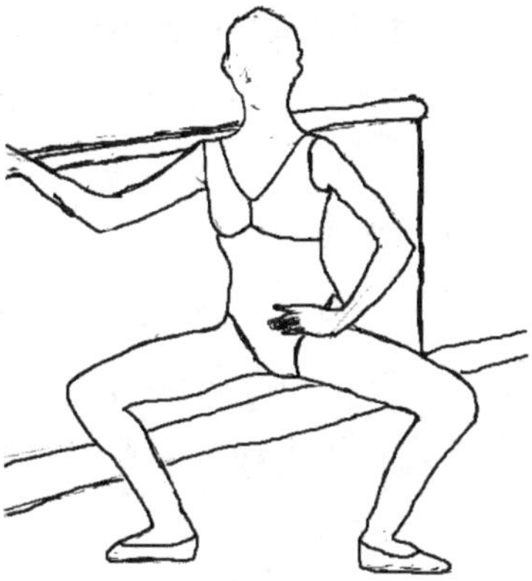

图9–5–5

5. 单扶把五位半蹲

（1）动作要领　单手扶把脚下五位直立体态准备。全脚踩地，脚趾紧抓地面，腿部收紧膝盖用力打开后往下蹲，到不起脚后跟蹲到最大限度。

（2）训练提示　下蹲时尾椎骨始终垂直脚后跟，膝盖始终保持打开（顺着脚尖方向），同时保持上半身的直立状态。做下蹲动作时感觉身体被往上拉而做对抗性的有韧性地往下蹲，起来时感觉头顶被压住而做对抗性地往上顶起，同时保持膝盖与腿的外开和肌肉的收紧，尾椎仍保持垂直脚后跟。

（3）组合训练示例　由2个八拍完成单扶把五位半蹲训练，根据训练需求，可适当增加训练次数。

第1个八拍：

1～2拍：右手扶把脚下五位直立体态准备，全脚踩地，脚趾紧抓地面，腿部收紧膝盖用力打开后往下蹲，到不起脚后跟蹲到最大限度（图9–5–6）。

3～4拍：还原至直立、右手扶把状态。

5～8拍：同1～4拍。

图9–5–6

第2个八拍：

左手扶把，动作同第1个八拍。

6. 单扶把五位全蹲

（1）动作要领　单手扶把脚下五位直立体态准备。全脚踩地，脚趾紧抓地面，腿部收紧，膝盖用力打开后往下蹲，经过半蹲后被迫起脚后跟蹲到最大限度。

（2）训练提示　下蹲时尾椎骨始终垂直脚后跟，膝盖始终保持打开不能往回关，同时保持上半身的直立状态。做下蹲动作时感觉身体被往上拉而做对抗性的有韧性地往下蹲，起来时感觉头顶被压住而做对抗性地往上顶起，同时保持膝盖与腿的外开和肌肉的收紧，尾椎仍保持垂直脚后跟。

（3）组合训练示例　由2个八拍完成单扶把五位全蹲训练，根据训练需求，可适当增加训练次数。

第1个八拍：

1～2拍：右手扶把脚下五位直立体态准备，全脚踩地，脚趾紧抓地面，腿部收紧，膝盖用力打开后往下蹲，经过半蹲后被迫起脚后跟蹲到最大限度（图9–5–7）。

图9–5–7

3～4拍：还原至直立、右手扶把状态。

5～8拍：同1～4拍。

第2个八拍：

左手扶把，动作同第1个八拍。

7. 正步半蹲

（1）动作要领　单手扶把脚下正步直立体态准备，全脚踩地，脚趾紧抓地面，腿部收紧膝盖夹紧后往下蹲，直到保持脚后跟不踮起蹲到最大限度（双膝并拢）。

（2）训练提示　注意下蹲时尾椎骨始终垂直脚后跟，同时保持上半身的直立状态。下蹲时感觉身体被往上拉而做对抗性的有韧性地往下蹲，起来时感觉头顶被压住而做对抗性地往上顶起，同时保持腿部收紧膝盖夹紧，尾椎仍保持垂直脚后跟。

（3）组合训练示例　由2个八拍完成正步半蹲，根据训练需求，可适当增加训练次数。

第1个八拍：

1～2拍：右手扶把脚下正步直立体态准备，全脚踩地，脚趾紧抓地面，腿部收紧膝盖夹紧后往下蹲，直到保持脚后跟不踮起蹲到最大限度（双膝并拢）（图9–5–8）。

图9–5–8

3～4拍：还原至直立、右手扶把状态。

5～8拍：同1～4拍。

第2个八拍：

左手扶把，动作同第1个八拍。

8. 正步全蹲

（1）动作要领　单手扶把脚下正步直立体态准备，全脚踩地，脚趾紧抓地面，腿部收紧膝盖夹紧后往下蹲，经过半蹲后被迫起脚后跟蹲到最大限度。

（2）训练提示　下蹲时尾椎骨始终垂直于脚后跟，同时保持上半身的直立状态。下蹲时感觉身体被往上拉而做对抗性的有韧性地往下蹲，起来时感觉头顶被压住而做对抗性地往上顶起，同时保持腿部收紧膝盖夹紧，尾椎仍保持垂直脚后跟。

（3）组合训练示例　由2个八拍完成正步全蹲，根据训练需求，可适当增加训练次数。

第1个八拍：

1～2拍：右手扶把脚下正步直立体态准备，全脚踩地，脚趾紧抓地面，腿部收紧膝盖夹紧后往下蹲，经过半蹲后被迫起脚后跟蹲到最大限度（图9–5–9）。

3～4拍：还原至直立、右手扶把状态。

5～8拍：同1～4拍。

第2个八拍：

左手扶把，动作同第1个八拍。

图9–5–9

9. 踏步半蹲

（1）动作要领　单手扶把脚下踏步直立体态准备，前脚全脚踩地，大腿自然外开，内侧夹紧，膝盖顺着脚尖方向往下蹲到1/2的位置（即两膝盖重叠蹲到最大限度），同时重心慢慢移到两脚之间。

（2）训练提示　下蹲时尾椎骨始终垂直地面，膝盖保持自然打开（顺着脚尖方向），同时保持上半身的直立状态。做下蹲动作时感觉身体被往上拉而做对抗性的有韧性地往下蹲，起来时感觉头顶被压住而做对抗性地往上顶起，同时保持膝盖与腿的自然外开和肌肉的收紧，尾椎仍保持垂直地面。

（3）组合训练示例　由2个八拍完成踏步半蹲，根据训练需求，可适当增加训练次数。

第1个八拍：

1～2拍：右手扶把脚下踏步直立体态准备，前脚全脚踩地，大腿自然外开，内侧夹紧（图9–5–10）。

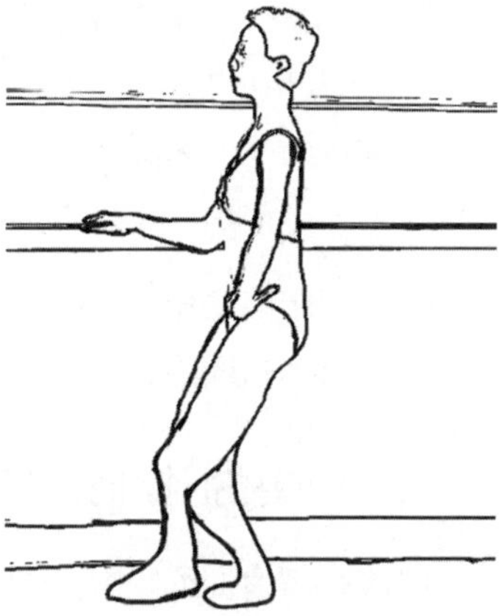

图9–5–10

3～4拍：膝盖顺着脚尖方向往下蹲到1/2的位置（即两膝盖重叠蹲到最大限度），同时重心慢慢移到两脚之间。

5～6拍：起立，保持膝盖与腿的自然外开和肌肉的收紧，尾椎仍保持垂直地面。

7～8拍：还原至直立、右手扶把状态。

第2个八拍：

左手扶把，动作同第1个八拍。

10. 踏步全蹲

（1）动作要领　单手扶把脚下踏步直立体态准备。前脚全脚踩地，大腿自然外开，内侧夹紧，膝盖顺着脚尖方向往下经过半蹲的位置后，后脚的膝盖往旁挤出使大腿交叉（保持大腿内侧夹紧不留空隙）继续往下蹲到最大限度，同时重心慢慢移到两脚之间。

（2）训练提示　下蹲时尾椎骨始终垂直地面，膝盖保持自然打开（顺着脚尖方向），同时保持上半身的直立状态。做下蹲动作时感觉身体被往上拉而做对抗性的有韧性地往下蹲，起来时感觉头顶被压住而做对抗性地往上顶起，同时保持膝盖与腿的自然外开和肌肉的收紧，尾椎仍保持垂直地面。

（3）组合训练示例　由2个八拍完成踏步全蹲，根据训练需求，可适当增加训练次数。

第1个八拍：

1～2拍：右手扶把脚下踏步直立体态准备，前脚全脚踩地，大腿自然外开，内侧夹紧。

3～4拍：膝盖顺着脚尖方向往下经过半蹲的位置后，后脚的膝盖往旁挤出使大腿交叉（保持大腿内侧夹紧不留空隙）继续往下蹲到最大限度，同时重心慢慢移到两脚之间（图9-5-11）。

图9-5-11

5～6拍：起立，保持膝盖与腿的自然外开和肌肉的收紧，尾椎仍保持垂直地面。

7～8拍：还原至直立、右手扶把状态。

第2个八拍：

左手扶把，动作同第1个八拍。

组合训练提示：由于动作比较多，建议可以分成多个组合编排。训练时，可以根据实际情况调整训练动作难度和顺序，可以加或不加手部的辅助动作，做完正面一定要练习相应的反面，使左右两边都得到训练。

（二）单扶把擦地训练

单扶把擦地训练内容：包括单扶把一位前擦地、单扶把一位旁擦地、单扶把一位后擦地；单扶把五位前擦地、单扶把五位旁擦地、单扶把五位后擦地。

1. 单扶把一位前擦地

（1）动作要领　单手扶把脚下一位直立体态准备。动力腿脚部由脚跟领脚趾随，往正前直膝匀速擦出，在保持胯部平正的同时慢慢推起脚后跟和脚尖，直到动力腿往前延伸到最远处，呈全绷脚点地（即小脚趾点地），内侧肌夹紧。返回时由脚趾领脚跟随，其他要求不变。

（2）训练提示　擦出与擦回都要求全脚贴地，与地面进行对抗性摩擦的过程。擦地时要注意保持主力腿至上半身的直立体态不受动力腿的影响，始终保持动力腿和主力腿膝盖和腿的同时外开及腿部肌肉的收紧。

（3）组合训练示例　由2个八拍完成单扶把一位前擦地，根据训练需求，可适当增加训练次数。

第1个八拍：

1～4拍：右手扶把脚下一位直立体态准备，左腿脚部由脚跟领脚趾随，往正前直膝匀速擦出，在保持胯部平正的同时慢慢推起脚后跟和脚尖，直到左腿往前延伸到最远处，呈全绷脚点地（即小脚趾点地），内侧肌夹紧（图9–5–12）。

5～8拍：返回时由脚趾领脚跟随，保持胯部平正的同时慢慢推起脚后跟和脚尖，还原至直立、右手扶把状态。

第2个八拍：

左手扶把，右腿擦地，动作同第1个八拍。

图9–5–12

2. 单扶把一位旁擦地

（1）动作要领　单手扶把脚下一位直立体态准备。动力腿脚部由脚趾领脚跟推，往正旁直膝匀速擦出，在保持胯部平正的同时慢慢推起脚后跟和脚尖，直到动力腿往旁延伸到最远处，呈全绷脚点地。返回时由脚跟领脚趾随，其他要求不变。

（2）训练提示　擦出与擦回都要求全脚（包括脚趾）贴地做与地面对抗性摩擦的过程。擦地时要注意保持主力腿至上半身的直立体态不受动力腿的影响，始终保持动力腿和主力腿膝盖和腿的同时外开及腿部肌肉的收紧。

（3）组合训练示例　由2个八拍完成单扶把一位旁擦地，根据训练需求，可适当增加训练次数。

第1个八拍：

1～4拍：右手扶把脚下一位直立体态准备，左腿脚部由脚趾领脚跟推，往正旁直膝匀速擦出，在保持胯部平正的同时慢慢推起脚后跟和脚尖，直到左腿往旁延伸到最远处，呈全绷脚点地，内侧肌夹紧（图9–5–13）。

图9–5–13

5～8拍：返回时由脚趾领脚跟随，保持胯部平正的同时慢慢推起脚后跟和脚尖，还原至直立、右手扶把状态。

第2个八拍：

左手扶把，右腿擦地，动作同第1个八拍。

3. 单扶把一位后擦地

（1）动作要领　单手扶把脚下一位直立体态准备。动力腿脚部由脚趾领脚跟随，往正后直膝匀速擦出，在保持胯部平正的同时慢慢推起脚后跟和脚尖，直到动力腿往后延伸到最远处，呈全绷脚点地（即大脚趾外侧点地），同时内侧肌夹紧。返回时由脚趾领脚跟随，其他要求不变。

（2）训练提示　擦出与擦回都要求全脚（包括脚趾）贴地做与地面对抗性摩擦的过程。擦地时要注意保持主力腿至上半身的直立体态不受动力腿的影响，始终保持动力腿和主力腿膝盖和腿的同时外开及腿部肌肉的收紧。

（3）组合训练示例　由2个八拍完成单扶把一位后擦地，根据训练需求，可适当增加训练次数。

第1个八拍：

1～4拍：右手扶把脚下一位直立体态准备，左腿脚部由脚趾领脚跟随，往正后直膝匀速擦出，在保持胯部平正的同时慢慢推起脚后跟和脚尖，直到左腿往后延伸到最远处，呈全绷脚点地（即大脚趾外侧点地），内侧肌夹紧（图9–5–14）。

5～8拍：返回时由脚趾领脚跟随，保持胯部平正的同时慢慢推起脚后跟和脚尖，还原至直立、右手扶把状态。

图9–5–14

第2个八拍：

左手扶把，右腿擦地，动作同第1个八拍。

4. 单扶把五位前擦地

（1）动作要领　单手扶把脚下前五位直立体态准备。动力腿脚部由脚跟领脚趾随，往正前直膝匀速擦出，在保持胯部平正的同时慢慢推起脚后跟和脚尖，直到动力腿往前延伸到最远处，呈全绷脚点地（即小脚趾点地），使动力腿脚尖与主力腿脚后跟保持在一直线上，内侧肌夹紧。返回时由脚趾领脚跟随，其他要求不变。

（2）训练提示　擦出与擦回都要求全脚（包括脚趾）贴地做与地面对抗性摩擦的过程。擦地时要注意保持主力腿至上半身的直立体态不受动力腿的影响，始终保持动力腿和主力腿膝盖和腿的同时外开及腿部肌肉的收紧。五位擦地收回时要注意大腿内侧肌的收紧和两脚之间的收紧。

（3）组合训练示例　由2个八拍完成单扶把五位前擦地，根据训练需求，可适当增加训练次数。

第1个八拍：

1～4拍：右手扶把，脚下五位直立体态准备，左腿脚部由脚跟领脚趾随，往正前直膝匀速擦出，在保持胯部平正的同时慢慢推起脚后跟和脚尖，直到左腿往前延伸到最远处，呈全绷脚点地（即小脚趾点地），内侧肌夹紧（图9–5–15）。

5～8拍：返回时由脚趾领脚跟随，保持胯部平正的同时慢慢推起脚后跟和脚尖，还原至直立、右手扶把状态。

第2个八拍：

左手扶把，右腿擦地，动作同第1个八拍。

图9–5–15

5. 单扶把五位旁擦地

（1）动作要领　单手扶把脚下五位直立体态准备。动力腿脚部由脚趾领脚跟推，往正旁直膝匀速擦出，在保持胯部平正的同时慢慢推起脚后跟和脚尖，直到动力腿往旁延伸到最远处呈全绷脚点地。返回时由脚跟领脚趾随，其他要求不变。

（2）训练提示　擦出与擦回都要求全脚（包括脚趾）贴地做与地面对抗性摩擦的过程。擦地时要注意保持主力腿至上半身的直立体态不受动力腿的影响，始终保持动力腿和主力腿（包括膝盖）的同时外开及腿部肌肉的收紧。五位擦地收回时要注意大腿内侧肌的收紧和两脚之间收紧。

（3）组合训练示例　由2个八拍完成单扶把五位旁擦地，根据训练需求，可适当增加训练次数。

第1个八拍：

1～4拍：右手扶把，脚下五位直立体态准备，左腿脚部由脚趾领脚跟推，往正旁直膝匀速擦出，在保持胯部平正的同时慢慢推起脚后跟和脚尖，直到左腿往旁延伸到最远处，呈全绷脚点地，内侧肌夹紧（图9–5–16）。

5～8拍：返回时由脚跟领脚趾随，保持胯部平正的同时慢慢推起脚后跟和脚尖，还原至直立、右手扶把状态。

第2个八拍：

左手扶把，右腿擦地，动作同第1个八拍。

图9–5–16

6. 单扶把五位后擦地

（1）动作要领　单手扶把脚下后五位直立体态准备。动力腿脚部由脚趾领脚跟随，往正后直膝匀速擦出，在保持胯部平正的同时慢慢推起脚后跟和脚尖，直到动力腿往后延伸到最远处，呈全绷脚点地（即大脚趾外侧点地），使动力腿脚尖与主力腿脚后跟保持在一直线上，内侧肌夹紧。返回时由脚趾领脚跟随，其他要求不变。

（2）训练提示　擦出与擦回都要求全脚（包括脚趾）贴地做与地面对抗性摩擦的过程。擦地时要注意保持主力腿至上半身的直立体态不受动力腿的影响，始终保持动力腿和主力腿（包括膝盖）同时外开及腿部肌肉的收紧。五位擦地收回时要注意大腿内侧肌的收紧和两脚之间收紧。

（3）组合训练示例　由2个八拍完成单扶把五位后擦地，根据训练需求，可适当增加训练次数。

第1个八拍：

1～4拍：右手扶把，脚下五位直立体态准备，左腿脚部由脚趾领脚跟随，往正后直膝匀速擦出，在保持胯部平正的同时慢慢推起脚后跟和脚尖，直到左腿往后延伸到最远处，呈全绷脚点地（即大脚趾外侧点地），内侧肌夹紧（图9-5-17）。

图9-5-17

5～8拍：返回时由脚趾领脚跟随，保持胯部平正的同时慢慢推起脚后跟和脚尖，还原至直立、右手扶把状态。

第2个八拍：

左手扶把，右腿擦地，动作同第1个八拍。

（三）双扶把训练

1. 双扶把站一位训练

双扶把站一位训练动作要领：双手扶把直立体态基础上，脚下一位（尽量打开成180°，膝盖也同时尽量往两旁打开，腿部肌肉收紧，大腿外旋转开），全脚踩地脚趾紧抓地面，直立体态面对把杆站立。身体离把杆约为一个小臂的距离，两臂与肩同宽，手臂自然弯曲放松地扶把，手指轻轻搭在把杆上（图9-5-18）。

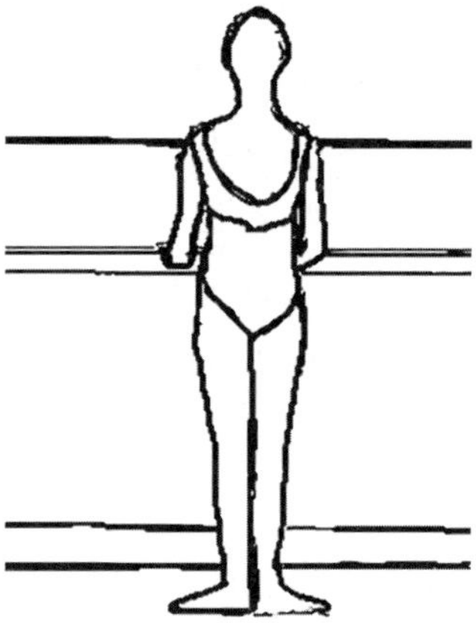

图9-5-18

2. 双扶把半脚尖训练

双扶把半脚尖训练内容：包括双扶把慢立半脚尖和双扶把快压立半脚尖。

（1）双扶把慢立半脚尖

双扶把慢立半脚尖动作要领：双扶把脚下一位直立体态站立。直膝外开（膝盖及腿部肌肉转开向外）匀速慢起脚后跟，脚趾踩地脚背推到最大限度（即全半脚尖，脚跟相对），再有控制地匀速慢落回原位（图9-5-19）。

图9-5-19

（2）双扶把快压立半脚尖

双扶把快压立半脚尖动作要领：双手扶把，在立全半脚尖的基础上，直膝外开（膝盖及腿部肌肉转开向外）脚后跟快速压地推起，脚趾踩地脚背快速推到最大限度，反复练习。

组合训练提示：双扶把半脚尖训练通常与双扶把站一位训练同时进行，可多次重复练习，速度逐渐加快。

3. 双扶把一位蹲训练

双扶把一位蹲训练内容：包括双扶把一位半蹲和双扶把一位全蹲。

（1）双扶把一位半蹲

双扶把一位半蹲动作要领：双手扶把，脚下一位直立体态准备。全脚踩地，脚趾紧抓地面，腿部收紧，膝盖用力打开后向下蹲，到不起脚后跟蹲到最大限度。

训练提示：注意蹲时尾椎骨始终垂直脚后跟，膝盖始终保持打开（顺着脚尖方向），同时保持上半身的直立状态。下蹲时感觉身体被往上拉起而做对抗性的有韧性地往下蹲。起来时反之，感觉头顶被压住而做对抗性地往上顶起，同时保持膝盖与腿的外开和肌肉的收紧，尾椎仍保持垂直脚后跟。

组合训练示例：由2个八拍完成双扶把一位半蹲，根据训练需求，可适当增加训练次数。

第1个八拍：

1～2拍：双手扶把，脚下一位直立体态准备，全脚踩地，脚趾紧抓地面，腿部收紧，膝盖用力打开后向下蹲，蹲到最大限度（不起脚后跟）。

3～4拍：还原至直立、右手扶把状态。

5～8拍：同1～4拍。

第2个八拍：

左手扶把，动作同第1个八拍。

（2）双扶把一位全蹲

双扶把一位全蹲动作要领：双手扶把，脚下一位直立体态准备。全脚踩地，脚趾紧抓地面，腿部收紧，膝盖用力打开后向下蹲，经过半蹲后被迫起脚后跟蹲到最大限度。

训练提示：下蹲时尾椎骨始终垂直脚后跟，膝盖始终保持打开不能往回关，同时保持上半身的直立状态。做下蹲动作时感觉身体被往上拉而做对抗性的有韧性地往下蹲。起来时感觉头顶被压住而做对抗性地往上顶起，同时保持膝盖与腿的外开和肌肉的收紧，尾椎仍保持垂直脚后跟。

组合训练示例：由2个八拍完成双扶把一位全蹲，根据训练需求，可适当增加训练次数。

第1个八拍：

1～2拍：双手扶把，脚下一位直立体态准备，全脚踩地，脚趾紧抓地面，腿部收紧，膝盖用力打开后向下蹲，经过半蹲后被迫起脚后跟蹲到最大限度。

3～4拍：还原至直立、右手扶把状态。

5～8拍：同1～4拍。

第2个八拍：

动作同第1个八拍。

组合编排提示：先训练一位半蹲再训练一位全蹲，可以变化节奏和速度多次练习。

4. 双扶把一位擦地训练

双扶把一位擦地训练内容：包括双扶把一位前擦地、双扶把一位旁擦地、双扶把一位后擦地。

（1）双扶把一位前擦地

双扶把一位前擦地动作要领：双手扶把，脚下一位直立体态准备。动力腿脚部由脚跟领脚趾随，往正前直膝匀速擦出，在保持胯部平正的同时慢慢推起脚后跟和脚尖，直到动力腿往前延伸到最远处，呈全绷脚点地（即小脚趾点地），同时内侧肌夹紧。返回时由脚趾领脚跟随，其他要求不变。

训练提示：擦出与擦回都要求全脚（包括脚趾）贴地做与地面对抗性摩擦的过程。擦地时要注意保持主力腿至上半身的直立体态不受动力腿的影响，始终保持动力腿和主力腿膝盖和腿的同时外开及腿部肌肉的收紧。

图9-5-20

组合训练示例：由2个八拍完成双扶把一位前擦地，根据训练需求，可适当增加训练次数。

第1个八拍：

1～4拍：双手扶把，脚下一位直立体态准备，右腿脚部由脚跟领脚趾随，往正前直膝匀速擦出，在保持胯部平正的同时慢慢推起脚后跟和脚尖，直到右腿往前延伸到最远处，呈全绷脚点地（即小脚趾点地），同时内侧肌夹紧（图9-5-20）。

5～8拍：返回时由脚趾领脚跟随，保持胯部平正的同时慢慢推起脚后跟和脚尖，还原至直立、扶把状态。

第2个八拍：

左腿完成擦地动作，其余同第1个八拍。

（2）双扶把一位旁擦地

双扶把一位旁擦地动作要领：双手扶把，脚下一位直立体态准备。动力腿脚部由脚趾领脚跟推，往正旁直膝匀速擦出，在保持胯部平正的同时慢慢推起脚后跟和脚尖，直到动力腿往旁延伸到最远处，呈全绷脚点地。返回时由脚跟领脚趾随，其他要求不变。

训练提示：擦出与擦回都要求全脚（包括脚趾）贴地做与地面对抗性摩擦的过程。擦地时要注意保持主力腿至上半身的直立体态不受动力腿的影响，始终保持动力腿和主力腿膝盖和腿的同时外开及腿部肌肉的收紧。

组合训练示例：由2个八拍完成双扶把一位旁擦地，根据训练需求，可适当增加训练次数。

第1个八拍：

1～4拍：双手扶把，脚下一位直立体态准备，右腿脚部由脚趾领脚跟推，往正旁直膝匀速擦出，在保持胯部平正的同时慢慢推起脚后跟和脚尖，直到右腿往旁延伸到最远处，呈全绷脚点地（图9-5-21）。

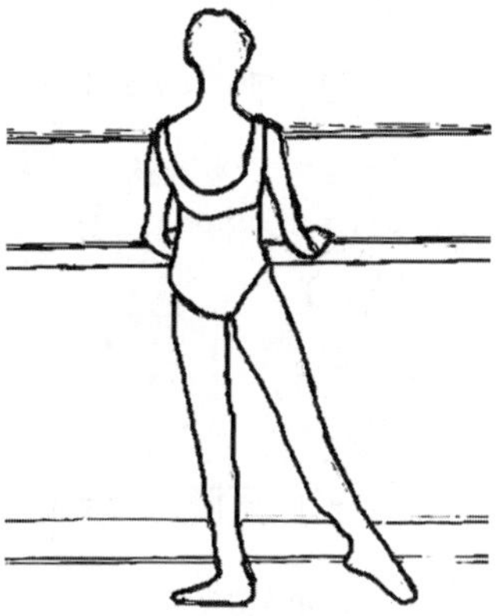

图9-5-21

5～8拍：返回时由脚跟领脚趾随，保持胯部平正的同时慢慢推起脚后跟和脚尖，还原至直立、扶把状态。

第2个八拍：

左腿完成擦地动作，其余同第1个八拍。

（3）双扶把一位后擦地

双扶把一位后擦地动作要领：双手扶把，脚下一位直立体态准备。动力腿脚部由脚趾领脚跟随，往正后直膝匀速擦出，在保持胯部平正的同时慢慢推起脚后跟和脚尖，直到动力腿往后延伸到最远处，呈全绷脚点地（即大脚趾外侧点地），同时内侧肌夹紧。返回时由脚趾领脚跟随，其他要求不变。

训练提示：擦出与擦回都要求全脚（包括脚趾）贴地做与地面对抗性摩擦的过程。擦地时要注意保持主力腿至上半身的直立体态不受动力腿的影响，始终保持动力腿和主力腿膝盖和腿的同时外开及腿部肌肉的收紧。

组合训练示例：由2个八拍完成双扶把一位后擦地，根据训练需求，可适当增加训练次数。

第1个八拍：

1～4拍：双手扶把，脚下一位直立体态准备，右腿脚部由脚趾领脚跟随，往正后直膝匀速擦出，在保持胯部平正的同时慢慢推起脚后跟和脚尖，直到右腿往后延伸到最远处，呈全绷脚点地（即大脚趾外侧点地），同时内侧肌夹紧（图9-5-22）。

5～8拍：返回时由脚趾领脚跟随，保持胯部平正的同时慢慢推起脚后跟和脚尖，还原至直立、扶把状态。

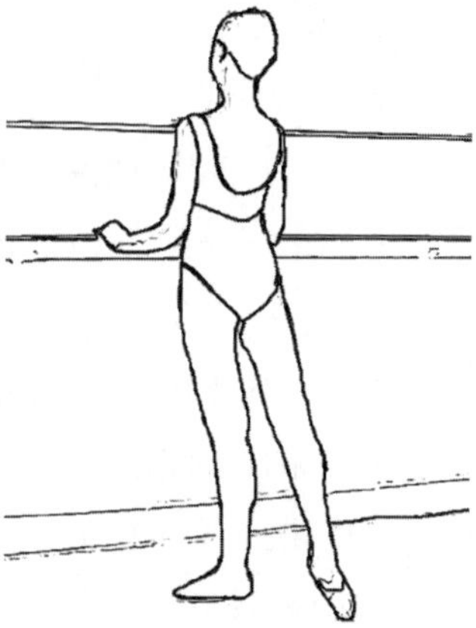

图9-5-22

第2个八拍：

左腿完成擦地动作，其余同第1个八拍。

组合编排提示：由动作（1）到动作（3）依次左右腿同时训练，擦地节奏的快慢可根据组合训练需要而调节多变，不必一成不变。

三、组合训练

（一）压腿组合训练

1. 准备姿态

一手背手，另一手扶把；头与身体成45°，面向把杆，脚为八字步。

2. 练习

压腿时主力腿和动力腿的膝盖伸直、绷脚，上身提直，压腿时尽量用上身贴近腿部。压腿可用8个八拍完成。

第1个八拍：

1~2拍：手下垂，提腕抬至身体旁90°。

3~4拍：压腕亮山膀位，保持不动。

5~6拍：右脚正吸。

7~8拍：脚伸出放在把上，成前腿绷脚，手到单托掌位。

第2个八拍：

1~2拍：切掌至胸前。

3~4拍：里翻腕外推掌。

5~6拍：前压，手到托掌位。

7~8拍：起身直立。

第3个八拍：

1~4拍：换手扶把，手从外向里晃手一圈，托掌上压旁腿。

5~8拍：到托掌位，起直。

第4个八拍：

1~4拍：向把外下旁腰。

5~6拍：起直。

7~8拍：换手扶把，变后腿，手到单山膀位。

第5个八拍：

1~4拍：下蹲 90°。

5~8拍：起直。

第6个八拍：

1～4拍：身体起直。

5～6拍：变旁腿，身体向把杆，双手扶把。

7～8拍：小腿收到端腿位置，贴于把杆。

第7个八拍：

1～8拍：后压端腿。

第8个八拍：

1～2拍：手扶脚。

3～4拍：腿向下放。

5～6拍：撤脚向外划半圈，身体向把杆外方向转。

7～8拍：手到托掌位，踏步。

（二）踢前腿组合训练

1. 准备姿态

手叉腰，脚呈小八字步，头看正前方。准备动作4拍。

1～2拍：双手下垂，提腕至两旁。

3～4拍：亮双山膀位，保持不动。

2. 练习

踢腿时主力腿和动力腿的膝盖伸直、绷脚，上身提直。踢腿可用8个八拍完成。

第1个八拍：

1拍：左脚向前迈出，右脚向后踏步。

2拍：右脚绷脚前踢出180°。

3～4拍：右脚落前点地绷脚。

5～8拍：右脚撤后踏步。

第2个八拍：

动作同第1个八拍，重复反面动作。

第3个八拍：

1拍：右脚绷脚踢前180°。

2拍：落右脚后踏步。

3～4拍：不动。

5～6拍：右脚绷脚踢前180°。

7～8拍：不动。

第4个八拍：

动作同第3个八拍，重复反面动作。

第5个八拍：

1拍：左脚向前迈出，右脚后踏步。

2拍：右脚绷脚踢前180°。

3拍：落右脚前点地。

4拍：收小八字步。

5拍：右脚向前迈出，左脚踏步。

6拍：左脚绷脚踢前180°。

7拍：左脚落前点地。

8拍：收小八字步。

第6个八拍：

动作同第5个八拍，重复反面动作。

第7个八拍：

1拍：左脚向前迈出，右脚后踏步。

2拍：右脚绷脚踢前180°。

3拍：右脚落前点地，双手抬至头上合掌位，手心向外。

4拍：右脚收小八字步，双手合掌至胸前，手心向里。

5～6拍：抬起正探海、双山膀。

7拍：右脚后点地，身体起直。

8拍：收小八字步。

第8个八拍：

动作同第7个八拍，重复反面动作。

收式动作：

1～2拍：双手提腕在两旁，手心向下。

3～4拍：右脚向2点方向迈出，左脚后收腿，双手经过下方到胸前合掌位。

5～6拍：左脚落大步，双手经过上方外分到左托山膀位，手心向上。

本章小结

形体训练要求练习者保持良好的姿态，能够帮助学生纠正肩、胸、腿等的不良姿态，使身体端正，挺拔，以健美的形体、优雅的姿态体现最佳的动作效果。通过相关的知识技能训练，学生不仅可以在音乐和动作的节奏中实现对肌肉、意志、感觉和情绪的自我控制，增强关节的灵活性、肌肉的弹性和自如的反应能力，而且可以为塑造健美的形体打好基础。长期的柔韧性训练能够改善和提高关节的灵活性，增强关节的弹性和伸展能力，从而加大动作的幅度、稳定性和身体的弹动能力。柔韧性训练还有利于肌肉间协调能力的改善，从而提高身体的协调能力，加强肌肉的行为能力，力量训练也可以增强练习者的身体素质和肌肉能力。此外，学生在愉快的乐曲中进行集体训练，既可增强集体意识，又可以展示他们美的仪表和健康挺拔的体态；既缓解了他们的学习压力，也使学生找到了展示自我的空间。学生能在训练中提高个人的模仿能力，启发丰富的想象力和对事物的感悟去表现动作的内涵。形体训练的过程也是综合能力提高的过程。

思考与练习

1．分组练习，巩固提升

通过练习体会，容易掌握的地方是 ______________________________

难以掌握的动作是 ______________________________

2．教师巡回指导、纠正

根据学生的练习情况，该动作（组合）值得发扬和保留的地方是 ____________

____

需要重新调整或反复练习的地方是 ______________________________

3．音乐练习：《仙境Wonderland》

基本要求：在音乐中练习身体的基本素质。

第十章 舞蹈动作基础训练

第一节　古典舞基本手位、脚位
第二节　舞步训练
第三节　中间动作组合训练
第四节　姿态综合训练

知识目标

1. 了解中国古典舞的基本知识。
2. 掌握中国古典舞的身韵训练方法。

能力目标

1. 提高学生身体机能和塑美能力。
2. 使学生自身条件完美提升，协调发展。
3. 培养学生感受中国古典文化美。

“古典舞”英文为“Classical Dancing”，世界上许多国家和民族都有各具独特风格的古典舞蹈，一般来说，都具有严谨的程式、规范性的动作和比较高的技巧，古典舞按地域分主要有中国式、欧洲式、印度式三类。

中国古典舞创立于20世纪50年代，是指在民间传统舞的基础上，经过历代专业工作者提炼、整理加工、创造，并经过较长时期艺术实践的检验，流传下来的被认为是具有一定典范意义和古典风格特点的舞蹈。中国的古典舞曾一度被一些人称为“戏曲舞蹈”。它本身就是介于戏曲与舞蹈之间的混合物，也就是还没有完全从戏曲中蜕变出来。

中国古典舞有着极为悠久的历史，它的渊源可以追溯到中国古代宫廷舞蹈或者更为遥远时代的民间舞蹈。中国古典舞讲究“身韵”，即形神兼备、身心并用、内外统一，这就是中国古典舞的艺术灵魂所在。

第一节　古典舞基本手位、脚位

一、基本手形、手位

（一）基本手形

1. 掌

（1）兰花掌（女生基本手形）　大拇指与中指指节微贴，使虎口自然与手掌合拢，形成以中指为主要用力点，带动其余3指指尖上翘的形态（图10–1–1）。

（2）虎口掌（男生基本手形） 虎口撑开，四指自然而松弛地并拢，用力意识集中在指尖，形成指尖微向上翘，手掌成涡形的形态（图10–1–2）。

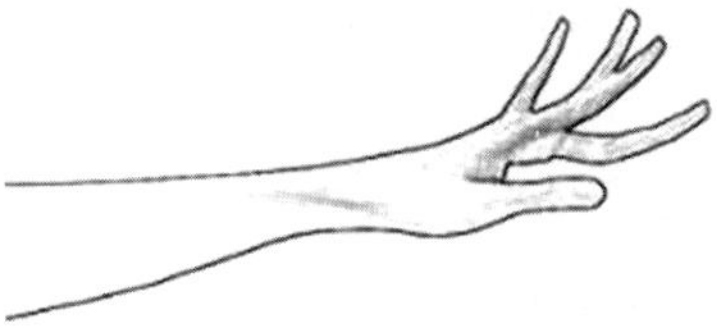
图10-1-1

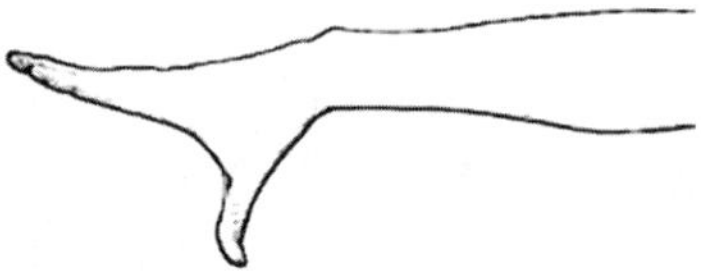
图10-1-2

2. 指

（1）兰花指 大拇指与中指松弛地相搭连，形成O状，同时，食指伸出上跷，其余两指松弛地与中指并拢，形成秀丽的指形，是为兰花指（图10–1–3）。

（2）剑指 食指与中指并拢且挺直，力贯指根、指尖，并以折腕之力使指上跷，其余三指，以拇指与无名指虚搭紧挨为形，是为剑指（图10–1–4）。

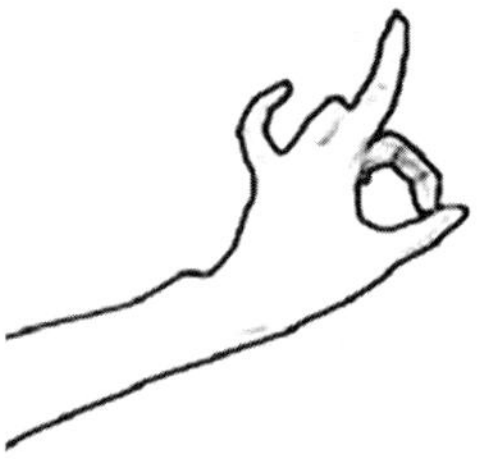
图10-1-3

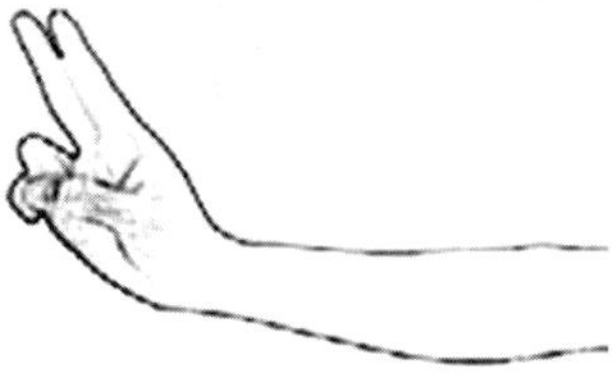
图10-1-4

3. 拳

（1）女生拳形（半握拳） 拇指与食指相搭贴，食指与其余三指依次相握，形成拳形（图10–1–5）。

（2）男生拳形（实心拳） 自食指起的四指合拢握紧，大拇指贴在食指上，手腕微向里扣，形成拳形（图10–1–6）。

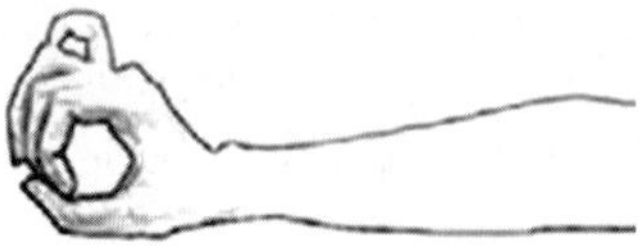
图10-1-5

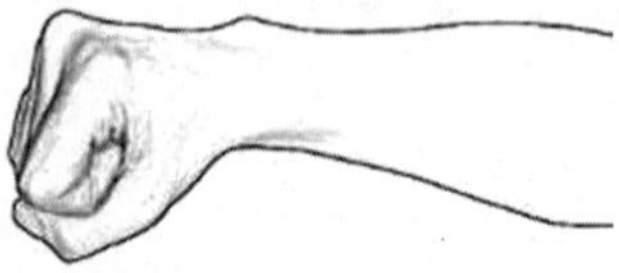
图10-1-6

（二）基本手位

1. 自然位

动作：双手在身体两侧下垂。

2. 预备位

（1）双背手（女生常见手位）　动作：双手兰花指，手背贴于身体，放在腰部的后下方。

（2）叉腰手　动作：男，双手虎口掌形，叉在身体前跨与腰之间的位置上。女，在背手位的基础上手贴于腰的侧方。训练要求：预备位要注意手形准确，不要耸肩，同时注意身体直立（图10–1–7）。

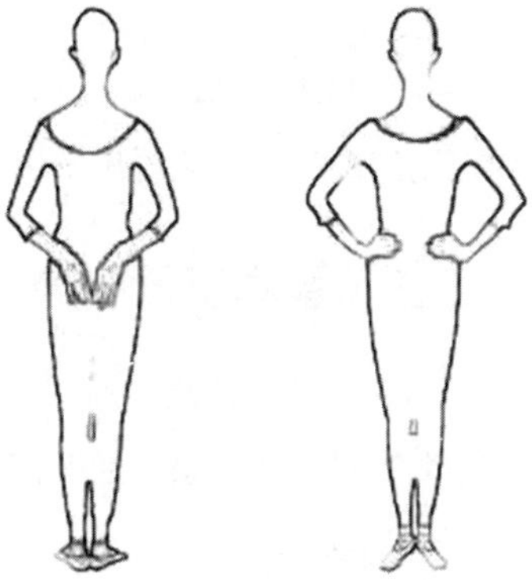

图10–1–7

3. 山膀位（单山膀位）

动作：以兰花掌形将手臂成圆弧形抬至身旁，位置略低于肩部，是为单山膀位（图10–1–8）。男生手形虎口掌。

训练要求：手腕有力，肘关节不能下沉，大臂有力。身体保持直立。

4. 托掌位

动作：一臂长弧形托于头前方，掌心朝上，指尖向里，男、女各保持虎口掌和兰花掌之形（图10–1–9）。

训练要求：防止动作成形时折腕。要使臂膀从指尖到肩膀形成一条流线型，避免耸肩或手臂太直。

5. 提襟位

动作：男、女以各自的拳形，手臂成圆弧形，置于身体的侧斜前方，其位置大体与身体的胯部持平，是为提襟（图10–1–10）。

训练要求：提襟要注意肘架时不能耸肩，注意精、气、神。

图10–1–8

图10–1–9

图10–1–10

6. 扬掌位

动作：右臂举至头侧斜上方，手心面向头前斜上方，手臂伸直或微曲（图10–1–11）。

训练要求：掌心抬起的方向不能朝前也不能往后，角度约在耳侧成45°，扬掌位时避免耸肩。

图10–1–11

（三）基本手臂姿势

这是手臂的完整姿态，也是各种动作和舞姿时不能离开的基本姿态，它是在单手的基本位置上由双手配合而成，包括完整的身体方向、头、眼和动作的韵律要求。

1. 双山膀位

动作：男生以虎口掌形将双臂成圆弧形抬至身旁，位置略低于肩部，即双山膀位（图10–1–12）。

2. 顺风旗位

动作：一手单山膀一手托掌姿态。右手擦掌，盖掌（或切掌）到胸前，眼睛随右手向旁拉成山膀同时，左手直接向上撩至托掌处静止，眼睛随左手，头亮相8点斜上方（图10–1–13）。

3. 双手托掌位

动作：双手托掌，双手撩掌，切掌至胸前交叉（左手在外），向下分掌，再经撩掌至托掌位，眼随右手，最后亮相8点斜上方（图10–1–14）。

4. 托按掌位

动作：一手托掌，一手按掌的姿态，但按掌不是在头的额旁上方，而是在额正中上方，即托掌的食指尖与鼻子成垂直线，身体面向2点方向，眼看8点斜上方亮相。双手运动规律，即与手眼配合同双手托掌位（图10–1–15）。

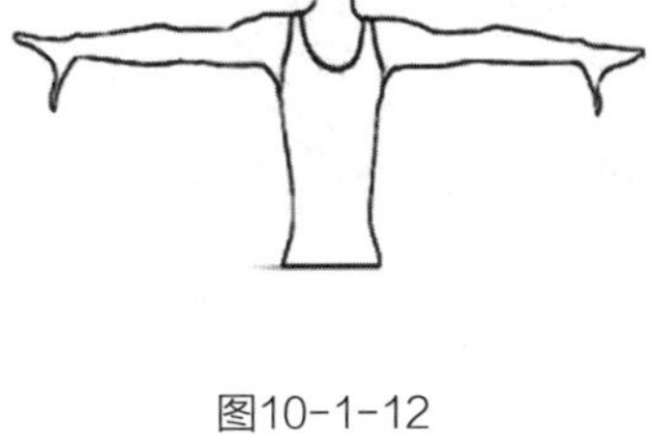

图10–1–12

图10–1–13

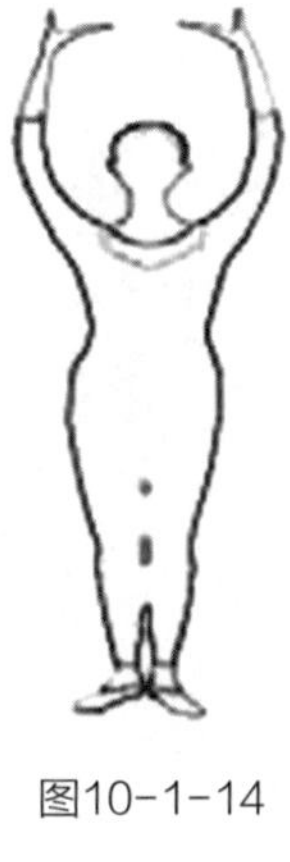

图10–1–14

图10–1–15

5. 山膀按掌位

动作：即一手做按掌，一手做山膀姿态，动作同双山膀位（图10–1–16）。

6. 双提襟位

动作：双手提襟姿态，右臂下垂，手握拳，提于右胯旁，同时肩微向前，眼看右手，左手同右手，注意右手略高于左手，上身微向左拧，手腕略向右转，虎口在胸前斜对胯骨，甩头向8点方向亮相（图10–1–17）。

7. 斜托掌位

动作：一手扬掌位，一手略低于山膀位，双手手心向上，双手经身前分掌至顺风旗位上，手心向上，手背向下，手臂弧线较小，要有伸直的感觉（图10–1–18）。

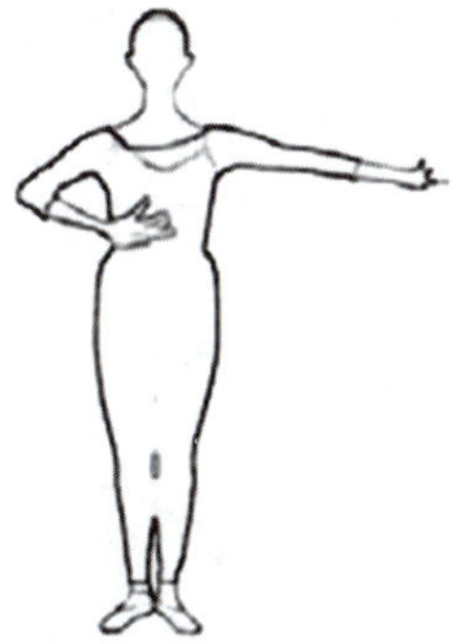

图10–1–16

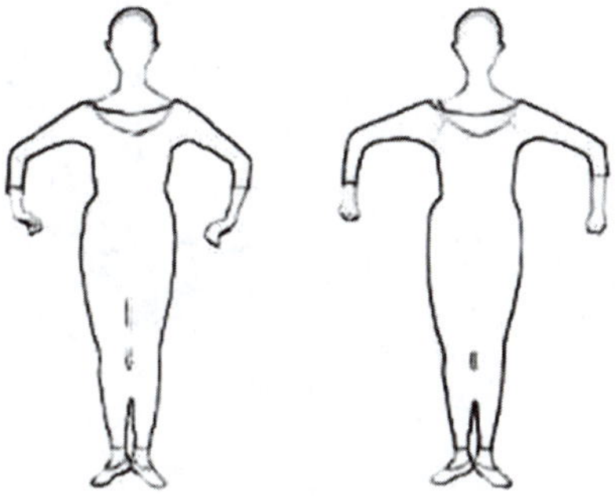

图10–1–17

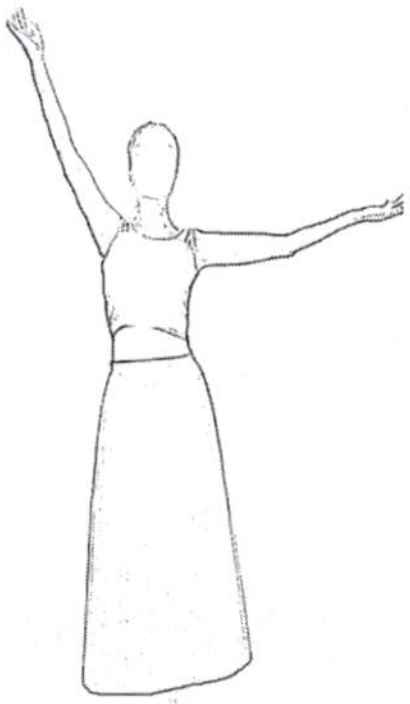

图10–1–18

二、基本脚形、脚位

（一）基本脚形

1. 勾脚

动作：脚趾与膝盖保持垂直，脚心上翻，脚跟着地前伸，踝关节做曲的动作（图10–1–19）。

训练要求：拇指带动全脚向上回勾，做到做大限度脚心上翻。

2. 绷脚

动作：脚趾与膝盖保持直线，大脚趾向下压，脚背向外绷起（图10–1–20）。

训练要求：拇指向下压，脚尖到大腿保持一条直线。

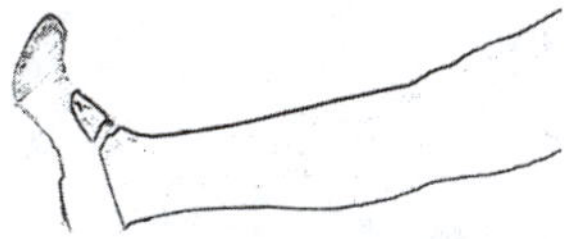

图10–1–19

图10–1–20

3. 扤脚

动作：在勾脚的状态下，踝关节向脚的内侧做横摆动作，脚腕向里用力，脚背外翻（图10–1–21）。

训练要求：脚心尽力往上翻。

4. 勾脚趾

动作：脚趾与膝盖保持一条直线，大脚趾往回勾，趾关节做曲的动作（图10–1–22）。

训练要求：拇指向上回勾，脚背向外绷起。

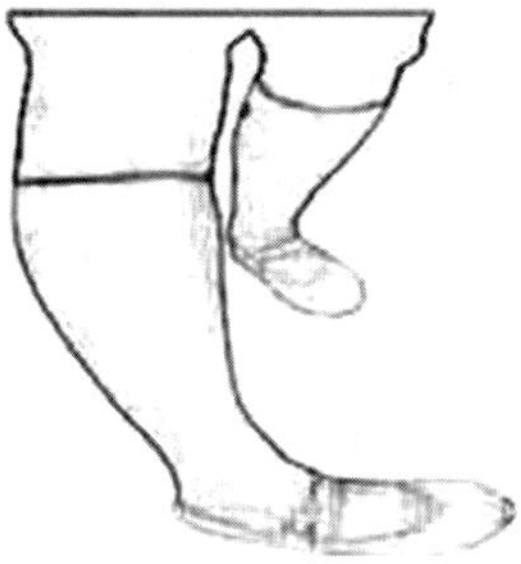
图10–1–21

图10–1–22

（二）基本脚位

1. 正步位

动作：双脚并拢，直立，脚尖对正前方，重心在双脚上（图10–1–23）。

训练要求：身体保持直立状态，收腹、收臀、挺胸、沉肩、抬头，眼睛平视前方。

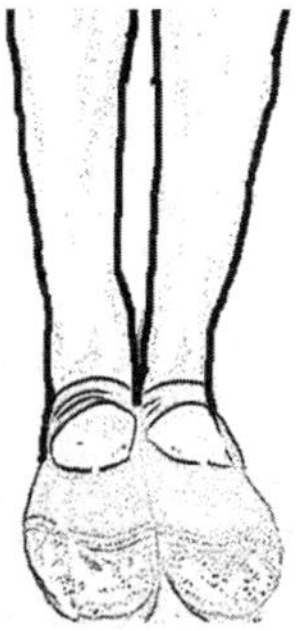
图10–1–23

2. 小八字步

动作：双脚跟并拢，脚尖分开呈“八”字形，两眼平视前方，身体直立，肩部自然端正。双臂自然松弛地垂于身侧（图10–1–24）。

训练要求：身体直立，双肩放松，头对正前方，脚尖分别对2点和8点方向，呈小“八”字状。

图10–1–24

3. 大八字步

动作：在小八字步的基础上，两脚跟分开约一脚距离，保持“八”字形（图10–1–25）。

训练要求：身体直立，双肩放松，头对正前方，脚尖分别对2点和8点方向，呈大“八”字状。

4. 丁字步

动作：以左脚为例，双腿直立，左脚跟紧贴右脚脚窝处，呈“丁”

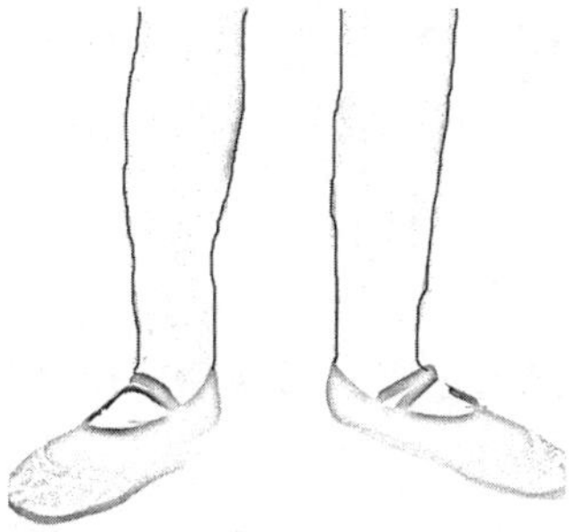

图10-1-25

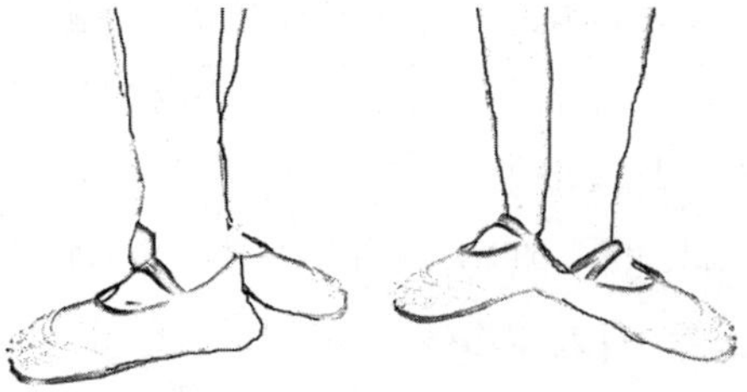

图10-1-26

字步，此为左丁字步，右丁字步动作与左丁字步相反（图10–1–26）。

训练要求：身体直立，双肩放松，头对正前方，两脚尖朝2点和8点方向，重心在两脚。

5. 虚步

动作：虚步又称前、后点步，以左脚为例，在小八字步位置上，左脚向正前方绷脚擦地到最大限度，脚拇指指尖点地，重心在右腿上，称左前虚步。反之，向后擦出，称左后虚步（图10–1–27）。

训练要求：身体直立，双肩放松，脚拇指脚尖点地，前虚步重心在后脚，后虚步重心在前脚。

6. 踏步

动作：以左脚为例，左腿为主力腿直立，脚尖外开，右脚交叉到左腿后，右脚掌在左脚后踏地，右膝稍弯曲，右膝前，左膝后，右脚在前时，动作相反（图10–1–28）。

训练要求：踏步动作较难掌握，要求学生在掌握了身体的直立感后，再学习这一脚位，并注意重心要在主力腿上，踏地脚的踝关节不能左右两边倒，脚自然放松。直立要求同正步位，双胯向上提起。

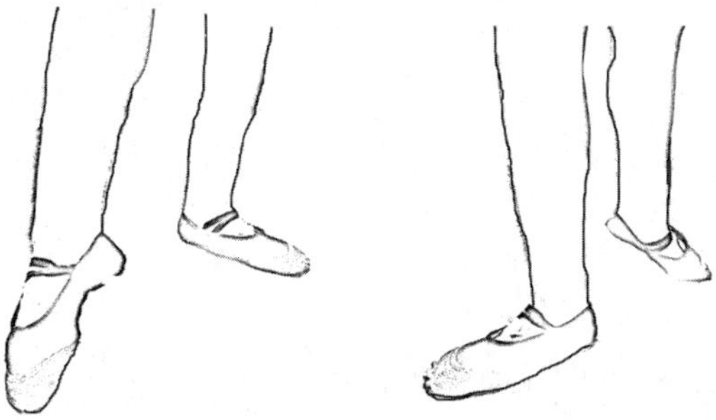

图10-1-27

图10-1-28

7. 弓箭步

动作：以左腿为例，左脚向身体的前方迈出一大步，脚尖略外开，膝部成弓形。右腿绷直，全脚掌着地。身体重心在两腿间略偏前，称为前弓步。左脚向旁迈出，称为旁弓步（图10–1–29）。

训练要求：保持身体、肩、胯部的正直，防止歪斜，旁弓步和前弓步“弓”的幅度，要求腿部与髋关节处形成不低于90°的钝角，重心支撑放在两腿上。

8. **大掖步（大踏步）**

动作：以右腿为例，在踏步位的基础上，前腿半蹲为支撑重心腿，后腿绷直向斜后方伸出，绷脚，前脚趾点地，双大腿靠拢，微拧身（图10–1–30）。

训练要求：大掖步的训练重点是重心的掌握，要强调重心在前一个腿，拧腰不能塌腰。

图10-1-29

图10-1-30

第二节　舞步训练

一、基本步伐

（一）圆场

准备：沿圆线站正步，右山膀提襟，上身转向圆心，眼向圆心平视。

动作：沿圆线进行，右脚上一步，脚跟靠在左脚尖前，脚跟先着地，再移至脚掌，同时左脚跟提起。左脚做法同右脚，两脚动作保持在一条直线上（图10–2–1）。

训练要求：大腿部分相互靠拢，膝部微曲放松，快走与慢走时都要求身体平稳。

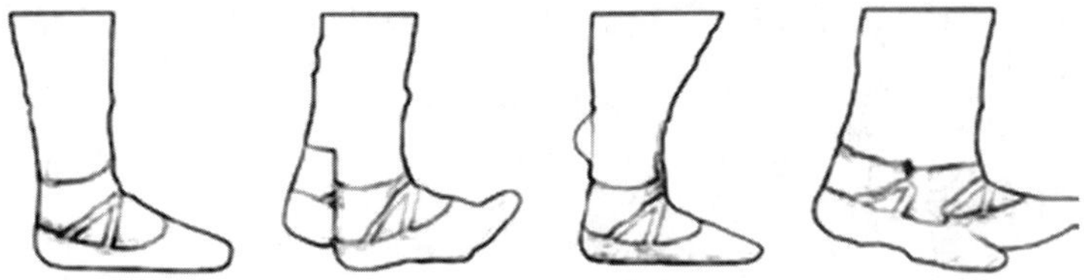

图10-2-1

（二）碾步

1. 单碾步

准备：对1点方向，脚小八字步，手可采取任何姿态，如双托掌、提襟、按掌位等。

动作：右脚以脚掌为轴，脚跟微提起，左脚以脚跟为轴，脚掌微提起，两脚同时向右旁碾动，由正小八字步碾成反小八字步，然后右脚以脚跟为轴，左脚以脚掌为轴，同时向右旁碾动，成正小八字步，反复如此进行（图10-2-2）。

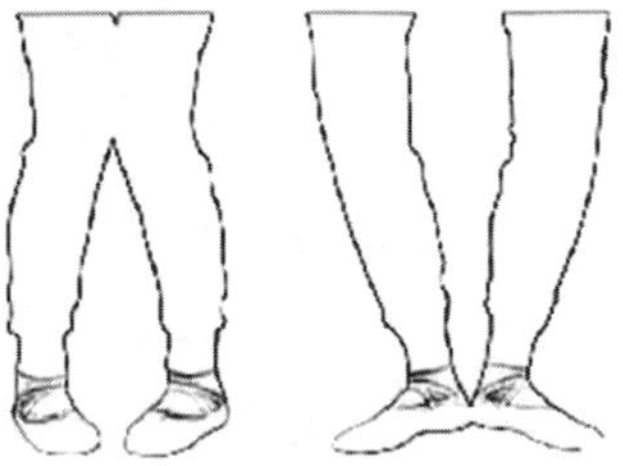

图10-2-2

训练要求：单碾步要求平稳、流畅，不能有起伏，膝部放松。

2. 双碾步

准备：对1点方向正步，手可采取任何姿态，如双托掌、提襟、按掌位等。

动作：站正步，以双脚跟为轴，双脚尖同时向右碾动，然后再以双脚尖为轴，双脚跟同时向右碾动，反复按此进行。

训练要求：重心在双脚上，必须同时碾动，膝放松，动作连贯，碾动时保持身体平衡。

（三）花梆步

准备：对1点方向，正步踮脚，双托掌，眼向前平视。

动作：左右脚交替用脚掌小步快速走。向前移，即前花梆步；向后移，即后花梆步；向旁移，即横花梆步（图10-2-3）。

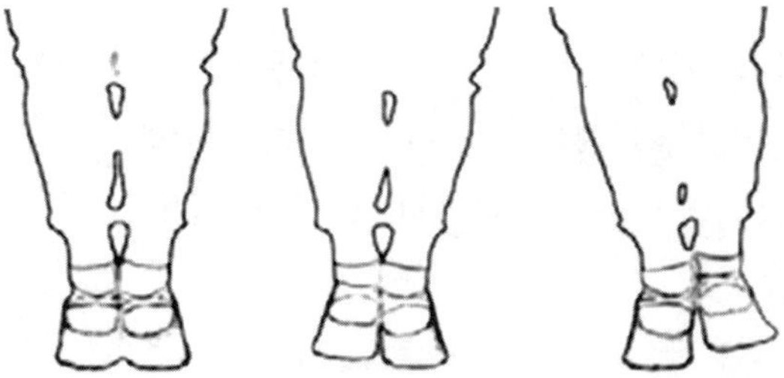

图10-2-3

训练要求：大腿靠拢，膝微曲，放松。上身直立平稳。迈步要小，脚不能抬高，也不能擦地，移动时要连贯轻巧。

（四）磋步（错步）

准备：对2点方向，站右丁字步，左山膀右提襟，眼向2点方向平视（图10–2–4）。

动作：双腿微曲，右脚用圆场步法向脚尖方向上一小步，左脚全脚擦地紧追右脚跟，当左脚窝靠拢右脚跟时，右脚勾脚向前微抬起。

训练要求：两膝始终微曲，动作要急促。

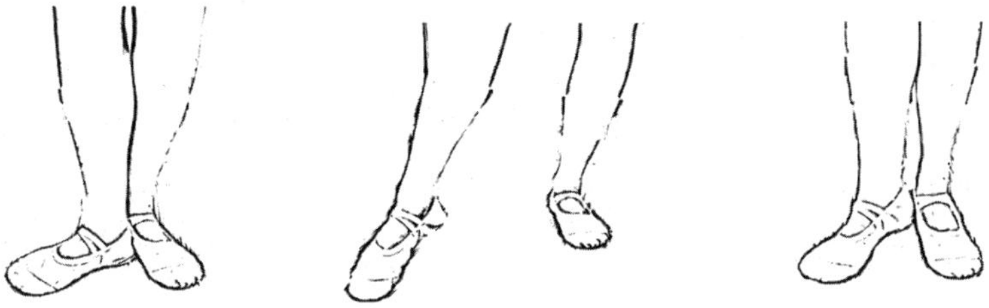

图10–2–4

（五）颠步（垫步）

准备：对1点方向，站右踏步，双托掌，眼平视。

动作：左腿半蹲，同时右脚掌微提起，然后右脚掌落地、直膝，同时左腿直膝、绷脚，脚尖微提起，左脚向左移半步落地半蹲，右脚迅速成右踏步位，右脚掌微提起，反复如此进行。该动作也可以原地做。双臂托掌位，也可经撩掌成左顺风旗位，眼随左手（图10–2–5）。

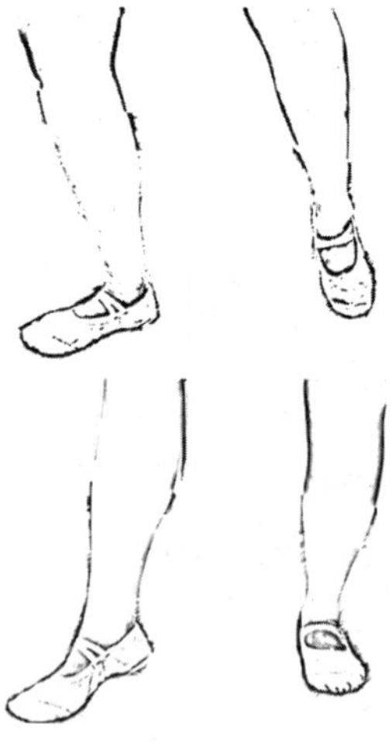

图10–2–5

训练要求：起、伏节奏要均衡，动作连贯，后背直立。

（六）跑跳步

准备：对1点方向，站正步半蹲，左顺风旗位，眼平视。

动作：右腿前吸腿，同时带动左脚绷脚跳一下，然后右脚踏地，同时吸左腿，带动右脚跳一下，反复如此进行，跳起时双手交替做右、左顺风旗位。

训练要求：节拍均匀，动作轻快，身体保持直立。

二、呼吸训练

呼吸训练即提沉训练，它讲究以呼吸带动躯干做上、下的直线运动，联系起来称为“提沉”。事实上动律必然先是“沉”再是“提”。

（一）沉

动作：在坐姿的基础上通过呼气时气息下沉，感觉气沉丹田，以沉气之力带动腰椎从自然垂直状一节一节下压形成微含胸、身体微弯曲。

（二）提

动作：在“沉”的基础上深吸气，感觉气由丹田提至胸腔，同时以胸之力带动腰椎由沉的状态，一节一节直立，气息不能憋住，而是感觉向上延伸。

（三）呼吸组合练习（提沉练习，图10-2-6）

音乐：2/4拍，舒缓。

准备：面向正前方盘腿坐，双手扶膝。

第一段（4×8拍）：

1～8拍：1～4拍慢吸上提，5～8拍慢呼下沉。

2～8拍：1～2拍吸、提，3～4拍呼、沉，5～8拍同1～4拍。

3～8拍：1拍提，2拍沉，3拍提，4拍沉，5～6拍提，7～8拍沉。

4～8拍：1～4拍提，5～8拍沉。

第二段（4×8拍）：

1～8拍：1～4拍慢吸上提，双臂从双膝位置以肘带动波浪形抬起，5～8拍呼，沉，双臂下放双膝。

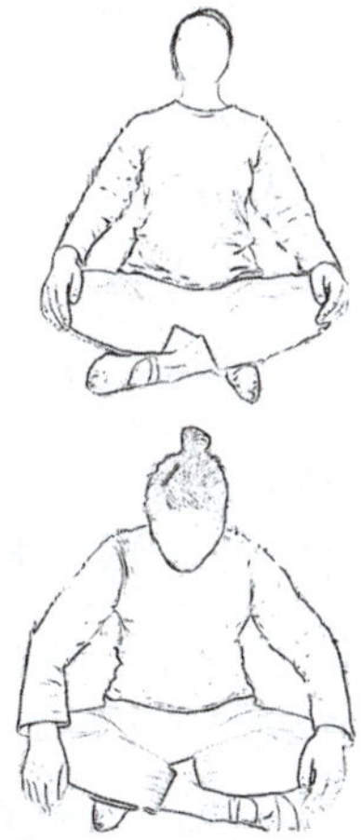

图10-2-6

2～8拍：动作同1～8拍。

3～8拍：1～2拍双手上云手，3～4拍慢呼下沉，双手胸前交叉抱住，5～8拍同1～4拍。

4～8拍：1～2拍上提，双手右手穿手，3～4拍下沉，手两侧放下，5～8拍提，双手从胸前交叉向前打开平摊，定住亮相。

（四）冲靠训练

冲、靠是在提、沉基础上躯干的“斜、移”的规律。

1. 冲

动作：在沉的过程中用肩的外侧和胸大肌向8点和2点方向水平冲去，肩与地面要保持平行，切忌上身向前倾倒，感觉腰侧肌拉长，头与肩相反。

2. 靠

动作：靠和冲是一种相反的，不可分割的动律，在沉的过程中用后肩部及后侧肋带动上身向4点或6点方向靠出，感觉前肋往里收，后背侧肌拉长，要求肩与地面保持水平拉出，绝不是向后躺倒。

3. 冲靠组合练习（图10-2-7）

音乐：2/4拍，舒缓。

准备：面向正前方盘腿坐，双手扶膝；调整呼吸微含胸。

第一段（4×8拍）：

1～8拍：1～2拍上提从尾椎拔起吸气，上半身立起，3～6拍左肩往6点方向靠，7～8拍回到上半身直立状态，微含胸。

2～8拍：同1～8拍，肩部换为右肩向4点方向靠。

3～8拍：同1～8拍。

4～8拍：同2～8拍。

第二段（4×8拍）：

1～8拍：1～2拍上提从尾椎拔起吸气，上半身立起，3～6拍左肩往8点方向冲出，7～8拍回到上半身直立状态，微含胸。

2～8拍：同1～8拍，肩部换为右肩向2点方向冲出。

3～8拍：同1～8拍。

4～8拍：同2～8拍。

第三段（4×8拍）：

1～8拍：1～2拍上提从尾椎拔起吸气，上半身立起，右手从胸前掏出，3～8拍左肩往6点方向靠，同时向2点方向抬手。

2～8拍：1～4拍身体由靠变成向前冲，手同时按掌位，5～8拍回到准备位。

3～8拍：同1～8拍。

4～8拍：同2～8拍，方向相反。

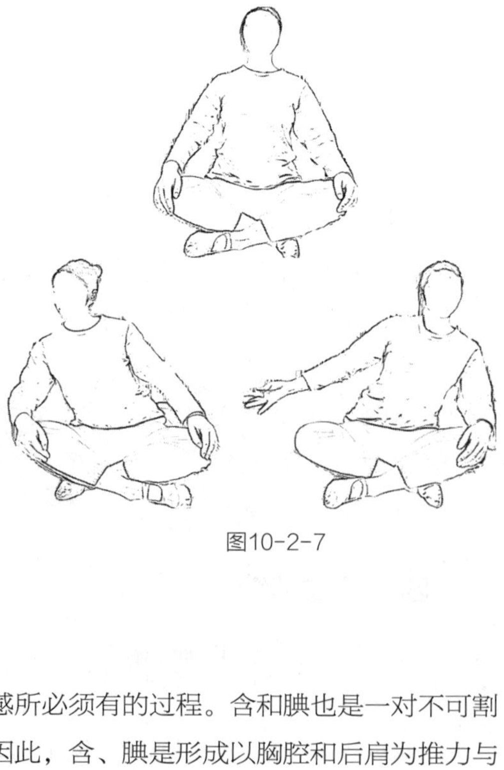

图10-2-7

（五）含、腆、移训练

含、腆是极为重要的，它们是构成身法具有韵律感所必须有的过程。含和腆也是一对不可割裂的相反动律，是提、沉直接的发展与强化的结果。因此，含、腆是形成以胸腔和后肩为推力与缩力的“前、后”之动律。

1. 含

动作：含也可称“吞”。过程和沉一样，但加强胸腔的含收，双肩向里合挤，腰椎呈弓形，身体后背呈半圆形。

2. 腆

动作：盘坐，腆也称“吐”，和含相反，腰发力，在提的过程中，双肩向后开，由胸带动往正前方展胸，头微仰。

3. 移

动作：盘坐，移是腰肩进行左、右水平运动的“横线”运动，提气后，腰发力在沉的过程中由一侧的腰椎动往正旁3点或7点方向，水平移出到最大限度，但臀部不能离地，头要向反方向倾，注意肩与地面保持平行。

4. 含、腆、移组合训练（图10-2-8）

音乐：2/4拍，舒缓。

准备：面向正前方盘腿坐，双手扶膝。

第一段（4×8拍）：

1～8拍：1～4拍保持准备位，5～8拍吐气含胸。

2～8拍：1～2拍吸气，上身直立，3～6拍身体向前腆，7～8拍吐气，回到准备位。

3～8拍：同2～8拍。

4～8拍：1～4拍吸气，上身立起，5～6拍身体向前腆，双手同时离开膝盖从腋下向前交叉再打开，7～8拍回到准备位。

第二段（4×8拍）：

1～8拍：1～2拍吸气，上身立起，3～6拍身体左移，7～8拍吐气，回到准备位。

2～8拍：1～2拍上身立起，3～6拍身体右移，7～8拍吐气，回到准备位。

3～8拍：同1～8拍。

4～8拍：同2～8拍。

第三段（4×8拍）：

1～8拍：1～2拍上身立起，3～4拍身体右旁移，右手同时撩掌到山膀位，5～8拍手向8点方向内翻腕亮相，保持不动。

2～8拍：1～4拍回到准备位，5～8拍含胸下分手。

3～8拍：同1～8拍。

4～8拍：同2～8拍。

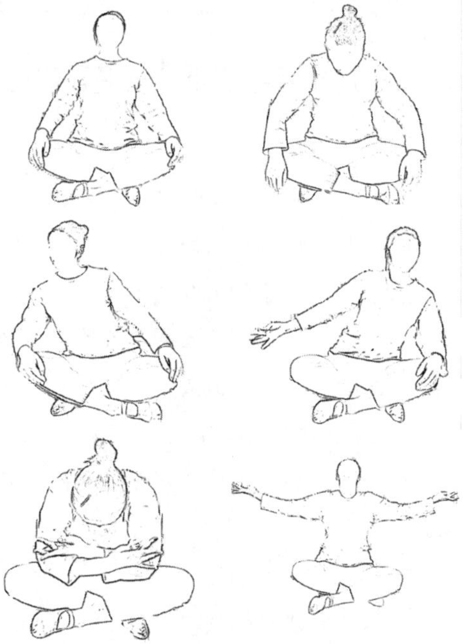

图10-2-8

第三节　中间动作组合训练

中间练习，即站在训练场地中间做练习，是相对于“扶把训练”而言。

一、云手

云手是指左右手在身前依次做上下八字盘腕的平圆运动。云手的运动轨迹都是在划“圆”。

（一）基本云手

动作：左臂按掌位，掌心向上，右臂山膀位，左臂向右，右臂向左平划，双小臂上下叠于胸前，相距一掌半的距离，左臂经前向左划弧线，同时右臂经上向右，双臂动作经盖掌拉至山膀位，右臂晃至按掌位，掌心向上，再拉至山膀位。完成云手的过程身体也要在过程中随之提、仰、含、沉，眼睛要先随上面的手后随下面的手。

（二）冲靠云手

动作：在基本云手的基础上，加以上身的冲靠位动律带动云手的同时加上脚的前后移动，重心在整个过程中要完成两次上身冲靠，两次脚步的前后移重心。

（三）云手组合练习（图10-3-1）

音乐：《梁祝》。

准备（1×8拍）：

1～8拍：1～4拍小八字步，双手自然下垂，5～8拍拉开双手。

第一段（4×8拍）：

1～8拍：加含仰的云手，左右各一次。

2～8拍：1～4拍向2点方向上步，揉球云手，5～8拍撇右脚，从8点方向拉成双山膀亮相。

3～8拍：同2～8拍，方向相反。

4～8拍：1～4拍向2点方向出右脚云间转腰，回至右前点地，手为右山膀按掌，5～8拍保持不动。

第二段（4×8拍）：

1～8拍：两次揉球云手。

2～8拍：向下穿手，左手护右肩，上左脚成右踏步亮相。

3～8拍：1～4拍再向8点方向出右脚，反面反复一次，落在左踏步上，5～8拍向旁上右脚成

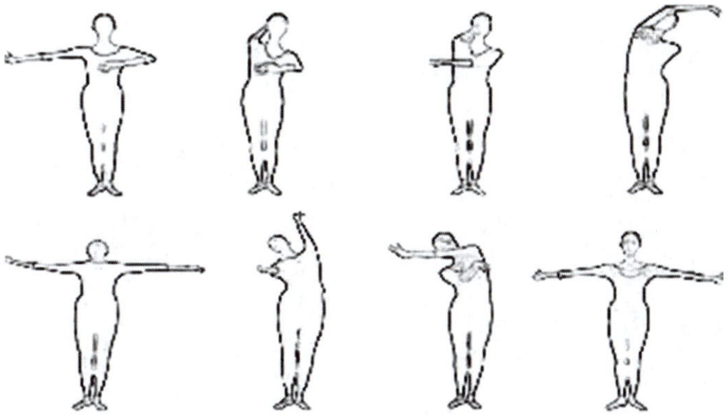

图10-3-1

左旁点步，同时双手从左起大的双晃手，下左旁腰，落左按掌，右手展翅。

4~8拍：从左起慢云手。

结束段（1×8拍）：

1~8拍：左脚后点地，右手云手放身后，左手云手放身后，双背手结束。

二、风火轮

风火轮是一个风格性、训练性很强的动作，是身体多元素的训练，具有幅度大、发力猛、速度快的节奏特点，动作中干净敏捷，快而不拖泥带水，是舞蹈和组合中重要连接动作。

（一）动作

面向1点方向，站左横弓步，上身以最大限度向左转体，右臂平伸向7点方向，左臂平伸向3点方向，掌心朝下，双腿、双手在同一平面上，眼顺左肩方向平视。

第一步，双脚以脚掌为轴转成大八字步，同时上身向右转体成下后腰，双臂随上身转动，右臂经上划到右旁，左臂经下到左旁，掌心朝上，头向后仰，眼视上方。

第二步，双脚以脚掌为轴成右横弓步，同时上身向右转体到最大限度，双臂随上身转动，右臂经下划向7点方向，左臂经上划向3点方向，掌心朝下，眼顺右肩平视。

第三步，上身继续转体，左臂经下向左腿方向平伸，右臂向上停在右旁上方，成扑步，右掌心朝后，左掌心朝前，眼看向左手。

第四步，右扑步平移成左横弓步，上身向左转体，双臂随身体转动还原基本位。

（二）注意事项

当双腿做步位变化时，上身、下身要协调，手臂有力，在大八字步上下后腰时，要注意顶胯，膝盖微屈。

（三）组合训练

音乐：《牧羊曲》。

准备（图10–3–2）：

1～2拍：背身，左踏步，下右旁腰。

3～4拍：吸气眼走上弧线。

5～7拍：屈膝成大掖步，拉开双手。

8拍：收左腿成并立蹲。

第一段（4×8拍）：

1～8拍：1～2拍从并蹲上提起半脚尖，3～4拍向4点方向出右腿，向8点方向落大掖步拧身，5～8拍慢起，右斜上出手，左手斜下位。

2～8拍：右手带缠头拔背，提右手，右弓箭步左按掌亮相，然后右拧右旁提上，反面一次，落左弓箭步。

3～8拍：1拍移成右弓箭步，2拍保持不动，3～8拍向左连贯的风火轮，落扑步。

4～8拍：1～4拍接两次，两拍一次，重拍落在仰的过程上，5～8拍移重心上步立翻身成并步。

第二段（3×8拍）：

1～8拍：1～4拍出右腿右按掌成弓箭步深蹲，停三拍，5～8拍移重心起，向右立翻身成仰。向右翻身，落至踏步蹲。

2～8拍：1～4拍返回至仰，停两拍，5～8拍向左立翻身，向6点方向出右脚，落拧身大掖步。

3～8拍：同1～8拍，方向相反。

图10–3–2

三、翻身训练

翻身训练是中国古典舞技术技巧中一项独特的传统技艺形式，也是中国古典舞技术技巧的重要组成部分，翻身动作对于腰部能力有着十分高的要求，发力是连续性的，手姿的方位是体现各类翻身特点的重要部位，所以训练时手的训练必须与腰部训练合为一体。

（一）踏步翻身

翻身的种类比较多，踏步翻身是双脚重心，掌握重心比较容易方便，腰部动作也能做得完整，所以踏步翻身是所有翻身的基础动作。

1. 1/4圈的分解练习

准备动作：面对1点方向站立，右脚在前，左脚在后的踏步半蹲，脚要踏在前脚跟的一条横线上，上身向前倾45°，头顶对1点方向，两臂分别向3点、7点方向平伸打直，手心朝下。

练习：音乐2/4拍。

1～8拍：1拍在左踏步翻身的准备动作上，整个身体的左膀子、左胯、左腿在统一的一个节奏上向左翻1/4圈，同时右脚跟向右后碾动对5点方向，膝盖对1点方向，左脚掌向左前碾动对1点方向，膝盖对5点方向，成右旁腰，两臂对1点方向不动。2～4拍停住。5拍整个身体再向回翻动1/4圈，右脚跟向右前碾动，左脚跟向左前碾动，还原基本动作。6～8拍停住。

2～8拍：同1～8拍，动作相反。

2. 1/2圈的分解练习

准备动作：同1/4圈准备动作一样。

练习：音乐2/4拍。

1～8拍：1拍整个身体经过1/4圈翻动过程翻至1/2圈的后腰姿态，两脚同1/4圈的做法，继续碾动成双脚尖对5点方向全脚站，双膝向5点方向弯曲，臀和胯向5点方向顶，双臂分别向3点、7点方向平伸直，手心朝下，头顶对1点方向，脖子是硬起的，脸部向天花板。2～4拍停住。5拍整个身体再向回翻动1/2圈，动作同1/4圈准备动作。6～8拍停住。

2～8拍：同1～8拍，动作相反。

3. 注意事项

（1）踏步翻身可先进行直腿的高踏步翻身的练习，再做半蹲的，最后做矮翻身。

（2）在翻的过程中，脚跟脚掌的跟动要清楚，矮翻身双脚掌不要离开地面。

（3）腰一定要在规定的高度上准确地经过旁、后、旁、前四个方向。

（4）整个翻身过程中，手膀的路线立圆的感觉要清楚，第一个膀子始终在前面带领，肩和腕关节不能松。

（5）头的轴心要始终向前倾，翻动的过程要有控制的留和甩。

（二）上步翻身

准备：身体面对1点方向，站右丁字步，左山膀按掌，眼平视。

动作：双臂向右晃成右山膀按掌，然后左臂向下，同时右脚经左脚向7点方向上一步成左踏步半蹲，上身前倾45°，眼视前下方，向左打开成双山膀，向左翻身，做法同踏步翻身。

注意事项：重心始终在双脚掌上，腰经过旁、后、旁、前四个方向时，应固定在一个高度上，并且动作要连贯、均匀，经后腰时要顶胯。双臂随身，在垂直面上划一立圆。

（三）点步翻身

准备：左脚全脚着地，脚尖对1点方向，右脚脚尖着地，对左脚跟，相距一脚，下左旁腰，左肩与左脚尖同一方向，左臂向下，右臂向上伸直，双手掌心对3点方向，重心在左脚掌，眼视前下方。

动作：右脚经左脚前向左脚外侧上步，用脚掌推地，以左脚为轴，向左转，转时上身经前腰、右旁腰、后腰，回左旁腰，右脚回准备位，双臂随肩划立圆一周。

注意事项：重心始终在主力腿的脚掌上，翻身时用脚掌旋转一周，主力腿膝盖直立。当右脚掌推地时，右肩与右臂同时向前下方，左臂向上，形成右旁腰。上身、下身动作要协调，提胯，挑胸腰，双臂要求同踏步翻身。

（四）吸腿翻身

准备：同点步翻身。

动作：同点步翻身，仅在翻身时右腿成前吸腿。

注意事项：重心始终在主力腿的脚上，用脚旋转一周。翻身时主力腿直膝，前吸以最大限度向上。

（五）翻身组合训练

把两个或三个单一动作和技巧结合在一起练习，训练翻身的难度、力度和速度，增强学生的能力，加强学生连接动作的协调性，按各种组合训练达到一定的高度，成为技巧和特技动作。

1. 踏步翻身接点步翻身

准备动作：同踏步翻身的准备动作。

练习：音乐2/4拍。

1～2拍：踏步翻身3/4圈，停在左旁腰姿态上。

3～4拍：主力腿直膝推起半脚掌的同时动力腿上步点步翻身两圈。

5～6拍：直膝起上身，双手山膀位，头向前。

7～8拍：停住不动。

按以上动作和节奏反复进行练习。

2. 踏步翻身接吸腿翻身

准备动作：同踏步翻身的准备动作。

练习：音乐2/4拍。

1～2拍：踏步翻身3/4圈，停在左旁腰姿态上。

3～4拍：主力腿直膝推起半脚掌的同时，做吸腿两圈。

5～8拍：停在前腰、前吸腿的半脚掌上。

按以上动作和节奏反复进行练习。

3. 点步翻身接吸腿翻身落卧鱼

准备动作：同点步翻身的准备动作。

练习：前奏不动。

1～2拍：做点步翻身二圈。

3～4拍：接吸腿翻身二圈。

5～8拍：落卧鱼。

按以上动作和节奏反复进行练习。

4. 点步翻身接吸腿跳翻身

准备动作：同点步翻身的准备动作。

练习：音乐2/4拍。

1～2拍：做点步翻身二圈。

3拍：上步跳起吸腿翻身一圈。

4拍：主力腿落地半蹲，动力腿再落地。

5～8拍：重复1～4拍动作。

按以上动作和节奏反复进行练习。

5. 翻身组合

准备动作：站在4点方向，身体面向后，左丁字步，双背手，头向4点方向上方。

练习：音乐2/4拍，前奏不动。

1～2拍：保持不动。

3拍：双手打开小展翅位，头向右手。

4拍：左腿立半脚掌的同时右腿起身射雁，左背手，右接掌，头向4点方向，用左旁提。

5～6拍：向6点方向快速走圆场，身体方向不变。

7拍：左脚向6点方向旁迈步，同时上身向右拧身，右脚跟左后直踏步，双手晃至右旁，头随手。

8拍：双手向7点方向上方撩起，头随手，身体稍用左旁腰。

2～2拍：右脚向旁迈步做风火轮动作，接着向左腿翻身三圈，双手向7点方向上方亮大掖步舞姿。

3～4拍：右脚向旁迈步做半蹲翻身一次。

5拍：右脚向旁做跳踏步翻身两次。

6拍：原地踏步翻身三次。

7拍：上身起直的同时，左手托掌，右脚经小吸腿向8点方向前点地，右手经掏手向前伸，然后动力脚划至3点方向落半蹲，左脚做收后的旁吸腿，双手同时做向右的云手，落右托掌，左在腑前端掌，上身用右旁提，头向8点方向。

8拍：左脚向8点方向前上步做刺翻身动作，接吸腿翻身的准备动作。

3～2拍：吸腿翻身三圈，向前上两步接左主力腿的快速接软踹燕一次。

3～4拍：起上身的同时，动作腿向前上步立半脚掌，另腿起后射雁，右背手，左按掌，头向2点方向。

5～8拍：向左走圆场。

4～8拍：续向左圆场一圈，面对1点方向做点步翻身的准备动作。

5～8拍：点步翻身。

6～2拍：面向3点方向，右脚撤至左后踏步蹲，上身向前倾，双手随身体向前晃。

3～4拍：腿向后移重心的同时，上身和手向后8点方向做姿态斜腰舞姿。

5～6拍：腿的重心再移向前成左弓步，上身和双手经上向2点方向晃去。

7～8拍：上身向左拧身，双手向8点方向上方亮大掖步舞姿，头随手动。

第四节　姿态综合训练

任何舞蹈都需要正确、优美的舞姿，舞姿是一种具有高度雕塑性、典型性的姿态，舞姿除了腿部的形态外，上身、眼睛、手臂的方向、身体的角度等都需要有高度和谐的配合，因此舞姿的训练实际上是风格的训练。由于舞姿是一种相对静止的姿态，所以要求身体各部位都要有一定的开度、柔软度、力度及很好的控制力，才能运用自如地表现出舞姿的美感。

一、舞姿身法组合

练习：音乐4/4拍，慢速、舒展。

准备：向2点方向，左虚步，左手托腮位，右手下摊掌，眼睛顺右手指尖往下望。

第1个八拍：

1～2拍：向8点方向上右腿并立，右手上盘腕。

3～4拍：正步蹲，右手下盘腕。

5～8拍：向2点方向左虚步，左背手，右手经摊掌变按掌，身体向后仰。

第2个八拍：

1～2拍：右转身向6点方向，上步并立，左手上盘腕，右手背后。

3～4拍：左手下盘腕，同时撤左大射雁。

5～8拍：向2点方向走圆场，后两拍成左大掖步，身体左倾，右背手，左手按掌，头看6点方向上方。

第3个八拍：

1～8拍：向左花柳步走一圈，同时左手先上后下盘腕，右手背后。

第4个八拍：

1～4拍：向2点方向，左虚步，姿态为斜腰，右手提襟，左手斜托掌。

5～6拍：左勾脚，向8点方向错步。

7～8拍：向右上步并立转，同时向8点方向上方刺右手。

第5个八拍：

1～2拍：向2点方向成大掖步，左手提襟，右手按掌。

3～4拍：右腿向旁边迈出，左腿旁同时左手穿刺肋。

5～8拍：向左斜探海转。

第6个八拍：

1～4拍：十字步单盘手。

5～8拍：同1～4拍动作。

第7个八拍：

1～4拍：身体面向8点方向，右虚步，姿态为斜腰，左手提襟，右手斜托掌。

5～8拍：向2点方向右脚错步接踏步翻身。

第8个八拍：

1～2拍：向2点方向上步并立，双手下盘腕。

3～6拍：左腿由前划至后，成向8点方向左大掖步，双托掌。

7～8拍：左腿后抬90°，右立半脚尖，双托，结束动作。

二、综合能力组合

（一）韵律组合

在训练中，身体首先面对2点方向跪坐，背手。

第1个八拍：

1～4拍：呼吸带动旁提做提沉。

5～8拍：旁提慢起。

第2个八拍：

1～4拍：重心右移，身体向左转，面向6点方向正坐。

5～8拍：抱前腿。

第3个八拍：

1～4拍：躺地。

5～8拍：抱前腿。

第4个八拍：

1～4拍：动力腿勾绷脚。

5～8拍：勾绷脚2次。

第5个八拍：

1～4拍：身体往右滚地形成竖叉。

5～8拍：动力腿落地，起身横叉。

第6个八拍：

1～4拍：趴地横叉。

5～8拍：趴地，双腿下滑绷脚伸直。

第7个八拍：

1～4拍：推胸腰。

5～8拍：推胸腰，翘后腿。

第8个八拍：

1～4拍：面向2点方向跪坐。

5～8拍：右脚起，后踏步展翅。

（二）综合舞蹈组合

音乐：选自《爱江山更爱美人》。

准备：双背手，左踏步，右旁提，面向5点方向。

前奏：

1～4拍：迈右脚。

5～8拍：身体走上弧线，重心从右脚移至左脚，手拉至左顺风旗位，依次撤右、左脚至右踏步位，左背手，右手从头顶盖掌至按掌位。

第一段：

第1个八拍：

1～2拍：迈左脚。

3～4拍：迈右脚（转头，目视2点方向）。

5～8拍：倒脚上右脚，吸气、吐气移重心至右边，左脚绷脚后点地，手边上领至双山膀位，左旁提。

第2个八拍：

1～2拍：右脚上步左脚跟成正步位，身朝3点方向，屈膝吐气含胸低头。

3～4拍：左手旁撩至头顶前。

5～8拍：上左脚成踏步，左手下盖于身旁25°，右背手，右旁提。

第3个八拍：

1～2拍：上右脚，双晃手，撤右脚右旁提。

3～4拍：左山膀按掌。

5～8拍：右手外抹，移重心至左脚，右脚跟上双晃手于头顶打开。

第4个八拍：

1～8拍：右手胸前掏手，脚下摆扣步，然后上左脚跟右脚，双手胸前摊掌，左拧身落左踏步，右背手，左手于身旁25°（眼睛看向8点方向）。

第5个八拍：

1～8拍：反面重复前1～8拍的动作。

第6个八拍：

1～6拍：上右脚，双晃手，撤右脚右旁提，落右踏步左按掌山膀，提气双手撩掌至头顶。

7～8拍：吐气左腿屈，右脚后虚点步，右手按掌山膀位扬掌，身体右靠。

第7个八拍：

1～2拍：移重心至右脚，右手在右耳旁掏手。

3～4拍：身朝7点方向依次上左脚、右脚。

5～8拍：双脚并立，撤右脚拉左脚，左按掌，右手旁拉至90°，然后向2点方向上步，双脚并立，右手收回于腹前，右旁提。

第8个八拍：

1～8拍：撤左脚，双手从左边经下盖至头顶，立半脚尖小云手，上右脚落大掖步左按掌，右山膀位扬掌。

第二段：

第1个八拍：

1～2拍：右手反下盘腕。

3～4拍：左十字步，双手小五花，右腿直立，出左腿抬于25°。

5～6拍：右手反下盘腕后拉开双山膀位，面朝2点方向。

7～8拍：左手外抹，左腿膝盖关开一次。

第2个八拍：

1～2拍：重复第1个八拍的7～8拍动作。

3～4拍：上左脚，盖右腿同时云手，右手反下盘手左转身，朝2点方向并立，双手拎。

5～6拍：左脚划圈，左手外抹。

7～8拍：左脚落大掖步，左按掌，右山膀位扬掌。

第3个八拍：

1～2拍：左向6点方向撤步，双手脚前交叉一拍打开。

3～4拍：朝7点方向回身错步，拧身，左脚踏步，右按掌，左山膀位扬掌。

5～6拍：上步拧身。

7～8拍：上步，右脚在前并立，左按掌扬掌。

第4个八拍：

1～2拍：先退右脚，双手胸前交叉。

3～8拍：从右边开始小碎步，双手慢慢拉开。

第5个八拍：

1～4拍：朝4点方向撤右脚走两步，双手从左边起双晃手。

5～8拍：吸右腿落右点地，左按掌，右山膀扬掌，眼睛看向8点方向。

第6个八拍：

1～8拍：反面重复第5个八拍的动作。

第7个八拍：

1～4拍：上右脚并立，左托掌，右山膀位扬掌，朝8点方向上两步。

5拍：脚在前并立，右托掌按掌。

6拍：左转身朝5点方向。

7～8拍：右手外抹回身，右踏步，左按掌，右山膀位扬掌。

第8个八拍：

1～2拍：吐气右手反下盘腕。

3～4拍：上左脚，盖右腿，同时大云手，右转身。

5～6拍：朝2点方向立半脚尖，手外上领。

7～8拍：左脚划圆，左手外抹，转身向8点方向并立，右山膀位扬掌。

第三段：

第1个八拍：

1～4拍：撤右脚，双晃手。

5～6拍：头顶小五花，移重心至左脚。

7～8拍：拉开手至山膀位，吸左腿。

第2个八拍：

1～4拍：左手带划左边的圆，走左边的圆场。

5～8拍：右手带划右边的圆，走右边的圆场，朝6点方向斜线下场。

反复练习。

本章小结

通过中国古典舞相关知识机能训练，学生不仅可以在音乐和动作节奏中实现对身体身韵、动作协调、感觉和情绪的自我控制，增强身体的灵活性、协调性和自如的反应，而且可以为塑造典雅优美的形体打下基础。学生在优美的乐曲中进行集体训练，既可以增强集体意识又可以展示她们美的身段和挺拔的体态，既缓解了她们的学习压力，也使学生找到了展示自我的空间。学生能在训练中提高个人的模仿能力，启发丰富的想象力和对事物的感悟去表现动作的内涵，舞蹈艺术形体训练的过程也是综合能力提高的过程。

思考与练习

1．分组练习，巩固提升

通过练习体会，容易掌握的地方是＿＿＿＿＿＿＿＿＿＿＿＿＿＿＿＿＿＿

难以掌握的动作是＿＿＿＿＿＿＿＿＿＿＿＿＿＿＿＿＿＿＿＿＿＿＿＿

2．教师巡回指导、纠正

根据学生的练习情况，该动作（组合）值得发扬和保留的地方是＿＿＿＿＿＿＿

需要重新调整或反复练习的地方是＿＿＿＿＿＿＿＿＿＿＿＿＿＿＿＿＿＿

3．学习体会

我的收获：＿＿＿＿＿＿＿＿＿＿＿＿＿＿＿＿＿＿＿＿＿＿＿＿＿＿＿＿

我的困惑：＿＿＿＿＿＿＿＿＿＿＿＿＿＿＿＿＿＿＿＿＿＿＿＿＿＿＿＿

第十一章 形体健美训练

第一节　芭蕾

第二节　形体瑜伽训练

第三节　健身健美操

第四节　形态矫正训练

知识目标

1. 了解形体健美的基本知识。
2. 掌握把上和把下技能规范准则，科学的训练方法和特点。

能力目标

1. 培养学生在动静结合的美态中表现音乐的能力。
2. 培养学生制订个人健美计划的能力。
3. 使学生通过个人努力矫正不正确的体态。

人们在日常工作和生活中的各种姿态正确与否，直接影响着人们的工作和生活的质量。随着人类社会文明程度的不断提高，人们对姿态的要求已不是简单的正确与否。社会文明呼唤着人们姿态美的不断发展和提高。姿态美是建立在形体美的基础之上，没有形体美，就没有真正意义上的姿态美。

第一节　芭蕾

在我国舞蹈文献中，一般把 Ballet一词翻译为“芭蕾”或“舞剧”，该词源于拉丁语Ballo，译为跳或跳舞，更远可以追溯到15世纪，意大利首次出现芭蕾时将它命名为Balletto，其艺术孕育于意大利文艺复兴时期（14－16世纪），17世纪诞生于路易十四的法国宫廷并日臻完善，19世纪末期在俄罗斯达到发展的顶峰。芭蕾舞在四百余年不断发展和完善的过程中，对全世界都产生了很大的影响，流传极为广泛，至今已成为世界各国都在努力发展的一种国际主流舞蹈艺术形式。

芭蕾形体训练的功能是以挺拔向上、舒展灵活的舞姿动作，帮助人们塑造美好形体，使人气质高雅，仪态万方，同时陶冶性情，美化心灵，促进人们的身心健康和社会风尚的完整，进一步推动社会的精神文明建设。

一、基本手位

芭蕾手的形态是大拇指尖要轻轻地碰到中指的指根处，其他的手指稍弯一些挨在一起放好（图11–1–1）。这种形态只是在初学时才要求这样做。因为在初学时还不能有意识地控制自己的动作，因而手指容易紧张。以后，手的形态变得比较自然，大拇指不必碰中指，而是朝向手心既可。我国至今沿用的是以下七个手位，如图11–1–2所示。

图11–1–1

图11–1–2

1. 一位手

手自然下垂，胳膊肘和手腕处稍圆一些。手臂与手成椭圆形，放在身体的前面，手的中指相对，并留有一拳的距离。

2. 二位手

手保持椭圆形，抬到横隔膜的高度（上半身的中部，腰以上，胸以下的位置），但在动作过程中，要注意保持胳膊肘和手指这两个支撑点的稳定。

3. 三位手

在二位手的基础上继续上抬，放在额头的前上方，不要过分的向后摆，三位手就像是把头放在椭圆形的框子里，头随手动，眼睛看着手心。

4. 四位手

在三位手的基础上左手不动，右手切回到二位，组成四位。眼睛随着变化的手位移动。

5. 五位手

在四位手的基础上左手不动，右手保持弯度成椭圆形。从手指尖开始慢慢向旁打开。在过程中胳膊肘和手指两个支撑点要保持在一个水平面上。手要放在身体的前面一点，不要过分向后打开，起到一个延续双肩线条的作用。

6. 六位手

在三位手的基础上右手保持不变，左手切回到二位，组成六位。眼睛随着变化的手位移动。

7. 七位手

在六位手的基础上右手不动，左手保持弯度成椭圆形。从手指尖开始慢慢向旁打开。在过程中胳膊肘和手指两个支撑点要保持在一个水平面上。手要放在身体的前面一点，不要过分向后打开，起到一个延续双肩线条的作用。

二、基本脚位

脚位学习的一般顺序是：一位、二位、三位、五位、四位，脚的基本位置是学生最早要学习的动作。不只是因为简单，而是芭蕾课堂上大部分动作都是以这5种位置之一作为开始和结束姿态。外开并非易事，但也并非可怕，它需要时间和坚持不懈的刻苦锻炼。有些人的自然开度好，以下的动作就能很轻易地完成。有些人开度较差些，但多练习就会逐渐达到要求。五种脚位如图11-1-3所示。

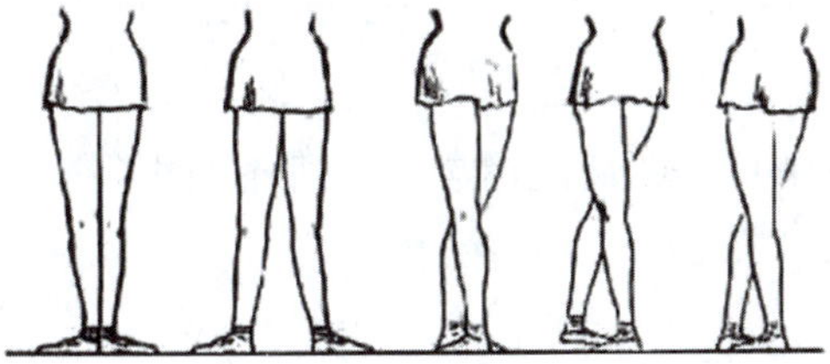

图11-1-3

1. 一位脚

两脚完全外开。两脚跟相接形成一横线。

2. 二位脚

两脚跟在一位基础，向旁打开一脚的距离（根据自己脚的大小）。

3. 三位脚

一脚位于另一脚之前。前脚跟紧贴后脚心。前脚盖住后脚的一半。

4. 五位脚

两只脚紧贴在一起，一脚的后跟紧挨着另一只脚的脚尖，前脚完全遮盖住后脚。

5. 四位脚

一脚从五位向前打开，两脚相距一脚的距离。前脚跟与后脚趾关节成一条线。

三、地面练习

1. 勾绷脚

预备姿势：直角坐，两腿并拢伸直，绷脚面，两臂体旁指尖点地。

动作做法：双脚用力向上勾，脚面还原，然后双脚依次勾、绷脚面练习（图11–1–4）。

动作要求：保持抬头、挺胸、腰背挺直的姿势，勾绷脚要充分，勾和绷都要到极限，脚背向上拱，脚尖向下压，与腿部形成一条流线型造型。

图11–1–4

2. 踝绕环

预备姿势：直角坐，两腿并拢伸直，绷脚面，两臂体旁指尖点地。

动作做法：双脚由绷脚面开始，同时各向外展，经勾脚面向内绕环至绷脚面，然后反方向练习（图11–1–5）。

动作要求：保持抬头、挺胸、腰背挺直的姿势，踝绕环时要充分。

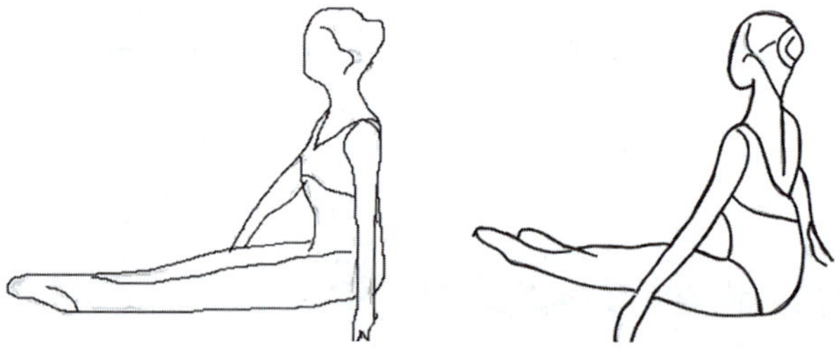

图11–1–5

3. 举腿绷脚面

预备姿势：坐地，两腿并拢伸直，绷脚面，两臂体旁指尖点地。

动作做法：左腿伸直上举，还原成预备姿势，然后换右腿练习。正吸左腿，脚头前点地，接着伸直上举，再屈膝成脚尖前点地，还原，换右腿练习（图11–1–6）。

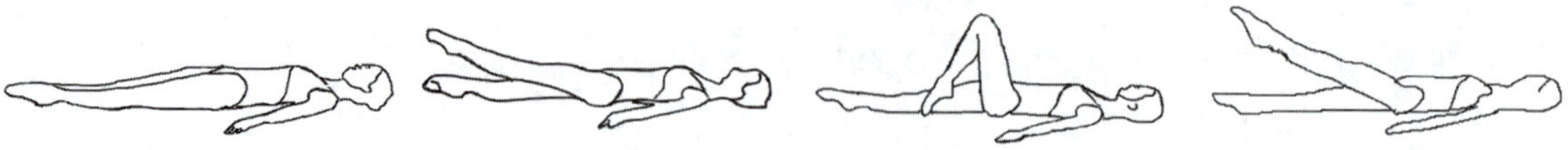

图11–1–6

动作要求：举腿时要绷脚面，脚面外开。吸腿方向要正，以脚面带动举腿。

4. **弹腿绷脚面**

预备姿势：仰卧，两腿并拢伸直，绷脚面，两臂放于身侧置于地面。

动作做法：两腿同时正吸腿，脚尖点地，接着两腿向上弹踢小腿，再屈膝成脚头点地，还原。左腿侧吸，大小腿贴住地面，接着向侧弹踢小腿，再还原成侧吸腿，最后还原成预备姿势，换右腿练习（图11–1–7）。

动作要求：弹腿时大腿不动，小腿弹直。侧吸腿弹腿过程中骨盆固定，紧贴地面。

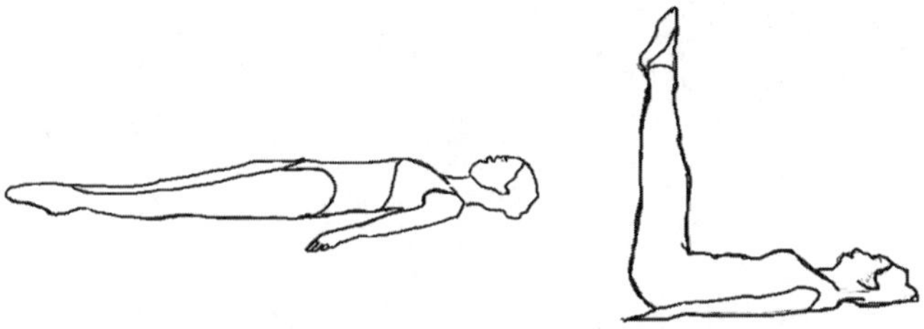

图11–1–7

5. **组合练习**

（1）脚与头的训练组合

准备：面向1点方向，双腿伸直。

动作：

①头上、平、下、平、左45° 平、右45° 平。

②头下环动到左移动后环动右移动下、平。

③左脚勾绷脚，右脚保持不动，换脚重复，身体保持准备动作。

④双脚同时勾绷脚。

⑤双脚交替勾绷脚，头随脚动作，左右摆动，双脚环动向外一周，头随前后动，双脚向内一周，抬头。

（2）呼吸与吸伸腿的组合

准备：面向1点方向，双腿伸直。

动作：

1~2拍：右腿盘膝，左腿向旁打开，手二位。

3~4拍：双手从二位向旁打开伸展，同时向右下腰，右手伏地，目光注视左手指尖，左手上抬与身体呈75° 。

5拍：左腿吸，左手变成三位手。

6拍：由脚尖带动，小腿向上伸直，手三位不动。

7拍：左腿保持伸直，平放于地面，双手成七位手。

8拍：回到准备位。

2~8拍同1~8拍，动作腿换为右腿。

（3）平躺

动作：

1~2拍：右腿左前吸腿。

3~4拍：右腿向上伸直，呈90°。

5~6拍：右腿放下吸腿，脚尖点地。

7~8拍：脚尖贴地面，伸直双腿。

2~8拍同1~8拍，动作腿换为左腿。

四、把杆训练

（一）扶把的方法（图11-1-8）

1. 双手扶把

动作要领：面向把杆，身体距把杆约一脚，双手扶在把杆上，肩、肘、腕下沉，手要松弛，双眼平视。

2. 单手扶把

动作要领：侧向把杆、内侧手位于身体稍前，轻放在侧面把杆上。肩、肘、腕下沉，另一臂成所要求的位置，双眼平视。

图11-1-8

（二）把杆基本练习

1. 蹲

蹲分为半蹲和全蹲。

音乐：4/4拍。

准备姿势：左手扶把，右手为一位位置，脚一位。

动作（图11–1–9）：

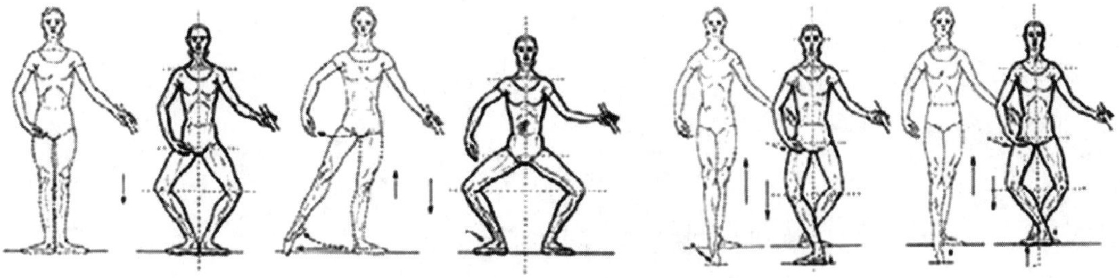

图11–1–9

第1个八拍：

1～4拍：右手起二位打开七位，同时一位半蹲一次。

5～8拍：一位深蹲一次。

第2个八拍：

1～2拍：立半脚尖，右手收一位。

3～4拍：停住。

5～6拍：落脚跟。

7～8拍：右脚一位擦地向旁打开二位脚，右手起二位打开至七位。

第3个八拍：

1～8拍：二位脚重复1～8拍动作。

第4个八拍：

1～2拍：立半脚尖，右手经一位、二位到三位。

3～4拍：停住。

5～6拍：落脚跟。

7～8拍：右脚推起旁点地，划到右前四位，右手打开七位。

第5个八拍：

1～8拍：重复四位脚1～8拍动作。

第6个八拍：

1～2拍：立半脚尖，右手成二位延伸，头向右。

3～4拍：停住。

5～6拍：落脚跟。

7～8拍：右脚推起前点地，收前五位脚，右手打开七位。

第7个八拍：

1～8拍：在五位重复1～8拍动作。

第8个八拍：

1～2拍：立半脚尖，右手成二位。

3～4拍：停住。

5～6拍：落脚跟。

7～8拍：右脚擦地向旁，收回一位脚，手经七位收一位。

要求：

（1）髋、膝、踝外开，上体正直，重心始终保持在两腿中间。

（2）下蹲和立起时，动作要连贯、匀速、有控制。

（3）下蹲和立起时必须保持对抗性。

2. 起踵

音乐：3/4拍。

准备姿势：双手扶把，以一位姿势站立。

动作（图11–1–10）：

图11–1–10

第1个八拍：

1～4拍：双脚跟慢提起，脚尖着地。

5～8拍：立踵控制，慢慢还原。

第2个八拍：

重复1～8拍动作，完成4个8拍。

要求：

（1）起踵时双脚跟尽量上提，脚尖用力向上顶。腿、胯部肌肉收紧。

（2）速度均匀，重心往上，控制身体平稳。

（3）还原时重心在两脚掌上，保持上身不松懈。

3. 擦地

音乐：4/4拍。

准备姿势：双手扶把，脚一位。

动作（图11–1–11）：

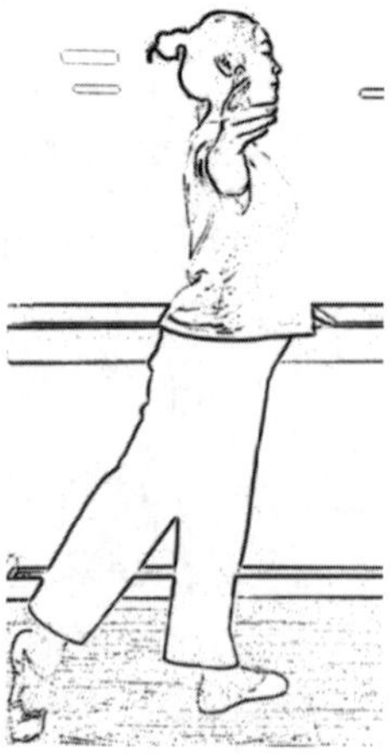

图11–1–11

第1个八拍：

1～2拍：右脚擦地，出旁点地。

3～4拍：收回一位。

5～8拍：重复1～4拍动作。

第2个八拍：

1～2拍：右脚擦地，出旁点地。

3～4拍：落成二位脚。

5～6拍：移重心，左脚推起旁点地。

7～8拍：落成二位脚。

第3个八拍：

1～2拍：移重心，右脚推起旁点地。

3～4拍：收回一位。

5～8拍：半蹲。

第4个八拍：

1～2拍：右脚擦地，出前点地。

3～4拍：收回一位。

5～6拍：右脚擦地，出后点地。

7～8拍：收回一位。

要求：

（1）保持立腰、立背、收腹、挺胸形态。

（2）擦地迅速，绷脚背，脚尖始终不离地，向前、侧、后点地，脚面外翻。

4. 五位擦地

音乐：2/4拍。

准备姿势：单手扶把，右脚前五位，右手一位。

动作（图11–1–12）：

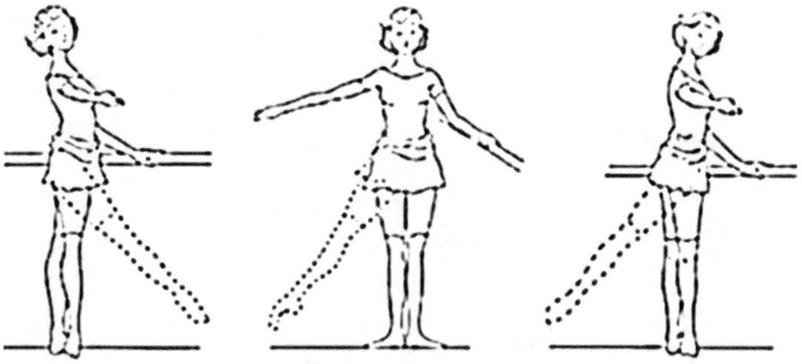

图11–1–12

第1个八拍：

1～4拍：右手经二位打开至七位，同时右脚向前擦地两次。

5拍：五位擦地出前点地。

6拍：落成四位半蹲。

7拍：移重心成左脚后点地直起。

8拍：左脚收后五位。

第2个八拍：

1～8拍：左脚向后重复1～8拍动作。

第3个八拍：

1～6拍：右脚向旁做三次五位擦地，收后、前、后，做动作带上头的方向。

7～8拍：半蹲一次。

第4个八拍：

1～6拍：右脚向旁做三次五位擦地，收前、后、前，做动作带上头的方向。

7～8拍：手收回一位。

要求：

（1）擦地出去回来速度要平均，出去时脚迅速绷紧。

（2）擦地向前时头一般看动作腿方向，擦后五位时头看向前方。

（3）擦地时胯不能动，大腿内侧肌尽量拉长并保持胯的平行。

（4）注意节奏。

5. 划圈

音乐：3/4拍。

准备姿势：左手扶把，右手一位，脚五位。

动作（图11–1–13）：

第1个八拍：

1～2拍：不动。

3～4拍：手经二位打开至七位，脚四拍动作，右脚做两个离开主力腿的地面划圈，划到后面。

5～6拍：离开主力腿的地面划圈两次。

图11–1–13

7~8拍：离开主力腿的地面划圈一次，同时主力腿半蹲，手经一位、二位打开至七位。

第2个八拍：

1~8拍：右腿抬前45°，空中划向后，下点地收后五位。

第3个八拍：

3~4拍：右脚做两个往主力腿方向的地面划圈，划到前。

5~6拍：往主力腿方向的地面划圈两次。

7~8拍：往主力腿方向的地面划圈一次，同时主力腿半蹲，手经二位、一位到七位。

第4个八拍：

1~8拍：右腿慢慢抬后45°，空中划向前，下点地收前五位。

第5个八拍：

1~2拍：上身向前弯腰，手一位。

3~4拍：直起，手经二位到三位，最后一拍右脚擦地向前。

5~6拍：上身向后弯腰，头看向右，手三位。

7~8拍：直起，手同时打开到七位，最后一拍，右脚收五位立半脚尖。

第6个八拍：

1~6拍：上身向前弯腰，在半脚尖上做。

7~8拍：直起，收同时打开到七位，最后一拍落脚跟成五位，手收一位。

要求：

（1）保持立腰、立背、收腹、挺胸形态。

（2）划圈时两腿保持绝对外开，脚跟用力向前顶，重心始终在支撑腿上。

6. 控腿

音乐：6/8拍。

准备姿势：左手扶把，右手一位位置，呈右“丁”字步站立。

动作（图11-1-14）：

第1个八拍：

1~4拍：右腿向前提、右手经二位至七位位置。

5~8拍：右腿成后鹤立式控腿，右手抬至三位位置。

第2个八拍：

1~4拍：重复前1~4拍动作。

5~8拍：重复前5~8拍动作，方向相反。

第3个八拍：

1~4拍：左手扶把、右手一位位置，右腿侧吸。

5~8拍：左手扶把，右手向侧拉开，右腿侧上控腿。

图11-1-14

第4个八拍：

1～4拍：左手扶把，右手为一位位置，右腿侧吸。

5～8拍：左手扶把，右手向上，右腿后控腿。

第5个八拍：

1～8拍：重复第3个八拍动作。

第6个八拍：

1～8拍：重复第4个八拍动作，方向相反。

要求：

（1）动作时支撑腿保持直立，动作腿最大限度外开伸直绷脚。

（2）背部直立，不能塌腰。

（3）强调动作的流畅和连贯。

7. 弹腿

音乐：2/4拍。

准备姿势：左手扶把，右手于体侧自然下垂，呈右“丁”字步站立。

动作（图11–1–15）：

第1个八拍：

1～4拍：右腿向前45° 弹直。

5～8拍：控腿4拍。

第2个八拍：

1～4拍：右腿向侧吸腿。

5～8拍：右腿向侧弹腿。

第3个八拍：

1～4拍：右腿向前45° 弹腿。

5～8拍：控腿4拍。

第4个八拍：

1～4拍：右腿向侧吸腿。

5～8拍：右腿向侧弹腿。

图11–1–15

要求：

（1）动作腿出去回来都要有力量，回来时小腿直接回，大腿要控制好。

（2）动作腿向前时，要用脚跟推出去，收回时要用膝盖主动带回来，动作腿向后时，膝盖也要主动推出去，收回要用脚跟带回来。

（3）动作时始终保持胯的平、正，后背挺拔上提。

五、芭蕾舞姿组合

综合舞姿训练是为培养训练者良好的形体姿态和艺术表现力，塑造身体各部分的形态，形成直立、挺拔的身姿。

准备姿势：1～4拍一位手，左腿前五位，5～6拍双手小七位打开，7～8拍收回准备位。

动作：

第1个八拍：

1～2拍：手打开二位。

3～4拍：左腿向旁擦地的同时，手打开七位旁点地。

5～6拍：保持第4拍的动作不动。

7～8拍：右脚收回前五位，身体转向8点方向。

第2个八拍：

1～4拍：五位蹲，起的同时手到二位。

5～6拍：手打开成五位。

7～8拍：右脚向前擦地。

第3个八拍：

1～8拍：换手转胸腰，旁、后、旁，最后一拍身体直立，回到第2个八拍的第8拍动作。

第4个八拍：

1～2拍：五位蹲，手经过七位回到一位。

3～4拍：重心换到右脚，左脚后点地，左手前，右手旁打开。

5～8拍：抬左腿，身体姿态保持不变。

第5个八拍：

1～4拍：保持不动，右腿下蹲。

5～8拍：并脚转，手到三位。

第6个八拍：

1～4拍：左脚后踏步，手一前一后打开，上身微向后倒。

5～8拍：同1～4拍，方向相反。

第7个八拍：

1～4拍：右脚前五位并立，双手向2点方向延伸，身体面向2点方向，眼睛看手指尖最远处。

5～8拍：左脚前进一步，右脚后点地，手打开到六位。

第8个八拍：

1～2拍：脚收回一位，手打开到二位。

3～4拍：双手打开到三位。

5～6拍：双手打开到七位。

7～8拍：收回准备位，身体直立。

第二节 形体瑜伽训练

一、什么是瑜伽

瑜伽（Yoga），Yoga是从印度梵语Yug和Yuj而来，其含意为“一致”“结合”或者“和谐”，瑜伽就是一个通过提升意识、帮助人类充分发挥潜能的体系，瑜伽姿势运用古老而易于掌握的技巧，改善人们生理、心理、情感和精神方面的能力，是一种达到身体、心灵与精神和谐统一的运动方式，总而言之，瑜伽是一种强调身、心、灵和谐统一的生活方式。

二、瑜伽特点

瑜伽动作柔和，可以有效地避免运动伤害，从小孩到老人，甚至孕妇都可以在指导下练习。

瑜伽不受场地、时间和经济条件限制，练习瑜伽只需要很小的空间，不需要昂贵的器械，一个角落、一块洁净的垫子和一颗纯净的心灵即可。瑜伽对身体的全方位调节和锻炼可以起到辅助医疗的作用，瑜伽拥有一套完整的体系，博大精深的实践与理论体系使得瑜伽超越了一般体育运动的范畴，所以瑜伽实际上是一个可以全面调整修习者身体和心灵的系统。

三、瑜伽的呼吸法

1. 腹式呼吸法

吸气时，用鼻子把新鲜的空气缓慢深长的吸入肺的底部，随着吸气量的加深，胸部和腹部之间的横膈膜就向下降，腹内脏器官下移，小腹会像气球一样慢慢鼓起。呼气时，腹部向内、朝脊椎方向收紧，横膈膜自然而然的升起，把肺内的浊气完全排出体外，内脏器官复原位。

2. 胸式呼吸法

慢慢吸气时，把气体吸入胸部区域，胸骨、肋骨向外扩张，腹部应保持平坦。当吸气量加深时，腹部应向内收紧。呼气时，缓慢地把肺内浊气排出体外，肋骨和胸部恢复原位。

3. 完全呼吸法

完全呼吸法是把胸式呼吸和腹式呼吸结合在一起完成的正确自然的呼吸。轻轻吸气时，首先把空气吸入到肺的底部，腹部区域起涨，然后是空气充满肺的中部、上部，这时，就是从腹式呼吸过渡到胸式呼吸。当你已经吸入到双肺的最大容量时，这时你会发觉腹壁和肋骨下部向外推出，胸部只有些微移动。呼气，按相反的顺序，首先放松胸部，然后放松腹部尽量把气吐尽，然后有意使腹肌向内收紧，并温和地收缩肺部，然后再次慢慢吸气，首先充满腹部，如此循环下去。

四、瑜伽体位法

1. 拜日式（图11-2-1）

（1）呼气，双手在胸前合掌，目视前方。前臂成一线平行地面，双脚并拢，骨盆保持中正。

（2）吸气，双臂从身体两侧向上伸展举至头顶，掌心向前，胸骨上提，打开胸腔，以手臂带动躯干向后上方伸展。

（3）呼气，上身向前弯曲，双手随着前弯缓缓放下，贴在双脚两侧，直到腹部、胸部贴住大腿，额头尽量往膝盖靠近。

（4）吸气，双手不动，左腿向后伸，髋部前推下沉，脊柱充分伸展，头向上抬。

（5）屏住呼吸，将右腿向后伸，双腿依次向后伸直，脚趾点地，身体呈一线。

（6）吸气，膝盖着地，臀部保持抬高，胸部贴地。

（7）吸气，抬头，身体向上挺起，双脚并拢贴地。

（8）呼气，头向下垂，放于两臂之间，身体呈倒“V”姿势。

（9）吸气，右脚向前跨出，回到双手不动，左腿向后伸，髋部前推下沉，脊柱充分伸展，头向上抬。

（10）双手不动，边呼吸边把左脚收回，两腿并拢，回（3）。

（11）吸气，双手慢慢举过头顶，身体向后仰回到（2）。

（12）呼气，双手放于腿侧，回到初始动作。

图11-2-1

2. 前屈体式（图11-2-2）

（1）金刚坐姿。

（2）吸气，双手从身体两侧向上延伸高举头顶，髋屈曲，上体自然伸展向前。

（3）呼气，双手及小臂放于地面上，掌心向下，额头触地。

图11-2-2

图11-2-3

（4）保持几组呼吸，然后还原。

3. 简易鱼式（图11-2-3）

（1）仰卧，双手扶着两臀的外一侧，肘关节触地。

（2）两肘关节向地面用力撑起，将背部离开地面，头顶触地。

（3）将两手掌放在大腿上，保持自然呼吸。

4. 船式（图11-2-4）

（1）仰卧，两腿伸直。两臂平放体侧，掌心向下。

（2）吸气，臀部作为支撑点，同时抬起上半身及双腿，都与地面呈大约30°。双腿并拢，腰背挺直，双臂平行，于体前平举。保持自然的呼吸，坚持这个动作20秒。

（3）呼气时将双腿及躯干放回地面，仰卧放松全身。

5. 摇摆式（图11-2-5）

（1）仰卧，两腿向前伸直。

（2）两腿屈膝，将两大腿收近胸部。

（3）两臂抱着两腿，十指相交。

（4）抬起头，让身体前后摇摆。

（5）小心不要让头猛碰地板。

（6）前后摇摆5次，到第5次完时，顺势做出蹲着的姿势，这就是一个回合。

（7）重复做8～10个回合。

6. 风吹树式（图11-2-6）

（1）挺身直立，两脚并拢，两臂放在两侧。

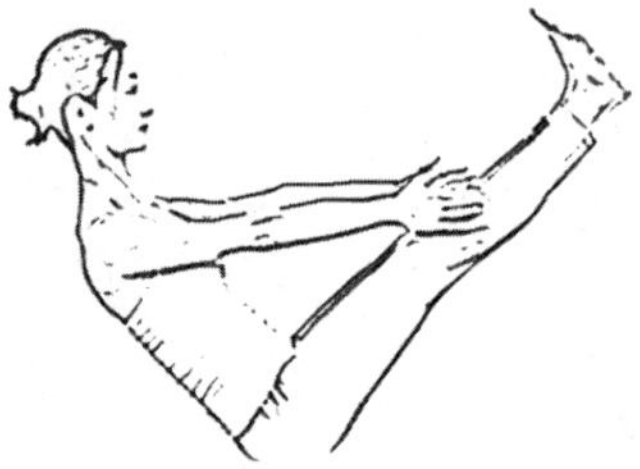

图11-2-4

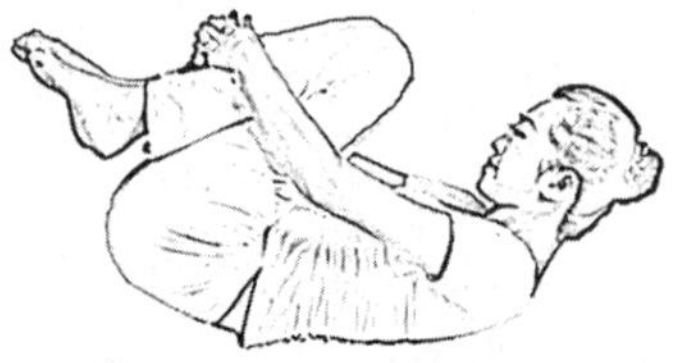

图11-2-5

图11-2-6

（2）吸气，十指相交，两臂高举过头顶，转动两腕，使两腕朝天。

（3）用脚尖着地站着，呼气，上身躯干从腰部弯曲，倾向右侧。保持此姿势几秒钟，吸气让上身恢复中央位置，平脚站立。

（4）呼气，上身躯干从腰部弯曲，倾向左侧。保持此姿势几秒钟，吸气让上身恢复中央位置，平脚站立。调整呼吸，吸气放下双臂回到挺身直立，两脚并拢，两臂放在两侧。

7. 腰躯转动式（图11-2-7）

（1）身子站立，两脚分开。

（2）十指相交，吸气，两臂高举过头，转动手腕，让两手掌心向上。

（3）呼气，向前弯身，弯到两腿和背部形成90°为止，两眼注视两手。

（4）吸气，将上身躯干尽量转向右方。

（5）回到向前弯身位置，吸气，跟着又将上身躯干尽量转向左方。

（6）呼气，回到向前弯身位置。

（7）吸气，身体直立，呼气手打开放于身体两侧。

8. 侧角转动式（图11-2-8）

（1）三角式开始，将右脚向右方转90°，左脚向右方转约60°。

（2）屈右膝，直到大腿与地面平行，小腿垂直于地面及大腿。

（3）呼气，将左臂放在右膝上，转动躯干和左腿。

（4）左胳肢窝放在右膝之上，将左掌心放在右脚外侧的地板上。

（5）左膝保持挺直，将躯干和脊柱转向右边，把右臂伸出高于太阳穴之上。

（6）一边深长而稳定的呼吸，一边保持这个姿势15～30秒。

（7）吸气，慢慢升起左掌和躯干。

（8）伸直右腿，使两臂和身体其余部分回到原来的三角式。

（9）呼气，在左边按相反方向做整个练习。

9. 战士第一式（图11-2-9）

（1）按基本三角式站立，右脚尖指向右前方，左脚尖转向右方大约15°，屈右膝，做成

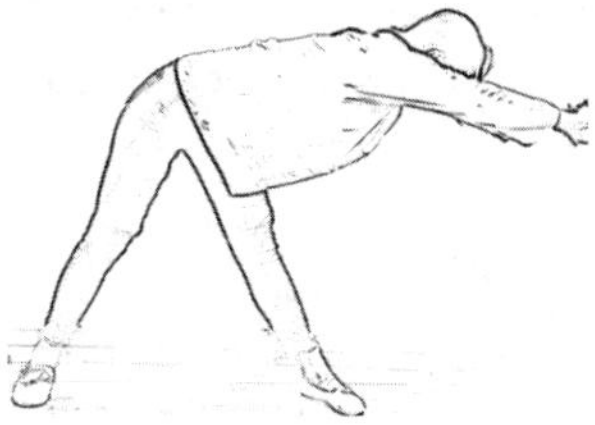

图11-2-7

图11-2-8

图11-2-9

右弓步。

（2）上身躯干转向右方，吸气，两手慢慢从旁上举，两手举至头顶上方，双手合十，保持肘部伸直。

（3）呼气，抬头，眼望指尖，自然呼吸30～60秒。

（4）吸气，脸朝前，眼看前方，伸直右膝盖。

（5）呼气，两手分开，自然放于体侧。

（6）换左侧做同样练习。

10. 战士第三式（图11-2-10）

（1）在战士第一式基础上，慢慢将重心移至右脚，将举起的双臂缓缓前移。

（2）慢慢将左腿抬起。

（3）伸直右膝，保持左腿、上身躯干、头、手臂在同一直线上，保持30～60秒。

（4）吸气，屈右膝，左脚尖回落到地面。

（5）呼气，两腿伸直，两手放下。

（6）换左侧做同样练习。

图11-2-10

第三节　健身健美操

健身健美操通常称为大众健美操，是集健身、娱乐、防病为一体的群众性、普及性健身运动。它是在音乐伴奏下，以身体练习为基本手段，以有氧运动为基础，达到增进健康、塑造形体和娱乐的目的。健身健美操的动作简单、活泼、流畅，讲究针对性和实效性，组合与成套动作中多以对称的形式出现，节奏感强，音乐速度适中，每10秒钟20～24拍。健身健美操的锻炼不受场地和器械的限制，随意性比较大。

一、健身健美操基本动作

健美操基本动作是由基本步法和上肢动作两部分组成的。

（一）基本步法

基本步法是体现练习者下肢动作基本姿态的主要练习手段，根据动作完成的形式不同，可将基本步法分为五大类：交替类、迈步类、点地类、抬腿类和双腿类。

1. 交替类

两脚始终做依次交替落地的动作。

（1）踏步（原始动作）

动作：两腿原地依次抬起，依次落地，同时两臂屈肘握拳，自然前后摆动。

要点：下落时，踝、膝、髋关节依次有弹性地缓冲，保持腰腹肌肉收紧。

（2）走步

动作：迈步向前走时，脚跟先落地，过渡到全脚掌；向后走时则相反。

要点：落地时，踝、膝关节有弹性地缓冲。

（3）一字步

动作：一脚向前一步，另一脚并于前脚，然后再依次还原。

要点：向前迈步时，脚跟先着地，过渡到全脚掌；前后均要有并腿过程；每一拍动作膝关节始终有弹性地缓冲。4拍完成前后并脚。

（4）V字步

动作：一脚向侧前方迈一步，另一脚随之向另一方迈一步，成两脚开立，屈膝，然后再依次退回原位。

要点：两腿膝、踝关节始终保持弹动状态，分开后成分腿半蹲，重心在两腿之间。

（5）漫步

动作：一脚向前迈出，屈膝，重心随之前移，另一脚稍抬起，然后原地落下，或向后撤一步，重心后移，另一脚稍抬起，然后原地落下。

要点：两脚始终保持交替落地，身体重心随动作前后移动，但始终在两脚之间。

（6）跑步

动作：两腿经过腾空，依次落地缓冲，两臂屈肘摆臂。

要点：落地屈膝缓冲，脚跟尽量落地。

2. 迈步类

一条腿先迈出一步，重心移到这条腿上，另一条腿用脚跟、脚尖点地或吸腿、屈腿、踢腿等，然后向另一个方向迈步。

（1）并步

动作：一脚迈出，另一脚随之并拢屈膝点地；再向反方向迈步。

要点：两膝始终保持弹动，动作幅度和力度可随风格而定。

（2）迈步点地

动作：一脚向侧迈一步，两脚经屈膝移重心，另一腿在前、侧或后用脚尖或脚跟点地。

要点：两膝同时有弹性地屈伸，重心移动轨迹呈弧形，上体不要扭转。

（3）迈步吸腿

动作：一脚迈出一步，另一腿屈膝抬起，然后向反方向迈步。

要点：经过屈膝半蹲，抬膝时支撑腿稍屈膝。

（4）迈步后屈腿

动作：一脚迈出一步，另一腿后屈，然后向相反方向迈步。

要点：经过屈膝半蹲，支撑腿稍屈膝，后屈腿的脚跟靠近臀部。

（5）侧交叉步

动作：一脚向侧迈一步，另一脚在其后交叉，随之再向侧迈一步，另一脚并拢，屈膝点地。

要点：第一步脚跟先落地，身体重心快速随着脚步而移动，保持膝、踝关节的弹动。

3. 点地类

一腿屈膝站立，另一腿伸出，用脚尖或脚跟点地后还原到并腿位置的动作。

（1）脚尖点地

动作：一腿稍屈膝站立，另一腿伸出，脚尖点地，然后还原到并腿姿势。

要点：支撑腿始终保持屈膝站立，并且随动作有弹性地屈伸。

（2）脚跟点地

动作：一腿稍屈膝站立，另一腿伸出，脚跟点地，然后还原到并腿姿势。只可做向前和向侧的脚跟点地。

要点：支撑腿始终保持屈膝站立，并且随动作有弹性地屈伸。

4. 抬腿类

一腿站立，另一腿抬起的动作。

（1）吸腿

动作：一腿屈膝抬起，落下还原。

要点：支撑腿保持屈膝弹动，大腿上抬超过水平，上体保持正直。

（2）摆腿

动作：一腿稍屈膝站立，另一腿做摆动。

要点：摆腿时上体顺势前倾、后倒或侧倾。

（3）踢腿

动作：一腿稍屈膝站立，另一腿抬起，然后还原。

要点：抬起腿要有控制，保持上体正直。

（4）弹踢腿（跳）

动作：一腿站立（跳起），另一腿先向后屈，再向前下方踢腿还原。

要点：腿弹出时要有控制，保持上体正直。

（5）后屈腿（跳）

动作：一腿站立（跳起），另一腿向后屈膝，放下腿还原。

要点：支撑腿保持弹性，两膝并拢，脚跟靠近臀部。

5．双腿类

双腿站立，身体重心在两腿之间的动作。

（1）并腿跳

动作：两腿并拢跳起。

要点：落地缓冲有控制。

（2）分腿跳

动作：分腿站立屈膝半蹲，向上跳起，分腿落地屈膝缓冲。

要点：屈膝半蹲时，大、小腿夹角不小于90°。

（3）开合跳

动作：由并腿跳起，分腿落地，再由分腿跳起，并腿落地。

要点：分腿屈膝蹲时，两脚自然外开，膝关节沿脚尖方向屈，夹角不小于90°，脚跟落地。

（二）上肢动作

在完成基本动作时加入不同的手臂动作就会使动作变得丰富多彩，或改变动作的强度和难度。如手臂在肩以上的动作强度就大于手臂在肩以下的动作强度；手臂动作变化多的一组动作就难于手臂动作变化少的动作组合。另外，健美操的手臂动作除了自然摆动和一些舞蹈动作外，主要是模仿上肢力量练习的一些动作。这样做既美观，又使练习更加有效。

1．常用手形

（1）掌形　五指伸直并拢。

（2）拳形　握拳，拇指在外，压在食指弯曲部位。

（3）五指张开形　五指用力伸直张开。

2．上肢动作

（1）举　臂伸直向某方向抬起。

（2）屈臂　前臂与上臂角度不断减小。

（3）伸臂　前臂与上臂角度不断增大。

（4）屈臂摆动　屈肘在体侧自然地摆动。可依次和同时进行。

（5）上提　直臂或屈臂由下至上提抬起。如屈臂前提、直臂侧提。

（6）下拉　臂由上举或侧上举拉至身体两侧。

（7）胸前推　立掌，臂由肩部向前推。

（8）冲拳　屈臂握拳，由腰间猛力向前冲拳。

（9）肩上推　立掌，屈臂由肩部向上推。

二、健身健美操组合

第一段：

第1个八拍：

1～8拍：原地踏步，手前后摆动。

第2个八拍：

1～4拍：踏步向前。

5～8拍：踏步向后。

第3个八拍：

1～2拍：双手直角上举，双膝弯曲，身体回直立。

3～4拍：小臂平行收于胸前，双膝弯曲，身体回直立。

5～8拍：重复1～4拍。

第4个八拍：

1～2拍：双手平行收于胸前，右腿侧点地，双手垂直放下，右膝微微弯曲。

3～4拍：与1～2拍动作相反。

5～8拍：重复1～4拍动作。

第5个八拍：

1～2拍：右腿侧点地，双手伸直举过头顶，双手握拳收回，右腿收回屈膝。

3～4拍：做1～2拍相反动作，双手握拳收回，左腿收回屈膝。

5～8拍：重复1～4拍动作。

第6个八拍：

1～2拍：双手向两侧平行打开，左腿旁点地，手向下收回交叉，右腿后踏步。

3～4拍：做1～2拍相反的动作。

5～8拍：重复1～4拍动作。

第7个八拍：

1～2拍：左手放于头后，右手向旁伸直，左腿弯曲点跳。

3～4拍：同1～2拍动作相反。

5～6拍：重复1～2拍动作一次。

7～8拍：重复3～4拍动作一次。

第8个八拍:

1～2拍：右手右脚同时向2点方向打开，左手左脚同时向8点方向打开。

3～4拍：退右脚，双手交叉收回胸前，收回直立。

5～8拍：重复1～4拍动作。

第二段:

第1个八拍:

1～2拍：双手向前伸直，左腿弯曲，右腿前伸，脚后跟着地，收回直立。

3～4拍：动作同1～2拍，方向相反。

5～6拍：双手向两侧平伸，左腿弯曲，右腿侧点地，身体直立，双手腹前交叉。

7～8拍：重复5～6拍动作一次。

第2个八拍:

1～2拍：右腿直立，左腿侧点地，右手握拳放于腰侧，左手向8点方向前伸。

3～4拍：同1～2拍，方向相反。

5～6拍：双膝下蹲，双手放于膝盖之上。

7～8拍：身体直立，双脚并拢，胸前拍掌两次。

第四节　形态矫正训练

每个人的形体都有自己独特的魅力，但是我们每个人生就不可能完全达到特别符合现代模特标准的比例，日常生活中的各种先天或后天的原因，造成了人体型这样或那样的问题，每个人都有追求美的权利，形体训练真正的目的就是改变我们自身形体的不足。

一、一肩高，一肩低

（一）一肩高，一肩低的概念

一肩高，一肩低又称高低肩，是一种较为常见的身体发展不平衡现象，是脊柱侧弯引起的两侧肩膀高度不统一的形态。高低肩不仅会对形体美造成很大的影响，而且还会影响颈椎、脊椎的正常发育，并进一步引起脊椎相关性疾病，包括由内脏神经受脊椎的不良影响造成的器官功能不良，如食欲不振、心脏功能偏弱等。

（二）一肩高，一肩低矫正方法

1. 芭蕾舞体态

身体保持直立状态，芭蕾脚一位，一位手，吸气肩下沉，突出胸部和颈部的线条，腿部收紧，腰部直立，身姿挺拔，仪态端庄，呼气双手打开七位手，控制，收回准备动作，注意，手七位时，手和手臂呈圆弧形，两臂高度一致，两肩松弛下沉。

2. 绕肩

双手叉腰，直立或跪坐准备，突出胸部和颈部的线条。双肩缓慢向斜前上方耸，放松沉肩，呼气，返回准备动作。之后，反向后斜上方耸肩，吸气；然后向斜前下方放松沉肩，呼气，返回准备动作。两个方向各绕肩10~15次为佳，注意需要肩放松。

3. 翻转垂悬

可以利用单杠等物件进行练习，手臂握单杠，自然垂悬准备，屈膝、收腹、团身，或反手抓杠，吊肩垂悬，控制3~5秒，再回到正手握杠自然垂悬，动作重复10~15次为一组。

二、驼背

（一）驼背的概念

驼背又称弓背，是一种常见的脊柱变形，是胸椎后突引起的形态改变，驼背不但对形体美造成很大影响，而且会影响乳房及心肺的正常发育，从而进一步产生某种腰背疾病的潜在因素。

（二）驼背矫正方法

1. 瑜伽体式

仰卧，双手扶着两臀的外一侧，肘关节触地。两肘关节向地面用力撑起，将背部离开地面，头顶触地。将两手掌放在大腿上，保持，自然呼吸。每次控制5秒，恢复准备位，动作重复10~15次为宜。

2. 后振扩胸

身体保持直立状态，两臂在胸前方弯曲交叉做准备动作，双手手肘带动两臂向后扩胸，手肘找手肘，胸尽量朝前挺，返回准备位，动作重复20~25次为宜。

3. 前压练习

此练习可借助扶把或面向墙壁进行练习，双手放于扶把或墙壁，双手平放扶把与之成直角，两脚并拢或打开，挺胸、压肩、抬头、塌腰，控制在20~30个为佳，面向墙壁，双手上举扶墙，两脚并拢或打开，离墙约一臂长的距离，挺胸、抬头，用胸去靠墙，臀部翘起，塌腰，控制5秒左右，返回准备动作，动作重复10~15次为宜。

4. 靠墙站立练习

利用类似墙壁等物体进行练习，背靠墙壁站立，头、双肩、臀部、小腿肚和脚跟紧靠墙面，站立时间一般根据自身的承受力而定，建议15~20分钟为一组，可反复几次。

三、O型腿

（一）O型腿的概念

O型腿是佝偻病的症状之一，又称“罗圈腿”，在正步站好，两足内踝部靠拢，双腿笔直站立时如果双膝有缝隙，并且相距1.5~2厘米以上。

（二）O型腿矫正方法

1. 向内双扣

两脚平行站立与肩宽，两臂自然下垂做准备动作，两腿微微弯曲下蹲，身体前倾，两手扶膝盖外侧，双手用力向内侧推压膝关节，使双膝关节内扣并拢，控制，整个练习可反复5~10次为宜。

2. 跪坐练习

跪立，两膝并拢，两小腿分开，双手叉腰，臀部慢慢向下压，用上体的重量压迫两腿慢慢向下扣膝至跪坐，控制，整个练习可反复5~10次为宜。

3. 夹物下蹲

正步站立，将物品放在两膝之间，两膝把物品夹紧，身体前屈，双手扶两腿膝盖外侧，屈膝缓缓下蹲，两手适当用力向内挤压，使双膝紧闭，所夹物品不会掉落，控制5秒后站立，整个练习反复10~20次为宜。

四、X型腿

（一）X型腿的概念

X型腿又称剪刀腿，是股骨内收，内旋，两膝能并拢，而胫骨外展，外旋，两脚并不拢的一种关节异常和腿部形态异常的现象，是佝偻病症状之一，当正步站立时，两膝并拢，两足足跟并不拢的间距为1.5厘米以上，走路出现两膝“打架”互碰步态的均为X型腿。

（二）X型腿矫正方法

1. 正坐压腿

正坐，两脚掌掌心相对，两膝外展，两手分别放在膝关节内侧，身体微前倾，同时双手轻轻下压膝盖，不可太快、太猛。注意脚掌不要分开，膝盖压到不能压时保持一段时间，放开还原，整个练习可反复15～20次为宜。

2. 踢毽子

站立，手持毽子，用腿的内侧连续踢毽子，或交替踢毽子，脚向上踢起时，膝盖用力向外侧下压，整个动作重复15～20次。也可以模拟踢毽子进行练习。

3. 夹物延伸

坐在椅子1/3处，双手放于身后抓住椅子，两腿并拢屈膝成直角，脚踝夹紧软物，用足带动腿沿地面尽量向前延伸，控制5秒左右还原，可反复多次练习。

五、大腿过粗

（一）造成大腿过粗的原因

大腿过粗大大影响人们的体型美和体态美，造成大腿过粗的原因大致有家族遗传、饮食含脂肪食物过多摄入、缺乏运动等。

（二）大腿过粗矫正方法

1. 芭蕾擦地

可采用一位或五位擦地练习，双手叉腰，动作腿交替进行前、旁、后方向的擦地练习数次，胯骨提高，双腿外旋，动作腿脚尖绷直无限延伸。

2. 错步小跳

立正姿势，双手叉腰，将右脚向前跨一步，弯曲膝盖，左脚后侧伸直，跳起的同时左右脚错步，注意背打直，可以慢慢加快速度。

3. 勾脚外旋

利用墙壁进行练习，背靠墙坐地面，两腿向前伸直，勾起双脚，将两腿外旋到最大极限抬起25°，力求脚掌形成水平与两肩平行，以脚趾带动绕至旁侧，保持脚趾头对后方，最后脚跟落地，保持外旋状态收回准备位，整个练习反复15次，有利于腿内侧肌脂肪明显减少。

六、扁平胸

（一）扁平胸的概念

扁平胸是一种胸廓呈扁平状的形态，正常人的胸廓横径纵径比为1.5∶1，而扁平胸的纵径比大于2，其前后径不及左右径的一半。扁平胸常见于瘦弱或个高的人，而一些有严重消耗性疾病的患者和身体极差的人，也可见扁平胸。

当代人越来越注重个人形象的塑造，特别为扁平胸苦恼。因为扁平胸给人的印象一是不美观，二是不健康。其实扁平胸并不是什么大病，只要加强营养，平衡膳食，坚持锻炼，扁平的胸部一定会变得丰满、挺拔、曲线优美。

（二）扁平胸矫正方法

1. 推手美胸

盘腿坐好，将双臂抬起与肩同高。两手掌合十，两手掌心稍使力向内互推，控制10秒，直到手臂、手肘微酸为止，整个练习重复20～25次为佳。

2. 拉臂美胸

盘腿坐下，挺胸、收小腹，将双手伸直举高，高过头顶准备；将右手肘微弯后，由左手稍用力一拉将右手往背后带下，控制5秒左右；双手再伸直上举，左右手交替，也就是左手肘微弯，由右手稍用力一拉将左手往背后带下。整个练习左右交替，重复20～25次为宜。

3. V字挤压

利用两本厚度相同的书（厚度适中）进行训练。直立，双手各拿一本书做准备；吸气，同时弯曲胳膊肘，将双肘往身体两侧张开；呼气，同时胸部用力，将胳膊肘回收到胸前，离身体越远越好。此时两手肘在胸前相碰，两手掌分开，两个小臂呈V字。控制5秒左右，返回准备动作。整个练习重复12～15次为宜。

七、八字脚

（一）八字脚的概念

八字脚就是指两脚分开像“八”字。八字脚走路时，姿势不正，步态难看不稳，步子迈不开，给体力劳动和运动带来不便，也易使鞋变形。

（二）八字脚矫正方法

1. 直线走跑

取一直线，两脚踩着直线行走或跑步。注意，膝盖和脚尖都要朝着正前方，每次迈步时，注意调整重心。

2. 芭蕾舞一位

双手（单手）扶把杆或其他支撑物站立，两脚脚后跟对齐并拢，两脚脚尖尽力向外分开，朝两耳方向，最好能够达到芭蕾舞一位脚。控制时间则根据练习者的自身情况而定，可由30秒慢慢增加到1～2分钟。

3. 踢毽子

用脚背内侧连续向上踢毽子，两脚交换进行，可纠正“外八字脚”。相反用脚背外侧连续向上踢毽子，可纠正“内八字脚”。

本章小结

随着现代物质文明的提高，人们越来越重视自身的健康问题，形体健美通过芭蕾、瑜伽、健美操等纠正身体不良体态，使身体端正、挺拔，以健美的形体、优雅的姿态体现最佳的动作效果。

思考与练习

1．分组练习，巩固提升

通过练习体会，容易掌握的地方是 ____________________

难以掌握的动作是 ____________________

2．教师巡回指导、纠正

根据学生的练习情况，该动作（组合）值得发扬和保留的地方是 ____________

需要重新调整或反复练习的地方是 ____________________

3．学习体会

我的收获：____________________

我的困惑：____________________

第十二章 体育舞蹈训练

第一节　体育舞蹈概述
第二节　华尔兹
第三节　探戈
第四节　拉丁舞（伦巴）

知识目标

1. 了解体育舞蹈的基本知识。
2. 掌握体育舞蹈训练技巧。

能力目标

1. 掌握体育舞蹈基本步伐与基本姿态等基本动作技能。
2. 掌握体育舞蹈组合动作。
3. 发展学生灵活性、协调性、柔韧性与模仿性。

第一节　体育舞蹈概述

一、什么是体育舞蹈

体育舞蹈也称国际标准交谊舞，是集体育、艺术、舞蹈表演为一体的运动项目。以男女为伴的一种步行式双人舞的竞赛项目，分两个项群，十个舞种。其中摩登舞项群包括华尔兹舞、维也纳华尔兹舞、探戈舞、狐步舞和快步舞，拉丁舞项群包括伦巴舞、恰恰舞、桑巴舞、牛仔舞和斗牛舞。每个舞种均有各自舞曲、舞步及风格。根据各舞种的乐曲和动作要求，组编成各自的成套动作。

体育舞蹈发展过程经历了原始舞蹈—公众舞—民间舞—宫廷舞—社交舞—新旧国际标准交际舞等发展阶段，社交舞（Social Dancing）也名舞厅舞（Ballroom Dancing）、舞会舞（Party Dancing），起源于西方，经过不断加工，吸取各类舞蹈的精华，逐渐形成了当今的各种流派，社交舞早在十四五世纪已在意大利出现，16世纪末传入法国。1768年巴黎开办了第一家交际舞厅，由此社交舞开始流行于欧美各国，成为一种普遍的社交方式。

1924年，英国皇家舞蹈教师协会对当时社交舞的一部分进行整理，将7种舞步和跳法加以系统化、规范化，从此人们将规范化的华尔兹舞、探戈舞、维也纳华尔兹舞、狐步舞、快步舞、伦巴舞、布鲁斯舞称为“国际标准舞”。第二次世界大战后，英国皇家舞蹈教师协会又整理了拉丁舞蹈，并将它纳入国标舞范畴，列入正式比赛项目，至此，国际标准舞成为包括10个舞种的摩登舞系列和拉丁舞系列两大类。

二、体育舞蹈分类

（一）摩登舞（Modern）

摩登舞又译现代舞，包括华尔兹舞、维也纳华尔兹舞、探戈舞、狐步舞和快步舞。特点是由贴身握抱的姿势开始，沿着舞程线逆时针方向绕场行进。步法规范严谨，上体和胯部保持相对稳定挺拔，完成各种前进、后退、横向、旋转、造型等舞步动作，具有端庄典雅的绅士风度。曲调大多抒情优美，旋律感强。服饰雍容华贵，一般男着燕尾服，女着过膝蓬松长裙。

1. 华尔兹舞（Waltz）

华尔兹舞也称“慢三步”。通过膝、踝、足底、跟掌趾的动作，结合身体的升降、倾斜、摆荡，带动舞步移动，使舞步起伏连绵，舞姿华丽典雅，是维也纳华尔兹舞（快三步）的变化舞种。19世纪中叶，维也纳华尔兹舞传到美国，当时美国崇尚舒缓、优美的舞蹈和音乐，于是将快节奏的维也纳华尔兹舞逐渐改变成悠扬而缓慢、有抒发性旋律的慢华尔兹舞曲，舞蹈也改变成连贯滑动的慢速步型，即今之华尔兹舞。

舞曲旋律优美抒情，节奏为3/4的中慢板，每分钟28～30小节。每小节三拍为一组舞步，每拍一步，第一拍为重拍，三步一起伏循环。

2. 维也纳华尔兹舞（Viennese Waltz）

维也纳华尔兹舞也称“快三步”。源于奥地利的一种农民舞蹈，由男女成对扶腰搭肩共同围成一个圆圈而舞，故被称为圆舞。舞曲旋律流畅华丽，节奏轻松明快，为3/4拍节奏，每分钟56～60小节，每小节为三拍，第一拍为重拍，第四拍为次重拍。基本步伐是六拍走六步，两小节为一循环，第一小节为一次起伏。基本动作是左右快速旋转步，完成反身、倾斜、摆荡、升降等技巧。舞步平稳轻快，翩跹回旋，热烈奔放。舞姿高雅庄重。著名的约翰·施特劳斯为华尔兹谱写了许多著名的圆舞曲。

3. 探戈舞（Tango）

探戈舞源于阿根廷民间，20世纪传入欧洲上层社会，后流行于世界各国。节奏为2/4拍，每分钟30～34小节。每小节二拍，第一拍为重拍。舞步有快步和慢步，快步（Quick）占半拍，用Q表示；慢步（Slow）占一拍，用S表示。基本节奏是慢、慢、快、快、慢（S、S、Q、Q、S）。舞曲节奏带有停顿并强调切分音；舞步顿挫有力，潇洒豪放；身体无起伏、无升降、无旋转；表情严肃，有左顾右盼的头部闪动动作。

4. 狐步舞（Foxtrot）

狐步舞也称“福克斯”。20世纪起源于欧美，后流行于全球。据传是模仿狐狸走路的习性创作而成。舞曲抒情流畅，节奏为4/4拍，每分钟28～30小节，每小节为四拍，第一拍为重拍，第三拍为次重拍。基本步伐是四拍走三步，每四拍为一循环。舞步有快步和慢步，快步（Quick）占半拍，用Q表示；慢步（Slow）占一拍，用S表示。基本节奏是慢、慢、快、快、慢（S、S、

Q、Q、S）。以足踝、足底、掌趾的动作，完成升降起伏，注重反身、肩引导和倾斜技术。舞步流畅平滑，步幅宽大，舞态优雅从容飘逸，似行云流水。

5. 快步舞（Quick Step）

快步舞起源于美国，20世纪流行于欧美和全球。舞曲明亮欢快，舞步轻快灵活，跳跃感强，是体育舞蹈中一种轻快欢乐的舞蹈。节奏为4/4拍，每分钟50～52小节。每小节四拍，第一拍为重拍，第三拍为次重拍。舞步分快步和慢步，快步用Q表示，时值为一拍；慢步用S表示，时值为二拍。基本节奏是慢、慢、快、快、慢。舞步组合有跳步、荡腿、滑步等动作。

（二）拉丁舞（Latin）

拉丁舞又称拉丁风情舞或自由社交舞，是拉美人民在漫长的历史长河中形成的具有鲜明特点的激情、浪漫而又富有活力、火热的艺术表现形式，有较大的自由发挥空间，以运动肩部、腹部、腰部、臀部为主的一种舞蹈艺术，其中包括五个舞种：伦巴舞、恰恰舞、桑巴舞、斗牛舞、牛仔舞。特点是舞伴之间可贴身，可分离。各自在固定范围内辐射式地变换方向角度，展现舞姿。步法灵活多变，各舞种通过对胯部及身体摆动不同的技术要求，完成各种舞步，表现各种风格。舞姿妩媚潇洒，婀娜多姿。风格生动活泼，热情奔放。曲调缠绵浪漫，活泼热烈，节奏感强。着装浪漫洒脱，男着上短下长的紧身或宽松装，女着紧身短裙，显露女性曲线的美。

1. 伦巴舞（Rumba）

伦巴舞的产生与西班牙和非洲的舞蹈有密切关系，后在古巴得到发展。节奏为4/4拍，每分钟27～29小节。每小节四拍。乐曲旋律的特点是强拍落在每小节的第四拍。舞步从第四拍起跳，由一个慢步和两个快步组成。四拍走三步，慢步占二拍（第四拍和下一小节的第一拍），快步各占一拍（第二拍和第三拍）。胯部摆动三次。胯部动作是由控制重心的一脚向另一脚移动而形成向两侧作“∞”型摆动。具有舒展优美，婀娜多姿，柔媚抒情的风格。

2. 恰恰舞（Cha-Cha-Cha）

恰恰舞热情奔放，舞步花哨利落步频较快，诙谐风趣，源于非洲，后传入拉丁美洲，在古巴得到发展。节奏为4/4拍，每分钟30～32小节。每小节四拍，强拍落在第一拍。四拍走五步，包括两个慢步和三个快步。第一步踏在第二拍，时间值占一拍；第二步占一拍；第三、四两步各占半拍；第五步占一拍，踏在舞曲的第一拍上。胯部每小节向两侧摆动六次。

3. 桑巴舞（Samba）

桑巴舞源于巴西，是巴西一年一度狂欢节的舞蹈。舞曲欢快热烈，节奏为2/4拍或4/4拍，每分钟52～54小节。强拍落在每小节的第二拍或第四拍。每小节完成一个基本舞步。舞步在全脚掌踏地和半脚掌垫步之间交替完成，通过膝盖上下屈伸弹动，使全身前后摇摆，并沿着舞程线绕场行进，属游走型舞蹈。特点是流动性大，动律感强，步法摇曳紧凑，风格热烈奔放。

4. 斗牛舞（Paso Doble）

斗牛舞音乐为旋律高昂雄壮、鲜明有力的西班牙进行曲。节奏为2/4拍，每分钟60～62小节。一拍一步，八拍一循环，特点是舞步流动大，沿着舞程线绕场行进，属游走型舞蹈。舞姿挺拔，无胯部动作及过分膝盖屈伸。用踝关节和脚掌平踏地面完成舞步。动静鲜明，力度感强，发力迅速，收步敏捷顿挫，源于法国，盛行于西班牙，根据西班牙斗牛场面创作而成。男为斗牛士，气宇轩昂，刚劲威猛，女为红色斗篷，英姿飒爽，柔美多变。

5. 牛仔舞（Jive）

牛仔舞源于美国，原是美国西部牛仔跳的踢踏舞，20世纪50年代爵士乐的流行，加速和完善了这种舞蹈，但风格上还保持美国西部牛仔刚健、浪漫、豪爽的气派。旋律欢快，强烈跳跃，节奏为4/4拍，每分钟42～44小节，六拍跳八步。由基本舞步踏步、并合步，结合跳跃、旋转等动作组合而成。要求脚掌踏地，腰和胯部作钟摆式摆动。特点是舞步敏捷、跳跃，舞姿轻松、热情、欢快。

第二节　华尔兹

一、标准舞初级

（一）音乐训练

音乐节拍是3/4的中慢板，每分钟28～30小节。每小节三拍为一组舞步，每拍一步，第一拍为重拍，三步一起伏循环。

（二）基本站姿训练

（1）男士垂直站立，收紧腰部。

（2）男士重心置于双脚，稍向脚掌的方向。

（3）男士头伸直，放松身体。

（4）男士膝部保持轻微放松。

（5）女士垂直站立，收紧腰部。

（6）女士身体上部分和头部稍向左及后。

（7）女士膝部放松，重心保持在两脚掌前。

（三）基本舞姿训练

（1）男士与舞伴面对站立，同时女士在男士的稍右侧。

（2）向侧伸张双臂，略低于肩膀，弯曲右手肘置于女士左肩胛骨下方。

（3）弯曲左手肘并握住女士右手，握持高度约在眼睛位置。

（4）左前臂由手臂至手微微向前，形成伸张而协调的线条。

（5）女士的左手置于男士的右手臂上，刚好在男士肩膀之下。

（6）女士举起右手臂，将右手置于男士左手中。

（四）华尔兹的基本步法

1. 前进方步和后退方步

方步是由一个前进基本步和一个后退基本步在运动中构成的。由于约定俗成的男左女右起步习惯，进左退右和退左进右将造成完全不同的运动轨迹发展方向。为了加以区别，我们将进左退右的形式，称作前进方步，而将退左进右的方式，称作后退方步。

以前进方步为例，进行讲解。共计六步，用两小节多曲。男进左，女退右，有侧身动作。

男右脚刷过左脚旁，横移一步，向左倾斜。注意不可斜向直接跨出。女左脚刷过右脚旁，横移一步，向右倾斜。注意不可斜向后退。

男女同时收脚并拢。留意倾斜和上升运动的保持，以之交替重心和下降的转化。

男退右，女进左。有侧身动作。

男左脚刷过右脚旁，横移一步，向右倾斜。不可斜向直接后退。女右脚刷过左脚旁，横移一步，向左倾斜。不可斜向直接跨出。

男女同时收脚并拢。注意倾斜和上升运动的保持，以上交替重心和下降的转化。

至此，我们就回到了最初的起步点。又可以无限循环地练习下去了。

2. 前进左转90° 和后退左转90°

根据四个90° 等于一个360° 的数学原理，这里按方步的结构原理进行转身步的练习。这种方法可以使初学者比较快捷地建立起旋转的概念。在练习转身步时，应注意两个问题：一个是第一步的移动脚必须保持正直；另一个是第二步的横移必须与第一步的运动方向成一直线。练习转身步容易出现的问题是一出脚就将左脚尖撇向左侧，形成一种横向出脚的习惯。表面上看起来无伤大雅，但却会成为以后技艺提高的一种不可逾越的障碍。所以第一步必须和方步一样，无论进退都要保持脚形的正直，而且在重心完成转移后，必须将脚跟微微抬起，让重心落在脚掌上。这样，不仅在第二步刷过重心脚旁时能轻松地辗动脚掌，完成90° 转身，而且横移脚的红线发展也获得了可靠的保证，这时候，会体会到方步练习的苛刻要求并不是毫无道理的。

连续左转90° 男进左，女退右。有侧身动作。在第一拍的后半拍就开始辗动男伴的左脚和女伴的右脚，开始左转；在第二拍开始时，男右脚和女左脚从刷式位置向外横移，并伴随着（男右女左）肩部引导下的男左倾斜和女右倾斜。双方收脚并拢，保持倾斜和上升。注意后半拍的重心交替和下降的转化。男退右，女进左。有侧身动作。在前一拍的后半拍就开始辗动脚掌（男右女左），开始左转；在第二拍开始时，男左脚和女右脚从刷式位置上向外横移，并伴随着肩部引导的男右倾斜和女左倾斜。双方收脚并拢，保持倾斜和上升，注意后半拍的重心交替和下降的转化。反复一遍，回到原起步点，从头开始，循环练习。

3. 后退右转90° 和前进右转90°

也许有人会感到奇怪，为什么右转不从前进开始而要先后退呢？这个问题提得好。实际上先前进还是先后退是没有一定规定的，尤其是在自娱场合，更是随心所欲。这里主要是为了适应男左女右的起步习惯而做的安排。假如你喜欢先进右脚作前进右转步，不仅是可以的，而且标志着你已经突破了习惯的制约，开始进入自由运动的进步状态了。

因为右转身和左转身的要领皆同，故不再予图解，请参照左转身舞步进行练习。为了使初学者不至于感到困难，下面将连续右转90° 的运动轨迹和运步程序提供如下。

第一拍：男退左，女进右。

第二拍：男横右，女横左。

第三拍：双方并脚。

第四拍：男进右，女退左。

第五拍：男横左，女横右。

第六拍：双方并脚。

再从第一拍至第六拍反复一遍，回到原起步点。再从头反复，循环练习。

（五）华尔兹初步套路

1. 左脚并换步

男士左脚并换步如表12-2-1所示，女士左脚并换步如表12-2-2所示。

表12-2-1　男士左脚并换步

步序	步位	脚底动作	方位	升降	倾斜	反身动作	节奏
1	左脚前进	跟-尖	面向斜壁	降，结尾开始升		轻微	1
2	右脚内侧并稍向前	尖	面向斜壁	继续升	左		2
3	左脚并右脚	尖-跟	面向斜壁	继续升，结尾下降	左		3

表12-2-2 女士左脚并换步

步序	步位	脚底动作	方位	升降	倾斜	反身动作	节奏
1	右脚后退	尖-跟	背向斜壁	降，结尾开始升，脚不升		轻微	1
2	左脚内侧并稍后退	尖	背向斜壁	升	右		2
3	右脚并左脚	尖-跟	背向斜壁	继续升，结尾下降	右		3

【注意】左脚并换步是华尔兹最基本的舞步，它是一种桥梁步，换脚步，便于使左转步，变成右转步，也可以作为开始步。

2. 扫步

男士扫步如表12-2-3所示，女士扫步如表12-2-4所示。

表12-2-3 男士扫步

步序	步位	脚底动作	方位	升降	倾斜	反身动作	节奏
1	左脚前进	跟-尖	面向斜壁	结尾开始升		（有）轻微	1
2	右脚向侧，并稍前进	尖	面向斜壁	继续升	左		2
3	左脚在侧行位置交叉于右脚后	尖-跟	面向斜壁	继续升，结尾下降	左		3

表12-2-4 女士扫步

步序	步位	脚底动作	方位	升降	倾斜	反身动作	节奏
1	右脚后退	尖-跟	背向斜壁	结尾开始升，脚不升			1
2	左脚斜退	尖	指向斜壁	继续升	右	1~2右转1/4身体少转	2
3	右脚在侧行位置交叉于左脚后	尖-跟	面向斜壁	保持升位，结尾下降	右	身体完全转动	3

3. 反截步

男士反截步如表12-2-5所示，女士反截步如表12-2-6所示。

表12-2-5 男士反截步

步序	步位	脚底动作	方位	转度	升降	倾斜	反身动作	节奏
1	在反身运动位置中，左脚前进	跟	朝向斜壁，指向舞程线与斜壁间	身体左转	降、膝盖微屈		有	1
2	将身体重量转向右脚	尖	背向逆斜中央	身体右转	结尾升	左		2
3	在侧行位置中，左脚向侧	尖–跟	面向斜壁，沿舞程线移动		保持升位，结尾下降	左		3

表12-2-6 女士反截步

步序	步位	脚底动作	方位	转度	升降	反身动作	节奏
1	在反身运动位置中，右脚后退	尖–跟	朝向斜壁，双脚大约背向舞程线	身体左转	降、膝盖微屈	有	1
2	将身体重量转向左脚	跟–尖	面向逆斜中央	身体右转	结尾升		2
3	在侧行位置中，右脚向侧	尖–跟	面向斜壁，沿舞程线移动	右转1/4	保持升位，结尾下降		3

二、华尔兹组合练习

（1）左脚并换步→右转步→右脚并换步→左转步。

（2）左转步→扫步→侧行追步→右转步（第一步外侧舞伴）→左转截步→外侧换步。

（3）左脚并换步→右转步的1–2–3步→右旋转步→左转步的4–5–6步。

（4）左脚并换步→右转步的1–2–3步→反截步→侧行追步→右转步的1–2–3步→犹豫换步。

（5）右转步的1–2–3步→右旋转步→左转步的4–5–6步→后退扫步→侧行追步→右转步（第一步外侧舞伴）→回步（纺织步）。

第三节 探戈

一、标准舞初级

（一）音乐训练

音乐是2/4拍节奏，每分钟30～34小节。每小节二拍，第一拍为重拍。舞步有快步和慢步，快步（Quick）占半拍，用Q表示；慢步（Slow）占一拍，用S表示。基本节奏是慢、慢、快、快、慢（S、S、Q、Q、S）。

（二）基本站姿训练

（1）女士要站立于男士的稍右侧点。

（2）男士右手需放置在女士背部更内侧点（超过脊椎骨）。

（3）男士的身体右侧从头到脚，在身体左侧前面。

（4）女士将她左手放在男士上臂后面。

（5）握持时，男士左前臂和女士的右前臂应该朝向内稍微弯曲（角度小于90°）。

（三）基本舞步

1. 常步

男士常步如表12-3-1所示，女士常步如表12-3-2所示。

表12-3-1 男士常步

步序	步位	脚底动作	方位或朝向	转度	节奏
1	在反身动作位置中，左脚前进	脚掌	面向斜壁	稍左转	慢
2	右脚前进	脚掌	面向斜壁	稍左转	慢

表12-3-2 女士常步

步序	步位	脚底动作	方位或朝向	转度	节奏
1	在反身动作位置中，右脚后退	脚跟	背向斜壁	稍左转	慢
2	左脚前进	脚跟	背向斜壁	稍左转	慢

【注意】常步也称走步，是探戈舞中最基本的入门动作，一般分为前进常步和后退常步两种。

2. 前进侧步

男士前进侧步如表12-3-3所示，女士前进侧步如表12-3-4所示。

表12-3-3 男士前进侧步

步序	步位	脚底动作	方位或朝向	转度	节奏
1	在反身动作位置中，左脚前进	脚跟	朝斜壁	不转或向左曲转	快
2	右脚前进稍向后移	脚之内缘	面向斜壁		快
3	在反身动作位置中，左脚前进	脚跟	朝斜壁		慢

表12-3-4 女士前进侧步

步序	步位	脚底动作	方位或朝向	转度	节奏
1	在反身动作位置中，右脚后退	脚掌→脚跟	朝斜壁	不转或向左曲转	快
2	左脚向侧并稍向前	脚掌→脚之内缘	背向斜壁		快
3	在反身动作位置中，右脚前进	脚掌→脚跟	朝斜壁		慢

【注意】前进侧步也称行进旁步，它是第二步向侧移动，其行走路线有一个小弧形，脚跟离地不可太高，否则出现上下起伏。

3. 后退截步

男士后退截步如表12-3-5所示，女士后退截步如表12-3-6所示。

表12-3-5 男士后退截步

步序	步位	脚底动作	方位或朝向	转度	反身动作	节奏
1	左脚后退，左肩引导	脚掌内缘→脚跟	顺着舞程线			慢
2	在反身动作位置中，右脚后退	脚掌→脚跟	朝斜中央	2～3步间左转1/4	有	快
3	左脚向侧并稍前	脚的内缘	指向斜壁			快
4	右脚并左脚，稍后	整只脚	面向斜壁			慢

表12-3-6　女士后退截步

步序	步位	脚底动作	方位或朝向	转度	反身动作	节奏
1	右脚后退，右肩引导	脚跟	顺着舞程线			慢
2	在反身动作位置中，左脚前进	脚跟	朝斜中央	2～3步间左转1/4	有	快
3	右脚向侧并稍后	脚的内缘	背向斜壁			快
4	左脚并右脚，稍前	整只脚	背向斜壁			慢

4. 摇转步

男士摇转步如表12–3–7所示，女士摇转步如表12–3–8所示。

表12-3-7　男士摇转步

步序	步位	脚底动作	方位或朝向	转度	反身动作	节奏
1	右脚前进，右肩引导	脚跟	斜壁	1～3步间右转1/4		慢
2	左脚向侧并稍后	脚掌内缘→脚跟	背向中央	2～3步间左转1/4		快
3	重心向前移至右脚，右肩引导	脚掌内缘→脚跟	朝向逆斜壁			快
4	左脚小步后退，左肩引导	脚掌内缘→脚跟	朝斜中央	不转		慢
5	在反身动作位置中，右脚后退	脚掌→脚跟	朝向中央	5～6步间左转1/4	有	快
6	左脚向侧并稍前	脚的内缘	指向斜壁			快
7	右脚并左脚，稍后	整只脚	面向斜壁			慢

表12-3-8　女士摇转步

步序	步位	脚底动作	方位或朝向	转度	反身动作	节奏
1	左脚前进，左肩引导	脚掌内缘→脚跟	朝向斜壁	1～3步间右转1/4		慢
2	右脚前进并稍向右	脚跟	面向中央	2～3步间左转1/4		快
3	左脚后退并稍向左，左肩引导	脚掌内缘→脚跟	朝向逆斜壁			快
4	右脚小步前进，右肩引导	脚跟	朝斜中央	不转		慢
5	在反身动作位置中，左脚前进	脚跟	朝向中央	5～6步间左转1/4	有	快
6	右脚向侧并稍后	脚的内缘→脚跟	背向斜壁			快
7	左脚并右脚，稍前	整只脚	背向斜壁			慢

【注意】摇转步是利用摇摆动作的同时，逐渐向右移动的一种步子，其转动时间主要是在1～2步之间，第5～7步为左转的后半部。

二、探戈组合练习

（1）左、右脚常步→前进连接步→侧行并合步→分式左转步（并步结束）。

（2）常步旁步→分式左转步（开步结束）→四快步→侧行右转步→侧行并合步。

（3）常步旁步→右脚常步→左脚摇步→后退截步→前进连接步→右扭转步。

（4）前进连接步→侧行右转步→侧行并合步→左脚常步→摇转步→后退截步。

（5）侧行右转步→侧右并合步→分式左转步→左、右脚常步转步→后退截步。

第四节 拉丁舞（伦巴）

一、音乐训练

（一）音乐节拍

音乐4/4拍，速度为每分钟27～31小节，伦巴是四拍走三步的舞蹈，要“先出胯，后出步”，节拍是“2、3、4～1”，第2拍和第3拍各走一步，第4拍和第1拍共走一步。

（二）基本站姿训练

（1）双脚并拢，脚后跟靠在一起，做小八字脚。

（2）身体伸直，使头、肩、胯、脚四点一线。

（3）脖子伸直，头向上顶，找一种去顶天花板的感觉，双目平视。

（4）挺胸，肩膀张开，往后打，再往下沉，使两块肩胛骨向后向内关闭。

（5）配合肩胛骨的向内闭合，提起身体中段，这将是做动作时发力的位置，让身体中段和两肩有对抗的力量。

（6）臀部收起，大腿内侧夹紧。

（7）双膝绷直，感受一下腿部的肌肉有没有都收紧。

（三）基本舞步

1. 基本舞步（表12-4-1）

表12-4-1　基本舞步

步序	男士				女士				节奏	身体方位与相关位置
	步位	脚底动作	方位	转动度	步位	脚底动作	方位	转动度		
1	左脚前进，脚尖外转（抑制前进起步），重心在左脚	掌平	面向1点方向	左转1/8	右脚后退，重心在右脚	掌平	背向1点方向	左转1/8	2	闭式位
2	重心转移到右脚	掌平			重心转移到左脚	掌平			3	
3	左脚向左横步，稍后，重心在左脚	掌平		左转1/8	右脚向右横步，稍前，重心在右脚	掌平			4.1	
4	右脚后退，重心在右脚	掌平			左脚前进，脚尖外转（抑制前进起步），重心在左脚	掌平		左转1/8	5	
5	重心转移到左脚	掌平		左转1/8	重心转移到右脚	掌平			3	
6	右脚向右横步，稍前，重心在右脚	掌平			左脚向左横步，稍后，重心在左脚	掌平			4.1	

2. 扇形步（表12-4-2）

表12-4-2　扇形步

步序	男士				女士				节奏	身体方位与相关位置
	步位	脚底动作	方位	转动度	步位	脚底动作	方位	转动度		
1	左脚前进	掌平	面向1点方向		右脚后退	掌平	背向1点方向		2	闭式位
2	重心回到右脚	掌平			重心回到左脚	掌平			3	
3	左脚并步，右脚左侧	掌平			右脚前进，右转	掌平		右转1/8	4.1	

续表

步序	男士				女士				节奏	身体方位与相关位置
	步位	脚底动作	方位	转动度	步位	脚底动作	方位	转动度		
4	右脚后退	掌平	背向5点方向		左脚前开始左转	掌平			2	男士松开右手
5	重心回到左脚	掌平			右脚向右横步，稍前，左转	掌平		左转3/8	3	
6	右脚向右横步，稍前，左转	掌平	面向8点方向		左脚后退左转	掌平		左转1/8	4.1	扇形位

3. 曲棍形步（表12–4–3）

表12-4-3　曲棍形步

步序	男士				女士				节奏	身体方位与相关位置
	步位	脚底动作	方位	转动度	步位	脚底动作	方位	转动度		
1	左脚前进，脚尖外转	掌平	面向8点方向		右脚向左脚并步，重心到右脚	掌平	面向2点方向		2	扇形位
2	重心回到右脚	掌平	同上		左脚前进	掌平	同上		3	引导女伴前进
3	左脚向右脚并步	掌平	面向1点方向		右脚前进	掌平		右转1/8	4.1	女伴在男伴左前方，男伴抬高左臂引导女伴左转
4	右脚后退（小步）右转	掌平	同上	右转1/8	左脚前同时左转	掌平		左转1/8	2	
5	重心回到左脚，引导女伴完成左转	掌平	同上		右脚前进，在第五步和第六步之间完成左转1/2	掌平		左转1/2	3	
6	右脚前进	掌平	面向2点方向		左脚后退	掌平	背向2点方向		4.1	分式位

4. 套索转步（表12-4-4）

表12-4-4　套索转步

步序	男士		女士			节奏	身体方位与相关位置
	步位	脚底动作	步位	脚底动作	转动度		
1	左脚向左横步	掌平	右脚前进	掌平	从男士右侧绕转到男士后面	2	在前一舞步的最后一步女士转完一个螺旋转后，位于男士右侧的直角上，绕男士环形绕转结束于扇形位、分式位或闭式位
2	重心回到右脚	掌平	左脚前进	掌平		3	
3	左脚并步于右脚左侧	掌平	右脚前进	掌平		4.1	
4	右脚后退	掌平	左脚前进	掌平	继续绕男士环形到男士左侧或面向	2	
5	重心回到左脚	掌平	右脚前进	掌平		3	
6	右脚并步于左脚右侧	掌平	左脚前进	掌平		4.1	

二、拉丁组合

（一）拉丁-伦巴单人练习

第一段：

第1个四拍：准备动作。

1～4拍：准备位，开始扭胯。

第2个四拍：

1～2拍：右脚后退，左脚前点地，左手收回抱住腰旁。

3～4拍：左腿斜后方退步，右脚前点地，左手放于耳后。

第3个四拍：扇形位。

1～2拍：左脚2点方向上步，手前伸。

3～4拍：回到1点方向，右腿旁点地。

第4个四拍：曲棍形。

1～2拍：重心换到右腿，左脚屈膝旁点地。

3～4拍：右脚2点方向上步，重心落于两腿之间。

第5个四拍：臂下转。

1～2拍：转身，重心移至右腿，左脚前点地。

3～4拍：转身，面对1点方向，双手身前交叉。

第6个四拍：纽约步。

1～2拍：身体面对3点方向，右脚斜后点地。

3～4拍：开面舞姿，相对位，重心在右脚。

第7个四拍：手对手。

1～2拍：身体面对3点方向，左腿重心。

3～4拍：开面舞姿，脚分开，左脚重心。

第8个四拍：定点转。

1～2拍：转身。

3～4拍：开面舞姿，双手打开。

第二段重复第一段内容。

（二）双人伦巴组合练习

（1）基本动作→扇形步→阿列曼娜（打横）→手对手→原地左转步。

（2）基本动作→扇形步→曲棍形步→右陀螺转步→闭式扭胯转步（扇形位结束）。

（3）分式扭胯转步（扇形位结束）→阿列曼娜（最后一步女士做螺旋步）→套索转步→左右分展步。

（4）分式扭胯转步（扇形位结束）→曲棍形步→右陀螺转步→闭式扭胯转接螺旋步（分式位结束）。

（5）基本动作→扇形步→滑门步（结束在分式位）→基本动作→阿列曼娜（后三步，第三步接螺旋步）→套索转步（分式位或闭式位结束）。

（6）基本动作→纽约步→分式扭胯转步（扇形位结束）→阿列曼娜（最后一步女士做螺旋步）→套索转步→左右分展步。

本章小结

体育舞蹈是集体育、艺术、舞蹈表演为一体的运动项目，形体训练借用体育舞蹈进行训练是学生获得形体美和心理美的途经，通过体育舞蹈的训练，让学生逐步具有现代人健美的外形和优雅的举止风范。

思考与练习

1．分组练习，巩固提升

通过练习体会，容易掌握的地方是＿＿＿＿＿＿＿＿＿＿＿＿＿＿＿＿＿＿

难以掌握的动作是＿＿＿＿＿＿＿＿＿＿＿＿＿＿＿＿＿＿＿＿＿＿＿

2．教师巡回指导、纠正

根据学生的练习情况，该动作（组合）值得发扬和保留的地方是 ______________

需要重新调整或反复练习的地方是 ______________________________

3．学习体会

我的收获：______________________________

我的困惑：______________________________

参考文献

[1] 金正昆. 商务礼仪概论 [M]. 北京：北京大学出版社，2006.

[2] 林友华. 社交礼仪 [M]. 北京：高等教育出版社，2003.

[3] 赵景卓. 现代礼仪 [M]. 北京：中国物资出版社，1998.

[4] 宋哲，杨虹偲. 现代礼仪 [M]. 北京：中央文献出版社，2000.

[5] 陈萍. 最新礼仪规范 [M]. 北京：线装书局，2004.

[6] 杨爱琴，张朝开. 大学生礼仪规范教程 [M]. 天津：南开大学出版社，2013.

[7] 李晓红，张晋江，于兰. 现代礼仪规范教程 [M]. 长春：东北师范大学出版社，2013.

[8] 孙雪梅，赵淑芳. 实用社交礼仪 [M]. 北京：中国农业出版社，2013.

[9] 陈乃法，吴梅. 饭店前厅客房服务与管理 [M]. 第3版. 北京：高等教育出版社，2015.

[10] 王瑜. 旅游服务礼仪 [M]. 北京：高等教育出版社，2015.

[11] 向多佳. 商务礼仪 [M]. 上海：上海大学出版社，2011.

[12] 周朝霞. 商务礼仪 [M]. 北京：中国人民大学出版社，2010.

[13] 雷晶. 旅游礼仪 [M]. 武汉：武汉理工大学出版社，2010.

[14] 谢苏. 旅游社交礼仪 [M]. 武汉：武汉大学出版社，2006.

[15] 谢红霞. 餐厅服务技能实训 [M]. 北京：中国人民大学出版社，2011.

[16] 常薏，谭华. 形体训练 [M]. 第2版. 北京：高等教育出版社，2010.

[17] 吴彬. 舞蹈 [M]. 第2版. 北京：高等教育出版社，2011.

[18] 向智星. 形体训练 [M]. 第2版. 北京：高等教育出版社，2009.

[19] 付桂英. 体态礼仪与形体训练 [M]. 北京：北京师范大学出版社，2010.

[20] 田培培. 形体训练与舞蹈编导基础 [M]. 上海：上海音乐出版社，2018.

[21] 杨静. 形体训练与形象设计 [M]. 北京：清华大学出版社，2019.

[22] 张霞. 形体训练 [M]. 北京：科学出版社，2018.

[23] 张桂兰. 形体训练 [M]. 北京：国防工业出版社，2010.

高等职业学校旅游管理专业教材

旅游概论 双色印刷

李建春　王雪梅　吴　祥　主编
页　数：208页
定　价：42.00元
ISBN：9787518431595

更多精彩内容

旅游心理学 双色印刷

丁国华　王玉霞　主编
页　数：248页
定　价：45.00元
ISBN：9787518431601

更多精彩内容

旅游地国家概况 彩色印刷

林士婷　主编
页　数：280页
定　价：68.00元
ISBN：9787518427482

更多精彩内容

教学资源：

旅游资源管理基础 双色印刷

栗书河　张　健　主编
页　数：224页
定　价：45.00元
ISBN：9787518425334

更多精彩内容

服务质量管理 双色印刷

林灯灿　著
页　数：224页
定　价：42.00元
ISBN：9787518422753

更多精彩内容

中国旅游地理 双色印刷

程远曲　主编
页　数：244页
定　价：46.00元
ISBN：9787518409273

更多精彩内容

教学资源：

U0825457

国家科学技术学术著作出版基金资助出版

食源性低聚肽

蔡木易　主编

中国轻工业出版社

图书在版编目（CIP）数据

食源性低聚肽 / 蔡木易主编. — 北京： 中国轻工业出版社, 2021.6
国家科学技术学术著作出版基金资助出版
ISBN 978-7-5184-3544-9

Ⅰ.①食… Ⅱ.①蔡… Ⅲ.①低聚物—肽—疗效食品—研究 Ⅳ.①TS218

中国版本图书馆CIP数据核字（2021）第110398号

责任编辑：伊双双　　责任终审：劳国强　　整体设计：锋尚设计
策划编辑：伊双双　　责任校对：朱燕春　　责任监印：张　可

出版发行：中国轻工业出版社（北京东长安街6号，邮编：100740）
印　　刷：北京博海升彩色印刷有限公司
经　　销：各地新华书店
版　　次：2021年6月第1版第1次印刷
开　　本：787×1092　1/16　印张：17.25
字　　数：390千字
书　　号：ISBN 978-7-5184-3544-9　定价：120.00元
邮购电话：010-65241695
发行电话：010-85119835　传真：85113293
网　　址：http：//www.chlip.com.cn
Email：club@chlip.com.cn
如发现图书残缺请与我社邮购联系调换
190264K1X101ZBW

本书编委会

主　编　蔡木易

副主编　谷瑞增　鲁　军　潘兴昌　刘文颖

参　编　（按照姓氏笔画排序）

马永庆　王　憬　王雨辰　王雨晴　方　磊

卢知浩　刘　艳　毕　园　李国明　张江涛

张海欣　陈　亮　陆　路　周　明　秦修远

徐亚光　凌　空　董　哲　薛　晨　魏　颖

序

当前我国经济持续保持增长，国民消费结构明显升级。作为国民经济第一大产业和传统产业，食品工业已然由生产者主导的卖方市场转变为消费者主导的买方市场，传统的食品产业供需结构正在发生巨大变化，人们对高品质、个性化、便捷性、附加值高的营养功能食品的需求旺盛。《“健康中国2030”规划纲要》和《国民营养计划（2017—2030年）》提出人民健康是民族昌盛和国家富强的重要标志，应重点发展营养健康产业，构建“大健康”格局。

在“健康中国战略”背景下，伴随着我国人口老龄化现象的日趋明显，立足于“治未病”工程，顺应大健康的理念以及民众消费需求，推动食品产业转型升级，成为营养功能食品发展的重大契机。疫情的常态化也使得公众对健康食品和健康生活方式的认知明显提升，围绕健康理念的营养功能食品将迎来新一轮增长机遇。在营养均衡靶向设计与健康干预定向调控以及营养健康食品与特殊膳食食品开发等方面迫切需要科技引领。食源性低聚肽是分子质量介于整蛋白和氨基酸之间的小分子功能性蛋白质，具有良好的食品加工性能、营养吸收特性和广泛的生理调节功能，在营养功能食品的创新应用中广受关注，是食品行业中发展前景极为广阔的核心功能性配料。

我国是农业资源大国，同时又是森林资源和海洋资源大国，具有丰富的天然农林和动植物、水产加工副产物蛋白质资源，对开发食源性低聚肽具有十分有利的条件。自“九五”国家科技攻关项目以来，蔡木易教授团队在国家科技支撑项目、国家高技术研究发展计划（863计划）和国家重点研发项目等专项的支持下，相继攻克了动植物资源的蛋白质提取技术、酶膜耦合降解蛋白质技术、工程化设计等一系列技术难关，完成以低聚肽为特征的食源肽类原料成套工艺的开发与产业化工作；主持制定了首个食源肽类行业标准《大豆肽粉》（QB/T 2653—2004）和首个食源肽类国家标准《海洋鱼低聚肽粉》（GB/T 22729—2008），建立起食源性低聚肽质量标准体系；主持申报的玉米低聚肽、小麦低聚肽被原卫生部批准为新资源食品，也是截至目前国内批准的仅有的两个食源性低聚肽新资源食品（新食品原料）；深入研究肽类构效关系和生理调控机制，建立食源性低聚肽安全性、功能性第三方评价体系以及食源性低聚肽应用技术开发和产业化生产体系，有力推动了我国食源性低聚肽的技术进步和行业发展。

在主持的“十三五”国家重点研发计划项目“营养功能性食品制造关键技术研究与新产品创制”的支持下，蔡木易教授团队结合本团队多年的研究成果和国内外大量相关研究文献编著成《食源性低聚肽》一书，该书阐述了食源性低聚肽的基本概念、吸收机制和生产制备方法，并系统介绍了海洋胶原低聚肽、玉米低聚肽、小麦低聚肽、大豆低聚肽、乳蛋白肽等多种不同动植物蛋白来源低聚肽的主要特性和生理功能。同时，还对食源性低聚肽的相关法规及食源性低聚肽在营养功能食品和特殊医学用途配方食品等领域的应用做了详细介绍。该书内容系统全面，实用性强，可为食源性低聚肽的学术研究与应用提供重要的支持和帮助。

本书既是一部极具参考价值的学术专著，也是一部研究和应用食源性低聚肽的重要工具书。期待本书的出版进一步促进食源性低聚肽研究和行业应用的快速发展，对新时期下我国营养功能食品的产业发展起到重要的推动作用。

中国工程院院士

国家食品安全风险评估中心总顾问

前言

中国食品发酵工业研究院有限公司（以下简称“中食院”）肽研究团队自承担“九五”国家科技攻关项目——“大豆低聚肽的开发与应用”以来，陆续在国家科技支撑项目、国家高技术研究发展计划（863计划）和国家重点研发项目等的资助下，对食源肽的研究已有20多年的时间。从2004年最早主持制定我国第一个食源肽的行业标准——《大豆肽粉》（QB/T 2653—2004）算起，到现在也已有17年了。可以说，中食院肽研究团队的工作在我国开启了一个食源肽从无到有的创举。经过多年的深耕细作，不仅利用多种食用蛋白经酶解制备了一系列食源肽，也联合国内外多家权威研究机构对食源肽开展了系统的营养功能研究，获得了一系列重要发现，为食源肽在营养功能食品领域的应用提供了重要的理论和技术支撑。2016年中食院又牵头国内25家有影响力的科研院所和企业，承担了“十三五”国家重点研发计划项目——“营养功能性食品制造关键技术研究与新产品创制”，成为“十三五”开局之年食品领域唯一一个营养功能食品国家重点研发项目。在该项目中不仅将新型食源肽作为重要的营养功能因子进行了深入研究，也将编写一部食源肽的专业书籍作为项目的工作内容之一。

在过去的20余年中，中食院肽研究团队围绕食源肽的制备工艺、营养功能评价、肽段结构分析、产业化设计实施以及食源肽在营养功能食品中的应用开展了较为系统的研究，并取得了一系列成果；在国际上率先建立起食源性低聚肽质量标准体系，先后主持制定了轻工行业标准《大豆肽粉》（QB/T 2653—2004）、轻工行业标准《海洋鱼低聚肽粉》（QB/T 2879—2007）、国家标准《海洋鱼低聚肽粉》（GB/T 22729—2008）、轻工行业标准《玉米低聚肽粉》（QB/T 4707—2014）、轻工行业标准《小麦低聚肽粉》（QB/T 5298—2018）等；在2010年和2012年还分别将玉米低聚肽、小麦低聚肽成功申报为新资源食品。在一系列标准相关工作中，规定了产品的定义、关键性质量项目与指标，研究了食源肽产品理化特性及其分析方法；在国内首次提出了食源性低聚肽配料产品概念，并规范了低聚肽含量及相对分子质量分布等关键技术指标。2012年中食院肽研究团队经北京市科委认定成立国内首个从事蛋白功能肽研发的科技创新平台——“北京市蛋白功能肽工程技术研究中心”，从而使食源肽的研究和应用又得到了进一步推动。

综合中食院肽研究团队以及国内外关于食源肽各方面的研究成果，进行系统整理并编辑成册，不仅是对以往食源肽研究工作的总结和提炼，同时对于进一步明确未来食源肽的研究工作方向也具有指导与参考意义。本书内容共有九章：第一章对食源性低聚肽的基本概念进行了介绍，并阐述了食源性低聚肽的吸收机制、功能研究进展；第二章详细介绍了食源性低聚肽的制备方法、生产设备及生产管理；第三章至第八章聚焦海洋鱼皮胶原低聚肽、玉米低聚肽、小麦低聚肽、大豆低聚肽、乳蛋白肽、豌豆低聚肽、大米低聚肽、牡蛎低聚肽八种食源性低聚肽，详细阐述了八种食源性低聚肽的理化特性、结构及生理功能；第九章详细介绍了食源性低聚肽的行业管理以及在营养功能食品中的应用等内容。

本书内容涵盖范围较广，涉及食源肽的种类也比较多，由于当前对于食源肽的研究已成为一个热点，对于食源肽的研究发现也是日新月异，再加上作者水平有限，书中难免存在不足或遗漏之处，敬请同行专家和读者批评指正。

本书的出版得到国家科学技术学术著作出版基金的支持，在此也表示感谢。

蔡木易
正高级工程师
中国食品发酵工业研究院有限公司
2021年5月于北京

目 录

第一章

概论

第一节　低聚肽的基本概念………………………………………… 2
一、蛋白质、氨基酸与肽……………………………………………… 2
二、食源性低聚肽及其特性…………………………………………… 7

第二节　食源性低聚肽的吸收机制……………………………………10
一、蛋白质的消化……………………………………………………10
二、氨基酸的肠道转运吸收……………………………………………12
三、低聚肽的肠道转运吸收……………………………………………14
四、细胞穿透肽及跨血脑屏障转运……………………………………17

第三节　食源性低聚肽的功能研究……………………………………20
一、食源性低聚肽主要功能研究进展…………………………………20
二、食源性低聚肽未来研究方向………………………………………22

参考文献…………………………………………………………………22

第二章

食源性低聚肽生产制备

第一节　食源性低聚肽的制备方法……………………………………30
一、酶解法……………………………………………………………30
二、微生物发酵法………………………………………………………36
三、直接提取法…………………………………………………………38

四、制备食源性低聚肽的其他方法……39

第二节 食源性低聚肽生产设备……40
一、粉碎机……40
二、反应釜……40
三、换热器……41
四、分离纯化设备……43
五、精制设备……44
六、浓缩设备……45
七、干燥设备……46

第三节 食源性低聚肽的生产管理……47
一、生产要素……47
二、质量保障……52

参考文献……55

第三章

海洋鱼皮胶原低聚肽

第一节 概述……58

第二节 海洋鱼皮胶原低聚肽的组成及特性……60
一、理化特性……60
二、氨基酸组成……61
三、分子质量分布……62
四、肽段结构特点……63

第三节 海洋鱼皮胶原低聚肽的生理功能……66
一、抗皮肤老化功能……66
二、抗氧化功能……68
三、降血压功能……69
四、降血糖功能……70
五、改善营养免疫与促进伤口愈合功能……71
六、其他生理功能……72

附：海洋鱼骨胶原低聚肽简介……73

参考文献……74

第四章

玉米低聚肽

第一节　概述……80

第二节　玉米低聚肽的组成及特性……81
一、理化特性……81
二、氨基酸组成……82
三、分子质量分布……84
四、肽段结构特点……85
五、营养与加工特性……86

第三节　玉米低聚肽的生理功能……88
一、醒酒功能……88
二、保护肝脏功能……90
三、抗氧化功能……91
四、降血压功能……94
五、其他生理功能……95

参考文献……97

第五章

小麦低聚肽

第一节　概述……102

第二节　小麦低聚肽的组成及特性……103
一、理化特性……103
二、氨基酸组成……104

三、分子质量分布…… 105
四、肽段结构特点…… 105
五、营养与加工特性…… 106

第三节 小麦低聚肽的生理功能…… 108
一、保护胃肠黏膜功能…… 108
二、抗氧化功能…… 110
三、免疫调节功能……111
四、降血压功能…… 112
五、缓解体力疲劳功能…… 113
六、阿片样活性…… 114
七、其他生理功能…… 115

参考文献…… 115

第六章

大豆低聚肽

第一节 概述…… 122

第二节 大豆低聚肽的组成及特性…… 124
一、理化特性…… 124
二、氨基酸组成…… 124
三、分子质量分布…… 125
四、肽段的结构特点…… 125
五、营养与加工特性…… 126

第三节 大豆低聚肽的生理功能…… 129
一、 抗氧化功能 …… 129
二、 调节血糖功能 …… 130
三、 降血脂功能 …… 131
四、降血压功能…… 134
五、免疫调节功能…… 135
六、缓解运动疲劳功能…… 136
七、控制体重功能…… 137

参考文献…… 137

第七章

乳蛋白肽

第一节 概述…… 144

第二节 酪蛋白肽…… 145
一、酪蛋白的组成与结构特点…… 145
二、酪蛋白肽的制备及其营养与加工特性…… 147
三、酪蛋白肽的生理功能…… 148

第三节 乳清蛋白肽…… 152
一、乳清蛋白的组成与结构特点…… 152
二、乳清蛋白肽的制备及其营养与加工特性…… 154
三、乳清蛋白肽的生理功能…… 155

参考文献…… 158

第八章

其他食源性低聚肽

第一节 豌豆低聚肽…… 164
一、概述…… 164
二、豌豆低聚肽的氨基酸组成与加工特性…… 165
三、豌豆低聚肽的生理功能…… 166

第二节 大米低聚肽…… 168
一、概述…… 168
二、大米低聚肽的氨基酸组成与加工特性…… 169
三、大米低聚肽的生理功能…… 171

第三节 牡蛎低聚肽…… 174
一、概述…… 174
二、牡蛎低聚肽的氨基酸组成与加工特性…… 175

三、牡蛎低聚肽的生理功能…… 176

参考文献…… 179

第九章

食源性低聚肽的行业管理与应用

第一节　食源性低聚肽标准与法规…… 186
一、我国食品标准与法规…… 186
二、我国食源性低聚肽相关标准与管理…… 188
三、国外对食源性低聚肽的法规管理…… 193

第二节　食源性低聚肽在功能食品中的应用…… 194
一、功能食品概述…… 194
二、食源性低聚肽的主要健康功能…… 196
三、食源性低聚肽在功能食品中的应用…… 202

第三节　肽类特殊医学用途配方食品的开发与应用…… 203
一、食源性低聚肽的营养特点…… 204
二、食源性低聚肽对不同疾病人群的营养改善作用…… 208
三、食源性低聚肽在特殊医学用途配方食品中的应用…… 214

参考文献…… 216

附录一　海洋鱼低聚肽粉（GB/T 22729—2008）…… 224
附录二　食品安全国家标准　胶原蛋白肽（GB 31645—2018）…… 233
附录三　玉米低聚肽粉（QB/T 4707—2014）…… 237
附录四　小麦低聚肽粉（QB/T 5298—2018）…… 243
附录五　关于批准蔗糖聚酯、玉米低聚肽粉、磷脂酰丝氨酸等 3 种物品为新资源食品的公告（卫生部公告 2010 年第 15 号）…… 256
附录六　关于批准中长链脂肪酸食用油和小麦低聚肽作为新资源食品等的公告（卫生部公告 2012 年第 16 号）…… 258
附录七　国家卫生和计划生育委员会 2013 年第 7 号公告…… 260

第一章

概论

第一节　低聚肽的基本概念
第二节　食源性低聚肽的吸收机制
第三节　食源性低聚肽的功能研究

第一节
低聚肽的基本概念

一、蛋白质、氨基酸与肽

蛋白质、肽都是以氨基酸为基础的聚合物，但它们化学结构的复杂程度、理化性质以及在体内所发挥的作用存在很大差异。另外，从营养学的角度，蛋白质、肽、氨基酸三者又是氮源营养素的不同形式，其营养效率和健康作用也有不同。

（一）蛋白质

蛋白质是化学结构复杂的一类有机化合物，是人体的必需营养素。蛋白质的发现源于对食物的研究。1742年，意大利化学家Beccari将面团不断用水洗，去除其中的淀粉，分离出麸质，这实际上就是一种谷蛋白。Beccari称这种物质为“动物样物质”。1806年，法国化学家Vauquelin发现大豆所含的这种“动物样物质”也很丰富。1838年，荷兰科学家Mulder报道，他所分析的所有“动物样物质”都有一个同样的分子式：$C_{40}H_{62}N_{10}O_{12}$，并采用了“蛋白质”一词。之后，对蛋白质的研究一直深受生物学、医学、营养学等学科的青睐。近两个世纪的研究表明，蛋白质是人体必需的营养素之一，参与构成机体组织及损伤修复、载体运输、免疫调节、激素调节、体液调节、提供能量等多种生理活动。

自然界中蛋白质的化学结构非常复杂，大多数蛋白质的化学结构尚未阐明，目前常依据蛋白质的化学组成、形状和营养价值等对其分类。

按化学组成分类：可分为单纯蛋白质和结合蛋白质。单纯蛋白质包括清蛋白、球蛋白、谷蛋白、醇溶谷蛋白、鱼精蛋白、组蛋白、硬蛋白；结合蛋白质包括核蛋白、糖蛋白、脂蛋白、磷蛋白、色蛋白。

按形状分类：可分为纤维状蛋白和球状蛋白。

按营养价值分类：可分为完全蛋白（也称优质蛋白）、半完全蛋白和不完全蛋白。

从生命活动的角度而言，蛋白质是生命活动中最重要的物质，生命的产生、存在和消亡都与蛋白质有关。蛋白质是生命的物质基础，没有蛋白质就没有生命。

（二）氨基酸

氨基酸是构成蛋白质的基本单位。第一个被发现的氨基酸是1806年法国科学家L. N. Vanquelin和J. P. Robiquet从天门冬属植物芦笋中分离出来的天冬酰胺；1820年，法国科学家H. Braconnot发现了结构最简单的氨基酸——甘氨酸，后来研究人员在实验室水解不同的蛋白质，得到了多种不同的氨基酸。氨基酸是分子中同时含有氨基和羧基的有机化合物，根据氨基连在碳链上位置的不同，氨基酸可分为α-，β-，γ-，ω-……氨基酸，但经蛋白质水解后得到的氨基酸都是α-氨基酸，且仅有22种，包括甘氨酸、丙氨酸、缬氨酸、亮氨酸、异亮氨酸、丝氨酸、苏氨酸、半胱氨酸、蛋氨酸（甲硫氨酸）、苯丙氨酸、酪氨酸、色氨酸、组氨酸、赖氨酸、精氨酸、天冬氨酸、天冬酰胺、谷氨酸、谷氨酰胺、脯氨酸、硒半胱氨酸和吡咯赖氨酸，其中硒半胱氨酸和吡咯赖氨酸仅在少数细菌中发现，其余20种氨基酸广泛存在于人体和绝大多数食物蛋白质中。20种氨基酸的具体信息见表1-1。

在人体所需的各种氨基酸中，一部分可以在体内合成，称为非必需氨基酸，如果日常膳食提供这些氨基酸数量不足，人体可以利用简单的前体物质进行合成；其余的不能在体内合成或合成速度不能满足机体需要、必须由食物提供的氨基酸，称为必需氨基酸，人体的必需氨基酸包括赖氨酸、缬氨酸、亮氨酸、异亮氨酸、苏氨酸、蛋氨酸、苯丙氨酸、色氨酸和组氨酸，其中，组氨酸是婴幼儿的必需氨基酸。

许多研究认为，组氨酸也是成年人的必需氨基酸，但由于组氨酸在人体肌肉和血红蛋白中储存量很大，而人体对它的需要量相对较少，给直接证实成年人体内有无合成组氨酸能力的研究带来很大困难，因此对于组氨酸是否是成年人体内的必需氨基酸，目前尚无最后定论。半胱氨酸、酪氨酸在体内可分别由蛋氨酸和苯丙氨酸转变而成，如果膳食中能直接提供这两种氨基酸，则人体对甲硫氨酸和苯丙氨酸的需要量可分别减少30%和50%，所以半胱氨酸和酪氨酸又称为条件必需氨基酸或半必需氨基酸。

另外，部分脯氨酸在参与机体胶原蛋白合成时因发生羟基化反应而形成羟脯氨酸，羟脯氨酸几乎不存在于除胶原蛋白之外的其他蛋白质中。当两个半胱氨酸分子的巯基发生氧化时便形成一个二硫交联键，生成胱氨酸；蛋白质中的半胱氨酸通常以氧化态（即结合成胱氨酸）的形式存在。天冬酰胺和谷氨酰胺经酸或碱处理后，可分别生成天冬氨酸和谷氨酸。

表1-1 20种氨基酸信息表

中文名称	英文名称	三字母缩写	单字母缩写	分子质量/u	等电点	R基极性	R基
甘氨酸	Glycine	Gly	G	75.07	5.97	亲水性	—H
丙氨酸	Alanine	Ala	A	89.09	6.00	疏水性	$—CH_3$
缬氨酸	Valine	Val	V	117.15	5.96	疏水性	$—CH—(CH_3)_2$

续表

中文名称	英文名称	三字母缩写	单字母缩写	分子质量/u	等电点	R基极性	R基
亮氨酸	Leucine	Leu	L	131.17	5.98	疏水性	$—CH_2—CH(CH_3)_2$
异亮氨酸	Isoleucine	Ile	I	131.17	6.02	疏水性	$—CH(CH_3)—CH_2—CH_3$
丝氨酸	Serine	Ser	S	105.09	5.68	亲水性	$—CH_2—OH$
苏氨酸	Threonine	Thr	T	119.12	5.60	亲水性	$—CH(CH_3)—OH$
半胱氨酸	Cysteine	Cys	C	121.16	5.05	亲水性	$—CH_2—SH$
蛋氨酸	Methionine	Met	M	149.21	5.74	疏水性	$—(CH_2)—S—CH_3$
苯丙氨酸	Phenylalanine	Phe	F	165.19	5.48	疏水性	$—CH_2—C_6H_5$
酪氨酸	Tyrosine	Tyr	Y	181.19	5.66	疏水性	$—CH_2—C_6H_4—OH$
色氨酸	Tryptophan	Trp	W	204.23	5.89	疏水性	$—C_8NH_6$
组氨酸	Histidine	His	H	155.16	7.59	亲水性(碱性)	$—CH_2—C_3H_3N_2$
赖氨酸	Lysine	Lys	K	146.19	9.74	亲水性(碱性)	$—(CH_2)_4—NH_2$
精氨酸	Arginine	Arg	R	174.20	10.76	亲水性(碱性)	$—C_4N_3H_{10}$
天冬氨酸	Aspartic acid	ASP	D	133.10	2.77	亲水性(酸性)	$—CH_2—COOH$
天冬酰胺	Asparagines	Asn	N	132.12	5.41	亲水性	$—CH_2—CONH_2$
谷氨酸	Glutamic acid	Glu	E	147.13	3.22	亲水性(酸性)	$—(CH_2)_2—COOH$
谷氨酰胺	Glutamine	Gln	Q	146.15	5.65	亲水性	$—(CH_2)_2—CONH_2$
脯氨酸	Proline	Pro	P	115.13	6.30	疏水性	$—C_3H_6$

按化学结构的不同，人体和食物蛋白质中的20种氨基酸可分为脂肪族氨基酸、芳香族氨基酸和杂环氨基酸。

（1）脂肪族氨基酸　这类氨基酸按其分子中含有的氨基或羧基的数目以及是否含有某些特殊元素或基团又可分成以下3类。

①一氨基一羧基氨基酸，包括以下氨基酸。

含烷基的一氨基一羧基氨基酸：甘氨酸、丙氨酸、缬氨酸、亮氨酸、异亮氨酸。

含羟基的一氨基一羧基氨基酸：丝氨酸、苏氨酸。

含硫的一氨基一羧基氨基酸：半胱氨酸、甲硫氨酸。

含酰胺的一氨基一羧基氨基酸：天冬酰胺、谷氨酰胺。

②一氨基二羧基氨基酸：天冬氨酸、谷氨酸。

③二氨基一羧基氨基酸：精氨酸、赖氨酸。

（2）芳香族氨基酸　包括苯丙氨酸、酪氨酸、色氨酸。

（3）杂环氨基酸　包括脯氨酸、组氨酸。

上述氨基酸中，天冬氨酸和谷氨酸分别含有一个碱性的氨基和两个酸性的羧基，常被称为酸性氨基酸；精氨酸和赖氨酸分别含有两个碱性的氨基和一个酸性的羧基，组氨酸的含氮杂环具有微碱性，三者统称为碱性氨基酸；其他氨基酸通常都被称为中性氨基酸。

了解各种氨基酸的化学结构与酸碱性对于由蛋白质制备肽时选择适宜的蛋白酶有帮助。

（三）肽

1902年，德国化学家Emil Fischer测定了氨基酸的化学结构，还测定了肽键的性质。他的研究充分证明，肽键（peptidebond，—CO—NH—）是由一个氨基酸的α-羧基与相邻氨基酸的α-氨基脱水缩合而成。他也证明，蛋白质中的氨基酸相互结合成多肽链。因此，一个氨基酸分子的α-羧基与另一个氨基酸分子的α-氨基发生酰化反应，脱去一分子水形成肽键（也被称为酰胺键）；肽就是氨基酸通过肽键连接起来的线性聚合物。在肽链中，两个氨基酸分子形成肽键时脱去一分子水，肽链中的氨基酸已不是完整的氨基酸分子，因此被称为氨基酸残基（amino acid residue）。在线性序列中，所有的氨基酸残基都是L-型，由N个氨基酸残基构成的肽分子中含有N-1个肽键。

肽与蛋白质一样，都是氨基酸的聚合物，只不过肽的分子质量和氨基酸残基数量一般比蛋白质少。机体内的很多活性物质，如一些激素、酶等本质上也是肽。实际上，蛋白质就是很多个氨基酸以肽键连接在一起，并形成一定空间结构的大分子。由于氨基酸的种类、数量、排列次序及所形成的空间结构的千差万别，就构成了无数种功能各异的蛋白质。

关于肽的命名，根据实际应用和具体研究的需要，通常有以下几种方式：

（1）以来源命名　即根据肽的动植物来源或蛋白质来源进行命名。如大豆肽、玉米肽、鱼皮胶原肽、乳清蛋白肽等。

（2）以功能特点命名　即根据肽的生物活性或风味特点进行命名。如降压肽、降脂肽、阿片样肽、抗血栓肽等，以及甜味肽、苦味肽、咸味肽等。

（3）以肽链中氨基酸残基的数量命名　即以肽链中包含的氨基酸残基数量进行命名，如由两个氨基酸分子形成的肽称为二肽，由3个氨基酸分子形成的肽称为三肽；依此类推，还有四肽、五肽、六肽等。

氨基酸结合成肽链时，不仅与组成肽链的氨基酸种类和数目有关，还与肽链中氨基酸的排列顺序有关。因此，肽的种类非常多。从理论上计算，存在400多种可能的二肽和8000多种可能的三肽。随着肽链长度的增加，可能形成的肽链种类更是多得不可计数。通常，将由2~9个氨基酸组成的肽称为低聚肽（也称寡肽，oligopeptide）；将由10~50个氨基酸组成的肽称为多肽（polypeptide）；而由51个及以上氨基酸组成的肽常常被归为蛋白质。

（4）以肽链中氨基酸的组成与排列顺序命名　每个氨基酸都至少含有一个氨基和一个羧基，氨基酸与氨基酸之间通过肽键相互连接构成肽链后，每一条肽链都有两个末端，一端为—NH_3，称为氨基端或*N*末端（aminoterminus或*N*-terminus）；另一端为—COOH，称为羧基端或*C*末端（carboxylterminus或*C*-terminus）。因此，肽链的结构具有方向性，其方向是从*N*末端到*C*末端。

在书写时，习惯上按从左至右的方向表示肽链中氨基酸的顺序，从氨基酸序列的*N*末端写至*C*末端；氨基酸残基以三字母缩写或单字母符号表示。相应地，对肽的命名也按照由*N*末端至*C*末端方向的氨基酸残基排列顺序进行。*C*末端的氨基酸残基仍称氨基酸，其余氨基酸残基根据氨基酸的不同称为某氨酰，如丙氨酰、赖氨酰等。

如一个六肽的氨基酸顺序表示为：Glu-Ala-Lys-Gly-Tyr-Ala，其命名可称为：谷氨酰-丙氨酰-赖氨酰-甘氨酰-酪氨酰-丙氨酸。

可以看出，这种命名方式虽然准确，但很烦琐，而且必须已知多肽链中氨基酸残基的排列顺序才可以命名。因此，通常是根据肽的生物功能或来源等其他方式对其进行命名。

（四）氨基酸、肽、蛋白质的结构关系

多个氨基酸以肽键的形式相互连接形成多肽链，然后一条或一条以上的多肽链再按照特定方式如连接、多级折叠等结合形成具有一定空间结构的高分子化合物，常被称为蛋白质。所以，氨基酸是蛋白质分子中最小的结构单位，肽则是氨基酸构成蛋白质的次一级结构形式。

常见的肽多为线性肽，但也存在环形肽，即由氨基酸通过肽键连接而成的大小不同的环。在人体内主要存在和发挥作用的是线性肽（林小明，李勇，2004）。肽链通过空间的变换，呈现特定的结构形式，或组成各种不同的蛋白质，表达出相应的功能。

蛋白质可以通过加热、加酸或加酶的方式水解，其高级结构——肽链的相互缠绕、折叠卷曲和组合结构首先破坏成为多肽形式；继续水解后，肽键断裂，彻底水解后即变成一些游离的氨基酸（Webb，1990）。

从结构角度看，蛋白质是氨基酸和肽在空间上的排列组合和构象形式。氨基酸

的线性序列构成肽链。某些氨基酸残基可能在氨基酸序列中不相邻，但在空间上交联形成共价键，这些都被统称为蛋白质的一级结构（primary structure）。一级结构是肽分子结构的基础，其主链骨架是由—CO—NH—的重复肽单位排列而成。一级结构蕴藏着肽链的全部结构信息，主要存在肽键和二硫键，从一级结构能够获取包括肽键的数目、氨基酸排列序列和其他共价键位置等信息。

蛋白质的二级结构（secondary structure of protein）是指在其多肽链中存在规则重复的构象，但仅限于主链原子的空间排列，不包括侧链上的构象及主链与其他区段的相互关系。它主要是由肽链骨架上羰基的氧原子和酰胺基团上的氢原子之间形成的次级键构成，主要表现为α-螺旋（α-helix）、β-折叠（β-sheet）、γ-转角（γ-turn，涉及3个氨基酸）、β-转角（β-turn，涉及4个氨基酸）、α-转角（α-turn，涉及5个氨基酸）、π转角（π-turn，涉及6个氨基酸）、Ω-环（Ω-loop）和无规则卷曲（random structure）。氢键是稳定蛋白质二级结构的主要作用力，配位键、范德华力等也有一定作用。肽链上的氢键越多，该二级结构就越稳定。更进一步地，肽链上相互邻近的二级结构在空间折叠中靠近，也可以形成规则的二级结构聚集体，主要表现为α-螺旋组合（$\alpha\alpha$）、β-折叠组合（$\beta\beta$）和α-螺旋β-折叠组合（$\beta\alpha\beta$）。这是一种超二级结构（supersecondary structure），可作为蛋白质三级结构的组成单位。

蛋白质的三级结构（tertiary structure of protein）是指在蛋白质二级结构的基础上进一步盘曲或折叠，形成的具有一定规律的三维空间结构。这种盘曲或折叠能够使一级结构上相距较远的不同氨基酸残基中的R基之间形成一些包括氢键、疏水键、范德华力等在内的次级键。蛋白质可能由两条或两条以上具有独立三级结构的肽链构成，肽链间通过次级键相互组合形成蛋白质的四级结构（quarternary structure of protein）。

因此，氨基酸排布、重复、整合形成肽，肽再进一步卷曲、折叠、重复构成蛋白质。肽既可以看作是氨基酸的聚合物，也可以看作是蛋白质的不完全分解产物。

二、食源性低聚肽及其特性

蛋白质、多肽、低聚肽是科学界根据研究和应用的需要而人为划分的，但在食物蛋白质经生物酶解获得的水解产物中三者常常同时存在。蛋白质水解产物中的具体组分会因使用的酶制剂、水解条件、水解程度等的不同而有较大的差异，一般均存在很多个分子质量大小和氨基酸构成均不相同的肽段序列，其中包括低聚肽、多肽，也会含有少量的游离氨基酸和大分子蛋白质。食物蛋白质经生物酶解获得的以肽为主要成分的水解产物，常被统称为食源肽（food-derived peptide）。因低聚肽含2~9个氨基酸残基，分子质量一般低于1000u。通常将食源性低聚肽（food-derived oligopeptide）定义为以可食用蛋白质为原料，经过酶解、分离、纯化等一系列步骤制成的，重均分子质量小于1000u的蛋白质水解产物（蔡木易，2012）。所以，工业化生产的食源性低聚肽中也会含有少量的多肽组分；即使在没有特别强调为低聚肽的食源肽（如玉米肽、大豆肽、小麦肽等）中，也常常含有一定数量的低聚肽组分。

因为自然界中食物种类繁多，任何含有一定量蛋白质的食物，均可对其中的蛋白质进行提取分离，并作为生产制备食源性低聚肽的原料，所以食源性低聚肽的来源比较广泛，包括陆地动物与植物、海洋动物与植物等。目前，对于食源性低聚肽的命名并没有统一的规则，常用的有直接以来源的植物或动物命名，如源自陆地植物的大豆低聚肽、玉米低聚肽、小麦低聚肽、豌豆低聚肽等，源自海洋动物的牡蛎肽、海参肽等；或直接以原蛋白名称命名，如源自牛乳的乳清蛋白肽、酪蛋白肽，源自鸡蛋的卵蛋白肽，以及以鱼皮、鱼鳞、鱼骨、猪皮、猪骨、牛皮、牛骨等为原料制备的胶原低聚肽等。现在，已经工业化生产的食源性低聚肽已经有很多种，食源性低聚肽在营养功能食品领域已成为备受关注的食品原料之一，原因就在于食源性低聚肽与蛋白质、多肽、氨基酸相比，具有一些独到的特性。

1. 溶解性

食源性低聚肽易溶于水，并且水溶液为澄清状态，仍保持低聚肽本身的颜色与风味。还有一些低聚肽，如玉米低聚肽，具有很好的醇溶性。良好的水溶性使得食源性低聚肽可以用于加工各类液体食品。

2. 酸稳定性

两性电解质所带电荷因溶液的pH不同而改变。当两性电解质正负电荷数值相等时，溶液的pH即称为该物质的等电点。一般地，各种蛋白质都有相应的等电点，即蛋白质在等电点时，因为没有相同电荷而互相排斥的影响，所以最不稳定，溶解度最小，极易借静电引力迅速结合成较大的聚集体而沉淀析出。多数蛋白质的等电点是在酸性环境下，但将食源性低聚肽溶液的pH调低至4.0左右时，仍不会出现沉淀。食源性低聚肽在酸性条件下的稳定性说明其适用于加工酸味饮品。

3. 热稳定性

加热会使蛋白质变性，这主要是由于天然蛋白质的空间结构是通过氢键等次级键维持的，而蛋白质变性后次级键被破坏，蛋白质分子就从原来有序的卷曲的紧密结构变为无序的松散的伸展状结构。原来处于分子内部的疏水基团大量暴露在分子表面，而亲水基团在表面的分布则相对减少，致使蛋白质颗粒不能与水相溶而失去水膜，很容易引起分子间相互碰撞而聚集沉淀。但将食源性低聚肽溶液加热处理，不会出现沉淀现象。食源性低聚肽的热稳定性说明食品加工过程中的热处理不会破坏其原有状态。

4. 等渗性

食源性低聚肽的等渗性主要是相对于氨基酸来说的。肠内营养制剂的渗透压主要决定于制剂溶液中电解质和游离氨基酸的含量。在配制营养制剂时，氨基酸能够增加溶液的渗透压（李敏，2017），从而容易形成高渗现象，使用不当会引起高渗性腹泻。而低聚肽是氨基酸聚合物，对溶液渗透压的影响较小，有助于使营养制剂溶液维持等渗状态，从而避免营养制剂在特殊人群中使用时的不良影响。所以，在这一点上，低聚肽比氨基酸有优势。当然，对于营养制剂渗透压的要求，一般主要是针对经空肠喂养的情况。因为经空肠直接给予营养制剂时，失去了幽门括约肌及十二指肠渗透压感受器的控制，应用高渗制剂易引起腹泻及其他肠道反应。而当采用经口服或连续胃内灌注的方式给予营养制剂时，对不同渗透压浓度的耐受性均较好（李元新，黎介寿，2002）。

5. 低致敏性

将蛋白质通过酶解处理制成低聚肽的形式，消除了其中绝大多数的致敏源。有报道称，将大豆肽制品内的不溶性组分除去后，用酶免疫测定法（ELISA）分析发现，大豆肽的抗原性降低至大豆蛋白质的1/100~1/1000（汪建斌，邓勇，2001）。有内部研究资料显示，原料小麦蛋白质中致敏性肽段的含量为82mg/g；经过酶解后，小麦低聚肽产品中的致敏性肽段含量仅为0.26mg/g，可消除99%以上的致敏蛋白质。可见，与原蛋白质相比，食源性低聚肽的致敏性明显降低。

6. 易吸收性

食源性低聚肽是预消化的蛋白质，达到了不需消化或稍加消化就可以吸收的程度。众多研究证实，低聚肽的吸收效率明显高于整蛋白质、多肽和游离氨基酸，对于消化功能下降的人群更为适宜。同时，一些食源性低聚肽具有特定的氨基酸组成，使得其在营养效果表达方面也具有一定的靶向性，如玉米低聚肽中支链氨基酸含量丰富，对肝组织细胞的营养改善效果突出（金英姿，2014）；小麦低聚肽中谷氨酰胺含量丰富（金振涛 等，2011），表现出对胃肠道黏膜的营养作用更明显（潘兴昌 等，2013；Yin et al.，2014）。因此，食源性低聚肽的开发为研发高品质的特殊营养食品提供了重要的技术支撑。

7. 多种生理调节功能

研究发现，食源性低聚肽具有多种生理调节功能，包括增强免疫力、抗氧化、缓解体力疲劳、辅助调节血压、辅助调节血糖、辅助调节血脂等。有些功能如增强免疫力、抗氧化等几乎是所有食源性低聚肽的共性作用，但由于不同来源的食源性低聚肽具有特定的氨基酸组成和含有某些优势肽段，在某些功能的表达方面又比较突出，如玉米低聚肽保护肝脏的作用（Wu et al，2014），胶原低聚肽的促进皮肤伤口与骨伤愈合的作用（梁锐 等，2010）。实际上，食源性低聚肽的生理功能一方面与其营养作用密不可分，另一方面也可能与某些特定肽段的特定功能息息相关。有关肽段及其相应的作用机制的资料目前还很少，有待进一步研究。

人体日常摄入的蛋白质多是具有高度种属特异性的大分子。过去的理论一直认为，蛋白质必须在胃肠道通过蛋白酶的作用分解成氨基酸，才能被吸收进入血液，进而被转运至机体的各个组织参与代谢和发挥营养作用。但现代研究发现，食物蛋白质经过胃内消化，再在小肠内经过内肽酶和外肽酶的消化，同时生成氨基酸和含有2~6个氨基酸的低聚肽（葛可佑，2004）；蛋白质的消化产物除以游离氨基酸的形式吸收之外，还有一部分是以低聚肽（主要是二肽、三肽等小肽）的形式，通过肠腔和肠细胞中大量存在的肽酶完整转运和直接吸收（Addison et al，1975；Hara et al，1984）。与整蛋白、多肽、氨基酸相比，食源性低聚肽在食品加工特性、消化吸收性以及生理调节功能等方面更具有优势。因此，食源性低聚肽的工业化不仅能够使食物蛋白质得到更大程度的利用，也能够对人体产生更好的营养保健效果。

第二节
食源性低聚肽的吸收机制

一、蛋白质的消化

人体摄入的蛋白质在胃肠道被消化和吸收。关于蛋白质的消化和吸收，学术界起初认为，蛋白质需要转化成游离氨基酸才能被人体吸收。这一观点是由Dogman在1900年提出的，之后Free,A. H 等也进行了详细论证，认为在人和动物胃肠道中，蛋白质必须被消化成游离氨基酸才能被小肠黏膜上皮细胞吸收和转运。但是，随着人们对蛋白质消化吸收以及代谢规律的深入研究，对蛋白质的消化吸收理论逐渐有了新的认知，即蛋白质的最终消化产物不仅仅是氨基酸，另外还有部分小肽（Newey et al，1960）。小肽在小肠黏膜刷状缘经肽转运载体转运，被吸收进入血液循环；此外，部分肽能够不依赖肽转运载体直接穿透生物膜进入细胞，称之为细胞穿透肽（Richard et al，2003；Reese et al，1967）；甚至还有研究发现，部分肽可以穿透血脑屏障（blood brain barrier，BBB）（Bickel et al，2001；Kastin et al，

1979）。但是，由于脑结构的复杂性，肽类物质跨血脑屏障转运机制尚不清晰。

（一）消化过程

1. 蛋白质的体外消化

为了更好地探究蛋白质的消化吸收机制以及低聚肽的生产方式，研究者们进行了大量的体外消化实验。体外模拟消化技术包括单酶法和多酶法，最后通过测定蛋白质的水解程度判断蛋白质品质并预测其在体内的消化情况。另外，研究者还通过动物消化器官外置实验和模拟胃液的方法进行蛋白质消化吸收机制的探究（Newey et al，1959）。但是，完全模拟生物体内消化存在一定的难度，因为这是一个极其复杂的消化环境，其结果的准确性仍需要体内试验加以验证。另一方面，通过体外酶解工艺，还可以生产制备具有各种生理功能的活性肽。常用的蛋白质原料有大豆蛋白、玉米蛋白、酪蛋白、乳清蛋白、鱼蛋白、小麦蛋白等。常用的水解蛋白酶主要分为3大类：①动物来源的蛋白酶，如胃蛋白酶、胰蛋白酶等；②植物来源的蛋白酶，如菠萝蛋白酶、木瓜蛋白酶等；③微生物来源的蛋白酶，如碱性蛋白酶、中性蛋白酶等。由于蛋白质结构的复杂性和大部分酶作用的专一性，单独只用一种酶消化生产活性肽的效果并不理想，故较常采用复合酶进行酶解消化。在本书后面的章节，将对多种食源性低聚肽的制备工艺和生理功能进一步明确并归纳。

2. 蛋白质的体内消化

蛋白质在被摄入体内后就开始了被消化的过程。蛋白质在口腔以及食道不能被消化，开始其消化过程的器官是胃，当食物中的蛋白质进入胃以后，在胃液的作用下进行初步消化。胃液中起蛋白质消化作用的物质主要包括胃酸及胃蛋白酶。胃酸的主要成分是盐酸，pH在0.9~1.8，其主要作用有以下几个方面：①能激活胃蛋白酶原，使之转变为有活性的胃蛋白酶，并为胃蛋白酶提供适宜的酸性环境；②可抑制和杀死随食物进入胃内的细菌；③使食物中的蛋白质变性，将胃蛋白酶所要作用的蛋白质位点充分暴露出来，以利于消化；④盐酸进入小肠后能促进胰液、胆汁和小肠液的分泌；⑤与钙和铁结合，形成可溶性盐，促进它们的吸收。胃蛋白酶是胃中唯一的蛋白质消化酶，由胃蛋白酶原被胃酸激活而来，最适pH在2.0左右，具有广泛的位点特异性。胃蛋白酶的主要酶切位点为苯丙氨酸或酪氨酸以及其他疏水性氨基酸之后的肽键（喻东，2005）。在胃液和胃蛋白酶的作用下，10%~20%的蛋白质被消化成蛋白胨、多肽和少量的氨基酸。食物在胃中停留时间短，蛋白质在胃内消化很不完全，消化产物及未被消化的蛋白质在小肠内胰液和小肠黏膜细胞分泌的多种蛋白酶及肽酶的共同作用下进一步被消化。小肠的结构极其复杂，蛋白酶种类也相对较多，包括胰蛋白酶、糜蛋白酶、凝乳酶、肠激酶等；在小肠黏膜上皮细胞刷状缘及细胞液中还存在一些寡肽酶，如氨基肽酶以及各种二肽酶等。在消化液和酶的作用下，蛋白质逐步被分解为多肽、三肽、二肽和氨基酸。因此，小肠是蛋白质消化的主要部位，低聚肽的水解主要在小肠黏膜上皮细胞内进行。

（二）消化产物及吸收

蛋白质在一系列消化酶的作用下水解成游离氨基酸和低聚肽，其中的二肽和三肽又常被称为小肽。小肠是吸收这些蛋白质消化产物的主要部位，但小肠不同部位其吸收能力有一定的差别。近端小肠（回物）对氨基酸的吸收能力较远端小肠（空肠）弱，而对低聚肽的吸收能力两者恰恰相反。这与回肠黏膜刷状缘寡肽酶的活性较空肠高一致。小肠黏膜刷状缘上皮细胞将二肽、三肽等小肽和氨基酸吸收进入血液循环。现已发现，小肽和氨基酸在人体内存在两种相互独立的吸收转运机制（王岗等，2001）。游离氨基酸在小肠黏膜刷状缘通过特殊的氨基酸转运系统进入小肠黏膜上皮细胞；小肽则通过特殊的肽转运系统进行转运（Ziv et al，2015）。蛋白质未经消化不易吸收。对于低等动物，吞噬是摄入大分子物质的基本方式；而对于高等动物，只有胚胎动物仍保持这种低级的原始机制，如母乳中的抗体可通过小肠黏膜细胞的吞噬作用传递给婴儿。一般认为大分子蛋白质的吸收是微量的，无任何营养学意义，但有时某些抗原、毒素蛋白等可少量通过小肠黏膜上皮细胞进入血液，会产生过敏、毒性反应。

二、氨基酸的肠道转运吸收

氨基酸不仅是合成机体蛋白质的重要原料，而且对于促进机体生长、维持机体正常代谢也具有重要作用。目前所定义的必需氨基酸是人体不能自身合成或者合成速度达不到人体需要的氨基酸。如果人体缺乏任何一种必需氨基酸，就可导致生理功能异常，影响机体代谢的正常进行，甚至导致疾病。另外，越来越多的细胞培养和动物研究表明，非必需氨基酸（如谷氨酰胺、谷氨酸和精氨酸等）也参与调控许多信号通路，如基因表达、细胞内蛋白质转运、营养代谢和氧化防护等。氨基酸的转运吸收是在肠道中进行的，也有研究表明，小肠黏膜上皮细胞的主要能量来源是氨基酸，而不是葡萄糖（刘继前，曹建春，2007）。阐明肠道氨基酸转运吸收及其调节机制，有助于更清楚地了解食物蛋白质在肠道中的消化吸收过程，为实际应用提供理论依据。

（一）氨基酸转运吸收系统的分类及特点

氨基酸转运吸收系统的分类方式有多种，按照转运氨基酸的性质可分为酸性氨基酸转运吸收系统、中性氨基酸转运吸收系统和碱性氨基酸转运吸收系统，其中中性氨基酸转运吸收系统是主要途径（熊霞 等，2012）。另外，按照在转运吸收过程中对Na^+、Cl^-等协同作用的依赖性，可分为Na^+依赖的氨基酸转运吸收系统和非Na^+依赖的氨基酸转运吸收系统。大部分氨基酸的吸收是小肠黏膜上皮细胞顶端膜的耗能主动吸收过程。Na^+依赖的氨基酸转运吸收系统是利用细胞膜上的Na^+以电化学形式储存的自由能，将氨基酸逆浓度梯度转运进入小肠黏膜上皮细胞，然后再通过细胞膜上的钠泵将Na^+排出细胞；而非Na^+依赖的氨基酸转运吸收系统则是利用游离氨基酸的浓度梯度，通过小肠黏膜上皮细胞的基底膜进入毛细血管，并汇入门静脉和体循环（Bröer，2008）。

（二）氨基酸肠道转运载体的种类与分布

氨基酸转运系统由多种具有识别、结合及跨膜转运功能的蛋白质组成，这些转运载体（也称载体蛋白、转运蛋白）主要存在于小肠黏膜上皮细胞的基底部和顶膜上。氨基酸转运载体是介导氨基酸跨膜转运的膜蛋白，除了极少数氨基酸外，大多数单体氨基酸是由一个以上的转运载体转运，能够为某些突变失活的转运载体提供补救途径。在Na^+依赖的氨基酸转运吸收系统中，转运载体会与氨基酸结合，在自由能的作用下将氨基酸转运到细胞内。由于不同的氨基酸结构存在差异，其转运载体也不同。由于氨基酸与转运载体的结合存在一定的相似性，所以某些氨基酸在使用同一转运载体时，也会存在一定的竞争关系。

早在20世纪60年代，人们就通过制备膜泡和培养艾氏（Ehrlich）腹水瘤细胞、红细胞等手段陆续发现了A型、L型和β型等多种氨基酸转运载体（Christensen，1990）。目前，已经了解的氨基酸转运载体至少存在四种，即酸性氨基酸转运载体、中性氨基酸转运载体、碱性氨基酸转运载体和其他特殊的氨基酸转运载体（黄薪蓓 等，2015）。研究发现，酸性氨基酸转运载体EAAT2、EAAT3（兴奋性氨基酸转运蛋白）主要存在于小肠黏膜上皮细胞的顶膜。EAAT是Na^+共转运载体，主要参与天冬氨酸和谷氨酸的转运，在转运过程中同时需要偶联K^+的反向转运。而酸性氨基酸转运载体xCT蛋白存在于基底膜，依赖氨基酸交换进行转运。中性氨基酸转运载体相对较多，包括存在于上皮细胞顶膜的ASCT2、B^0AT1、SN2、SIT、PAT1等以及存在于基底膜的ATA2、Asc-1、LAT2、TAT1等，其中B^0AT1对于大部分中性氨基酸都能够转运。碱性氨基酸转运载体主要与赖氨酸的吸收有关，位于上皮细胞基底部，其驱动力主要是膜两侧的电势梯度。碱性氨基酸转运系统有四种氨基酸转运载体，包括阳离子氨基酸转运载体CAT1、CAT2、CAT2a和CAT3，多数认为CAT1是肠道中主要的转运载体（Kavanaugh et al，1994）。

三、低聚肽的肠道转运吸收

随着人们对蛋白质消化吸收以及代谢规律的研究，蛋白质只有被消化成氨基酸才能被吸收的观念逐渐被推翻，并逐渐形成关于蛋白质消化吸收的新理论，即蛋白质的最终消化产物不仅仅是氨基酸，另外还有部分小肽；而小肽也可以被肠黏膜吸收并转运进入血液循环。1960年，Newey和Smith首先提出了小肽可以被完整吸收的论据，人们开始对这一观点展开研究。1984年，Hara等在小肠黏膜中发现了小肽载体；1994年，Dantzing等证明体内存在两种肽载体，即肽载体Ⅰ型和肽载体Ⅱ型；1994年，Fei等（1994）成功克隆了小肽Ⅰ型载体；1996年，Adibi等成功克隆小肽Ⅱ型载体；另外，Adibi等（1971）在人体肠道蛋白质消化实验中发现，肠腔中以小肽形式存在的氨基酸数量大于以游离形式存在的氨基酸数量。小肽能够被完整吸收的理论逐渐被人们接受。

（一）低聚肽的肠道转运与吸收机制

蛋白质在胃肠道内经过一系列消化酶的作用，被降解为游离氨基酸和低聚肽，其中低聚肽在小肠黏膜刷状缘氨基肽酶A和氨基肽酶N的作用下再被分解为小肽（主要指二肽和三肽）和氨基酸，然后被吸收利用。与游离氨基酸相比，小肽具有吸收速度快、耗能低、不易饱和，且各种肽之间转运无竞争性与抑制性等特点（Ganapathy et al，1985）。

1. 小肽（二肽、三肽）的转运吸收机制

小肽的吸收比游离氨基酸更容易，其转运吸收存在独立的系统及相应的载体，在小肽转运吸收机制的研究方面也形成了一些新的认识。

（1）小肽的转运机制　关于小肽的转运机制，目前大致分为以下3种（林煌映，2005）:

①pH依赖性的H^+/Na^+交换转运体系，不消耗三磷酸腺苷（ATP）。研究证明，向内的H^+梯度对肽的转运有促进作用，每转运一个肽分子进入细胞需要2个H^+。在向内的pH梯度驱动下，质子向内流动能促进肽的吸收，在Na^+浓度较低的情况下效果更明显。肽的转运依赖于细胞膜上电势差的转变。Boyd和Ward（Boyd et al，1982）的研究表明，二肽的摄取是质子（H^+）顺着电化学梯度由高向低流动（内流），经H^+/肽载体共同完成的。当质子经过细胞膜时，会使带负电荷的细胞膜的膜电位发生改变，也就是出现去极化过程。Daniel等研究发现，小肽转运的动力来源于小肠黏膜上皮细胞刷状缘膜的Na^+/H^+交换通道活化引起质子流动而形成的电化学梯度。当小肽以易化扩散方式进入细胞，会导致细胞内pH下降，从而使Na^+/H^+交换通

道活化而释放出H^+，使细胞内pH恢复到原来的水平。当H^+浓度低时，小肽的吸收依靠膜外的底物浓度进行；当细胞外H^+浓度高于细胞内时，则通过共转运系统逆底物浓度转运。细胞去极化的发生和静息电位的恢复主要由Na^+/H^+交换系统完成，这依赖于细胞膜上电势差的改变。

②依赖H^+或Ca^{2+}浓度的主动转运过程，需要消耗ATP。小肽耗能的主动转运过程是在兔、小鼠、猪和人的空肠黏膜刷状缘膜囊泡（BBMV）上发现的。这种逆H^+梯度转运需要消耗能量，能量由ATP提供。另外，Ca^{2+}对这种逆H^+梯度转运有一定的作用，这可能与Ca^{2+}能激活ATP酶有关。

③谷胱甘肽（GSH）转运系统。GSH具有多种功能，包括抗氧化、免疫调节等，这使得GSH转运系统可能具备独特的生理意义，但其机制目前并不十分清楚。Vincenzini等（1989）认为，GSH的跨膜转运系统与Na^+、K^+、Li^+、Ca^{2+}、Mn^+的浓度梯度有关，而与H^+的浓度无关。

（2）肽转运载体的分类及其特征　肽的转运吸收存在独立的系统及相应的载体。目前发现，动物体内的肽转运载体主要有5种，即肽转运载体1（PepT1）、肽转运载体2（PepT2）、肽转运载体3（PTR3）、肽/组氨酸转运载体（PHT1）和人肠肽转运载体（HPT-1）。Ananth等（2012）研究发现，在人视网膜色素上皮细胞中存在Na^+偶联的肽转运载体SPOT1和SPOT2，但仍需深入研究。目前，载体中研究得最清楚、最具代表性的是PepT1和PepT2，它们都属于依赖H^+主动转运和非耗能的H^+/Na^+交换转运体系的转运载体，具有类似的结构和功能特性。PepT1和PepT2都具有12个跨膜结构域，并且在9和10结构域之间有一个大的胞外环状膜蛋白（Chen et al，2002）。这12个跨膜结构域的氨基酸序列高度保守，但是胞外环状膜蛋白的氨基酸序列保守程度相对较小。迄今为止，PepT1是唯一明确存在于小肠的肽转运载体，而PepT2主要存在于肾脏。肽载体的生理功能通常用两个方面的指标来描述：一是识别和结合底物分子的能力，二是跨膜转运底物的速度和数量。一般来说，对底物有较低亲和力的转运系统具有较大的转运容量，而对底物有较高亲和力的转运系统转运容量较低。PepT1属于低亲和力、大转运容量的肽转运载体，PepT2属于高亲和力、低转运容量的肽转运载体。PepT1和PepT2对所转运小肽的分子结构、大小、电荷与极性的要求都不高，都能够识别和转运大多数的二肽、三肽（Adibi S A，2003）。

PepT1和PepT2转运小肽的大致过程是：①PepT1在小肠黏膜上皮细胞刷状缘膜上高度表达，使小肽很容易结合到PepT1的识别区域；②小肽通过小肠黏膜上皮细胞刷状缘膜被转运进入细胞，并水解为游离氨基酸，或通过PepT2转运直接进入血液；③小肽被 PepT1释放进入细胞液；④PepT1中用于与底物结合并使小肽转位的区域再用于下一个肽的转运。

2. 四肽~六肽的转运吸收机制

有学者认为，20%的氨基酸和80%的二肽、三肽可直接被人体吸收，但四肽及以上的低聚肽是否能被完整吸收还存在争议。也有研究者认为，在机体内除了氨基酸和二肽、三肽的转运系统之外，还存在其他的肽转运系统。给剔除了氨基酸和二肽、三肽转运系统的小鼠饲喂具有生物活性的低聚肽（主要是四肽~六肽），最终在小鼠体内显示出这些生物活性低聚肽的相应作用，说明体内存在着不同于转运氨基酸和转运二肽、三肽的肽转运体系（Chothe et al，2010）。另外，Chothe教授在对肠细胞系Caco-2和结肠细胞系的研究中发现了两种特异性的低聚肽转运载体，这两种低聚肽转运载体不仅能够转运非阿片类四肽，还能够转运由五个或更多个氨基酸残基构成的低聚肽（Chothe et al，2011）。但是，肽转运载体分子结构与功能的关系十分复杂，还有待进一步研究验证。

（二）低聚肽吸收的影响因素及促进方法

食源性低聚肽具有多种生理调节功能，以低聚肽的形式直接吸收将更有助于增强功能效果。低聚肽在胃肠道内还存在被进一步消化的可能，所以减少不利于低聚肽吸收的影响因素，提高吸收率，也是提升低聚肽营养健康作用的重要环节，尤其是对机体某方面功能或特定疾病状况有显著改善作用的肽。鉴于四肽以上的低聚肽是否能够直接吸收，证据尚不充分，因此探索促进二肽、三肽等小肽吸收的方法更具有实际意义。

1. 小肽吸收的影响因素

蛋白质的消化和吸收是一个复杂的过程。虽然像二肽、三肽这样的小肽可以被直接吸收，但其吸收过程也受多种因素影响（曹文红等，2006）。其影响因素如下。

（1）蛋白质的品质　由于各种蛋白酶都具有专一性，不同蛋白质的氨基酸组成也有差异，因此蛋白质经消化后产生的肽的种类和数量也不同。氨基酸平衡的蛋白质易产生数量较多的低聚肽，而氨基酸不平衡的蛋白质则会产生较多的游离氨基酸和少量分子质量较大的肽段。

（2）肽链的长度　二肽、三肽的吸收相对较快，而四肽及以上的低聚肽的吸收仍存在争议。

（3）构成肽的氨基酸种类　研究发现，谷氨酰-赖氨酸二肽的吸收速度明显高于谷氨酰-甲硫氨酸二肽。另外，肽链中氨基酸残基的排列顺序也影响肽的吸收。当赖氨酸位于*N*末端与组氨酸构成二肽时，要比它位于*C*末端时吸收速度快；而当它在*C*末端与谷氨酸构成二肽时，其吸收更为迅速。

（4）小肽载体对肽的吸收也有一定影响 小肽载体对侧链体积较大的疏水性底物，如含有支链氨基酸、甲硫氨酸或苯丙氨酸的肽，亲和力较大，而对亲水性、带电荷的小肽，亲和力较小。

（5）机体所处的生理状态和代谢变化也会影响小肽的吸收。

2. 促进小肽吸收的方法

为了解决大多数肽类物质经口摄入后生物活性降低的问题，研究人员做了很多尝试。所采取的基本思路是保护肽分子不被消化酶降解；或增强肽在小肠黏膜的透过性。对于合成法制备的一些肽类物质，目前使用的促进吸收的主要方法有：①定点释放技术。利用可生物降解的聚合体材料，通过微胶囊化技术，将肽分子包埋，使之避免与蛋白酶直接接触，然后在小肠黏膜的吸收目标区域释放出肽。研究报道，此方法已经应用于胰岛素的生产（雅德，2002；张杰，2007），或许在小肽的生产制备过程中也可作为借鉴。②使用蛋白酶抑制剂和吸收增强剂。使用蛋白酶抑制剂，以防止肽的降解。例如，抑肽素是胃蛋白酶抑制剂，能抑制胃蛋白酶的活力。而使用吸收增强剂，能够增强肽分子的穿透能力，提高吸收效率。吸收增强剂通常为低分子质量的化合物，主要有螯合剂，如EDTA、胆盐衍生物、离子或非离子表面活性剂，以及各种脂肪酸（如油酸）或水杨酸盐等。③延长肽在吸收位点的滞留时间。使用生物黏性聚合物可延长肽在胃肠道吸收位点的滞留时间，增加肽的吸收（Grimble et al，1989）。

此外，还有研究提出肽结构的化学修饰也可以促进肽的吸收。但是，食源性低聚肽往往是包含许多肽段的混合物，肽的种类多，结构各异，将上述方法直接用于促进食源性低聚肽的吸收在针对性方面都存在一定的局限性，目前尚未见实际应用报道。

四、细胞穿透肽及跨血脑屏障转运

近年来研究发现，有一部分肽不依赖肽转运载体，而直接穿透细胞膜或其他生物屏障进入细胞或其他组织液，称之为细胞穿透肽（cell penetrating peptides，CPP），这是肽吸收的另一途径。

（一）细胞穿透肽

1. CPP简介与分类

Richard等（2003）首次提出细胞穿透肽的概念。这是一类肽链长度一般不超过30个氨基酸，能够顺利通过生物膜进入细胞的肽类物质，同时能输送不同种类的外源物质通过生物膜和生理屏障（包括血脑屏障）进入细胞。研究发现，CPP在体内和体外均能发挥作用（Tan et al，2014）。

按照来源CPP可为天然肽、嵌合肽及合成肽。其中，天然肽存在于自然界中，以转录激活因子TAT47~57（序列为Tyr-Gly-Arg-Lys-Lys-Arg-Arg-Gln-Arg-Arg-Arg）、果蝇触角足基因（Antp）、单纯疱疹病毒转录调节蛋白VP22的第3个螺旋区等较为常见。嵌合肽属于人工设计合成的肽，它的结构中包含一部分天然肽或蛋白质。合成肽是CPP家族中另外一类人工设计的肽，在应用上比天然肽和嵌合肽更具优势。根据结构特点，可以将CPP分为阳离子型、两亲型和疏水型3种。阳离子型是一类由较多带正电荷的氨基酸残基和少量酸性氨基酸残基组成的肽。第一个被发现的穿透肽TAT47~57就是典型的阳离子型穿透肽，且大多数阳离子型CPP富含精氨酸和赖氨酸。两亲型CPP的分子结构由亲水结构域和亲脂结构域构成，包括初级两亲型、次级α-螺旋两亲型、β-折叠两亲型和脯氨酸富集两亲型共四种。只含有疏水残基的多肽被称为疏水型多肽，是三种类型中最少见的CPP，其穿膜能力是否由其疏水的非极性氨基酸决定还有待进一步研究。

2. CPP的穿膜机制

CPP种类和结构的多样性导致它们穿透细胞膜进入细胞的方式不一，目前，CPP的穿膜机制还未完全清晰，下面简单介绍两种比较清楚的穿膜机制。

（1）直接转运　这是一种不消耗能量的转运方式，CPP采用非温度依赖、非能量依赖、非受体依赖的方式进入细胞内。研究发现，有些CPP通过形成某种跨膜结构域来实现转运的模式可能有3种，即反转微团模式（inverted micelle model）、地毯模式（carpet model）和打孔模式（barrel-stave pore formation model）。

（2）细胞内吞　这是一种耗能的转运方式，可以分为两大类：吞噬作用和胞饮作用。其中，胞饮作用存在于所有类型的细胞中。

（二）血脑屏障转运

1. BBB简介与转运机制

Abbott等详细描述了血脑屏障这一概念（Abbott et al，2010）。血脑屏障包括由脑毛细血管壁与神经胶质细胞共同形成的血浆与脑细胞之间的屏障，以及由脉络丛形成的血浆和脑脊液之间的屏障。这些屏障能够阻止某些物质（多半是有害物质）由血液进入脑组织，但也能阻碍许多治疗性肽和蛋白质向脑和脊髓的递送。另外，血脑屏障能够控制血脑两侧的物质转运，从而保证中枢神经组织内环境的稳定。有研究表明，有些肽类物质可以透过血脑屏障（Ermisch et al，1985；Kreuter et al，1995），如阿片肽通过肽转运系统实现跨BBB转运（Kastin et al，2001a），甘氨酰-丙氨酸二肽通过非饱和途径被转运至大脑（Kastin et al，

2001b），四肽EGAR可以透过BBB发挥抗癫痫作用（Cai et al，2017）。

关于BBB的跨膜转运机制，国内外学者进行了大量研究，其主要转运机制可归纳为以下两种。

（1）内向转运系统　内向转运系统可分为被动扩散与主动转运两类，其中被动扩散不需要能量。由于BBB膜是脂膜，所以该系统的转运能力与被转运物质亲脂性的高低有很大的关系。但是，目前有研究发现，肽类物质被动扩散透过BBB与氢键的键能关系更大。主动转运是一类既需要能量又需要载体参与的逆浓度差转运模式。根据介导载体的不同，主动转运又可以分为载体介导的转运系统、特定受体介导的内吞作用以及吸附介导的胞吞转运作用。

（2）外排转运系统　BBB外排转运系统的主要作用是排出毒性代谢物及异源物，以维持大脑正常生理功能。药理学研究发现，P-糖蛋白和有机阴离子转运体是BBB外排转运系统的主要转运载体。

大量离体和在体BBB模型的实验都证明，经外周注射的肽类药物可以完整透过BBB（Kastin et al，2003；Costantino et al，2005）。长久以来认为，肽类物质透过血脑屏障的方式均为被动扩散，BBB通透性的大小与肽类物质的脂溶性相关。随着研究的深入，发现肽类物质透过血脑屏障更多地取决于氢键的键能。由于肽类物质结构各异，所包含的键能也不同，因此肽类物质跨血脑屏障的能力也有一定差异。目前发现，部分小肽也可以通过依靠载体介导的主动转运方式透过血脑屏障。

2. 肽类物质透过 BBB 的临床意义

药物在中枢神经系统发挥作用，首先必须能够透过BBB，以从血液循环血到达中枢神经组织的细胞外液，并达到有效浓度（Banks 2010）。目前用于治疗中枢神经系统疾病的药物大多为肽类或蛋白质类，但是由于BBB的屏障作用，难以使药物在脑组织中达到有效浓度，严重影响了药效，因此提高肽类物质透过BBB的能力十分必要。

化合物的氢键、脂溶性和分子大小等理化性质对其透过血脑屏障的能力有较大影响。中枢神经药物一般要求脂溶性较高；分子质量通常小于450u；多为中性或弱碱性分子；具有较少的氢键供体数目和较低的氢键结合能力；具有较低的分子极性表面积；多为球形分子（洪玉，等，2014）。利用相关的载体，将肽类物质与特殊的脑药物转运载体相结合，也是提高肽类物质透过BBB能力的一种方法。例如，阳离子化的人血清白蛋白就是一种良好的脑药物转运载体（Danho et al，2009）。通过改变肽类物质的理化性状、开发新的更好的BBB转运载体或可逆性地开放BBB等途径，一定能够大大提高肽类物质透过血脑屏障的效率，为临床医学治疗脑疾病和改善脑健康提供新的思路和方法。

第三节
食源性低聚肽的功能研究

低聚肽，特别是食源性低聚肽进入大众视野，只是近二十年的事情，而从肽的发现、研究到开发和使用也才百余年时间。1902年，Bayliss和Starling在研究胰腺分泌机制时发现了肽类物质，从此开启了人类研究肽的历史（Bayliss et al，1902）。由于检测和实验技术的发展，肽类的研究在20世纪后半叶进入一个快速发展的时期。1952年，Liev 在小鼠神经瘤细胞周围分离并鉴定出神经生长因子（NGF），这是一种在神经元的发育、轴突的生长、递质的合成及细胞的凋亡等阶段均起重要作用的多肽物质。1965年，我国科学家利用人工合成的方法合成结晶牛胰岛素（含51个氨基酸残基），这也是世界上首次利用化学合成方法生产蛋白质类生物活性物质（龚岳亭等，1965）。1979年，Henschen等从酪蛋白中分离出β-酪啡肽，发现其同样具有阿片样活性，而且与内啡肽一样也能被纳洛酮逆转（Henschen，1979）。而后，越来越多的功能肽被发现、分离并鉴定，这些发现鼓舞了许多研究者投身到肽的研究之中。与此同时，随着研究的进行，许多企业也相继加入到这个行业中。除了理论研究外，企业将肽特别是食源性低聚肽作为工业产品进行了很多产业化的运作，使得食源性低聚肽逐渐成为食品工业的一类配料。食源性低聚肽本身具有营养性和功能性两种性质，越来越被广泛地应用于各类食品中，也逐步被大众接受。由于市场的正向反馈，企业及科研机构对于食源性低聚肽的研究投入逐渐增大，食源性低聚肽的研究也随着市场接受度的不断提升而一步步深入。

一、食源性低聚肽主要功能研究进展

由于食源性低聚肽来源于食物蛋白质，所以关于食源性低聚肽的最初研究，便是与蛋白质或者氨基酸单体的比较研究。相较于整蛋白，肽更易于消化；而相较于氨基酸，小分子肽具有特有的吸收通道和机制，吸收速度更快，且具有一些更显著的生理功能（Mathews et al，1976；Newey et al.，1960；王岗 等，1999）。利用食物蛋白质可研究开发低聚肽，如动物源（包括海洋鱼类、贝类，哺乳动物的皮、骨、肉、乳以及禽类的蛋等）和植物源（包括豆类、谷物类及坚果类等）的低聚肽。基于低聚肽的来源不同，其氨基酸组成、肽段特点、结构等均有差异，这些差异使得不同的低聚肽具有不同的生理功能。针对食源性低聚肽的功能研究主要集中在降血压、降血脂、抗氧化、免疫调节、促进矿物质元素吸收、缓解体力疲劳、保护肝脏等功能及其机制方面（Hartmann et al，2007；蔡木易，2012）。

对于食源性低聚肽的降血压功能，其机制较为明确，主要是低聚肽具有血管紧张素转化酶（ACE）抑制剂的作用。目前，多种原料来源的低聚肽中都发现了具有ACE抑制作用的相应片段（Ma et al，2006；Matthews et al，2003；Rho et al，2009；Robert et al，2004；Wu et al，2008）。

Chabance等发现，酪蛋白水解产物中的某些低聚肽具有降低血清胆固醇的作用（Chabance et al，1995）；同时Hori等在临床实验中也发现，与磷脂结合的大豆蛋白水解物具有降低血清胆固醇的效果（Hori et al，2001）；Ojima等研究发现，精氨酰-甘氨酰-天门冬氨酸（RGD）三肽具有抑制血小板聚集的作用，提示该三肽具有开发抗血栓药物的潜力（Ojima et al，1995）。

很多肽具有抗氧化活性，原因在于其含有还原性的末端或氨基酸残基（亮氨酰），具有给抗氧化酶供氢的能力，能调节生理环境的pH，并能广泛结合金属离子以避免其催化氧化反应（周小理，李红敏，2006）。在对食源性低聚肽抗氧化功能的研究方面，谷胱甘肽就是一个非常成功的例子。作为一种具有很强抗氧化活性的三肽，谷胱甘肽能够增强机体免疫功能，清除体内自由基，有助于延缓衰老、预防疾病，可广泛地从食源性蛋白质原料，特别是谷物蛋白中获取（杜琳 等，2008；沈蓓英，1996；吴建中 等，2002；张强 等，2005）。

一些研究发现，特定的食源性低聚肽具有很强的抗菌及免疫调节功能。例如，乳铁蛋白结构中的特定片段具有特异性结合微生物细胞膜中铁离子的能力，由此可使微生物细胞膜破裂，从而起到抗菌作用（冯兴军 等，2004；胡志和 等，2010）。谷氨酰胺是人体血浆和组织中含量最丰富的游离氨基酸，是体内一些组织细胞如淋巴细胞、巨噬细胞、肠细胞、肾小管细胞等快速增殖分化所需的能量来源，也是合成核苷酸、谷胱甘肽等物质的原料和修复受损伤组织所必需的营养物质。以小麦蛋白为原料制备的小麦低聚肽含有丰富的谷氨酰胺肽，且比游离的谷氨酰胺更稳定，更有利于发挥谷氨酰胺修复胃肠黏膜、改善肠道免疫的效果（Horiguchi et al，2005；黄耀凌等，2001；柳汉荣 等，1999；王新颖 等，2006）。

具有特定结构的食源性低聚肽可以结合矿物质元素，促进其吸收，其中较有代表性且已被广泛应用的是酪蛋白磷酸肽（casein phosphopeptides，CPP）。酪蛋白磷酸肽是以酪蛋白为原料经酶解工艺制备而得，其核心片段是由多个丝氨酸残基和磷酸基团形成的肽片段。这类片段在肠道环境下带负电，不易被消化，可以结合并递送Ca^{2+}、Fe^{2+}等至小肠吸收，同时防止其出现沉淀而对吸收产生不利影响（胡志和等，2001；庞广昌，陈庆森，1999）。除此之外，利用牡蛎蛋白制备的牡蛎肽可结合Zn^{2+}，提高Zn^{2+}的吸收率，以及利用乌鸡肉为原料生产的乌鸡肽可以和Fe^{2+}结合形成特异性结合物，也都有相关的研究报道（刘文颖 等，2017；刘艳 等，2016）。

对于食源性低聚肽功能研究的另一个重点是其对组织器官的保护作用。玉米低聚肽能显著降低CCl_4引起的小鼠急性肝损伤，促进肝功能的恢复（刘雪娇 等，2015）；玉米低聚肽能促进肝细胞增殖，上调乙醇所导致的抗凋亡蛋白Bcl-2的表达，下调促凋亡蛋白Bax的表达，减轻肝细胞氯化应激，降低凋亡蛋白Caspase-3的活性（刘雪娇 2016）。以谷朊粉为原料制备的小麦低聚肽对胃肠黏膜组织的修复作用也得到研究证实（刘文颖 等，2017）。

二、食源性低聚肽未来研究方向

近年来，食源性低聚肽的许多生理功能已被研究揭示，低聚肽与相关功能之间的量效关系也逐渐明确。今后将着重探讨功能性肽段结构与其生理功能的构效关系，这样不仅有利于从机制上阐明低聚肽与其所具有的生理功能的逻辑关系，同时也有利于同工性原料的筛选与开发。

研究已发现，玉米低聚肽中的肽段酪氨酰-丙氨酸（YA）和组氨酰-半胱氨酰-蛋氨酰-亮氨酸（HCML），小麦低聚肽中的肽段脯氨酰-酪氨酸（PY）、亮氨酰-酪氨酸（LY）和丙氨酰-脯氨酰-丝氨酰-酪氨酸（APSY）均具有很强的抗氧化活性（代衍峰，2008；刘文颖 等，2016）。进一步明确食源性低聚肽的肽段结构，并揭示其生理功能与机制，将是食源性低聚肽未来研究的一个重要方向。研究结果将为食源性低聚肽生产制备过程中功能性或特征性肽段的富集提供参考，有助于提升产品的特异性和功效性。

除此之外，针对食源性低聚肽蛋白质来源标志性物质的溯源性研究、食源性低聚肽新型制备方法研究以及基于特征性肽段的生物活性研究，也将是未来食源性低聚肽的重要研究方向。

参考文献

［1］ABBOTT N J, PATABENDIGE A, DOLMAN D, et al. Structure and function of the blood-brain barrier［J］. Neurobiology of Disease, 2010, 37（1）: 13-25.

［2］ADDISON J M, BURSTON D, DALRYMPLE J A, et al. A common mechanism for transport of di- and tri-peptides by hamster jejunum *in vitro*［J］. Clinical Science and Molecular Medicine, 1975, 49（4）: 313-322.

[3] ADIBI S A, MORSE E L. Intestinal transport of dipeptides in man：relative importance of hydrolysis and intact absorption [J] . Journal of Clinical Investigation, 1971, 50 (11): 2266.

[4] ADIBI S A. Regulation of expression of the intestinal oligopeptide transporter(Pept-1)in health and disease [J] . American Journal of Physiology Gastrointestinal and Liver Physiology, 2003, 285 (5): G779.

[5] ANANTH S, THAKKAR S V, GNANAPRAKASAM J P, et al. Transport of the synthetic opioid peptide dadle ([D-Ala2, D-Leu5] -enkephalin) in neuronal cells [J] . Journal of Pharmaceutical Sciences, 2012, 101 (1): 154-163.

[6] BANKS W A. Delivery of peptides to the brain：emphasis on therapeutic development [J] . Biopolymers, 2010, 90 (5): 589-594.

[7] BAYLISS W M, Starling E H. The mechanism of pancreatic secretion [J]. Journal of Physiology, 1902, 28 (5): 325-353.

[8] BICKEL U, YOSHIKAWA T, PARDRIDGE W M. Delivery of peptides and proteins through the blood-brain barrier [J] . Advanced Drug Delivery Reviews, 2001, 46 (1): 247-279.

[9] BOYD C A, WARD M R. A micro-electrode study of oligopeptide absorption by the small intestinal epithelium of Necturus maculosus [J] . Journal of Physiology, 1982, 324 (324): 411-428.

[10] BRER S. Amino acid transport across mammalian intestinal and renal epithelia [J] . Physiological Reviews, 2008, 88 (1): 249-286.

[11] CAI S, LING C W, LU J, et al. EGAR, a food protein-derived tetrapeptide, reduces seizure activity in pentylenetetrazole-induced epilepsy models through α-amino-3-hydroxy-5-methyl-4-isoxazole propionate receptors [J] . Neurotherapeutics, 2017, 14：212 - 226.

[12] CHABANCE B, JOLLS P, IZQUIERDO C, et al. Characterization of an antithrombotic peptide from kappa-casein in newborn plasma after milk ingestion [J] . British Journal of Nutrition, 1995, 73 (4): 583-590.

[13] CHEN H, PAN Y X, WONG E A, et al. Molecular cloning and functional expression of a chicken intestinal peptide transporter (cPepT1) in xenopus oocytes and Chinese hamster ovary cells [J]. Journal of Nutrition, 2002, 132 (3): 387-393.

[14] CHOTHE P P, SINGH N, GANAPATHY V. Evidence for two different broad-specificity oligopeptide transporters in intestinal cell line Caco-2 and colonic cell line CCD841 [J] . American Journal of Physiology Cell Physiology, 2011, 300 (6): C1260.

[15] CHOTHE P P, THAKKAR S V, GNANA-PRAKASAM J P, et al. Identification of a novel sodium-coupled oligopeptide transporter (SOPT2) in mouse and human retinal pigment epithelial cells [J] . Investigative Ophthalmology and Visual Science, 2010, 51 (1): 413-420.

[16] CHRISTENSEN H N. Role of amino acid transport and countertransport

in nutrition and metabolism [J] . Physiological Reviews, 1990, 70 (1): 43-77.

[17] COSTANTINO L, GANDOLFI F, TOSI G, et al. Peptide-derivatized biodegradable nanoparticles able to cross the blood-brain barrier [J] . Journal of Controlled Release Official Journal of the Controlled Release Society, 2005, 108 (1): 84-96.

[18] DANHO W, SWISTOK J, KHAN W, et al. Opportunities and challenges of developing peptide drugs in the pharmaceutical industry [J] . Advances in Experimental Medicine and Biology, 2009, 611 (611): 467-469.

[19] ERMISCH A, RHLE H J, Landgraf R, et al. Blood-brain barrier and peptides [J] . Journal of Cerebral Blood Flow and Metabolism Official Journal of the International Society of Cerebral Blood Flow & Metabolism, 1985, 5 (3): 350-357.

[20] FEI Y J, KANAI Y, NUSSBERGER S, et al. Expression cloning of a mammalian proton-coupled oligopeptide transporter [J] . Nature, 1994, 368 (6471): 563-566.

[21] GANAPATHY, LEIBACH F H. Is intestinal peptide transport energized by a proton gradient [J] . American Physiological Society, 1985, 249 (1): 153-160.

[22] GRIMBLE G K, SILK D B. Peptides in human nutrition [J] . Nutrition Research Reviews, 1989, 2 (1): 87-108.

[23] HARA H, FUNABIKI R, IWATA M, et al. Portal absorption of small peptides in rats under unrestrained conditions [J] . Journal of Nutrition, 1984, 114 (6): 1122-1129.

[24] HARTMANN R, MEISEL H. Food-derived peptides with biological activity: from research to food applications [J] . Current Opinion in Biotechnology, 2007, 18 (2): 163-169.

[25] HENSCHEN A, LOTTSPEICH F, BRANTL V, TESCHEMACHER H. Novel opioid peptides derived from casein (beta-casomorphins) . II. Structure of active components from bovine casein peptone [J] . Hoppe-Seylers Zeitschrift Fur Physiologische Chemie, 1979, 360 (9): 1217-1224.

[26] HORI G, WANG M F, CHAN Y C, et al. Soy Protein Hydrolyzate with Bound Phospholipids Reduces Serum Cholesterol Levels in Hypercholesterolemic Adult Male Volunteers [J] . Journal of the Agricultural Chemical Society of Japan, 2001, 65 (1): 72-78.

[27] HORIGUCHI N, HORIGUCHI H, SUZUKI Y. Effect of wheat gluten hydrolysate on the immune system in healthy human subjects [J] . Journal of the Agricultural Chemical Society of Japan, 2005, 69 (12): 2445-2449.

[28] KASTIN A J, NISSEN C, SCHALLY A V, et al. Additional evidence that small amounts of a peptide can cross the blood-brain barrier [J] . Pharmacology Biochemistry and Behavior, 1979, 11 (6): 717-719.

[29] KASTIN A J, HAHN K, ZADINA J E. Regional differences in peptide

degradation by rat cerebral microvessels - A potential novel regulatory mechanism for communication between blood and brain [J] . Life Sciences, 2001a, 69 (11): 1305-1312.

[30] KASTIN A J, AKERSTROM V, HACKLER L. Food deprivation decreases blood galanin-like peptide and its rapid entry into the brain [J] . Neuroendocrinology, 2001b, 74: 423-432.

[31] KASTIN A J, PAN W. Peptide transport across the blood-brain barrier [M] .//PROKAI L, PROKAI-TATRAI K. Peptide transport and delivery into the central nervous system.Progress in drug Reasearch.Basel:Birkhäuser,2003: 175-184.

[32] KAVANAUGH M P, WANG H, ZHANG Z, et al. Control of cationic amino acid transport and retroviral receptor functions in a membrane protein family [J] . Journal of Biological Chemistry, 1994, 269 (22): 15445-15450.

[33] KREUTER J, ALYAUTDIN R N, KHARKEVICH D A, et al. Passage of peptides through the blood-brain barrier with colloidal polymer particles (nanoparticles) [J] . Brain Research, 1995, 674 (1): 171-174.

[34] MA M S, BAE I Y, LEE H G, et al. Purification and identification of angiotensin I-converting enzyme inhibitory peptide from buckwheat (Fagopyrum esculentum Moench) [J] . Food Chemistry, 2006, 96 (1): 36-42.

[35] MATHEWS D M, ADIBI S A. Peptide absorption [J] . Gastroenterology, 1976, 71 (1): 151-161.

[36] MATTHEWS J M, GRECO M N, HECKER L R, et al. Synthesis and biological evaluation of novel indoloazepine derivatives as non-peptide vasopressin v2 receptor antagonists [J] . Bioorganic and Medicinal Chemistry Letters, 2003, 34 (24): 753-756.

[37] NEWEY H, SMYTH D H. Intracellular hydrolysis of dipeptides during intestinal absorption [J] . Journal of Physiology-London, 1960, 152 (2): 367-380.

[38] NEWEY H, SMYTH D H. The intestinal absorption of some dipeptides [J] . Journal of Physiology-London, 1959, 145 (1): 48-56.

[39] OJIMA I, CHAKRAVARTY S, DONG Q. Antithrombotic agents: From RGD to peptide mimetics [J] . Bioorganic and Medicinal Chemistry, 1995, 3 (4): 337-360.

[40] REESE T, KARNOVSKY M. Fine structural localization of a blood-brain barrier to exogenous peroxidase [J] . The Journal of Cell Biology, 1967, 34 (1): 207-217.

[41] RHO S J, LEE J S, YONG I C, et al. Purification and identification of an angiotensin I-converting enzyme inhibitory peptide from fermented soybean extract [J] . Process Biochemistry, 2009, 44 (4): 490-493.

[42] RICHARD J P, MELIKOV K, VIVES E, et al. Cell-penetrating peptides a reevaluation of the mechanism of cellular uptake [J] . Journal of Biological

Chemistry, 2003, 278 (1): 585-590.

[43] ROBERT M C, RAZANAME A, MUTTER M, et al. Identification of angiotensin-I-converting enzyme inhibitory peptides derived from sodium caseinate hydrolysates produced by lactobacillus helveticus NCC 2765 [J] . Journal of Agricultural and Food CHEMISTRY, 2004, 52 (23): 6923-6931.

[44] TAN J, CHEONG H, PARK Y S, et al. Cell-penetrating peptide-mediated topical delivery of biomacromolecular drugs [J] . Current Pharmaceutical Biotechnology, 2014, 15 (3): 23-239.

[45] VINCENZINI M T, IANTOMASI T, FAVILLI F. Glutathione transport across intestinal brush-border membranes: effects of ions, pH, delta psi, and inhibitors [J] . Biochimica et Biophysica Acta-Biomembranes, 1989, 987 (1): 29-37.

[46] WEBB K E. Intestinal absorption of protein hydrolysis products: a review [J] . Journal of Animal Science, 1990, 68 (9): 3011-3022.

[47] WU H, HE H L, CHEN X L, et al. Purification and identification of novel angiotensin-I-converting enzyme inhibitory peptides from shark meat hydrolysate [J] . Process Biochemistry, 2008, 43 (4): 457-461.

[48] WU Y, PAN X, ZHANG S, et al. Protective effect of corn peptides against alcoholic liver injury in men with chronic alcohol consumption: a randomized double-blind placebo-controlled study [J] . Lipids in Health and Disease, 2014, 13 (1): 192-201.

[49] YIn H, PAN X C, SONG Z X, et al. Protective effect of wheat peptides against indomethacin-induced oxidative stress in IEC-6 cells [J] . Nutrients, 2014, 6 (2): 564-574.

[50] ZIV E, BENDAYAN M. Intestinal absorption of peptides through the enterocytes [J] . Microscopy Research and Technique, 2015, 49 (4): 346-352.

[51] 蔡木易. 食源性肽研究进展 [J] . 食品科学技术学报, 2012, 30 (5): 1-10.

[52] 曹文红, 章超桦. 生物活性肽的吸收机制 [J] . 药物生物技术, 2006, 13 (5): 384-388.

[53] 陈娅, 蔡静, 李勇,等. 海参胶原低聚肽对抗结核药物性肝损伤改善效果 [J] . 中国食物与营养, 2018, 24 (5): 68-72.

[54] 代衍峰. 抗氧化玉米肽的制备及其功能与结构关系的研究 [D] . 无锡: 江南大学, 2008.

[55] 杜琳, 张荃. 植物谷胱甘肽与抗氧化胁迫 [J] . 山东科学, 2008, 21 (2): 27-32.

[56] 冯兴军, 王建华, 杨雅麟, 等. 乳铁蛋白肽 (Lactoferricin) 作用机制研究进展 [J] . 中国生物工程杂志, 2004, 24 (1): 23-26.

[57] 葛可佑. 中国营养科学全书 [M] . 北京: 人民卫生出版社, 2004.

[58] 龚岳亭, 杜雨苍, 黄惟德, 等. 结晶牛胰岛素的全合成 [J] . 科学通报, 1965, 16 (11): 941-945.

[59] 洪玉，周宇，王江，等. 先导化合物结构优化策略 (四) ——改善化合物的血

脑屏障通透性［J］. 药学学报，2014, 49（6）: 789-799.

［60］胡志和, 庞广昌, 闫亚丽, 等. CPPs阻钙沉淀活性与酪蛋白水解度之间关系的研究［J］.食品科学, 2001（1）: 18-22.

［61］胡志和, 李娜, 刘传国, 等. 乳铁蛋白免疫增强作用评价［J］. 食品科学, 2010, 31（11）: 244-247.

［62］黄薪蓓, 许庆彪, 刘建新. 肠道氨基酸和小肽转运载体的基因表达、影响因素与分子调控机制［J］. 动物营养学报, 2015, 27（1）: 21-27.

［63］黄耀凌, 邹思湘, 陈伟华. 谷氨酰胺对小鼠免疫功能的影响［J］. 营养学报, 2001, 23（4）: 363-364.

［64］金英姿. 玉米高F值低聚肽的生理功能及其制备工艺［J］. 食品研究与开发, 2014（12）: 122-125.

［65］金振涛, 马永庆, 刘艳, 等. 小麦低聚肽粉中谷氨酰胺含量测定方法及其临床应用前景［J］. 食品与发酵工业, 2011, 37（11）: 189-193.

［66］李敏. 复方氨基酸注射液静脉输注后外渗致组织水肿1例［J］. 家庭医药（就医选药）2017（7）: 153-153.

［67］李元新, 黎介寿. 肠内营养支持的进展［J］. 实用临床医药杂志, 2002, 6（2）: 90-95.

［68］梁锐, 张召锋, 赵明, 等. 海洋胶原肽对剖宫产大鼠伤口愈合促进作用［J］. 中国公共卫生, 2010, 26（9）: 1144-1145.

［69］林煌映. 小肽吸收机制研究进展［J］. 畜牧市场, 2005（8）: 76-78.

［70］林小明, 李勇. 高级营养学［M］. 北京: 北京大学医学出版社, 2004.

［71］柳汉荣, 花天放. 谷氨酰胺和肠道免疫［J］. 肠外与肠内营养, 1999, 6（3）: 168-171.

［72］刘继前,曹建春.肠黏膜屏障功能障碍治疗进展［J］. 疑难病杂志, 2007（5）: 315-317.

［73］刘文颖, 谷瑞增, 蔡木易, 等. 乌鸡低聚肽铁的分离纯化及结构鉴定［J］. 食品与生物技术学报, 2017, 36（10）: 1036-1039.

［74］刘文颖, 谷瑞增, 鲁军, 等. 小麦低聚肽中抗氧化肽的分离纯化及结构鉴定. 食品工业, 2016（6）, 106-108.

［75］刘文颖, 杨贤,曹珂璐,等. 小麦低聚肽和谷氨酰胺对大鼠胃肠黏膜损伤的保护作用［J］. 食品与发酵工业, 2017, 43（11）: 51-57.

［76］刘雪姣. 玉米低聚肽保肝作用的研究［D］. 镇江: 江苏大学. 2016.

［77］刘雪姣, 徐卫东, 马海乐, 等. 玉米低聚肽对CCl4所致小鼠急性肝损伤的保护作用研究［J］. 中国农业科技导报, 2015, 17（5）: 162-167.

［78］刘艳, 鲁军, 陈亮, 等. 牡蛎肽锌螯合物的制备工艺研究［J］. 食品工业科技, 2016, 37（8）: 257-261.

［79］潘兴昌, 印虹, 谷瑞增, 等. 小麦肽对大鼠氮代谢以及胃肠黏膜结构和功能的影响［J］. 食品科学, 2013, 34（5）: 264-269.

［80］庞广昌,陈庆森. 生物活性肽—酪蛋白磷酸肽（CPPs）的研究,应用及展望［J］. 食品科学, 1999, 20（6）: 25-29.

［81］沈蓓英.大豆蛋白抗氧性肽的研究［J］. 中国油脂,1996（6）: 21-24.

［82］汪建斌，邓勇．大豆多肽的生理功能及开发利用［J］．现代食品科技，2001，17（3）：52-53.

［83］王岗，卢德勋，程茂基．肽吸收的研究进展［J］．动物营养学报，1999（S1）：69-75.

［84］王岗，卢德勋，敖明，等．肽吸收的影响因素及其营养作用［J］．中国饲料，2001（7）：12-14.

［85］王新颖，李维勤，李宁，等．谷氨酰胺缺乏对危重病患者免疫及脏器功能的影响［J］．中华危重病急救医学，2006（3）：143-145.

［86］吴建中，赵谋明，宁正祥．食品中的生物活性多肽［J］．食品与发酵工业，2002，（11）：46-50.

［87］熊霞，阳成波，印遇龙．肠道氨基酸及氨基酸转运载体研究进展［J］．生理科学进展，2012，43（3）：202-206.

［88］雅德．胰岛素释放新技术［J］．国外医学情报，2002（11）：23.

［89］喻东．生物碱对胃蛋白酶的酶学性质及光谱性质的影响［D］．成都：四川大学，2005.

［90］张杰．蛋白类药物海藻酸盐微胶囊的制备及体外释放行为的研究［D］．大连：大连理工大学，2007.

［91］张强，阚国仕，陈红漫，等．酶解玉米蛋白粉制备抗氧化肽［J］．食品工业科技，2005（6）：109-111.

［92］周小理，李红敏．植物抗氧化（活性）肽的研究进展［J］．食品工业，2006（3）：11-13.

第二章

食源性低聚肽生产制备

第一节　食源性低聚肽的制备方法
第二节　食源性低聚肽生产设备
第三节　食源性低聚肽的生产管理

第一节
食源性低聚肽的制备方法

食源性低聚肽的生产制备有多种方法，主要包括酶解法、微生物发酵法、直接提取法、合成法等。下面对这些方法分别进行概述。

一、酶解法

（一）酶解法简述

酶解技术应用范围广，涉及人类健康、农业、工业与环境以及其他一些领域。其中，酶解技术在人类健康领域应用最多，并在人类健康工程中发挥着非常大的作用。酶解技术的基础学科依据是通过酶的作用使物质得到充分分解，得到生物工程需要的提取物。酶是催化特定化学反应的蛋白质、RNA或其复合体，是生物催化剂，能通过降低反应的活化能加快反应速度，但不改变反应的平衡点。绝大多数酶的化学本质是蛋白质，具有催化效率高、专一性强、作用条件温和等特点。由于低聚肽序列被整合在蛋白质分子中，其生物活性表现不突出；然而，经酶催化水解作用将其释放出来后，这些低聚肽即能展现其特异的生物活性。目前，制备低聚肽最常用的方法是蛋白酶催化水解原料蛋白质，其优点在于反应条件温和、绿色安全、水解程度可控等。在水解过程中，蛋白酶按其特异的酶切位点将蛋白质分子酶切，形成长短和序列不同、功能特性也有一定差别的肽段（林凯，韩雪，2017）。

（二）酶的来源及种类

蛋白酶是催化肽键水解的一类酶，广泛存在于动物内脏、植物茎叶及果实和微生物中。相应地，生物酶解技术领域所使用的酶制剂也是从动物内脏、植物茎叶及果实中提取，或者通过微生物发酵获得。

从动物内脏中提取的酶，常见的包括胃蛋白酶、胰蛋白酶、胰凝乳蛋白酶等；从植物茎叶及果实中提取的蛋白酶，常见的包括木瓜蛋白酶、菠萝蛋白酶、生姜蛋白酶等。微生物蛋白酶主要由霉菌、细菌，其次由酵母、放线菌生产。

蛋白酶的商业生产始于20世纪初。1908年，Röhm等开始用胰酶鞣革；1911年，美国Wallestein公司开始生产木瓜蛋白酶。微生物蛋白酶的应用较晚，1930年以后才开始用于食品和制革工业。1950年以后日本学者首先在霉菌中发现了几种蛋白酶，特别是酸性蛋白酶。此后微生物蛋白酶的发展很快，通过生产菌的选育和基因工程的改造，已生产出一系列耐热、耐酸、耐盐以及具有特殊用途的微生物蛋白酶。目前，国际上已经商品化生产的蛋白酶已达100种以上（吴建中，2003；李勇，蔡木易，2007）。

蛋白酶能够将蛋白质水解成为脲、胨、肽类，最后水解成氨基酸。蛋白酶水解蛋白质的反应式如下（张树政，1984）：

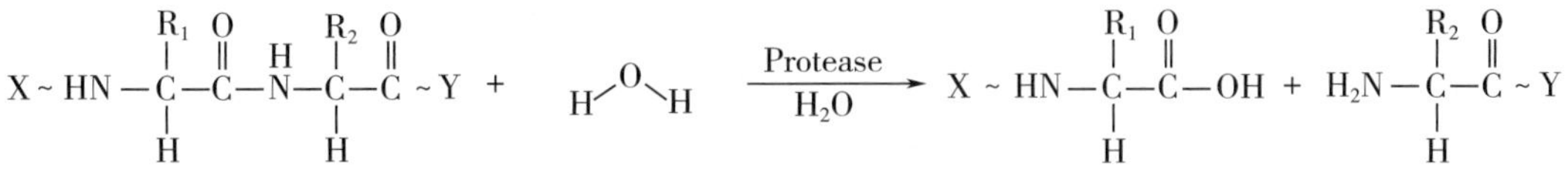

式中，X代表氨基，Y 代表羧基，R_1、R_2分别代表不同的氨基酸残基，~表示多个氨基酸残基。

蛋白酶的分类有多种方式，如根据蛋白酶的酶切位点、酶解反应的最适pH、酶活力中心的特性等进行分类。

1. 按蛋白酶的酶切位点分类

按其酶切位点的位置，可将蛋白酶分为内切酶、外切酶。

（1）内切酶　内切酶是指能切开蛋白质分子内部肽键（—CO—NH—）的酶，包括动物来源的蛋白酶、植物来源的蛋白酶和微生物来源的蛋白酶。动物来源的蛋白酶常见的有胰蛋白酶、胰凝乳蛋白酶、胃蛋白酶等；植物来源的蛋白酶常见的有木瓜蛋白酶、菠萝蛋白酶、无花果蛋白酶等；微生物来源的蛋白酶常见的有碱性蛋白酶（*alcalase*）、中性蛋白酶（*neutrase*）以及由地衣芽孢杆菌（*Bacillus licheniformis*）、枯草芽孢杆菌（*Bacillus subtilis*）、放线菌（*Actinomyces*）、栖土曲霉（*Aspergillus terricola*）、黑曲霉（*Aspergillus niger*）等微生物产生的某些蛋白酶。工业生产食源性低聚肽常用的蛋白酶主要是内切酶。

（2）外切酶　外切酶切开蛋白质或肽链分子氨基或羧基末端的肽键，而游离出氨基酸。其中又将作用于氨基末端的外切酶称为氨肽酶，将作用于羧基末端的外切酶称为羧肽酶。外切酶的一个重要特性就是能够把处于肽链末端的疏水性氨基酸水解出来，降低肽的苦味。

2. 按酶解反应的最适 pH 分类

按其酶解反应的最适pH，可将蛋白酶分为酸性蛋白酶、中性蛋白酶和碱性蛋白酶。

酸性蛋白酶广泛分布于所有生命形式中，其在pH=2~6的环境下活性最高。因为从动植物中获取该类蛋白酶较为困难，人们常利用曲霉（*Aspergillus*）等微生物进行酸性蛋白酶的制备。中性蛋白酶是一类在pH 6.5~7.5 环境下活性最高的蛋白酶，是人类最早发现并用于工业生产的一类蛋白酶。碱性蛋白酶在pH=7~11的环境下活性最高，也已应用于工业化生产。三类蛋白酶均可在高活性的pH环境下高效催化肽键水解，在食品工业、皮革工业等方向拥有广阔应用前景。

3. 按活性中心的特性分类

按其活性中心的特性，可将蛋白酶分为丝氨酸蛋白酶、巯基蛋白酶、金属蛋白酶和天冬氨酸蛋白酶。

（1）丝氨酸蛋白酶　丝氨酸蛋白酶是种类最丰富的蛋白酶，其活性中心为序列中的丝氨酸残基，利用丝氨酸侧链中的羟基实现对肽键的亲核进攻，使蛋白质分解为肽或氨基酸。丝氨酸蛋白酶种类繁多，具有广泛的底物特异性，一般在中性和碱性条件下具有活性。常见的胰蛋白酶、胰凝乳蛋白酶均是丝氨酸蛋白酶。

（2）巯基蛋白酶　巯基蛋白酶的活性中心是蛋白质序列中半胱氨酸残基侧链上的巯基，利用巯基实现对肽键的亲核进攻，使蛋白质分解。但因巯基具有还原性，易被氧化，导致蛋白酶失活，故该类蛋白酶常与还原剂搭配使用。常见的巯基蛋白酶包括木瓜蛋白酶、菠萝蛋白酶等。

（3）金属蛋白酶　金属蛋白酶的活性中心是该类酶内包含的金属离子，如Mg^{2+}、Zn^{2+}、Cu^{2+}等。该类酶的三维结构中具有金属离子的结合位点，利用金属离子极化水分子对肽键亲核进攻，实现肽键断裂。正因为金属离子是活性中心，加入EDTA等金属螯合剂可使金属离子脱离酶结构，有效抑制金属蛋白酶的活力。龙虾肽酶、嗜热菌蛋白酶等都是含有Zn^{2+}的金属蛋白酶。

（4）天冬氨酸蛋白酶　天冬氨酸蛋白酶的催化活性依赖于天冬氨酸残基，活性中心是由两个空间上相隔很近的天冬氨酸残基形成的二联结构。水解肽链时，天冬氨酸蛋白酶利用氢键与水分子结合，并共同对肽键进行亲核进攻，导致肽键断裂。多数酸性蛋白酶，如胃蛋白酶、组织蛋白酶D均为天冬氨酸蛋白酶。

（三）蛋白质酶解法

蛋白质是制备生物活性肽的原料，选择合适的蛋白酶对整蛋白进行水解，将具有生物活性的肽片段释放出来，就可制备出具有不同生理功能的生物活性肽。蛋白质酶解法（protease hydrolyzation）就是利用合适的蛋白质酶对蛋白质底物进行酶解，控制合适的酶解度，从而得到需要的生物活性肽。蛋白质酶解法生产生物活性肽安全性高，能在温和的条件下进行定位水解，分裂产生特定的肽，且水解过程易控制，因而近年来生物活性肽的制备方法主要为蛋白质酶解法。

1. 原料蛋白质

自然界中存在的蛋白质种类很多，而且越来越多的蛋白质一级结构已阐明，因此可根据所需制备肽的氨基酸组成或其结构特点来选择相应的蛋白质原料进行酶解。例如，酪蛋白磷酸肽是富含磷酸丝氨酸的肽类物质，其持钙功能与磷酸基的密度呈正相关；因此选取磷酸丝氨酸成簇存在的α_{S1}-、α_{S2}-和β-酪蛋白能够制取得到酪蛋白磷酸肽。由乳源性的蛋白质原料酪蛋白、乳清蛋白能够得到免疫活性肽。现在常用的蛋白质原料有酪蛋白、乳清蛋白、大豆蛋白、玉米蛋白、小麦蛋白、豌豆蛋白、大米蛋白和鱼蛋白等。从降低成本的角度考虑，应尽量选用利用率或生物效价不高的廉价农副产品及食品工业的下脚料为原料，如利用乳清生产低度水解乳清蛋白肽混合物；以生产玉米淀粉的下脚料黄粉为原料制备高*F*值[1)]寡肽；以大豆粕为原料制备大豆肽；以水产品加工产生的鱼皮、鱼骨和鱼碎肉生产鱼肽等。现已发现的不同原料来源的蛋白肽的生理功能如表2-1所示。

表 2-1　各种蛋肽的生理功能

蛋白肽	主要生理功能
酪蛋白肽	促消化吸收、吗啡样活性、降血压、免疫调节、促进钙吸收、抑制血小板凝集、抗血栓、抗菌、促进有益微生物生长繁殖和抑制肿瘤
乳清蛋白肽	促消化吸收、促双歧杆菌增殖和抗病原菌感染
乳铁蛋白肽	抗菌
胶原蛋白肽	抑制皮肤老化及各种损伤、促胶原合成、减轻并治疗关节炎、提高骨质强度、抗溃疡、降血压和低过敏
水产类蛋白肽	降血压、降胆固醇、促进钙铁等矿物质和微量元素吸收
畜产类蛋白肽	促消化、抗疲劳、促进铁吸收、改善关节炎、脂质代谢改善和抗氧化
鸡蛋蛋白肽	促消化吸收、抗氧化和低过敏
大豆蛋白肽	促消化吸收、降胆固醇、降血压、增强免疫、抗肥胖、降血糖、抗氧化、抗疲劳、低过敏和促进微生物生长繁殖
玉米蛋白肽	降血压、保护肝脏、抗疲劳、降胆固醇和抑制肿瘤细胞增殖
小麦蛋白肽	吗啡样活性、降血压、抗疲劳、保护胃肠黏膜
豌豆蛋白肽	辅助降血糖
大米蛋白肽	抗氧化和抑制酪氨酸酶（即抑制黑色素合成）
丝胶蛋白肽	抗氧化和抑制酪氨酸酶（即抑制黑色素合成）

2. 酶解

在酶解过程中，蛋白酶的选择是关键。它不仅影响最后产品的生理功能、得率、反应速度，而且也直接影响产品的风味和物理化学特性。

（1）蛋白酶的选择　蛋白酶的选择必须以原料蛋白质的氨基酸组成和酶的作用专一性为参考，同时结合目标生成物的结构和序列。蛋白酶的作用是水解蛋白质中的肽键（—CO—NH—），将蛋白质变成长短不一的肽段和氨基酸。蛋白酶不仅对肽

1）*F*值指支链氨基酸与芳香族氨基酸的含量比值。

键两端的氨基酸侧链有特异性的要求，而且这些组成肽链的氨基酸还必须是L型的。此外，有的蛋白酶还能作用于酰胺（—$CONH_2$）、酯（—COOR）和硫羟酸酯（—COSR）。蛋白质经过酶解，分子质量降低、离子性基团数目增加、疏水性基团暴露出来。由此表现出水解物中肽及游离氨基酸增多、溶解性增强，并产生苦味。酶的活性部位和化学性质各不相同，能在一定的pH和温度下水解肽链。常用的蛋白酶及其来源、特性如表2-2所示。

表2-2　常用的蛋白酶及其来源、特性

蛋白酶种类	来　源	最适pH	最适温度/℃	特 异 性
胃蛋白酶	胃	1.8～2.0	40～65	作用于蛋白质及多肽，特别是邻近芳香族氨基酸或二羟基L-氨基酸的肽键
胰蛋白酶	胰	7～9	55	专一性地与Lys或Arg残基相结合
凝乳酶	胃、毛霉（*Mucor*）	3.2～4.5	35～45	水解多肽、酰胺及酯，特别是连接L型芳香族氨基酸羧基侧的肽键
木瓜蛋白酶	木瓜	5～7	60～75	专一性较宽，水解多肽、酰胺及酯中连接碱性氨基酸Leu、Gly的肽键
碱性蛋白酶	地衣芽孢杆菌	10～11	40～50	主要断裂疏水氨基酸的*C*末端
中性蛋白酶	枯草芽孢杆菌	7～7.5	45～55	广谱
酸性蛋白酶	黑曲霉	2.5～4	40	属于内切酶，将蛋白质分解成肽和氨基酸
链霉蛋白酶	链霉菌（*Streptomyces*）	7～9	35～60	广谱

酶的水解能力具有专一性，单独使用一种酶有时酶解效果不佳，故可采用复合酶进行酶解。因原料蛋白质和所用酶类的不同，可获得具有不同生理功能的肽类产品。目前已从酪蛋白、乳清蛋白、大豆蛋白、豌豆蛋白、玉米蛋白、小麦蛋白、卵白蛋白、丝蛋白、胶原蛋白和水产蛋白等的酶解物中制备出一系列功能各异的生物活性肽。

（2）酶解参数的确定　酶选定后，可通过设计正交实验，对底物浓度、酶添加量、pH、温度和反应时间进行研究，以确定最适酶解条件。

在酶解过程中，酶解液的pH会发生变化。目前，有两种不同的处理方法，一种是任其变化，另一种是根据pH变化随时加入酸度调节剂进行调整，以保持固定pH。一般情况下，将初始pH固定之后，应着重研究酶-底物浓度比（[E]/[S]）、温度、底物浓度和时间四个因素。通过单因素实验，分别确定四个因素的取值范围。通常以水解度（DH）和肽的得率以及目标产物的活性强弱为指标，得到单因素最适水解条件，进而通过正交实验求得最佳水解参数组合。

在适当的温度范围内，酶解速度随温度升高而增大，最终达到一个峰值。该点的温度被称为最适温度，超过该温度会导致酶解速度的持续下降。但最适温度不是酶的特征常数，只有在固定时间条件下才有意义。随着时间的延长，酶的活力逐渐衰减，例如酶解2h的最适温度必然不同于酶解4h的最适温度，这一点常被忽视。

在最佳pH和温度下，影响酶解反应的最主要因素是加酶量，酶-底物浓度比次之。加酶量低时，主要为酶控制反应；加酶量高时，主要为底物控制反应。

在最佳反应条件下，随时间的推移，酶解程度加大，酶解产物的分子质量减小、酶解液的肽段分子质量分布会不断发生变化。可以截取不同时间段的酶解液，然后进行分析，当所需要的活性肽分布较为集中时，就可以停止酶解。即通过控制时间，可以控制酶解程度，以便得到所需要的分子质量分布。

（3）灭酶　灭酶的目的是为了及时中止酶解反应，避免蛋白质或者肽被进一步酶解，同时杀灭酶解液中大部分微生物，保证酶解液的安全。蛋白酶也是蛋白质的一种，在80℃左右即失去活性。而生物活性肽具有较好的酸、热稳定性，短时间的受热对其活性几乎没有影响。因此，一般采用100℃水浴5min或85℃水浴10min或121℃、不少于15s进行灭酶。也可采用调节pH灭酶或加入酶抑制剂等方法来中止反应。但这些方法缺点较多，如影响生物活性肽的纯度、下一步的分离和产品的感观等，一般不予采用。工业化生产中，一般采用板式换热器，利用蒸汽加热，将酶解液高温瞬时灭酶，既能实现连续生产，又能将产品风味因受热造成的影响降到最低。

（四）蛋白质酶解法的研究进展

对蛋白质酶解的研究始于100多年前，最初只是将蛋白质酶解物作为调味剂添加到食品中。随后，关于蛋白质水解的研究是针对如何改善蛋白质的加工功能特性，如水溶性、乳化性、起泡性、稳定性（热稳定性、酸稳定性）以及风味特性等。然而，真正使蛋白质酶解法成为研究热点的原因，是从酶解物中发现并分离出具有一定生理功能的生物活性肽。近年来，国内外对蛋白质酶解的研究主要集中在以下几个方面。

1. 挖掘新的蛋白质资源

为了能充分利用蛋白质资源，以及寻找具有新颖生理活性的生物活性肽，对各种大宗蛋白质，特别是一些未被开发利用而作为低值品或者作为废物处理的蛋白质，开展了相关的研究工作，如谷物蛋白、豌豆蛋白、海洋生物蛋白、向日葵籽蛋白和油菜籽蛋白资源等。中国食品发酵工业研究院蔡木易等于21世纪初就对海洋鱼产品加工的下脚料（鱼皮、鱼骨和鱼碎肉等）进行了酶解，应用一系列生物工程技术，分离纯化出分子质量主要集中在1000u以下的海洋鱼蛋白肽，并实现了产业化，产品各项指标都处于世界领先水平，填补了国内空白。

2. 蛋白质酶解工艺的研究

对于蛋白质酶解工艺的研究主要集中在四个方面：①对新开发的蛋白质资源的

酶解工艺研究，以求获得具有优越的加工功能特性的产物，为食品工业提供新的添加剂和配料；②通过利用新的水解蛋白酶或工艺路线，制备出肽分子质量分布更为集中的水解物；③通过水解工艺的改善，进一步提高生物活性肽的得率，并从不同的蛋白质来源获得具有相同功效的生物活性肽；④新式酶解工艺的研究。

3. 新型蛋白酶制剂的研究开发

蛋白酶是目前种类最多、用量最大的商业酶之一，特别是随着基因工程技术的迅猛发展，有力地推动了新型蛋白酶制剂的研究开发。当前，对蛋白酶低温碱性、高温碱性等新特性的研究已成为蛋白酶研究开发的重要方向。

4. 相关下游工程技术的研究

国外对蛋白质酶解物相关下游工程技术的研究主要集中在两个方面：一方面是分离纯化技术的研究；另一方面是应用领域的研究。基于蛋白质酶解物的组成成分比较复杂，要获得生理功能显著的生物活性肽，必然要对其有效成分进行分离纯化。目前，对蛋白质酶解物中生物活性肽分析和分离纯化技术的研究主要集中在毛细管电泳、高压液相色谱、吸附分离技术、超滤和纳滤等几个方面。而将生物活性肽在不同领域中应用，对其功能特性、生理功能及剂量有不同的要求。例如，将生物活性肽应用于食品工业，要求其具有良好的加工特性，但对生物活性肽的有效剂量及纯度的要求不高；然而，将生物活性肽应用于医药领域，则要求其具有纯度高、生理功能显著和使用剂量低。

二、微生物发酵法

微生物发酵法实质上是微生物发酵产生的蛋白酶在起作用，通过微生物蛋白酶的生化反应将蛋白质转化为不同肽链长度的肽类物质。以利用大豆蛋白通过微生物发酵法生产大豆肽为例，常用来发酵制备大豆肽的微生物有枯草芽孢杆菌1398、s114、172，放线菌，栖土曲霉3942和碱性蛋白酶生产菌株地衣芽孢杆菌2709，短小芽孢杆菌（*Bacillus pumilus*）289、209等，以及酸性蛋白酶生产菌黑曲霉3350、宇佐美曲霉（*Aspergillus usamil*）变异株537、肉桂色曲霉（*Aspergillus cinnamomeus*）No.81和酱油工业用的米曲霉（*Aspergillus oryzae*）3042等。与酶解法相比，微生物发酵法将微生物产酶和水解两步合一，省去了酶的分离和提纯步骤，降低了成本；因为微生物产生的端肽酶对小肽末端的修饰作用，使制得的肽苦味减弱。在微生物发酵生产的过程中，决定生产水平高低最主要的因素有三个，分别是生产菌种、发酵工艺和后提取工艺。其中，最重要的是生产菌种。通过诱变选育高产菌株可以大大降低发酵生产的成本。

（一）芽孢杆菌系统

芽孢杆菌是一类需氧、内生孢子的革兰阳性细菌，广泛存在于自然界，可分泌大量的蛋白酶到胞外，因此芽孢杆菌可以作为良好的分泌表达宿主。地衣芽孢杆菌被认为是最高效的蛋白酶表达系统之一，相比于其他表达系统，它具有以下优势：地衣芽孢杆菌表达系统具有完善的生产及控制策略，同时培养简单；不含脂多糖（LPS），具有生物安全性，为食品安全级；遗传背景较为清楚，许多质粒和噬菌体都可以作为它的克隆载体；具有胞外蛋白酶高分泌能力，能够产生大量胞外蛋白酶并分泌到培养基中，使目的蛋白酶易于获取。因此，其作为一类胞外分泌系统，具有很大的潜力和较大的利用优势。

目前，地衣芽孢杆菌主要被用来进行各种蛋白酶、α-淀粉酶等酶制剂的生产。Cai等（2016）通过从枯草芽孢杆菌和地衣芽孢杆菌来源的信号肽进行筛选，构建信号肽筛选载体，进而构建信号肽库，发酵验证得到一株高产纳豆激酶的地衣芽孢杆菌工程菌株。该工程菌所产纳豆激酶的酶活力可达3.56×10^4U/mL，与出发菌株酶活力相比提高了4倍。通过游离表达质粒 pHY-P43-deg Q的构建，杨艳华等（2009）实现了α-淀粉酶在地衣芽孢杆菌中的高效表达。以上实验证明，地衣芽孢杆菌可以作为蛋白酶高效表达系统用于目的蛋白酶的生产。

发酵工艺优化和蛋白酶生产菌株改造这两大类方法主要被用于提高芽孢杆菌胞外蛋白酶的表达。发酵工艺优化主要对培养基成分如碳源、氮源、无机盐和培养条件如种龄、发酵时间等进行优化。而在蛋白酶生产菌株的改造中主要利用以下三种手段：①采取传统的物理、化学因子单独或复合诱变选育，如紫外诱变、微波诱变和低能离子束法以提高菌株发酵酶活力；②采取原生质体的方法筛选并改良菌株以提高蛋白酶的生产能力；③采取基因工程手段促进菌株高产蛋白酶。

（二）高产蛋白酶基因工程菌的构建

利用物理或者化学诱变的方法对芽孢杆菌进行改造，从而获得高产蛋白酶菌株是常用的蛋白酶菌株改造方法。薛林贵等（2010）通过重离子诱变，得到了蛋白酶活力显著提高的芽孢杆菌G-41，其发酵酶活力高达6.22×10^4U/mL，与出发菌株的1.7×10^4U/mL 相比提高了2.65 倍。随着现代生物技术和基因工程的发展，越来越多的研究者将目光投向利用基因工程手段选育高产蛋白酶菌株上来，其主要通过以下几种策略获得蛋白酶的高产菌株：①对胞外蛋白酶表达和分泌相关基因拷贝数进行合理筛选；②对胞外蛋白酶的启动子、信号肽基因等基因进行筛选和改造；③对与胞外蛋白酶表达和调控作用相关的基因进行缺失或强化表达。基因的游离表达及整合表达是使蛋白酶表达量提高的两类有效手段。其中，游离型表达载体具有拷贝数高、基因表达水平高的优点，但是这种表达方式容易发生质粒丢失的现象；而整合型表达载体具有蛋白质表达量较为稳定这一优势，但其拷贝数不高，表达效果差。

（三）高产蛋白酶发酵工艺优化

大量研究报道证实，培养基的成分及所选成分的浓度在微生物发酵生产过程中具有重要影响，尤其影响着蛋白酶等代谢产物的生产。其中，培养基碳源、氮源的种类要经过仔细的挑选，添加量要经过严格的测试。氮源是菌体和代谢物形成所需的营养物质，如果添加过多氮源，细胞将旺盛生长，此时pH升高，缺乏溶氧，代谢产物无法高效积累；若氮源添加量不足，则影响菌体生长繁殖，易引起菌体衰老、自溶等，从而影响发酵产量。所以，合适的培养基在胞外蛋白酶生产中起着重要的作用。微生物生产酶类主要通过液体发酵进行，pH、温度、接种量等一系列外界条件都影响着微生物的代谢过程。由于每种菌株的发酵条件都有所不同，因此优化出合适的发酵工艺方法在蛋白酶的生产中是必要的（师璐，2017）。

三、直接提取法

直接提取法是应用各种分离技术，直接从自然界生物体中将其本身所含的低聚肽提取出来。从生物体中提取低聚肽需要应用多种技术，包括粉碎、匀浆、溶剂浸提、分离、脱色、萃取、浓缩、喷雾干燥等。虽然不同低聚肽的提取工艺有所差别，但又有一定的共性（郑云峰 等，2006）。

采用直接提取法制备食源性低聚肽的大致过程如下：

原料处理是提取食源性低聚肽的第一步，主要是粉碎、匀浆。以干物质提取时通常先进行粉碎，增加溶剂与固形物的接触面积，促进有效成分浸出；以新鲜原料提取时则先进行匀浆处理，并且要尽量在低温下进行，以防有效成分分解。较先进的处理技术为冷冻干燥粉碎技术，其最大优点是由于采用了低温技术，有效保持了原料中的活性成分。

浸提是利用适当的溶剂将生物体中的活性成分分离出来的过程，其本质是将活性成分从固相转移到液相中去。在浸提过程中，选择适当的溶剂是至关重要的，应选择使用对低聚肽成分有较大溶解度、而对其他成分溶解度尽可能低，并且安全无毒的溶剂。水是常用的提取剂，但选择性差，容易提出大量的无效成分，给后续分离带来较大难度。乙醇也是常用的提取溶剂。含水量不同的乙醇溶液其溶解性介于极性溶剂与非极性溶剂之间，因此它可以溶解水溶性成分和脂溶性成分。乙醇溶液对各种有效成分的溶解程度有差别，且比水易蒸发，毒性低。目前常用的浸提方法有浸渍法、煎煮法、渗漉法和蒸馏法等。

溶剂浸提后，需将浸提出的低聚肽进行分离。根据物料的具体性质，可选择沉淀、离心、过滤等分离技术。在低聚肽分离纯化过程中，经常使用层析技术，包括离子交换层析、凝胶过滤层析、亲和层析、高效液相层析、高速逆流层析等。

分离出低聚肽后，需进行浓缩。因低聚肽含量低，如不进行浓缩，后续操作很难继续。常规的浓缩方法是加热蒸发，如真空减压浓缩等。干燥是进一步除去浓缩液中的水分，便于保存和应用。常用的干燥方法有冷冻干燥和喷雾干燥。

由于天然低聚肽在生物体中的含量很低，如果要把它们从生物体中分离出来并获得较高纯度的产物，必然要经过多次抽提和纯化，将造成很高的生产成本。尽管自然界的生物资源丰富，但考虑到任何资源的有限性及可持续发展，如要大量制备所需的食源性低聚肽，必将造成某些资源大量收集，从而造成自然资源失衡，最终导致某些物种萎缩或致使一些食物链遭到破坏。另外，所使用的有机溶剂易造成残留，不宜食用。因此，应用直接提取法制备低聚肽难以实现大规模工业化生产。直接提取法的最大用途在于为使用合成法或酶解法制备低聚肽提供先导化合物（程云辉，文新华，2001）。

四、制备食源性低聚肽的其他方法

稀酸、稀碱长时间保温，可使蛋白质发生不完全水解，得到各种水解中间产物和游离氨基酸的混合物，如培养基用蛋白胨、牛肉膏和医用水解蛋白注射液等。在食品领域中，该方法制备的低聚肽主要用于增加和改善食品的风味，如调味品的酿造生产。水解常用的酸和碱有HCl、H_2SO_4、NaOH、$Ca(OH)_2$等。稀酸、稀碱水解成本低、水解彻底、反应迅速、生产周期短，但会破坏色氨酸、甲硫氨酸、半胱氨酸等，谷氨酰胺和天冬酰胺也会进一步被转化为谷氨酸和天冬氨酸。更显著的是，稀酸、稀碱水解短时间内会破坏大量的小分子肽，盐含量也显著增加。脱盐等疑难问题在下游技术中需要解决，因此较少用在食源性低聚肽生产中。

总之，天然生物体中存在着具有各种生理功能的生物活性肽。从天然生物体中可以提取生物活性肽，但其生产成本较高，而且生物活性肽在生物体内的含量普遍很低，很难实现大规模生产。目前制备食源性低聚肽，使用最多的方法是酶解法。酶解法反应条件温和，且可通过选择蛋白酶的种类、控制反应时间和水解度得到具有特定生理功能的生物活性肽。基于以上优点，应用蛋白质酶解法制备生物活性肽成为国内外研究的热点，也逐渐被普遍采用。

第二节

食源性低聚肽生产设备

任何产品的加工制造都需要依托一系列与生产产品品种和规模相匹配的设备来实现。食源性低聚肽的生产制备也是一个系统工程，需要综合考虑原料的来源、蛋白质组成、加工特性等多方面因素，有针对性地进行制备工艺研究和设计，确定适合的制备工艺。然后，根据制备工艺的前后顺序和各个环节的技术要求，选择合适的设备，如对原料进行前处理的粉碎机，用于进行酶解、提取的反应釜，对物料进行快速升降温处理的换热器，用于分离、精制的设备，浓缩设备以及干燥设备等，以满足整个生产过程的需要。

下面仅对食源性低聚肽生产过程中使用到的主要设备进行简单介绍，常规设备不再赘述。

一、粉碎机

根据原料的不同，对原料进行预处理是食源性低聚肽制备的必要前提。一般的预处理手段包括粉碎、绞碎、混合、打浆等，常用设备是粉碎机。粉碎机是将体积、质地等不能满足加工条件的固体原料处理至符合加工条件的机械设备，常常以高速撞击、剪切的形式达到粉碎的目的。根据被碎料或碎制料的尺寸大小，可将粉碎机分为粗碎机、粉碎机、超微粉碎机。在粉碎过程中，施加于固体原料的外力有剪切、冲击、碾压和研磨四种。剪切主要用在粗碎（破碎）以及粉碎作业，适合对有韧性或者有纤维的物料和大块料进行破碎或粉碎作业；冲击主要用在粉碎作业中，适合对脆性物料的粉碎；碾压主要用在高细度粉碎（超微粉碎）作业中，适合对大多数物料进行超微粉碎作业；研磨主要用于超微粉碎或超大型粉碎设备，适合对粉碎作业后物料的进一步粉碎作业（殷涌光，2007）。对于包括粉碎机在内的各种原料前处理设备型号的选择，应与生产工艺参数的要求相匹配。

二、反应釜

不论是利用酶解法还是利用发酵法制备食源性低聚肽，都需要有酶解、提取的过程，而这些过程需要在反应釜中完成。反应釜，通俗地讲，就是能满足一定物理或化学反应的不锈钢容器。反应釜的结构设计与参数配置，应根据具体的生产工艺条件和各方面的参数要求确定。对反应釜的设计、生产过程、检验及制造、验收等各个环节也必须依据相关的技术标准，满足工艺所要求的加热、蒸发、冷却及低高速的混配反应等各方面的功能。压力容器必须遵循国家标准《压力容器》（GB150.0~150.4—2011），常压容器可遵循行业标准《钢制焊接常压容器》（NB/T47003.1—2009）。在不同的生产工艺、操作条件下，反应釜的结构设计及参数也可能不同，每个工艺环节的压力容器需按照反应过程中的最高压力参数进行设计。所以，反应釜属于非标的容器设备。

反应釜是综合反应容器。反应釜的结构一般由釜体、传动装置、搅拌装置、加热装置、冷却装置、密封装置组成，但具体应根据生产工艺设定的反应条件对反应釜结构、功能及配置附件进行设计。一般的设计原则是，从进料→反应→出料均能够以较高的效率完成预先设定好的反应步骤，并能对反应过程中的温度、压力、力学控制（搅拌、鼓风等）、反应物/产物浓度等重要参数进行严格的调控。

反应釜材质一般有碳锰钢、不锈钢、锆合金、镍基（哈氏、蒙乃尔）合金及其他复合材料。反应釜可采用SUS304、SUS316L等不锈钢材料制造。搅拌器有锚式、框式、桨式、涡轮式、刮板式和组合式。调速机构可采用摆线针轮减速机、无级变速减速机或变频调速等，以满足各种物料的特殊反应要求。密封装置可采用机械密封、填料密封等密封结构。加热和冷却可采用夹套、半管、盘管、米勒板等结构，加热方式可采用蒸汽、电加热、导热油，以满足耐酸、耐高温、耐磨损、抗腐蚀等不同工作环境的工艺需要（高海燕，曾洁，2017）。

三、换热器

现代食品工业生产中，经常需要对料液进行热交换、升降温等操作，如灭酶、灭菌等工序。在这些涉及升降温的工序中，一般采用管式或板式换热器来实现生产工艺的要求。

（一）管式换热器

管式（又称管壳式、列管式）换热器是最典型的间壁式换热器，它在工业上的应用有着悠久的历史，而且至今仍在所有换热器中占据主导地位。管式换热器主要由壳体、管束、管板和封头等部分组成。壳体多呈圆形，内部装有平行管束，管束两端固定于管板上（冯骉，2017）。

在管式换热器内有两种流体：一种在管内流动，另一种在管外流动。管内的流体每通过管束一次称为一个管程；管外的流体每通过壳体一次称为一个壳程。管壁即为传热面，由于管内外流体温度不同，从而实现热交换。为提高管内流体的流速，常在管式换热器两端的封头内设置一个或多个挡板，将全部管束平均分隔成若干组，这样流体每次只通过一组管束，但可实现多次往返，称为多管程。为增加管外流体的流速，提高管外流体给热系数，通常在壳体内安装一定数量的折流挡板，使流体按规定路径多次错流通过壳体空间，称多壳程。常用的壳内挡板有圆缺形和圆盘形两种，前者应用更为广泛。

管式换热器主要分为固定管板式换热器、浮头式换热器和U型管式换热器。下面对这几种换热器分别进行概述。

1. 固定管板式换热器

固定管板式换热器是将两端管板直接与壳体焊接在一起，主要由外壳、管板、管束、封头等部件组成。壳体中设置有管束，管束两端采用焊接、胀接或胀焊并用的方法将管子固定在管板上，管板外周围和封头法兰用螺栓紧固。固定管板式换热器结构简单、造价低廉、制造容易、管程清洗检修方便，但壳程清洗困难，管束制造后有温差应力存在。当换热管与壳体有较大温差时，壳体上还应设有膨胀节。

2. 浮头式换热器

浮头式换热器一端管板固定在壳体与管箱之间，另一端管板可以在壳体内自由移动，也就是说壳体和管束可自由伸缩，管束和壳体之间没有温差应力，故浮头式换热器可用于管束和壳体有较大温差的工况。浮头式换热器浮头一般可拆卸，管束也可以自由地抽出和装入，其主要特点是管束和壳体的清洗与检修较为方便；但结构比较复杂，对密封程度的要求也比较高。

3.U型管式换热器

U型管式换热器是将换热管弯成U型，两端固定在同一管板上。由于壳体和换热管分开，换热管束可以自由伸缩，不会由于介质的温差而产生温差应力。U型管式换热器只有一块管板，没有浮头，结构比较简单。管束可以自由地抽出和装入，方便清洗，具有浮头式换热器的优点。但由于换热管做成半径不等的U型弯，除最外层换热管损坏后可以更换外，其他管子损坏只能堵管。同时，与固定管板式换热器相比，U型管式换热器由于换热管受弯曲半径的限制，其管束中心部分存在空隙，流体很容易走短路，影响了传热效果。

（二）板式换热器

板式换热器是由一系列具有一定波纹形状的金属片叠装而成的高效换热器。各种板片之间形成薄矩形通道，通过板片进行热量交换。板式换热器是液-液、液-汽进行热交换的理想设备。它具有换热效率高、热损失小、结构紧凑轻巧、占地面积小、应用广泛、使用寿命长等特点。在相同压力损失情况下，其传热系数比管式换热器高3~5倍，占地面积为管式换热器的三分之一，热回收率可高达90%以上（李冠，2012）。

板式换热器主要有框架式（可拆卸式）和钎焊式两大类，板片主要有人字形波纹板、水平平直波纹板和瘤形板片三种。一般情况下，主要根据结构来区分板式换热器，也就是根据外形来区分，可分为四大类：①可拆卸板式换热器（又称带密封垫片的板式换热器）；②焊接板式换热器；③螺旋板式换热器；④板卷式换热器（又称蜂窝式换热器）。其中，焊接板式换热器又分为半焊接板式换热器、全焊接板式换热器、板壳式换热器和钎焊板式换热器。

四、分离纯化设备

在食源性低聚肽的制备过程中，在获得含有低聚肽的母液后，还需要对母液进行固液分离、油水分离等，进而对液相中的杂质进行过滤，对影响口感的味道进行去除等精制工序，最终得到更高纯度的食源性低聚肽。分离纯化技术是蛋白质酶解法制备低聚肽的关键技术之一，是决定蛋白质酶解法能否实现大规模工业化生产的关键因素（Yamamoto et al，2003）。

制备过程中，含有低聚肽的母液一般是大分子蛋白质、肽和氨基酸的混合物。为了得到其中的目的物，需要进行分离纯化，去除未分解的蛋白质和其他不溶固形物，以得到高纯度的低聚肽溶液。工业上常用的分离纯化技术有离心分离、膜过滤等。对于原料蛋白质的酶解产物所采用的分离纯化技术，宜根据酶解产物的组成、理化性质以及希望得到的目标产物的性质等因素来确定，也可根据生产工艺需要将不同的分离纯化技术组合使用。

工业上常用的分离纯化设备主要有卧螺离心机、碟片式离心机、膜过滤分离装置等。

（一）卧螺离心机

卧螺离心机是一种卧式螺旋卸料、连续操作的高效离心分离设备。其工作原理为：转鼓与螺旋以一定差速同向高速旋转，物料由进料管连续引入输料螺旋内筒，加速后进入转鼓，在离心力场作用下，较重的固相物沉积在转鼓壁上形成沉渣层。输料螺旋将沉积的固相物连续不断地推至转鼓锥端，经排渣口排出机外。较轻的液相物则形成内层液环，由转鼓大端溢流口连续溢出转鼓，经排液口排出机外。本机能在全速运转下连续进料、分离、洗涤和卸料，具有结构紧凑、连续操作、运转平稳、适应性强、生产能力大、维修方便等特点，适合分离含固相物粒度大于0.005mm、浓度范围为2%~40%（质量分数）的悬浊液。该设备广泛用于化工、轻工、制药、食品、环保等行业。选择合适的卧螺离心机不仅可以解决生产问题、提高工作效率，同时也节约了生产成本，降低了经营风险。影响卧螺离心机选型的主要因素有转速、材质、差转速、长径比等。

（二）碟片式离心机

碟片式离心机是立式离心机的一种，其工作原理为：将转鼓装在立轴上端，通过传动装置由电动机驱动而高速旋转。转鼓内有一组互相套叠在一起的碟形零件——碟片。碟片与碟片之间留有很小的间隙。悬浊液（或乳浊液）由位于转鼓中心的进料管加入转鼓。当悬浊液（或乳浊液）流过碟片之间的间隙时，固体颗粒（或液滴）在离心机作用下沉降到碟片上形成沉渣（或液层）。沉渣沿碟片表面滑动而脱离碟片并积聚在转鼓内直径最大的部位，分离后的液体从出液口排出转鼓。碟片的作用是缩短固体颗粒（或液滴）的沉降距离、扩大转鼓的沉降面积。转鼓中由于安装了碟片而大大提高了分离机的生产能力。积聚在转鼓内的固体在分离机停机后拆开转鼓由人工清除，或通过排渣机构在不停机的情况下从转鼓中排出（全国化工设备设计技术中心站机泵技术委员会，2014）。影响碟片式离心机选型的主要因素有转速、材质、转鼓直径等。

（三）膜过滤分离装置

膜过滤分离装置由膜过滤元件、供料泵、循环泵、集液腔等部分组成。膜过滤元件是膜过滤分离装置的核心部件；以陶瓷材料、有机材料等制成的不对称分离膜呈单管状、多通道状，或卷式；膜元件密布微孔，在循环泵提供的操作压差的作用下，料液在膜元件内错流流动，小于膜孔径的料液通过膜孔进入渗透侧成为滤液，而大于孔径的物质被膜截留而成为浓缩液，从而达到物质的分离提纯的目的。

膜过滤元件按其平均孔径大小可分为微滤膜元件和超滤膜元件。微滤膜元件的平均孔径为50~10000nm，常用孔径规格主要有1200、800、500、200、100nm等；超滤膜元件的平均孔径为2~50nm，常用孔径规格主要有50、30、10nm。在食源性低聚肽的生产中，影响膜过滤分离装置选型的因素是低聚肽产品的分子质量大小以及处理量，这两个因素决定了膜过滤元件的孔径及数量。

五、精制设备

精制的目的是为了改善低聚肽的感官指标（如色泽、口感等）和理化指标（如灰分、蛋白质含量等）。常用的精制方法有脱色、脱苦、脱盐等技术手段。在分离纯化后的溶液中，多种肽具有苦味、涩味等不良口感，同时颜色偏黄，如果不进行精制，势必会影响产品的感官。常用的脱色、脱苦及改善不良口感的方法是活性炭吸附。在酶解过程中，通常会添加碱液以促进酶解的顺利进行，这不可避免地引入了较多的金属离子。这些金属离子在分离纯化过程中不能被脱除，其对产品的感官指标和理化指标都有较大的影响。

活性炭是一种用途极广的工业吸附剂。它是利用木炭、各种果壳和优质煤等作为原料，通过物理和化学方法对原料进行破碎、过筛、催化剂活化、漂洗、烘干和筛选等一系列工序加工制造而成。活性炭的吸附性源于其独特的分子构造。活性炭的内部有很多孔隙，每克活性炭的内部孔隙如果铺展开来可达到500～1700m^2。正是这种独特的内部构造，使得活性炭具有优异的吸附能力，可以吸附低聚肽中的部分苦味及不良味道。使用活性炭吸附后，需要除去活性炭方可进行后续的生产加工，因此需要相应的设备来完成。一般情况下，使用板框压滤机和活性炭过滤机以去除活性炭。这些设备较为常见，在此不做阐述。

在低聚肽的精制过程中，常用纳滤设备去除产品中的游离氨基酸和无机盐等，以达到提纯产品的目的。纳滤（nanofiltration，NF）又称低压反渗透，是一种介于反渗透和超滤之间的压力驱动的膜分离过程。这是膜分离技术的一种新手段。纳滤膜的孔径范围在几个纳米左右，用于将相对分子质量较小的物质，如无机盐或葡萄糖、蔗糖等小分子有机物从溶剂中分离出来。纳滤膜是荷电膜，能进行电性吸附。与反渗透膜相比，当在相同的水质及环境下制水，纳滤膜所需的压力小于反渗透膜所需的压力。所以，从分离原理上讲，纳滤和反渗透有相似的一面，又有不同的一面。纳滤膜的孔径和表面特征决定了其独特的性能，对不同电荷和不同价数的离子具有不同的电位。纳滤膜的分离机制为筛分和溶解扩散并存，同时又具有电荷排斥效应，可以有效地去除二价和多价离子、分子质量大于200u的各类物质，以及可部分去除单价离子和分子质量低于200u的物质。纳滤膜的分离性能明显优于超滤和微滤，而与反渗透膜相比具有部分去除单价离子、过程渗透压低、操作压力低、省能等优点（王晓琳，丁宁，2005）。

六、浓缩设备

在低聚肽的生产过程中，由于底物浓度一般在5%~10%（质量分数），经过后期的分离精制等工序，精制后的低聚肽浓度甚至会降得更低。为便于后续干燥处理，必须提高料液浓度，这就需要使用浓缩设备。工业上常用的技术是真空浓缩。具体的真空浓缩设备，根据效能可分为单效蒸发器、双效蒸发器、三效蒸发器等；根据物料流向又可分为降膜式蒸发器和升膜式蒸发器两种。

真空浓缩技术的工作原理是液体物料在沸腾状态下溶剂蒸发更快，其沸点受压力影响非常明显，压力增大，沸点升高；压力减小，沸点降低。一般情况下，低聚肽溶液在一个标准大气压（101kPa）下，沸点为100℃；而在真空度82.7~90.6kPa下，沸点仅为45~55℃。可见，采用真空技术可以最大限度地降低料液的沸点。另外，在低聚肽生产过程中使用真空浓缩技术，可以有效避免物料在长时间高温状态下发生颜色加重的现象。

七、干燥设备

由于粉剂物料更有利于贮存和运输，食品工业也常将食源性低聚肽制成粉剂形式，所以干燥技术必不可少。常用的干燥方法有喷雾干燥、冷冻干燥等。冷冻干燥能够最大限度地保护低聚肽的活性，但存在处理量有限、运行成本高、间歇生产等缺点。而喷雾干燥对低聚肽功能活性的保护虽然不如冷冻干燥，但具有传热快、水分蒸发迅速、干燥时间短、处理量大、成本相对较低等优点，非常适合工业化生产。食源性低聚肽生产过程中一般使用的都是喷雾干燥技术。

喷雾干燥方法的工作原理是通过机械作用，将需要干燥的物料分散成很细的像雾一样的微粒以增大水分蒸发面积，加速干燥过程；微粒与热空气接触，在瞬间将大部分水分去除，使物料中的固体物质干燥成粉末。喷雾干燥方法按雾化形式分为压力式、离心式两种，相对应的设备分别是压力式喷雾干燥塔和离心式喷雾干燥塔。压力式喷雾是通过2~20MPa的高压将过滤后的液料送入干燥塔内的压力式雾化器，形成液滴；离心式喷雾是将液料注入高速旋转的离心式雾化器，料液受离心力作用而甩出，形成液滴。

综上所述，食源性低聚肽生产制造所需要的设备选择是一个复杂而系统的工程，本节只是对食源性低聚肽的主要生产设备进行了简述，关于这些设备详细的工作原理、优缺点、选型原则，可以查询相关专业书籍。这些设备都有不同形式的产品可供选择，至于如何选择，就需要生产厂家的科研技术人员根据待处理的物料性质来决定。总之，能够顺畅完成每一个工作单元，在生产过程中不出现瓶颈，才是最合理的设备选型方案。

第三节
食源性低聚肽的生产管理

生产管理是根据生产工艺要求，以最经济的生产安排，按照合理的生产技术规范，制造出合格产品的全过程。粗略地讲，生产管理涉及产品加工和质量管理两个方面。食源性低聚肽的生产制备和工艺已十分成熟，加工过程和质量控制同样离不开人员、机器、原料、方法、环境等生产要素。在整个生产管理过程中，还要根据对大量产品检验数据的统计分析，不断优化生产流程，最终达到生产过程的标准化和规范化，以确保产品质量合格。

一、生产要素

“人、机、料、法、环”是对全面质量管理理论中五个影响产品质量主要因素的简称。人，指制造产品的人员；机，指制造产品所用的设备；料，指制造产品所使用的原辅料；法，指制造产品所使用的方法；环，指产品制造过程所处的环境。人员、机器、原料、方法、环境，也是工业制造企业管理中所讲的“五要素”，它们既相互制约又相互协同。

1.“人”在生产管理中的作用

“人”是生产管理中的一大难点，是目前所有管理理论中讨论的重点。围绕着“人”的因素，不同的企业，管理方法不尽相同。但目的都是为了增加员工的工作积极性，保证产品质量提高生产效率。为达此目的，将责、权、利相结合，建立一套完整的管理制度是行之有效的方法。

生产企业首先要建立生产管理团队，明确各个生产管理岗位和操作岗位的职责及其相互关系，形成规范高效的生产管理组织与协调机制。管理者在工作上必须具备专业管理水平和高度的敬业精神，善于将资源进行优化配置，维护企业良好的运作方式；还应时常参与生产作业，在具体的实际工作中听取建议，汇集经验，分析问题，得出结论，以便了解和指导员工用最正确最有效的方法提高生产效率（刘先德，2010）。在生产管理过程中，管理人员和员工拥有多大权力，就应该承担多大的责任。通常，对于工作现场的失误，最基层的员工其责任是1/5～1/4，管理者的责任是3/4～4/5（廖永平，1999）。另外，对从事食品生产的一线员工需要定期进行健康与卫生管理方面的培训，并建立有效的考核机制，以提高工作效率。同时，要引导员工树立正确的价值观，让员工懂得公司利益与个人利益密不可分，培养良好的责任心——这不仅是员工的责任，也是管理者的责任。

具体到部门和人员的岗位职责，下面以生产部经理、车间主任和班组长（工段长可由当班班长兼任）的岗位职责为例加以说明，详见表2-3、表2-4和表2-5。

表2-3　　生产部经理的岗位职责

岗位名称	生产部经理	所属部门	
上级	总经理	下级	
任职资格	1.学历、专业知识 大学本科以上学历，企业管理或食品专业毕业，具有生产运作管理、质量管理、设备管理、生产安全管理、采购与物流管理等相关专业知识		
	2.工作经验 八年以上生产管理、企业管理等相关工作经验，四年以上生产企业中高层管理经验		
	3.业务了解范围 掌握国家相关法律法规，熟悉国内外相关生产技术和生产发展的新动向、新趋势，全面掌握国内相关产品生产的发展动态		
工作职责	职责细分		
1.规章制度建设	（1）组织编写生产管理等方面的规章制度 （2）监督、检查和指导规章制度的执行，确保生产活动有序进行		
2.生产管理	（1）组织、协调、监督下属各职能部门和生产车间的生产活动 （2）定期组织召开生产调度等生产会议，研究解决生产过程中遇到的问题		
3.成本控制管理	（1）对所管辖部门发生的费用进行严格控制，制定费用控制与审批流程 （2）向下属部门下达各项费用的控制标准，并监督检查其执行情况		
4.生产安全管理	（1）定期对安全生产情况进行检查、监督，制定和落实安全生产防范措施 （2）排除生产中出现的安全隐患，妥善处理生产中的重大事故		
5.生产设备管理	（1）审批各有关职能部门和生产单位新增设备购置计划 （2）安排生产设备的维修、保养工作，确保企业生产任务的顺利完成		
6.物料供应管理	（1）依据企业历年销售情况，编制年度采购计划及预算计划 （2）全面组织、协调生产车间的原材料、物料的供应工作		
7.分管部门管理	（1）负责指导、管理、监督分管部门的业务工作，不断提高工作效率和工作质量 （2）做好下属人员的培训、考核和奖励工作，最大限度地调动员工的积极性		

表2-4　　车间主任的岗位职责

岗位名称	车间主任	所属部门	生产部
上级	生产部经理	下级	班组长
任职资格	1.学历、专业知识 大学专科及以上学历，具备现场管理、生产运作管理、质量管理及其他相关专业知识		

续表

岗位名称	车间主任	所属部门	生产部
上级	生产部经理	下级	班组长
任职资格	2.工作经验 三年以上本行业生产现场管理经验		
	3.业务了解范围 熟悉本行业生产作业流程，掌握实际生产工艺流程，了解企业各项规章制度及生产安全的相关规定，熟知本车间内生产设备的性能、工艺技术参数等		
工作职责	职责细分		
1.组织实施车间生产计划	（1）根据企业生产计划，组织制定本车间的生产作业计划 （2）负责按计划组织、安排生产工作，确保完成本车间生产计划 （3）合理调配人力、物力，调整生产布局和生产负荷，提高生产率		
2.生产过程控制	（1）主持车间例会，全面协调车间工作 （2）对生产作业过程进行监督、指导，同时进行生产质量控制，确保生产质量		
3.生产现场管理	（1）建立现场管理制度，并指导培训现场管理知识 （2）推进5S等现场管理制度，实现生产车间标准化管理 （3）按时考核车间员工的5S执行情况，及时实施奖励，确保制度得到有效落实		
4.车间生产安全管理	（1）负责落实企业各项安全生产制度，开展车间的日常安全检查 （2）控制关键要害部位，杜绝安全隐患，有效防止安全事故的发生 （3）定期组织安全生产教育培训，指导员工安全作业生产		
5.生产成本控制	（1）统计分析车间每日的生产情况，寻求改善、提高生产效率，有效降低生产成本 （2）统计分析车间的成本消耗，制定可操作性成本控制措施，并监督实施		
6.生产设备管理	（1）组织车间设备的日常维护保养工作 （2）合理安排车间设备的有效使用，使设备发挥最大的效率 （3）负责车间劳动保护用品和工具的日常管理，并监督实施		
7.车间员工管理	（1）组织车间生产员工积极参加业务培训 （2）组织评价考核车间员工的技术创新工作 （3）配合人力资源部门做好车间员工考勤及工资核算等		

表2-5 班组长的岗位职责

岗位名称	班组长	所述部门	生产部
上级	车间主任	下级	操作员工
任职资格	1.学历、专业知识 高中或中专以上学历，具备生产管理、流程管理、设备管理等相关专业知识		
	2.工作经验 一年以上本行业车间生产工作经验		
	3.业务了解范围 了解产品的生产工艺流程，熟悉本岗位产品及所用材料的特性及质量要求，熟悉所管辖设备的操作规程及安全生产的要求		

续表

岗位名称	班组长	所述部门	生产部
上级	车间主任	下级	操作员工
工作职责	职责细分		
1.生产任务分配	（1）主持班前例会，向生产工人布置生产任务，突出相关技术要求和质量要求 （2）主持班后会，总结当日生产任务完成情况，发现重大问题及时研究解决		
2.生产现场指挥	（1）按生产指标对班组生产进行现场指挥，完成生产定额 （2）监督、检查班组各项工作，做好生产任务和班组各项工作的检查 （3）对班组生产情况进行巡检，及时解决生产过程中出现的问题		
3.班组物料控制	（1）负责班组内物料的领取、退库工作，实时掌握各种物料的使用情况 （2）对生产中物料的使用情况及不良品进行控制 （3）对班组内产成品的缴库情况进行管理		
4.班组生产统计	（1）记录班组内员工工时，准确核算员工的绩效工资，做到公平合理 （2）实时记录员工的工作量，做好班组生产产量的统计工作		
5.其他管理工作	（1）负责协调与相关部门的关系 （2）及时与上级领导沟通，汇报班组的生产情况 （3）完成领导交办的其他任务		

2.“机”在生产管理中的作用

“机”是指生产中所使用的设备以及工具等辅助生产用具。生产用工具和设备是企业从事生产活动的重要手段，生产中工具的好坏、设备能否正常运转，不仅影响生产进度，也是影响产品质量的一大要素。管好用好生产设备，提高设备管理水平，对提高产品质量、促进企业发展有着十分重要的意义。

生产设备管理的主要目标是为企业生产活动提供先进的技术装备，保证设备良好运行，提高设备的综合利用率，从而提高企业的经济效益（加藤治彦，2011）。这个环节包括生产设备与设施的管理、加工设备选型和工艺设计、监控计量设备的定期校准和设备的维护更新。

3.“料”在生产管理中的作用

此处的“料”包括生产用到的主要原料、辅料和包装材料等，也包括半成品（如酶解液）。合格物料的及时供应，是企业良好运作的前提，所以生产前要做好充分的原辅材料准备和合理库存。对于“料”的管理包括原料的采购和检验、中间产品的转移、发货和过程检测。采购的食品原料应当查验供货者的许可证和产品合格证明文件，对无法提供合格证明文件的食品原料，应当依照食品安全标准进行检验。食品原料必须经过验收合格后方可使用（姚小风，2014）。验收不合格的食品原料应在指定区域与合格品分开放置并明显标记，并应及时进行退、换货等处理。加工前宜进行感官检验，必要时应进行实验室检验。检验发现涉及食品安全项目指标异常的，不得使用，只应使用确定适用的食品原料。食源性低聚肽的加工过程，除了原料和终端产品会暴露于空气，所有中间产品的传输都是在密闭的管线中进行，相对来说比较好管理。但中间产品的运输工具（管道）和容器应维护良好、保持清洁，必要时应进行消毒。避免中间产品受到有毒、有害物品的污染，尤其要注意机械润滑油（或脂）可能造成的污染。最后，原料仓库应设专人管理，建立管理制度，定期检查质量和卫生情况，及时清理变质或超过保质期的食品原料。原料仓库出货顺序应遵循先进先出的原则，必要时应根据不同食品原料的特性确定出货顺序。

4.“法”在生产管理中的作用

“法”，顾名思义，就是制造产品所使用的方法，也指生产过程中需要遵循的规章制度，具体包括工艺规程、生产计划、质量标准（包括原辅材料）、作业指导书、标准操作指引、检验标准、各种设备操作规程和相关法律法规等。“法”的作用是能及时准确地反映产品生产和产品质量的要求。严格按照食品良好生产规范中确定的操作规程进行作业，是保证产品质量和生产进度的先决条件之一。

5.“环”在生产管理中的作用

“环”指环境。对环境的管理包括工厂的选址和厂房设计、清洁消毒设施、人员卫生管理、虫害控制以及废弃物和有害物质的管理。

工厂的选址要符合《食品安全国家标准 食品生产通用卫生规范》（GB 14881—2013）的要求，远离有显著污染的区域，周围没有有害废弃物以及粉尘、有害气体、放射性物质和其他扩散性污染源存在，厂区周围不宜有虫害大量滋生的潜在场所（如养殖场等）。厂区中，生活区和加工区应有明显划分，保持一定的距离，并有适当隔离，避免交叉污染；路面应当硬化，厂区内给排水系统应严格分开，绿地安排也应按相关要求进行，厂区内不得饲养动物等。厂房和车间内部设计合理，根据工艺流程合理布局，并能有效隔离，避免交叉污染（例如，原料处理和粉剂车间必须远离）。生产场所通常可划分为清洁作业区（粉剂车间）、准清洁作业区（前处理）和一般作业区（仓库、投料车间外包装间等）。清洁作业区应安装具有过滤装置的独立空气净化系统，并保持正压。粉剂车间各作业区净化级别应满足《洁净厂房设计规范》（GB 50073—2013）、《洁净厂房施工及质量验收规范》（GB 51110—2015）和《洁净室施工及验收规范》（GB 50591—2010）的要求。车间内部结构应易于维护、清洁或消毒，采用防霉防水等耐用的材料，门窗要闭合严密，处于常闭状态，门窗的玻璃采用不易破碎的材料或经防爆处理。

生产车间和贮存场所的入口处应设捕虫灯（器），窗户等与外界直接相连的地方应当安装纱窗或采取其他措施，防止或消除虫害。定期监测和检查厂区环境和生产场所中是否有虫害迹象；若发现虫害存在，应追查其来源，做好记录，杜绝再次发生。物理、化学或生物制剂处理均可采用，但最好不要采用杀虫剂等化学方法，虫害灭除方法应不影响食品的安全和产品特性，不污染食品接触面及包装材料。废弃物存放和清除制度进行定置化管理，盛装废弃物、加工副产品以及不可食用物或危险物品的容器应有特别标识且要构造合理、不透水，必要时容器可封闭，以防止污染食品（GB 50073—2013）。

低聚肽加工要对环境进行严格控制，避免受到微生物、尘埃等污染和交叉污染，具体措施针对不同工段会有所不同。前处理按照GB 14881设计管理就可以，但涉及含致敏原的食源性产品生产时要加强不同品种切换生产时的清场管理。此外，在肽产品形成粉剂加工工段，加工环境要遵守制药和保健食品行业良好生产规范（GMP）洁净空间的要求。否则，产品的卫生指标很难达到国家规定的标准。

食源性低聚肽的前处理大都在密闭的管道和设备中完成，设备应符合就地清洗（CIP）的条件，所以需要建立CIP中心清洗站，制定有效的清洁消毒计划和程序文件，以保证食品加工场所、设备和设施等的清洁卫生。不同工段（或工序）的设备应集中清洗，不要前后穿插，防止交叉污染。必须需要人工拆洗的，应建立相应的清洗操作指引，并对清洁消毒程序进行记录，如洗涤剂和消毒剂的品种、作用时间、浓度、对象、温度等。用于清洁和消毒的设备、工器具应放置在专用场所，妥善保管。尤其需要注意的是，不同洁净等级的工器具不得穿插使用（GB 51110—2015）。

二、质量保障

质量保障也就是公司质量保证能力高低的问题。没有质量保障的质量管理不能算是质量管理，有效解决这个问题离不开质量保障能力体系的建设，如ISO 9000系列和HACCP管理体系等。

食品安全是食品行业的重中之重，食品安全管理需要注重先期预防和过程监管的全程控制，不但要从前文提到的“人、机、料、法、环”着手，还要在生产过程控制中用好“检”这只大手。这里的“检”包括两种含义：检验和监督检查。影响食品安全的因素一般包括化学性、物理性和生物性危害。物理性危害，大家都很清楚，重点需要关注的是化学性危害（一般由原料和包装材料引入）和生物性危害（主要是致病菌，不单单是菌落总数和大肠菌群）。

质量保障能力一般包括十大要素，这些要求只是最根本和最低的要求；最起码要做到“三有”：有规定、有检查、有记录。以内容来分，可以将这十大要素划分为两大部分：管理部分和实施部分。

（一）管理部分

1. 职责和资源

正如在前面生产要素中提到的一样，“人”也是质量管理的关键和首要因素之一。质量管理是全员参与的全面质量管理，是“以质量为中心，以人为本”的管理，不是某个部门和某个人的管理。在生产资源方面，生产设备和检验仪器的配置应符合强制性认证的要求，并以能满足产品的稳定性生产为度。在环境资源方面，应有适宜产品生产、检验计量、仓储等的必备条件。总之，企业应对生产设备、检验仪器、人力资源、工作环境这四方面给予充分考虑，为生产提供必要的保障。

2. 文件和记录

编制和使用文件是动态的高增值的活动，只有认真地实施适宜的质量体系文件，才能有效地控制产品质量，提高工作效率。不断完善质量体系，使组织既能在经济上获益，又能在信誉上加分。质量体系文件一般包括质量手册、程序文件、作业指导书（或操作指引）、质量计划和质量记录。质量记录是质量体系运行的客观反映，它为采取纠正措施以及质量改进提供了依据，也是质量追踪的依据，因此，质量记录应具备可追溯性的基本功能。

3. 不合格品控制

不合格品控制是为了识别不符合质量特性要求的产品，并规定不合格品控制措施以及不合格品处置有关职责和权限，以防止其非预期的使用或交付。对不合格品的产生应进行分析，防止同类不合格情况的重复发生，并视情况采取相应的纠正和预防措施。生产过程中的不合格品可在进料检验、过程检验、最终检验的任一环节中产生。流入客户的不合格品是最严重的质量问题，是质量事故，有时候要负相应的法律责任。相关部门应对不合格品的处置记录予以保存，以利于追溯。

4. 内部质量审核

内部质量审核是对质量体系运行是否有效的一种验证。企业应建立质量管理小组，专门负责内部质量审核。具体做法是严格按照质量体系中各个要素的要求，逐条对相关部门的执行情况进行审核。所遵循的原则是，在记录检查时，要审核“其所记录的是否是其所做的”；在现场检查时，要审核“其所做的是否是其所记录的”，要善于发现执行中的各种不规范现象，并督促改正。质量管理往往是一个循序渐进的过程，内部质量审核是提高企业质量管理水平的一种手段，目的是通过不断的自查自纠，使质量体系中的各个要素得到有效落实。

（二）实施部分

质量管理的有无和好坏，直接影响到产品应用。在实施过程中需要关注以下主要环节，并在实施过程中严格执行相关规定。

1. 采购和进货检验

首先要重视供应商的管理。众所周知，原料验收往往是危害分析与关键控制点（HACCP）体系中的第一个关键控制点。检验不合格的原料不得随意投入生产，对不影响食源性低聚肽质量的指标（例如，鱼皮冰包衣过分、自由水分不合格等），要有专人或专门的处理程序规定，并采取相应的措施。

2. 过程控制和过程检验

应根据工作人员的操作水平、工艺技术的难易程度以及工艺对产品的影响程度，分析制定作业指导书的必要性。对于关键控制点，必须制定作业指导书，并严格按照作业指导书的要求进行操作，将工艺涉及的相关参数或指标控制在操作限值范围内。为及时了解过程控制的效果，在生产过程中企业还应设立过程检验。过程检验是指在产品加工过程中的检验，其目的是防止产生批量的不合格产品，避免不合格产品流入下一道工序。

3. 例行检验和确认检验

例行检验一般是企业在产品包装和贴标签之前自行开展的工作，是指在生产线末端对产品相关指标进行的检验，应检验的项目原则上不能少于质量标准中要求的出厂检测项目。确认检验是为了验证产品是否持续符合标准要求而进行的一种定期抽样检验，通常进行全项目检测。确认检测可由企业自行完成，也可委托具备检验能力的机构来完成，企业应保存好完整记录。

4. 试验用仪器与设备的检验

企业为控制产品质量，要有能够满足产品出厂检测项目的相关检测仪器与设备。所有检测仪器与设备应定期进行校准与核定，以便确认仪器与设备是否存在功能失效。当发现仪器与设备出现功能失效时，要及时对其失效前后所检测的产品进行追回复检，并对原检测结果的有效性进行评价，防止不合格产品流入市场或误用。

5. 产品的一致性检验

产品的一致性检验是由有检验资质的第三方检验机构依据产品质量标准进行的全部项目的检测，用于评定产品质量是否全面地达到相应标准的要求。在产品质量标准中，产品的一致性检验又称为“型式检验”，它适用于企业质量管理认证时所要求的检验和按照产品要求定期进行的检验。除此之外，遇有下列情况也应进行产品的一致性检验：①新产品试制鉴定时；②正式生产过程中，原料、工艺等有较大改变，可能影响到产品质量时；③停产3个月以上，再次恢复生产时；④检验的结果与上次一致性检验的结果有较大差异时；⑤国家质量监督机构或客户提出要求时。

6. 包装、搬运和储存

包装、搬运和储存也是保障产品质量的重要环节。适宜的包装、搬运和储存条件可有效防止产品损坏。对于包装、搬运和储存条件，应有明确的规定和保障措施，并做好记录，以便追溯。

总之，生产管理和质量管理在包括食源性低聚肽制造在内的所有产业化生产过程中是密不可分的。管理者要有整体观和前瞻性，遵循“人、机、料、法、环”环环相扣的原则，因时因地制宜，灵活处置，方能保质保量地完成生产任务。

参考文献

[1] CAI D, WEI X, QIU Y,et al. High-level expression of nattokinase in bacillus licheniformis by manipulating signal peptide and signal peptidase [J]. Journal of Applied Microbiology, 2016, 121 (3): 704-712.

[2] YAMAMOTO N, EJIRI M, MIZUNO S. Biogenic peptides and their potential use [J]. Current Pharmaceutical Design, 2003, 9 (16): 1345-1355.

[3] 程云辉, 文新华. 生物活性肽制备的研究进展 [J]. 食品与机械, 2001, 4: 4-7.

[4] 冯骉. 食品工程原理 [M]. 2版.北京: 中国轻工业出版社, 2017.

[5] 高海燕, 曾洁. 食品机械与设备 [M]. 北京: 化学工业出版社, 2017.

[6] 加藤治彦. 图解生产实务: 生产管理 [M]. 党蓓蓓，译. 北京: 东方出版社, 2011.

[7] 李冠. 球式换热器传热传质实验与理论研究 [D]. 杭州: 浙江大学, 2012.

[8] 李勇, 蔡木易. 肽营养学 [M]. 北京: 北京大学医学出版社, 2007.

[9] 林凯, 韩雪. ACE抑制肽构效关系及其酶法制备的研究进展 [J]. 食品科学, 2017, 38: 261-270.

[10] 廖永平. 工业企业质量管理 [M]. 北京: 北京工业大学出版社, 1999.

[11] 刘先德. 食品安全与质量管理 [M]. 北京: 中国林业出版社, 2010.

[12] 全国化工设备设计技术中心站机泵技术委员会. 工业离心机和过滤机选用手册 [M]. 北京: 化学工业出版社, 2014.

[13] 师璐. 地衣芽孢杆菌蛋白酶高效表达及在大豆肽酶解工艺中的应用 [D]. 武汉: 湖北大学, 2017.

[14] 王晓琳, 丁宁. 反渗透和纳滤技术与应用 [M]. 北京: 化学工业出版社, 2005.

[15] 吴建中. 大豆蛋白的酶法水解及产物抗氧化活性的研究 [D]. 广州: 华南理工大学, 2003.

[16] 薛林贵, 景春娥, 赵旭, 等. 重离子诱变技术选育碱性蛋白酶高产菌株 [J].微生物学通报, 2010, 37 (6): 845-851.

[17] 杨艳华, 牛丹丹, 石贵阳, 等. 过量表达DegQ有利于地衣芽孢杆菌表达高温α-淀粉酶 [J].微生物学杂志, 2009, 29 (2): 21-24.

[18] 姚小风. 工厂质量控制精细化管理手册 [M]. 2版. 北京: 人民邮电出版社, 2014.

[19]殷涌光. 食品机械与设备[M]. 北京: 化学工业出版社, 2007.

[20]张树政. 酶制剂工业(下册)[M]. 北京: 科学出版社, 1984.

[21]郑云峰, 王祖平, 龙洪年. 小肽的生产方法研究方向[J]. 中国饲料, 2006, 13: 27-29.

第三章

海洋鱼皮胶原低聚肽

第一节　概述
第二节　海洋鱼皮胶原低聚肽的组成及特性
第三节　海洋鱼皮胶原低聚肽的生理功能

第一节
概述

随着生命科学和食品加工技术的发展，人类对海洋生物资源的利用也大幅度提升。海洋中的各种动植物含有丰富的营养物质，为人类获取更多的食物资源、满足身体营养健康需要提供了一条有效的途径。海洋中的鱼类资源丰富，在过去，更多地只有鱼肉部分被选取以供人类食用。而像鱼皮、鱼骨等，由于生物利用程度低与食品加工技术的落后，常被作为下脚料处理，更常见的是用作动物饲料。但由于这些物料不易被消化，其中的营养物质，尤其是蛋白质的实际利用价值比较低。

海洋鱼皮中的蛋白质含量丰富，且以胶原蛋白为主。胶原蛋白是结缔组织极其重要的结构蛋白，也是细胞间质最重要的功能蛋白。近年来，全世界明胶的年需求量超过2.4×10^5t，胶原蛋白及其活性肽已广泛应用于生物、医疗、食品、化妆品、饲料、皮革、影像等诸多领域。它们主要来源于畜禽动物组织，但由于宗教和习俗等原因，有些地区不能使用。为了适应高压、低温、高盐等极端环境，海洋生物蛋白质的氨基酸组成及序列都与陆地生物蛋白质不同，其种类和数量也远大于陆地生物蛋白质。海洋生物的多样性及所含化合物的特异性为胶原蛋白肽的开发利用提供了机遇。所以，海洋鱼皮胶原低聚肽的开发利用已成为世界各沿海国家海洋开发的一项重要内容（Kim et al，2010）。

海洋胶原蛋白存在于海洋动物的结缔组织中，对机体和脏器起着支持、保护、结合、界隔等作用，其含量与种类、部位、年龄、季节、营养状况等有关，有些鱼皮胶原蛋白含量可达80%以上。海洋生物中主要有I型和V型胶原蛋白，其中Ⅰ型含量最多，分子质量约为3×10^5u（曾名勇 等，2007）。海洋胶原蛋白由3条左手螺旋结构的多肽链以氢键结合形成牢固的右手超螺旋结构，主要氨基酸有甘氨酸、脯氨酸、羟脯氨酸、丙氨酸、羟赖氨酸等。结构中极易出现Gly—X—Y的周期性排列，其中甘氨酸含量占30%左右。位于X、Y位置的脯氨酸和羟脯氨酸是海洋胶原蛋白特有的氨基酸，约占25%。由于海洋生态环境的特殊性，其在氨基酸组成和序列上与陆生动物胶原蛋白均有较大差异，并且具有独特的生理功能和物化特性：较低的热变性温度增加了其分离提取难度；含有大多数陆生动物胶原蛋白所没有的第3条α链，使更多的活性中心暴露，从而拥有多种生物活性；极易溶于中性盐溶液或稀酸，较易调制成可溶性溶液等（Kim et al，2001）。

提取海洋胶原蛋白的方法主要有热水浸提法、酸法、碱法、盐法及酶法等；其活性肽的获得方法则有从天然生物体中提取、通过化学方法和重组DNA技术合成、体外水解蛋白质等。各方法的选用取决于目的肽段的长短、数量及用途等。天然产物中的活性肽含量很少，可提取用于试验研究。化学合成法广泛用于生产高价药理级肽，但成本高，副产物对人体有害；重组DNA技术合成法多用于生产长肽和蛋白质，而许多活性肽却是短肽。随着酶制剂工业的迅猛发展，酶法水解比传统的酸法、碱法更为温和、安全、专一，不仅降解时间短，产品营养流失较少，而且无环境污染。目前，酶解海洋胶原蛋白主要有单酶法和多酶法，多酶法又分为混合酶解法和分步酶解法。酶解提取活性肽的条件通常应考虑所开发产品对分子质量的要求，分子质量较小的产品宜用多酶法，其分子质量一般在100～10000u，多为3000～5000u（张寒俊等，2008）。

海洋鱼皮胶原低聚肽的需求量正逐年增长，其应用范围也日趋广泛。海洋鱼皮胶原低聚肽属于预消化的蛋白质，不仅有蛋白质的营养特性，而且也具有一定的生理活性，如抗氧化、增强皮肤弹性、促进伤口愈合、改善骨关节状况、免疫调节等（Yang et al，2009；Byun et al，2001；王静凤 等，2007；韩凤杰，赵征，2006）。通过酶工程技术，利用海洋鱼皮等水产加工的副产物生产具有一定生理功能的活性肽，可以作为食品配料用于生产多种营养功能食品（韩凤杰，赵征，2006）。

随着海洋鱼皮胶原低聚肽推向市场，相关的产品标准也陆续制定和出台。在有关企业标准的基础上，我国于2007年10月由国家发展和改革委员会发布了轻工行业标准《海洋鱼低聚肽粉》（QB/T2879—2007），2008年12月国家质量监督检验检疫总局和国家标准化管理委员会又发布了国家标准《海洋鱼低聚肽粉》（GB/T 22729—2008），其中均对海洋鱼皮胶原低聚肽粉的各项技术要求进行了规定。在2018年6月，国家卫生健康委员会和国家市场监督管理总局发布的《食品安全国家标准 胶原蛋白肽》（GB31645—2018）中规定：胶原蛋白肽是以富含胶原蛋白的新鲜动物组织（包括皮、骨、筋、腱、鳞等）为原料，经过提取、水解、精制生产的，分子质量低于10000u的产品。所以，该标准也适用于海洋鱼皮胶原低聚肽。随着对海洋鱼皮胶原低聚肽理化特性与功能认识的不断深入，各项标准的出台与落实，使海洋鱼皮胶原低聚肽产品的质量得到了可靠的保障，相关应用产品的开发也更具有针对性，海洋鱼皮胶原低聚肽对改善社会人群营养与健康状况将发挥越来越重要的作用。

根据《海洋鱼低聚肽粉》（GB/T 22729—2008），海洋鱼低聚肽粉包括海洋鱼皮胶原低聚肽粉、海洋鱼骨胶原低聚肽粉、海洋鱼肉低聚肽粉三类肽物质。海洋鱼皮胶原低聚肽是指以海洋鱼皮为原料生产的低聚肽；海洋鱼骨胶原低聚肽是指以海洋鱼骨为原料生产的低聚肽；海洋鱼肉低聚肽是指以海洋鱼肉为原料生产的低聚肽。海洋鱼骨胶原低聚肽和海洋鱼肉低聚肽生产量比较小，关于这两种低聚肽的研究也比较少。截至目前，从可查阅的文献看，对于海洋鱼骨胶原低聚肽，仅发现其预防和改善骨质疏松作用的研究；对于海洋鱼肉低聚肽的研究也仅限于增强免疫力方面。上述三种肽中，研究最多的是海洋鱼皮胶原低聚肽。所以，本章重点讨论海洋鱼皮胶原低聚肽。

第二节
海洋鱼皮胶原低聚肽的组成及特性

海洋鱼皮胶原低聚肽的取材有三文鱼、鳕鱼、金枪鱼等鱼类的鱼皮，尽管利用不同品种的鱼皮制得的海洋鱼皮胶原低聚肽有一定区别，但基本上都具有胶原蛋白肽的一般特征，即肽链*N*末端带有甘氨酸，其结构式可表示为（Gly—X—Y）$_n$，其中X和Y通常为脯氨酸和羟脯氨酸。

一、理化特性

海洋鱼皮胶原低聚肽的基础理化成分测定方法可以参照国家标准规定的方法。水分含量测定可以参照《食品安全国家标准　食品中水分的测定》（GB 5009.3—2016）；灰分含量测定可以参照《食品安全国家标准　食品中灰分的测定》（GB 5009.4—2016）；蛋白质含量测定可以参照《食品安全国家标准　食品中蛋白质的测定》（GB 5009.5—2016），以干基计，换算系数为6.25；脂肪含量测定可以参照《食品安全国家标准　食品中脂肪的测定》（GB 5009.6—2016）。

通过酶解野生三文鱼（*Oncorhynchus keta*，日本白鲑鱼，也称大马哈鱼、鲑鱼）的鱼皮得到的海洋鱼皮胶原低聚肽，其中水解蛋白质含量为90%，灰分含量为6.0%，碳水化合物含量为1%~4%，水分含量为2%~5%，脂肪含量为0~1%（Lin et al，2012）。其他研究中利用类似方法制备了三文鱼（*Salmo salar* L，大西洋鲑鱼）的鱼皮胶原低聚肽，其蛋白质含量为（91.20 ± 1.03）%，脂肪含量为（0.12 ± 0.01）%，灰分含量为（3.46 ± 0.21）%，碳水化合物含量为（0.69 ± 0.03）%，水分含量为（4.53 ± 0.22）%（Gu et al.，2011）；或总蛋白质含量为（92.35 ± 1.02）%，脂肪含量为（0.03 ± 0.01）%，灰分含量为（2.58 ± 0.18）%，水分含量为（4.76 ± 0.25）%（刘文颖 等，2015；刘文颖 等，2016a）。由此可见，文献报道的由不同海洋鱼皮制备的海洋鱼皮胶原低聚肽的水分、蛋白质含量均相差不大；都几乎不含脂肪；灰分含量有一些差别，这应与水解物取材和制备条件有关。

二、氨基酸组成

利用属于同一分类但产地不同的野生三文鱼和三文鱼两种来源的鱼皮经酶解制备的海洋鱼皮胶原低聚肽的氨基酸组成如表3-1所示（Lin et al，2012；Gu et al，2011）。可见，相同鱼种在不同生长条件下，酶解处理后的氨基酸组成也有一定的差异。

表 3-1　不同来源海洋鱼皮胶原低聚肽的氨基酸组成　单位：g/100g

氨基酸	含量	
	酶解野生三文鱼皮	酶解大西洋鲑鱼皮
甘氨酸（Gly）	23.77	15.94
丙氨酸（Ala）	6.59	8.04
缬氨酸（Val）	2.94	2.37
亮氨酸（Leu）	4.64	4.99
异亮氨酸（Ile）	2.57	1.91
丝氨酸（Ser）	4.23	5.52
苏氨酸（Thr）	2.53	3.68
半胱氨酸（Cys）	—	3.17
蛋氨酸（Met）	0.03	2.61
苯丙氨酸（Phe）	2.51	2.61
酪氨酸（Tyr）	0.03	1.11
色氨酸（Trp）	—	1.14
组氨酸（His）	1.61	1.84
赖氨酸（Lys）	5.66	5.79
精氨酸（Arg）	6.08	7.28
天冬氨酸（Asp）	7.29	9.45
谷氨酸（Glu）	12.22	13.90
脯氨酸（Pro）	9.79	8.68

注："—"代表未测定。

对实验室规模、中试规模、工厂规模情况下制备的鳕鱼皮胶原低聚肽分别进行的氨基酸组成分析（表3-2）可以看出，利用同一种鱼皮在实验室、中试以及工厂3种不同制备规模下所得到的胶原低聚肽，氨基酸组成非常接近。这说明制备工艺一致的情况下，不同的制备规模对鱼皮胶原低聚肽的氨基酸组成影响很小（Chen et al，2017）。

表 3-2　不同制备规模下所得鳕鱼皮胶原低聚肽的氨基酸组成变化　单位：g/100g

氨基酸	含量		
	实验室等级	中试等级	工厂等级
甘氨酸（Gly）	22.85±0.18	21.98±0.38	21.73±0.33
丙氨酸（Ala）	6.56±0.63	7.25±2.06	9.07±1.21
缬氨酸（Val）	1.44±0.03	1.52±0.17	1.41±0.01
亮氨酸（Leu）	1.86±0.02	2.10±0.05	2.06±0.06
异亮氨酸（Ile）	0.93±0.02	1.05±0.01	0.92±0.04
丝氨酸（Ser）	4.85±0.08	4.82±0.33	4.47±0.14
苏氨酸（Thr）	2.61±0.07	2.74±0.04	2.82±0.09
半胱氨酸（Cys）	—	—	—
蛋氨酸（Met）	0.77±0.04	0.93±0.19	0.54±0.04
苯丙氨酸（Phe）	6.46±0.27	6.14±0.21	5.75±0.26
酪氨酸（Tyr）	2.20±0.10	2.53±0.16	2.99±0.35
色氨酸（Trp）	—	—	—
组氨酸（His）	0.91±0.02	0.94±0.07	0.79±0.03
赖氨酸（Lys）	3.01±0.06	3.21±0.27	3.03±0.08
精氨酸（Arg）	8.72±0.03	7.77±0.92	8.96±0.11
天冬氨酸（Asp）	5.54±0.19	5.83±0.33	5.53±0.19
谷氨酸（Glu）	9.89±0.07	10.31±0.41	10.10±0.21
脯氨酸（Pro）	8.53±0.07	8.43±0.33	7.92±0.09
羟脯氨酸（Hyp）	8.01±0.24	7.80±0.50	8.09±0.49
羟赖氨酸（Hyl）	0.48±0.02	0.53±0.02	0.59±0.03

注："—"代表未测定。

还有报道，酶解野生三文鱼皮的羟脯氨酸（Hyp）含量为7.51%，在另一篇文献中报道的酶解三文鱼皮的羟脯氨酸含量为9.93%（Mei，等，2020）。

三、分子质量分布

检测分子质量分布常用的方法是高效凝胶过滤色谱法。该方法常以乙氨酰-乙氨

酰-乙氨酸（M_r=189）、乙氨酰-乙氨酰-酪氨酰-精氨酸（分子质量451u）、杆菌酶（分子质量1450u）、细胞色素C（分子质量12500u）作为肽标准品。利用该方法测定以三文鱼皮制备的胶原低聚肽，分子质量分布在132~576 u，占比69.28%；分子质量低于1000u的占比90.59%；主要成分是二肽、三肽（刘文颖 等，2015；Gu et al，2011）。

利用飞行时间质谱仪（time-of-flight MS）检测酶解野生三文鱼皮得到胶原低聚肽，分子质量主要分布在100~860u，其中有85.86%分布在300~860u（Lin et al，2012）。此外有研究表明，利用鳕鱼皮发酵制备的胶原低聚肽，其分子质量低于1000u的约占60%，低于3000u的达95%（Chen et al，2017）。

四、肽段结构特点

（一）空间结构

鱼皮和鱼鳔胶原蛋白在稀酸中极易溶解，产生大量的可溶性蛋白，这是研究胶原蛋白结构的良好基础（Kimura，1985）。在胶原蛋白的一级结构中，肽链的*N*末端和*C*末端并不参与胶原蛋白特有的肽链三螺旋结构的形成（Giraud et al，2000；Gómez-Guillén et al，2002），但参与分子间和分子内共价交联的形成，这需要赖氨酸和羟赖氨酸的参与。胶原蛋白通过肽链之间的次级键（例如，极性基团产生的离子键、氢键和范德华力，非极性基团产生的疏水键和范德华力等）来维持结构稳定（Gómez-Guillén et al，2005）。除次级键外，胶原蛋白分子间以及分子内部存在着醇醛基团缩合交联、醛胺基团缩合交联、醛醇组氨酸交联。这些交联使得胶原蛋白分子中的2~3条肽链牢固地连接起来，从而提高抗张强度（毕琳，2006）。研究发现，鳕鱼皮和鱼鳔是由柔性可溶于稀醋酸的不透明纤维构成，鳕鱼皮蛋白质的结构中具有独特的3条不相同的α-链；而鳕鱼鳞片中的弹性蛋白则具有刚性、透明、针状的特点，它们排列成只有一个分子厚的同心圆的形成，而不是像胶原蛋白中不同肽链1/4交错排列。说明动物组织中胶原蛋白和弹性蛋白的交联类型不同，而胶原蛋白的功能特性依赖存在于胶原蛋白分子间的交联（Bailey，1970）。在其他研究中发现，安康鱼皮胶原蛋白是由两条α_1链和一条α_2链的肽链组成；胶原蛋白分子中羟脯氨酸、脯氨酸含量越高，热稳定性越好，认为亚氨酸的—OH基团参与胶原蛋白分子内氢键生成，能够起到提高分子热变性温度和稳定结构的作用（卓素珍，2009）。刘文颖等（2015）报道，三文鱼皮胶原低聚肽在不同pH（2~10）、不同温度（20~100 ℃）和不同蛋白酶水解的条件下，各个分子质量区间的比例变化不大，说明深海三文鱼皮胶原低聚肽具有良好的pH稳定性、热稳定性以及消化稳定性。

（二）肽段构成

羟脯氨酸和羟赖氨酸是胶原蛋白的典型氨基酸，这两类氨基酸在其他蛋白质中很少见。在胶原蛋白中，羟脯氨酸的含量非常稳定，习惯上以测得羟脯氨酸的含量评估胶原蛋白含量的多少。陆生动物胶原蛋白换算系数常用7.1，水生动物多采用11.1。例如，酶解鳕鱼皮得到的胶原低聚肽中羟脯氨酸含量约为8.33%，推断其胶原蛋白含量约为95%（Chen et al，2017）。正是由于羟脯氨酸在胶原蛋白中的独特性，也常将含有羟脯氨酸的肽段作为胶原蛋白肽的特征性标志。

对以海洋鱼皮为原料制备的胶原低聚肽的结构鉴定研究也越来越多。从肽段的结构与氨基酸组成进行生理功能研究，正成为肽研究的重要方向。关于（ACE）抑制肽的构效关系已有了一定的发现（Liu et al，2016；Cheung et al，1980；Yu et al，2012），肽链的*C*末端为芳香族氨基酸（包含Trp、Phe、Tyr）和Pro时，抑制肽的抑制活性增强；当*C*末端为带正电氨基酸（包含Arg、Lys等）时，可提高肽段对ACE的亲和力。肽链*N*末端为疏水性氨基酸（Val、Leu、Ile）或碱性氨基酸（Arg、Lys、His）时，肽与ACE的亲和力较强，抑制活性最高，但是Pro除外。二肽的*N*末端为芳香族氨基酸或*C*末端为Tyr、Try、Pro时有最强的抑制（Cushman et al，1982）。利用反相高效液相色谱（RP-HPLC）对三文鱼皮胶原低聚肽进行分离纯化，收集到11个组分峰；然后利用Q-TOF质谱仪从这11个组分峰中鉴定出15个肽段，并确定其中Ala-Pro（AP）、Val-Arg（VR）、Gly-Arg（GR）具有较高的ACE抑制活性，即具有较高的降血压活性，15个肽段序列如表3-3所示（Liu et al，2016）。这些肽段中AP是以Pro为*C*末端的二肽，符合强ACE抑制肽的结构规律；VR的*N*末端为疏水性氨基酸Val，能够很大地提高与ACE的结合作用，并且VR、GR的*C*末端为Arg，所含胍基的正电荷对其ACE抑制活性具有促进作用。

表 3-3　　三文鱼皮胶原低聚肽的肽段结构及分子质量

序号	肽段序列	分子质量/u
1	Asn-Lys（NK）	260.13
2	Gly-Arg（GR）	231.10
3	Ala-Pro（AP）	186.11
4	Arg-Glu-Arg（RER）	459.26
5	Val-Asp-Gly-Lys（VDGK）	417.21
6	Gly-Pro-Arg（GPR）	328.18
7	Val-Arg（VR）	273.18
8	Leu-Asn（LN）	245.14
9	Phe-Thr-Glu（FTE）	395.15

续表

序号	肽段序列	分子质量/u
10	Leu-Gln（LQ）	259.17
11	Pro-His（PH）	251.96
12	Pro-Asn-His（PNH）	365.96
13	Asn-Val-Gly（NVG）	287.93
14	Gly-Pro-Ala-Gly（GPAG）	300.13
15	Val-Leu（VL）	230.17

研究发现，不同来源的胶原低聚肽都具有较强的抗氧化活性。采用离子交换法、凝胶适配色谱法和高效液相色谱法从鲭鱼鳞片胶原蛋白中分离得到两个具有抗氧化活性的肽段：Leu-His-Gln-Pro-Val-Pro-Glu（LHQPVPE）和Val-Ser-Gln-Pro-Ile-Gln-Gln-Glu（VSQPIQQE）（Suetsuna et al，2006）。长尾鳕鱼皮水解后，分离鉴定出清除自由基作用较强的肽段His-Gly-Pro-Leu-Gly-Pro-Leu（分子质量797u），其抗氧化活性更接近于合成的二丁基羟基甲苯（BHT）；体外人肝癌细胞实验研究表明，该肽段能使细胞中抗氧化酶水平升高，说明胶原低聚肽能够参与维持细胞环境中的氧化平衡（Mendis et al，2005）。

从海洋鱼皮胶原低聚肽中可分离得到序列为Pro-Hyp的二肽，作为胶原蛋白肽的特征性肽段，它能促进成纤维细胞的生长和透明质酸的合成。受试者经口摄入海洋鱼皮胶原低聚肽，可从其血液中检出该肽段。这些实验结果解释了食用海洋鱼皮胶原低聚肽对促进伤口愈合和改善皮肤状况的有益作用（Sato，2017）。

对感官的影响也是人类认识食源性低聚肽功能特性的一个维度，具有不同氨基酸序列的肽能够增进酸、甜、苦、咸等多种味觉。研究人员根据研究的需要进行了风味肽段的鉴定研究。例如，从鱼蛋白水解液中可分离得到能增强风味的酸性肽段，具体见表3-4（Noguchi et al，1975；Fujimaki et al，2014）。

表 3-4　　鱼蛋白水解液中风味增强肽段

序号	肽段	序号	肽段
1	Ser-Asp	7	Asp-Gly
2	(Asp, Glu, Ser)-Asp	8	Asp-Ala
3	Glu-Asp-Glu	9	Thr-Glu
4	Glu-Asp	10	Glu-Gly-Ser
5	(Asp,Glu,Gly)-Asp	11	Glu-Ser
6	Asp-Glu-Ser	12	Glu-Asp-Val

续表

序号	肽段	序号	肽段
13	Val-Asp	23	Val-Glu
14	Glu-Glu	24	Glu-Gln-Glu
15	Ser-Glu-Glu	25	Ile-Glu-Glu
16	(Asp,Gly,Ser)-Glu	26	(Asp,Glu,Gly,Ser)-Glu
17	Ala-Glu	27	Ile-Glu
18	Glu-Gly	28	(Asp,Glu,Ser,Thr)-Glu
19	Asp-Leu	29	(Asp,Glu,Gly,Ser)-Thr
20	Ile-Asp	30	(Glu,Ile,Leu)-Glu
21	(Asp,Glu,Gly,Ser)-Asp	31	Glu-Gly-Ala
22	(Glu,Ile)-Asp		

利用不同来源和采用不同工艺制备的海洋鱼皮胶原低聚肽会得到多个不同结构和功能的肽段，特定功能肽段的鉴定及其定量分析有待进一步的研究。

第三节 海洋鱼皮胶原低聚肽的生理功能

海洋鱼皮胶原低聚肽是以鲑鱼、鳕鱼等深海鱼类的皮为原料，采用生物酶解技术生产得到的小分子蛋白质类物质，主要由2~6个氨基酸组成，平均分子质量小于1000u，具有黏度低、水溶性好、吸收快等特点。研究发现，海洋鱼皮胶原低聚肽具有多种生理调节功能，如抗氧化、辅助降血压、降血糖、降血脂、免疫调节、抗皮肤老化、祛除黄褐斑、促进伤口愈合等（赵小忠 等，2014；王军波 等，2008；潘兴昌 等，2012a；梁锐 等，2010；彭宏斌，2008；刘桂琴 等，2008；刘文颖 等，2013）。

一、抗皮肤老化功能

人体皮肤与外界环境直接接触，在机体衰老过程中最易显现。皮肤老化是内源性和外源性因素共同作用的结果，主要表现为皮肤干燥、粗糙、皱纹、灰暗、弹性下降，甚至出现皮肤萎缩、皱裂和老年斑等。胶原蛋白是皮肤中的主要结构蛋白质，约占皮肤干重的70%，对皮肤正常功能的维持起着重要作用。皮肤胶原蛋白主要为I型胶原蛋白，此外还含少量的Ⅲ型或其他类型胶原蛋白。正常情况下，胶原蛋白在皮肤中构成了一张细密的弹力网，能锁住水分，如支架般支撑着皮肤。随年龄增长，人体胶原蛋白含量会逐渐流失，导致支撑皮肤的弹力网断裂，皮肤组织萎缩、塌陷，肌肤就会显现干燥、松弛、皱纹、毛孔粗大、暗淡、色斑等衰老现象。皮肤衰老不仅有损于容貌，并且与多种皮肤病如日光性皮炎、基底细胞癌等的发病也有着密切的联系（赵小忠 等，2014）。因此，如何预防和延缓皮肤衰老，已经成为美容行业及生命科学研究的热点之一。

深海鱼的鱼皮中蛋白质含量很高，其中主要是胶原蛋白，有的鱼皮中胶原蛋白含量超过其蛋白质总量的80%，较鱼体其他部位的胶原蛋白含量要高出许多。作为传统渔业中的下脚料，深海鱼的鱼皮主要用于生产鱼粉，直接用作饲料和肥料，利用价值不高。由于鱼皮中的胶原蛋白主要为I型胶原蛋白，与人体皮肤胶原蛋白的氨基酸组成极为接近，将鱼皮胶原蛋白生物酶解后所得的低聚肽粉与人体皮肤亲和性好，表现出比较好的营养修复、祛皱抗衰老功效。

海洋鱼皮胶原低聚肽的抗皮肤老化作用已得到多个研究的证实。通过腹腔注射D-半乳糖建立皮肤衰老模型，同时灌胃海洋鱼皮胶原低聚肽溶液，利用海洋鱼皮胶原低聚肽干预3个月后，大鼠皮毛浓密光亮，表皮变厚，成纤维细胞增多，血清抗氧化酶〔超氧化物转化酶（SOD），过氧化氢酶（CAT）〕活性增高，过氧化产物丙二醛（MDA）含量显著降低；这说明海洋鱼皮胶原低聚肽可以提高抗氧化酶活力，减少脂质过氧化物的产生，减轻对成纤维细胞和胶原蛋白的损害，使胶原蛋白合成增多，减轻胶原蛋白的过度交联，从而延缓皮肤衰老的进程（裴新荣 等，2008）。皮肤角质层含水量也对皮肤生理功能有重要的调节作用，而皮肤老化常表现为角质层水分减少。研究发现，将海洋鱼皮胶原低聚肽和透明质酸复配，给年龄在30~50岁、皮肤水分≤12%的女性连续食用30d，对改善女性皮肤水分有显著作用，且对身体健康没有不良影响（王宁 等，2015）。基于海洋鱼皮胶原低聚肽的皮肤健康作用，近些年来以其为主要配料生产的美容食品在市场上占有相当大的比重。

将小分子的海洋鱼皮胶原低聚肽外用，也表现出一定的皮肤改善效果。一些研究采用自身配对设计，对老龄大鼠背部皮肤分别涂抹生理盐水和2%海洋鱼皮胶原低聚肽，光学显微镜观察成纤维细胞数目和表皮平均厚度变化，并利用图像分析技术测算弹性纤维含量。结果表明，海洋鱼皮胶原低聚肽能明显增加衰老皮肤的表皮平均厚度和成纤维细胞数目，提高真皮内弹性纤维含量（王泰波 等，1998）。同时，海洋鱼皮胶原低聚肽分子质量小，还不易引起过敏反应，在化妆品中的应用也具有广阔的前景。

二、抗氧化功能

自由基及其诱导的氧化反应与人类的许多疾病如癌症、动脉粥样硬化等有关，并可加速人体衰老（Adebiyi et al，2009）。外源性抗氧化剂有助于降低体内自由基水平，防止脂质过氧化，延缓人体衰老和预防疾病。在正常生理状态下，机体内自由基的产生与清除处于动态平衡状态；但当机体处于不良环境状态下，以及随着年龄的增长，体内的自由基将会产生过多或清除过慢。自由基清除剂也被称为抗氧化剂，可清除体内自由基，减轻它们对机体的损伤。人工合成的抗氧化剂如叔丁基-4-羟基茴香醚（BHA）、BHT、特丁基对苯二酚（TBHQ）、没食子酸丙酯（PG），虽然抗氧化效果很好，但对人体肝、脾、肺有蓄积性致癌作用（Guo et al，2009）。近年来，天然抗氧化活性肽因具有较强的抗氧化活性和很高的安全性而备受科研工作者的关注，已成为国内外的研究重点。天然抗氧化肽分子质量相对较低，易于被人体消化吸收，在体内可通过减少羟自由基和超氧阴离子自由基、抑制脂质过氧化以及螯合金属离子等达到抗衰老的效果（Yun et al，2009）。

体内外研究均证实了海洋鱼皮胶原低聚肽的抗氧化活性。海洋鱼皮胶原低聚肽、谷胱甘肽和抗坏血酸对羟自由基的半抑制浓度（IC_{50}）分别为2.482、0.357、0.100mg/mL，对1,1-二苯基-2-三硝基苯肼（DPPH）自由基的IC_{50}分别为0.635、0.030、0.003mg/mL。肽类物质的抗氧化作用与其氨基酸组成有关，海洋鱼皮胶原低聚肽必需氨基酸含量为24.43%，必需氨基酸（EAA）/总氨基酸（TAA）为24.19%，EAA/非必需氨基酸（NEAA）为32%，化学评分（CS）均大于100，必需氨基酸指数（EAAI）为352；含硫氨基酸含量为3.8%，除甲硫氨酸外的疏水性氨基酸占氨基酸总量的26.7%；具有抗氧化活性的氨基酸总量为30.5%，与海洋鱼皮胶原低聚肽的抗氧化活性一致（王宁丽 等，2016）。海洋鱼皮胶原低聚肽具有一定的抗氧化能力，可清除羟自由基和超氧阴离子自由基，对DPPH自由基和羟自由基的清除率随着样品溶液浓度的增大而升高（刘文颖 等，2012；刘淇 等，2012）。在油脂中添加海洋鱼皮胶原低聚肽也表现出良好的抗氧化作用（刘成梅 等，2007）。在人体内，海洋鱼皮胶原低聚肽同样表现出一定的抗氧化作用，它对血清超氧化物歧化酶、谷胱甘肽过氧化物酶（GSH-Px）的活性都有一定程度的提升，并能降低血清丙二醛的水平；除此之外，还有助于改善疲劳、烦躁、睡眠不佳等状况（潘兴昌 等，2012b）。

海洋鱼皮胶原低聚肽是酶解获得的混合物，它的抗氧化活性是以其所含的具有抗氧化活性的组分或肽段为基础。将海洋鱼皮胶原低聚肽经梯度洗脱，分为5个洗脱峰；其中有3个峰均显示出较强的抗氧化活性，而以3#峰活性最强，与原胶原低聚肽相比活性提高了10.6倍（金振涛 等，2009）。对分离出的11个组分的抗氧化能力进行研究，发现其中有5个组分具有明显的抗氧化活性，疏水性肽段对抗氧化活性的贡献大于亲水性肽段（刘文颖 等，2012）。

随着对海洋鱼皮胶原低聚肽抗氧化肽段研究的深入，有望从海洋鱼皮胶原低聚肽中分离提纯出抗氧化活性更高的肽段，使开发天然、安全的抗氧化功能性食品成为可能。

三、降血压功能

高血压是引发心肌梗死、中风、冠心病等心血管疾病的重要危险因素，有效地预防和控制高血压的发生，对降低心脑血管疾病的发病率、提高公众的生存质量具有重要的意义。探索高血压的发病机制，研究具有降血压作用的功能成分，开发具有辅助降血压功能的食品，一直备受关注。

在血压调节系统中，血管紧张素转化酶起着重要的作用。ACE是一种多功能酶，其功能涉及肾素-血管紧张素系统（renin angiotensin system，RAS）和激肽释放酶-激肽系统（kallikrein-kinin system，KKS），一方面催化血管紧张素I（Ang I）从*C*末端裂解去掉一个二肽，转换为血管收缩活性更强的血管紧张素II（Ang II），使血压升高；另一方面也能作用于降血压舒缓激肽，使其失活，同样导致血压升高（宋华曾等，2014）。自1971年Cushman等（1971）根据ACE底物的化学结构推测出ACE活性部位的模型并据此开发设计了第一个化学合成的ACE抑制剂卡托普利（captopril）以来，人工合成的ACE抑制剂已得到医学界的普遍认可。目前常见降血压药物的作用机制主要是抑制ACE的活性。然而，人工合成的ACE抑制剂在临床应用过程中往往会产生副作用，如咳嗽、味觉功能紊乱、皮疹和肾脏毒害等，不适合长期服用（Jimsheena，Gowda，2011）。因此，寻找天然、安全的食物来源的ACE抑制剂用以预防和治疗高血压受到广大科学工作者的极大关注，ACE抑制肽成为最受关注的方向之一。

目前，关于海洋鱼皮胶原低聚肽ACE抑制作用的研究报道较多。北京市蛋白功能肽工程技术研究中心的研究人员以深海鲑鱼皮为原料制备出胶原低聚肽，体外研究发现其ACE半抑制浓度（IC_{50}）为1.18±0.12mg/mL，与Bougatef等（2008）报道的研究结果（IC_{50}为1.2 mg/mL）非常接近。采用反相高效液相色谱分离纯化海洋胶原低聚肽得到的11个组分峰中，有7个组分的ACE抑制活性明显高于海洋鱼皮胶原低聚肽；从中鉴定出的15个肽段也均有一定的ACE抑制活性，其中以Ala-Pro（AP）、Val-Arg（VR）、Gly-Arg（GR）的活性最高，其IC_{50}分别为（0.07±0.01）mg/mL、（0.35±0.03）mg/mL、（0.92±0.85）mg/mL，约是海洋鱼皮胶原低聚肽的16.86、3.37、1.28倍，是新发现的具有较高ACE抑制活性的肽段（Gu et al，2011；刘文颖 等，2016b）。He等（2007）将海洋鱼皮胶原低聚肽用于高血压患者，对舒张压（DBP）和平均动脉压（MAP）水平的改善效果均非常显著；其作用机制应与其中具有ACE抑制活性的肽段有关，也可能是通过改善血管壁弹性，降低血管外周阻力的方式发挥了其降低血压的作用。另外，海洋鱼皮胶原低聚肽也能够促进脂联素的分泌，增加脂联素的表达，这也可能是它发挥降血压作用的机制之一（朱翠凤 等，2010）。

体外研究和人体试验均支持海洋鱼皮胶原低聚肽的降血压作用，这为通过食源性功能物质预防和控制高血压提供了可行的途径。在肽段研究的基础上，通过提纯或者合成具有高ACE抑制活性的低聚肽，也为开发食源性肽类降血压药物提供了线索和依据。

四、降血糖功能

糖尿病是由于胰岛素分泌缺陷及/或其生物学作用障碍引起的以高血糖为特征的代谢性疾病，同时伴有蛋白质、脂质等代谢紊乱，已成为一个严重威胁公众健康的问题。糖尿病及其并发症的发病机制十分复杂，至今尚未完全阐明。因此，进一步深入探讨糖尿病的发病机制，寻找更安全、更有效的药物或功能性食品来早期防治糖尿病及其并发症的发生成为生命科学研究领域的重大课题。尽管目前还没有完全治愈糖尿病的方法，但具有里程碑意义的糖尿病控制和并发症试验及英国前瞻性糖尿病研究表明，强化控制血糖，制定有效治疗方案，对减少和预防糖尿病各种并发症的发生具有重要意义。

近年来，众多研究将氧化应激与糖尿病及其并发症的复杂病理机制联系在一起，并证实糖尿病可诱导活性氧簇蓄积并导致氧化应激。四氧嘧啶是目前实验室最常用于制备糖尿病模型的试剂之一，它诱导的动物糖尿病模型与人类2型糖尿病类似。除空腹血糖受损外，2型糖尿病还常伴随蛋白质、脂质等代谢紊乱。有研究表明，海洋鱼皮胶原低聚肽对四氧嘧啶诱导糖尿病大鼠的一般症状（体重减轻、多饮、多食、多尿等）有明显的改善，并且能缓解糖尿病大鼠的糖代谢异常。糖耐量、脂代谢紊乱也均获得明显改善（朱翠凤 等，2009；朱文丽 等，2010）。给住院糖尿病患者食用一定量的海洋鱼皮胶原低聚肽，发现其能明显改善患者的胰岛素敏感性，促进胰岛素分泌，降低血糖曲线下的面积，并有助于缩短血糖调整期，降低夜间低血糖的发生率（彭宏斌，2008）。此外，研究还发现，海洋鱼皮胶原低聚肽对2型糖尿病患者瘦素、抵抗素、脂联素等脂肪内分泌激素的表达也有显著影响。抑制或促进某些脂肪内分泌激素的表达也可能是其调节机体的血糖、血脂和胰岛素代谢，预防和控制糖尿病及其并发症的作用机制之一（朱翠凤 等，2009）。

五、改善营养免疫与促进伤口愈合功能

住院患者营养不良的发生率为30% ~50%，恶性肿瘤患者营养不良的发生率更是高达50%~90%。营养不良可使术后患者的伤口愈合缓慢、免疫功能受损、肠黏膜屏障功能受损、抗感染能力下降等。研究证实，营养不良的术后患者并发症的发生率是营养良好患者的20倍，且住院时间、费用及病死率也均有增加（Norman et al，2008；Kahokehr et al，2010）。研究显示，外科入院患者普遍存在蛋白质-能量营养不良，发生率可高达60%，尤其是消耗性疾病或慢性疾病的患者，往往在术前已经存在一定程度的营养不良，而且手术或创伤等应激因素使机体处于高分解代谢状态，不断消耗机体的营养储备并降低机体免疫力。因此，为术后患者提供一种吸收利用率高、具有营养及免疫功能的食物，给予术后患者合理的营养支持对伤口愈合及身体康复有重要的意义。

食源性低聚肽作为氮源营养物质，具有消化吸收速度快、转运耗能低、载体不易饱和等特点，可快速参与蛋白质合成。海洋鱼皮胶原低聚肽表现出明显的免疫调节及营养改善作用。临床研究证实，海洋鱼皮胶原低聚肽可使术后患者的前白蛋白（PA）、淋巴细胞（LYM）、免疫球蛋白G（IgG）、免疫球蛋白A（IgA）、免疫球蛋白M（IgM）等明显升高，并显著缩短手术后患者的平均住院时间（彭宏斌，2008）。

肿瘤患者的营养与免疫问题也很受关注。在肿瘤综合治疗模式中，化疗患者的营养支持也是不可缺少的一部分。这是因为营养不良会影响化疗药物在体内的药物动力学过程，导致药物毒性增加，进一步降低机体对化疗的耐受性。由于肿瘤患者机体总蛋白质转化率增加，蛋白质合成减少而分解增加，导致恶性肿瘤患者肌肉群不断丢失，机体很快出现负氮平衡；而持续的负氮平衡又会降低患者对抗肿瘤治疗的耐受性及其生活质量。随着肿瘤的发生、发展及一些化疗药物的免疫抑制作用，恶性肿瘤患者的免疫功能呈进行性下降，而免疫功能下降是脏器蛋白质不足的指标之一。营养支持在促进恶性肿瘤患者的蛋白质合成及酶的表达、粒细胞激活和肠上皮细

胞的增值、免疫功能的改善、机体炎性反应的调节等方面有重要作用（郭爱平，李苏宜，2006）。海洋生物来源的免疫调节活性物质逐渐被发现，其主要通过影响淋巴细胞、巨噬细胞、网状内皮细胞、白细胞以及DNA、RNA和蛋白质的合成、体内cAMP（腺苷-3′，5′-环化一磷酸）与cGMP（环磷鸟嘌呤核苷）的含量，从而促进抗体生成，诱生白细胞介素、干扰素等细胞因子。海洋鱼皮胶原低聚肽对恶性肿瘤化疗患者营养状况和免疫功能的改善在临床上得到了证实。在正常饮食基础上，受试者服用海洋鱼皮胶原低聚肽制剂21d，发现海洋鱼皮胶原低聚肽作为部分氮源应用于恶性肿瘤化疗患者，患者血清总蛋白（TP）、白蛋白（Alb）、球蛋白（Glb）、前白蛋白、转铁蛋白（Tf）等指标均较试验前有所升高，对人体的一些测量指标如体质指数、上臂围、上臂肌围等也提示有一定的改善（于凤梅 等，2011）。

海洋鱼皮胶原低聚肽能够刺激成纤维细胞增殖和分化，促进胶原蛋白的合成（Yang et al，2009），还表现出具有促进伤口愈合的作用。给接受剖宫产手术的大鼠饲喂海洋鱼皮胶原低聚肽，能够增加皮肤和子宫伤口组织的抗拉强度，明显改善伤口愈合质量，伤口组织中羟脯氨酸的含量也明显增加，这与其能促进胶原蛋白合成的作用相一致（梁锐 等，2010）。提示海洋鱼皮胶原低聚肽也可用于剖腹产人群的蛋白质营养补充，以利于产后恢复。

六、其他生理功能

除上述几个方面的功能以外，海洋鱼皮胶原低聚肽在降低血脂和胆固醇、改善老年人记忆力、改善骨质疏松等方面也有一定效果。

1. 降低血脂和胆固醇

血清胆固醇尤其是低密度脂蛋白胆固醇（LDL-C）升高是动脉粥样硬化发生、发展的必要条件，降低血清中LDL-C水平对于动脉粥样硬化和心血管疾病的预防具有重要意义。有学者给予高脂血症大鼠饲喂海洋鱼皮胶原低聚肽，发现其血清胆固醇（TC）、甘油三酯（TG）水平显著降低。血清胆固醇的变化主要表现为低密度脂蛋白胆固醇水平的下降，从而使动脉粥样硬化指数（AI）下降；虽然对高密度脂蛋白胆固醇（HDL-C）的水平没有明显影响，但抗动脉粥样硬化指数（AAI）得到显著提升。与此同时，血清抗氧化酶超氧化物歧化酶活力明显升高，而丙二醛含量有所降低（王军波 等，2008）。此外，一些研究也证实了海洋鱼皮胶原低聚肽的降胆固醇作用（刘文颖 等，2013）。这些研究提示海洋鱼皮胶原低聚肽对高脂血症的形成和动脉粥样硬化的发生具有一定的预防作用。

2. 改善学习记忆能力

海洋鱼皮胶原低聚肽对老龄鼠学习记忆能力下降也有一定的改善作用，主要表现在海洋鱼皮胶原低聚肽能显著提高老年鼠的空间学习记忆能力和被动回避能力，这可能与海洋鱼皮胶原低聚肽的抗氧化活性和促进海马组织中脑源性神经营养因子（BDNF）的表达有关（裴新荣 等，2009a）。此外，选用6月龄小鼠开展研究，也证实海洋鱼皮胶原低聚肽能够预防小鼠学习记忆能力的下降，防止神经元过度丢失，其作用机制可能与促进脑源性神经营养因子的表达有关（裴新荣 等，2009b）。当然，由于学习记忆障碍的机制非常复杂，如突触形态和功能的改变、神经递质及受体的改变及钙离子浓度的改变等都可能与学习记忆下降有关，其具体作用机制还需进一步探讨。

3. 改善骨质疏松

人体骨骼中含有大量的胶原蛋白，并且也是以Ⅰ型胶原蛋白为主。海洋鱼皮胶原低聚肽同样适合作为骨骼胶原蛋白合成的原料。对海洋鱼皮胶原低聚肽增加骨密度功能的研究表明，经口连续30d每天给予发育期的断乳大鼠不同剂量的海洋鱼皮胶原低聚肽，能够促进雄性大鼠股骨的长度、直径发育，增加骨量和骨密度（李勇，2007）。海洋鱼皮胶原低聚肽还有利于促进矿物质元素钙的吸收（盛彩虹 等，2016）。

海洋鱼类为人类提供了丰富的蛋白质资源，许多研究已经证实了海洋鱼皮胶原低聚肽的生理活性。随着研究的进一步深入，对海洋鱼皮胶原低聚肽生理功能的认识会更加系统、全面，作用机制也会越来越清晰，这将为海洋鱼皮胶原低聚肽的应用提供更多的理论基础。

附：海洋鱼骨胶原低聚肽简介

海洋鱼骨中含有丰富的胶原蛋白，也是胶原蛋白的重要来源之一。海洋鱼骨胶原低聚肽是以海洋鱼骨胶原蛋白为原料，利用生物酶解技术提取制备而成。与海洋鱼皮胶原低聚肽一样，它也是由2~6个氨基酸组成，分子质量在1000u以下，容易消化吸收，并在增加骨密度、维护骨健康方面表出一定的生物活性（李勇 等，2007）。

以海洋鱼骨为原料制备的海洋鱼骨胶原低聚肽，其基础理化指标为：水分含量4.62%，灰分含量5.74%，蛋白质含量89.24%，脂肪含量0.02%。对海洋鱼骨胶原低聚肽的分子质量分布分析发现，分子质量在1000u的组分含量超过80%。海洋鱼骨胶原低聚肽的氨基酸组成如表3-5所示（刘文颖 等，2014）。

表3-5　　海洋鱼骨胶原低聚肽的氨基酸组成

氨基酸	含量/（g/100g）	氨基酸	含量/（g/100g）
甘氨酸（Gly）	5.9	苯丙氨酸（Phe）	2.94
丙氨酸（Ala）	3.81	酪氨酸（Tyr）	2.31
缬氨酸（Val）	3.17	色氨酸（Trp）	0.32
亮氨酸（Leu）	4.52	组氨酸（His）	2.6
异亮氨酸（Ile）	2.13	赖氨酸（Lys）	5.07
丝氨酸（Ser）	2.88	精氨酸（Arg）	4.75
苏氨酸（Thr）	2.81	天冬氨酸（Asp）	6.14
半胱氨酸（Cys）	0.71	谷氨酸（Glu）	8.86
蛋氨酸（Met）	2.2	脯氨酸（Pro）	3.03

目前，对于海洋鱼骨胶原低聚肽的功能研究主要针对骨骼健康。临床研究证实，海洋鱼骨胶原低聚肽营养制剂能明显降低骨质疏松患者血清I型胶原*C*末端肽（CTX-1），升高血清骨碱性磷酸酶（B-ALP），提示该营养制剂能够使成骨细胞活性增强，破骨细胞活性受到抑制，表现出预防和改善骨质疏松的效果；同时患者疼痛感、四肢活动障碍等自觉症状也有不同程度的改善或消失（潘兴昌 等，2011）。这说明补充海洋鱼骨胶原低聚肽有助于促进骨骼形成，改善骨质疏松状况。海洋鱼骨胶原低聚肽还能够与骨细胞和钙、磷等矿物质共同促进新骨形成，并调节钙、磷代谢，增加骨钙沉积（Wu et al，2004）。这为采用营养干预的方法预防和改善老年骨关节退行性病变提供了一种新的功能配料。

参考文献

[1] ADEBIYI A P, ADEBIYI A O, YAMASHITA J, et al. Purofication and characterization of antioxidative peptides derived from rice bran protein hydrolydates [J]. European Food Research and Technology, 2009, 228: 553-563.

[2] BAILEY A J. Comparative studies on the nature of the crosslinks in the collagen of various fish tissues [J]. BBA-Protein Structure, 1970, 221(3): 652-656.

[3] BOUGATEF A, NEDJAR-ARROUME N, RAVALLEC-PLÉR, et al. Angiotensin I-converting enzyme (ACE) inhibitory activities of sardinelle (*Sardinella aurita*) by-products protein hydrolysates obtained by treatment with microbial and visceral fish serine proteases [J]. Food Chemistry, 2008, 111: 350-356.

[4] BYUN H G, KIM S K. Purification and characterization of angiotensin

I converting enzyme (ACE) inhibitory peptides from Alaska pollack (*Theragra chalcogramma*) skin [J] . Process Biochemistry, 2001, 36: 1155-1162.

[5] CHEN X L, PENG M, LI J, et al. Preparation and functional evaluation of collagen oligopeptide-rich hydrolysate from fish skin with the serine collagenolytic protease from *Pseudoalteromonas* sp. SM9913 [J] . Scientific Reports, 2017, 7: 15716.

[6] CHEUNG H S, WANG F L, ONDETTI M A, et al. Binding of peptide substrates and inhibitors of angiotensin-converting enzyme. Importance of the COOH-terminal dipeptide sequence [J] .The Journal of biological chemistry, 1980, 255 (2): 401-407.

[7] CUSHMAN D W, CHEUNG H S. Spectrophotometric assay and properties of the angiotensin-converting enzyme of rabbit lung [J] . Biochemical Pharmacology, 1971, 20 (7): 1637-1648.

[8] CUSHMAN D W, CHEUNG H S, SABO E F, et al. Development and design of specific inhibitors of angiotensin-converting enzyme [J] . Journal of Cardiovascular Pharmacology, 1982, 49 (6): 1390-1394.

[9] FUJIMAKI M, ARAI S, YAMASHITA M, et al. Taste peptide fractionation from a fish protein hydrolysate [J] . Agricultural and Biological Chemistry, 2014, 59 (23) : 12578-12588.

[10] GIRAUD G M, BESSEAU L C, DURAND P, et al. Structural aspects of fish skin collagen which forms ordered arrays via liquid crystalline states [J] . Biomaterials, 2000, 21 (9): 899-906.

[11] GÓMEZ-GUILLÉN M C, GIMÉNEZ B, MONTERO P. Extraction of gelatin from fish skins by high pressure treatment [J] . Food Hydrocolloids, 2005, 19 (5): 923-928.

[12] GÓMEZ-GUILLÉN M C, TURNAY J, FERNÁNDEZ-DÍAZ M D, et al. Structural and physical properties of gelatin extracted from different marine species: a comparative study [J] . Food Hydrocolloids, 2002, 16 (1): 25-34.

[13] GU R Z, LI C Y, LIU W Y, et al. Angiotensin I-converting enzyme inhibitory activity of low-molecular-weight peptides from Atlantic salmon (*Salmo salar* L.) skin [J] . Food Research International, 2011, 44 (5): 1536-1540.

[14] GUO H, KOUZUMA Y, YONEKURA M. Structures and properties of antioxidative peptides derived from royal jelly protein [J] . Food Chemistry, 2009, 113: 238-245.

[15] HE H L, CHEN X L, WU H, et al. High throughput and rapid screening of marine protein hydrolysates enriched in peptides with angiotensin-I-converting enzyme inhibitory activity by capillary electrophoresis [J] . Bioresource technology, 2007, 98: 3499-3505.

[16] JIMSHEENA V K, GOWDA L R. Angiotensin I-converting enzyme (ACE) inhibitory peptides derived from arachin by simulated gastric digestion [J]. Food Chemistry, 2011, 125 (2): 561-569.

[17] KAHOKEHR A A, SAMMOUR T, WANG K, et al. Prevalence of malnutrition on admission to hospital-Acute and elective general surgical patients [J] . e-SPEN, The European e-Journal of Clinical Nutrition and Metabolism, 2010, 5 (1): 21-25.

[18] KIM S, WIJESEKARA I. Development and biological activities of marine derived bioactive peptides: A review [J] . Journal of Functional Foods, 2010, 2 (1): 1-9.

[19] KIM S K, KIM Y T, BYUN H G, et al. Isolation and characterization of antioxidative peptides from gelatin hydrolysate of Alaska pollack skin [J] . Journal of agricultural and food chemistry, 2001, 49 (4): 1984-1989.

[20] KIMURA S. The Interstitial Collagens of Fish [M] .//BAIRATI A, GARRONER. Biology of invertebrate and lower vertebrate collagens. Boston: Springer, 1985: 397-408.

[21] LIN B, ZHANG F, YU Y, et al. Marine collagen peptides protect against early alcoholic liver injury in rats [J].The British journal of nutrition, 2012, 107 (8): 1160-1166.

[22] LIU W Y, FENG L, JIN Z T, et al. Separation and identification of ACE inhibitory peptides derived from deep-Sea salmon skin [J] . Modern Food Science & Technology, 2016, 32 (6): 170-176.

[23] MEI F, LIU J, WU J, et al. Collagen peptides isolated from *Salmo salar* and *Tilapia nilotica* skin accelerate wound healing by altering cutaneous microbiome colonization via upregulated NOD2 and BD14 [J] . Journal of agricultural and food chemistry, 2020, 68: 1621-1633.

[24] MENDIS E, RAJAPAKSE N, KIM S K. Antioxidant properties of a radical-scavenging peptide purified from enzymatically prepared fish skin gelatin hydrolysate [J] . Journal of agricultural and food chemistry, 2005, 53 (3): 581-587.

[25] NOGUCHI M, ARAI S, YAMASHITA M, et al. Isolation and identification of acidic oligopeptides occurring in a flavor potentiating fraction from a fish protein hydrolysate [J] .Journal of agricultural and food chemistry, 1975, 23 (1): 49-53.

[26] NORMAN K, PICHARD C, LOCHS H, et al. Prognostic impact of disease-related malnutrition [J] . Clinical Nutrition, 2008, 27 (1): 5-15.

[27] SATO K. The presence of food-derived collagen peptides in human body-structure and biological activity [J] . Food & Function, 2017, 8 (12) : 4325-4330.

[28] SUETSUNA K, MAEKAWA K, CHEN J R, et al. Separation and identification of antioxidative peptides from peptic digest of fish scale collagen [J]. Journal of the Shimonoseki University of Fisheries, 2006, 52 (2): 57-62.

[29] WU J, FUJIOKA M, SUGIMOTO K, et al. Assessment of effectiveness of oral administration of collagen peptide on bone metabolism in growing and mature rats [J] .Journal of Bone and Mineral Metabolism, 2004, 22 (6): 547-553.

[30] YANG R, ZHANG Z, PEI X, et al. Immunomodulatory effects of marine

oligopeptide preparation from Chum Salmon (*Oncorhynchus kera*) in mice [J]. Food Chemistry, 2009, 113 (2): 464-470.

[31] YU Z, LIU B, ZHAO W, et al. Primary and secondary structure of novel ACE-inhibitory peptides from egg white protein [J]. Food Chemistry, 2012, 133 (2): 315-322.

[32] YUN H G, LEE J K, PARK H G, et al. Antioxidant peptides isolated from the marine rotifer, Brachionus rotundiformis [J]. Process Biochemistry, 2009, 44: 842-846.

[33] 毕琳. 刺参 (*Stichopus japonicus*) 体壁胶原蛋白理化性质和生物活性研究 [D]. 青岛: 中国海洋大学, 2006.

[34] 郭爱平, 李苏宜.免疫营养与抗肿瘤治疗的研究进展 [J].临床肿瘤学杂志, 2006 (4): 314-317.

[35] 韩凤杰, 赵征. 酶法制取比目鱼皮胶原蛋白寡肽 [J]. 食品研究与开发, 2006, 27 (8): 104-107.

[36] 金振涛, 任玮, 陈亮, 等. 离子交换色谱分离海洋胶原肽及其抗氧化活性研究 [J]. 食品与发酵工业, 2009, 35 (2): 76-80.

[37] 李勇. 生物活性肽研究现况和进展 [J]. 食品与发酵工业, 2007 (1): 3-9.

[38] 李勇, 蔡木易. 肽营养学 [M]. 北京: 北京大学医学出版社, 2007.

[39] 梁锐, 张召锋,赵明, 等.海洋胶原肽对剖宫产大鼠伤口愈合促进作用 [J].中国公共卫生, 2010, 26 (9): 1144-1145.

[40] 刘成梅, 梁汉萘, 刘伟. 罗非鱼鱼皮多肽 (TSP-I) 抗氧化活性的研究 [J]. 食品研究与开发, 2007 (11): 148-151.

[41] 刘桂琴, 朱翠凤, 李艳飞, 等. 海洋胶原肽对2型糖尿病大鼠过氧化应激标志物表达的影响 [J]. 中国组织工程研究与临床康复, 2008 (23): 4469-4472.

[42] 刘淇, 李慧, 赵玲, 等. 鳕鱼皮胶原蛋白肽的功能特性及抗氧化活性 [J]. 食品工业科技, 2012, 33 (1): 135-137, 140.

[43] 刘文颖, 谷瑞增, 林峰, 等. 海洋鱼皮胶原低聚肽的分离纯化及其抗氧化活性研究 [J]. 食品工业科技, 2012, 33 (18): 131-134.

[44] 刘文颖, 林峰, 谷瑞增, 等. 海洋鱼皮胶原低聚肽的血管舒张和降胆固醇作用 [J]. 食品与发酵工业, 2013, 39 (12): 7-12.

[45] 刘文颖, 姜思萌, 林峰, 等. 海洋骨胶原低聚肽的理化特性及其抗氧化活性 [J]. 食品工业, 2014 (10): 197-201.

[46] 刘文颖, 任玮, 谷瑞增, 等. 海洋鱼皮胶原低聚肽的制备及其稳定性研究 [J]. 食品工业, 2015 (2): 102-105.

[47] 刘文颖, 林峰, 陈亮, 等. 食源性低聚肽的血管紧张素转化酶 (ACE) 抑制作用 [J]. 食品科技, 2016a, 41 (2): 9-13.

[48] 刘文颖, 林峰, 金振涛, 等. 深海鲑鱼皮来源ACE抑制肽的分离及鉴定 [J].现代食品科技, 2016b, 32 (6): 170-176.

[49] 潘兴昌,柳园,戴婷婷, 等.海洋鱼骨胶原低聚肽改善骨质疏松的效果观察 [J].预防医学情报杂志, 2011, 27 (5): 393-395.

[50] 潘兴昌, 葛文津, 柳园, 等. 口服海洋鱼皮胶原肽对人体皮肤水分和黄褐斑影响的

研究［J］. 华西医学, 2012a, 27（2）: 218-222.

［51］潘兴昌, 葛文津, 柳园, 等. 海洋鱼皮胶原低聚肽对人体抗氧化作用研究［J］. 预防医学情报杂志, 2012b, 28（9）: 710-714.

［52］裴新荣, 杨睿悦, 张召锋, 等. 海洋胶原肽抗皮肤老化作用的实验研究［J］. 中华预防医学杂志, 2008, 42（4）: 235-238.

［53］裴新荣, 杨睿悦, 赵海峰, 等.海洋胶原肽改善老年记忆作用试验研究［J］.科技导报, 2009a, 27（16）: 26-31.

［54］裴新荣, 杨睿悦, 赵海峰, 等.海洋胶原肽预防SAMP8小鼠学习记忆功能下降的实验研究［J］.食品与发酵工业, 2009b, 35（7）: 1-5.

［55］彭宏斌. 海洋胶原肽辅助降血糖和免疫营养功能的效果研究［D］. 北京: 北京大学, 2008.

［56］盛彩虹, 江芳. 海洋鱼皮胶原低聚肽促钙吸收作用研究［J］. 科技经济导刊, 2016（6）: 113-114.

［57］宋华曾, 毕琳, 吕顺, 等. 鮰鱼皮明胶ACE抑制肽降血压活性的研究［J］. 现代食品科技, 2014, 30（2）: 78-83.

［58］王春波, 贺孟泉, 秦守哲, 等. 海洋肽抗皮肤老化作用的实验研究［J］. 中华医学美容杂志, 1998（4）: 29-31.

［59］王静凤, 王奕, 崔凤霞, 等. 鱿鱼皮胶原蛋白多肽对B16黑素瘤细胞黑素合成的影响［J］. 中国药理学通报, 2007, 23（90）: 1181-1184.

［60］王军波, 谢英, 裴新荣, 等. 海洋鱼皮胶原肽的分子组成及其降血脂和抗氧化作用研究［J］. 中华预防医学杂志, 2008, 42（4）: 226-230.

［61］王宁, 查圣华, 姜水红, 等. 胶原低聚肽改善皮肤水分的实验研究［J］. 食品研究与开发, 2015, 36（4）: 1-3.

［62］王宁丽, 徐月敏, 刘毅, 等. 鱼皮低聚肽氨基酸组成及抗氧化活性研究［J］. 食品研究与开发, 2016, 37（2）: 31-35.

［63］于凤梅, 饶志勇, 柳园, 等.海洋肽对恶性肿瘤化学治疗患者营养状况及免疫功能的影响［J］.华西医学, 2011, 26（8）: 1203-1207.

［64］曾名勇, 陈胜军, 李来好, 等. 红非鲫鱼皮胶原蛋白酶解产物中血管紧张素转换酶抑制肽的分离及其部分特性［J］. 中国组织工程研究与临床康复, 2007, 11（2）: 397-400.

［65］张寒俊, 杨国燕, 张蕾. 罗非鱼皮胶原蛋白肽酶解液的制备及其抗氧化特性研究［J］. 中国酿造, 2008, 190（13）: 27-30.

［66］赵小忠, 魏宁, 张良振, 等. 大鲵低聚糖肽抗皮肤光老化的临床研究［J］. 中国医疗美容, 2014, 4（3）: 78-80.

［67］朱翠凤, 李冠智, 彭宏斌, 等. 海洋胶原肽对糖尿病患者脂肪内分泌激素表达的影响［J］.中国预防医学杂志, 2009, 10（11）: 964-968.

［68］朱翠凤, 李冠智, 彭宏斌, 等. 海洋胶原肽干预对高血压患者脂肪内分泌激素表达的影响［J］. 中国预防医学杂志, 2010, 11（1）: 15-19.

［69］朱文丽, 王春蕾, 董辛欣, 等. 海洋胶原肽对糖尿病大鼠脂代谢和抗氧化水平的影响［J］.现代预防医学, 2010, 37（8）: 1431-1434.

［70］卓素珍. 鮟鱇鱼皮胶原蛋白的性质、组成及应用研究［D］. 杭州: 浙江工商大学, 2009.

第四章

玉米低聚肽

第一节　概述
第二节　玉米低聚肽的组成及特性
第三节　玉米低聚肽的生理功能

第一节
概述

玉米是世界上分布最广的农作物之一，从北纬58° 到南纬40° 的地区均有大量种植，其种植规模和产量仅次于小麦和水稻。玉米籽粒中的成分以淀粉为主，淀粉含量达70%以上；玉米淀粉有直链和支链淀粉两种类型。玉米的蛋白质含量一般在8%~9%，包括醇溶蛋白（zein，68%）、谷蛋白（glutelin，28%）、球蛋白（globulin，1.2%）和白蛋白（albumin，含量较低）四种蛋白质（Shukla Cheryan，2001）。醇溶蛋白和谷蛋白是玉米蛋白中的主要成分，也是玉米蛋白及其深加工产品营养功能特性的主要决定因素。

玉米醇溶蛋白的分子质量为21000~25000u，是疏水性很强的蛋白质。玉米醇溶蛋白分为α-醇溶蛋白、β-醇溶蛋白、γ-醇溶蛋白和δ-醇溶蛋白四种。α-醇溶蛋白的每个分子仅有一个或两个色氨酸残基，常组成单聚体。β-醇溶蛋白、γ-醇溶蛋白和δ-醇溶蛋白均富含色氨酸，组成多聚体（Wilso，1981；1986）。谷蛋白溶于稀盐酸，不溶于水，它是由约20种分子质量范围为11000~127000u的不同蛋白质亚单元通过二硫键结合组成的巨大而复杂的蛋白质分子。谷蛋白含大量酰胺基氨基酸，如天门冬酰胺和谷氨酰胺。其中，谷氨酰胺含量约占其氨基酸总量的1/3（刘亚伟，2003）。球蛋白和白蛋白在玉米蛋白中含量较少，玉米湿法生产淀粉之后所得的玉米黄粉中基本不含这两种蛋白质。

玉米蛋白的氨基酸组成不平衡，作为常规蛋白质营养素的生物学效价较低。玉米蛋白的加工性能不良，严重限制了其在食品和医药工业中的应用。然而，由于玉米蛋白中支链氨基酸（包括亮氨酸、异亮氨酸和缬氨酸）和谷氨酰胺的含量较高，可利用其制备具有多种生理功能的玉米活性肽，如高*F*值低聚肽、谷氨酰胺肽、降血压肽和抗氧化肽等，从而可以大幅提高玉米蛋白的附加值。因此，利用玉米蛋白粉制备低聚肽是提升玉米蛋白应用价值的重要研究方向。

玉米蛋白中存在着多个功能片断，选择适当的蛋白酶进行水解，有可能将其释放出来，从而制备多种具有不同生理功能的低聚肽。

王梅等（1999）报道了利用碱性蛋白酶酶解玉米黄粉制备可溶性肽的研究，讨论了温度、pH、底物浓度、酶浓度及预处理条件对水解效果的影响。韩继福（2003）对玉米蛋白粉的最佳酶解条件进行了摸索，通过对正交试验数据的分析表明对水解度影响最大的因素为酶浓度，其次是底物浓度和温度，pH影响最小。郑冬梅等（2002）研究发现，[E]/[S]、pH、温度三因素是影响碱性蛋白酶水解玉米蛋白的主要因素，三个因素对蛋白质回收率的贡献率为：[E]/[S]>pH>温度。Kong 等（2006）利用碱性蛋白酶对3%的玉米蛋白悬浮物水解时，[E]/[S]=3%的条件下有较好的水解效果。李自升等（2006）采用先碱性蛋白酶后中性蛋白酶的双酶法进行水解，大大提高了蛋白质的水解度（degree of hydrolysis，DH），DH达到31.55%。利用特定的蛋白酶对玉米蛋白进行水解并除去游离氨基酸，制得的玉米低聚肽分子质量较小，黏度较小，具有较好的流动性、透明性、可溶性和热稳定性（代衍峰，2008）。

工业化生产玉米低聚肽的工艺一般为以下步骤：玉米黄粉→加碱脱脂脱色→离心分离→淀粉酶、糖化酶除淀粉→玉米分离蛋白→碱性蛋白酶作用→灭酶→中性蛋白酶作用→灭酶→离心分离→玉米低聚肽上清液→活性炭脱苦脱色→离子交换脱盐→玉米低聚肽液→多级膜过滤→喷雾干燥→玉米低聚肽粉。

利用玉米蛋白粉制备生物活性肽已成为一种新的研究和产业化方向。对玉米低聚肽的基础研究已经证实玉米低聚肽具有抗氧化、解酒保肝、缓解体力疲劳等多方面的生理功能。2010年10月21日，玉米低聚肽被批准为新资源食品（原国家卫生部公告2010年第15号）。2014年7月9日，国家工业和信息化部发布轻工行业标准《玉米低聚肽粉》（QB/T4707—2014），为玉米低聚肽的品质保障和市场应用提供了重要支持。

第二节
玉米低聚肽的组成及特性

一、理化特性

用于制备玉米低聚肽的原料为玉米黄粉，其为玉米淀粉加工过程中产生的副产物。由于在玉米淀粉的生产过程中，淀粉生产企业主要关注淀粉纯度，所以在此阶段的副产物玉米黄粉中还含有大量的淀粉及其他非蛋白质类物质。玉米黄粉的蛋白质含量一般不超过60%，剩余部分包括淀粉、脂肪、灰分以及少量的纤维素等成分。在利用玉米黄粉制备玉米低聚肽时，需要对其中的非蛋白质类物质进行分离和去除。在工业化生产中，一般是先利用弱碱溶液对玉米黄粉进行处理，在加热的情况下使大部分淀粉糊化，分散到液相中。然后，利用离心分离的方式使得固相、液相得以分离；淀粉糊化后随着液相被分离出去，部分油脂和降解后的脂肪酸成分也随着液相被分离出去。在剩余的固相中主要成分为蛋白质，其中仍含有少量的淀粉类物质与蛋白质以交联结合的形式存在，难以被去除。

在玉米低聚肽制备过程中，玉米分离蛋白作为酶解底物被蛋白酶降解，大分子的蛋白质成分被降解为低聚肽的同时，部分与蛋白质结合的淀粉类物质得以释放。低聚肽的生产过程中有多级分离纯化过程，包括离心、超滤、纳滤、吸附等工序。经过这些工序的精制，产品中小分子肽类成分占据主导地位。

由于从最初的玉米黄粉开始进行了多种处理，所以从玉米黄粉、玉米分离蛋白再到玉米低聚肽，其中的成分构成也发生了明显的变化，见表4-1（Lin et al, 2010）。

表4-1　　玉米低聚肽粉生产加工不同阶段基础理化指标变化　　单位：g/100g

项目	玉米黄粉	玉米分离蛋白	玉米低聚肽
灰分	2.78±0.10	1.09±0.05	5.56±0.32
脂肪	8.98±0.56	1.81±0.21	0.52±0.04
总糖	18.40±1.21	2.76±0.98	0.82±0.06
蛋白质	63.83±0.69	90.68±1.14	91.61±1.01

二、氨基酸组成

就氨基酸组成而言，玉米蛋白中异亮氨酸、亮氨酸、缬氨酸、丙氨酸、脯氨酸和谷氨酰胺等氨基酸含量很高，而作为必需氨基酸的赖氨酸和色氨酸含量较低，为限制性氨基酸。玉米低聚肽的氨基酸构成与玉米蛋白相似，支链氨基酸和中性氨基酸含量丰富，这一特点在其他植物蛋白中颇为少见，如表4-2所示（沈蓓英，1998）。

表4-2　　玉米低聚肽粉生产加工不同阶段的氨基酸组成　　单位：g/100g

氨基酸	玉米黄粉	玉米分离蛋白	玉米低聚肽
甘氨酸(Gly)	2.26	1.27	1.61
丙氨酸（Ala）	9.22	9.47	9.68
缬氨酸(Val)	3.93	3.07	3.63
亮氨酸(Leu)	17.12	19.63	18.27
异亮氨酸(Ile)	3.35	2.22	3.49
丝氨酸(Ser)	4.74	4.86	4.83
苏氨酸（Thr）	2.93	2.60	2.84
半胱氨酸(Cys)	1.09	2.55	0.36
蛋氨酸(Met)	2.63	2.31	2.51

续表

氨基酸	玉米黄粉	玉米分离蛋白	玉米低聚肽
苯丙氨酸(Phe)	6.16	5.08	5.82
酪氨酸(Tyr)	4.22	5.03	5.51
色氨酸(Trp)	0.34	0.27	0.26
组氨酸(His)	1.73	1.20	1.36
赖氨酸(Lys)	1.42	0.29	0.25
精氨酸(Arg)	2.77	1.58	1.79
天冬氨酸(Asp)	5.55	5.55	5.28
谷氨酸(Glu)	22.37	25.48	24.21
脯氨酸(Pro)	8.18	7.53	8.29

玉米低聚肽氨基酸组成的另一特点是含有高比例的Ala、Leu、Pro，尤其是Ala、Leu。表4-3对8种食源性低聚肽产品中这三种氨基酸分别占总氨基酸的比例进行了统计，玉米低聚肽中这3种氨基酸各自占总氨基酸的比例都处于前列，其中Ala、Leu的比例在所列举的肽中都是最高的。玉米低聚肽中这三种氨基酸合计占总氨基酸的比例也远远高于其他食源性低聚肽。

表4-3　　几种低聚肽产品中Ala、Leu、Pro占总氨基酸比例　　单位：g/100g

肽样品	Ala、Leu、Pro占总氨基酸比例			Ala、Leu、Pro合计占总氨基酸比例
	Ala	Leu	Pro	
玉米低聚肽	9.68	18.27	8.29	36.24
大豆肽	5.00	14.03	4.44	23.47
小麦肽	2.53	5.93	12.52	20.98
乌鸡肽	6.60	7.08	4.50	18.18
海洋鱼皮胶原低聚肽	7.96	5.07	8.30	21.33
海洋鱼骨胶原低聚肽	6.28	7.74	4.23	18.25
海洋蛋白肽	5.71	7.73	3.62	17.06
卵白蛋白肽	5.77	8.83	3.29	17.89

玉米蛋白氨基酸组成的特殊性及其独特的生理功能，成为对玉米蛋白进行深度开发的依据。通过生物工程手段，控制一定水解度，可使一些原来隐藏于玉米蛋白分子内部的具有特定氨基酸序列的肽段充分释放出来，形成具有各种不同生理活性的低聚肽片断（Miyoshi et al，1991），从而使玉米低聚肽表现出明显的生物活性。

三、分子质量分布

利用GEL-HPLC对玉米低聚肽样品进行分析，得到其凝胶色谱图，如图4-1所示。通过对凝胶色谱图的解析，可以从分子质量分布的角度对玉米低聚肽的特性进行考察。

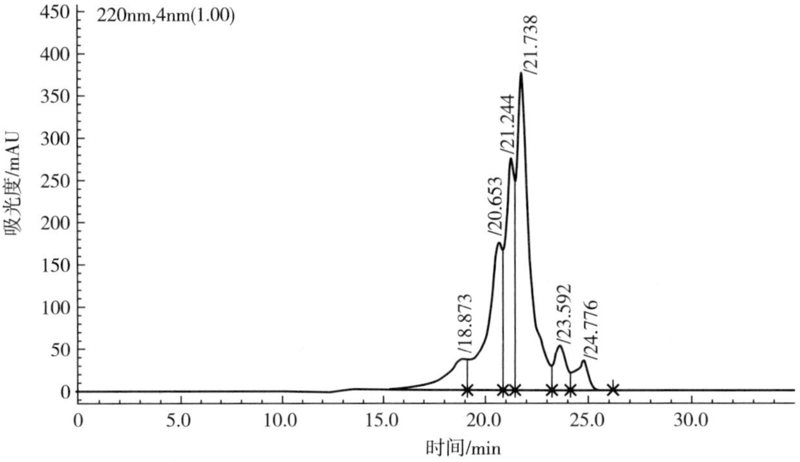

图4-1 玉米低聚肽的凝胶色谱图

用液相数据处理软件将玉米低聚肽的凝胶色谱数据代入校正曲线方程中进行计算，即可得到低聚肽样品的分子质量分布范围。分子质量在1000u以下的二肽、三肽在人体内的吸收利用率极高，具有比游离氨基酸更显著的营养价值和生理功能。对低聚肽样品中分子质量1000u以下的组分进行进一步分析，将最小二肽（Gly-Gly）的分子质量132u作为低聚肽分子质量范围的下限值，用峰面积归一化法计算可得到玉米低聚肽的分子质量分布范围，如表4-4所示。

表4-4 玉米低聚肽的分子质量分布

分子质量范围/u	开始时间/min	结束时间/min	峰面积百分比（λ =220nm）/%
10000以上	8.847	13.567	0.2987
1000~10000	13.567	18.287	3.9953
132~1000	18.287	22.438	82.2155
132以下	22.438	32.447	13.4904

玉米低聚肽为多种小分子肽段的混合物，由分子质量分布结果可以看出，分子质量小于1000u的组分总共占82.2%。如果按氨基酸的平均分子质量137u来计算，分子质量1000u以下的组分多是八肽以下的低聚肽。

四、肽段结构特点

玉米低聚肽的源蛋白中氨基酸序列特征明显，如赖氨酸缺乏、富含支链氨基酸、多个谷氨酰胺残基相连接等。玉米低聚肽生产制备过程中涉及的工业化酶制剂包括碱性蛋白酶、中性蛋白酶、酸性蛋白酶、木瓜蛋白酶、菠萝蛋白酶、风味蛋白酶等，这些酶制剂大多数是不具备明显的特异性酶切位点的内切蛋白酶。经过内切酶的作用，玉米蛋白的肽键会从内部断开，形成多种具有玉米蛋白序列属性的玉米低聚肽。

例如，从美国国家生物信息中心（NCBI）数据库中检索得到α-醇溶蛋白的一条典型序列（>gi|226494827|ref|NP_001145560.1|alpha-zeinprotein [Zea mays]）如下：MAAKIFCFLMLLGLSASAATATIFPQCSQAPIASFLPPYLSPAVSSVCENPILQPYRIQQAIAAGILPLSPLFLQQPSALLQQLPLVHLLAQNIKAQQLQQLVLGNLAAYSQQQFLPFNQLAALNSAAYLQQQLPFSQLAAAYPQQFLPFNQLAALNSAAYLQQQLPPFSQLADVSPVAFLTQQQLLPFYLHAAPNAGTLLQLQQLLPFNQLALTNPTTFYQQPIIGGALF。

玉米蛋白序列中间被断开后所形成的短肽中会有较大比例的肽段含有支链氨基酸（Leu、Ile、Val）。其中的一些肽段已被证实具有明确的生理功能，如由支链氨基酸残基构成的部分二肽Ile-Val（IV）、Leu-Val（LV）、Val-Leu（VL）、Ile-Ile（II）、Leu-Ile（LI）、Ile-Leu（IL）、Leu-Leu（LL）等在提升机体肌糖原储量方面具有较明显的作用（Masashi et al，2009）。

玉米蛋白中的谷氨酰胺残基形成的肽键被断开后，有可能出现在肽段的*N*末端、也有可能出现在肽段的*C*末端。出现在*C*末端的谷氨酰胺比较稳定，以谷氨酰胺短肽的形式存在。谷氨酰胺短肽在溶液中稳定，溶解性好，克服了游离谷氨酰胺难溶解、不稳定的缺点。目前人工合成的含谷氨酰胺的二肽中，甘氨酰谷氨酰胺（Gly-Gln）和丙氨酰谷氨酰胺（Ala-Gln）比较常用。Gly-Gln和Ala-Gln在水中的溶解度，20℃时分别为15.4g/100g和58.6g/100g；而且有很好的热稳定性，其水溶液经120℃高温处理能保持稳定，常温下放置2年仍能保持稳定。谷氨酰胺二肽在临床上应用已非常普遍。危重患者的肠外营养中若含有谷氨酰胺二肽，有助于维持肠道的完整性和正常的功能，阻止黏膜萎缩和炎症引起的渗透性增高。补充谷氨酰胺二肽也可刺激肠黏膜细胞的增殖，可能有助于增强黏膜的屏障功能，减少细菌的移位。

谷氨酰胺位于肽段的*N*末端时，在水溶液条件下极易环化，进而形成焦谷氨酰肽段，如玉米低聚肽中的二肽焦谷氨酰亮氨酸（pEL）。给大鼠饲喂蛋白质水解物30min后，可以在血清中检测到pEL，含量达到2μmol/L，说明pEL在动物体内可以保持结构序列的稳定性，不被降解而进入目标器官，从而发挥其相应的生理功能（Sato et al，2013）。现在已从工业化生产的玉米低聚肽中鉴定出PyroGlu-Gln（pEQ）、Leu-Pro（LP）、PyroGlu-Gln-Pro（pEQP）、PyroGlu-Pro（pEP）、Ile-Pro（IP）、PyroGlu-Leu（pEL）等61条肽段，其中的部分肽段具有显著的抗外切酶消化能力（Chen et al，2019）。

五、营养与加工特性

玉米低聚肽中富含短肽形式的各种支链氨基酸，且易于消化和吸收，这是玉米低聚肽的重要营养特点。支链氨基酸是一类重要的运动营养补充剂，这类氨基酸可通过促进胰岛素和生长激素的释放来加速肌肉合成；其中的亮氨酸又是酮异己酸（KIC）和β-羟基-β-甲基丁酸盐(HMB)的前体，KIC 和HMB在肌肉合成过程中发挥着重要作用；支链氨基酸随血液循环进入大脑，还有助于阻止色氨酸的代谢产物——5-羟色胺的合成，减轻脑力疲劳程度。另外，由于支链氨基酸主要在肌肉中代谢，而不是在肝脏中代谢，有助于减轻肝脏负担。临床上对肝性脑病患者，常建议补充支链氨基酸，以减轻或纠正支链氨基酸与芳香族氨基酸（苯丙氨酸、酪氨酸和色氨酸）比值的降低。玉米低聚肽的氨基酸构成特点也有利于满足这一营养要求。所以，玉米低聚肽适合用于运动营养食品和供肝病人群食用的特殊医学用途配方食品。

玉米蛋白分解为肽，原有的蛋白质分子结构被破坏，玉米蛋白原有的加工不稳定性也逐渐改善。随着水解度的提高，解离出的基团数目增多，亲水性及净电荷增加，溶解度迅速增大，可在较宽的pH范围内保持溶解状态，酸性条件下也不易凝聚（Shinsuke et al.，1991）；同时，随着多肽链分子数量减少，玉米蛋白水解物的易吸收性提高，致敏性及抗原性降低（Kim et al，2001）。这些特性以玉米低聚肽更为显著。玉米低聚肽的水溶液对热也很稳定，短时间加热对其活性影响不大，其黏度随温度变化不大，具有良好的流动性（庞广昌 等，2001）。

陈亮等（2009）研究表明，将玉米低聚肽水溶液分别置于20、40、60、80、100℃水浴2h后，玉米低聚肽各个分子质量区间的比例变化不超过2%，ACE抑制率保持在69.42%~73.15%，在214nm吸收波长下，反相色谱图相似度在0.99以上（图4-2）。玉米低聚肽在pH分别为3、5、7、9、11的条件下，于37℃水浴2h后，其各个分子质量区间的比例变化不超过1%，ACE抑制率保持在68.17%~71.11%，在214nm吸收波长下，反相色谱图相似度在0.99以上（图4-3）。分别经过胃蛋白酶单独消化、胰蛋白酶单独消化、先胃蛋白酶后胰蛋白酶消化，玉米低聚肽各个分子质量区间的比例变化不超过5%，ACE抑制率保持在64.17%~69.26%，在214nm吸收波长下，反相色谱图相似度在0.90以上（图4-4）。

因此，温度以及pH的变化对玉米低聚肽的组分以及相关生理功能的影响很小。玉米低聚肽产品具有良好的热稳定性、pH稳定性以及消化稳定性。应用玉米低聚肽进行功能食品开发时，因其受胃肠道消化环境的影响较小，更有利于在人体内发挥应有的功能。

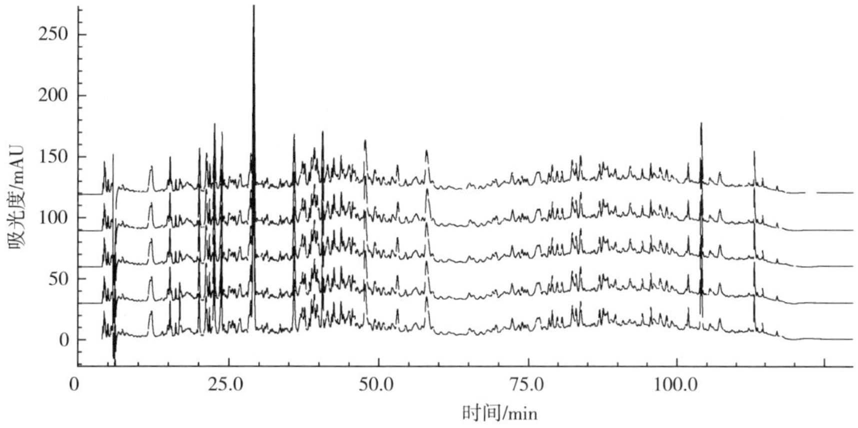

图4-2　不同温度条件下玉米低聚肽的反相色谱图比较（由上至下分别对应20℃、40℃、60℃、80℃、100℃）

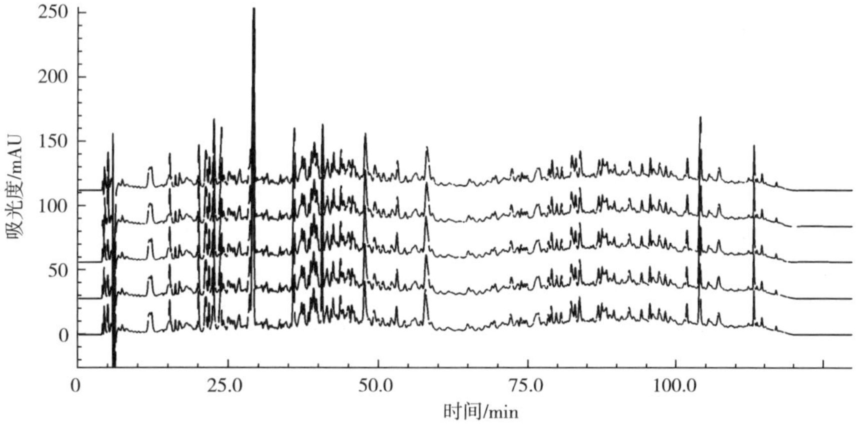

图4-3　不同pH条件下玉米低聚肽的反相色谱图比较（由上至下分别对应pH为3、5、7、9、11）

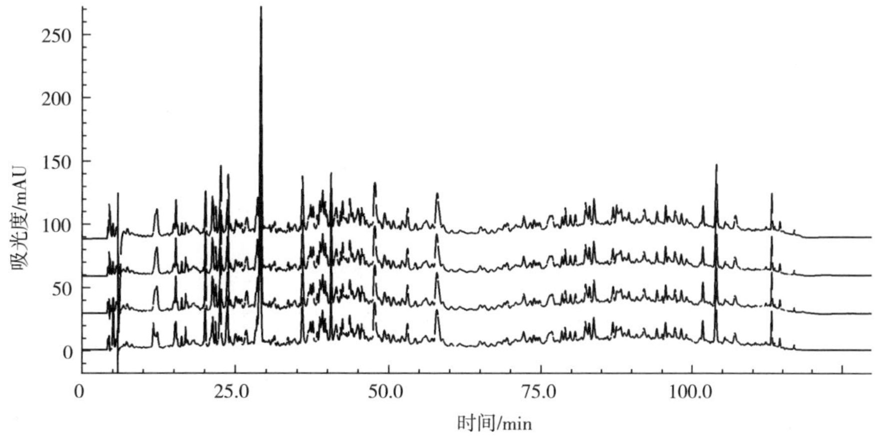

图4-4　不同消化方式下玉米低聚肽的反相色谱图比较（由上至下分别对应未经蛋白酶消化和经胃蛋白酶、胰蛋白酶、先胃蛋白酶后胰蛋白酶消化）

第三节
玉米低聚肽的生理功能

随着对玉米低聚肽研究的不断深入，玉米低聚肽的诸多功能也被发现和揭示，如促进体内酒精分解（醒酒）、保护肝脏、抗氧化、缓解体力疲劳、辅助降血压等。在这些功能中，玉米低聚肽以促进体内酒精分解、保护肝脏两项功能更为突出。

一、醒酒功能

酒类饮品是消费量非常大的一类食品，在亲朋聚会以及节日庆祝时常常必不可少。酒的主要化学成分是乙醇，乙醇在人体内氧化和排泄速度缓慢。饮酒后，乙醇透过肠黏膜上皮细胞而吸收进入循环系统，随血流进入肝脏，并在肝脏中代谢。乙醇的中间代谢产物——乙醛和未被分解的乙醇再通过血液循环系统到达其他组织器官。乙醇和乙醛对身体的多个组织器官都有损伤。如果一次饮入过量的酒类饮品，会引起头痛、晕眩、局部皮肤过敏、肠胃不适等症状，即为醉酒症状。

如何有效缓解甚至消除饮酒后造成的不适感，一直是科研人员关注的课题。虽然葛根、枳椇子等中药（严桥路等，2016；陈艳艳等，2020；何会等，2019；陶施民等，2018；王晶等，2015）以及乙酰半胱氨酸（黄永平等，2004；刘霞等，2006）均具有一定的解酒效果，但人们也在积极探索解酒效果更为强大的功能物质。玉米蛋白因含有大量的醇溶蛋白和支链氨基酸与中性氨基酸，成为人们关注的焦点。目前，以玉米蛋白为原料制备的玉米低聚肽的解酒作用与机制研究已获得一些重要发现。给大鼠灌胃乙醇，然后给予玉米肽，发现玉米肽能显著减少大鼠翻正反射消失的比率，即能减少醉酒症状的出现。同时，也观察到玉米肽干预组翻正反射消失的时间均比对照组长，而恢复时间均低于对照组（林兵等，2016）。给大鼠灌胃小分子玉米肽和乙醇溶液30min后，血液乙醇浓度为（527.25±47.0）mg/L，而对照组大鼠血液乙醇浓度为（827.0±77.3）mg/L，提示小分子玉米肽能够快速减少血液中的乙醇浓度（Xu，等，2003）。Yamaguchi等（1996a；1996b）在动物试验的基础上又进行了人体试验，发现受试者不吃玉米低聚肽时，饮酒30min后，其血液乙醇浓度达到最高峰（9.35mmol/L），而在饮酒前30min前先食用3g和5g玉米肽，饮酒30min后血液乙醇浓度明显下降，分别为3.7mmol/L和2.83mmol/L。Yamaguchi等（1996c；1997）选择10名健康男性志愿者分别摄入5g玉米肽、小麦肽、豌豆肽、丙氨酸或亮氨酸，然后按0.5g/kg体重的比例摄入乙醇，在摄入受试物后2h的观察期内，摄入玉米肽后受试者的血液乙醇水平明显低于摄入其他受试物组和空白对照组。饮酒者食用玉米低聚肽，在血液乙醇浓度下降的同时，呼气中乙醇浓度也明显下降（潘兴昌 等，2016）。

研究人员对玉米低聚肽解酒作用的机制也进行了探讨。玉米低聚肽中含有较高比例的丙氨酸、亮氨酸。尤其是亮氨酸，基本上是以小肽的形式存在，这应是玉米低聚肽发挥解酒作用的物质基础。乙醇在体内的自然代谢主要是在肝脏中完成，进入人体内的乙醇约90%在肝脏中代谢。乙醇代谢是一个释放能量的过程，存在着乙醇脱氢酶（ADH）系统和非乙醇脱氢酶系统，通常以前者为主要途径，此处只介绍与玉米低聚肽醒酒作用密切相关的ADH系统。

ADH系统具体如下：

乙醇首先经ADH分解而形成乙醛，然后在乙醛脱氢酶（ALDH）的作用下变为乙酰辅酶A，并可进一步降解为乙酸，分解为CO_2和H_2O；或通过三羧酸循环转变为脂肪酸等化合物。具体反应如图4-5所示。

图4-5 乙醇ADH代谢途经反应式

$$CH_3CH_2OH+NAD \xrightarrow{\text{乙醇脱氢酶(ADH)}} CH_3CHO+NADH+\text{能量}$$

$$CH_3CHO+NAD \xrightarrow{\text{乙醛脱氢酶(ALDH)}} CH_3COOH+NADH+\text{能量}$$

乙醇代谢生成的大量乙醛如果没有及时地进一步代谢，在体内累积，会对身体的多个组织产生不良的刺激反应。再加上乙醇代谢产生大量的自由基（$\cdot O_2^-$、$\cdot OH$）、H_2O_2和C_2H_5O，刺激神经系统，导致自律神经平衡失调，引起心跳加速，血液中水分与电解质平衡失调，甚至出现醉酒症状。所以，增强肝组织中ADH或ALDH的活力，提高抗氧化能力，是促进乙醇快速并彻底代谢、预防和改善饮酒后不适状况的关键。

近年来，玉米低聚肽对ADH和ALDH活力的影响也得到了一定的研究。体外试验中，玉米肽可激活ADH的活力，且具有良好的抑制·OH的能力（隋玉杰 等，2008）。给受试大鼠喂饲玉米肽可使血液中的乙醇和乙醛快速消失，显著增加肝组织中ADH和ALDH的活力（Yamaguchi Magoichi，et al.，1996a）。另外也有报道，喂饲玉米肽后对饮酒大鼠的醉酒状况有一定的改善，也可以逆转饮酒导致的大鼠转氨酶的升高，改善肝组织病理学异常，但肝组织中ADH的活力未发现明显改变（林兵 等，2016）。人体试验中发现玉米低聚肽能够促进健康男性志愿者饮酒后的乙醇代谢，但受试者血液中ADH和ALDH的活力未发现显著变化（潘兴昌 等，2016）。由此可见，关于玉米低聚肽对ADH和ALDH活力影响的研究尚没有一致的结论，玉米低聚肽在人体内促进乙醇代谢的具体机制尚有待进一步研究探讨。

二、保护肝脏功能

肝脏是人体重要的解毒器官，对来自体内外的许多非营养性物质如各种药物、毒物以及体内某些代谢产物，通过新陈代谢将它们分解或以原物质形式排出体外。常见的肝损伤可分为化学性肝损伤和免疫性肝损伤。化学性肝损伤是指由化学性肝毒性物质所造成的肝损伤，这些化学物质包括乙醇、环境中的化学毒物及某些药物；免疫性肝损伤是指因体内免疫功能紊乱引起的一组特殊类型的肝损伤。玉米肽对乙醇以及其他多种有毒有害物质造成的肝损伤具有保护作用。研究发现，玉米肽能显著降低酒精性肝损伤模型小鼠肝组织中丙二醛和甘油三酯含量，增加谷胱甘肽含量，明显减轻肝组织细胞脂肪变性（付萍 等，2008）。在四氯化碳和硫代乙酰胺引起的小鼠肝损伤研究中，使用玉米肽能抑制血清中谷丙转氨酶（ALT）活力的升高，降低丙二醛的水平，并能增加肝糖原的含量；对乙硫氨酸引起的小鼠脂肪肝，玉米肽还能明显降低三酸甘油酯的水平（孙红 等，2002），说明玉米低聚肽对多种有毒物质引起的化学性肝损伤有保护作用。在由卡介苗与脂多糖（BCG+LPS）联合诱导的小鼠免疫性肝损伤的情况下，给予玉米肽可显著降低血清中谷丙转氨酶、谷草转氨酶（AST）活力，提高肝组织中谷胱甘肽含量和超氧化物歧化酶、谷胱甘肽过氧化物酶（GSH-Px）活力，并降低肝组织中丙二醛和NO水平；肝组织损伤程度也明显减轻，镜检结果接近于正常组的水平（郭辉 等，2009）。另有研究表明，在浓度1～10g/L内，玉米低聚肽可促进HL-7702人肝细胞增殖，增强细胞活力（刘艳 等，2012）。具有高*F*值的玉米肽可以辅助治疗肝硬化和肝性脑病，纠正血浆及脑中的氨基酸病态模式，改善肝昏迷和精神状态（沈蓓英，孙冀平，1999）。

玉米低聚肽的护肝功能，目前认为与其具有较强的抗氧化能力有关。玉米低聚肽的体外抗氧化活性评价实验表明，在一定浓度下，玉米低聚肽具有很强的DPPH自由基、羟自由基、超氧阴离子自由基清除能力，抑制亚油酸自氧化能力和还原能力。对于化学性肝损伤，玉米低聚肽中具有抗氧化作用的有效成分通过调节肝脏代谢、减少肝细胞内氧化应激等途径，对肝脏起到保护作用。对于免疫性肝损伤，玉米肽的抗氧化作用抑制卡介苗与脂多糖诱导肝损伤小鼠的血清AST、ALT活力及肝组织中MDA含量的升高，抑制肝细胞脂质过氧化，稳定生物膜，使肝细胞变性和坏死程度减轻，从而能迅速恢复肝细胞的功能。玉米低聚肽良好的清除自由基的能力和类超氧化物歧化酶活力减少了机体内GSH的消耗并较好地保持了SOD和GSH-Px的活力。

目前，学术界对于玉米低聚肽护肝的分子学作用机制也进行了研究，归纳起来主要集中在以下两个方面。其一与玉米肽抑制转谷氨酰胺酶活力升高有关。玉米肽能够通过淬灭肠道白色念珠菌和光滑念珠菌引起的羟自由基，显著降低肝细胞核转谷氨酰胺酶的活力升高，从而有效抑制肠道真菌感染所致肝损伤（Shrestha et al，2017）。转谷氨酰胺酶2（TG2，EC 2.3.2.13）是人体中广泛存在的一种钙依赖性蛋白交联酶，参与调控细胞生长、分化和凋亡。转谷氨酰胺酶的升高会通过蛋白交联造成通用转录因子Sp1失活，降低肝细胞生长因子受体表达，导致酒精性及非酒精性脂肪肝中的肝细胞死亡。其二与玉米低聚肽的抗炎作用有关。能够显著降低细胞中一氧化氮、肿瘤坏死因子TNF-α、白介素6的产生，原因可能与抑制一氧化氮合成酶转录和反转录过程中的基因表达、阻断NF-κB和MAPK的代谢通路有关（Shizuka et al，2014；Masaharu et al，2015）。NF-κB是参与免疫、炎症反应和细胞存活的基因的转录调节因子，它在肝细胞损伤，肝纤维化和肝细胞癌的发展中充当炎症和细胞死亡的主要调节因子（Zheng et al，2019）。

三、抗氧化功能

如前所述，抗氧化作用是玉米低聚肽保护肝脏功能的机制之一，为比较全面地了解玉米低聚肽的抗氧化功能，此处做专门介绍。

人体在其正常代谢过程中，需要消耗大量氧气参与有氧代谢，在此过程中常伴随产生少量自由基和活性氧。正常情况下，人体拥有一套完整的由抗氧化酶和抗氧化剂组成的防御体系，可以清除自由基，防止脂质过氧化，维持生物体内自由基代谢平衡。但是，当机体年老、疲劳、过多地摄入热量、高脂肪饮食或受到环境毒物等因素影响，身体产生的自由基超过其清除能力时，就会发生氧化损伤，对人体细胞膜、脂质、蛋白质和DNA可能产生有害影响，进而引发多种疾病，如心血管疾病、糖尿病、癌症、类风湿性关节炎和神经系统疾病。

外源性抗氧化剂有助于维持生物体的氧化还原平衡。目前已证实的抗氧化活性物质包括自由基清除剂和免疫刺激剂等，自由基清除剂包括抗氧化剂和抗氧化酶两类。人工合成的抗氧化剂如丁基羟基茴香醚（BHA）、二丁基羟基甲苯（BHT）、叔丁基对苯二酚（TBHQ）和没食子酸丙酯（PG）等虽然清除自由基的效果很好，但是由于存在一定的风险，在食品中的使用受到严格限制，因此研究无毒、高效、营养的天然抗氧化物具有重要的意义。肽类抗氧化剂是近些年来研究的重要方向，玉米低聚肽的抗氧化活性受到了广泛的关注。

体外的抗氧化研究中，由于化合物的抗氧化作用机制不同，并且生物系统中发生的氧化过程复杂，难以找到单独一种方法用于表征食物整体抗氧化能力，通常均结合DPPH自由基、羟自由基、超氧阴离子自由基清除能力，以及还原能力和亚油酸自氧化抑制能力等方法评价化合物体外抗氧化能力。研究结果显示，玉米低聚肽对DPPH自由基、羟自由基和超氧阴离子自由基的半抑制浓度（IC_{50}）分别为1.9、5.4mg/mL和14.9mg/mL；质量浓度为5.0mg/mL时的还原能力与0.02mg/mL的抗坏血酸相当，并且抗氧化能力与其质量浓度呈现剂量关系（刘文颖 等，2011）。有研究应用偶氮二异丁脒盐酸盐[2，2′-Azobis（2-methylpropionamidine）dihydrochloride]，AAPH]损伤剂制备Hep G2细胞氧化应激模型，评价普通玉米低聚肽和高*F*值玉米低聚肽对Hep G2细胞内活性氧自由基（ROS）水平的影响，发现高*F*值玉米低聚肽清除细胞内ROS的能力明显高于普通玉米低聚肽（张海欣 等，2015）。另外，由于组成线粒体膜结构的多不饱和脂肪酸磷脂分子易受自由基作用，发生脂质过氧化损伤反应，从而引起线粒体膜结构变形。有研究通过H_2O_2/Fe^{2+}诱导线粒体损伤，从亚细胞水平上探讨玉米蛋白酶解物中的小分子抗氧化肽Leu-Asp-Tyr-Glu对线粒体的膨胀、膜的流动性、脂质过氧化及细胞色素C氧化酶（COO）和三磷酸腺苷酶（ATPase）活力的影响，发现这种小分子肽具有明显的清除自由基和抗心肌线粒体氧化损伤的作用（徐力 等，2004）。

玉米低聚肽在生物体内也具有较强的抗氧化能力。在酒精性小鼠肝损伤的模型中，玉米肽能显著降低酒精性肝损伤小鼠肝组织中的丙二醛含量，增加还原型谷胱甘肽含量以及增强谷胱甘肽过氧化物酶活力，有助于减轻肝组织损伤程度（付萍 等，2008；王双玉 等，2007）。

玉米低聚肽的抗氧化功能受多种因素影响，如下。

1. 分子质量大小与抗氧化功能的关系

生物活性肽通常是由两个到几十个氨基酸残基组成，以非活性状态存在于蛋白质的长链之中，在蛋白质的消化过程中，具有活性的基团逐渐暴露出来，从而表现出相应的功能。许多研究表明，玉米低聚肽的抗氧化能力与玉米蛋白相比要高得多，可能是玉米蛋白高度致密的结构不利于与自由基产生作用，而通过酶解后释放出具有抗氧化活性的小分子肽和游离氨基酸，使参加反应的氨基酸侧链基团暴露，从而大大提高了对自由基的清除能力。

有研究报道，玉米蛋白水解物中抗氧化活性最强的片段其分子质量在500~1500u，而分子质量低于500u和高于1500u的肽段的抗氧化活性均比整体水解产物的抗氧化活性低（Li et al，2008）。

2. 氨基酸种类及其在肽链中的位置与抗氧化功能的关系

构成肽的氨基酸种类、数量及氨基酸的排列顺序决定着肽的抗氧化能力。某些氨基酸具有抗氧化能力，如半胱氨酸、组氨酸、色氨酸、亮氨酸、精氨酸、脯氨酸、丙氨酸等，这类氨基酸通常在游离状态就具有一定的抗氧化活性，具有充当亲核试剂的能力。即使在肽链中，它们也同样能够发挥类似的抗氧化作用，而且由于肽链中其他氨基酸残基的协同作用，其抗氧化效果还可能提高。此外，当*N*末端或*C*末端为疏水性氨基酸亮氨酸、缬氨酸、脯氨酸等时，或*N*末端为色氨酸、异亮氨酸，*C*末端为酪氨酸时，肽的抗氧化活性较高。例如，Liu等从玉米低聚肽中鉴定出12条肽段，包括Leu-Ser-Pro-Tyr、Leu-Asn-Ser-Pro-Ala-Tyr、Tyr-Gly-Pro-Gln、Pro-Tyr、Ala-Tyr-Pro-Glu、Thr-Tyr-Ser-Gly-Pro-Lys、Ala-Tyr-Pro-Gly-Pro-Gln、Leu-Ala-Tyr-Pro-Gln、Ala-Tyr-Leu-Gln-Gln-Gln-Gln-Gln、Ser-Ala-Pro、Asn-Ala-Pro和Val-Asn-Ala-Pro，均具有上述氨基酸位置特点，也均表现出良好的抗氧化能力（Liu et al，2020）。

玉米低聚肽的抗氧化活性与其氨基酸组成特点有一定的相关性。从玉米低聚肽的氨基酸组成看，玉米低聚肽富含具有抗氧化作用的氨基酸，其中以亮氨酸、脯氨酸、丙氨酸的含量最高。

3. 氨基酸侧链疏水性与抗氧化功能的关系

构成肽的氨基酸侧链疏水性越强，肽就越容易与脂质结合，更有利于发挥肽的抗氧化作用。关于氨基酸侧链的疏水性对肽的抗氧化活性的影响，有人曾提出这样的假设：因为组氨酸、甲硫氨酸、半胱氨酸在水溶液中都非常容易极化，具有亲水性质，所以不能很好地和脂质结合，难以充分发挥其抗氧化能力；但是当这类氨基酸处于肽链中，情况就可能发生变化，当肽链中氨基酸侧链的相对疏水性较强时，肽整体表现出疏水特性，非常容易和脂质结合，带动这类亲水性氨基酸残基插入脂质表面，更好地发挥抗氧化作用。

碱性蛋白酶优先水解由丙氨酸、缬氨酸、亮氨酸等含有烃基侧链的疏水性氨基酸和酪氨酸、苯丙氨酸等芳香族疏水氨基酸组成的肽键。当这类肽键断裂后必然会有疏水性氨基酸处于新肽链的末端，这类处于末端的疏水性氨基酸表现出强烈的疏水特性，容易与脂质结合，带动亲水的具有抗氧化作用的氨基酸残基也和脂质靠近，提高了其对脂质自由基的捕捉能力，从而发挥抗氧化作用。

玉米低聚肽含有大量的疏水性氨基酸，这使低聚肽与脂肪酸的相互作用增强，因而其捕捉脂质自由基的能力也显著提高。玉米低聚肽不仅在油溶体系中有良好的抗氧化增效作用，而且在水溶体系、乳化体系及干燥体系中也有较高的抗氧化活性。玉米低聚肽富含供氢体，具有提供氢质子的能力，使具有强氧化性的自由基还原，从而终止自由基连锁反应，起到清除或抑制自由基的目的。高*F*值玉米低聚肽缓解自由基引发剂AAPH诱导的HepG2细胞抗氧化损伤的能力较普通玉米低聚肽显著增强，抑制率达50%以上（张海欣 等，2015）。由此推测玉米低聚肽中的支链氨基酸肽段应具有较强的抗氧化活性。

四、降血压功能

人体血压的生理调节极为复杂，在众多的神经体液调节机制中，交感神经系统、肾素-血管紧张素-醛固酮系统及内皮素系统起着重要作用，抗高血压药物往往通过影响这些系统而发挥降血压效应。目前，以血管紧张素转化酶抑制剂为研究热点。血管紧张素转化酶是在人体内引起血压升高的基础物质。一方面，它能使无活性的血管紧张素Ⅰ转化为具有升高血压作用的血管紧张素Ⅱ，另一方面它能使降血压物质——舒缓激肽分解失活，从而导致血压升高（辛志宏 等，2003）。因此，通过抑制血管紧张素转化酶的活力就可以起到降血压的作用。许多研究表明，在天然蛋白质中包含着多种不同氨基酸序列的血管紧张素转化酶抑制肽（angiotensin converting enzyme inhibitory peptide，ACEIP）。通过对蛋白质进行酶解，具有降血压功能的ACEIP被释放出来，分子质量较小的ACEIP可能免受胃肠道消化酶的消化，直接被完整吸收，进而通过抑制ACE的活性，减少血管紧张素Ⅱ以及醛固酮的生成，发挥降血压的作用。

目前，评价物质的体外降血压能力最常用的方法是以呋喃丙烯酰苯丙氨酰-甘氨酰-甘氨酸（FAPGG）为底物的酶活力动力学法和以马尿酰-组氨酰-亮氨酸（HHL）为底物的分光光度计法或高效液相色谱法。这些ACE活力检测方法也通常用来度量各种ACE抑制剂对ACE的抑制程度。ACE抑制剂的活性以IC_{50}（即抑制50% ACE活力的ACE抑制剂浓度）来表示。采用FAPGG法分析，发现玉米低聚肽具有较强的ACE抑制效果，并且抑制率随着玉米低聚肽浓度的增加而增加，IC_{50}为0.55mg/mL。采用HHL法的分析结果与FAPGG法的结果相似，玉米低聚肽的IC_{50}为1.02mg/mL，并且玉米低聚肽的浓度与其对ACE活力的抑制率具有一定的量效关系。可见，玉米低聚肽具有较强的体外ACE抑制活性。相比海洋鱼皮胶原低聚肽、乌鸡低聚肽、小麦低聚肽和大豆低聚肽四种食源性低聚肽的ACE抑制作用，玉米低聚肽的ACE抑制作用最强(刘文颖 等，2016)。玉米低聚肽通过抑制ACE活力，从而产生降血压作用。

动物试验也证实玉米低聚肽具有明显的降血压效果。给原发性高血压大鼠（SHR）饲喂一定剂量的玉米低聚肽，可显著降低大鼠的收缩压，当饲喂剂量为0.45g/kg体重时降血压效果最好，其降血压效果与10 mg/kg体重的卡托普利组降血压效果相当（林峰 等，2009）。

ACE具有两个活性作用位点，分别为*N*-区和*C*-区，它们的功能几乎相同，只是与不同底物的亲和能力不同。研究发现，ACE抑制肽的活性与其结构特征之间存在一定关联性，归纳起来主要有以下几点：①分子质量较低，并有2~12个氨基酸残基，当*N*末端延长出二肽的肽链时，其对应三肽的抑制活性较高；②当*C*末端含有Phe、Pro、Trp、Tyr的二肽或三肽时，其活性较高；③当*N*末端支链有疏水性氨基酸（如Val、Ile）时，其ACE抑制活性较高，但当*N*末端为Pro时，其活性较低；④当*C*末端残基上有Lys、Arg时可有效提高ACE抑制活性，主要原因是由于此类氨基酸侧链上的胍或 ε -氨基上的正电荷对ACE的活性起到作用；⑤*C*末端的三个位置都是疏水性（芳香族或支链）氨基酸残基时，其ACE抑制活性较高（余奕珂 等，2006；Maruyama et al，1987）。

玉米低聚肽分子量小，疏水性氨基酸含量达到40%，Pro含量也在10%左右。这些特点提示玉米低聚肽含有丰富的ACEIP，是其发挥降血压作用的物质基础。目前已从玉米低聚肽中分离鉴定出序列为Ala-Tyr（AY）、Leu-Arg-Pro（LRP）、Leu-Ser-Pro（LSP）、Leu-Gln-Pro（LQP）、Pro-Ser-Gly-Gln-Tyr-Tyr（PSGQYY）的降血压肽(Miyoshi et al，1991；余奕珂 等，2006；Suh et al，1999；Yang et al，2007；Huang et al，2011)。玉米低聚肽中的ACE抑制肽安全性高、种类繁多、降血压作用优、毒副作用小、原料易得，可作为新的功能食品配料。通过对降血压肽的结构和作用机制进行深入研究，或许能够为提取或合成高血压治疗药物寻找到一条新的途径。

五、其他生理功能

（一）抗疲劳功能

目前，对缓解体力疲劳功能普遍认同的检验方法是结合小鼠负重游泳实验、小鼠爬高实验和血清乳酸、血清尿素氮以及肝糖原含量的结果进行判定。动物实验研究表明，饲喂玉米肽可以明显增强小鼠游泳耐力，延长小鼠爬杆时间，血清尿素氮含量明显降低，肝糖原和肌糖原含量显著提高，说明玉米低聚肽可以延缓疲劳出现。饲喂玉米肽的小鼠运动后15min内血清乳酸含量降低并趋于正常对照组，说明玉米肽具有促进体力恢复的作用。玉米肽在提高脑内抑制性氨基酸（ γ -氨基丁酸）含量的同时，也能提高兴奋性氨基酸（谷氨酸）的含量（昌友权，2004；李雍，等，2020）。

大强度运动时，体内蛋白质合成受到抑制，肌肉蛋白质降解、氨基酸氧化及葡萄糖异生作用增强，导致机体蛋白质消耗增加。所以，在运动时需要及时补充氨基酸，以免造成肌肉蛋白质的负平衡而增加疲劳感。由于玉米低聚肽容易消化吸收，可快速利用，有助于抑制或缩短体内负氮平衡的发生；同时，玉米低聚肽富含支链氨基酸，具有促进肌肉蛋白质合成和抑制肌肉分解的作用，而且在必要情况下还可以直接向肌肉提供能量，具有良好的抗疲劳功效。

（二）降血脂功能

血脂主要是指存在于血清中的胆固醇和甘油三酯。血清中脂质与蛋白质相结合以脂蛋白形式存在，其中，血清中的胆固醇有60%～70%存在于低密度脂蛋白中，甘油三酯则是极低密度脂蛋白（very low density lipoprotein，VLDL）的主要成分。高脂血症（hyperlipidemia）也称高脂蛋白血症（hyperlipoproteinemia），通常是指空腹血清胆固醇（total cholesterol，TC）、甘油三酯含量高于正常和（或）血清中高密度脂蛋白胆固醇（high density lipoprotein cholesterol，HDL-C）含量低于正常。脂质代谢异常，特别是血清胆固醇水平升高是心脑血管疾病的易患因素。

降血脂药物及具有辅助降血脂功能的保健食品调节血脂的作用机制主要是通过以下四个方面：①提高脂蛋白脂酶（lipoprotein lipase，LPL）和卵磷脂胆固醇酰基转移酶（lecithin cholesterol acyltransferase，LCAT）的活力，增加HDL含量，从而促进脂质分解代谢，抑制脂质合成转运及在动脉壁上的沉积；②抑制胆固醇的生物合成途径中一个或几个环节；③与胆固醇或其转化物胆汁酸结合，从而抑制其在肠内的吸收，促进降解和排泄；④通过抗氧化来降血脂。体内多余的自由基以活性氧为主，氧浓度高会引发脂质过氧化的链式自由基反应，进而造成膜脂质破坏和脂质代谢紊乱，因此通过清除机体内多余的自由基也可以达到降血脂的目的。

研究报道，玉米低聚肽可降低胆固醇的溶解度，抑制3-羟基-3-甲基戊二酸单酰辅酶A（HMG-CoA）还原酶的活力（详见本书第六章“大豆低聚肽”中的相关功能介绍）。玉米低聚肽的降血脂效果在体内研究中得到证实。动物试验研究发现，玉米低聚肽能明显降低小鼠肝组织中TG含量和小鼠血清TG含量（付萍 等，2008；孙红 等，2002；隋玉杰 等，2009）。中年受试者食用玉米低聚肽后，血清TC、TG、LDL-C含量和脂质过氧化物MDA水平明显降低，HDL-C含量显著升高（高淑杰 等，2010）。

玉米低聚肽具有抑制胆固醇胶束溶解的活性和抑制HMG-CoA还原酶的活性，一方面抑制胆固醇的合成，另一方面对于已经存在的胆固醇，降低其体内溶解度，从而抑制其吸收，促进其排出体外。同时，关于玉米低聚肽抗氧化效果的研究也证实玉米低聚肽具有一定的清除体内自由基活性和抑制脂质自氧化活性。综上，这应该是玉米低聚肽降血脂功能的机制基础。

除上述已经得到证实的生理功能外，玉米低聚肽的其他生理功能有待进一步研究与挖掘，以为营养功能食品的开发提供更多的科学依据。

参考文献

[1] CHEN L,EJIMA A, GU R Z, et al. Presence of exopeptidase-resistant and susceptible peptides in a bacterial protease digest of corn gluten [J] . Journal of agricultural and food chemistry, 2019, 67 (43): 11948-11954.

[2] HIRAI S,HORII S, MATSUZAKI Y et al. Anti-inflammatory effect of pyroglutamyl-leucine on lipopolysaccharide-stimulated raw 264.7 macrophages [J] . Life Sciences, 2014, 117 (1): 1-6.

[3] HUANG W H, SUN J, HE H, et al. Antihypertensive effect of corn peptides, produced by a continuous production in enzymatic membrane reactor, in spontaneously hypertensive rats [J] . Food Chemistry, 2011, 128 (4): 968-973.

[4] KIM S K, KIM Y T, BYUN H G, et al. Isolation and characterization of antioxidative peptides from gelatin hydrolysate of Alaska pollack skin [J] . Journal of Agricultural & Food Chemistry, 2001, 49 (4): 1984-1989.

[5] KONG B, XIONG Y L. Antioxidant activity of zein hydrolysates in a liposome system and the possible mode of action [J] . Journal of Agricultural and Food Chemistry, 2006, 54 (16): 6059-6068.

[6] LI X X, HANL J, CHEN L J. *In vitro* antioxidant activity of protein hydrolysates prepared from corn gluten meal [J] . Journal of the Science of Food and Agriculture, 2008, 88 (9): 1660-1666.

[7] LIU W Y, et al., *In vitro* antioxidant and angiotensin I-converting enzyme inhibitory properties of peptides derived from corn gluten meal [J] . European Food Research and Technology, 2020, 246 (10): 2017-2027.

[8] LIN F, CHEN L, LIANG R, et al. Pilot-scale production of low molecular weight peptides from corn wet milling byproducts and the antihypertensive effects *in vivo* and *in vitro* [J] . Food Chemistry, 2010, 124 (3): 801-807.

[9] MARUYAMA S,MITACHI H, TANAKAH,et al. Studies on the active site and antihypertensive activity of angiotensin I-converting enzyme inhibitors derived from casein [J] . Agricultural and Biological Chemistry,1987,51 (6): 1581-1586.

[10] MIYOSHI S, ISHIKAWA H, KANEKO T, et al. Structures and activity of angiotensin I-converting enzyme inhibitor in an **α**-zein hydrolysate [J] . Agricultural and Biological Chemistry, 1991, 55 (3): 1313-1318.

[11] MIYOSHI S, KANZKO T, YOSHIZAWA Y, et al. Hypotensive activity of enzymatic **α**-Zein hydrolysate. [J] . Agricultural and Biological Chemistry, 1991, 55 (5): 1407-1408.

[12] MURIFUJI M, KOGA J, KAWANAKA K, et al. Branched-chain amino acid-containing dipeptides, identified from whey protein hydrolysates, stimulate

glucose uptake rate in L6 myotubes and isolated skeletal muscles [J] . Journal of Nutritional Science and Vitaminology, 2009, 55 (1): 81-86.

[13] OISHI M, KIYONO T, SATO K, et al. PyroGlu-Leu inhibits the induction of inducible nitric oxide synthase in interleukin-1β-stimulated primary cultured rat hepatocytes [J] . Nitric Oxide, 2015, 44: 81-87.

[14] SATO K, EGASHIRA Y, ONO S, et al. Identification of a hepatoprotective peptide in wheat gluten hydrolysate; against D-galactosamine-induced acute hepatitis in rats [J] . Journal of Agricultural & Food Chemistry, 2013, 61 (2): 6304-6310.

[15] SHRESTHA R, SHRESTHA R, QIN XY, et al.Fungus-derived hydroxyl radicals kill hepatic cells by enhancing nuclear transglutaminase [J] . Scientific Reports, 2017, 7: 4746.

[16] SHUKLA R, CHERYAN M. Zein: the industrial protein from corn [J] . Industrial Crops and Products, 2001, 13 (3): 171-192.

[17] SUH H J, WHANG J H, LEEH. A peptide from corn gluten hydrolysate that is inhibitory toward angiotensin I converting enzyme [J] . Biotechnology Letters, 1999, 21 (12): 1055-1058.

[18] WILSON C M. Serial analysis of zein by isoelectric focusing and sodium dodecyl sulfate gel electrophoresis [J] . Plant Physiology, 1986, 82 (1): 196-202.

[19] WILSON C M. Variations in soluble endosperm proteins of corn (*Zea mays* L.) in breds as detected by disc gel electrophoresis [J] . Cereal Foods World, 1981, 26 (6): 307.

[20] XU L, WU X X, FEI X F, et al. A study on bioactivity of corn peptides with low molecular weight (I) effect of an intake of them on alcohol metabolism in rats [J] . Chemical Research in Chinese Universities, 2003, 19 (2): 180-182.

[21] YAMAGUCHI M, NISHIKIORI F, ITO M, et al. Effect of corn peptide on alcohol metabolism and plasma free amino acid concentrations in healthy men [J]. European Journal of Clinical Nutrition, 1996c, 50 (10): 682-688.

[22] YAMAGUCHI M, NISHIKIORI F, ITO M. The Effects of corn peptide ingestion on facilitating alcohol metabolism in healthy men [J] . Japan Society for Bioscience, Biotechnologyand Agrochemistry, 1997, 61 (9): 1474-1481.

[23] YAMAGUCHI M, NISHIKIORI F, NOZAKI O, et al. Preparation of corn peptide from corn gluten meal and its administration effect on alcohol metabolism in stroke-prone spontaneously hypertensive rats [J] . Journal of Nutritional Science and Vitaminology, 1996a, 42 (3): 219-231.

[24] YAMAGUCHI M, NISHIKIORI F, NOZAKI O, et al.Effect of long-term 'corn peptide' ingestion on alcohol metabolism in stroke-prone spontaneously hypertensive rats with alcohol loading [J] . Journal of Nutritional Science and Vitaminology, 1996b, 42 (6): 567-580.

[25] YANG YJ, TAO G J, LIU P, et al. Peptide with angiotensin I-converting

enzyme inhibitory activity from hydrolyzed corn gluten meal [J] . Journal of Agricultural and Food Chemistry, 2007, 55 (19): 7891-7895.

[26] ZHENG H Y, WANG X Y, ZHANG Y Q, et al.Pien-Tze-Huang ameliorates hepatic fibrosis via suppressing NF-κB pathway and promoting HSC apoptosis [J] . Journal of Ethnopharmacology, 2019, 244 (15): 111856.

[27] 昌友权. 玉米肽抗疲劳作用的实验研究 [J] . 食品科学, 2004 (9) : 173-178.

[28] 陈亮, 林峰, 金镇涛, 等.玉米低聚肽稳定性的研究 [J] . 食品与发酵工业, 2009, 35 (12): 61-65.

[29] 陈艳艳, 于波, 潘黛安, 等. 乳杆菌发酵葛根水提液工艺研究及其解酒功效探讨 [J] . 中国酿造, 2020, 39 (8): 182-186.

[30] 代衍峰. 抗氧化玉米肽的制备及其功能与结构关系的研究 [D] . 无锡: 江南大学, 2008.

[31] 付萍, 杨铭, 陈颖丽, 等. 玉米肽对小鼠酒精性肝损伤保护作用的研究 [J] . 中国中医药科技, 2008, 15 (2): 115-116.

[32] 高淑杰, 张明亮, 吴翊馨, 等. 玉米肽对中年人脂代谢的影响 [C] //中国生理学会第23届全国会员代表大会暨生理学学术大会论文摘要文集, 中国陕西西安: 中国生理学会, 2010: 364.

[33] 郭辉, 何慧, 于国才, 等. 玉米肽对免疫性肝损伤小鼠的保护作用 [J] . 中国粮油学报, 2009, 24 (10): 41-45.

[34] 韩继福, 任建波. Alcalase酶水解玉米蛋白粉制备可溶性肽最佳条件的研究 [J] . 吉林农业科学, 2003, 28 (3): 46-49.

[35] 何会, 陈爱丽, 陈伊锴. 葛根、枳椇子对于解酒功效的协同作用功能评价 [J] . 临床医药文献电子杂志, 2019, 6 (37): 10-13.

[36] 黄永平, 周世文, 徐颖, 等. 乙酰半胱氨酸对小鼠酒精中毒的影响 [J]. 中国药房, 2004, 15 (7): 403-404.

[37] 李雍，林峰，秦勇，等. 玉米肽缓解小鼠体力疲劳的作用 [J] . 中国食品报, 2020, 20 (12): 141-146.

[38] 李自升,蔡木易,易维学. 玉米蛋白粉的酶解工艺初探 [J] . 食品与发酵工业, 2006, 32 (4): 67-69.

[39] 林峰，梁锐，王军波，等. 玉米低聚肽降血压作用的实验研究 [J] . 食品与发酵工业，2009，35 (8): 1-4.

[40] 林兵, 马小陶, 王亚非, 等. 玉米肽对酒精性肝损伤大鼠的作用研究 [J] . 医学研究杂志, 2016, 45 (3): 135-138.

[41] 林峰，梁锐，王军波，等. 玉米低聚肽降血压作用的实验研究 [J] . 食品与发酵工业，2009，35 (8): 1-4.

[42] 刘文颖, 林峰, 陈亮, 等. 食源性低聚肽的血管紧张素转化酶 (ACE) 抑制作用 [J] . 食品科技, 2016, 41 (2): 9-13.

[43] 刘文颖, 林峰, 金振涛, 等. 玉米低聚肽的体外抗氧化作用 [J] . 食品科学, 2011, 32 (5): 22-26.

[44] 刘霞, 李长龄, 尹广宇, 等. *N*-乙酰半胱氨酸对乙醇代谢的影响及机制研究 [J] . 中国药学杂志, 2006, 41 (14): 1063-1065.

[45] 刘亚伟. 玉米淀粉生产及转化技术 [M] . 北京: 北京化学工业出版社, 2003: 34-35.

[46] 刘艳, 林峰, 金振涛, 等. 玉米低聚肽促HL-7702人肝细胞增殖作用 [J] . 食品与发酵工业, 2012, 38 (2): 43-46.

[47] 潘兴昌, 吴育红, 李国明, 等. 玉米肽对健康男性青年乙醇代谢的影响 [J] . 营养学报, 2016, 38 (7): 473-480.

[48] 庞广昌, 王秋韫, 陈庆森. 生物活性肽的研究进展理论基础与展望 [J] . 食品科学, 2001, 22 (2): 80-84.

[49] 沈蓓英, 孙冀平. 高*F*值寡肽生理功能和制备 [J] . 粮食与油脂, 1999 (2): 27-30.

[50] 沈蓓英. 玉米蛋白深层次开发 [J] . 粮食与油脂, 1998 (3): 39-40.

[51] 隋玉杰, 何慧, 石燕玲, 等. 玉米肽的醒酒活性体外试验及其醒酒机理研究 [J] . 中国粮油学报, 2008, 23 (5): 54-58.

[52] 隋玉杰, 何慧, 石燕玲, 等. 玉米肽对半乳糖胺诱导肝损伤小鼠的保护作用 [J] . 中国粮油学报, 2009, 24 (5): 36-39.

[53] 孙红, 于得伟, 崔志勇, 等. 玉米低聚肽对动物实验性肝损伤的保护作用 [J] . 中药药理与临床, 2002, 18 (3): 10-11.

[54] 陶施民, 卢贤欢, 郭雅娟, 等. 葛根枳椇子栀子胶囊解酒护肝功效研究 [J] . 中医药导报, 2018, 24 (10): 19-22, 27.

[55] 王晶, 李洪敏, 艾芳, 等. 葛根素的提取及对小鼠解酒护肝功能的鉴定 [J] . 局解手术学杂志, 2015, 24 (4): 358-361.

[56] 王梅, 谷文英. 酶解玉米黄粉蛋白制备可溶性肽 [J] . 粮油食品科技, 1999, 7 (1): 1-3.

[57] 王双玉, 李坤, 阚国仕, 等. 玉米抗氧化肽的制备及其对小鼠急性酒精性肝损伤的保护作用 [J] . 食品研究与开发, 2007, 28 (3): 29-33.

[58] 辛志宏, 马海乐, 吴守一. 食品蛋白质中血管紧张素转化酶抑制肽的研究 [J] . 江苏大学学报 (自然科学版) , 2003, 24 (4): 17-21.

[59] 徐力, 李相鲁, 黄宜兵, 等. 小分子玉米肽Leu-Asp-Tyr-Glu保护线粒体抗氧化损伤的研究 [J] . 高等学校化学学报, 2004, 25 (6): 1073-1075.

[60] 严桥路, 尹雪艳, 徐立. 葛根解酒胶囊对小鼠急性酒精中毒的预防及治疗作用 [J] . 四川生理科学杂志, 2016, 38 (1): 15-17.

[61] 易友权. 玉米肽抗疲劳作用的实验研究 [J] . 食品科学, 2004 (9): 173-178.

[62] 余奕珂, 胡建恩, 白雪芳, 等. 源于食品蛋白质的血管紧张素 I 转换酶抑制肽 [J] . 食品与药品, 2006, 8 (4): 19-24.

[63] 张海欣, 陈亮, 金振涛, 等. 普通玉米肽与高F值玉米肽抗氧化能力比较研究 [J]. 食品科技, 2015, 40 (7): 177-180.

[64] 郑冬梅, 李升福, 孔保华. 玉米蛋白水解条件的优化研究 [J] . 食品科学, 2002, 23 (8): 52-56.

第五章

小麦低聚肽

第一节　概述
第二节　小麦低聚肽的组成及特性
第三节　小麦低聚肽的生理功能

第一节
概述

小麦是世界第一大口粮作物，全球有35%~40% 的人口以小麦为主要粮食。全球小麦总产量仅次于玉米和水稻，居第 3 位。我国是小麦生产大国，从小麦中提取生物活性肽具有丰富的原料资源。小麦蛋白粉又称小麦谷朊粉，是通过除去小麦面团中的淀粉后，再经过烘干处理制成的，其内部包括小麦颗粒中的所有蛋白质复合物（张飞 等，2012）。小麦蛋白是小麦淀粉生产过程中所得副产品的主要成分，其蛋白质含量在70%以上（阙斐 等，2014；王叔全，2000）。小麦蛋白包括谷蛋白（glutelin，30%~40%）、醇溶蛋白（zein，40%~50%）、球蛋白（globulins，6%~10%）、白蛋白（albumin，3%~5%）（王瑞红 等，2016；Pronin et al，2020）。

小麦低聚肽是以谷朊粉为原料，经调浆、定向酶解、分离纯化、过滤、喷雾干燥等工艺获得的小分子多肽类混合物，主要成分是由2~6个氨基酸分子构成的氨基酸聚合物，分子质量低于1000u。小麦低聚肽味苦，具有水溶性好、分散稳定、易吸收、生物活性强等特点。小麦低聚肽的氨基酸构成几乎与小麦蛋白一样，其中谷氨酸的含量最高，大部分以谷氨酰胺的形式存在（王延州 等，2014a）。谷氨酰胺为人体内含量最丰富的氨基酸，在人体中发挥重要的功效，如谷氨酰胺作为功能营养因子对肠道屏障功能有显著的保护作用等，在营养保健领域具有广泛的应用。

经口摄入的蛋白质是通过自身消化酶的作用形成一定量的低聚肽和氨基酸后被吸收的。经酶解形成的低聚肽类物质，大多具有多种功能特性。近年来，食源性低聚肽的营养功能价值逐渐被人们所重视，对蛋白质酶解的研究越来越深入。制备小麦肽的方法有多种，主要使用的是酶法水解小麦蛋白粉制备小麦肽，所使用的蛋白酶主要源自动植物自身的蛋白酶如胰蛋白酶、菠萝蛋白酶、木瓜蛋白酶、胃蛋白酶等；还有一些通过微生物发酵获得的酶，如碱性蛋白酶、复合蛋白酶及风味蛋白酶等。采用不同的蛋白酶水解小麦蛋白制备小麦肽，其最佳水解条件也有明显的差异。张锐昌等（2006）以小麦蛋白为原料，利用胃蛋白酶制备小麦肽，通过多因素实验，优化生产得到最佳水解条件为温度41 ℃、pH 2.00、底物浓度20g/L、加酶量1500U/g；在此最佳水解条件下进行水解度检验，其水解度为9.4%。刘珍等（2006）利用胰蛋白酶水解小麦蛋白粉，通过多因素多水平比较，最终得到风味蛋白酶最佳反应条件为酶浓度1.5%（质量分数）、底物浓度20g/L、pH6.5、温度55℃、时间8h，在此条件下小麦蛋白水解度为18.26%。王章存等（2014）分别采用单酶（碱性蛋白酶）与双酶（碱性蛋白酶和风味蛋白酶）两种方法水解小麦蛋白，发现利用双酶法获得的酶解产物具有更好的溶解性，且可得到具有较高抗氧化能力的小分子肽。刘树兴等（2014）通过对碱性蛋白酶水解条件进行优化，确定其最佳酶解工艺条件为：酶浓度30mg/g，功率250W，时间60min，温度50℃，在水解度为14.64%的条件下得到小麦蛋白血管紧张素转化酶抑制肽。郑志强等（2019）通过采用碱性蛋白酶和风味蛋白酶双酶分步水解小麦蛋白制备高抗氧化性小麦肽，得到最佳水解过程和工艺参数为：第一步碱性蛋白酶在底物含量 11.2%（质量分数）、酶含量2200 U/g、pH 8.5、温度55 ℃条件下酶解4.3h；第二步风味蛋白酶在酶含量1070U/g、pH6.5、温度50℃条件下酶解2.2h。目前认为采用碱性蛋白酶和其他酶复合水解小麦蛋白粉，可提高小麦肽得率和水解度，获得具有高抗氧化能力的小麦肽。

采用双酶法生产小麦低聚肽的工艺一般为以下步骤:小麦蛋白粉→加水均质→调节pH，并加入碱性蛋白酶，搅拌水解→灭酶→加入其他蛋白酶，搅拌水解，并维持pH不变→灭酶→取上清液→离子交换脱盐→超滤分级分离→喷雾干燥→小麦低聚肽粉。

食物蛋白质在酶解过程中能释放出丰富的生物活性肽，在生物代谢中可以发挥调节作用。目前研究报道的小麦低聚肽的功能包括保护胃肠黏膜、缓解体疲劳、降血压、镇痛、提高免疫力、调节免疫系统等。小麦低聚肽来源于小麦蛋白，成本低，加工性能好，是一种优良的蛋白质营养配料，具有极大的市场开发利用价值。2012年9月5日，国家卫生部发布公告批准小麦低聚肽为新资源食品（卫生部公告2012年第16号）。2018年10月，国家工业和信息化部发布轻工行业标准《小麦低聚肽粉》（QB/T 5298—2018）。

第二节
小麦低聚肽的组成及特性

一、理化特性

在我国轻工行业标准《小麦低聚肽粉》（QB/T 5298—2018）中对小麦低聚肽粉的理化指标（蛋白质、低聚肽、灰分、水分等）和分级指标均做出了相应的规定。其中，一级小麦低聚肽粉的蛋白质（以干基计）含量≥90.0g/100g，低聚肽（以干基计）含量≥75.0g/100g，分子质量小于1000u的蛋白质水解物所占比例（λ=220nm）≥85.0%，谷氨酸含量≥25.0g/100g，水分含量≤6.5g/100g，灰分含量≤6.0g/100g；二级小麦低聚肽粉的蛋白质（以干基计）含量≥75.0g/100g，低聚肽（以干基计）含量≥50.0g/100g，分子质量<1000u的蛋白质水解物所占比例未做要求，谷氨酸含量≥20g/100g，水分和灰分含量要求与一级小麦低聚肽粉相同。蛋白质含量分析采用凯氏定氮法，依照《食品安全国家标准　食品中蛋白质的测定》（GB 5009.5—2016）规定的方法测定；谷氨酸含量按照《食品安全国家标准　食品中氨基酸的测定》（GB 5009.124—2016）规定的方法测定；水分含量分析依照《食品安全国家标准　食品中灰分的测定》（GB 5009.3—2016）规定的方法测定；灰分测定依照《食品安全国家标准　食品中灰分的测定》（GB 5009.4—2016）规定的方法测定；肽含量和分子质量<1000u的蛋白质水解物所占比例分别按照《海洋鱼低聚肽粉》（GB/T 22729—2008）及其附录A规定的方法测定。当然，对小麦谷朊粉原料处理程度不同，酶解方式不同，所得低聚肽产品中的肽含量也有一定差别。刘文颖等（2013）酶解谷朊粉获得的小麦低聚肽，总蛋白质含量（干基）为98.15%，脂肪含量为0.06%，水分含量为4.12%，灰分含量为4.39%，酸溶蛋白质干基含量为86.99%，游离氨基酸干基含量为2.19%，低聚肽含量达到84.80%（刘文颖 等，2013）。

二、氨基酸组成

小麦低聚肽中以谷氨酸和谷氨酰胺含量为最高，质量分数为34.9%；其次是脯氨酸，质量分数为13.05%；而碱性氨基酸（Lys、His、Arg）含量较少（刘文颖等，2016）。谷氨酰胺是一种具有特殊营养作用的氨基酸，它在保护细胞膜的完整性、维持细胞活力及降低细胞氧化损伤等方面均具有积极作用（刘艳 等，2015）。小麦低聚肽中谷氨酰胺含量在20%以上，并且基本上是以低聚肽形式存在。小麦低聚肽中谷氨酰胺含量是按照轻工行业标准《小麦低聚肽粉》（QB/T 5298—2018）附录D中规定的方法测定。在由小麦蛋白酶解制备小麦低聚肽的过程中，氨基酸组成也稍有变化，详见表5-1。

表5-1　小麦蛋白与小麦低聚肽的氨基酸组成　单位：g/100g

氨基酸	小麦蛋白	小麦低聚肽
甘氨酸（Gly）	2.60	3.14
丙氨酸（Ala）	2.06	2.47
缬氨酸（Val）	3.11	3.45
亮氨酸（Leu）	5.16	6.52

续表

氨基酸	小麦蛋白	小麦低聚肽
异亮氨酸（Ile）	2.51	3.22
丝氨酸（Ser）	3.68	4.74
苏氨酸（Thr）	1.74	2.42
半胱氨酸（Cys）	2.34	0.56
蛋氨酸（Met）	0.90	1.46
苯丙氨酸（Phe）	3.64	4.89
酪氨酸（Tyr）	2.13	3.21
色氨酸（Trp）	0.49	0.60
组氨酸（His）	1.63	1.68
赖氨酸（Lys）	1.67	1.42
精氨酸（Arg）	1.14	3.12
天冬氨酸（Asp）	2.46	2.94
谷氨酸（Glu）	28.69	34.9
脯氨酸（Pro）	10.62	13.05
合计	76.57	93.79

三、分子质量分布

小麦低聚肽为多种小分子肽段混合物。对以中国食品发酵工业研究院低聚肽制造技术进行工业化生产的小麦低聚肽的分析发现，小麦低聚肽中分子质量<1000u的组分占92.4%，具体的分子质量分布情况见表5-2。

表5-2　小麦低聚肽的分子质量分布

分子质量范围	开始时间/min	结束时间/min	峰面积百分比（λ=220nm）/%
10000u以上	8.847	13.567	0.1854
1000~10000u	13.567	18.278	7.4601
132~1000u	18.278	22.438	72.9753
132u以下	22.438	32.447	19.3793

四、肽段结构特点

小麦低聚肽生产制备过程中涉及的工业化酶制剂包括碱性蛋白酶、中性蛋白酶、酸性蛋白酶、木瓜蛋白酶、菠萝蛋白酶、风味蛋白酶等，这些酶制剂大多数是不具备明显特异性酶切位点的内切蛋白酶。经过内切酶的作用，小麦蛋白的肽键会从内部断开，形成多种具有小麦蛋白序列属性的小麦低聚肽。

例如，从UniProt数据库中检索得到α/β-醇溶蛋白的一条典型序列（>sp|P02863|GDA0_WHEAT Alpha/beta-gliadin OS=Triticum aestivum OX=4565 PE=2 SV=2）如下：MKTFLILVLLAIVATTATTAVRFPVPQLQPQNPSQQQPQEQVPLVQQQQFLGQQQPFPPQQPYPQPQPFPSQLPYLQLQPFPQPQLPYSQPQPFRPQQPYPQPQPQYSQPQQPISQQQQQQQQQQQQQQQQQQILQQILQQQLIPCMDVVLQQHNIAHGRSQVLQQSTYQLLQELCCQHLWQIPEQSQCQAIHNVVHAIILHQQQKQQQQPSSQVSFQQPLQQYPLGQGSFRPSQQNPQAQGSVQPQQLPQFEEIRNLALQTLPAMCNVYIPPYCTIAPFGIFGTN。

在上面的蛋白质氨基酸序列中含有非常多的谷氨酰胺（Q），这是小麦低聚肽中含有丰富的谷氨酰胺短肽的基础。另外，小麦低聚肽中也含有一定量的支链氨基酸（Leu、Ile、Val）。与玉米低聚肽类似，小麦蛋白序列中间被断开后所形成的肽片段中也会存在含有支链氨基酸的肽段，在提升机体肌糖原储量方面可能也会发挥相应的作用。

小麦蛋白中所存在的谷氨酰胺残基与玉米蛋白类似，所形成的含有谷氨酰胺残基的低聚肽形式参见本书第四章“玉米低聚肽”“肽段结构特点”中相应的介绍。

五、营养与加工特性

1. 谷氨酰胺含量丰富

对于健康人群，谷氨酰胺为非必需氨基酸，而在创伤、手术、感染、断奶应激、化疗、辐射疗法等导致的小肠黏膜受损或Gln严重耗竭的情况下，Gln体内合成不能满足代谢需要，Gln成为人体必需氨基酸，需通过静脉注射或膳食补充Gln。

小麦谷朊粉中Gln含量很高。小麦低聚肽粉是以小麦谷朊粉为原料，经过酶解、提纯等工艺加工制得的，同样具有较高Gln含量。金振涛等以三氟乙酰氧基-氨基喹啉-N-羟基丁二酰氨基甲酸酯（BTI-AQC）二步柱前衍生化法测定小麦低聚肽粉中Gln含量，并比较玉米低聚肽粉、大豆低聚肽粉两种植物蛋白源低聚肽粉和海洋鱼皮胶原低聚肽粉、乌鸡低聚肽粉、乳清低聚肽粉、卵白低聚肽粉四种动物蛋白源低聚肽粉中的Gln含量，研究表明，小麦低聚肽粉中以低聚肽形式存在的Gln含量高达（23.54 ± 0.49）%，玉米低聚肽粉和大豆低聚肽粉两种植物源低聚肽粉Gln含量相对较高，在5%左右，而动物源低聚肽粉中Gln含量仅为1%左右，所以小麦低聚肽粉中Gln含量远高于其他常见低聚肽粉中Gln含量（金振涛 等，2011）。

2. 易溶解性

小麦蛋白溶解度低，但在酶解过程中，大分子蛋白质被酶解成为小分子低聚肽，分子质量减小以及可解离的亲水性基团氨基及羧基暴露，使其具有良好的水溶解性（柳小军 等，2009）。另有研究发现，游离的Gln在水溶液中溶解性极差（王延州 等，2014a），但低聚肽形式的Gln溶解度明显提高。小麦低聚肽良好的水溶性与其易于被吸收利用的程度也密切相关。

3. 营养高效性

小麦蛋白是具有高度种属特异性的大分子物质，不能直接被吸收，必须经过消化道中的酶作用后，分解为低聚肽和氨基酸形式被人体吸收。由于小麦低聚肽粉在体外已经经过消化酶的分解，在体内可不经消化或稍加消化即可被吸收利用。另外，游离的Gln在水溶液中溶解性差，且不稳定，受热后易形成有毒的焦谷氨酸，国外通过化学合成法开发出Gln肽作为游离Gln的替代品，常见的有Gly-Gln、Ala-Gln，但合成量低，价格昂贵，推广应用受限（王延州 等，2014a）。而小麦低聚肽中含有大量短肽形式的Gln，为机体提供营养物质，有利于尽快发挥其功能效应。

对小麦低聚肽的消化吸收研究发现，小麦低聚肽对于提高大鼠净蛋白质的消化利用率和蛋白质生物学价值有明显的改善（潘兴昌 等，2013）。食物蛋白质经胃和小肠消化后，2/3的肽类物质需进一步经小肠黏膜刷状缘的氨基肽酶水解，或转运进入小肠黏膜上皮细胞被细胞中的寡肽酶水解后才被吸收，因此，氨基肽酶和寡肽酶也是蛋白质消化的关键酶（Mane，2011）。氨基肽酶广泛分布在小肠黏膜刷状缘上，它是一种蛋白质水解酶，能水解蛋白质和多肽的*N*末端氨基酸，使蛋白质进一步水解为肽与氨基酸，在蛋白质的充分消化吸收和氮的利用方面具有重要作用。另外，大部分营养物质（如氨基酸、葡萄糖）的吸收是通过小肠黏膜进行的，氨基酸的吸收属于主动运输，需要Na^+-K^+-ATP酶来提供能量。研究还发现，小麦低聚肽还能显著提高大鼠小肠黏膜氨基肽酶的活力和Na^+-K^+-ATP酶活力（潘兴昌 等，2013）。这提示小麦低聚肽可能是通过上调这两种酶的活力增加肠道内肽和氨基酸的生成和吸收。

4. 低致敏性

小麦中的麸质蛋白为主要致敏原，而酶解处理过程可以降低小麦的致敏性，其机制是通过酶水解小麦蛋白将蛋白质降解成小分子肽段，从而影响过敏蛋白的线性表位来降低小麦麸质蛋白的致敏性（吕崇富 等，2012）。而小麦低聚肽是小麦经过酶解工艺制备，可以大大降低其致敏性；小麦低聚肽对透明质酸酶具有很强的抑制作用，抗过敏活性很高（马涛 等，2014）。

5. 热稳定性

小麦低聚肽热稳定性极强。实验表明，经20、40、60、80、100℃不同温度水浴2h之后，小麦低聚肽的组分中分子质量在1000u以下的总含量以及各个分子质量区间的比例基本没有变化；小麦低聚肽的反相色谱图几乎没有变化，峰数目与出峰时间基本吻合。

第三节 小麦低聚肽的生理功能

外源性肽类物质不仅是生命活动中氨基酸的供体，还发挥着很多非营养学功能。在小麦蛋白水解前，各种肽段均以非活性状态存在于小麦蛋白长链中。经过适当的蛋白酶水解后，其活性肽段被释放出来，显示出多种生理活性，如保护胃肠黏膜、抗氧化、免疫调节、降血压、缓解运动疲劳、阿片样活性等。近年来，越来越多的小麦低聚肽活性肽段被发现和分离，并确定结构，这有助于将小麦低聚肽的功能研究进一步引向深入。小麦低聚肽来源于小麦蛋白，资源丰富、加工性能好，是一种优良的营养及功能食品原料，具有极大的市场开发利用价值。

一、保护胃肠黏膜功能

胃肠道是机体与消化道内营养微环境之间的重要界面，其形态与功能受内分泌激素、胃肠调节蛋白、生长因子、膳食营养等多重因素的影响。研究显示，消化道内容物和消化产物可刺激胃与小肠上皮组织形态及结构的改变（Mans，2011）。

谷氨酰胺对胃肠黏膜细胞生长及分化具有重要的意义，在临床上Gln已被作为辅助治疗胃炎、胃溃疡、十二指肠溃疡等胃肠道疾病的药物使用。当人体处于外伤、感染、疲劳等应激状态下，肠道黏膜上皮细胞的Gln很快被消耗殆尽，由此会导致肠道黏膜萎缩、绒毛脱落、隐窝变浅、通透性增加等形态方面的改变，进而引起肠道免疫功能、吸收功能严重受损（Wilmore，2001；Hulsewé，et al，2004），这时需要及时补充大量的谷氨酰胺以满足机体需要。谷氨酰胺已可以人工合成，但Gln单体难溶于水（溶解度仅为3.5g/100g），其在水溶液中不稳定、易降解。而以肽段形式存在的Gln则能克服游离Gln的缺点，在水溶液中稳定，且溶解度较高。目前，人工合成的含Gln的二肽甘氨酰-谷氨酰胺（Gly-Gln，GQ）和丙氨酰-谷氨酰胺（Ala-Gln，AQ）在水中的溶解度分别为15.4g/100g和58.6g/100g，且具有有很好的稳定性，120℃高温处理或常温下2年仍能保持稳定。谷氨酰胺短肽在肠外营养中的应用也被证明是安全有效的。但目前人工化学合成的谷氨酰胺短肽产量较低，且成本高，很难满足市场的需求。

与其他蛋白质来源的低聚肽相比，小麦低聚肽在氨基酸组成方面一个很显著的特点是谷氨酰胺含量高，采用生物酶解技术能够制备出富含谷氨酰胺短肽的蛋白质产物。谷氨酰短肽稳定性好、水溶性好、致敏程度低，是为机体提供谷氨酰胺的良好来源。研究也证实，小麦低聚肽可促进胃表面上皮细胞的生长，使胃肠黏膜细胞排列更为整齐，细胞间隙更为紧密，上皮细胞形态饱满，表现出保护胃肠黏膜的作用，可能与其中的谷氨酰胺短肽有直接关系。

采用氨甲蝶呤诱导建立大鼠小肠黏膜炎症模型，发现饲喂游离的Gln和小麦谷氨酰胺肽都可有效缓解氨甲蝶呤导致的小肠绒毛水肿变粗及肠壁充血，增加黏膜质量、黏膜蛋白质含量、小肠绒毛高度和隐窝深度、黏膜DNA含量、谷胱甘肽含量、血液二胺氧化酶含量，减轻肠黏膜损伤程度；并且谷氨酰胺肽对肠黏膜修复的效果优于Gln（王延州，2014b）。小麦低聚肽有效减少非甾体类药物（NSAIDS）等所致的大鼠胃肠黏膜损伤，与其能够上调小肠黏膜中GSH-Px的水平有关（刘文颖 等，2017）。

另外，高原缺氧可引起胃肠应激反应，如恶心、呕吐、腹泻、食欲减退、消化道出血、消化性溃疡等症状，并且高原胃肠应激综合征与肠道黏膜屏障损伤密切相关。金其贯等（2014）采用低氧和运动训练两个因素模拟高原训练，可在一定程度上破坏小肠抗氧化系统，补充小麦低聚肽可提高高原训练大鼠小肠超氧化物歧化酶和谷胱甘肽过氧化物酶的活力，减少脂质过氧化产物丙二醛的生成，有效防止长期高原训练引起的小肠黏膜屏障的氧化损伤。细胞水平的研究也证实，小麦低聚肽的保护胃肠黏膜作用与其抗氧化功能有关。在小肠上皮细胞（IEC-6）培养基中添加小麦低聚肽可显著抑制吲哚美辛诱导的丙二醛和一氧化氮的释放，增加细胞的抗氧化酶活力，从而对小肠上皮细胞起到保护作用（Yin et al，2014）。

经不同酶解工艺制得的小麦低聚肽，肽的分子质量分布及肽段结构也存在一定差异，其作用效果也可能不尽相同。有研究报道，采用双酶解工艺（中性蛋白酶+复合蛋白酶）和三酶解工艺（中性蛋白酶+复合蛋白酶+碱性蛋白酶）分别对小麦蛋白进行酶解，得到2种小麦低聚肽，并利用葡聚糖硫酸钠诱导构建的小鼠溃疡性结肠炎模型评价上述两种小麦低聚肽的作用效果。结果发现，两种小麦低聚肽对小鼠结肠炎均有不同程度的改善，能减轻结肠黏膜损伤程度，缓解小鼠结肠黏膜炎症的产生，并且双酶解工艺得到的小麦低聚肽作用效果优于三酶解工艺制备得到的小麦低聚肽（严斌，2017）；这提示通过酶解工艺的优化，可以获得保护胃肠黏膜功能更强的小麦低聚肽。

二、抗氧化功能

机体在代谢过程中会产生一系列活性氧，正常情况下机体自身的防御体系可维持体内氧化与抗氧化平衡，防止过氧化反应。但是当机体受到环境毒物影响、某些外源性药物入侵或自身发生衰老、处于精神紧张状态时，此平衡会被打破，抗氧化体系发生紊乱，自由基代谢平衡失调，使机体处于氧化应激状态，进而造成生物膜及大分子物质发生脂质过氧化损伤，并且机体氧化应激状态与炎症、免疫力降低、衰老、心血管疾病、糖尿病、癌症等多种疾病的发生发展密切相关（Dasilva et al，2014；Head et al，2008；Rochette et al，2014；刘小兵 等，2008）。外源性抗氧化物质有助于维持体内的氧化还原平衡，而食源性低聚肽以其良好的吸收特性及天然安全特性得到广泛关注。

体外试验方法研究发现，小麦低聚肽的抗氧化能力接近于亚油酸乳液体系中的α-生育酚，且具有清除DPPH自由基、过氧化物和羟基自由基（·OH）的活性，另外还表现出还原能力和亚铁离子螯合活性（Zhu et al，2006）。利用碱性蛋白酶制备的麦麸肽，对超氧阴离子自由基（O_2^-·）和·OH的清除率分别为69.16%和82.23%（刘长江 等，2009）。选取H_2O_2为诱导剂，建立肝细胞氧化损伤模型，采用此模型评价小麦低聚肽对细胞存活率、细胞内ROS及MDA含量的影响，发现小麦低聚肽具有增加细胞存活率、降低细胞内MDA含量、提高细胞内ROS活性的功能，对减轻HepG2细胞的氧化应激及提高细胞抗氧化能力具有良好效果，这一研究也从细胞水平上揭示了小麦低聚肽对肝脏氧化损伤具有一定的预防保护作用（刘艳 等，2015）。此外，补充小麦低聚肽也能够提高肝脏SOD活力，降低MDA生成量（代卉 等，2009）。小麦低聚肽的抗氧化作用也是其保护胃肠黏膜功能机制之一，这在前文中已有介绍。

小麦低聚肽在体外抗氧化模型中均表现出较强的抗氧化能力，且有显著的量效关系，但体外活性实验不能全面反映其在体内的生理功效，而动物实验是考察活性物质生理功能更可靠的手段。通过模拟高原环境以及补充小麦低聚肽，对运动训练大鼠红细胞中SOD、MDA、GSH-Px等指标进行检测，来探讨补充小麦低聚肽对大鼠红细胞的作用及其机制。由于缺氧及运动两种因素的作用，大鼠机体内氧自由基含量升高，SOD、GSH-Px活性降低，MDA生成量增加，导致红细胞膜的大量破坏及损伤。补充小麦低聚肽可有效减少氧自由基生成，提高SOD、GSH-Px活性，减少MDA生成量，起到保护红细胞的效果（唐波，2012）。低氧及运动同样会造成心肌线粒体的氧化损伤，小麦低聚肽的抗氧化作用对保护心肌线粒体及维持线粒体的形态及功能具有明显效果（金其贯 等，2013）。在高脂血症小鼠体内，小麦麦胚蛋白的酶解产物能显著提高血清SOD和GSH-Px活性，降低MDA含量，有助于抑制细胞内不饱和脂肪酸的过氧化反应，对于减轻由于氧化导致的炎症反应，改善机体健康具有积极作用（程云辉 等，2007）。

小麦低聚肽的抗氧化作用与其分子质量大小密切相关。分子质量<3000u、3000~5000u、5000~8000u、8000~10000u各段的小麦肽对MDA的生成均具有明显的抑制作用，且量效关系与食品工业中常用的抗氧化剂BHT、维生素C相似。其中，分子质量介于307~1450u的组分抗氧化活性最强，当在浓度为2mg/mL时，其对脂质过氧化的抑制率高达50%左右，能显著降低脂质过氧化模型小鼠中脂质过氧化产物MDA的含量（郭红英，董英，2009）。

采用不同加工工艺制备的小麦低聚肽，其抗氧化能力不同。刘振家等（2009）用超声波辅助碱性蛋白酶酶解脱脂小麦胚芽蛋白，利用超声波的空化作用，在提高酶解效率的同时，增加酶解过程中活性肽段的释放量，从而提高酶解产物的抗氧化能力。最终发现在超声功率214W、超声时间3min、超声温度25℃条件下，酶解产物的DPPH自由基清除率最高，为61.2%。因此，优化小麦低聚肽生产工艺以提升抗氧化能力，将为小麦低聚肽的应用提供更重要支撑。

三、免疫调节功能

免疫活性肽能够刺激机体淋巴细胞增殖，增强巨噬细胞吞噬能力，增强机体抵御外界病原体感染的能力，提高机体免疫力，降低发病概率。小麦低聚肽中富含Gln，可作为细胞分裂增殖的主要能量来源，对淋巴细胞增殖具有促进作用（柳小军等，2009），并能提高自然杀伤细胞颗粒酶（NK酶）活力（Horiguchi et al，2005）。小麦低聚肽可以恢复由环磷酰胺导致的血清溶血素含量和脾细胞增殖能力的降低，显著提高抗体生成细胞含量和腹腔巨噬细胞吞噬能力（代卉 等，2009）。杨小军（2003）采用面筋蛋白水解物喂养大鼠21d，酶解液灌胃量折合蛋白质含量为5mg/mL，发现面筋蛋白的胃蛋白酶水解物能显著促进免疫脏器胸腺和脾脏的生长，还能提升大鼠腹腔巨噬细胞吞噬活性，促进大鼠的T细胞转化，并促进肠道分泌型免疫球蛋白（SIgA）的分泌，提高黏膜免疫水平（杨小军，2003）。采用碱性蛋白酶与风味蛋白酶分步水解小麦蛋白制备的小麦蛋白肽能刺激T淋巴细胞增殖与转化，明显提高T淋巴细胞对刀豆蛋白A的刺激反应性，对增强小鼠的细胞免疫功能具有一定的作用；但在未添加刀豆蛋白A的条件下，小麦蛋白肽未显示出促进T淋巴细胞增殖的作用。此结果提示小麦蛋白肽在无外源异物刺激时，其生物活性主要体现在促生长、营养调节上；而当有外源性异物刺激时，则可增强细胞免疫功能。此外，小麦蛋白肽可提高半数溶血值，且呈现良好的量效关系，即反映出小麦蛋白肽能够提高小鼠的体液免疫功能，对小鼠腹腔巨噬细胞的吞噬能力也有增强作用，并且其作用机制可能与膜受体介导或钙离子浓度调节存在内在关联（曹向宇，2009）。

根据免疫活性肽肽链中通常含有碱性氨基酸或在末端具有疏水性氨基酸的特点，选取Alcalase对小麦蛋白进行水解，随后采用大孔吸附树脂对水解物进行脱盐处理，采用阳离子交换树脂对水解物进行分离，通过小鼠体外脾淋巴细胞增殖试验测定分离所得组分的免疫活性，对活性最高的组分进一步进行分离及结构鉴定，预测其主要组分的氨基酸序列为His-Cys-Pro-Val-Tyr和Tyr-Leu-Val（张亚飞，2006）。提示小麦低聚肽发挥免疫调节作用的机制，除通过肽段进一步降解产生Gln而发挥作用之外，也与一些肽段的氨基酸组成及排列顺序有关，这也证明了小麦低聚肽中具有增强免疫作用物质的多元性，这些生理活性成分构成小麦低聚肽发挥多重免疫调节功能的物质基础。

四、降血压功能

高血压是一种多发病，对高血压的治疗目前以降压药为主。但人工合成的降压药对患者靶器官有较大的副作用，易引发浮肿、咳嗽等不良反应。近年来，学术界对降压肽的研究较多，目前已从大豆、鱼肉、小麦、大米、牛乳等含蛋白质的原料中酶解制备出具有较好血管紧张素转化酶抑制活性的降血压肽。

血管紧张素转化酶是一种金属蛋白酶，能够催化血管紧张素Ⅰ转化为高血压因子血管紧张素Ⅱ，因此，抑制该酶的活力已成为控制血压的重要手段（Zaman et al，2002）。日本九州大学Matsui等（1999；2000）采用胃蛋白酶、胰凝乳蛋白酶、胰蛋白酶、碱性蛋白酶和蛋白酶YP-SS酶解小麦胚芽蛋白，发现水解产物的ACE抑制活性与蛋白酶的种类密切相关；采用高效液相色谱法从酶解产物中分离得到16个含有2~7个氨基酸的低聚肽，其中Ile-Val-Tyr的ACE抑制活性最强，该肽段在5mg/kg的使用量下可使原发性高血压大鼠的平均动脉血压下降19.2 mmHg。

脱脂麦胚酶解粉中含有大量的低聚肽，陈英（2000）通过体外试验研究发现，脱脂麦胚酶解粉的ACE半抑制浓度IC_{50}为1.04mg/mL，且胃蛋白酶和胰蛋白酶这两种体内消化酶对酶解粉的ACE抑制活性影响较小；一次性给予自发性高血压大鼠灌胃脱脂麦胚酶解粉1000mg/kg体重，7h后尾动脉收缩压下降将近20mmHg；给自发性高血压大鼠连续灌胃500mg/kg体重脱脂麦胚酶解粉一个月后，血压从（212.4±1.4）mmHg下降至（184.4±17.1）mmHg，降血压效果明显。这说明脱脂麦胚酶解粉在体外的ACE抑制活性与在体内降低原发性高血压大鼠血压的作用具有一致性。

降压肽的作用效果与所使用的酶制剂和制备方法有密切关系。相比传统的酶催化水解法，采用高效酶膜反应器方法更有利于从小麦胚芽分离蛋白中高效获得ACE抑制肽，蛋白质的转化率能增加36.17%，活性肽的半抑制浓度可减少30.6%（He，2016）。辛志宏等（2003）用8种蛋白酶分别进行单一酶和复合酶水解麦胚蛋白生产降血压肽，相比胰蛋白酶、木瓜蛋白酶、风味蛋白酶、胃蛋白酶、中性蛋白酶等，采用碱性蛋白酶生产的小麦蛋白低聚肽ACE抑制活性最大，并且在水解度为 16.5% 时所得低聚肽混合物对ACE活性有强烈的抑制作用；研究还发现，复合酶水解产物的体外降血压活性相比单一酶酶解产物的降血压活性并未提高，这可能与复合酶降解了部分对ACE有抑制效果的肽段序列，从而使其活性降低或丧失有关。

五、缓解体力疲劳功能

疲劳是一个涉及多种生理生化因素的综合性生理过程，涉及机体乳酸积累、糖原不足、能源物质消耗等原因，既是机体工作能力下降的标志，又可能是机体发展到病态的先兆。疲劳最直观的表现是运动耐力的下降，另外肝糖原储备量、血乳酸含量及比值变化、血清尿素氮含量等是评价活性物质是否具有抗疲劳作用的客观指标。研究发现，小麦低聚肽在提高运动能力、缓解运动造成的疲劳方面具有显著效果。

张海华（2011）采用小麦面筋蛋白制备的谷氨酰胺肽以及曹向宇（2009）采用以麦麸蛋白制得的小麦低聚肽（其中也富含谷氨酰胺）的研究均证实，这两者都具有缓解体力疲劳的作用，并能降低大鼠血液和肌肉中乳酸水平，减少血清尿素氮的含量，降低运动过程中肝糖原的损耗和增加肝糖原储备，具有与游离Gln相当的抗疲劳作用。当运动负荷量过大或运动后恢复措施不力时，机体疲劳状态得不到及时缓解，从而导致疲劳积累及过度训练发生。小麦低聚肽对大负荷运动引起的运动员体重下降、握力降低、腿部肌力降低、反应时[1)]延长、血清肌酸激酶活力升高、血清睾酮含量降低、皮质醇含量增加等均有一定的预防作用，有效促进机体疲劳恢复，其中以补充6g小麦低聚肽的作用效果最好（潘兴昌 等，2015）。

小麦低聚肽缓解体力疲劳的作用，一方面与其较强的抗氧化活性有关，另一方面可能与其能够促进骨骼肌蛋白质合成有关。长期低氧暴露或高原训练会抑制胰岛素样生长因子-1（IGF-1）分泌，抑制骨骼肌蛋白质合成，引起骨骼肌蛋白质水平下降，IGF-1是促进机体合成代谢及维持体内氮平衡的重要因子（lioka et al，2002a；lioka et al，2002b），补充小麦低聚肽可有效减缓大负荷运动训练或高原训练引起的

1）反应时指从接受刺激到机体做出反应动作所需的时间。

大鼠骨骼肌蛋白质含量降低，起到纠正或抑制体内“负氮平衡”的作用，其机制可能与促进IGF-1分泌有关（潘兴昌 等，2012）。补充小麦低聚肽也可为运动训练大鼠骨骼肌蛋白质的合成提供充足的优质氮源营养物质，有利于保证蛋白质合成的顺利进行。因此，小麦低聚肽缓解运动疲劳作用应与多种机制有关，小麦低聚肽成分的复杂性也支持其作用机制的多样性。

六、阿片样活性

小麦蛋白水解后会产生阿片样活性肽，这些肽段可作为激素或神经递质与受体结合，起到调节情绪、体温、脉搏、呼吸和镇痛等作用，并且与心血管功能、呼吸功能、消化功能、免疫功能、内分泌等有着重要的关系，而且无副作用，不会产生依赖性、耐受性和成瘾性，可作为机体内源性阿片样活性肽的补充，共同调节生理活动（孙含 等，2008；富欲，2003）。

早在1979年，Christine Z等（1979）用胃蛋白酶水解小麦谷蛋白，获得阿片样活性肽，称之为外啡肽（exorphin）；后来，又通过竞争性酶联免疫吸附法（ELISA）检测胰蛋白酶水解小麦谷蛋白的酶解产物，得到了高浓度的小麦外啡肽A5，得率比其他酶解物获得的A5要高，并且通过化学法合成这一外啡肽也证实了这一结果（Fukudome et al，1997）。该团队从小麦谷蛋白中鉴定出的阿片样活性肽见表5-3。

表5-3　源于小麦谷蛋白的阿片样活性肽

名称	肽段序列
外啡肽 A5	Gly-Tyr-Tyr-Pro-Thr
外啡肽 A4	Gly-Tyr-Tyr-Pro
外啡肽 B5	Tyr-Gly-Gly-Trp-Leu
外啡肽 B4	Tyr-Gly-Gly-Trp
外啡肽 C	Tyr-Pro-Ile-Ser-Leu

小麦面筋蛋白经胃蛋白酶酶解,能产生可被特异性阿片受体拮抗剂纳洛酮所反转的阿片样活性肽类物质（田河山 等，2002；孙镇平 等，2003）。分别采用碱性蛋白酶、胃蛋白酶和胃蛋白酶复合胰蛋白酶水解制备3种主要组分的分子质量都在2000u以下的小麦肽，均具有较高的阿片样活性（孔祥珍 等，2007a；Kong et al，2008）；并利用小鼠热板实验和醋酸扭体实验研究这3种小麦肽的镇痛活性，发现其痛阈分别提高（77.78 ±13.82）%、（81.22 ±9.69）%和（79.78 ±22.77）%，其扭体抑制率分别为（38.25 ±2.98）%、（57.82 ±3.04）%和（52.43 ±3.87）%，即小鼠痛阈有所提高，同时扭体得到抑制，显示出小麦肽具有一定的阿片样镇痛活性（孔祥

珍 等，2007b）。在非甾体类药物损伤大鼠小肠黏膜后，损伤模型组大鼠小肠黏膜mu阿片受体转录也明显高于空白组，而采用一定量的小麦低聚肽干预30d后再药物损伤，发现小麦低聚肽能显著下调小肠黏膜mu阿片受体的转录（刘文颖 等，2017）。以上研究说明小麦低聚肽有望成为获得高效阿片样活性肽的重要来源。

七、其他生理功能

小麦低聚肽具有较高的Gln含量，肽段组分也有其独特之处。除前面述及的各项功能外，在抗过敏、抗癌功能方面也有报道。

小麦蛋白本身是一种典型的致敏原，如何降低小麦蛋白的致敏性，已成为食品工业中迫切需要解决的问题。小麦蛋白在酶解过程中，其抗原表位被破坏，致敏性大大降低。体外研究也发现小麦低聚肽具有抗过敏活性。小麦低聚肽抗过敏活性较高，60mg/mL的小麦低聚肽可抑制接近70%的透明质酸酶活力，其抗过敏活性高于大豆低聚肽、乌鸡低聚肽、玉米低聚肽和胶原低聚肽。小麦低聚肽的抗过敏活性与抗氧化活性存在一定相关性（马涛 等，2014）。

还有研究发现，小麦面筋蛋白来源的谷氨酰胺肽对人胃癌细胞和小鼠淋巴瘤细胞YAC-1具有显著的抑制作用，且呈现剂量效应关系（张海华，2011）。当Gln浓度为2mmol/L时，对人胃癌细胞抑制率为30%，显微镜下能明显观察到细胞凋亡现象，对小鼠淋巴瘤细胞（YAC-1）抑制率为80%，而市售且广泛报道的游离Gln替代品Ala-Gln二肽对这两种癌细胞的抑制作用剂量效应关系不明显；此外，小麦面筋蛋白来源的谷氨酰胺肽中的组分Gln-Gln-Pro-Asp-Glu-Ser-Gln-Gln对人胃癌细胞也具有显著的抑制效应（张海华，2011）。至于小麦面筋蛋白源谷氨酰胺肽在体内的作用效果如何，还有待于进一步研究。

小麦低聚肽含有大量Gln，且以低聚肽形式存在，是优良的Gln及谷氨酰胺肽补充剂，在调节血糖、保护大脑、增强记忆力等方面也具有一定的作用。

但是，小麦低聚肽是由多种小分子肽段构成，其成分复杂，肽段结构鉴定及构效关系研究难度较大，并且人体生理活动具有复杂性，小麦低聚肽的生理作用、肽段结构、调节机制、构效关系等仍是需要长期深入研究的课题。

参考文献

[1] FUKUDOME S, JINSMAA Y, MATSUKAWA T. Release of opioid peptides, gluten exorphins by the action of pancreatic elastase [J]. FEBS Letters,

1997, 412 (1): 475-479.

[2] HE R H, XING H, WANG Z P, et al. Establishment of an enzymatic membrane reactor for angiotensin-converting enzyme inhibitory peptides preparation from wheat germ protein isolates [J] . Journal of Food Process Engineering, 2016, 39 (3): 296-305.

[3] HEAD E, ROFINA J, ZICKER S. Oxidative stress, aging, and central nervous system disease in the canine model of human brain aging [J] . Veterinary Clinics of North America: Small Animal Practice, 2008, 38 (1): 167-178.

[4] HORIGUCHI N, HORIGUCHI H, SUZUKI Y. Effect of wheat gluten hydrolysate on the immune system in healthy human subjects [J] . Bioscience Biotechnology and Biochemistry, 2005, 69 (12): 2445-2449.

[5] HULSEWé K W, VAN A B A, HAMEETEMAN W, et al. Does glutamine-enriched parenteral nutrition really affect intestinal morphology and gut permeability [J] . Clinical Nutrition, 2004, 23 (5): 1217-1225.

[6] IIOKA Y, TATSUMI K, SUGITO K, et al. Effects of insulin-like growth factor on nitrogen balance during hypoxic exposure [J] . European Respiratory Journal, 2002a, 20 (2): 293-299.

[7] IIOKA Y, TATSUMI K, SUGITO K, et al. Effects of insulin-like growth factor on weight gain in chronic hypoxic rats [J] . Journal of Cardiovascular Pharmacology, 2002b, 39 (5): 636-642.

[8] KONG X Z, ZHOU H M, HUA Y F, et al. Preparation of wheat gluten hydrolysates with high opioid activity [J] . European Food Research & Technology, 2008, 227(2): 511-517.

[9] MANE S, GADE W, JAMDAR S. Purification and characterization of proline aminopeptidase from chicken intestine [J] . Process Biochemistry, 2011, 46 (6): 1384-1389.

[10] MATSUI T, LI C H, OSAJIMA Y. Preparation and characterization of novel bioactive peptides responsible for angiotensin I-converting enzyme inhibition from wheat germ [J] . Journal of Peptide Science, 1999, 5(7): 289-297.

[11] MATSUI T, LI C H, TANAKA T, et al. Depressor effect of wheatgerm hydrolysate and its novel angiotensin I-converting enzyme inhibitory peptide Ile-Val-Tyr, and the metabolism in rat and human plasma [J] . Biological & Pharmaceutical Bulletin, 2000, 23(4): 427-431.

[12] Pronin D, Börner A, Weber H, et al. Wheat (*Triticum aestivum* L.) breeding from 1891 to 2010 contributed to increasing yield and glutenin contents but decreasing protein and gliadin contents [J] . Journal of Agricultural and Food Chemistry, 2020, 68 (46): 13247-13256.

[13] ROCHETTE L, ZELLER M, COTTIN Y, et al. Diabetes, oxidative stress and therapeutic strategies [J] . Biochimica et Biophysica Acta (BBA) -General Subjects, 2014, 1840 (9): 2709-2729.

[14] SILVA R D, SANTOS-VALENTE E, SCOMPARINI F B, et al. The rela-

tionship between nutritional status, vitamin A and zinc levels and oxidative stress in patients with ataxia-telangiectasia [J] . Allergologia et Immunopathologia, 2014, 42 (4): 329-335.

[15] WILMORE D W. The effect of glutamine supplementation in patients following elective surgery and accidental injury [J] . Journal of Nutrition, 2001, 131 (9): 2543-2549.

[16] YIN H, PAN X C, SONG Z X, et al. Protective effect of wheat peptides against indomethacin-induced oxidative stress in IEC-6 cells [J] . Nutrients, 2014, 6: 564-574.

[17] ZAMANM A, OPARIL S, CALHOUN D A. Drugs targeting the renin-angiotensin-aldosterone system [J] . Nature Reviews Drug Discovery, 2002, 1 (8): 621-636.

[18] ZHU K X, ZHOU H M, QIAN H F. Antioxidant and free radical-scavenging activities of wheat germ protein hydrolysates (WGPH) prepared with alcalase [J] . Process Biochemistry, 2006, 41 (6): 1296-1302.

[19] 曹向宇. 麦麸多肽的制备及生物活性的研究 [D] . 沈阳: 沈阳农业大学, 2009.

[20] 陈英. 脱脂麦胚酶解粉功能活性研究 [D] . 无锡: 江南大学, 2010.

[21] 程云辉, 文新华, 王璋. 麦胚蛋白酶解物对小鼠抗氧化作用的研究 [J].食品科学, 2007, 28 (7): 486-489.

[22] 代卉, 乐国伟, 孙进, 等. 小麦肽对受环磷酰胺免疫抑制小鼠的免疫调节及抗氧化功能 [J] . 生物工程学报, 2009, 25 (4): 549-555.

[23] 富欲. 内源性阿片样肽的研究进展 [J] . 国外医学药学册, 2003, 30 (6): 339-344.

[24] 郭红英, 董英. 麦胚多肽对小鼠肝脏自发诱导脂质过氧化的抑制作用 [J] . 中国食品学报, 2009, 6 (7): 16-19.

[25] 金其贯, 金爱娜, 潘兴昌, 等. 模拟高原训练对大鼠心肌线粒体的影响及小麦肽的干预作用 [J] . 体育科学, 2013, 33 (9): 64-69.

[26] 金其贯, 佘奇, 金爱娜, 等. 拟高原训练对大鼠小肠黏膜屏障的影响及其小麦肽的干预作用 [J] . 西安体育学院学报, 2014, 31 (2): 225-230.

[27] 金振涛, 马永庆, 刘艳, 等. 小麦低聚肽粉中谷氨酰胺含量测定方法及其临床应用前景 [J] . 食品与发酵工业, 2011, 37 (11): 189-193.

[28] 阙斐, 赵粼, 陈锡威. 胰酶提升小麦蛋白酶解产物乳化活性工艺及其功能特性研究 [J] . 食品工业科技, 2014, 35 (10): 305-309.

[29] 孔祥珍, 周惠明, 钱海峰. 小麦面筋蛋白短肽的镇痛作用研究 [J] . 食品与生物技术学报, 2007a, 26 (2): 26-29.

[30] 孔祥珍, 周惠明, 钱海峰. 麦面筋蛋白功能短肽的阿片活性及其相对分子质量分布的研究 [J] . 中国粮油学报, 2007b, 22 (4): 24-27,32.

[31] 刘长江, 曹向宇, 刘剑利, 等. 麦麸多肽的酶法制备及其特性研究 [J]. 食品工业, 2009, 29 (1) : 34-36.

[32] 刘树兴, 石凯. 超声辅助酶解谷朊粉制备ACE抑制肽工艺优化 [J] . 陕西科技大学学报: 自然科学版, 2014 (6) : 110-114.

[33] 刘文颖, 林丹, 林峰, 等. 小麦低聚肽对HepG2细胞胆固醇代谢的影响 [J] . 食品工业科技, 2013, 35 (7): 126-129.

[34] 刘文颖, 谷锐增, 鲁军, 等. 小麦低聚肽中抗氧化肽的分离纯化及结构鉴定 [J] . 食品工业, 2016, 37 (6): 106-108.

[35] 刘文颖, 杨贤, 曹珂璐, 等. 小麦低聚肽和谷氨酰胺对大鼠胃肠黏膜损伤的保护作用. 食品与发酵工业,2017, 43 (11): 51-57.

[36] 刘小兵, 朴建华. 生物活性物质的抗氧化能力评价方法及其研究进展 [J] . 中国食品卫生杂志, 2008, 20 (5): 440-444.

[37] 柳小军, 刘国琴, 李琳. 小麦源生物活性肽研究进展及其应用 [J] . 农产品加工 (学刊) , 2009 (3): 81-84, 96.

[38] 刘艳, 张海欣, 魏颖, 等.小麦低聚肽保护H_2O_2所致HepG2细胞氧化损伤的作用 [J] . 食品与生物技术学报, 2015, 34 (6): 599-604.

[39] 刘珍, 王卫国. 谷朊粉的胰蛋白酶水解工艺研究 [J] . 饲料工业, 2006, 26(22): 17-19.

[40] 刘振家, 朱科学, 周惠明. 超声波辅助酶解脱脂小麦胚芽制备抗氧化肽的研究 [J] . 中国油脂, 2009, 34 (5): 38-41.

[41] 吕崇富, 高金燕, 袁娟丽, 等. 降低小麦致敏性的食品加工研究进展 [J] . 食品工业科技, 2012, 33 (23): 433-437.

[42] 马涛, 林峰, 林丹, 等. 食源性低聚肽抗过敏活性研究 [J] . 食品科技, 2014, 39 (2): 27-30.

[43] 潘兴昌, 胡要娟, 谷瑞增, 等. 补充小麦肽对预防散打运动员发生过度训练的作用 [J] . 中国运动医学杂志, 2015, 34 (2): 170-174.

[44] 潘兴昌, 蒋宝石, 谷瑞增, 等. 补充小麦肽对模拟高原训练大鼠骨骼肌蛋白质的影响及IGF-1的调节作用 [J] . 中国运动医学杂志, 2012, 31 (12): 1092-1097.

[45] 潘兴昌, 印虹, 谷瑞增, 等. 小麦肽对大鼠氮代谢以及胃肠黏膜结构和功能的影响 [J] . 食品科学, 2013, 34 (5): 264-269.

[46] 孙含, 赵晓燕. 小麦蛋白肽的研究及应用进展 [J] . 粮油食品科技, 2008, 26 (2): 11-16.

[47] 孙镇平, 华棣, 吕立力, 等. 心脏体外循环系统检测植物外啡肽活性的研究 [J] . 动物科学与动物医学, 2003, 20 (7): 71-72.

[48] 唐波. 小麦肽对模拟高原训练大鼠红细胞的影响及其调节机制 [D] . 扬州: 扬州大学, 2012.

[49] 田河山, 胥清富, 陈杰. 饲料蛋白质体外胃蛋白酶酶解产物中阿片样活性的测定 [J] . 南京农业大学学报, 2002, 25 (1): 117-118.

[50] 王瑞红, 孙小红, 王莺颖, 等. 大豆蛋白和小麦蛋白结构与功能对比研究 [J] . 粮食加工, 2016, 41 (3): 32-36.

[51] 王叔全. 谷朊粉应用概述 [J] . 粮油食品科技, 2000, 8 (2): 5-7.

[52] 王延州, 刘丽娅, 钟葵, 等. 高谷氨酰胺低聚小麦肽制备用酶的筛选 [J] . 现代食品科技, 2014a, 30 (2): 177-181, 187.

[53] 王延州. 小麦蛋白谷氨酰胺肽制备及对肠黏膜损伤修复效果的研究 [D] . 北京: 中国农业科学院, 2014b.

[54] 王章存, 原媛, 王许东, 等. 谷朊粉酶解条件优化及其抗氧化活性 [J] . 中国粮油学报, 2014, 29 (11): 7-13.

[55] 辛志宏, 吴守一, 马海乐, 等. 从麦胚蛋白质中制备降血压肽的研究 [J] . 食品科学, 2003, 24 (10): 120-123.

[56] 严斌. 小麦谷氨酰胺肽的高浓度制备及其肠道修复功能研究 [D] . 北京: 中国农业科学研究院, 2017.

[57] 杨小军. 灌喂大豆蛋白面筋蛋白的胃蛋白酶酶解物对大鼠免疫功能的影响 [D]. 南京: 南京农业大学,2003.

[58] 张飞, 吴海港. 小麦蛋白粉在饲料中的应用 [J] . 中国饲料,2012 (17): 30-32.

[59] 张海华. 小麦面筋蛋白源谷氨酰胺肽的酶解制备、结构分析与生理活性研究 [D] . 无锡: 江南大学, 2011.

[60] 张锐昌, 徐志宏, 刘邻渭. 酶解谷朊粉制备小麦肽的研究 [J] . 食品研究与开发, 2006, 27 (6): 4-7.

[61] 张亚飞. 小麦蛋白Alcalase水解物中免疫活性肽的研究 [D] . 无锡: 江南大学, 2006.

[62] 郑志强, 郝利民, 刘晋, 等. 小麦蛋白双酶酶解制备高抗氧化性小麦肽研究 [J] . 中国食品学报，2019, 19 (8): 78-88.

第六章

大豆低聚肽

第一节　概述
第二节　大豆低聚肽的组成及特性
第三节　大豆低聚肽的生理功能

第一节
概述

大豆是蛋白质含量最为丰富的植物性食物。大豆蛋白含有人体需要的全部氨基酸，并且必需氨基酸模式平衡，是公认的植物来源的优质蛋白质。食品工业利用大豆蛋白含量丰富的特点，常以榨油后的大豆粕制备大豆分离蛋白。

大豆蛋白在pH 4.5～4.8条件下，80%的蛋白质发生沉淀，被称为酸沉淀蛋白质，也称球蛋白，其余不发生沉淀的被称为清蛋白。大豆蛋白在超速离心沉降条件下，可分成 2S、7S、11S和15S四种组分，这也是它们按分子质量由小到大的排列顺序。其中的主要组分是7S球蛋白和11S球蛋白，而2S球蛋白和15S球蛋白两个组分含量比较少，四种组分的比例分别为9.4%、43%、43.6%、4.6%。在制取大豆分离蛋白时，小分子的蛋白质分散于水溶液中，工业离心分离机很难将其回收；而大分子蛋白质又难溶于溶液而残留在粕渣中。因此，工业化生产的大豆分离蛋白的主要成分为7S球蛋白和11S球蛋白（周瑞宝，周兵，1998；陈海敏，华欲飞，2001）。大豆分离蛋白在食品领域的应用非常普遍，随着生物酶解技术的日益成熟，对大豆蛋白的水解产物——大豆肽的研究得到了广泛关注。

根据国家标准《大豆肽粉》（GB/T 22492—2008）的定义，大豆肽粉是以大豆粕或大豆蛋白等为主要原料，用酶解或微生物发酵法生产的，分子质量在5000u以下，主要成分为肽的粉末状物质。同时，大豆肽粉的相对分子质量、肽含量、肽段组成及其理化性质随着制备工艺中所用的酶类、工艺参数和精制方法的变化而不同（卫琳，宋俊梅，2008）。一般工业制备的大豆肽中也含有较大比例的大豆低聚肽，大豆低聚肽大多是由3～6个氨基酸残基组成的小分子片段，由于分子质量小，其加工特性和营养功能特点日益受到重视。

大豆分离蛋白溶液的溶解性较差，在pH 4.3附近几乎全部沉淀。大豆低聚肽具有良好的黏度特性、吸水性和稳定性等，消化吸收也比大豆蛋白更有优势。大豆低聚肽易溶于水，其氮溶解指数（nitrogen soluble index，NSI）可达95%以上，且无残渣（冯永财 等，2003）。另外，由于大豆低聚肽含有多种特定的活性肽段，还表现出多种生理调节功能，如增强免疫力、缓解体力疲劳、降低血脂和血压、降低胆固醇、促进矿物质吸收、促进细胞生长繁殖等。

基于大豆低聚肽良好的理化加工特性和生理功能特性，适合用于开发一系列营养功能食品（Chen et al，1995；汪家铭，2000），如可用于以下食品：①蛋白质营养食品和特殊医学用途配方食品。由于大豆低聚肽具有易消化吸收的特性，可以为人体特别是特定人群提供重要的蛋白质来源，且分子质量在300~400u的低聚肽一般不会导致过敏，可以满足易过敏人群对氨基酸的摄入需求。②运动营养食品。运动员体力消耗大，需要大量的蛋白质，小分子的大豆低聚肽可以及时为人体补充氨基酸，避免肌肉蛋白质的负平衡，使运动员迅速恢复和增强体力。③保健食品。结合大豆低聚肽的抗氧化、降血压、降血脂等功能，可以以大豆低聚肽为功能配料开发具有相应保健功能的食品。另外，由于大豆低聚肽具有促发酵的作用，还可以应用于食品发酵工艺过程中，用于提高生产效率、改善产品品质。因此，大豆低聚肽在食品工业领域具有广阔的用途和积极的开发应用潜力（郑广新 等，2008）。

研究人员对大豆低聚肽的制备工艺进行了大量研究，采用不同的蛋白酶水解大豆分离蛋白，工艺条件也有较大的差异。徐丽萍等（2012）通过单因素和正交试验，确定了酶解温度55℃、水解时间2h、复合酶（木瓜蛋白酶：碱性蛋白酶）的配比为2：1、pH为6.0的最佳工艺条件。单春乔等（2012）通过对水解酶（采用复合酶）、酶用量、水解温度、水解时间和水解度等因素的探索，得到的最佳工艺条件是最适温度为48℃，最适pH为8.0，最适底物蛋白质浓度为60g/L，最适加酶量为2%（质量分数），在反应时间为4h条件下，酶解液中低聚肽含量为900g/L，水解度为80%左右。雷海容等（2017）利用风味蛋白酶水解大豆分离蛋白，并通过过滤分离、电渗析脱盐、树脂提纯、反渗透浓缩等手段制备了高纯度大豆低聚肽，蛋白质含量为93.6%，分子质量≤1000u的低聚肽成分含量占肽总量的87.15%，肽含量为91%，灰分为1.8%，水分为4.5%，极易溶于水。陈星等（2010）研究发现，大豆蛋白改性酶和风味蛋白酶对大豆蛋白具有非常好的水解效果。刘文颖等（2015）通过复合酶解法能够充分酶解大豆分离蛋白，再经过超滤膜过滤后获得大豆低聚肽，经过对其中组分的分子质量分布研究，发现大豆低聚肽中的组分分子质量大多在1000u以下，占83.54%，其中分子质量在132~576u的肽段含量最高，占62.78%，多为易被人体直接吸收的二肽和三肽。

工业化生产大豆低聚肽的工艺步骤一般为：大豆分离蛋白→溶解→水解→杀菌灭酶→酸沉→过滤分离→脱盐→提纯→浓缩→脱色、脱味→喷雾干燥→大豆低聚肽。

大豆是食品工业开发较早的一种食源肽，大豆肽的标准也是我国出台最早的食源肽标准。2004年，我国国家发展和改革委员会发布了轻工行业标准《大豆肽粉》（QB/T2653—2004）。2008年，国家质量监督检验检疫总局和国家标准化管理委员会联合发布国家标准《大豆肽粉》（GB/T22492—2008）。在工业化生产的大豆肽品质得到有效保障的前提下，不断深化对大豆低聚肽的功能、肽段结构及其作用机制等各方面的研究，将为大豆低聚肽的市场应用提供更多科学有力的支撑。

第二节
大豆低聚肽的组成及特性

一、理化特性

随着大豆榨油行业的快速发展，豆粕等副产品也越来越多。豆粕是大豆经过提取豆油后得到的副产品，其蛋白质含量高，并含有一些其他营养成分。过去大约85%的豆粕被用作饲料，但目前多作为原料用来生产大豆分离蛋白，其蛋白质含量在90%以上。大豆分离蛋白再经过酶解、离心、过滤、精制等步骤即可得到大豆低聚肽。豆粕、大豆分离蛋白、大豆低聚肽的主要成分变化见表6-1。

表6-1　　豆粕、大豆分离蛋白、大豆低聚肽的主要成分　　单位：g/100g，以干基计

项目	蛋白质	脂肪	水分	膳食纤维	碳水化合物
大豆粕	42.5	2.1	11.5	7.6	37.9
大豆分离蛋白	≥90	≤1.0	≤7.0	≤6.0	≤10.0
大豆低聚肽	≥80	≤1.0	≤7.0	≤1.0	0.6

二、氨基酸组成

大豆蛋白是植物蛋白中唯一符合联合国粮食及农业组织（FAO）、世界卫生组织（WHO）和联合国大学（UNU）于1985年制定的2~5岁儿童必需氨基酸营养要求的优质蛋白质。大豆低聚肽是以大豆分离蛋白为原料，利用碱性蛋白酶和中性蛋白酶等进行酶解，再经过超滤膜过滤后制得。大豆低聚肽中氨基酸含量丰富，富含人体所需的8种必需氨基酸，具有较高的营养价值。但其氨基酸的组成与大豆分离蛋白略有不同（汪家铭，2000）。大豆分离蛋白与大豆低聚肽的氨基酸组成对比详见表6-2。

表6-2　　大豆分离蛋白与大豆低聚肽的氨基酸组成　　单位：g/100g

氨基酸	大豆分离蛋白	大豆低聚肽	氨基酸	大豆分离蛋白	大豆低聚肽
甘氨酸（Gly）	4.08	3.82	苯丙氨酸（Phe）	5.60	4.41
丙氨酸（Ala）	4.38	3.39	酪氨酸（Tyr）	3.92	2.53
缬氨酸（Val）	4.89	3.69	色氨酸（Trp）	1.3	0.64
亮氨酸（Leu）	8.07	9.51	组氨酸（His）	3.70	2.57
异亮氨酸（Ile）	4.69	4.43	赖氨酸（Lys）	6.51	5.76
丝氨酸（Ser）	5.35	3.52	精氨酸（Arg）	7.89	5.09
苏氨酸（Thr）	3.94	2.50	天冬氨酸（Asp）	10.95	7.78
半胱氨酸（Cys）	3.83	0.90	谷氨酸（Glu）	4.36	3.07
蛋氨酸（Met）	1.37	1.28	脯氨酸（Pro）	2.68	3.01

三、分子质量分布

大豆分离蛋白经过不同的酶解工艺处理得到的大豆水解物的分子质量分布存在一定差异。易维学等（2001a）利用酶膜耦合工艺条件获得的大豆低聚肽中各组分的分子质量分布情况为：分子质量在600~4000u的组分占比52%，分子质量在4000~6000u的组分占比30%，分子质量在6000~10000u的组分占比15%。其中，分子质量为600~6000u的组分占82%，大多数活性肽都集中在这一分子质量范围内，如降血压肽、抗氧化肽等。陈星等（2010）利用大豆蛋白改性酶水解大豆分离蛋白的产物中，分子质量≤1000u的组分占97.42%；经风味蛋白酶水解后的产物分子质量≤1000u的组分占94.00%；风味蛋白酶与碱性蛋白酶复合水解所得产物分子质量≤1000u的组分占95.17%。刘文颖等（2015）通过复合酶解法能够充分酶解大豆分离蛋白，再经过超滤膜过滤后获得大豆低聚肽，经过对大豆低聚肽的分子质量分布研究，表明大豆低聚肽的分子质量大多在1000u以下，占83.54%，其中分子质量在132~576u的肽段含量最高，占62.78%，多为易被人体直接吸收的二肽、三肽。

四、肽段的结构特点

埃德曼降解法是氨基酸序列鉴定的传统方法，但存在一定缺点，如鉴定分析需要样品量多、样品纯度要求高、分析消耗时间长等。近些年，质谱技术日益成熟，该方法分析鉴定所需样品量少，耗费时间短，并可以对微量肽段进行鉴定，已成为对蛋白质和肽的氨基酸序列进行鉴定的常用方法。大豆低聚肽中的一些肽段也先后被鉴定出来。

王启荣等（2004）利用质谱方法鉴定出大豆低聚肽中的3条肽段。Yoshikawa等（1993）利用高效液相色谱分离出大豆蛋白酶解物中的肽段，通过测序确定了其氨基酸序列。Chen等（1997）对大豆蛋白水解物中分子质量在500~2000u的肽段通过Sephadex G-25色谱的制备、提取、分离及纯化后，测得其中4条具有高抗氧化活性的肽段。刘文颖等（2015）利用 Q-TOF 质谱仪对大豆低聚肽进行分析，共鉴定出 6个肽段。上述研究报道的肽段汇总于表6-3。

表6-3　大豆低聚肽的肽段结构

序号	肽段序列	分子质量 /u	研究者
1	Leu-Ala-Pro-Glu-Glu（LAPEE）	557.59	王启荣等，2004
2	Met-Ser-Leu-Pro-Thr-Asn（MSLPTN）	661.76	王启荣等，2004
3	Arg-Leu-Met-Leu-His-Leu-Ala-Pro（RLMLHLAP）	950.19	王启荣等，2004
4	His-Cys-Gln-Arg-Pro-Arg（HCGRPR）	724.84	Yoshikawa M，et al.，1993
5	Val-Asn-Pro-His-Asp-His-Gln-Asn（VNPHDHQN）	959.98	Chen H M，et al.，1997
6	Leu-Val-Asn-Pro-His-Asp-His-Gln-Asn（LVNPHDQN）	935.99	Chen H M，et al.，1997
7	Leu-Pro-His-His（LPHH）	502.57	Chen H M，et al.，1997
8	Leu-Tyr（ LY）	294. 35	刘文颖等，2015
9	Arg-Glu-Phe（ REF）	450. 49	刘文颖等，2015
10	Phe-Ser-Arg（ FSR）	408. 46	刘文颖等，2015
11	Lys-Gly-Phe（ KGF）	350. 42	刘文颖等，2015
12	Leu-Ala-Gly-Arg（ LAGR）	415. 49	刘文颖等，2015
13	Asp-Ser-Ser-Glu（ DSSE）	436. 38	刘文颖等，2015

五、营养与加工特性

80%的大豆蛋白分子质量在10万u以上，结构复杂，大多数分子内部呈反向β-螺旋非有序结构，分子结构高度压缩、折叠，从而使得大豆蛋白溶解性较差，消化率和生物效价远不及牛奶蛋白和鸡蛋蛋白等动物蛋白质。而对蛋白质进行酶解是改善原有蛋白质特点的一种很好的方式，大豆蛋白经酶解制成大豆低聚肽后，理化与加工特性均明显改善，适用性也明显提升。对大豆低聚肽的生产及其理化特性和营养功能的认识更加清晰，促进了大豆低聚肽在食品加工领域的应用（刘文颖 等，2015；Saito et al，2003）。

1. 溶解性

大豆蛋白本身溶解性差，pH4~5是大豆球蛋白的等电点，当pH在4~5时，几乎全部沉淀（饶平凡 等，1996）。而大豆低聚肽因为其分子变小，离子性增强，极性基团增加，溶解度增加，其溶解度较大豆分离蛋白高90%（卢亚萍，汤杰，2005；刘大川，钟方旭，1998）。大豆低聚肽溶液不会随着加热或pH等环境因素的改变而变化，在pH 2~9范围内仍具有良好的溶解性，添加到酸性溶液中不发生沉淀，溶液保持透明，并仍能保持原有的生理活性（孙旸，2004）。利用大豆低聚肽在酸性条件下保持稳定和澄清的特性，可用于开发酸性蛋白饮料（刘静，张光华，2010）。

2. 黏度

黏度是流体黏滞性的一种量度，是流体流动力对其内部摩擦现象的一种表示。一种物质的分子质量越大，其溶液的内部摩擦力也越大，黏度也就越大。除物质本身的分子质量外，其溶液的黏度还受温度、pH、离子强度、处理条件等多个因素的影响。大豆分离蛋白是高分子体系，其黏度特性会受到溶液浓度变化的影响，随着浓度增加，黏度会增大，100g/L以上的大豆分离蛋白溶液经过高温处理，容易导致疏水键结合及二硫键结合，从而构成网状聚合物，黏度可达9Pa·s，从而使大豆分离蛋白在流质食品中的添加应用受到限制（潘进权 等，2003）。将大豆蛋白经酶解制成大豆低聚肽，网状结构遭到破坏，膨胀性降低，分子质量变小，溶液黏度下降，且在酸性或中性条件下，黏度也无明显差异。大豆低聚肽溶液的黏度通常不会随着热处理条件的变化而受到影响，在加热状态下也不会发生胶凝，即使在高温条件下也具有良好的流动性。大豆低聚肽溶液在高浓度时也具有低黏度的特性，在浓度达到650g/L以上时黏度只有2.2Pa·s，且溶解度高达99%以上，流动性良好（Rho，等，2009）。特别适合将其应用于需要高蛋白质含量而又无法添加大豆分离蛋白的流质食品中。

3. 吸水性和稳定性

大豆低聚肽不会随着溶液pH的变化而改变其与水分子的作用力，因此吸水性不会随着pH的变化而变化。在加热的情况下，大豆蛋白水溶液在浓度为10%左右时就会发生凝固，但大豆低聚肽溶液无此现象。当pH为9时，大豆低聚肽与Ca^{2+}的结合能力最大，这可能与一定程度的加热处理可以使肽分子充分舒展，暴露了更多的Ca^{2+}结合位点，提高了Ca^{2+}结合能力有关，但长时间加热会导致肽的聚合增加，使其Ca^{2+}结合能力下降。研究表明，大豆低聚肽溶液与$CaCl_2$（0.03mol/L）同时存在于pH3~11体系中，经过长时间高温处理，仍有8%的含氮组分保持可溶性，这一点也明显优于大豆蛋白，因此大豆低聚肽可作为果汁饮料中的蛋白质强化剂（程天德，2006）。

4. 营养吸收特性

大豆低聚肽比大豆蛋白和相同组成的氨基酸混合物具有更好的消化吸收效果。Rho等（2009）将大豆低聚肽溶液注入肝病患者十二指肠，患者血液中氨基酸出现较快，并呈现单峰曲线；而摄入组成相同的氨基酸混合物溶液，患者血液中呈现双峰曲线，说明在单位时间内大豆低聚肽中的氨基酸被吸收进入血液的数量更多。崔洪斌（2000）也报道，与大豆蛋白和组成相同的氨基酸混合物溶液相比，大豆蛋白酶解产物从摄入到肠道的时间最短，吸收速度最快。也有学者将大豆低聚肽和干酪素进行对比，发现前者吸收率更大，利用情况更佳。可以看出，相比于氨基酸、大豆分离蛋白和其他蛋白质，大豆低聚肽的吸收利用率更好。其原因主要是大豆低聚肽在消化道中可以免去较多的酶解过程，能够减少其在肠道内的消化和滞留时间。低聚肽被吸收时的运输机制也有其独特性。小肠上皮细胞在转运蛋白功能方面包括游离氨基酸（FAA）运输体系、小肽（SP）运输体系和寡肽（OP）体系，还可以通过转运和胞饮作用直接摄入蛋白质。上述转运体系在一般情况下呈现关闭状态，仅在肠腔中有一定数量的物质刺激时才会打开（Webb等，1990）。这可能是低聚肽在短时间内被机体快速吸收，用于满足机体在应激状态下氮源营养需要的重要机制（汤国营 等，2006）。大鼠摄食大豆低聚肽后，大鼠体内的氮储存率和氮净利用率均高于摄食同等量的大豆蛋白（李世成 2006）。因此，大豆低聚肽更适合作为氮源营养物质用于满足机体在特殊情况下的蛋白质营养需要。

5. 促微生物生长特性

大豆低聚肽能促进多种微生物的生长繁殖。沈会祥等（2008）研究发现，利用脱脂乳培养嗜酸乳杆菌（*Lactobacillus acidophilus*），当加入5g/L大豆低聚肽，能显著加快菌体的繁殖及代谢。酸乳发酵时加入5g/L大豆低聚肽，酸乳中的干酪乳杆菌（*Lactobacillus casei*）、双歧杆菌（*Bifidobacterium*）和嗜酸乳杆菌等均增长迅速，酸乳酸度也增长较快，效果明显优于加入同浓度的低聚糖（易维学 等，2001b；Egusa et al，2009）。大豆低聚肽也能明显促进酵母增殖（Webb et al，1990），空白组的酵母生物量为0.28×10^6个/mL ，蛋白胨组的酵母生物量为0.8×10^6个/mL，大豆肽组的生物量为1.35×10^6/mL，大豆肽组的酵母生物量较空白组增长了4.82倍，且高于蛋白胨组的2.5倍（肖凯军 等，1995）。

大豆低聚肽促进微生物生长的特性已经被应用在酸乳、发酵火腿、干酪、面包等的生产过程中，不仅可以提升生产效率，还有助于稳定产品品质，增加产品风味和营养价值（肖凯军 等，1995）。

第三节
大豆低聚肽的生理功能

一、抗氧化功能

20世纪初，人们就发现大豆制品具有抗氧化功能，推断大豆中含有一定量的抗氧化活性物质。随着研究的深入，一些活性物质逐步从大豆中分解出来，其抗氧化活性主要源于三类物质：一类是大豆中的非蛋白质成分，如多酚类及黄酮类等物质。在加工过程中，由于工艺手段的差异，这些物质没有被完全去除而部分残留于大豆制品中，使得大豆制品表现出一定的抗氧化作用。另一类物质主要是糖蛋白产物。大豆蛋白中赖氨酸具有较高比例，在生产过程中赖氨酸侧链基团 ε -NH_2与还原糖发生美拉德反应所形成的糖蛋白产物有较强的抗氧化活性，但由于反应所需时间较长，实现工业化还存在一定难度。第三类活性物质就是大豆低聚肽。

利用6种不同蛋白酶（中性蛋白酶、碱性蛋白酶、风味蛋白酶、木瓜蛋白酶、胰蛋白酶和菠萝蛋白酶）对大豆分离蛋白进行水解，结果表明采用碱性蛋白酶酶解制备的大豆低聚肽抗氧化活性最强。通过工艺优化，发现在酶浓度为9000U/g、pH 8.5、反应温度为52.5℃、反应时间为5h时，对·OH抑制率为36.43%，清除O_2· 的能力为317.73U/g，对ROO· 抑制率为46.24%（Sui et al，2011）。酶水解获得的大豆低聚肽清除自由基的能力是普通大豆蛋白的3~5倍（Matoba，2002），并且随着大豆低聚肽浓度的增加，其抗氧化能力也随之增强（荣建华 等，2002）。刘文颖等（2017）利用RP-HPLC、Q-TOF质谱技术对分子质量在1000u以下的大豆低聚肽中抗氧化活性最强的肽段进行分离鉴定，发现以氨基酸序列为Leu-Tyr的肽段对DPPH自由基的清除能力最强（85.32%），其次为Leu-Ala-Gly-Arg（56.48%）、Phe-Ser-Arg（39.32%）。Chen等（1997）利用芽孢杆菌产生的蛋白酶水解大豆蛋白中的β -伴大豆球蛋白（conglycinin），经分离纯化，得到具有明显的抗亚油酸脂质过氧化作用的三个肽段：Val-Asn-Pro-His-Asp-His-Gln-Asn、Leu-Val-Asn-Pro-His-Asp-His-Gln-Asn、Leu-Pro-His-His。徐力等（2007）发现，当使分子质量在100~1300u的大豆低聚肽的添加浓度达到40mg/mL时，邻苯三酚氧化抑制率为27%，明显高于未添加大豆低聚肽的状况。Hsu等（2009）研究表明，由5~16个氨基酸残基组成的、分子质量分布在600~1700u内的大豆肽具有良好的抗氧化活性，并且分子质量较小的肽段具有更高的抗氧化活性（王嘉榕等，2008）。

大豆低聚肽的抗氧化活性受多种因素影响：第一，大豆低聚肽特定的氨基酸组成影响其抗氧化功能，例如，组氨酸和酪氨酸可以清除自由基，抑制脂质过氧化和螯合金属离子（Saito et al，2003；Chen，et al，1995）；第二，氨基酸序列的不同会影响大豆低聚肽的抗氧化功能；第三，氨基酸侧链上的某些基团也会引起大豆低聚肽抗氧化功能的变化，其中组氨酸具有的吲哚基团本身能够抗氧化，从而影响其功能（Kim et al，2001）。目前对于抗氧化肽的作用机制的研究多集中于三类氨基酸（即疏水性氨基酸、抗氧化性氨基酸和酸性氨基酸）及其构象方面（Wang et al，2003）。许多氨基酸具有抗氧化活性，如赖氨酸、亮氨酸、精氨酸、脯氨酸、丙氨酸、缬氨酸、色氨酸、酪氨酸、半胱氨酸等（郑广新，马勇，2008）。前文提到的3个抗氧化肽段［Leu-Tyr（LY）、Phe-Ser-Arg（FSR）和Leu-Ala-Gly-Arg（LAGR）］中均包含具有抗氧化活性的氨基酸。同时值得注意的是，单纯的氨基酸的抗氧化活性低于其所在肽段的抗氧化作用，肽链中氨基酸之间的短程相互作用可能有助于强化作为质子供体的氨基酸的抗氧化活性，肽段间的协同作用也有助于增强原料肽的整体抗氧化活性（Rajapakse et al，2005）。

综合多个方面的研究可以发现，在大豆蛋白水解过程中通过控制其水解程度及产物分子质量的大小，可获得具有较好抗氧化活性的大豆低聚肽产品。以大豆低聚肽为功能成分开发具有抗氧化功能的食品，并合理利用，有助于清除机体内自由基，减轻脂质过氧化反应，从而有助于减少一些常见慢性病的发生。

二、调节血糖功能

2型糖尿病是由胰岛素分泌缺陷和胰岛素抵抗引起的代谢紊乱综合征，对患者的正常生活造成严重困扰。探索安全有效的食源性物质以降低高血糖和维持正常的血糖水平，一直是糖尿病防治领域的重要方向。

近些年来，研究人员对于大豆低聚肽的降糖作用及其机制也进行了探讨，并获得了多个有益的发现。对传统大豆发酵制品的功能研究为探索大豆低聚肽的降血糖作用提供了很好的提示：韩国豆酱的水提物能诱导胰岛素分泌，增强胰岛素的敏感性，分离鉴定发现其中含有大量的大豆低聚肽；对鉴定出的肽段His-His-Leu进行人工合成，相应功能也得到证实（Shin et al，2001）；100g膳食中添加5g韩国豆酱（清麹酱），可有效改善小鼠对胰岛素的耐受性，调节葡萄糖代谢，有助于维持血糖正常水平（Kwon et al，2011）。大豆肽可有效降低糖尿病模型大鼠的血糖水平，低、高剂量的大豆肽分别降低8.84mmol/L和10.65mmol/L，呈现一定的正相关关系，且大豆肽还可改善糖尿病大鼠的糖耐量，降低餐后血糖水平，其作用机制可能与抗氧化有关（杨宇轩 等，2014）。

大豆分离蛋白经酶解后，对于调节血糖有作用的组分不仅限于低聚肽，一些大分子多肽的降血糖作用也得到研究证实。鲁憬莉等报道，从大豆中提取到一种由37个氨基酸残基构成的肽段（胰安肽，Aglycin），其特点是水溶性好，物理化学性质稳定，能耐受胃蛋白酶、胰蛋白酶和蛋白内切酶Glu-C（金黄色葡萄球菌V8蛋白酶）的降解，并可显著降低糖尿病伴高血脂模型小鼠的高血糖、血清甘油三酯水平，改善总胆固醇水平；细胞学研究显示，胰安肽对HepG2细胞增殖无明显抑制作用。这些研究为开发可有效调控血糖的功能因子提供了新的思路。

三、降血脂功能

高脂血症是指脂肪代谢或者运转异常使人体血液中的血脂含量超过正常范围，表现为血液中胆固醇和（或）甘油三酯过高或高密度脂蛋白过低，现代医学称“血脂异常”，是造成冠心病、心肌梗死等疾病的主要原因。由于饮食结构的变化，我国高脂血症患者数量也逐渐增多。目前临床上主要采用他汀类或贝特类药物进行治疗，但此类药物的副作用较大，例如引起糖尿病、肌病[1)]和肝酶异常。大豆中含有天然的活性物质，如大豆固醇、大豆低聚糖、大豆膳食纤维等，这些物质均有良好的降血脂功能。

大豆蛋白的降血脂作用尤其是降胆固醇作用也获得普遍认可，其作用机制一方面是通过增加胆汁酸的排出，减少血液胆固醇含量与LDL-C的含量（Forsythe，1995）；另一方面，大豆蛋白中的豆球蛋白（glycinin）及伴大豆球蛋白还可有效刺激肝脏中的低密度脂蛋白受体，引起胆固醇水平降低。还有研究指出，大豆蛋白对胆固醇的降低作用主要与胆固醇在血液中的浓度有关，当血清胆固醇水平处于正常范围内，食用大豆蛋白后，其总胆固醇含量降低7%，而对于血清胆固醇浓度严重超标的人，其总胆固醇含量可降低24%。这说明血清胆固醇初始浓度越高，食用大豆蛋白后降低胆固醇的效果越显著。1999年12月，美国食品和药物管理局（FDA）批准了

1）肌病是指肌肉的原发性结构或功能性病变，中枢神经系统下运动神经元、末梢神经及神经肌肉接头处所致继发性肌软弱等都包括在内。临床表现有肌无力、肌萎缩、肌痛、肌强直、肌肥大、肌病性面容等。

对大豆蛋白的健康声称："每日摄入大豆蛋白25g作为低饱和脂肪和胆固醇膳食的一部分，可降低血液中胆固醇含量，有效预防心血管病"，并对相关商品包装上的标识做了规定。

同样，大豆蛋白的酶解产物——大豆肽的降脂作用也得到多个研究者的证实。给高血脂大鼠灌胃大豆肽，可显著降低血清中胆固醇及甘油三酯水平，且随着大豆肽使用浓度的增加，降低总胆固醇及总甘油三酯的效果增加明显；大豆肽剂量增加，可明显提高HDL-C浓度，同时有效降低LDL-C含量（刘忆梅 等，2004）。大豆肽还有助于降低高脂饲料喂养的大鼠体重，且对大鼠生殖器周围脂肪体质比有明显的抑制效果（褚斌杰 等，2011）。在高脂膳食中添加大豆肽后，大鼠排泄粪便胆汁酸的量明显增加，病理检查发现肝脏中的脂肪沉积明显减轻；大豆肽降血脂可能与刺激甲状腺激素分泌增加和促进胆固醇的胆汁酸化有关（谢莎丽 等，2009）。大豆肽组甲状腺素（T4）水平含量升高，这可能与apo B的降低有关（赵秀娟 等，2004）。动脉硬 化指数（AI）被认为是综合反应冠心病易患因素的指标，主要通过TC及HDL-C的数值计算得出，数值越大，动脉硬化越严重，发生心脑血管疾病的概率越高，大豆肽可明显降低AI，由此间接推测大豆肽在预防心脑血管疾病方面具有积极作用（朱翠凤 等，2013）。

食源性低聚肽降低血清胆固醇还有一些特殊的优点：①对于胆固醇值正常的人，没有降低胆固醇的作用，而对于胆固醇值高的人具有降低胆固醇的作用；②对胆固醇值正常的人，在食用高胆固醇含量的蛋、肉、动物内脏等食品时，也有防止血清胆固醇值升高的作用；③在总胆固醇中，食源性低聚肽所降低的胆固醇是对人体有害的低密度脂蛋白和极低密度脂蛋白（VLDL），不降低对人体有益的高密度脂蛋白的数值。

食源性低聚肽降低胆固醇作用的测定，主要是通过3-羟基-3-甲基戊二酸单酰CoA（HMG-CoA）还原酶的抑制实验和胆固醇胶束溶解度的抑制实验来进行。研究人员利用这两种方法对大豆肽和玉米肽的相关作用进行比较研究，可对食源性低聚肽抑制内源性胆固醇合成和外源性胆固醇吸收两种途径的效果做大略了解。

1. 胆固醇胶束溶解度抑制活性

膳食中的胆固醇在人体肠道中与其他脂类一起借助于胆盐的乳化作用，形成混合的胶束溶液，以胶粒形式存在的胆固醇才能被输送进入肠黏膜细胞，再经淋巴系统进入血液循环。目前有文献表明，许多食源性低聚肽能够阻碍肠道内胆固醇的吸收，促使胆固醇排出体外，从而降低血脂和胆固醇浓度。樊永华等（2013）用超声波乳化的方法制备出一种人造胆汁胶束溶液，在体外模拟人体的肠道环境，再经超速离心使胶束溶液两相分离，通过测定水相中胆固醇溶出的含量来考察降血脂活性肽对胆固醇在胆汁胶束溶液中的溶解度的影响。通过此方法评价了大豆肽的降胆固醇活性，在一定浓度范围内，大豆肽具有很强的抑制活性。图6-1列出了大豆肽和玉米肽在这一方面的作用效果比较。二者活性均随浓度上升而增强，但到了一定浓度后，活性增强不明显。一定浓度时，二者对胆固醇胶束溶解度的抑制率均超过了65%。玉米肽抑制胆固醇胶束溶解度的IC_{50}为31.5mg/mL，大豆肽为13.6mg/mL。可以看出，二者均显示出较好的降低胆固醇溶解度的活性，但以大豆肽的胆固醇胶束溶解度抑制活性更高。

图6-1　大豆肽和玉米肽对胆固醇胶束溶解度的抑制活性对比

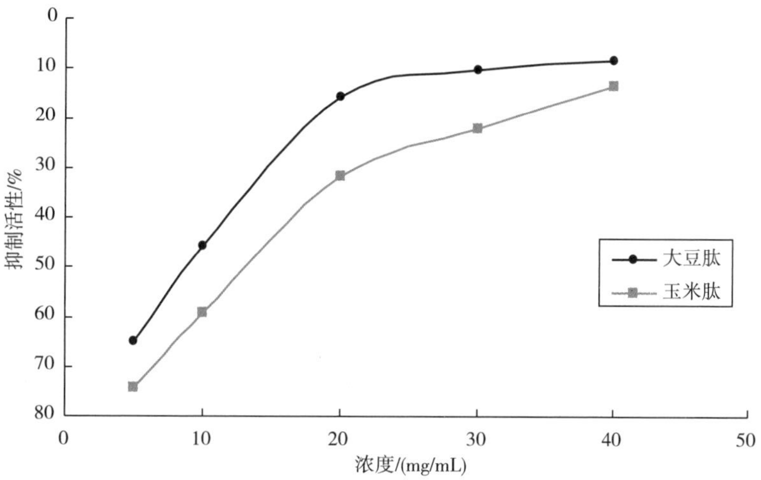

2. 抑制活性的测定

血脂调节包含了很多细胞内和细胞外的胆固醇代谢因素。对于3-羟基-3-甲基戊二酸单酰辅酶A（HMG-CoA）还原酶的抑制，可以降低细胞内胆固醇的合成量（樊永华，许辉，2013）。对于人以及大多数动物，HMG-CoA还原酶抑制剂可以非常有效地降低血浆中胆固醇含量，并且这些抑制剂被广泛用于降血脂药中。

人体内的总胆固醇分别约有44%和23%在肝脏和肠内合成，在其他组织中合成的量仅占总量的约1/3。肝脏内的胆固醇生物合成经历了以下主要阶段：醋酸（或其盐、酯）→3-羟基-3-甲基戊二酸单酰辅酶A→甲羟戊酸（MVA）→3-异戊烯焦磷酸酯→鲨烯→胆固醇，这其中包括近30步复杂反应。其中的HMG-CoA还原酶（EC1.1.1.34）是该合成系统的限速酶，其活力高低决定着胆固醇合成速率的快慢。因此只要证明降血脂活性肽能对HMG-CoA还原酶有抑制作用，就可以反映出其有降血脂活性。

Pak等（2005）以对HMG-CoA还原酶的抑制作用为指标，评价大豆11S和7S球蛋白胃蛋白酶水解物的降胆固醇活性，结果表明大豆蛋白的水解物具有一定的降胆固醇作用；通过进一步分离，获得具有明显降胆固醇活性的八肽Ile-Ala-Val-Pro-Gly-Glu-Val（IAVPGEV）。该方法的原理是通过HMG-CoA还原酶将还原型烟酰胺腺嘌呤二核苷酸磷酸（NADPH）氧化成烟酰胺腺嘌呤二核苷酸磷酸

（NADP$^+$），然后在340nm吸收波长下检测NADP$^+$的吸光度。应用该方法可有效地研究调节HMG-CoA还原酶活力的物质。图6-2列出了大豆肽和玉米肽在这一方面的作用效果比较。二者活性均随浓度上升而增强，但到了一定浓度后，活性增强不明显。一定浓度时，二者对HMG-CoA还原酶的抑制率均超过了60%。玉米肽抑制HMG-CoA还原酶的IC_{50}为17.8mg/mL，大豆肽为12.7mg/mL。可以看出，二者均显示出了较好的抑制HMG-CoA还原酶的活性，以大豆肽的抑制活性更高。

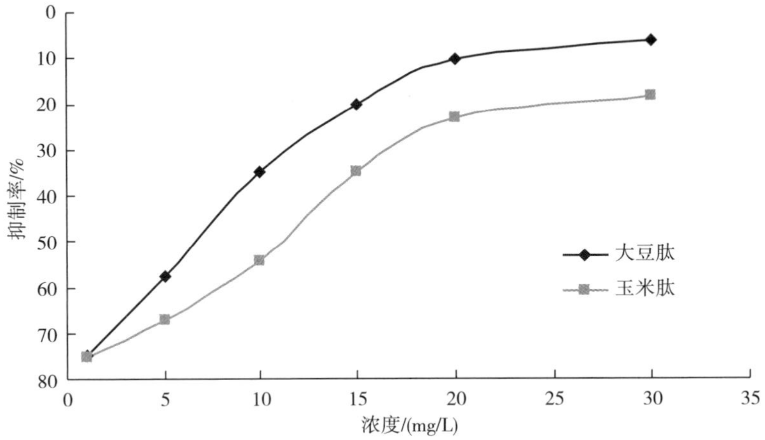

◂ 图6-2　大豆肽和玉米肽对HMG-CoA还原酶的抑制活性对比

四、降血压功能

血管紧张素转化酶是一种含锌的膜结合糖蛋白，属于二肽羧肽酶，主要集中在肺毛细管内皮细胞中。ACE可以促使血管紧张素Ⅰ（Ang Ⅰ）转化为血管紧张素Ⅱ（Ang Ⅱ），从而使末端血管收缩，外周血液循环阻力增大，引起血压升高，在血压调节方面起到重要作用。近年来多个研究发现，从植物蛋白和动物蛋白中可以分离出具有血管紧张素转化酶抑制活性的肽类物质，称为ACE抑制肽（也称降血压肽）。大豆蛋白经酶解后产生的具有ACE抑制活性的肽类物质，安全无毒副作用，具有良好的研究价值。

Kawamura等（1997）从大豆球蛋白和β-伴大豆球蛋白中分离得到具有抑制ACE作用的活性肽片段，可通过抑制血管平滑肌收缩起到降血压作用。利用不同的蛋白酶水解大豆蛋白，均可获得ACE抑制肽。Matsui（2003）利用胃蛋白酶、乳糜蛋白酶和胰蛋白酶对大豆分离蛋白进行水解得到二肽和三肽的混合物，并从中分离得到了Val-Thr（VT）、Ile-Val-Thr（IVT）、Ser-Val-Thr（SVT）三个片段，给小鼠灌胃该混合物后6 h，小鼠收缩压降低19.7 mmHg。

食源肽的ACE抑制活性可通过体内与体外两种试验方法进行测定。

目前，体内实验评价ACE抑制肽主要通过经口给予或静脉注射的方式对原发性高血压小鼠（SHR）进行实验，并通过比较不同剂量的降压肽产品和降血压药物卡托普利（对照组）对SHR血压的影响来判定降压肽的效果（张春宝等，1994）。Wu等（2002）研究报告，使用碱性蛋白酶水解大豆蛋白得到的产物喂食SHR鼠3周后，其收缩压下降38mmHg，血清中的钠离子浓度也下降明显，与常用降压药卡托普利的作用趋势相同。但与卡托普利不同的是，大豆蛋白酶解产物对正常血压大鼠的血压几乎没有影响。汤健等（2006）也发现，低剂量大豆肽（600mg/kg.bw）与高剂量大豆肽（1200mg/kg.bw）对雌性SHR大鼠均有良好的降血压效果，且高剂量组的降血压效应更加稳定。在动物试验的基础上，汤健等（2006）又对40名原发性高血压患者进行了大豆肽的降血压效果研究，给受试者每日食用3g大豆肽，连续服用一个月，发现收缩压平均值由142.52 mmHg降低到134.38mmHg，舒张压平均值由88.98 mmHg下降到84.57 mmHg。说明大豆肽对原发性高血压患者也有明显的降血压效果。

食源肽ACE抑制活性的体外测定方法，现在常用的方法主要有紫外分光光度法、可见分光光度法及高效液相色谱法。这些方法较体内动物实验而言，具有操作简单、操作周期短的特点。但值得注意的是，一些研究指出，分离出的降压肽在体外实验中显示对ACE具有抑制活性，但在体内实验中却无降血压效果。推测这可能是由于ACE抑制肽在摄入后，被消化降解为无活性的片段，或者这些抑制肽只是 ACE 的底物，并不是抑制剂，所以它们在体外实验测得的活性较高，而在体内无明显效果。同时，也有些ACE抑制肽体外实验活性不高，但动物实验结果却表明其有明显的降血压效果。这可能是ACE抑制肽被摄入体内后被胃肠道的消化酶降解，进而生成了有降血压活性的片段。总之，ACE抑制活性的体内外研究结果并不完全一致，关于这一问题还需要进一步研究。

五、免疫调节功能

免疫系统与机体健康有着不可分割的关系，通过合理饮食、适当运动等多种方式提高机体免疫力，可有效抵御外界病原体入侵，预防多种疾病的发生。

胸腺和脾脏是重要的免疫器官，分别是T淋巴细胞和B淋巴细胞发育和成熟的场所，同时在抗原刺激下的免疫应答也是在这里进行。研究领域常以两者的器官质量来反映机体的免疫水平，作为非特异性免疫调节的初级指标。研究发现，大豆肽能够增加免疫低下小鼠的胸腺指数和脾脏指数，对免疫低下小鼠的免疫水平有一定促进作用，但对免疫功能正常的小鼠无影响（国明明 等，2007）。

当T淋巴细胞受到刀豆蛋白A（Con A）的刺激后，可出现代谢旺盛、蛋白质和核酸合成增加，细胞体积增大并刺激淋巴母细胞的分裂，即T细胞对Con A刺激的反应大小可以反映机体的免疫水平。通过环磷酰胺构建免疫力低下的小鼠模型，给予大豆肽对Con A的刺激指数、抗体生成细胞含量和血清溶血素的降低均有恢复作用（国明明 等，2007），具有正电荷成分且分子质量小的大豆肽，增强免疫调节作用显著（Kong et al，2008）。

巨噬细胞是机体非特异性免疫的重要组成部分，主要由骨髓干细胞分化而成。通过大豆蛋白酶解物和面筋蛋白酶解物饲喂大鼠，发现大豆蛋白酶解物在促进大鼠腹腔巨噬细胞的吞噬能力、刺激外周血淋巴细胞转化、提高肠腔sIgA水平方面有显著作用，效果优于面筋蛋白酶解物（杨小军，2003）。大豆蛋白酶解物中氨基酸序列为His-Cys-Gln-Arg-Pro-Arg（HCQRPR）的肽段，能有效刺激巨噬细胞和多核白细胞的吞噬作用，在小鼠体内也具有一定的免疫调节功能（Yoshikawa et al，1993）。从大豆蛋白的胰蛋白酶解产物中分离出氨基酸序列为Met-Ile-Thr-Leu-Ala-Ile-Pro-Val-Asn-Lys-Pro-Gly-Arg（MITLAIPVNKPGR）的肽段，该肽段*N*末端为甲硫氨酸残基，*N*末端第3个氨基酸残基为苏氨酸，当此处的苏氨酸被苯丙氨酸或色氨酸替换时，可增强大豆肽的巨噬细胞吞噬能力（Maruyama et al，2003）。

肠道是体内最大的免疫器官，同时也是免疫系统中的第一道屏障。左伟勇等（2005）在仔猪饲料中添加一定的大豆肽，发现仔猪空肠肠道大肠杆菌（*Escherichia coli*）数量降低，双歧杆菌数量增加，表明大豆肽可有效改善肠道微生物的菌群结构，进而起到调节肠道免疫功能的作用。

六、缓解运动疲劳功能

运动性疲劳的发生及其程度除与运动强度有关外，也与糖原的贮存、抗氧化水平、乳酸代谢、肌肉纤维损伤修复等多个因素有关。研究发现，大豆肽具有明显的缓解运动疲劳的作用，这一作用也是通过多个方面的机制实现的。

机体在运动时产生乳酸，当周围供氧充分时，乳酸会经三羧酸循环水解产生二氧化碳。但在运动后期容易出现氧供给不足等情况，使乳酸无法进入到三羧酸循环的途径，从而使过量乳酸在体内堆积；另外机体在运动过程中也会发生氧化应激反应，造成氧化损伤，均可使机体产生疲劳感。给小鼠喂饲大豆肽，其游泳力竭时间明显延长，乳酸脱氢酶含量、肌肉乳酸生成量、血尿氮含量也明显降低，而肝糖原、SOD活力则明显上升，SOD活力与游泳力竭时间之间也存在线性关系，说明大豆肽能有效提高小鼠肝糖原水平，降低运动后血清中乳酸的含量，增强抗氧化应激作用，进而发挥抗疲劳的功效，并且分子质量越小的大豆肽对影响疲劳指标的效果越显著，即缓解疲劳作用越明显（陈园园，2008；张玉萍等，2012；尹军杰，2017）。

以专业运动员开展的试验也证实大豆肽抗疲劳的效果。补充大豆肽有助于增强中长跑运动员体重，提高血清睾酮水平，降低中长跑运动员运动后血清肌酸激酶的浓度和主观体力感觉水平（RPE）的等级（王启荣 等，2004）。在以举重运动员开展的试验中也得出相似的结论，并且通过对80%最大负荷深蹲时腿部和腰部肌肉肌电信号的测试发现，补充大豆肽能使肌肉的工作效率增加，抗疲劳能力提高（周丽丽等，2006）。

七、控制体重功能

近年来越来越多的研究开始关注于如何通过饮食结构的调整达到减肥的目的。胆囊收缩素（CCK）可以刺激胆囊收缩，在调节胃肠活动方面起多种作用，是进食量控制的重要介质 。Nakajima等（2010）发现β-伴大豆球蛋白中的β51~63肽段可有效刺激CCK的分泌，增加饱腹感，从而减少摄食量。利用经枯草芽孢杆菌发酵、酶解得到的大豆低聚肽饲喂大鼠，大鼠体重增长受到一定的抑制；体脂测定数据显示，以不同剂量的大豆低聚肽饲喂大鼠，大鼠对脂肪的吸收受到抑制，反映出大豆低聚肽具有一定的体重控制效果（褚斌杰等，2011）。余承高等（2010）也报道，大豆低聚肽对高脂大鼠的体重和体脂均有降低作用，对营养性肥胖有一定的预防作用。利用大豆低聚肽的这一功能发现，开发针对超重和肥胖人群的特定产品或许具有指导性意义。当然，控制体重仍应以饮食控制和增加运动为根本，其他任何措施都应该只是辅助。

综上，大豆低聚肽与普通大豆蛋白相比，具有溶解性好、易消化吸收、黏度低等特性，是一种新型、高端、优质的食品配料，特别适用于蛋白饮料、老年蛋白营养强化食品、运动营养食品、特殊医学用途配方食品等营养功能食品，也可作为发酵促进剂使用，在食品、医药及日用化工等领域均有着广泛的应用前景。

参考文献

[1] CHEN H M, MURAMOTO K, YAMAUCHI F, et al. Characterization of antioxidative peptides from soybean proteins [M] .//OHIGASHI H, OSAWA T, TERAO J, et al. Food Factors for Cancer Prevention. Tokyo: Springer, 1997:

639-641.

[2] CHEN H M, MURAMOTO K, YAMAUCHI F. Structural analysis of antioxidative peptides from soybean beta-conglycinin [J] . Journal of Agricultural and Food Chemistry, 1995, 43 (3): 574-578.

[3] EGUSA S, OTANI H. Characterization of a cellular Immuno stimulating peptide from a soybean protein fraction digested with peptidase R [J] . Journal of Nutritional Science and Vitaminology, 2009, 55 (5): 428-433.

[4] FORSYTHE W A. Soy protein, thyroid regulation and cholesterol metabolism [J] . Journal of Nutrition, 1995, 125: 619-623.

[5] HSU K C, LU G H, JAO C L. Antio-xidative properties of peptides prepared from tuna cooking juice hydrolysis with orientase (*Bacillus subtilis*) [J] . Food Research International, 2009, 42 (5): 647-652.

[6] KAWAMURA S. Peptides from soybean globulins with the action to inhibit angiotensin -converting enzymes and their effects to blood pressure [J] . Agro Food Industry Hi-Tech, 1997, 40: 73-82.

[7] KIM S K, KIM Y T, BYUN H G, et al. Isolation and characterization of anti-oxidative peptides from gelatin hydrolysate of alaska pollack skin [J] . Journal of Agricultural and Food Chemistry, 2001, 49 (4): 1984-1989.

[8] KONG X Z, GUO M M, HUA Y F, et al. Enzymatic preparation of immunomodulating hydrolysates from soy proteins [J] . Bioresource Technology, 2008, 99 (18): 8873-8879.

[9] KWON D Y, HONG S M, AHN I S, et al. Isoflavonoids and peptides from meju, long-term fermented soybeans, increase insulin sensitivity and exert insulinotropic effects *in vitro* [J] . Nutrition, 2011, 27 (2): 244-252.

[10] MARUYAMA N, MARUYAMA Y, TSURUKI T, et al. Creation of soybean β-conglycinin with strong phagocytosis-stimulating activity [J] . Biochimica et Biophysica Acta (BBA) -Proteins Proteomics, 2003, 1648 (1): 99-104.

[11] MATOBA T. How does the radical-scavenging activity of Soy protein food change during heating [J] . Soy Protein Research, 2002 (5): 47-50.

[12] Pak v v, Koo M, Lee N, et al. Structure-Activity relationships of the peptide Ile-Ala-Val-Pro and its derivatives revealed using the semi-empirical AM1 method [J] . Chemistry of Natural Compounds, 2005, 41(4): 454-460.

[13] RAJAPAKSE N, MENDIS E, JUNG W K, et al. Purification of a radical scavenging peptide from fermented mussel sauce and its antioxidant properties [J] . Food Research International, 2005, 38 (2): 175-182.

[14] RHO S J, LEE J S, CHUNG Y I, et al. Purification and identification of an angiotensin I -converting enzyme inhibitory peptide from fermented soybean extract [J] . Process Biochemistry, 2009, 44 (4): 490-493.

[15] SAITO K, JIN D H, OGAWA T, et al. Anti-oxidative Properties of tripeptide libraries prepared by the combinatorial chemistry [J] . Journal of Agricultural and Food Chemistry, 2003, 51 (12): 3668-3674.

[16] SHIN Z I, YU R, PARK S A, et al. His-His-Leu, an angiotensin I converting enzyme inhibitorypeptide derived from korean soybean paste, exertsantihypertensive activity *in vivo* [J] . Journal of Agricultural and Food Chemistry, 2001, 49 (6): 3004-3009.

[17] NAKAJIMA S, HIRA T, ETO Y, et al. Soybean β 51-63 peptide stimulates cholecystokinin secretion via a calcium-sensing receptor in enteroendocrine STC-1 cells [J] . Regulatory Peptides, 2010, 159: 148-155.

[18] SUI X N, JIANG L Z, LI Y, et al. Antioxidant activity of soybean peptides [J] . Advanced Materials Research, 2011, 233-235: 854-865.

[19] MATSUI T. Production of hypotensive peptide, SVY, from 7S globulin of soybean protein and its physiological functions [J] . Soy Protein Research, 2003 (6): 73-77.

[20] WANG L, SAITO M, TATSUMI E, et al. Antioxidative and angiotensin I-converting enzyme Inhibitory activities of sufu (fermented tofu) extracts [J] . Japan Agricultural Research Quarterly: JARQ, 2003, 37 (2): 129-132.

[21] WEBB K E. Intestinal absorption of protein hydrolysis products: a review [J] . Journal of Animal Science, 1990, 68 (2): 3011-3022.

[22] WU J, DING X. Characterization of inhibition and stability of soy-protein-derived angiotensin I-converting enzyme inhibitory peptides [J] . Food Research International, 2002, 35 (4): 367-375.

[23] YOSHIKAWA M, KISHI K, TAKAHASHI M, et al. Immunostimulating peptide derived from soybean protein [J] . Annals of the New York Academy of Sciences, 1993, 685 (1): 375-376.

[24] 陈海敏, 华欲飞. 大豆蛋白组成与功能关系研究 [J] . 西部粮油科技，2001，26 (3): 36-38.

[25] 陈星, 李晓磊, 吴琼. 不同蛋白酶酶解产物活性大豆肽分子量分布状态的研究 [J] . 西南大学学报 (自然科学版) , 2010, 32 (7): 1-7.

[26] 陈园园. 大豆肽的酶解制备与抗疲劳、抗氧化功能研究 [D] . 无锡: 江南大学, 2008.

[27] 程天德. 富硒大豆蛋白的酶解及其低聚肽的分离纯化研究 [D] . 长沙: 湖南农业大学, 2006.

[28] 褚斌杰, 祁高富, 梁运祥. 大豆肽减肥降血脂作用的研究 [J] . 食品科技, 2011, 36 (11): 65-68.

[29] 崔洪斌. 大豆生物活性物质的开发与应用 [J] . 中国食物与营养, 2000 (1): 15-17.

[30] 单春乔, 吴磊, 修立颖, 等. 复合蛋白酶水解法制备大豆小肽的生产工艺研究 [J] . 黑龙江畜牧兽医, 2012 (19): 79-82.

[31] 樊永华, 许辉. 大豆活性肽的分离纯化和生理活性 [J] . 吉林农业, 2013 (2) , 280-281.

[32] 冯永财, 赵晓丹, 刘涛. 大豆肽的生理及加工特性分析 [J] . 哈尔滨商业大学学报 (自然科学版) , 2003 (1): 90-92.

[33] 国明明, 华欲飞. 大豆肽免疫调节作用的研究 [J] . 食品科技, 2007 (7): 242-244.

[34] 雷海容, 张枫燃. 高纯度大豆低聚肽制备及其醒酒机理的研究 [J] . 长春大学学报, 2017, 27 (10): 22-27.

[35] 李世成, 杨则宜, 蔡木易, 等. 大豆低聚肽营养吸收特性的研究 [J] . 食品与发酵工业, 2006 (10): 13-16.

[36] 刘大川, 钟方旭. 大豆肽的功能特性研究 [J] . 中国油脂, 1998, (3): 8-11.

[37] 刘静, 张光华. 蛋白酶解大豆多肽的理化特性 [J] . 华侨大学学报 (自然科学版) , 2010, (3): 302-306.

[38] 刘文颖, 谷瑞增, 鲁军, 等. 大豆低聚肽的成分分析及体外抗氧化作用 [J] . 食品工业, 2015 (4): 200-203.

[39] 刘文颖, 谷瑞增, 鲁军, 等. 大豆低聚肽中抗氧化肽的分离纯化及结构鉴定 [J] . 食品与发酵工业, 2017, 43 (2): 44-48.

[40] 刘忆梅, 陈朝晖. 大豆蛋白肽降血脂功能性的研究 [J] .大豆通报, 2004, (3): 22.

[41] 卢亚萍, 冯杰. 大豆多肽的性质及其研究进展 [J] . 饲料研究, 2005, (11): 30-33.

[42] 鲁憬莉, 谢胜男, 曾莹, 等. 胰安肽口服改善糖脂代谢作用研究 [J] . 中国药学杂志, 2010, 45 (20): 1552-1555.

[43] 潘进权, 刘耘. 大豆多肽研究概况 [J] . 中国调味品, 2003, (2): 6-10.

[44] 饶平凡, 李建才, 李珑, 等. 酶促水解大豆分离蛋白动力学模型的研究 [J] . 生物数学学报, 1996, (3): 181-188.

[45] 荣建华, 李小定, 谢笔钧. 大豆肽体外抗氧化效果的研究 [J] . 食品科学, 2002, (11): 118-120.

[46] 沈会祥, 乐国伟. 大豆肽对发酵酸奶乳酸菌生长及活力的影响 [J] . 中国食品添加剂, 2008 (S1): 131-142.

[47] 孙旸. 大豆肽的制备分离及特性研究 [D] . 长春: 吉林农业大学, 2004.

[48] 汤国营, 戴军, 蔡木易, 等. 大豆低聚肽分子质量分布的测定及体外消化实验 [J] . 食品与发酵工业, 2006, (5): 131-133.

[49] 汤健, 温绍君, 王佐广, 等. 动物与临床试验——评价大豆低聚肽的降血压效果 [J] . 食品与发酵工业, 2006, 32 (3): 11-13.

[50] 汪家铭. 大豆多肽开发应用潜力大 [J] . 四川粮油科技, 2000, (2): 39-55.

[51] 王嘉榕, 滕达, 田子罡, 等. 功能性抗氧化肽制备与机制研究进展 [J] . 天然产物研究与开发, 2008, (2): 371-375.

[52] 王启荣, 李肃反, 杨则宜, 等. 补充大豆多肽对中长跑运动员训练期生化指标的影响 [J] . 中国运动医学杂志, 2004, 23 (1): 33-37.

[53] 卫琳, 宋俊梅. 大豆肽的营养功能特性 [J] . 饲料与畜牧, 2008, (6): 54-55.

[54] 肖凯军, 高孔荣, 曾庆孝. 酶解大豆分离蛋白的特性研究 [J] . 广州食品工业科技, 1995 (2): 5-10.

[55] 谢莎丽, 石凯, 石元刚. 大豆低聚糖和低聚肽对高脂血症大鼠抗氧化作用及粪胆汁酸代谢的影响 [J] . 重庆医学, 2009, 38 (8): 922-924, 927.

[56] 徐力, 赵忠岩, 李鸿梅, 等. 大豆蛋白的小分子酶解产物抗氧化活性研究 [J] . 吉林农业大学学报, 2007 (1): 48-52.

[57] 徐丽萍, 邢超, 王鑫, 刘晨. 酶解法制备大豆低聚肽工艺的研究 [J] . 哈尔滨商业大学学报 (自然科学版) , 2012, 28 (2): 143-146.

[58] 杨小军. 灌喂大豆蛋白、面筋蛋白的胃蛋白酶酶解物对大鼠免疫功能的影响 [D] . 南京: 南京农业大学, 2003.

[59] 杨宇轩, 胡森科, 张敬华, 等. 大豆多肽对糖尿病模型大鼠的血糖控制及对胰岛细胞的保护作用 [J] . 西安交通大学学报 (医学版) , 2014, 35 (2): 191-195.

[60] 易维学, 胡顺涛, 娄宇. 大豆低聚肽的开发与利用 [J] .精细与专用化学品，2001a (1): 16-18.

[61] 易维学. 大豆低聚肽的功能性质及其应用 [J] . 中国食品工业, 2001b (2): 36.

[62] 尹军杰. 大豆肽分子量与缓解疲劳作用关系的研究 [J] . 粮食与油脂, 2017, 30 (7): 42-44.

[63] 余承高, 杨国燕, 陈栋梁. 高活性大豆肽增强免疫及减肥作用的研究 [J] . 中国食品工业, 2010,(9): 68-70.

[64] 张春宝,曹双全,刘文丽, 等. HMG-CoA还原酶抑制剂治疗高脂血症 [J] .河北医药,1994 (6): 368-369.

[65] 张玉萍, 罗艳玲, 曹柏营. 电裂解大豆肽抗疲劳作用的实验研究 [J] . 食品安全导刊, 2012,(6): 76-78.

[66] 赵秀娟, 贾莉, 赵云财. 大豆活性肽对大鼠体内高胆固醇代谢的影响 [J] . 中国公共卫生, 2004,(9): 74-76.

[67] 郑广新, 马勇. 大豆低聚肽的特性及其在食品工业中的应用 [C] . 中国环境诱变剂学会, 健康中国高级论坛, 2008: 143-147.

[68] 周丽丽, 李素反, 高红, 等. 大豆多肽对大强度训练举重运动员肌肉代谢的影响 [J] . 中国食品学报, 2006, 6 (1): 40-43.

[69] 周瑞宝, 周兵. 大豆7S和11S球蛋白的结构和功能性质[J]. 中国粮油学报，1998 (6): 41-44.

[70] 朱翠凤, 张帆, 周见昕, 等. 海洋胶原肽对高血压动脉粥样硬化、心脏结构和心脏功能的干预作用 [J] . 中国老年学杂志, 2013, 33 (8): 1741-1744.

[71] 左伟勇, 陈伟华, 邹思湘. 伴大豆球蛋白胃蛋白酶水解肽对小鼠免疫功能及肠道内环境的影响 [J] . 南京农业大学学报, 2005, 28 (3): 71-74.

第七章

乳蛋白肽

第一节　概述
第二节　酪蛋白肽
第三节　乳清蛋白肽

第一节
概述

蛋白质是哺乳动物乳汁中的重要成分，乳蛋白中含有人体必需的氨基酸，消化率可达90%以上，是一种完全和最佳的蛋白质（董文滨 等，2004）。到目前为止，食品工业可以利用的奶源有奶牛乳（常简称“牛乳”）、水牛乳、绵羊乳、山羊乳、骆驼乳等10多种，其中牛乳是人类利用最多的动物乳，牛乳中含有和人乳近似的营养成分，但其蛋白质总量却是人乳的4倍。牛乳产品凭借其丰富的产能及良好的营养功能，占全世界乳制品消费量的95%（林单 等，2013），也是最主要的乳蛋白工业原料。

哺乳动物乳汁中蛋白质的来源主要有两个方面。超过90%的乳蛋白是由乳腺中的氨基酸合成的，合成过程与机体其他组织蛋白质的合成过程相同，其中精氨酸和鸟氨酸是合成乳腺中其他氨基酸最重要的氮源。另外5%~10%的乳蛋白质来自血液，其中还包括少量的免疫球蛋白。乳汁中大多数的免疫球蛋白来自血液，主要包括IgG、IgM和IgA，分别占免疫球蛋白的85~90%、10%、5%。

牛乳蛋白主要由酪蛋白和乳清蛋白两大部分组成，前者为牛乳在20℃、pH 4.6条件下沉淀下来的蛋白质，余下溶解于乳清的蛋白质均称为乳清蛋白。乳清蛋白比酪蛋白有着更高的生物效价、净利用率和蛋白质效价比（董文滨 等，2004；林单 等，2013）。总体来说，不同来源的乳蛋白的营养价值取决于它们的必需氨基酸的含量。不同于一般植物蛋白的加工，在乳制品的生产加工过程中，乳中的蛋白质常常先被分离出来，得到乳清蛋白和酪蛋白两种不同的蛋白质产品。

乳清蛋白和酪蛋白虽然都是人类良好的蛋白质来源，但也有致敏、难以消化等不利于应用的弊端。牛乳是FAO宣布的8种主要过敏原之一。有些人，尤其是婴幼儿，在消化牛乳蛋白时会产生过敏反应，这种过敏反应与牛乳中某些蛋白质的变应性有关（林单 等，2013；乐国伟 等，1996）。有关研究表明，西方国家有2%~3%的婴幼儿对牛乳蛋白存在一定程度的过敏反应；这种免疫过敏不仅限于婴儿，一些成年人也有类似的反应。因食用牛乳蛋白而引起的过敏，轻者表现为腹泻、呕吐，重者表现为心绞痛、血管性水肿、荨麻疹等，对患者的健康造成极大的威胁，因此降低牛乳蛋白的致敏性具有重要意义。研究表明，通过一些物理、化学或生物学方法对蛋白质进行改性，可以破坏牛乳蛋白的三维结构，从而改变蛋白质的致敏性，提高蛋白质的消化吸收率，这些方法主要有加热、超声、糖基化、酶解、发酵等（赵国华 等，

1998）。其中，利用生物酶解的方法将牛乳蛋白酶解处理，制成蛋白质水解物或肽的形式，成本低，操作简便，已被食品工业普遍采用。这也是减少或消除蛋白质过敏原最有效的方法。在西方国家，乳蛋白水解产物已广泛用于婴儿和特殊医学用途配方食品中。同时，将大分子的蛋白质分解，还可以产生具有免疫调节、抗高血压、阿片肽活性、促矿物元素吸收等生理功能的多种活性肽（韩雪，孙冰，2003；卢晓明 等，2010），明显提高了其健康价值。

随着对乳蛋白营养价值认识的提升和加工利用方法的成熟，乳品产业得到大力发展，乳蛋白来源越来越丰富，其在人类蛋白质营养供应中所占比重也越来越高，将乳蛋白经酶解处理制备成乳蛋白肽已成为乳品加工行业和营养健康领域的重要方向。

虽然牛乳中的乳清蛋白和酪蛋白在营养上都属于优质蛋白质，但由于两种乳源蛋白在蛋白质分子结构、加工特性和氨基酸组成序列等方面存在明显的差别，所以，以乳清蛋白制备的乳清蛋白肽和以酪蛋白制备的酪蛋白肽在肽段结构和功能方面也有一定的差异，为使内容在逻辑上更清晰，便于阅读，下面将对酪蛋白肽和乳清蛋白肽分别进行介绍。

第二节
酪蛋白肽

一、酪蛋白的组成与结构特点

酪蛋白是一种含磷、钙的结合蛋白，又称干酪素、酪朊、乳酪素等，是牛乳中含量最高的蛋白质，约占牛乳蛋白质总量的78%。酪蛋白对酸敏感，pH较低时会沉淀。工业上也正是利用这一特性分离出酪蛋白，而实际上工业化分离生产的酪蛋白是将脱脂乳在20℃、pH 4.6的条件下进行沉淀得到的蛋白质的统称。牛乳中的酪蛋白由α_{s1}-酪蛋白（α_{s1}-CN）、α_{s2}-酪蛋白（α_{s2}-CN）、β-酪蛋白（β-CN）、κ-酪蛋白（κ-CN）四种蛋白质组成，其包含的氨基酸残基数量随着酪蛋白种类的不同也有较大差异（刘纳，2010）。酪蛋白在氨基酸组成上具有如下特点：①以极性簇和非极性簇形式分布，具有明显的亲水区和疏水区，使得酪蛋白具有良好的乳化性能；②非极性氨基酸含量较高，容易被蛋白酶水解；③α_{s2}-酪蛋白中富含赖氨酸，加热时与还原糖发生较为强烈的非酶美拉德褐变反应；④因酪蛋白中含硫氨基酸相对缺少，故生物价较低。

酪蛋白呈疏水性，它含有相当高的电荷、大量的脯氨酸和少量的胱氨酸，具有广泛的结合能力，既有自身的结合也有相互之间的结合。在溶液中需要相对比较高的电荷来维持酪蛋白的稳定性。大量的脯氨酸残基在多肽链上相对均匀分布，以增加肽链的弯曲，减少α-螺旋结构规律性出现。酪蛋白具有对热稳定的特点，如在100℃以下热处理几乎不会影响其化学性质，但会改变维持酪蛋白胶束的次级键，从而引起物理性质变化。在120～140℃高温处理时，可能会破坏氢键，改变疏水性，进而影响其稳定性（刘述皇，窦全林，2015）。

α_{s1}-酪蛋白（α_{s1}-CN）有199个氨基酸残基，且不含半胱氨酸残基，每个分子中有8个结合磷酸盐的丝氨酸残基，分子质量约为23600u，等电点为4.1。α_{s1}-酪蛋白具有较快电泳迁移率，在碱性pH条件下含有一个额外负电荷，3个疏水区域位于蛋白质序列的f1～f44、f90～f133和f132～f199。f41～f80氨基酸残基序列具有很强的极性，这是由于其片段中存在7个丝氨酰磷酸盐、8个谷氨酸残基和3个天冬氨酸残基。该片段结合位点主要集中在肽链的第f43～f79位，在这个部位经酶解可得到磷酸肽。α_{s1}-酪蛋白是含有电荷和磷酸成分最多的一类蛋白质，在pH6.6和离子强度0.05mol/m^3时，α_{s1}-CN发生很强的交联。

α_{s2}-酪蛋白有207个氨基酸，分子中含有10~13个磷酸基、2个巯基（—SH），是亲水性最强的酪蛋白组分，分子质量约为25150u。其结构中位于f8～f12、f56～f63、f129～f133的是带负电荷的磷酸丝氨酸残基和谷氨酸残基。极性部分形成随机螺旋的二级结构和三级结构，相对疏水区域为*C*末端序列的f160～f207位和f90～f120位。α_{s2}-酪蛋白中α-螺旋含量明显多于其他酪蛋白，经过序列预测，α-螺旋和β-折叠主要集中在*C*末端，*N*末端则易形成亲水的无规则卷曲结构。离子强度决定了α_{s2}-酪蛋白的自聚能力，随着离子强度的增加，聚合能力变强，但当离子强度大于0.2mol/L时，聚合能力反而减弱。

β-酪蛋白含有209个氨基酸残基，每个分子结合5个磷酸基。分子质量约为24000u，等电点为5。*N*末端（f1～f60）含有磷酸丝氨酰基，呈酸性和亲水性，*C*末端（f141～f209）呈碱性和疏水性，这部分形成了酪蛋白的最疏水部分。因此，β-酪蛋白是酪蛋白中最疏水的。另外，β-酪蛋白中的脯氨酸残基影响着α-螺旋和β-折叠结构的形成，从而影响蛋白质的结构。β-酪蛋白的自聚受离子强度、蛋白质浓度及温度的影响，其中离子强度在β-酪蛋白的自聚中影响最大，随着离子强度的增加，β-酪蛋白的聚合作用增强，在经历一个吸热自聚过程后达到最大分子尺寸。蛋白质浓度有一个节点浓度，当β-酪蛋白浓度大于该浓度后，自聚作用才会逐渐增强并达到最大。温度也影响蛋白质的存在形式，在低温低离子强度时，β-酪蛋白仅以单体形式存在，随着温度逐渐增加，自聚能力也加强。

κ-酪蛋白是由169个氨基酸残基组成的一种糖蛋白，分子中仅含有一个磷酸基、两个—SH基，二硫键含量占总酪蛋白的15%。分子质量约为19000u，等电点为4.1。目前已经证实，κ-酪蛋白是凝乳酶的天然底物。在自然状态下，κ-酪蛋白是使牛乳保持稳定的乳浊液状态的重要因子。因κ-酪蛋白含有的磷酸丝氨酸簇少，以及具有苏氨酸糖苷化残基，故κ-酪蛋白不能和其他酪蛋白一样地结合钙、无机磷、镁等矿物质元素。在结构中，它有f1～f105（副-κ-酪蛋白）的强疏水性*N*末端和一个极性的*C*末端。在维持酪蛋白胶束结构的稳定性中，κ-酪蛋白起着重要作用；它位于胶束表面，在疏水酪蛋白与水环境之间起到了很好的过渡。同时，所含的二硫键使κ-酪蛋白有着很多独有的性质。κ-酪蛋白总以多聚体形式存在，其多聚体是由多层易变的多聚肽区域包围着的核组成的，*N*末端部分构成核心，*C*末端呈易变性，中间区域介于κ-酪蛋白氨基酸残基f86～f96。κ-酪蛋白的自聚形态与β-酪蛋白不同，在一定范围内不受温度、离子强度的影响，形成固定大小的聚合体。κ-酪蛋白肽链上的Phe^{105}-Met^{106}可以被小牛胃凝乳酶切割。被切割后的κ-酪蛋白将不能再保持牛乳体系中的电负性，从而使牛乳中蛋白质凝结，形成稳定的沉淀；与此同时，失活的κ-酪蛋白将形成*p*-κ-酪蛋白及酪蛋白糖巨肽（casein glycomacropeptide，CGMP）。*p*-κ-酪蛋白一般不溶，会存在于酶凝乳的酪蛋白组分中。酪蛋白糖巨肽溶解性较好，在凝乳酶作用后会存在于乳清中，且具有多种生理功能。

二、酪蛋白肽的制备及其营养与加工特性

酪蛋白肽是酪蛋白经酶水解、浓缩、干燥等过程制备的小分子蛋白类物质，在食品工业中常使用酪蛋白酸钠作为制备酪蛋白肽的原料。酪蛋白酸钠是在采用酸凝乳法分离酪蛋白后，加入氢氧化钠进行中和而形成的酪蛋白产品。对酪蛋白水解物中的亲水组分进行分离和富集，可得到含有磷酸丝氨酸和谷氨酸簇的酪蛋白磷酸肽。多数酪蛋白肽和酪蛋白磷酸肽产品在生产工艺上略有区别，且由于酪蛋白疏水氨基酸比例较高，在酶解过程中易形成疏水肽，导致产品在分子质量、口感等指标上有一定差异。相较于酪蛋白，酪蛋白肽在溶解性、耐酸性、耐热性等方面都有明显的改善，有效地提高了酪蛋白的应用性能（马涛等，2015）。另外，与酪蛋白相比，酪蛋白肽明显提高了消化吸收率，在抗氧化、抗疲劳及促进矿物质吸收等方面具有较好的生理功能，且经酶解后的酪蛋白致敏性明显减弱，可广泛用于食品、饮料等多种营养功能食品中。但酪蛋白肽水解程度越高，苦味越明显，这使其在应用时也受到一定的制约。酪蛋白肽与酪蛋白一样，含有人体必需的全部氨基酸，且氨基酸比例比较合理，具有

更高的营养价值。酪蛋白肽的氨基酸组成对比见表7-1。

表7-1　四款市售酪蛋白肽氨基酸组成对比　单位：g/100g

氨基酸	市售酪蛋白肽A	市售酪蛋白肽B	市售酪蛋白肽C	市售酪蛋白肽D
甘氨酸（Gly）	1.41	1.29	1.47	1.64
丙氨酸（Ala）	2.28	2.11	2.51	2.82
缬氨酸（Val）	4.90	4.44	4.99	5.23
亮氨酸（Leu）	6.95	6.48	7.64	7.97
异亮氨酸（Ile）	3.38	3.48	4.05	4.21
丝氨酸（Ser）	4.19	4.15	4.34	3.49
苏氨酸（Thr）	3.02	2.95	3.20	3.04
半胱氨酸（Cys）	0.96	0.29	0.78	2.23
蛋氨酸（Met）	2.12	2.03	2.35	2.57
苯丙氨酸（Phe）	3.81	3.64	4.22	4.41
酪氨酸（Tyr）	4.03	3.57	4.38	4.71
色氨酸（Trp）	1.15	0.91	0.94	1.13
组氨酸（His）	2.01	2.07	2.22	2.12
赖氨酸（Lys）	5.14	4.91	6.10	6.30
精氨酸（Arg）	1.63	2.61	2.71	2.80
天冬氨酸（Asp）	5.16	5.10	5.67	5.44
谷氨酸（Glu）	17.22	16.02	17.51	17.65
脯氨酸（Pro）	12.51	9.87	10.90	10.81

三、酪蛋白肽的生理功能

关于酪蛋白及其水解物（其中含有大量的肽）的功能有大量深入的研究。酪蛋白具有防治龋齿、骨质疏松与佝偻病，促进动物体外受精，调节血压，治疗缺铁性贫血和缺镁性神经炎等多种生理功效。酪蛋白经过酶解可以分离出多种生物活性肽类，这些肽类物质具有促进凝结、抗高血压、抗血栓形成、调节胃肠吸收、抑菌抗病、抗过敏等功能，同时食用安全，是非常好的营养功能物质。

（一）阿片样活性

阿片是一种有着长久使用历史的镇痛类药物，镇痛效果强，但由于其具有较强的成瘾性，医学上应用较为谨慎，目前基本应用于术后患者及癌症患者的疼痛缓解。与此同时，科研工作者们为了寻找副作用小且具有阿片作用的镇痛药物，开展了广泛的研究。1973年，美国约翰霍普金斯大学的Pert和Snyder实验室、纽约大学的Simon实验室和瑞典乌普萨拉大学的Tereniu实验室分别独立发现哺乳动物乳汁中有类似阿片类药物作用的物质，他们发现这些具有特定结构的分子能够结合阿片受体，同时起到镇痛的效果（黄龙，1988）。Hughes等（1975）应用豚鼠回肠纵肌模型和小鼠输精管模型筛选出了两个吗啡样活性提取物并命名为脑啡肽。德国科学家Brantl、Henschen及Teschemacher（1979）在牛乳（酪蛋白源）中发现具有阿片样活性的外源肽，引起了研究界极大的重视。

阿片肽是一类具有阿片样活性的小分子活性肽，通过结合到特定的受体发挥作用。和阿片类药物相同的是，阿片类的拮抗剂纳洛酮可以抑制它们和受体的结合。一般阿片肽中具有特征性的*N*末端序列Tyr-Gly-Gly-Phe，其中首位的Tyr具有重要的靶向作用。阿片肽从来源上分为内源性阿片肽及外源性阿片肽，其中内源性阿片肽是体内合成的，如脑啡肽、强啡肽等；而外源性阿片肽是来源于食物的具有特定阿片样活性的肽段，其中来源于酪蛋白的阿片样活性肽是非常重要的一类。

Henschen等（1979）首先从β-酪蛋白水解物中分离出了一个七肽Tyr-Pro-Phe-Pro-Gly-Pro-Ile，对应β-酪蛋白结构中的f60~f66，并将其命名为β-酪啡肽（β-casomorphin-7，β-CM-7）。一般来讲，从含3个氨基酸残基到含7个氨基酸残基的该肽段衍生的低聚肽均称为β-酪啡肽，包含该肽段的7个以上氨基酸残基的肽段则为β-酪啡肽前体。β-CM-7是目前研究最多、最深入的一种乳源阿片样活性肽，在体内具有重要的生理功能，可以镇静止痛、诱导睡眠、调节动物进食量及影响营养物质的吸收代谢等。在此之后，研究人员人工合成出了比该肽段分别少*C*末端1个、2个、3个片段的3个短肽同系物，经验证都具有阿片样活性，其中缺少2个*C*末端残基的Tyr-Pro-Phe-Pro-Gly活性最强。Meisel等（1997）利用牛酪蛋白饲喂猪，在猪空肠的食糜中分离出一个长度为11个氨基酸残基的肽段，该肽段对应β-酪蛋白结构中的f60~f70，一般结构为Tyr-Pro-Phe-Pro-Gly-Pro-Ile-Pro-Asn-Ser-Leu，被认为是β-酪啡肽的前体。随着研究的进一步进行，研究人员后来发现，来自于人乳β-酪蛋白的阿片样活性肽有f51~57、f51～54、f51～55、f41～44共4个氨基酸片断，其中f51~57的排列顺序与牛的β-CM-7相似，只是在第4、5位上不同（Tyr-Pro-Phe-Val-Gln-Pro-Ile），其阿片样活性为牛β-CM-7的20%~25%（张建辉，庞广昌，2006）。除了β-酪蛋白外，α_{s1}-酪蛋白的3个水解片段f90～95、f90～96、f91～96 同样具有阿片样活性；γ-酪蛋白中的一段八肽 Tyr-Pro-Val-Glu-Pro-Phe-Thr-Glu，即γ-酪蛋白的f114~f121氨基酸残基序列也具有阿片样活性（Loukas et al，1983；Perpetuo et al，2003）。Chiba等（1989）从牛乳κ-酪蛋白的水解物中发现了3个片段，分别命名为casoxin A（κ-

酪蛋白f35~f41)、casoxin B(Tyr-Pro-Tyr-Tyr)及casoxin C(κ-酪蛋白f25~f34)。除此之外，κ-酪蛋白的f33~f38也被认为具有阿片样拮抗活性。这些肽段主要分布在κ-酪蛋白的*N*末端，其中一些在经过甲氧基化后具有更高的生理活性。

一般认为，如果一个肽段是具有阿片样活性，需要满足以下五个条件：①能够在消化道中产生；②不被肠蛋白酶水解；③进入血液时未被降解；④可以通过血脑屏障进入中枢神经系统；⑤能够和系统中的阿片受体结合。

（二）结合矿物质辅助吸收的功能

由于酪蛋白结合有磷酸基团，有助于促进常量元素（Ca，Mg）和微量元素（Fe，Zn，Cu，Cr，Ni，Co，Mn，Se）的高吸收。酪蛋白可以与金属离子（特别是钙离子）结合，一方面，可溶性复合物的形成有效地防止在小肠的中性或微碱性环境中形成钙沉淀；另一方面，允许钙在没有维生素D参与的情况下被肠壁细胞吸收。酪蛋白磷酸肽是目前普遍认可的具有促钙吸收作用的肽类物质，在我国已被列入营养强化剂。CPP是牛奶酪蛋白经蛋白酶分解，再提纯得到的一类磷酸肽。根据来源于α-酪蛋白和β-酪蛋白的不同，酪蛋白磷酸肽也分为α-CPP和β-CPP两种。CPP是一类含有磷酸丝氨酸和谷氨酸簇的短肽，目前已从α-酪蛋白和β-酪蛋白中分离得到5种酪蛋白磷酸肽，其活性中心是成串的丝氨酸和谷氨酸簇，基本结构均为：-SerP-SerP-SerP-Glu-Glu。CPP能够作为矿物质元素载体促进小肠黏膜对钙、铁、锌、硒、锰及铜的吸收和利用。CPP在中性及碱性pH环境下结合钙、铁、锌等离子，经小肠肠壁吸收后再释放出来，避免了金属离子在碱性及中性环境下形成沉淀，促进了金属离子的消化吸收。由于丝氨酰磷酸基团在肽链中的位置不同，其磷酸基团解离常数不同，在实际生理作用上有所区别。一般来说，肽链越短，磷酸基团越密集，CPP对钙离子的结合能力越强（庞广昌 等，1999；冯凤琴 等，1997）。

以钙离子为例，CPP促进钙吸收时，在十二指肠上端，在维生素D的存在下使钙以主动方式吸收，而在回肠及小肠末端以被动方式吸收。总体来说，CPP促钙吸收以被动方式为主。由于CPP具有较高电负性，可以有效地抵抗消化系统酶的水解并与钙形成可溶物，防止钙离子在中性及偏碱性环境中沉淀，并有效提高钙在体内的滞留时间（汤亚杰，吴思方，1998）。

（三）抗菌功能

乳源蛋白肽中除了乳铁蛋白肽外，一些酪蛋白来源的肽段也具有抗菌功能。同时研究发现，很多氨基酸残基数量在10个以上的多肽也表现出明显的抗菌效果。

例如，Casecidin是一种酪蛋白经凝乳蛋白酶酶解后得到的酪蛋白肽，于1966年被Katchalsky等首先发现。实验证明，Casecidin可以在体外抑制葡萄球菌（*Staphylococcus aureus*）、八叠球菌（*Sarcian lutea*）、枯草芽孢杆菌、肺炎双球菌（*Diplococcus pneumonia*）及化脓性链球菌（*Streptococcus pyogenes*）等的生长（Katchalsky et al，1973）。Hill等（1974）用凝乳酶在pH6.4的条件下酶解α_{s1}-酪蛋白B变异体得到一段长度为23个氨基酸残基的肽段，经对比，为α_{s1}-酪蛋白B的第1~23个氨基酸残基，并将其命名为Isracidin，其肽序列为Arg-Pro-Lys-His-Pro-Ilu-Lys-His-Gln-Gly-Leu-Pro-Gln-Glu-Val-Leu-Asn-Glu-Asn-Leu-Leu-Arg-Phe。Isracidin在体内具有类似抗生素的活性，能抑制金黄色葡萄球菌。MaCann等（2005）分别从α_{s1}-酪蛋白和α_{s2}-酪蛋白中各提取出一个具有抗菌活性的肽段，并分别命名为Cp_1和Cp_2。两者对革兰阳性菌及革兰阴性菌都有一定的抑制效果，其中Cp_2对于革兰阳性菌的抑制效果要强于Cp_1，对于革兰阴性菌的抑制效果二者相当。除此之外，α_{s2}-酪蛋白的f183~207、f164~179、f150~188、f172~207、f164~207等许多片段都具有广谱抗菌能力，其能力与乳酸链球菌肽（nisin）相当。

对于酪蛋白肽抗菌作用的机制，目前还没有明确的结论，多数假说都认为是抗菌肽通过物理方式和细胞膜发生作用，影响了细菌生长。目前，学界认为抗菌肽的作用机制主要有：①形成细胞膜电势依赖性通道，破坏细菌细胞膜磷脂层，使细菌最终不能保持正常渗透压而致死；②抑制细菌的呼吸作用；③抑制细胞外膜蛋白的合成，使细菌细胞膜通透性增加，生长受到抑制；④抑制细菌细胞壁的形成，使细菌不能维持正常形态；⑤对一些细菌及病原体的染色体DNA有断裂作用。

（四）免疫调节功能

酪蛋白中很多活性片段都具有免疫调节作用。从人乳β-酪蛋白中分离出的六肽（f54~59，Val-Glu-Pro-Ile-Pro-Tyr）具有很强的免疫调节能力，在很低的剂量下就可以激活巨噬细胞活性。牛乳中的酪蛋白肽也具有相关免疫活性，研究发现α_{s1}-酪蛋白中的f194~199[即α_{s1}-酪激肽（α_{s1}-Casokinin-6）]、β-酪蛋白f193~202[即β-酪激肽（β-Casokinin-10）]及β-酪蛋白f63~68、f191~193等酪蛋白水解肽均具有免疫调节功能。这些片段可以刺激机体淋巴细胞增殖，增强巨噬细胞吞噬能力，提高机体对病原物质的抵抗能力（左志晗 等，2003）。从CPP结构中水解下来的*N*末端和*C*末端均为磷酸丝氨酸残基的三肽，即结构为Serp-X-Serp的肽段，也具有免疫调节作用（滕婷 等，2012）。

（五）抑制血管紧张素的功能

酪蛋白中也存在许多具有ACE抑制活性的片段，如牛α_{s1}-酪蛋白中的f23~f24、f194~f199，β-酪蛋白的f177~f183、f169~f174等都具有一定的ACE抑制活性。其作用机制也是通过抑制ACE活性，减少血管紧张素的形成，起到抗高血压的生理功能。

（六）抑制血液凝固及抗血栓的功能

从机制上，凝乳与凝血具有相似的生理过程，κ-酪蛋白与人纤维蛋白原的γ链也具有结构同源性。研究人员从κ-酪蛋白中发现位于f106~f116位置的11个氨基酸残基的短肽（Met-Ala-Ile-Pro-Pro-Lys-Lys-Asn-Gln-Asp-Lys）可以抑制二磷酸腺苷诱导的血小板凝集及与纤维原蛋白的凝结作用，从而抑制血液凝固，防止血栓形成。该片段经水解后产生的3个更小的低聚肽，f106~f112、f113~f116、f112~f116也同样具有抗凝血和抗血栓的生理功能。

第三节
乳清蛋白肽

一、乳清蛋白的组成与结构特点

工业上生产干酪或干酪素时产生的主要副产品为乳清蛋白，它是在20℃、pH 4.6条件下牛乳沉淀酪蛋白后，再进一步分离出乳清中的蛋白质的统称，占乳蛋白的比例为20%左右，主要由α-乳白蛋白（α-La）、β-乳球蛋白（β-Lg）、乳铁蛋白（Lf）、免疫球蛋白（Ig）、乳过氧化物酶、酪蛋白糖巨肽、生长因子以及大量的生物活性因子和酶等组成。根据对热稳定的程度，可分为两部分：热稳定的乳清蛋白和热不稳定的乳清蛋白（李龙柱 等，2012）。将乳清溶液在pH 4.6~4.7的条件下煮沸20min，沉淀的蛋白质类型是热不稳定的乳清蛋白，主要包括乳清蛋白和乳球蛋白（lactoglobulin，Lg）；非沉淀蛋白质是热稳定蛋白质，约占乳清蛋白质的19%。乳清蛋白的热稳定性在温度65℃以上由高到低依次为：α-La＞β-Lg＞Lg（Jovanovic et al，2007）。其中，β-Lg在常温时为二聚体，升温至30～50℃时，二聚体解离为单体，继续升温至60～75℃后，β-Lg结构伸展，同时伴随巯基化合物的增加和氧化（王媛媛，2016）。Dewit等（1984）研究报道，乳清蛋白暴露于高温时，会出现不可逆的变性和凝固，变化的程度取决于热处理的温度和时间。当中性乳清加入饱和硫酸铵或饱和硫酸镁时，溶解的蛋白质是乳清蛋白，沉淀的则属于乳球蛋白（卢晓明 等，2010；包怡红，2001）。

大部分乳清蛋白是亲水性非常好的球状蛋白质，同时还具有持水性、胶凝性、起泡性、乳化性、溶解性等功能特性。乳清蛋白含有人体所需的必需氨基酸，富含支链氨基酸、半胱氨酸、甲硫氨酸，相对分子质量小，容易消化吸收。本节主要对乳清蛋白中*α*-乳白蛋白、*β*-乳球蛋白和乳铁蛋白进行介绍。

α-乳白蛋白是典型的乳清蛋白。*α*-乳白蛋白是由乳腺上皮细胞合成的，它在乳腺合成乳汁的过程中起着重要的作用。牛乳中72%的*α*-乳白蛋白氨基酸序列与人乳的*α*-乳白蛋白相同，因而它是一种很好的营养蛋白质（Sharma et al，2001）。*α*-乳白蛋白在牛脱脂乳中含量为0.6～1.7g/L，占牛乳清的25%，由123个氨基酸残基组成，其中8个半胱氨酸残基通过二硫键相接，不存在游离巯基，其形成二硫键的位置分别为Cys6-Cys120、Cys28-Cys111、Cys61-Cys77、Cys73-Cys91。*α*-乳白蛋白是一个结构紧密的球型蛋白，其三维大小为2.2nm×4.4nm×7.5nm的扁椭圆体。在生理状态的pH下，*α*-乳白蛋白的二级结构包括26%的*α*-螺旋、14%的*β*-结构和60%的无序结构。分子质量约为14150u，等电点为pH4.20～4.50。在pH5.4～9结构稳定，它也是对热最稳定的乳清蛋白。*α*-乳白蛋白含有微量糖基成分，包括唾液酸、*N*-乙酰氨基葡萄糖、*N*-乙酰氨基半乳糖、半乳糖、甘露糖和岩藻糖等。*α*-LaA和*α*-LaB是*α*-乳白蛋白的两个变异体，以1.5~5μm直径的微粒分散在乳中，对酪蛋白起到保护胶体的作用。*α*-乳白蛋白是乳糖合成酶的一个亚基，它控制着乳中乳糖的含量。*α*-乳白蛋白具有与钙高度亲和的结合位点，有助于将大量钙分泌到乳中，每个*α*-乳白蛋白分子可牢固结合2个Ca^{2+}，以保持天然构象。除Ca^{2+}之外，*α*-乳白蛋白也可以与其他金属离子结合，如Zn^{2+}、Mn^{2+}、Hg^{2+}、Pb^{2+}等。

β-乳球蛋白占牛乳清蛋白总量的一半，是由乳腺上皮细胞合成的特有乳蛋白。乳清蛋白对热敏感，75℃以上时变性程度逐渐加快。热变性过程中，*β*-乳球蛋白和*α*-乳白蛋白与酪蛋白颗粒发生强烈的结合，加热温度达到90℃，时间持续25min时，几乎所有的*β*-乳球蛋白都转入到酪蛋白颗粒中，而只有不到一半的*α*-乳白蛋白与酪蛋白颗粒结合。*β*-乳球蛋白的分子质量约为18200u，等电点为pH 5.1～5.3。牛乳中的*β*-乳球蛋白是水溶性球状蛋白，含有162个氨基酸。其二级结构有7%～10%的*α*-螺旋，43%～51%的反平行*β*-折叠，其余部分呈任意构象。*β*-乳球蛋白仅有两个二硫键和一个巯基基团，理化性质由pH决定，在自然pH下以二聚体的形式存在于牛乳中（分子质量为36566u）。当pH<3.5时，*β*-乳球蛋白解离为单体；pH3.5～5.2时，*β*-乳球蛋白形成一个八聚体；pH5.2～8时，*β*-乳球

蛋白主要为二聚体；pH>8.5时，β-乳球蛋白发生可逆解离；当pH变为10时，β-乳球蛋白二聚体解离为单体，发生不可逆变性。β-乳球蛋白含有丰富的支链氨基酸，具有强的视黄醇结合点及强的脂肪酸结合点，有较强的凝胶和乳化功能，还具有耐酸性和耐蛋白酶水解的特性，通过对乳清蛋白进行适当的改性还能得到其他附加功能和特性（李欣 等，2006）。

乳铁蛋白由673个氨基酸残基形成两个同源域，是一种起转运作用的铁结合性糖蛋白。人和牛的乳铁蛋白结构相似，都是由氨基酸残基组成单链，两端折叠成球形（*N*叶和*C*叶），中间由一段螺旋肽链连接呈现“两枚银杏叶型”结构，分子质量约为80000u；铁结合部位在两叶的切入部分，是具有高级结构的糖蛋白。乳铁蛋白两叶结构基本相似，不同之处在于表面环状叶结构，每叶都有2个相似的α/β区域，其中一叶基于6束β-层状结构，另一叶基于5束β-层状结构。*N*末端和*C*末端的球状结构包括3个区域，每端可各与一个Fe^{2+}结合。此位点位于一个裂口内，直径约1nm，与铁结合的同时结合一个CO_3^{2-}（或2个HCO_3^-）离子，以保持电荷平衡。乳铁蛋白对胰蛋白酶类的抗降解能力很强，尤其是结合铁离子后，因此在肠道内不易被降解，能以完整分子的形式被吸收。这种抗蛋白酶水解的特性可能与糖基化有关。在晶体结构中，f7~29肽段形成α-螺旋结构，f33～39为无规则卷曲结构，并使一个平行β-折叠结构与*N*末端相连。f17～29肽段具有较强的抗菌活性。

二、乳清蛋白肽的制备及其营养与加工特性

乳清蛋白主要由α-乳白蛋白、β-乳球蛋白、免疫球蛋白和血清白蛋白等几大类组成。乳清经过澄清、超滤、干燥等过程后得到的产物就是浓缩乳清蛋白粉，进一步加工，乳清蛋白纯度可以超过90%。乳清蛋白通过水解处理得到低聚肽，有效地提高了成泡、凝结及乳化的能力，同时还增加了溶解性、降低了黏度。所得到的乳清蛋白肽由于分子质量变小，更容易被人体吸收和利用，还可以降低或消除变应原性，具备了更丰富的生理功能。相关实验也支持乳清蛋白肽有促进大鼠的体格发育和骨矿物质增长及促进伤口愈合等功能（Wang et al，2010）。

乳清蛋白中的α-乳白蛋白、β-乳球蛋白分子质量都在10000u以上，而酶解成乳清蛋白肽，分子质量变得很低，低聚肽的分子质量常在1000u以下。表7-2表明在氨基酸组成上，乳清蛋白在酶解形成乳清肽蛋白后，除了甘氨酸含量降低较为明显，其余氨基酸组成相差不大。其中，赖氨酸、亮氨酸、异亮氨酸及苏氨酸等必需氨基酸含量均较为丰富，为营养价值非常高的优质蛋白质来源。

表7-2　乳清蛋白与乳清蛋白肽的氨基酸组成　单位：g/100g

氨基酸	乳清蛋白	乳清蛋白肽
甘氨酸（Gly）	6.03	1.44
丙氨酸（Ala）	4.99	3.81
缬氨酸（Val）	4.02	4.35
亮氨酸（Leu）	7.39	8.13
异亮氨酸（Ile）	4.24	4.32
丝氨酸（Ser）	3.54	3.50
苏氨酸（Thr）	4.43	5.13
蛋氨酸（Met）	1.66	1.63
苯丙氨酸（Phe）	3.98（苯丙氨酸+酪氨酸）	2.60
酪氨酸（Tyr）		2.45
组氨酸（His）	1.68	1.29
赖氨酸（Lys）	5.54	6.63
精氨酸（Arg）	3.06	1.86
天冬氨酸（Asp）	7.48	7.84
谷氨酸（Glu）	13.7	12.03
脯氨酸（Pro）	5.84	4.07

数据来源：张泽生 等，2007；刘文颖 等，2014。

三、乳清蛋白肽的生理功能

以牛乳中的乳清蛋白为前体物质，通过酶解、发酵或利用微生物、植物自身蛋白酶进行水解，可以制得乳清蛋白肽。与酪蛋白肽一样，研究人员已经从乳清蛋白的水解产物中分离出多种生物活性肽，按功能可分为吗啡样活性肽、降血压肽、免疫调节肽、促进矿物质吸收转运的肽、抗菌肽、促进细胞生长肽等（汪银锋，2009）。α-乳白蛋白和β-乳球蛋白是乳清蛋白中含量最多的组分，二者经水解产生的低聚肽具有广泛的生物活性，如抗氧化、降血压、降血糖、免疫调节、降胆固醇及其他代谢作用。但在实际的工业化过程中，鲜有将两种蛋白质来源的肽分开生产和使用。相比较来说，乳铁蛋白更有其特殊性，对于其功能的研究主要集中在抗菌和抗病毒功能。

（一）抗氧化功能

α-乳白蛋白及β-乳球蛋白总计占乳清蛋白的近六成，其中β-乳球蛋白含有很多还原性末端，具有很好的抗氧化活性，研究者针对乳清蛋白及其水解物的抗氧化功能有很多研究。乳清蛋白的抗脂质氧化功能并不会因水解程度的增加而加强，且预热处理仅能有限地提高其抗氧化能力（Peña-Ramos et al，2001）。Kapila等（2009）利用瑞士乳杆菌（*Lactobacillus helveticus*）发酵乳清蛋白，产生的部分肽类物质具有抗氧化特性。乳清蛋白经蛋白酶水解后，其水解物的DPPH清除能力较乳清蛋白有所提升（Cheison et al，2007）。

乳清蛋白的抗氧化活性受很多因素的影响，其反应机制比较复杂。除了一般的阻隔作用、提供氢离子以及消除自由基的作用外，乳清蛋白还具有螯合金属离子减少其催化的脂肪氧化等功能。一般来说，由于天然的α-乳白蛋白及β-乳球蛋白具有完整的四级结构，结构紧密，暴露出的活性基团和结合位点有限，其抗氧化能力较弱。而水解后的α-乳白蛋白及β-乳球蛋白，其空间结构被打开，大量活性基团暴露，增加了与氧化物反应的活性位点数目，从而使抗氧化能力得以提高。除此之外，水解后得到的乳清蛋白肽，其表面活性剂的能力加强，在溶液体系中可以凭借两亲性将油脂与水溶液隔离开，从而阻止油脂氧化反应的发生。组氨酸是常见的具有金属螯合能力的氨基酸，水解后的α-乳白蛋白和β-乳球蛋白都含有较多的组氨酸残基，可以有效地结合Cu^{2+}，从而阻止其催化脂肪氧化（王雪 等，2012；吴相佚 等，2018；包怡红 等，2010）。

（二）降血压功能

血管紧张素转化酶是机体内一种重要的升压物质，具有将血管紧张素Ⅰ转化为血管紧张素Ⅱ，并使血管平滑肌收缩以升高血压的功能。许多乳清蛋白多肽都具有抑制ACE活性的能力，表现出降血压的功能。乳清蛋白经蛋白酶酶解后，产物中的多肽对自发性高血压小鼠模型有显著的降血压功能（Abubakar et al，1998）。乳清蛋白经瑞士乳杆菌发酵后得到的水解乳清蛋白具有稳定的ACE抑制活性（郭宇星 等，2006）。α-乳啡肽（α-lactorphin）是水解α-乳白蛋白得到的一种阿片样活性肽，位于α-乳白蛋白的f50～f53，氨基酸序列为Tyr-Gly-Leu-Phe，具有抗高血压的作用。研究发现，β-乳球蛋白水解肽中的酪氨酰-亮氨酸（Tyr-Leu）二肽对ACE的抑制能力最强（Mullally et al，1997）。

目前发现的绝大多数具有ACE活性抑制功能的肽都是分子质量在1000u以下的低聚肽，肽链长度在2~9个氨基酸残基。这些低聚肽很多可以不被进一步降解而直接通过小肠吸收，在累积到一定浓度后发挥ACE活性抑制功效。表7-3总结了乳清蛋白中具有ACE抑制活性的片段（李晓东 等，2007），这些肽段具有较强的ACE活性抑制功能（即较低的IC_{50}），且符合低聚肽的分子质量特点，具有良好的应用前景。

表7-3　　具有ACE抑制活性的乳清蛋白肽

肽段	氨基酸序列	分子质量/u	ACE半抑制浓度（IC_{50}）/（μg/mL）
β-Lg9~14	Gly-Leu-Asp-Ile-Gln-Lys	673.35	无数据
β-Lg15~19	Val-Ala-Gly-Thr-Trp	532.64	无数据
β-Lg15~19	Val-Ala-Gly-Thr-Trp-Tyr	695.73	无数据
β-Lg22~25	Leu-Ala-Met-Ala	404.56	无数据
β-Lg32~40	Leu-Asp-Gln-Ser-Ala-Pro-Leu-Arg	970.69	无数据
β-Lg78~80	Ile-Pro-Ala	299.39	141
β-Lg81~83	Val-Phe-Lys	392.38	无数据
β-Lg94~100	Val-Leu-Asp-Thr-Asp-Tyr-Lys	970.69	无数据
β-Lg102~103	Tyr-Leu	294.26	122.1
β-Lg102~105	Tyr-Leu-Leu-Phe	554.52	171.8
β-Lg106~111	Cys-Met-Glu-Asn-Ser-Ala	654.227	无数据
β-Lg142~145	Ala-Leu-Pro-Met	430.6	928
β-Lg142~146	Ala-Leu-Pro-Met-His	567.76	无数据
β-Lg142~148	Ala-Leu-Pro-Met-His-Ile-Arg	837.13	42.6
β-Lg146~148	HIs-Ile-Arg	424.53	953.5
β-Lg147~148	Ile-Arg	287.37	695.5
β-Lg146~149	His-Ile-Arg-Leu	537.74	1153.2
α-La50~52	Tyr-Gly-Leu	351.33	无数据
α-La50~53	Tyr-Gly-Leu-Phe	498.42	733.3
α-La99~108	Val-Gly-Ile-Asn-Tyr-Trp-Leu-Ala-His-Lys	1200.83	无数据
α-La104~108	Trp-Leu-Ala-His-Lys	653.81	无数据

数据来源：李晓东 等，2007。

（三）降血糖功能

近年来国内外研究人员围绕乳清蛋白及乳清蛋白肽的降血糖作用及机制进行了广泛的研究，并取得了一定的成果。临床研究发现，乳清蛋白能明显抑制受试者2h内餐后血糖的升高（Bowen et al，2007）。动物实验也证实了乳清蛋白及乳清蛋白肽的降血糖功能。

（四）降胆固醇功能

乳清蛋白肽也具有降胆固醇功能，但相比其降血压和抗氧化功能，研究较少。Nagaoka等用胰蛋白酶水解牛奶β-乳球蛋白，从中分离纯化得到一种含有5个氨基酸残基的低聚肽段（Ile-Ile-Ala-Glu-Lys），通过质谱鉴定其位置为f71～75。Caco-2细胞及动物实验证实这种五肽自身或通过与牛磺胆酸结合的方式降低乳糜微粒中胆固醇的溶解性，减少胆固醇的吸收，进而降低血清胆固醇水平（Nagaoka et al，2001；Nagaoka et al，2008；Nagaoka et al，2006）。

（五）其他功能

乳清蛋白肽在免疫系统调节中发挥着重要作用，例如，α-乳白蛋白降解后的肽段Tyr-Gly及Tyr-Gly-Gly均具有一定的免疫促进活性；α-乳白蛋白降解后的四肽Tyr-Gly-Leu-Phe、β-乳球蛋白降解后的四肽Tyr-Leu-Leu-Phe均具有阿片样活性（王磊 等，2010）。关于乳清蛋白肽的阿片样活性在酪蛋白肽的生理功能中已有比较详细的阐述。

参考文献

[1] ABUBAKAR A, SAITO T, KITAZAWA H, et al. Structural analysis of new antihypertensive peptides derived from cheese whey protein by proteinase K digestion [J]. Journal of Dairy Science, 1998, 81 (12): 3131-3138.

[2] BOWEN J, NOAKES M, CLIFTON PM. Appetite hormones and energy intake in obese men after consumption of fructose, glucose and whey protein beverages [J]. International Journal of Obesity, 2007, 31 (11): 1696-1703.

[3] CHEISON S C, WANG Z, XU S Y. Preparation of whey protein hydrolysates using a single-and two-stage enzymatic membrane reactor and their immunological and antioxidant properties: Characterization by Multivariate Data Analysis [J]. Journal of Agricultural and Food Chemistry, 2007, 55 (10): 3896-3904.

[4] CHIBA H, TANI F, YOSHIKAWA M. Opioid antagonist peptides derived from κ -casein [J] . Journal of Dairy Research, 1989, 56 (3): 363-366.

[5] DEWIT J N, KLARENBEEK G. Effects of various heat treatments on structure and solubility of whey proteins [J] . Journal of Dairy Science, 1984, 67 (11): 2701-2710.

[6] HENSCHEN A, LOTTSPEICH F, BRANTL V, et al. Novel opioid peptides derived from casein (beta-casomorphins) . II. Structure of active components from bovine casein peptone [J] . Hoppe-Seyler's Zeitschrift fur physiologische Chemie, 1979, 360 (9): 1217-1224.

[7] HILL R D, LAHAV E, GIVOL D. A rennin-sensitive bond in alpha-s1 B-casein [J] . Journal of Dairy Research, 1974, 41 (1): 147-153.

[8] HUGHES J, SMITH T, MORGAN B, et al. Purification and properties of enkephalin-the possible endogenous ligand for the morphine receptor [J] . Life Sciences, 1975, 16 (12): 1753-1758.

[9] JOVANOVIC S, BARAC M, MACEJ O, et al. SDS-PAGE Analysis of Soluble Proteins in Reconstituted Milk Exposed to Different Heat Treatments [J]. Sensors, 2007, 7 (3): 371-383.

[10] KAPILA S, JABADOLIA L N, DANG A K, et al. Augmentation of biofunctional properties of whey protein on fermentation with Lactobacillus helveticus [J] . Milchwissenschaft-milk Science International, 2009, 64 (3): 245-249.

[11] KATCHALSKY K A, LAHOV E, SODE-MORGENSEN M T. Poly-peptidic antibiotic substances derived from casein : US3764670A [P] .1973-10-09.

[12] LOUKAS S, VAROUCHA D, ZIOUDROU C, et al. Opioid activities and structures of alpha-casein-derived exorphins [J] . Biochemistry, 1983, 22 (19): 4567-4573.

[13] MCCANN K B, SHIELL B J, MICHALSKI W P, et al. Isolation and characterisation of antibacterial peptides derived from the f (164-207) region of bovine αS2-casein. [J] . International Dairy Journal, 2005, 15 (2): 133-143.

[14] MEISEL H. Biochemical properties of bioactive peptides derived from milk proteins: Potential nutraceuticals for food and pharmaceutical applications [J] . Livestock Production Science, 1997, 50 (1-2): 125-138.

[15] MULLALLY M M, MEISEL H, FITZGERALD R J. Angiotensin-I-coverting enzyme inhibitory activities of gastric and pancreatic proteinase digests of whey proteins [J] . International Dairy Journal, 1997, 7 (5): 299-303.

[16] Nagaoka S, Futamura Y, Miwa K, et al. Identification of novel hypocholesterolemic peptides derived from bovine milk beta-lactoglobulin [J] . Biochemical & Biophysical Research Communications, 2001, 281 (1): 11-17.

[17] NAGAOKA S, KANAMARU Y, KUZUYA Y, et al. Comparative studies on the serum cholesterol lowering action of whey protein and soybean protein in rats [J] . Journal of the Agricultural Chemical Society of Japan, 2008, 56 (9): 1484-1485.

[18] NAGAOKA S, KANAMARU Y, KUZUYA Y. Effects of whey protein and casein on the plasma and liver lipids in rats [J] . Journal of the Agricultural Chemical Society of Japan, 2006, 55 (3): 813-818.

[19] PEÑA-RAMOS E A, XIONG Y L. Antioxidative activity of whey protein hydrolysates in aliposomal system [J] . Journal of Dairy Science, 2001, 84 (12): 2577-2583.

[20] PERPETUO E A, JULIANO L, LEBRUN I. Biochemical and pharmacological aspects of two bradykinin-potentiating peptides obtained from tryptic hydrolysis of casein [J] . Journal of Protein Chemistry, 2003, 22 (7-8): 601-606.

[21] SHARMA S, KUMAR P, BETZEL C, et al. Structure and function of proteins involved in milk allergies [J] . Journal of Chromatography B Biomedical Sciences and Applications, 2001, 756 (1): 183-187.

[22] WANG J, ZHAO M, LIANG R, et al. Whey peptides improve wound healing following caesarean section in rats [J] . The British journal of nutrition, 2010, 104 (11): 1621-1627.

[23] 包怡红, 李锐达. 发酵法制备乳清抗氧化活性肽的研究 [J] . 中国食品学报, 2010, 10 (3): 21-26.

[24] 包怡红. 功能性乳清的综合利用 [J] .食品与机械, 2001 (1): 9-11.

[25] 董文滨, 杨兆艳, 胡献丽, 等.动物蛋白生物活性肽的研究进展 [J] .食品研究与开发, 2004, 25 (5): 66-69.

[26] 冯凤琴, 许时婴, 王璋. 酪蛋白磷酸肽 (CPPs) 的分子量及持钙功能的分析 [J] . 食品与发酵工业, 1997 (2): 18-21.

[27] 郭宇星, 陈庆森, 赵林森, 等. 瑞士乳杆菌发酵法制备乳清蛋白源性ACE抑制肽的研究 [J] . 食品科学, 2006, 27 (6): 151-154.

[28] 韩雪, 孙冰. 乳清蛋白的功能特性及应用 [J] .中国乳品工业, 2003, 31 (3): 28-30.

[29] 黄龙. 内源性阿片肽和阿片受体 [J] .大连医学院学报, 1988 (4): 60-65.

[30] 乐国伟, 施用晖, 杨凤. 肽在动物蛋白质营养中的作用——小肽在动物氨基酸吸收中的作用 [J] .四川农业大学学报, 1996 (S1): 19-26.

[31] 李龙柱, 张富新, 贾润芳, 等. 不同哺乳动物乳中主要营养成分比较的研究进展 [J] .食品工业科技, 2012, 33 (19): 396-400.

[32] 李晓东, 牛治霞, 高莉莉, 等. 乳清蛋白源生物活性肽段序列及其功能 [J] . 中国乳品工业, 2007, 35 (2): 36-42.

[33] 李欣, 陈红兵. 牛奶过敏原表位研究进展 [J] .食品科学, 2006, 27 (11): 592-598.

[34] 刘纳. 酪蛋白组分分离、纯化研究 [D] . 成都: 西华大学, 2010.

[35] 刘述皇, 窦全林. 驴乳和牛乳蛋白热稳定性的研究 [J] .云南畜牧兽医, 2015 (3): 4-7.

[36] 刘文颖, 林峰, 谷瑞增, 等. 乳清低聚肽的制备及其抗氧化活性 [J] . 食品工业科技, 2014, 35 (15): 49-53.

[37] 卢晓明, 王静波, 任发政, 等. 乳清蛋白在食品工业中的应用 [J] .食品科学,

2010, 31（1）: 262-267.

[38] 马涛, 林峰, 董哲, 等. 酪蛋白水解物替代乳清蛋白的加工性能评价研究 [J]. 食品工业科技, 2015, 36（10）: 96-100.

[39] 庞广昌, 陈庆森. 生物活性肽—酪蛋白磷酸肽（CPPs）的研究、应用及展望 [J]. 食品科学, 1999, 20（6）: 25-29.

[40] 汤亚杰, 吴思方. 酪蛋白磷酸肽的研究进展 [J]. 食品科学, 1998, 19（5）:3-6.

[41] 滕婷, 林慧敏, 张丽芬, 等. 活性肽免疫调节作用的研究进展 [J].医学理论与实践, 2012, 25（13）: 1575-1577.

[42] 王磊, 成雪, 毛学英. 乳清蛋白及其活性多肽的生物学功能研究进展 [J]. 中国农业科技导报, 2010, 12（5）: 30-35.

[43] 王雪, 陈明霞, 张丽萍. 乳清寡肽抗氧化活性的研究 [J]. 农产品加工（学刊）, 2012（10）: 56-58.

[44] 王媛媛. 脱脂乳中乳清蛋白热变性及其动力学研究 [D]. 天津: 天津科技大学, 2016.

[45] 吴相佚, 宋馨然, 刘斯, 等. α-乳白蛋白酶解物体外抗氧化及活性氧清除作用 [J]. 中国乳品工业, 2018（1）: 4-7.

[46] 张建辉, 庞广昌. 阿片肽的研究进展与展望 [J]. 食品科学, 2006, 27（12）: 823-829.

[47] 张泽生, 郭宝芹, 刘素稳, 等. 乳清浓缩蛋白和大豆分离蛋白的营养价值评价 [J]. 大豆科技, 2007（5）: 22-23.

[48] 赵国华, 王雅茜, 陈宗道. 乳清蛋白改性综述 [J].中国乳品工业,1998（4）: 25-27.

[49] 左志晗, 王艳萍. 酪蛋白生物活性肽的生理作用及其研究进展 [J]. 中国食品学报, 2003（0z1）: 481-486.

第八章

其他食源性低聚肽

第一节　豌豆低聚肽
第二节　大米低聚肽
第三节　牡蛎低聚肽

随着对食源性低聚肽研究的不断深入，以及来源于几种大宗蛋白质资源的食源性低聚肽的市场应用越来越普及，部分稀有蛋白质资源也逐步被发掘和制备成低聚肽，并陆续开展了有关营养功能特性的研究。这一方面有助于提高稀有蛋白质资源的附加值，另一方面也为营养功能食品行业提供了新的营养功能性配料。鉴于目前对于利用稀有蛋白质资源开发制备食源性低聚肽的相关研究还比较少，本章只列举了豌豆低聚肽、大米低聚肽、牡蛎低聚肽，并对其功能做简单介绍。

第一节 豌豆低聚肽

一、概述

为了生产高蛋白食品，豆类种子蛋白质的开发利用已得到世界各国的关注。大豆及其制品早已被作为主要蛋白质来源之一，但由于大豆及其制品来源的蛋白质具有一定的致敏性，在使用上受到一定的限制。而与之同属于豆类来源的豌豆蛋白，由于目前尚未发现致敏性问题，越来越受到重视。

豌豆在我国也是主要的食用豆类作物，可以作为蔬菜和粮食食用，并具有一定的药用价值。豌豆营养丰富、全面且均衡，尤其富含蛋白质、碳水化合物、维生素、矿物质等成分。豌豆中蛋白质的平均含量超过20%，低于大豆，高于绿豆、豇豆。豌豆蛋白的生物价（BV）为48%~64%，功效比值（PER）为0.6~1.2，高于大豆蛋白。豌豆蛋白中包含白蛋白、球蛋白和谷蛋白，分别占21%、66%和2%。白蛋白含有更多的色氨酸、赖氨酸、苏氨酸和其他含硫氨基酸；球蛋白含有更多的精氨酸、苯丙氨酸、亮氨酸和异亮氨酸。氨基酸的比例比较平衡。

豌豆蛋白粉分为豌豆粗提蛋白、豌豆浓缩蛋白和豌豆分离蛋白三种。豌豆粗提蛋白是将豌豆经过初级提取，部分去除植物原料中的非蛋白成分（如水分、脂肪、碳水化合物等）而制得的产品，蛋白质含量40%~65%（以干基计）；豌豆浓缩蛋白是在豌豆粗蛋白工艺的基础上，再经过浓缩、分离等工艺，更多地去除植物原料中的非蛋白质成分而制得的产品，蛋白质含量65%~80%；豌豆分离蛋白是在豌豆浓缩蛋白的基础上精制所得，蛋白质含量在80%以上。生产制备豌豆低聚肽一般选择蛋白质含量在80%~90%的豌豆分离蛋白。豌豆低聚肽的制备和研究主要是酶制剂的选择与酶水解工艺的优化。由于蛋白酶一般具有特定的作用位点，采用单酶水解蛋白质的作用范围相对较小，工业上常采用两种或以上的蛋白酶复合来水解。

目前，制备豌豆低聚肽常用的酶主要包括木瓜蛋白酶、胰蛋白酶、中性蛋白酶、碱性蛋白酶、嗜热菌蛋白酶等。不同酶制剂水解豌豆蛋白的条件不同，具体见表8-1。

表8-1　不同蛋白酶水解豌豆分离蛋白的条件

水解条件	木瓜蛋白酶	中性蛋白酶	胰蛋白酶	碱性蛋白酶
底物浓度/（g/100mL）	5	7.5	7.5	5
[E]/[S]①/（mg/g）	10	6	6	4
温度/℃	65	60	40	55
pH	6.5	7.5	9	9

注：①[E]/[S]指酶与底物的质量比。

每种蛋白酶常有其特定的氨基酸识别位点，因此同一食物蛋白质经不同蛋白酶水解可以得到不同的酶解产物；同时，同一种蛋白酶在不同水解条件下，因对蛋白质的水解程度不同，也可得到功能特性不完全相同的肽类物质。目前研究已发现，豌豆低聚肽具有抗氧化、辅助降血糖、辅助降血压、免疫调节等功能。

二、豌豆低聚肽的氨基酸组成与加工特性

豌豆低聚肽是豌豆蛋白经过酶水解、分离和纯化获得的肽类混合物，其与豌豆蛋白的氨基酸组成基本相同，含有人体必需的全部必需氨基酸，且氨基酸模式较为合理，是具有较高营养价值的植物蛋白源。详见表8-2。

表8-2　豌豆蛋白与豌豆低聚肽的氨基酸组成　单位：g/100g

氨基酸	豌豆蛋白	豌豆低聚肽
甘氨酸（Gly）	3.195	3.622
丙氨酸（Ala）	3.483	3.967
缬氨酸（Val）	4.096	3.851
亮氨酸（Leu）	6.437	6.738
异亮氨酸（Ile）	3.333	3.516
丝氨酸（Ser）	4.023	5.054
苏氨酸（Thr）	2.879	3.681
半胱氨酸（Cys）	1.536	0.478
蛋氨酸（Met）	0.655	0.732
苯丙氨酸（Phe）	4.086	3.506
酪氨酸（Tyr）	2.522	2.524
色氨酸（Trp）	0.723	0.946

续表

氨基酸	豌豆蛋白	豌豆低聚肽
组氨酸（His）	2.053	2.013
赖氨酸（Lys）	4.944	7.227
精氨酸（Arg）	6.175	7.1
天冬氨酸（Asp）	9.282	11.57
谷氨酸（Glu）	14.144	18.573
脯氨酸（Pro）	2.166	3.553

豌豆低聚肽为多种小分子肽段的混合物，其中分子质量<1000u的组分占87.9%。各组分分子质量的具体分布情况见表8-3。

表8-3　　豌豆低聚肽的分子质量分布

分子质量范围	开始时间/min	结束时间/min	峰面积百分比（λ＝220nm）/%
10000u以上	8.928	13.632	0.0296
1000~10000u	13.632	18.335	12.0806
132~1000u	18.335	22.210	82.9437
132u以下	22.210	32.444	4.9461

豌豆蛋白逐渐成为食品工业常用的一种植物蛋白，目前对其加工特性已经有比较清楚的了解。以豌豆蛋白为原料制备的豌豆低聚肽在加工特性方面与豌豆蛋白有一定的相关性，但在某些特性方面又优于豌豆蛋白。豌豆低聚肽由于其分子质量比较小，乳化性比豌豆蛋白更稳定。豌豆低聚肽溶解性良好，溶解速度较快，在溶液体系中稳定性要优于豌豆蛋白。因此，在制备豌豆低聚肽时，可根据实际需要确定酶解的程度，以便得到适宜加工特性的豌豆低聚肽产品。

三、豌豆低聚肽的生理功能

与其他食源蛋白来源的低聚肽一样，豌豆低聚肽也表现出多种生理活性，如抗氧化、降血压、降血脂等，对于改善和保障人体健康具有良好的作用。值得注意的是，在一些研究中，豌豆蛋白经蛋白酶水解后的产物往往是包含低聚肽、多肽在内的肽复合物，难以将其作用完全归为是由低聚肽引起，但是由于低聚肽具有分子质量小、易吸收、结构相对比较稳定、功能显著等特点，是发挥各种生理功能重要物质。

1. 抗氧化功能

科学研究发现，与其他食源性低聚肽一样，豌豆低聚肽具有明显的清除自由基的作用。DPPH自由基清除率是体外评价物质抗氧化作用的常用方法，其原理是DPPH自由基的单电子在517nm处有强吸收峰，当有抗氧化物质存在时，因可与其单电子配对而使其吸收逐渐消失。DPPH自由基本身呈现紫红色，而与抗氧化物质配对后颜色逐渐减褪，其褪色程度与其接受的电子数量成定量关系。豌豆蛋白分别经不同蛋白酶水解，其DPPH自由基清除率随着水解时间的延长而增加，水解时间为4h时清除率较强；胰蛋白酶、木瓜蛋白酶、风味蛋白酶和碱性蛋白酶水解产物的自由基清除率分别从最初的17%、16%、14%和20%提高到36%、33%、40%和44%；而在水解4h后，自由基清除率反而有所降低（刁静静 等，2013）。用中性蛋白酶、碱性蛋白酶和风味蛋白酶水解豌豆蛋白，再通过阳离子交换层析分离和纯化豌豆肽得到阳离子抗氧化肽，其抗氧化能力与阳离子性质有关（薛园园 等，2011）。

肽的抗氧化活性是由分子供氢能力和自身结构稳定性决定的，通过捕捉自由基反应链中的过氧化氢自由基，阻止或减弱自由基链反应的进行。氢原子给予自由基后，本身成为自由基中间体，此中间体越稳定，其前体就越容易清除自由基，抗氧化能力也就越强。而随着水解时间的延长，这种稳定的结构被破坏，自由基清除率也有所降低（张秋萍，田亚平，2013；李慧 等，2018）。可见，豌豆肽的抗氧化能力应该与相关特定肽段的结构与分子质量密切相关。

2. 辅助降血压功能

以碱性蛋白酶水解豌豆蛋白，获得具有较高ACE抑制活性的酶解液；再经胃肠道模拟消化后，ACE抑制活性基本没有变化，这说明制得的ACE抑制肽抗胃蛋白酶与胰蛋白酶消化的能力较强。进一步研究发现，分子质量<1000u的豌豆肽中分子质量为300~500u的组分占60.39%，以由2~4个氨基酸组成的肽段居多，提示分子质量较小的短肽具有较强的ACE 抑制活性；豌豆蛋白分别经碱性蛋白酶、风味蛋白酶和木瓜蛋白酶水解，木瓜蛋白酶水解液的ACE抑制活性最高（朱玲，2014）。

3. 免疫调节功能

免疫调节功能常常通过免疫器官、免疫细胞、免疫抗体等多个方面的指标进行评价。研究发现，豌豆肽能够有效减轻环磷酰胺对小鼠脾脏、胸腺组织结构造成的破坏，避免环磷酰胺引起的小鼠白细胞计数、骨髓有核细胞数量以及骨髓DNA含量下降。豌豆肽对免疫抑制小鼠的体液免疫也具有一定的改善作用，表现为免疫球蛋白IgG、IgM含量的增加。在免疫细胞方面，豌豆肽能调整免疫低下小鼠T淋巴细胞亚群

（$CD3^+$、$CD4^+$、$CD8^+$）的异常分布，表现出对细胞免疫的改善作用。另外，豌豆肽还能提升外周血细胞因子IFN-γ、IL-9、IL-17A的水平，影响其介导的免疫反应。研究也发现，在一定剂量范围内，豌豆肽的免疫调节作用还具有一定的量效关系（朱建华，1996；马宁，魏姜勉，2015；卢菊慧 等，2018；张秋萍，2013；张敏佳 等，2018）。还有研究报道，豌豆蛋白经嗜热菌蛋白酶水解，超滤后得到分子质量约为3ku的豌豆肽，能显著抑制TNF-α、IL-6和NO的产生，并增加IgA的数量，从而起到抗炎和免疫调节的作用（Ndiaye et al，2012）；使用胰蛋白酶水解豌豆蛋白，并将水解液依次通过超滤、排阻色谱纯化，得到分子质量<10ku的豌豆肽，可降低幽门螺旋杆菌（*Helicobacter pylori*）对胃黏膜上皮细胞的黏附性，进而有助于降低婴幼儿对幽门螺旋杆菌的感染率（Niehues et al，2010；Niehues et al，2011）。

4. 辅助调节血糖功能

糖尿病是以血糖水平升高为特征的代谢性疾病，因胰岛素分泌不足或/和胰岛素作用下降而引起糖、脂肪和蛋白质代谢紊乱。目前，糖尿病患者中2型糖尿病占90%~95%。豌豆低聚肽在调节胰岛素表达方面效果显著，利用不同浓度的豌豆肽对胰岛素诱导的 HepG2 细胞进行作用时，其葡萄糖消耗量提高1.31~1.68倍，胰岛素受体（InsR）的表达水平提高1.19~1.34倍，凋亡蛋白Caspase-3 阳性率表达增加，说明豌豆低聚肽对肝细胞内胰岛素抵抗的形成具有一定缓解作用（崔欣悦 等，2019）。豌豆低聚肽还能明显降低高脂饮食和链脲佐菌素（STZ）诱导的2型糖尿病小鼠的血糖水平、脂质分布和肝脂肪沉积，改善糖尿病小鼠的葡萄糖耐量，促进糖原合成，保护肝脏和肾脏的结构；利用HPLC-MS/MS方法从豌豆低聚肽中分离出4个*C*末端带有脯氨酸残基的肽段Ala-Leu-Pro、Leu-Leu-Pro、Val-Leu-Pro和Ser-Pro（Wei et al，2019）。有研究认为，*C*末端带有脯氨酸残基的肽段对2型糖尿病具有一定的抑制作用（Lacroix et al，2012），由此推测上述4个肽段对于豌豆低聚肽的糖尿病改善效果发挥着重要作用。

第二节
大米低聚肽

一、概述

稻谷是世界上最重要的粮食作物，而我国是世界上最大的稻米生产国和消费国。

在我国，稻米的深加工主要用于制作米粉、酒、淀粉糖、有机酸和味精。大米的蛋白质含量在8%左右，提取淀粉后，剩余米渣的蛋白质含量一般在40%~70%。对米渣蛋白可以使用碱萃取、溶剂萃取、酶法、复合提取和物理分离等方法进行提纯，以将大米蛋白的含量提高至浓缩蛋白级（蛋白质含量70%~89%）和分离蛋白级（蛋白质含量高于90%），为大米蛋白的广泛利用提供便利条件。目前，我国市场上出售的食品级大米蛋白都是由米渣提取纯化而来。

米糠是稻谷加工过程中的主要副产品，其质量占稻谷总质量的6%，其中也含有一定量的蛋白质。由于加工米糠的原料和所采用的加工技术不同，米糠的组成成分并不完全相同。一般来说，米糠中平均含蛋白质15%，脂肪16%~22%，糖3%~8%，水分10%。米糠多用于生产米糠油、米糠纤维等。从目前来看，米糠蛋白的产量低，成本高，工业化生产难度较大。随着科技水平的提升，米糠中的蛋白质有望得到有效利用。

大米蛋白通常分为清蛋白、球蛋白、醇溶蛋白和谷蛋白4大类，分别溶于水、盐溶液、乙醇溶液和碱性溶液（豁银强 等，2017）。胚乳蛋白中，谷蛋白占66%~78%，清蛋白占3.8%~8.8%，球蛋白占9.6%~10.8%，醇溶蛋白占2.6%~3.3%。米糠蛋白中，谷蛋白占11%~27%，清蛋白占35%，球蛋白占15%~26%，醇溶蛋白占4%左右。大米蛋白人体消化吸收率高，生物价大，远远高于其他植物蛋白，具有很好的营养价值。

以大米蛋白为原料制备大米低聚肽，一般包括发酵法和蛋白酶降解法。蛋白酶降解法是蛋白质经相应蛋白酶酶解作用生成肽和氨基酸的过程，这是目前制备食源肽的主要方法，广泛用于大米低聚肽的制备。

蛋白酶降解法制备大米低聚肽的工艺大致为：大米蛋白→预处理→酶解→分离纯化→浓缩精制→喷雾干燥→大米低聚肽。

二、大米低聚肽的氨基酸组成与加工特性

大米低聚肽是大米纯度蛋白经过酶解、分离和纯化获得的肽类混合物。目前市场上的大米低聚肽粉其纯度有一定的差异，纯度比较高的其肽含量接近90%，其中分子质量<1000u的组分所占比例在90%以上，另外还含有少量的水分、灰分等。大米蛋白富含18种氨基酸，氨基酸配比合理，能够为人体提供所需的各种氨基酸营养，是一种优质的植物蛋白。经过酶解制备的大米低聚肽与大米蛋白的氨基酸组成略有差异，详见表8-4。

表8-4　　大米蛋白与大米低聚肽的氨基酸组成　　单位：g/100g

氨基酸	大米蛋白	大米低聚肽
甘氨酸（Gly）	2.576	4.338
丙氨酸（Ala）	3.443	5.695
缬氨酸（Val）	1.197	5.278
亮氨酸（Leu）	5.187	6.33
异亮氨酸（Ile）	2.505	3.188
丝氨酸（Ser）	3.099	4.446
苏氨酸（Thr）	2.173	2.931
半胱氨酸（Cys）	3.62	1.612
蛋氨酸（Met）	1.492	1.69
苯丙氨酸（Phe）	3.44	3.557
酪氨酸（Tyr）	2.861	2.936
色氨酸（Trp）	0.496	0.451
组氨酸（His）	1.375	2.069
赖氨酸（Lys）	1.526	2.914
精氨酸（Arg）	4.914	7.667
天冬氨酸（Asp）	5.428	9.09
谷氨酸（Glu）	11.186	18.242
脯氨酸（Pro）	3.17	3.547

大米低聚肽各组分分子质量范围的具体分布情况见表8-5。由表中可以看出，大米低聚肽中分子质量小于1000u的组分占94.2%。

表8-5　　大米低聚肽的分子质量分布

分子质量范围	开始时间/min	结束时间/min	峰面积百分比（λ＝220nm）/%
10000u以上	8.834	13.528	0.0023
1000~10000u	13.528	18.221	5.7873
132~1000u	18.221	22.349	85.2119
132u以下	22.349	32.301	8.9985

大米蛋白具有一定的溶解性、乳化性、发泡性、持水性、持油性等功能特性，但由于大米蛋白疏水性较强，水溶性较差，从而限制了它的应用范围。但经过酶解制成大米低聚肽，可释放出一定的氨基和羧基，增大了分子极性，使水溶性增加，同时发泡性、乳化性等也有所增强。有研究表明，用胃蛋白酶水解大米蛋白后，可以得到发泡性能及持泡性能较好且失水率较低的产品。同时，经酶水解或改性的大米蛋白在

食品中用途广泛，如在液体或半固体食品中起稳定、增稠作用，在焙烤食品和糖果中起发泡作用，在肉制品中起增稠和黏结作用等。将大米蛋白制备成大米低聚肽，还具有良好的酸、热稳定性，使大米蛋白的加工特性得到进一步提升，促进了其在食品领域的应用。

三、大米低聚肽的生理功能

大米低聚肽不仅能为人体提供各种氨基酸，具有较高的蛋白质营养作用，也与其他植物源蛋白肽一样，具有多种生理功能，当前研究最多的是抗氧化、免疫调节、辅助降血压以及对皮肤健康改善方面的作用等。

1. 抗氧化功能

自由基是人体正常生理和生化过程中产生的副产物，而产生自由基过多可能导致生物大分子（如脂质、蛋白质、DNA）的氧化损伤，从而引发动脉粥样硬化性疾病、糖尿病、癌症和神经退行性疾病等。因此，采用适当的功能因子，减少自由基的产生，有助于降低自由基所造成的危害，预防部分疾病的发生。

研究发现，大米低聚肽能显著提高D-半乳糖诱导的衰老小鼠模型血清中过氧化氢酶（CAT）、总超氧化物歧化酶（SOD）的活性，降低丙二醛（MDA）的含量（代联伶等，2013）。当采用合适的蛋白酶水解大米蛋白时，其中具有抗氧化活性的肽段会被释放出来。采用不同的蛋白酶水解大米蛋白后，其酶解产物的抗氧化活性也有一定差别。以碱性蛋白酶水解大米蛋白制备的大米肽，在质量浓度为0.25g/L时表现出对羟自由基、超氧阴离子自由基及DPPH自由基的清除作用；当质量浓度为4.0g/L时，对羟自由基、超氧阴离子自由基及DPPH自由基的清除率分别可达到81%、85%和94%，基本上与同浓度2，6-二叔丁基对甲酚（BHT）的清除效果相当（李火云等，2015）。利用中性蛋白酶酶解大米蛋白，其酶解产物对DPPH自由基清除活性远高于经碱性蛋白酶、胰凝乳蛋白酶、木瓜蛋白酶和风味蛋白酶处理得到的产物（Zhang et al，2009）。对大米蛋白的中性蛋白酶酶水解产物进一步分离纯化，得到具有较高抗氧化活性的八肽Lys-His-Asn-Arg-Gly-Asp-Glu-Phe（KHNRGDEF）和七肽Phe-Arg-Asp-Glu-His-Lys-Lys（FRDEHKK）（张慧君，2009）。

采用微生物发酵法对大米蛋白进行发酵处理，得到的发酵产物也具有明显的抗氧化活性。有研究报道，用枯草芽孢杆菌发酵米渣，得到的肽产物具有较强的还原能力（廖卢艳，张喻，2015）；用米曲霉发酵米糠制备的肽产物对羟自由基和DPPH自由基清除率最高分别达到86.2%和69.8%（魏明 等，2014）；采用黑曲霉发酵大米蛋白，再用超滤、凝胶过滤色谱和反相高压液相色谱进行分离纯化，采用MicroTOF-QII质谱鉴定出十肽Val-Ala-Glu-Glu-Glu-Leu-Gly-Gly-Asn-Arg（VAEEELGGNR）和十一肽Leu-Asp-Pro-Glu-Gly-Thr-Gly-Thr-Phe-Pro-Pro（LDPEGTGTFPP）两条抗氧化肽段（田蔚，2012）。

目前，对大米低聚肽的抗氧化功能多采用体外实验研究，如清除自由基、抑制脂质氧化等。由于分子量较大的肽在胃肠道内大多被进一步消化降解，难以以整肽的形式直接被吸收和利用，其在体内的抗氧化作用还需进一步研究。

2. 降血压功能

大米低聚肽的降血压作用也与其中某些特定肽段的ACE抑制活性有关。未经酶解的大米蛋白不具有降血压活性，而大米蛋白中的四种蛋白质（清蛋白、球蛋白、醇溶蛋白和谷蛋白）经过酶解，都具有一定的降血压活性，其中以占大米蛋白总量最高的谷蛋白酶解产物的降血压活性最高（陈倩倩 等，2015）。采用多种蛋白酶（碱性蛋白酶、中性蛋白酶、酸性蛋白酶、复合风味蛋白酶、水解蛋白酶、胃蛋白酶、胰蛋白酶）分别在各自最优条件下水解大米蛋白，以胰蛋白酶的酶解产物ACE抑制活性最高，达到了81.2%；运用反相高效液相色谱、质谱等方法分离得到一条具有高ACE抑制活性的五肽，其氨基酸序列为Phe-Asn-Gyl-Phe-Tyr（FNGFY）（玄国东，2005）。利用碱性蛋白酶酶解米糠蛋白，使用膜过滤和凝胶色谱等分离手段进行纯化得到的大米肽，ACE抑制率可达到73.30%（翟爱华，袁文帅，2015）。用三种酶（胃蛋白酶、胰蛋白酶、木瓜蛋白酶）单独或联合水解米糠蛋白，发现胃蛋白酶联合胰蛋白酶酶解的组分ACE抑制活性最高，并鉴定出了组分的氨基酸序列，其共同特征是*C*末端具有苯环样结构（刘志国等，2007）。由此可以看出，大米肽的ACE抑制活性与生产过程中所使用的酶的种类关系很大。

大米蛋白的预处理方法对其酶解产物ACE抑制活性的高低也有显著影响。采用超声预处理后再酶解得到的产物对ACE的抑制率由未经超声预处理的69.8%提高到92.8%（马海乐 等，2010）。利用逆流超声预处理后酶解，其酶解液的ACE抑制率达72.24%，相较于未经逆流超声处理的酶解液ACE抑制率提高了57.42%（魏康等，2018）。利用超声与微波联合预处理方法对大米蛋白进行酶解，得到的大米肽粗品ACE抑制率可从65.44%提高到90.70%（王申等，2014）。

综上，结合大米蛋白的预处理以及酶制剂与酶解条件的选择，有望更明显地提高大米肽的ACE抑制活性。对大米肽降血压活性的深入探讨，或许有助于发现对治疗高血压更有效的物质。

3. 改善皮肤健康功能

大米低聚肽对皮肤健康也有一定的效果，主要表现在减少黑色素形成以及促进胶原蛋白和弹性蛋白的合成。利用人皮肤黑色素细胞（PIG1细胞）和人皮肤成纤维细胞（HSF细胞）分别建立紫外线（UVB）损伤模型，研究发现随着大米低聚肽浓度的增加，抑制细胞内活性氧自由基（ROS）生成的能力越来越强，降低 PIG1细胞黑色素含量和酪氨酸酶活力的能力逐渐增强，表现出一定的美白功能；大米低聚肽可以显著提高受损HSF细胞的生存率，使其免受紫外线损伤，并提高羟脯氨酸的含量，有利于改善皮肤弹性；大米低聚肽的皮肤健康作用与其中特定的功能性肽段有密切关系，肽段Leu—Leu—Lys（LLK）、pGlu—Lys（pEK）可以降低PIG1细胞黑色素含量和酪氨酸酶活力，在 mRNA水平和蛋白质水平，可通过调控JNK/β-Trcp/NFκB-p65/MITF 信号通路达到美白作用；肽段Leu—Pro—Lys（LPK）主要通过调控 TGF-β/Smad信号通路，pEK 主要通过调控AP-1/MMP-1 信号通路提高Ⅰ型胶原蛋白和弹性蛋白的表达；LPK、LLK、pEK三个肽段均可提高HSF细胞生存率，降低胞内 ROS 水平，且LPK、pEK可显著提高羟脯氨酸的含量（Zhang et al，2020）。说明抗氧化作用也是大米低聚肽改善皮肤健康的重要机制之一。还有研究报道，大米肽与海洋鱼皮胶原低聚肽复配较单独使用对酪氨酸酶活力的抑制效果更显著，有助于减少黑色素的生成和保护细胞免受氧化应激的损伤（尹曼 等，2017）。将大米肽添加于化妆品基质中，在添加质量比为4.0g/kg时，连续给受试者使用4周以上，能使脸部皱纹减少11.8%，具有很好的抗皮肤衰老功效（李火云 等，2015）。

4. 其他功能

采用胰蛋白酶酶解可溶性大米蛋白，从酶解物中获得的一种八肽Gly-Tyr-Pro-Met-Tyr-Pro-Leu-Arg（GYPMYPLR，被命名为oryzatensin）除具有促进回肠平滑肌收缩、阿片样活性外，还具有免疫调节作用，表现为可诱导体外人血白细胞的吞噬活性；oryzatensin浓度为1μmol/L时，吞噬作用就非常明显，吞噬指数为控制值的1.5倍，并且能刺激白细胞中超氧阴离子的产生（Takahashi et al，1994）。oryzatensin还具有阿片样活性。有研究报道，酶解米糠可溶性蛋白，经超滤分离，提取出两种能明显拮抗吗啡成瘾性的阿片样活性肽：四肽Asp-Ser-Val-Arg（DSVR）和五肽Asp-Gly-Ser-Val-Arg（DGSVR）（陈季旺 等，2003；2005）。

酶解大米球蛋白，分离得到一种九肽Tyr-Gly-Glu-Gly-Ser-Ser-Glu-Glu-Gly（YGEGSSEEG）。研究发现，YGEGSSEEG可通过抑制细胞凋亡和降低黏附分子表达，发挥对血管内皮细胞的保护作用（鞠志远等，2018）。

第三节
牡蛎低聚肽

一、概述

牡蛎属于软体动物门瓣鳃纲异柱目牡蛎科，是世界第一大养殖贝类，也是我国四大养殖贝类之一。牡蛎包括壳、肉两个部分，两部分都具有药用价值。值得指出的是，古代医学典籍中记载的“牡蛎”是指牡蛎壳，对此古代医书中记载得很清楚：牡蛎的药用部位是贝壳，采收时，将牡蛎捞起，开壳去肉，取壳洗净，晒干。其炮制方法有两种，一种是将牡蛎壳洗净、晒干，碾碎备用；另一种是将洗净的牡蛎壳置无烟炉火上煅至灰白色，取出放凉，碾碎备用。在中医药中，牡蛎壳被列为平肝息风药，性微寒；味咸；归肝、胆、肾经，能够平肝潜阳，软坚散结，收敛固涩；用于惊悸失眠，眩晕耳鸣，瘰疬痰核，症瘕痞块。牡蛎壳也被我国原卫生部批准列入“既是食品又是药品的物品名单”。

牡蛎肉在古代被称为“蛎黄”，也可药用。《本草纲目》中记载：南海人以其蛎房砌墙，烧灰粉壁，食其肉谓之蛎黄；牡蛎肉甘、温、无毒。煮食，治虚损，调中，解丹毒、妇人血气。以姜、醋生食，治丹毒、酒后烦热，止渴。炙食甚美，令人细肌。本节所说的牡蛎就是指牡蛎肉，牡蛎肉一直被人们视为美味海珍和健美强身食物。现代科学研究证实，牡蛎肉中含有丰富的营养物质，如蛋白质、糖原、多种维生素以及锌、硒、铁、铜、碘等微量元素，另外还含有丰富的牛磺酸，是一种营养价值极高的海产软体类动物。目前，牡蛎在国内应用是以鲜食或者制成干制品为主，只有很少一部分牡蛎被加工成蚝油或其他调味品。随着生物技术的快速发展，对牡蛎肉的精深加工和开发牡蛎新产品受到国内外的重视，从而实现牡蛎资源的优化及高值化利用。

牡蛎肉精深加工主要是采用现代酶解技术、发酵技术、超微粉碎技术等。鲜牡蛎肉蛋白质含量因品种与产地有一定差异，一般在5%~11%。由于牡蛎养殖产量大，牡蛎蛋白在自然界中也十分丰富。本节介绍的牡蛎低聚肽就是以牡蛎肉为原料提取制备的小分子蛋白类物质。由于生物酶解方法具有条件比较温和、过程容易控制等优点，已成为食源性低聚肽最主要的生产方法，制备牡蛎低聚肽主要是采用此方法。食品工业制备牡蛎低聚肽，是以干牡蛎或鲜牡蛎为原料，经酶解、分离、脱色、脱腥、精制和干燥等加工过程，最后获得分子质量主要在200~800u的小分子低聚肽，基本由2~6个氨基酸残基组成，达到了几乎不需要消化或稍加消化即可吸收的程度。

采用不同的蛋白酶在适宜的条件下，均可获得分子质量较小的牡蛎低聚肽。制备牡蛎低聚肽常用的蛋白酶及酶解条件如表8-6所示。从表中看，为达到最佳酶解效果，采用不同的蛋白酶时，其酶解时间也长短不一，用时最短的是木瓜蛋白酶，酶解时间仅为1h。除表中列出的几种酶及条件外，Wang等（2014）采用枯草芽孢杆菌蛋白酶于最适条件下对牡蛎蛋白酶解70min后，粗提物经纯化后得到2种分子质量分别为518u和440u的牡蛎低聚肽。在实际生产中，常使用两种及两种以上的复合酶进行酶解。

表8-6　　制备牡蛎低聚肽常用的酶及酶解条件

种类	加酶量	pH	温度/℃	酶解时间/h	参考文献
胰蛋白酶	3%	8.0	50	4	许旻等，2014
风味蛋白酶	3%	8.0	50	5	田雅清等，2015
碱性蛋白酶	5kU/g底物	8.0	55	4	田雅清等，2015
胃蛋白酶	2.5%	2.0	35	6	余杰等，2012
木瓜蛋白酶	2%	6.0	65	1	周丽杰等，2017
无花果蛋白酶	5.5%	6.0	50	3.5	刘艳等，2016
中性蛋白酶	1.2kU/g底物	7.0	40	4	苑园园等，2013

二、牡蛎低聚肽的氨基酸组成与加工特性

中国食品发酵工业研究院有限公司对三种自制的牡蛎低聚肽样品进行分析，具体结果见表8-7。

表8-7　　牡蛎低聚肽样品成分分析　　单位：%，以干基计

样品	水分含量	灰分含量	蛋白质含量	酸溶蛋白含量	游离氨基酸含量	肽含量	分子质量<1000u的水解物所占比例
样品1	6.46	4.28	86.55	84.24	6.08	78.16	92.57
样品2	3.07	1.21	85.20	82.13	1.66	80.47	68.64
样品3	7.45	7.92	83.75	82.02	26.28	55.74	90.43

三种牡蛎低聚肽样品的蛋白质和酸溶蛋白含量无太大差别，其他指标上的差别可能与所使用的牡蛎原料（干牡蛎、鲜牡蛎）以及制备工艺有关。另选取其中一组样品进行分析，结果表明其锌含量为319mg/kg，牛磺酸含量为8140mg/kg。

牡蛎低聚肽含人体需要的18种氨基酸，其氨基酸组成如表8-8所示。

表8-8　　牡蛎低聚肽的氨基酸组成　　单位：g/100g

氨基酸	含量	氨基酸	含量
甘氨酸（Gly）	4.546	苯丙氨酸（Phe）	3.381
丙氨酸（Ala）	4.803	酪氨酸（Tyr）	3.031
缬氨酸（Vla）	0.701	色氨酸（Trp）	0.262
亮氨酸（Leu）	6.086	组氨酸（His）	0.994
异亮氨酸（Ile）	3.687	赖氨酸（Lys）	7.221
丝氨酸（Ser）	4.190	精氨酸（Arg）	6.316
苏氨酸（Thr）	3.966	天冬氨酸（Asp）	8.369
半胱氨酸（Cys）	8.620	谷氨酸（Glu）	10.981
蛋氨酸（Met）	2.169	脯氨酸（Pro）	2.904

牡蛎低聚肽中各组分的分子质量分布见表8-9。其中，分子质量在1000u以下的组分占比达到93.6%。

表8-9　　牡蛎低聚肽的分子质量分布

分子质量范围	开始时间/min	结束时间/min	峰面积百分比（λ=220nm）/%
10000u以上	8.821	13.516	0.0364
1000~10000u	13.516	18.210	6.3722
132~1000u	18.210	22.339	82.1987
132u以下	22.339	32.294	11.3927

三、牡蛎低聚肽的生理功能

牡蛎含有丰富的蛋白质、一定量的维生素、矿物质和牛磺酸等营养物质，在抗氧化、降血压、提高人体免疫力、改善高血糖症状、抗癌和防止癌细胞扩散等方面有一定的作用（苑园园，2012；陈晓文 等，2016）。研究证实，以牡蛎为原料加工制备成的牡蛎低聚肽，也表现出多方面的生理调节作用。

1. 抗氧化功能

自由基是机体氧化产生的有害化合物，而且随着年龄的增长，自由基在体内积累得越来越多，在生物体内细胞自由基反应持续地发生与积累是导致各种疾病的重要原因。羟自由基和超氧阴离子自由基被认为与微血管和实质细胞的受损紧密相关

（Leanderson et al，1997）。但是随着体内能够清除自由基的酶类（如SOD酶）和非酶系统的功能在逐渐衰退，严重地损害机体内的DNA，影响人体组织细胞的正常功能，甚至引发体内连锁反应而导致免疫系统紊乱。因此，寻找安全无毒的天然抗氧化剂受到国内外科学家们的重视（Tapiero et al，1996；Yang et al，2002；吴海涛 等，2005）。

研究人员利用酸性蛋白酶、碱性蛋白酶、木瓜蛋白酶酶解制备的牡蛎低聚肽对DPPH自由基、·OH、O_2·3种自由基都具有明显的清除作用；还能有效缓解偶氮二异丁脒盐诱导的HepG2细胞氧化应激损伤，抑制细胞内活性氧的生成能力（欧成坤，杨瑞金，2005；Asha et al，2016；魏颖 等，2016）。低聚肽的抗氧化活性与其氨基酸组成有一定的相关性，许多氨基酸具有抗氧化活性，如赖氨酸、精氨酸、脯氨酸、亮氨酸、丙氨酸、酪氨酸、缬氨酸、色氨酸、半胱氨酸、组氨酸等（李丹 等，2008；Suetsuna et al.，2000；Chen et al，1996）。牡蛎低聚肽富含天冬氨酸、谷氨酸、半胱氨酸、亮氨酸、赖氨酸、精氨酸，是牡蛎低聚肽发挥抗氧化作用的物质基础。

2. 改善生殖功能

男性的雄激素主要由睾丸间质细胞分泌，而睾酮作为最主要的雄激素，可以通过剂量依赖的方式促进精子的产生，并改善肌肉质量和增强体力，在维持男性健康方面发挥着重要作用。牡蛎低聚肽中含有丰富的含精氨酸残基的小分子肽类物质，还含有大量的微量元素锌以及牛磺酸等，使其在改善生殖功能方面具有良好的利用价值。牡蛎低聚肽能增加雄性小鼠附性器官指数，提高NO、睾酮（T）和环磷酸乌苷（cGMP）含量，并降低5型磷酸二酯酶（PDE5）水平，从而增强雄性小鼠的性功能（张亭等，2018）；牡蛎低聚肽能够通过改善下丘脑-垂体-性腺轴（HPG轴），有效防止环磷酰胺引起的衰老雄性大鼠雄激素缺乏综合征（PADAM）的形成（刘瑜等，2020）。牡蛎低聚肽改善性功能和生殖功能的作用还与其中的精氨酸和微量元素锌有关。在精子成熟之前，大量的锌进入精子内；锌不仅对精子生成是必要的，而且对于维持精原上皮细胞的功能也是必要的。精氨酸可以合成信号分子NO以及参与某些多胺类物质的合成，而NO 和多胺对于男性勃起功能和精子生成至关重要；补充精氨酸或富含精氨酸的小分子肽可以提高男性的性功能。

3. 提高免疫力功能

免疫活性肽对动物体内的免疫调节起着重要作用，它能刺激机体淋巴细胞的增殖，增强免疫器官的免疫应答能力及巨噬细胞的吞噬能力，有助于降低肿瘤的发生率（张延坤 等，2006）。胸腺和脾脏是动物体内主要的免疫器官，其中胸腺是T淋巴细胞分化发育的主要场所，脾脏则主要负责免疫应答，因此它们的结构和功能是否正常对机体的免疫功能至关重要。胸腺和脾脏指数能够反映免疫器官的发育和免疫细胞的功能状况，可以直观体现机体非特异性免疫功能状态。研究表明，牡蛎低聚肽可以提高受损小鼠的胸腺指数和脾脏指数（陈晓文 等，2016）。细胞与分子水平研究发现，牡蛎低聚肽能够恢复环磷酰胺造成的小鼠T淋巴细胞的比例低下以及细胞因子的紊乱，提高骨髓有核细胞数及骨髓DNA含量，提高小鼠血清溶血素的含量，并能显著增加抗体生成细胞数量，增强迟发型变态反应，提高小鼠特异性细胞功能（许丹 等，2016；陈晓文 等，2016）。

4. 降血压功能

高血压是对人类健康危害极大的一种疾病，是脑卒中、冠状动脉及外周动脉粥样硬化的最主要危险因素。高血压因高发病率、高并发症、高致残率严重地影响了人体的健康。许多研究结果表明，通过抑制血管紧张素转化酶的活力可以有效地降低原发性高血压。血管紧张素转化酶通过作用于底物血管紧张素Ⅰ羧基端的His-Leu，生成血管紧张素Ⅱ。血管紧张素Ⅱ是已知作用最强的内源性升压肽，能使血管壁平滑肌收缩，引起血压升高；血管紧张素Ⅱ同时能刺激醛固酮分泌，引起钠储量和血容量的增加，又使缓激肽失活，从而使动脉血压升高，因此，对ACE活性的抑制效果是评价牡蛎低聚肽降血压的主要指标。用碱性蛋白酶水解牡蛎蛋白制备牡蛎低聚肽，其对ACE活性的抑制率为36.17%（张辉，2009）。先后以复合蛋白酶和碱性蛋白酶对牡蛎进行分步酶解，获得分子质量<3000u的牡蛎酶解液，其ACE抑制活性的IC_{50}为0.8mg/mL（邱娟 等，2017）。从牡蛎纹状肌肉中分离出氨基酸序列为Asp-Leu-Thr-Asp-Tyr的短肽，发现该短肽对ACE具有较强的抑制作用（Shiozaki et al，2010）。

目前高血压只能靠长期服药治疗，但是药物具有明显的副作用，对人体的健康有一定的危害。牡蛎活性肽对ACE具有良好的抑制作用，其来源于牡蛎蛋白，制备工艺比较成熟，具有较高的安全性，可作为对高血压进行预防保健的新选择。

5. 其他功能

糖尿病是以高血糖为特征的代谢性疾病，是由于胰岛素分泌缺陷和/或其生物作用受损引起的，其危害在于高血糖诱发的各种慢性并发症，如心脑血管疾病、糖尿病肾病等。无论在发达国家还是发展中国家，糖尿病均成为一种严重威胁公众健康的慢性非传染性疾病。研究表明，牡蛎低聚肽对预防高血糖和糖尿病具有积极意义，它能够促进胰岛组织的修复并恢复其分泌功能，显著降低四氧嘧啶诱导的糖尿病小鼠血液中血糖和丙二醛含量的升高，抑制超氧化物歧化酶和胰岛素水平的下降，从而发挥降低血糖的作用，但牡蛎低聚肽对正常小鼠的血糖没有影响，也不会影响正常的糖代谢过程（雷丹青 等，2010；邓燕群，2015）。

从海洋生物的天然活性物质中寻找抗肿瘤物质，也是近些年来的研究热点之一。

尤其是从海洋生物蛋白的水解物中发现的结构组成特殊，具有低毒、高效抗肿瘤活性的肽类物质备受关注。越来越多的研究证实，牡蛎低聚肽表现出一定的抗肿瘤效果，它能抑制人胃肠癌细胞（BGC-823）、Hela肿瘤细胞、人结肠癌细胞（HT-29）的增殖，使其不能进行正常的细胞分裂，分裂指数下降，细胞周期受到阻滞，导致肿瘤细胞出现凋亡（李鹏 等，2002；杨振国，2012；Umayaparvathi et al，2014）；也能增加皮下Lewis肺癌模型小鼠T淋巴细胞和NK细胞功能，提高肺癌细胞的凋亡率和死亡率，显著抑制肺癌细胞的生长（武美彤 等，2020）。

牡蛎低聚肽还能明显降低由CCl_4导致的大鼠肝细胞气球样变的发生率，病变程度明显减轻，有助于促进肝细胞的再生及肝功能的恢复；也可显著改善大鼠酒精性肝组织的病理学变化，且能降低肝组织脂肪含量和血清转氨酶水平，有效预防和改善大鼠酒精性脂肪肝（李文立，2003）。

还有研究指出，牡蛎低聚肽对枯草芽孢杆菌、哈维氏弧菌（*Vibrio harveyi*）和副溶血性弧菌（*Vibrio Parahemolyticus*）等具有一定的抑制作用（卢学敏 等，2013）。

参考文献

[1] ASHA K K, REMYA K K R, ASHOK K K, et al. Sequence determination of an antioxidant peptide obtained by enzymatic hydrolysis of oyster *Crassostrea madrasensis*（Preston）[J]. International Journal of Peptide Research & Therapeutics, 2016, 22（3）: 421-433.

[2] CHEN H M, MURAMOTO K, YAMAUCHI F, et al. Antioxidant activity of designed peptides based on the antioxidantive peptide isolated from digests of a soybean protein [J]. Journal of Agricultural and Food Chemistry, 1996（44）: 2619-2623.

[3] LEANDERSON P, FARESJÖ A O, TAGESSON C. Green tea polyphenols inhibit oxidant-induced DNA strand breakage in cultured lung cells [J]. Free Radical Biology and Medicine, 1997, 23（2）: 235-242.

[4] LSABELLE M E L, EUNICE C Y L C. Evaluation of the potential of dietary proteins as precursors of dipeptidyl peptidase（DPP）-IV inhibitors by an in silico approach [J]. Journal of Functional Foods, 2012, 4（2）: 403-422.

[5] NDIAYE F, VUONG T, DUARTE J, et al. Anti-oxidant, anti-inflammatory and immunomodulating properties of an enzymatic protein hydrolysate from yellow field pea seeds [J]. European Journal of Nutrition, 2012, 51（1）: 29-37.

[6] NIEHUES M, EULER M, GEORGI G, et al. Peptides from Pisum sativum L. enzymatic protein digest with anti-adhesive activity against Helicobacter

pylori：structure-activity and inhibitory activity against BabA, SabAHpaA and a fibronectin-binding adhesin [J] . Molecular Nutrition & Food Research, 2010, 54 (12): 1851-1861.

[7] NIEHUES M, STARK T, KELLER D, et al. Antiadhesion as a functional concept for prevention of pathogens：*N*-Phenylpropenoyl-L-amino acid amides as inhibitors of the Helicobacter pylori, BabA outer membrane protein [J] . Molecular Nutrition and Food Research, 2011, 55 (7): 1104 - 1117.

[8] SHIOZAKI K, SHIOZAKI M, MASUDA J, et al. Identification of oyster-derived hypotensive peptide acting as angiotensin-I-converting enzyme inhibitor [J] . Fisheries Science, 2010, 76 (5): 865-872.

[9] SUETSUNA K, UKEDA H, OCHI H. Isolation and characterization of free radical scavenging activitiespeptides derived from casein [J] . Journal of Nutritional Biochemistry, 2000, 11 (3): 128-131.

[10] TAKAHASHI M, MORIGUCHI S, YOSHIKAWA M, et al. Isolation and characterization of oryzatensin：a novel bioactive peptide with ileum-contracting and immunomodulating activities derived from rice albumin [J] . Biochemistry and molecular biology international, 1994, 33 (6): 1151-1158.

[11] TAPIERO H, TEW K D. Increased glutathione expression in cells induced by *Crassostera gigas* extract (JCOE) [J] . Biomedicine Pharmacotherapy, 1996, 50 (3-4): 149-153.

[12] UMAYAPARVATHI S, MEENAKSHI S, VIMALRAJ V, et al. Antioxidant activity and anticancer effect of bioactive peptide from enzymatic hydrolysate of oyster (*Saccostrea cucullata*) [J] . Biomedicine and Preventive Nutrition, 2014, 4 (3): 343-353.

[13] WANG Q K, LI W, HE Y H, et al. Novel antioxidative peptides from the protein hydrolysate of oysters (Crassostrea talienwhanensis)[J] . Food Chemistry, 2014, 145：991-996.

[14] WEI Y, ZHANG R X, FANG L, et al. Hypoglycemic effects and biochemical mechanisms of Pea oligopeptide on high-fat diet and streptozotocin-induced diabetic mice [J] . Journal of food Biochemistry, 2019, 43 (12): e13055.

[15] YANG J H, LIN H C, MAU J L. Antioxidant properties of several commercial mushrooms [J] . Food Chemistry, 2002, 77 (2): 229-235.

[16] ZHANG J, HUI Z, LI W, et al. Antioxidant activities of the rice endosperm protein hydrolysate：identification of the active peptide [J] . European Food Research and Technology, 2009, 229 (4): 709-719.

[17] ZHANG R X, WEI Y, LI M L, et al. Melanogenesis effects of rice protein hydrolysate and its characteristic peptides Leu-Leu-Lys, Leu-Pro-Lys, and pyroGlu-Lys on UVB-induced human epidermal melanocyte cells [J] . Food and Function, 2020, 11 (10): 8757-8767.

[18] 陈季旺, 陶冠军, 姚惠源, 等. 米糠类阿片拮抗肽的氨基酸序列分析 [J] . 食品科学, 2005, 26 (12): 107-110.

[19] 陈季旺, 孙庆杰, 姚惠源. 预分离米糠可溶性蛋白类阿片拮抗肽的超滤工艺 [J]. 食品科技, 2003 (12): 21-24.

[20] 陈倩倩, 佟立涛, 钟葵. 大米蛋白酶解物的ACE抑制活性研究 [J] . 现代食品科技, 2015 (3): 91-96, 90.

[21] 陈晓文, 刘文颖, 许丹, 等. 牡蛎肽对小鼠免疫功能影响的研究 [J] . 中国食物与营养, 2016, 22 (10): 66-68.

[22] 崔欣悦, 张瑞雪, 周明, 等. 豌豆肽缓解胰岛素抵抗形成效果探究 [J] . 食品工业科技, 2019, 40 (12): 145-148.

[23] 代联伶, 陈欲云, 胡婷婷, 等. 大米多肽对D-半乳糖致衰老小鼠抗氧化作用的研究 [J] . 食品工业科技, 2013, 34 (18): 336-338.

[24] 刁静静, 于伟, 张丽萍. 豌豆蛋白水解物的分离及其抗氧化活性的研究 [J] . 包装与食品机械, 2013 (3): 25-29.

[25] 邓燕群. 牡蛎活性肽及其复合物降血糖作用研究 [D] . 汕头: 汕头大学, 2015.

[26] 郝更新, 曹文红, 郝记明, 等. 超滤法浓缩富集牡蛎蛋白抗氧化活性肽 [J] . 食品工业科技, 2013, 34 (11): 77-80.

[27] 黄科礼. 高溶解性豌豆蛋白的制备及其功能特性的研究 [D] . 广州: 华南理工大学, 2012.

[28] 黄莹莹. 固定化酶制备牡蛎ACE抑制肽及抗氧化肽 [D] . 哈尔滨: 哈尔滨工业大学, 2013.

[29] 豁银强, 汤尚文, 于博, 等. 米蛋白组成、提取、改性及应用研究进展 [J] . 食品科技, 2017, 42 (12): 171-177.

[30] 鞠志远, 王丽丽, 刘丽娅, 等. 大米α-球蛋白肽YGEGSSEEG对TNF-α诱导的血管内皮细胞损伤的影响 [J] . 中国药理学通报, 2018, 34 (4): 501-507.

[31] 雷丹青, 张辉, 廖共山, 等. 广西北部湾近江牡蛎降糖作用的研究 [J] . 时珍国医国药, 2010, 21(12): 3125-3127.

[32] 李丹, 李晓磊, 李荣. 玉米和大豆短肽的自由基清除活性与还原力的对比研究 [J] . 食品工业科技, 2008, 29 (8): 71-73.

[33] 李慧, 王琪, 付鑫, 等. 豌豆蛋白挤出物制备抗氧化肽工艺优化及其分离 [J] . 食品工业科技, 2018 (6): 165-169.

[34] 李火云, 万岳鹏, 曾茜, 等. 大米多肽抗衰老功效研究 [J] . 香料香精化妆品, 2015, 12 (6): 37-40.

[35] 李鹏, 李祺福, 黄大川, 等. 僧帽牡蛎天然活性多肽BPO-1抗人胃腺癌BGC-823细胞活性研究 [J] . 厦门大学学报 (自然版) , 2002, 41 (5): 618-622.

[36] 李文立. 牡蛎粉对化学性肝损伤保护作用的实验研究 [J] . 现代临床医学生物工程学杂志, 2003, 9 (6): 466-467,470.

[37] 李志平, 徐保明. 木瓜蛋白酶水解豌豆蛋白的工艺研究 [J] . 食品研究与开发, 2010, 31 (10): 78-80.

[38] 廖卢艳, 张喻. 枯草芽孢杆菌发酵米渣制备抗氧化肽发酵工艺条件的优化 [J] . 激光生物学报, 2015, 24 (4): 368-372.

[39] 刘艳. 牡蛎酶解液的制备、脱腥及其抗氧化活性评价 [D] . 海口: 海南大学, 2016.

[40] 刘瑜, 张海欣, 盛卓娴, 等. 牡蛎低聚肽对CTX诱导的PADAM大鼠性功能及生殖功能的干预作用 [J]. 食品工业科技, 2020, 41 (17): 302-306.

[41] 刘志国, 吴琼, 吕玲肖, 等. 酶解米糠蛋白分离提取ACE抑制肽及其结构研究 [J]. 食品科学, 2007, 28 (3): 223-227.

[42] 卢菊慧, 钟芳, 陈茂深. 影响豌豆蛋白乳化特性的分子机制 [J]. 食品与机械, 2018, 34 (1): 7-12.

[43] 卢学敏, 王颀林, 蓝晓燕, 等. 牡蛎活性多肽的抑菌作用与抗氧化性能研究 [J]. 中国酿造, 2013, 32 (2): 77-80.

[44] 吕志佳. 大米肽酶法制备方法的研究 [D]. 天津: 天津科技大学, 2014.

[45] 马海乐, 郝志伟, 何荣海, 等. 基于超声预处理的大米降血压多肽的制备及其功能评价 [J]. 中国食品学报, 2010, 10 (6): 36-40.

[46] 马宁, 魏姜勉. 豌豆蛋白的改性及其开发利用研究进展 [J]. 中国市场, 2015 (32): 231-233.

[47] 欧成坤, 杨瑞金. 牡蛎酶解产物的ACE抑制活性和清除自由基活性研究 [J]. 食品工业科技, 2005, 26 (3): 59-62.

[48] 邱娟, 沈建东, 翁凌, 等. 利用牡蛎制备ACE抑制肽的工艺优化 [J]. 食品科学, 2017, 38 (16): 165-172.

[49] 余杰, 杨振国, 钟炼, 等. 酶法制备牡蛎抗氧化肽研究 [J]. 中国海洋药物, 2012, 31 (3): 31-36.

[50] 师伟伟. 豌豆粉丝副产物中蛋白质的提取及性能改善 [D]. 无锡: 江南大学, 2014.

[51] 田蔚. 米渣霉菌发酵产物分离鉴定及抗氧化活性研究 [D]. 长沙: 湖南农业大学, 2012.

[52] 田雅清, 郑华, 林捷, 等. 近江牡蛎的超声波辅助自溶及酶解条件研究 [J]. 水产科学, 2015, 34 (7): 438-443.

[53] 王申, 周佳, 徐晶, 等. 超声、微波联合预处理大米蛋白制备ACE抑制肽工艺优化 [J]. 食品与机械, 2014,(3): 159-162.

[54] 魏康, 李云亮, 杨雪, 等. 逆流超声辅助酶解法制备大米ACE抑制肽 [J]. 食品工业科技, 2018 (4): 100-105.

[55] 魏明, 薛正莲, 赵世光, 等. 米曲霉发酵米糠制取米糠多肽及其抗氧化活性研究 [J]. 食品工业科技, 2014, 35 (19): 114-118.

[56] 魏颖, 陈亮, 孙玉坤, 等. 牡蛎肽抗氧化和对T淋巴细胞增殖作用的影响 [J]. 食品科技, 2016 (1): 209-212.

[57] 吴海涛, 张彧, 缪琪, 等. 牡蛎水提液的抗氧化特性 [J]. 食品与发酵工业, 2005, 31 (4): 42-45.

[58] 武美彤, 张海欣, 张梦, 等. 牡蛎酶解物对Lewis肺癌的抑制作用及机制 [J]. 食品与发酵工业, 2020, 46 (11): 98-104.

[59] 许丹, 林峰, 朱小语, 等. 牡蛎肽对免疫抑制小鼠免疫功能的影响 [J]. 北京大学学报 (医学版), 2016, 48 (3): 392-397.

[60] 许旻, 吴靖娜, 苏捷, 等. 复合酶提取牡蛎抗氧化肽的工艺研究 [J]. 福建水产, 2014, 36 (5): 366-375.

［61］玄国东. 米糟蛋白提取及酶法制备抗氧化低聚肽及降血压低聚肽的研究［D］. 杭州：浙江大学, 2005.

［62］薛园园. 豌豆蛋白的酶水解及其产物抗氧化性能研究［D］. 郑州：河南工业大学, 2011.

［63］杨振国. 酶法制备牡蛎活性肽及其诱导Hela细胞凋亡的研究［D］. 汕头：汕头大学, 2012.

［64］苑园园. 酶法水解牡蛎制备血管紧张素转换酶抑制肽的研究［D］. 保定：河北农业大学, 2012.

［65］苑园园, 于宏伟, 田益玲, 等. 酶法制备牡蛎 ACE 抑制肽的条件优化［J］. 中国食品学报, 2013, 13（3）：115-121.

［66］翟爱华, 袁文帅. 米糠蛋白ACE抑制肽在大鼠体内降压效果的研究［J］. 食品工业科技, 2015, 36（23）：348-352.

［67］尹曼，魏颖，马勇,等. 胶原肽和大米肽对黑色素生成的影响［J］. 食品科技, 2017, 42（10）：244-247.

［68］张君慧. 大米蛋白抗氧化肽的制备、分离纯化和结构鉴定［D］. 无锡：江南大学, 2009.

［69］张辉. 牡蛎活性肽降血糖和抑制ACE作用研究［D］. 南宁：广西医科大学, 2009.

［70］张敏佳, 刘文颖, 贾福怀, 等. 豌豆肽对环磷酰胺致免疫抑制小鼠免疫功能的影响［J］. 食品与发酵工业, 2018, 44（8）：135-140.

［71］张秋萍. 豌豆分离蛋白酶解产生物活性肽的研究［D］. 无锡：江南大学, 2013a.

［72］张秋萍, 田亚平. 双酶法酶解豌豆蛋白制备高抗氧化多肽的研究［J］. 天然产物研究与开发, 2013b, 25（4）：519-524.

［73］张守文, 程宇. 豌豆的营养成分及在食品工业中的应用——有待进一步深入开发的食品配料［J］. 中国食品添加剂, 2014（4）：154-158.

［74］张亭, 李迪, 乌兰, 等. 牡蛎低聚肽配伍核桃低聚肽和山药多糖对雄性小鼠性功能的影响［J］. 现代预防医学, 2018, 45（12）：2141-2144, 2153.

［75］张延坤, 张东祥. 生物活性肽的抗肿瘤作用及其机理研究进展［J］. 中国生化药物杂志, 2006, 27（6）：379-382.

［76］周丽杰, 韩青, 李智博, 等. 酶法制备耦合Plastein反应的牡蛎ACE抑制肽［J］. 食品科学, 2017, 38（6）：104-110.

［77］朱建华. 豌豆蛋白质的特性［J］. 商业科技开发, 1996（4）：32-33.

［78］朱玲. 酶解豌豆肽的制备及其ACE抑制活性研究［D］. 郑州：河南工业大学, 2014.

第九章

食源性低聚肽的行业管理与应用

第一节　食源性低聚肽标准与法规
第二节　食源性低聚肽在功能食品中的应用
第三节　肽类特殊医学用途配方食品的开发与应用

第一节
食源性低聚肽标准与法规

在保证安全的前提下，让食品更具营养性与功能性，越来越成为社会公众对食品的诉求。食源性低聚肽恰恰有助于满足这一诉求。研究开发食源性低聚肽的目的有三个方面：一是增加蛋白质的消化吸收率，提高原料蛋白质的营养价值；二是通过定向酶解工艺条件获得大量具有显著生理调节功能的肽段，用于开发营养功能食品，更好地发挥其功能价值；三是还有助于提升原料蛋白质的加工特性，提高原料蛋白质的适用范围与附加值。

食源性低聚肽是一类新型的蛋白质配料。为保障食源性低聚肽的应用安全性和质量水平，有必要对食源性低聚肽产品的安全指标和质量指标以标准的形式进行规范，以促进食源性低聚肽行业的有序发展，保障消费者的健康。

一、我国食品标准与法规

（一）与食品标准有关的主要法规

任何一个国家食品安全领域的法律法规都是以保护公众健康为宗旨的。食品应当以不会对人体造成健康危害为最低目标，对食品及食品原料的质量以标准的形式进行规范。我国与食品标准相关的法规主要有《中华人民共和国食品安全法》（以下简称《食品安全法》）、《中华人民共和国农产品质量安全法》、《中华人民共和国产品质量法》（以下简称《产品质量法》）和《中华人民共和国标准化法》（以下简称《标准化法》）等。《食品安全法》明确指出：为了保证食品安全，保障公众身体健康和生命安全而制定本法；凡是在中华人民共和国境内的食品生产经营者都应当依照法律、法规和食品安全标准从事生产经营活动，对社会和公众负责，保证食品安全，接受社会监督，承担社会责任。《标准化法》也规定：为了加强标准化工作，提升产品和服务质量，促进科学技术进步，保障人身健康和生命财产安全，维护国家安全、生态环境安全，提高经济社会发展水平，制定本法。《产品质量法》明确规定：为了加强对产品质量的监督管理，提高产品质量水平，明确产品质量责任，保护消费者的合法权益，维护社会经济秩序，制定本法。从法律层面上来看，这些法律制定的目的都是为了保障消费者的身体健康和生命安全，以及合法权益。对于食品而言，首要的就是保证食品安全和应有质量。这些是食品行业应该遵循和政府职能部门对食品行业尤其是食品质量进行有效管理的根本法。

按照标准发生作用的范围或标准的审批权限，我国的标准可分为国家标准、行业标准、地方标准、团体标准和企业标准。按照标准的约束性可分为强制性标准和推荐性标准。《标准化法》明确规定：标准包括国家标准、地方标准、行业标准、地方标准、团体标准和企业标准；国家标准分为强制性标准和推荐性标准，地方标准、行业标准和团体标准等都是推荐性标准；强制性标准必须执行；国家鼓励采用推荐性标准。《产品质量法》明确规定：国家鼓励推行科学的质量管理方法，采用先进的科学技术，鼓励企业产品质量达到并且超过团体标准、行业标准、国家标准和国际标准；国家根据国际通用的质量管理标准，推行企业质量体系认证制度；国家参照国际先进的产品标准和技术要求，推行产品质量认证制度。可见，通过法律的形式，对食品标准的制定与执行进行约束，为保障食品安全与食品质量提供了重要保障。

（二）我国食品标准的形成与制定

新中国成立以后，我国就在国家技术管理机构设立专门负责标准的部门，统一管理全国的标准化工作。1958年，国家技术委员会颁布了第1号国家标准《标准幅面与格式、首页、续页与封面要求》（GB 1—1958）。1978年5月，成立了标准总局以加强标准化管理工作；同年7月，国务院批准了《中华人民共和国标准化管理条例》，从此我国的标准工作正式进入法制化管理的轨道。1982年11月，国际标准化组织在制定的第2号指南《标准化和相关活动通用词汇》中对“标准”定义为：标准是“适用于公众的，由有关各方面合作起草并一致或基本同意的，以科学、技术和经验的综合成果为基础的技术规范或其他文件，其目的在于促进共同取得最佳效益，它由国家、区域或国家公认的机构批准通过”。在此基础上，1983年国家标准局制定了《标准化基本术语 第一部分》（GB 3935.1—1983），其中对“标准”给出了这样的定义：“标准是对重复性事物和概念所作的统一规定。它以科学、技术和实践经验的综合成果为基础，经有关各方面协调一致，由主管机构批准，以特定形式发布，作为共同遵守的准则和依据”。后来，随着国际标准化组织对指南2的不断修订，我国也对标准相关术语进行了相应的调整，在最新一版《标准化工作指南第1部分：标准化和相关活动的通用术语》（GB/T 20000.1—2014）中对“标准”的定义为：标准（standard）是为了在一定范围内获得最佳秩序，经协商一致确立并由公认机构批准，为活动或结果提供规则、指南和特性，供共同使用和重复使用的文件。同时，根据国际标准化组织制定的相关标准，我国还陆续制定了GB/T1《标准化工作导则》、GB/T20001《标准编写规则》、GB/T 20002《标准中特定内容的起草》、

GB/T 20003《标准制定的特殊程序》；在《标准化法》《中华人民共和国标准化实施条例》（以下简称《标准化实施条例》）颁布实施以后，又制定了《国家标准管理办法》《企业标准化管理办法》。至此，我国的标准制定与管理已形成一套比较完善的规章制度和指导规范。

国家标准分为强制性标准（GB ××××—××××）和推荐性标准（GB/T ××××—××××）。《食品安全法》明确指出：食品安全标准是强制执行的标准；除食品安全标准外，不得制定其他食品强制性标准；制定食品安全国家标准，应当依据食品安全评估结果并充分考虑食用农产品安全风险评估结果，参考相关的国际标准和国际食品安全风险评估结果，并将食品安全国家标准草案向社会公布，充分听取食品生产经营者、消费者、有关部门等方面的意见。凡属对保障人身健康和生命财产安全、国家安全、生态环境安全以及满足经济社会管理基本需要的技术要求，应当制定强制性国家标准，其他标准是推荐性标准。食品安全标准经过由医学、农业、食品、营养、生物、环境等领域的专家以及国务院相关部门、食品行业协会、消费者协会的代表组成的食品安全国家标准评估委员会审核通过后方可实施。

除强制性标准之外的其他标准，均为推荐性标准。推荐性标准主要规定的是技术要求、产品质量和重要的管理要求，对相关领域的科研、技术、生产、经营和管理活动具有指导、规范作用。《标准化法》中规定：对满足基础通用、与强制性国家标准配套、对各有关行业起引领作用等需要的技术要求，可以制定推荐性国家标准；推荐性国家标准由国务院标准化行政主管部门制定。对于推荐性国家标准，企业可根据需要自愿采用。

对没有推荐性国家标准、需要在全国某个行业范围内统一的技术要求，可以制定行业标准。为满足地方自然条件、风俗习惯等特殊技术要求，可以制定地方标准。国家鼓励学会、协会、商会、联合会、产业技术联盟等社会团体协调相关市场主体共同制定满足市场和创新需要的团体标准，由本团体成员约定采用或者按照本团体的规定供社会自愿采用。企业可以根据需要，自行制定企业标准，或者与其他企业联合制定企业标准。国家支持在重要行业、战略性新兴产业、关键共性技术等领域利用自主创新技术制定团体标准、企业标准。同时，国家也鼓励社会团体、企业制定高于推荐性标准相关技术要求的团体标准、企业标准。但是，推荐性国家标准、地方标准、行业标准、地方标准、团体标准、企业标准的技术要求均不得低于强制性国家标准的相关技术要求。

二、我国食源性低聚肽相关标准与管理

按照我国食品相关标准管理规定，对食源性低聚肽产品的质量管理可通过制定

标准和申报新食品原料两条途径。食源性低聚肽标准一般是按其原料并依据相关国家标准制定，对于一项具体的标准，通常会经过企业标准、团体标准、行业标准、国家标准的过程。作为新食品原料的管理途径，是对食源性低聚肽的安全性进行系统验证，证明无毒、无害，对人体健康不造成任何急性、亚急性、慢性或其他潜在性危害，并经安全性审查后方可批准为新食品原料，用于食品生产经营。

被批准为新食品原料的食源性低聚肽，备案产品标准后，就可按要求申请生产许可证，进行生产销售。

（一）食源性低聚肽标准

1. 食源性低聚肽相关标准的制定

制定食源性低聚肽标准的主要工作是确定相关质量指标，并使各项指标的确定具备合理的依据和可操作性。制定食源性低聚肽标准所依据的原则是2008年《标准化法实施条例》第二章第六条第二款的规定“为提高产品质量和技术进步，制定的严于国家标准、行业标准或地方标准的企业产品标准”，以及2018年《标准化法》的规定“企业标准的技术要求不得低于强制性国家标准的相关技术要求”。

按照《标准化工作导则 第1部分：标准的结构和编写》（GB/T 1.1—2009），产品标准中所含的内容包括：范围，规范性引用文件，术语和定义，技术要求，检测方法，规范性附录，资料性附录等。其中，技术要求是整个标准的重点。技术要求又包括原辅料要求、感官要求、理化指标、微生物指标、农药残留限量与兽药残留限量、食品添加剂等。从整体来看，一个标准中以下三个方面的要求至关重要：范围、原辅料要求、理化指标中的特征性指标和污染物限量。

制定食源性低聚肽标准，需要重点注意和明确以下几个方面的问题：

（1）范围的规定与要求　范围中一般要明确该产品的适用范围。企业标准需要在企业所在地省市备案，但各个地区的管理机构对食源性低聚肽的理解和定性也不尽相同。有的要求在企业标准中表述为“加工制成的***食品”，有的要求表述为“***粉末状产物，作为食品加工原料使用”，有要求写为“用水冲调后直接食用”，还有的要求将产品的企业标准名称表述为“***肽固体饮料”，等等。所以，当行业或国家没有统一的标准时，各地的规定差别很大，不利于食品行业和消费者对食源性低聚肽的理解。

食源性低聚肽是作为食品配料使用的，不宜归类于供消费者直接食用的固体饮料类产品。参照《食品安全国家标准 食品加工用植物蛋白》（GB 20371—2016）中的规定“本标准适用于食品加工用途的植物蛋白产品”，在制定食源性低聚肽标准时，以“***粉末状产品，作为食品加工原料使用”作为其使用范围描述应更为适当。

还有一点需要说明的是，食源性低聚肽在市场上最初出现的时候，也有个别食源肽的命名并没有称为“低聚肽”，是根据来源直接称为“XX肽”。

（2）新型食用蛋白质原料的标准或要求　大豆蛋白、小麦蛋白、乳清蛋白等常见的食用蛋白质原料一般具有相应的国家标准或行业标准，而很多新型蛋白质原料可能连企业标准也没有。对于没有相应标准的新型蛋白质原料的要求只能以“规范性附录”的形式进行规范。很多新型蛋白质原料没有经过提纯，而是以籽粕的形式存在，并作为饲料使用，其卫生等级和食品加工用原料有明显的差别。因此，对于新开发的蛋白质原料，亟须建立相应的食品用质量标准（例如：蚕丝蛋白）。

（3）肽含量及其检测方法　我国最早研究开发的食源性低聚肽为大豆肽。在最初的《大豆肽粉》企业标准中，肽的检测方法一般以“规范性附录”的形式出现。后来颁布的轻工行业标准《大豆肽粉》（QB/T 2653—2004）以及取代该行业标准的国家标准《大豆肽粉》（GB/T 22492—2008），均在标准正文中明确写明肽含量检测方法。在此以后制定的企业标准中涉及肽含量的检测方法均宜参照GB/T 22492—2008执行。

（4）对“企业标准的技术要求不得低于强制性国家标准的相关技术要求”的理解　标准中的技术要求与产品的安全性和质量密切相关，因为企业标准是由地方政府职能部门负责监管，各地对于“不得低于强制性国家标准的相关技术要求”的执行程度也不尽相同。有的地方明确要求企业标准中的某些技术要求必须严于强制性国家标准相应要求的10%。其实，这样的要求不符合《食品安全法》第二十四条规定的“食品安全标准应当科学合理”的原则，因为标准的制定不能脱离实际而盲目追求严格，需要考虑食品加工技术的发展水平、企业的经济承受能力和我国食品工业的整体状况（徐娇，2015）。当然，标准中设定的各项指标及其具体要求也不是一成不变的，当有新的风险评估结果，或者当食品加工工艺、人群的膳食模式发生变化等相关科学研究数据支撑时，标准也会随之修订。

2. 食源性低聚肽标准的演变与完善

标准是科学、技术和实践经验的综合成果。新的事物总是先有科学研究，再经过实践来证明，最后形成经验。对于任何新的食品原料，其标准的建立往往都是先制定企业标准，然后再在团体（通过制定团体标准）或行业（通过制定行业标准）总结推广。当技术成熟、应用广泛时，再升级为国家标准。企业标准只限于本企业使用。

在食品工业领域，开始的时候“肽”只是一个学术词汇。2000年左右，食源性低聚肽开始在国内市场上出现，最早出现的食源性低聚肽是大豆肽，这在当时也属于新生事物。对于新出现的大豆肽以及其他食源性低聚肽，相关企业多数选择了人们熟悉的“蛋白”作为产品名称，常用的是水解蛋白、酶解蛋白，也有的取名“×××

蛋白肽”。当时市场上关于肽的标准也是鱼龙混杂。按照当时的相关法规——《标准化法》（1988版）第二章“企业生产的产品没有国家标准和行业标准的，应当制定企业标准，作为组织生产的依据”的规定，以及《食品安全法》（2009版）第三章第二十五条“企业生产的食品没有食品安全国家标准或者地方标准的，应当制定企业标准”的规定，相关企业各自制定自己的食源性低聚肽企业标准，开始了食源性低聚肽的生产和市场应用。

随着检测仪器设备和相关分析技术的发展，肽含量以及肽分子质量分布测定方法逐步建立（张珍英 等，2002；杜晓宁 等，2009），低聚肽含量及其分子质量分布也成为食源性低聚肽检测的常规指标，开始了真正意义上的食源性低聚肽产品标准的制定。

大豆肽粉、海洋鱼低聚肽粉标准的制定都先后经历了企业标准、行业标准、国家标准的过程。在企业标准的基础上，国家发展和改革委员会于2004年发布了轻工行业标准《大豆肽粉》（QB/T 2653—2004），于2007年发布了轻工行业标准《海洋鱼低聚肽粉》（QB/T 2879—2007）。国家质量监督检验检疫总局和国家标准化管理委员会于2008年联合发布了国家标准《大豆肽粉》（GB/T 22492—2008）和国家标准《海洋鱼低聚肽粉》（GB/T 22729—2008）。《大豆肽粉》《海洋鱼低聚肽粉》等行业标准和国家标准的制定与发布，从行业标准和国家标准的层面对肽含量和低聚肽含量的测定方法进行了规范。但是，由于这些标准都是“推荐性标准”，没有强制性的约束力，并没有在所有地区获得认可，所以食源性低聚肽的生产许可仍受到一定的限制。

自2010年10月20日《食品安全国家标准管理办法》（卫生部第77号令）颁布以后，管理机构对于企业标准的制定规程又做了相应调整。首先，自2010年12月1日开始，质量技术监督局不再是标准的主管部门，而改由卫生部负责食品安全国家标准的制（修）订工作。与此同时，新规定的标准制定规程终止了检验方法以附录的形式出现在企业标准中的做法，《食品生产许可审查通则（2010版）》也在整个食品行业中实施，检测机构陆续进行肽含量分析检测方法的认证，为食源性低聚肽生产企业申请生产许可证提供了有效的检测支持，食源性低聚肽行业的发展逐渐纳入正轨。

随着标准管理的日臻完善，食源性低聚肽标准的制修订工作受到更广泛的重视，有更多机构和企业参与其中。随后又陆续制定和颁布了《淡水鱼胶原蛋白肽粉》（SB/T 10634—2011）、《淡水鱼蛋白肽》（QB/T 4588—2013）、《玉米低聚肽粉》（QB/T 4707—2014）、《小麦低聚肽粉》（QB/T 5298—2018）、《食品安全国家标准 胶原蛋白肽》（GB 31645—2018）。在借鉴《食品安全国家标准 食品加工用植物蛋白》（GB 20371—2016）标准名称和“范围”描述的基础上，有关部门也正在着手编制《食品安全国家标准　食品加工用植物蛋白肽》。随着食源性低聚肽标准的完善，食源性低聚肽的生产和市场应用也更趋于规范。各项食源性低聚肽标准的详细内容均收录于本书附录中。

（二）新食品原料

“新食品原料”一词是在“食品新资源”“新资源食品”的基础上发展而来的。在1987年的《食品新资源卫生管理办法》中称为“食品新资源”，在2007年颁布实施的《新资源食品管理办法》中称为“新资源食品”，2013年国家卫生和计划生育委员会制定了《新食品原料安全性审查管理办法》，又将名称确定为“新食品原料”，迄今为止一直沿用这个名称。

1987年的《食品新资源卫生管理办法》中所称的“食品新资源”，系指我国传统上不作或很少作食用的和只在个别地区有食用习惯的、拟利用其生产食品（包括食品原料）、食品添加剂的物品以及用于生产食品容器、包装材料、食品用工具、设备的新的原材料。2007年的《新资源食品管理办法》中规定，新资源食品包括：①在我国无食用习惯的动物、植物和微生物；②从动物、植物、微生物中分离的在我国无食用习惯的食品原料；③在食品加工过程中使用的微生物新品种；④因采用新工艺生产导致原有成分或者结构发生改变的食品原料。2013年的《新食品原料安全性审查管理办法》中规定，新食品原料是指在我国无传统食用习惯的以下物品：①动物、植物和微生物；②从动物、植物和微生物中分离的成分；③原有结构发生改变的食品成分；④其他新研制的食品原料。由以上可以看出，从2007年开始，因采用新工艺生产导致原有食品成分的结构发生改变而获得的物质，就已经被纳入新资源食品管理。食源性低聚肽是食物蛋白质经生物酶解技术处理制成的小分子蛋白类物质，符合新资源食品的管理规定，可以按照当时的《新资源食品管理办法》的相关规定进行新资源食品的申报。

截至目前，我国有两个食源性低聚肽被批准为新资源食品。它们分别是：

玉米低聚肽粉于2010年由国家卫生部批准为新资源食品（卫生部公告2010年第15号）。

小麦低聚肽于2012年由国家卫生部批准为新资源食品（卫生部公告2012年第16号）。

关于玉米低聚肽粉和小麦低聚肽被批准为新资源食品的公告，列于本书附录中。

将玉米低聚肽粉、小麦低聚肽申请为新资源食品（现已更名为新食品原料），在当时也是解决食源性低聚肽合法生产的一个有效途径。《关于新资源食品办理生产许可有关问题的意见》（国质检食监函［2010］461号）中规定，企业生产经卫生部批准的新资源食品应当申请生产许可。因此，将食源性低聚肽申请为新资源食品，进而申请生产许可，是对通过制定标准解决市场准入问题的一个有效补充。

随着多项食源性低聚肽标准的制定和实施以及玉米低聚肽粉和小麦低聚肽作为新资源食品的审批通过，食源性低聚肽作为食品配料在食品工业与营养功能食品领域的应用推广获得快速发展，食源性低聚肽的安全性、营养性和功能性也得到了研究领域、管理部门的普遍认可。为了简化对食源性低聚肽的审批管理，更加有效地推动食源性低聚肽产业的发展，2013年国家卫生和计划生育委员会发布第7号公告，其中明确指出：以可食用的动物或植物蛋白为原料，经《食品安全国家标准 食品添加剂使用标准》（GB 2760—2011）规定允许使用的食品用酶制剂酶解制成的物质作为普通食品管理。这一规定不仅简化了从食源性低聚肽研发到市场推广的程序，对于提高消费者对食源性低聚肽的认识也起到了积极的促进作用。

食源性低聚肽在我国最初以新资源食品管理，当其安全性在使用过程中得到进一步证明之后转为按普通食品管理，符合事物的一般发展规律，也符合相关法律法规服务于行业、市场与公众健康的原则和要求，有力地推动了食源性低聚肽产业的健康有序发展。

三、国外对食源性低聚肽的法规管理

食源性低聚肽在食品中的存在，一是源于在某些食物中天然存在，如牛乳；二是源于食品在加工过程中由于微生物发酵或酶解效应而产生，如欧美流行的干酪、发酵火腿及香肠，以及日本流行的纳豆等；三是在食品加工过程中根据生产需要或营养功能需要，人为地将食源性低聚肽加入。本书中提到的食源性低聚肽，指的是利用酶解手段对蛋白质进行降解后，形成的含有大量肽类物质的产品。食源性低聚肽在我国是作为一个单独的产品门类，而在其他国家并没有作为一个单独的产品门类进行管理。他们的做法是，或以固定的一种或几种原料、稳定的生产工艺下所得到的单一产品进行相关审批备案，或以其原料来源来进行安全性的评估和界定。在一些发达国家，本身含肽或添加了食源性低聚肽的食物大多有着比较长的历史，在生产和销售过程中按照一般食品进行管理，在保障其安全性的基础上，少有特定的法规条文对其进行限制和约束。

美国的《食用化学法典》（FCC，1983版和2004版）中制定了水解植物蛋白（HVP）和酸水解蛋白（AHP）的质量标准。虽然水解植物蛋白和酸水解蛋白中都含有比较多的肽类物质，但也只是归类为蛋白水解物。这一做法与我国《食品安全国家标准 食品加工用植物蛋白》（GB 20371—2016）中“将植物蛋白经酶适度水解制得的以蛋白质为主要成分的产品，粗略地也归属于蛋白水解物”的做法类似。在美国，新的食品原料需要通过“普遍认为安全”（GRAS）的评估，经评估认为安全的食品原料便可以备案，以此类原料生产的产品不需要FDA进行额外审批。但如果产品强调肽的功能性，则不能作为食品原料而应该作为膳食补充剂进行销售。作为膳食补充剂进行销售的产品，则一定要通过“新膳食成分”（NDI）的认证。新膳食成分是指1994年10月15日之前未在美国境内上市的膳食成分，根据《美国联邦食品药品化妆品法案》第413（a）（2）部分[21 U.S.C. 350b（a）（2）]，生产商或经销商必须在使用了新膳食成分的产品上市前75d提交资料至FDA进行强制备案。1998年，美国批准酪蛋白磷酸肽作为食品添加剂。后来我国也将CPP列入食品营养强化剂管理，并制定了相应的标准[《食品安全国家标准　食品营养强化剂　酪蛋白磷酸肽》（GB 31617—2014）]。

在欧盟，新食品原料上市前需要进行相关的安全性评估，欧洲议会和理事会条例（EC）No 258/97授权鱼（拟沙丁鱼）肽作为一种新型食品配料使用，欧盟委员会对安全性不确定的肽类产品交给欧洲食品安全委员会（EFSA）进行评价，根据评价结果，欧盟委员会有权批准或禁止该产品上市。

在日本，对食品原料和添加剂的管理由厚生劳动省负责，功能食品管理由厚生劳动省和消费者厅协同管理。日本Calpis公司于1997年就首次推出了降血压肽类产品，并被批准为特殊健康用途食品（FSHU）（刘洪宇 等，2012）。2003年，日本厚生省批准的322种“特定用保健食品”中有2种大豆肽、11种沙丁鱼肽、6种鲣鱼肽、3种酪蛋白肽、3种乳清肽等。日本在功能食品的政策引导、审批原则以及批准产品的剂型（形态）和配方的选择、安全性、有效性评价程序等方面与我国有较大差异。

综上所述，与世界其他国家相比，在我国的食品管理法规中，明确将食源性低聚肽作为一个单独的食品原料类别进行管理，并根据其来源、归类等制定相应的标准，明确关键指标含量，这对于评估产品生产工艺稳定性、保障产品品质和安全性、提升其在营养健康领域的价值，都具有重要意义。

第二节 食源性低聚肽在功能食品中的应用

一、功能食品概述

功能食品是人类在解决了温饱问题之后对食品提出的一种新的要求，即摄取食品不仅仅是为了从中获得维持生命所需要的营养物质，而且还希望能起到对身体生理功能的调节作用，也就是通过食品获得健康最大化，从而提高生命质量，延长生命期限。

对于功能食品而言，国际上并无统一的定义，因此各国在法规上所涉及的范围也不完全相同。但一般认为，功能食品是指具有调节人体生理功能，适宜特定人群食用，但不以治疗为目的的食品。通常认为功能食品应具备以下几个条件（陈文，2018）：①具有明确的生理功能调节作用；②含有已被阐明化学结构的功能因子，并有特定的形态和含量；③功能因子在食品中稳定存在；④经口服摄取有效；⑤安全性高；⑥作为食品为消费者所接受。

在我国并无“功能食品”的法律概念，代之以“保健食品”的概念。《食品安全国家标准　保健食品》（GB16740—2014）中规定：“保健食品是指声称并具有特定保健功能或者以补充维生素、矿物质为目的的食品。即适用于特定人群食用，具有调节机体功能，不以治疗疾病为目的，并且对人体不产生任何急性、亚急性或慢性危害的食品。”这是当前我国在法律层面上关于保健食品的有效概念。我国学界基本上将功能食品与保健食品在概念上视为等同，“功能食品”一词也经常出现，如在中国轻工业出版社出版的《功能食品教程（第二版）》一书的书名中就使用“功能食品”一词；在国家科技部设立的“十三五”重点专项“现代食品加工及粮食收储运技术与装备”中设立一个项目“营养功能性食品制造关键技术研究与新产品创制”，该名称中使用“营养功能性食品”一词。但在法律上，保健食品与功能食品二者的含义截然不同：将具有一定功能的食品按照规定的程序进行保健食品的注册或备案，并获得保健食品注册证书或备案号的，才属于保健食品，产品标签或说明书上可以声称被批准的功能；而学术意义上的功能食品，可能具有某种功能，但无须进行审批，也不得声称产品具有某种功能。本书介绍的食源性低聚肽具有多个方面的生理功能。为便于介绍、理解和应用，此处仍以保健食品相关法规中规定的保健功能为依据。关于保健食品允许声称的保健功能，管理部门近年来也在酝酿调整过程中，但还没有形成正式的决定，所以此处对保健功能的描述仍以当前实施的规定为依据。根据《保健食品检验与评价技术规范》（卫生部2003年版）规定，目前我国保健食品允许声称的功能为27项（见表9-1）。从我国对保健食品的定义及可申报的功能要求看，保健食品包括了以补充维生素、矿物质为目的的食品和经动物和/或人体试验证实具有某种特定保健功能的食品两大类。

表9-1　我国保健食品可声称的功能

1. 增强免疫力功能	4. 抗氧化功能①
2. 辅助降血脂功能①	5. 辅助改善记忆功能①
3. 辅助降血糖功能①	6. 缓解视疲劳功能②

续表

7. 促进排铅功能①	18. 改善营养性贫血①
8. 清咽功能①	19. 对化学性肝损伤有辅助保护功能
9. 辅助降血压功能①	20. 祛痤疮功能②
10. 改善睡眠功能	21. 祛黄褐斑功能②
11. 促进泌乳功能①	22. 改善皮肤水分功能②
12. 缓解体力疲劳③	23. 改善皮肤油分功能②
13. 提高缺氧耐受力功能	24. 调节肠道菌群功能①
14. 对辐射危害有辅助保护功能	25. 促进消化功能①
15. 减肥功能①③	26. 通便功能①
16. 改善生长发育功能①	27. 对胃黏膜损伤有辅助保护功能①
17. 增加骨密度功能	

注：①动物试验+人体试食试验；②人体试食试验；③增加兴奋剂检测。

功能食品在各国尤其是经济发达国家或地区需求强烈，发展迅猛。在我国，随着经济条件的改善、膳食结构和生活方式的改变，多种慢性病如心脑血管疾病、糖尿病、肿瘤以及骨关节功能退化等逐渐增多，公众对功能食品的需求也日趋强烈；食品行业也需要更多安全而有效的功能性配料，以增强食品的营养和功能性，满足营养健康行业发展的需要和公众的健康需求。

二、食源性低聚肽的主要健康功能

关于肽的功能分类有多种方法，如食品感官肽（如增强风味肽、表面活性肽、硬度调节肽等）、药用肽（如抗菌肽、抗肿瘤肽等）等，但此处要介绍的食源性低聚肽的功能是指其对人体的生理调节作用，也就是健康功能，如增强免疫力、抗氧化、缓解体力疲劳等。根据前面几章中对不同食源性低聚肽的介绍，综合来看，食源性低聚肽具有多个方面的生理调节作用，并且不同食物来源的低聚肽也具有一些相同的作用，而一些食物来源的低聚肽因其特定的氨基酸构成和特定功能肽段的存在，在个别功能方面又表现得比较突出。

在我国保健食品法规规定的可以声称的27项功能中，食源性低聚肽涵盖了其中的多项功能。下面结合保健食品规定的相关功能，对食源性低聚肽的几项主要健康功能做简要归纳。

1. 增强免疫力功能

人体免疫力的高低代表着人体对病原微生物和体内突变的细胞、衰老凋亡的细胞或其他有害成分的识别和清除水平。人体的免疫功能是通过免疫系统来实现的。免疫系统又是由免疫器官和组织（如胸腺、脾脏、淋巴结等）、免疫细胞（如淋巴细胞、NK细胞、单核-巨噬细胞、粒细胞、肥大细胞等）和免疫分子（如免疫球蛋白、补体、细胞因子等）组成。因此，任何有助于改善和提升免疫器官和组织、免疫细胞、免疫分子功能水平的物质都可能具有一定的增强免疫力的作用。

研究发现，多种食源性低聚肽都表现出具有增强免疫力的作用。给小鼠经口灌喂一定量的海洋鱼皮胶原低聚肽，能提高小鼠的碳廓清能力（即血液中的吞噬细胞对进入受试动物血液的碳颗粒的吞噬能力）、提高小鼠巨噬细胞吞噬鸡红细胞吞噬率和吞噬指数，还能增强刀豆蛋白A（ConA）诱导的小鼠淋巴细胞转化能力、提高小鼠抗体生成细胞数、提高小鼠的迟发型变态反应能力，表现出增强免疫力的效果。小麦低聚肽和大豆低聚肽等的研究也都发现有这样的效果（左倩 等，2015；卢连华 等，2014）。并且，研究也发现，食源性低聚肽还能明显增强NK细胞的活性。对于由免疫抑制剂造成的免疫低下，食源性低聚肽对胸腺、脾脏等免疫器官以及免疫细胞和免疫抗体也具有改善作用。在临床上给术后人群、癌症人群等一定量含低聚肽的营养制剂，有助于提高患者血清淋巴细胞水平，以及免疫球蛋白IgG、IgA、IgM的水平（柳园 等，2012；彭宏斌 等，2008a）。

2. 抗氧化功能

机体内正常的生理活动过程都有氧化活性物质参与的氧化反应，即在生理情况下会产生活性氧。身体内的氧化与抗氧化一直处在动态平衡之中。但当机体或细胞内的活性氧及其诱发产生的新自由基超出自身的抗氧化能力时，或机体长期接触外源性致氧化因素时，如吸烟、环境污染、放射线照射、生活与工作压力增大、运动过度等，就会导致氧自由基增多。当身体清除自由基功能减弱时，将会加速机体的衰老性变化，导致或加重心血管疾病、糖尿病、癌症以及多种退行性疾病的发生。

减轻或阻止机体组织细胞氧化损伤的过程，就是抗氧化。抗氧化一般是通过增加体内抗氧化酶及其他抗氧化物质活性、清除各种自由基、减轻脂质过氧化等途径来实现。研究发现，多种食源性低聚肽都表现出比较强的抗氧化功能，并且其抗氧化机制在多个方面都有体现。

体外研究发现，小麦低聚肽能抑制HepG2细胞内活性氧的生成，具有清除脂质过氧化自由基的能力，能降低细胞内脂质过氧化产物丙二醛的含量（刘艳 等，2015）。玉米低聚肽具有较强的DPPH自由基、超氧阴离子自由基及羟自由基清除能力（张强 等，2005）。在动物试验和人体试验中均发现海洋鱼皮胶原低聚肽、玉米低聚肽、小麦低聚肽等具有增加超氧化物歧化酶、谷胱甘肽过氧化物酶水平和降低丙二醛水平的作用。还有研究发现，与分子质量较大的多肽相比，分子质量在1000u

左右的低聚肽，抗氧化能力最强（魏颖 等，2015；徐力 等，2002；王军波 等，2008；裴新荣 等，2008）。

3. 缓解体力疲劳功能

疲劳是一种涉及许多生理生化因素的综合性生理过程，是人体脑力或体力活动到一定阶段时必然出现的一种正常生理现象。正常的生理性疲劳又分为体力疲劳、脑力疲劳和心理疲劳。其中，体力疲劳又称躯体性疲劳，是由于人持续长时间、大强度的体力活动或运动时，体内产生了大量的代谢物，如乳酸、二氧化碳、血清尿素氮等物质在体内积聚，刺激人体组织细胞和神经系统，从而使人产生的疲劳感。体力疲劳是机体自身为防止发生威胁生命的过度机能衰竭而产生的一种保护性反应，它的产生提醒劳动者应降低工作强度或终止运动，以避免机体损伤发生。

缓解体力疲劳的机制一般包括及时提供能量，补充和维持电解质平衡，预防或修复肌肉组织损伤，排除乳酸、血清尿素氮等代谢废物。食源性低聚肽缓解体力疲劳的机制也常常是多方面的。研究发现，大豆低聚肽、小麦低聚肽均能明显提高运动员血清睾酮的水平，降低皮质醇水平，降低运动后血清肌酸激酶水平，促进骨骼肌损伤组织的修复。玉米低聚肽能显著降低运动后受试动物血乳酸及血尿素氮水平，提升抗疲劳能力（王启荣 等，2004；周丽丽 等，2006；潘兴昌 等，2012；金其贯 等，2013；李升福，闻海波，2006；郑鸿雁，2005）。

4. 辅助降血脂功能

血浆中的脂类统称为血脂，主要包括甘油三酯、磷脂、游离脂肪酸、胆固醇及胆固醇酯。在正常情况下，人体脂质的合成与分解保持着一个动态平衡。临床上的高脂血症可表现为高胆固醇血症、高甘油三酯血症或两者兼而有之的情况（即混合高脂血症）。

高脂血症是造成心血管疾病的主要危险因素之一。随着我国居民经济收入增加，饮食结构改变，成年人群中血脂异常的患病率大幅上升。调查发现，大多数动脉粥样硬化患者中的胆固醇水平比正常人高，并且动脉粥样硬化的程度也会随着总胆固醇水平的升高而严重，成为健康的重大隐患。高脂血症与饮食密切相关，除了倡导和落实优化饮食结构以降低血脂之外，对于一些血脂水平明显升高或久高不下的人群，通过一些有益的功能物质来促进血脂水平的降低，也是十分必要的。

多种食物来源的低聚肽都有一定的降血脂功能。海洋鱼皮胶原低聚肽能明显降低受试对象血清总甘油三酯、总胆固醇水平以及血清低密度脂蛋白胆固醇水平，受试对象动脉粥样硬化程度也明显降低（王军波 等，2008），同时在人体试验中血清游离脂肪酸的水平也明显下降（朱翠凤 等，2009）。玉米低聚肽也能显著降低有脂肪肝倾向人群的血清总甘油三酯和总胆固醇水平（Wu et al，2014）；细胞学研究还发现，玉米低聚肽能明显抑制甘油三酯在人肝癌细胞（HepG2）内的堆积（魏颖等，2013）。小麦低聚肽通过升高HepG2细胞内LDLR mRNA水平和降低HMGCR mRNA水平，起到降低细胞内胆固醇的效果（刘文颖 等，2014）。大豆低聚肽能明显降低血清总胆固醇、总甘油三酯和低密度脂蛋白胆固醇水平（金其贯 等，2008）。

5. 辅助降血糖功能

糖最主要的生理功能是提供生命活动所需要的能量。血液中的葡萄糖称为血糖，它是碳水化合物在体内的主要运输形式，是为人体提供能量的主要物质。正常人体每天需要糖来为各组织的正常生理活动提供动力，人体离不开血糖。但是血糖的水平必须维持在一个正常的范围内，不能过高，也不能过低。如果血糖过低，会出现脑功能障碍，甚至出现低血糖昏迷。当血糖过高，尤其是长时期处于较高水平，会发展成糖尿病，造成身体多个组织器官的损伤。

血糖高或者糖尿病，尤其是2型糖尿病，也是一种膳食相关疾病。改变膳食模式，调整膳食结构，减少脂肪和易消化吸收形式的碳水化合物的摄入，是降低血糖水平必需的基本措施。在此基础上，采用生物活性物质刺激胰岛素的分泌和提高胰岛素的敏感性，对于快速稳定和维持正常的血糖水平是有益的。

食源性低聚肽作为一类生物活性物质，在改善血糖水平方面也具有明显的效果。海洋鱼皮胶原低聚肽能提高胰岛素分泌功能指数和胰岛素敏感性指数，有助于稳定血糖水平和减少夜间低血糖的发生（马丹丹 等，2011；牟波 等，2012）。同样，豌豆低聚肽也能明显降低高血糖大鼠的血糖水平；细胞学研究还发现，豌豆低聚肽对肝细胞内胰岛素抵抗的形成具有一定的缓解作用（崔欣悦 等，2019）。

6. 辅助降血压功能

全身的血管包括动脉、毛细血管和静脉，是一个连续且相对密闭的管道系统，它们与心脏构成心血管系统，承担着机体组织所需的水分和营养物质以及各种代谢物质的运输。而其运输的动能最主要是源自血压。机体主要通过神经调节、体液调节和自身调节方式对心血管活动进行调节，从而在机体内外环境变化时做出相应的调整，维持一定的血压。但当血压过高时，也会带来一定的健康风险。近些年来，心脑血管疾病的死亡率很高，而有很大比例的心脑血管疾病的发生与高血压有关。血压过高会造成心脏病、脑卒中以及肾脏疾病等，因此高血压已成为重要的公众健康问题。通过食源性物质对过高的血压进行舒缓和调节，不仅有助于降低高血压可能造成的疾病风险，而且也能避免由长期服用降血压药物所带来的副作用，这已成为营养功能食品研究的一个重要方向。

对于血压的调节作用，尤其是对于高血压的降低功能，是最早对食源性低聚肽开展的功能研究方向之一。研究已经证实，利用适宜的蛋白酶水解各种食物蛋白质如大豆蛋白、玉米蛋白、小麦蛋白、牛乳蛋白等，均可获得具有降血压作用的肽类物质。血管紧张素转化酶在血压调节方面发挥着重要作用，它的作用机制是促使无活性的血管紧张素Ⅰ转变为具有血管收缩作用和钠潴留作用的血管紧张素Ⅱ，从而使血管收缩，引起血压升高。研究发现，大豆低聚肽、玉米低聚肽等各种食源性低聚肽的降血压作用基本上都是通过抑制ACE的活性，减少血管紧张素Ⅱ的生成来实现。从不同食物蛋白质获得的具有降血压活性的肽段结构及其IC_{50}，文献中已多有报道（汤健等，2006；刘志伟 等，2007；Miyoshi et al，1991）。

7. 辅助保护胃肠黏膜功能

胃是人体接收经口摄入包括食物在内的各种物质的第一个内在器官，通常情况下，胃黏膜经常受到食物和消化液的刺激，也不可避免地会受到一定的损伤。胃黏膜本身也具有一个复杂的保护系统，不仅能够适应和抵御pH、渗透压、温度、颗粒物硬度等的变化，也能很快修复浅表层的轻度损害。胃黏膜的自身修复能力虽然比较强大，但也始终处在一个动态的变化过程中，当某一导致损伤的因素侵害时间较长，和/或人体胃肠黏膜的年龄性自然老化等原因，胃黏膜的损伤也就比较容易形成。胃黏膜受到损伤，如不能得到及时的修复，会影响到对食物的消化与吸收，从而导致一系列营养健康相关问题。因此，加强对胃黏膜组织的保护与修复，是关系到整个身体营养与健康的问题。

对于胃黏膜的保护与治疗，现代医学常用胃黏膜保护剂、抑酸剂等；中医药常用温胃养胃之法，以补益和活血化瘀。但对于胃黏膜组织细胞本身的修复和结构完善，在营养健康领域鲜有相应的保健食品问世。食源性低聚肽的研究与发现填补了这一空白。研究证实，小麦低聚肽中含有比较多的谷氨酰胺短肽，对胃黏膜上皮细胞的生长表现出良好的促进作用，体现为黏膜上皮细胞排列更为整齐，细胞间隙更为紧密，上皮细胞形态饱满。同时，小麦低聚肽对化学药物等造成的胃黏膜损伤具有明显的保护效果，可明显减轻胃黏膜上皮细胞的变性坏死以及固有层和黏膜下层的嗜酸性粒细胞浸润（潘兴昌 等，2013；金其贯 等，2014；Yin et al，2014）。大豆低聚肽有助于改善大鼠小肠黏膜组织形态结构，增加小肠绒毛高度、表面积和小肠上皮隐窝深度，刺激小肠腺的发育（李世成 等，2004）。因此，食源性低聚肽可作为开发具有辅助保护胃肠黏膜作用的功能食品的重要原料。

8. 增加骨密度功能

正常的健康骨骼应具有一定的硬度，也应具有一定的弹性。骨骼硬度与弹性的维持都需要相应的物质与结构作基础。当构成骨骼的物质缺乏或各种物质的比例不均衡，则骨骼内部结构也会发生异常，影响骨骼健康；骨骼或者表现为脆而易断，或者表现为软而易弯。老年性的骨质疏松就属于前者，它是一种由骨质低下和骨组织细微结构退化而致使骨脆性增加和发生骨折危险性增加的骨代谢疾病。骨质疏松症已成为一个世界范围内的健康问题，近年来我国每年因骨质疏松而发生骨折的概率也呈逐年增高的趋势。在合理膳食的基础上，通过适宜的功能食品来辅助增强骨密度，是预防骨质疏松的必要措施。

对多种来源的胶原低聚肽进行的研究证实，胶原低聚肽有助于促进骨细胞中胶原蛋白的合成，在促进骨骼生长、增加骨骼质量、增强骨密度和改善骨关节功能等方面都有明显效果（Oesser et al，2003；Almeida et al，2010；Leem et al，2013；Takeda et al，2013；潘兴昌 等，2011）。

9. 辅助改善记忆功能

良好的学习和记忆，不仅是人认识世界的基本能力，也是身体健康与幸福生活的基础。当一个人的学习和记忆出现障碍，其生活质量和工作效率也将受到严重影响。尤其是进入老年期，记忆力严重降低，不仅给老年人本人的生活带来不便，也会降低整个家庭的生活质量。维持和改善记忆，除遵循合理的日常膳食原则和必要的基础营养补充之外，探索和发现一些具有辅助改善记忆功能的食源性物质，作为日常膳食的合理补充，对于延迟记忆衰退的到来，保持老年人正常的生活质量是有益的。

在食源性低聚肽辅助改善记忆功能方面，对于海洋鱼皮胶原低聚肽、乳清蛋白肽、核桃肽的研究均有报道（裴新荣 等，2009；齐微微 等，2015；杜倩 等，2017）。研究结果也具有一致性，基本上都表现为能增强幼年小鼠和老年鼠的学习和空间记忆能力、主动及被动回避能力，有助于预防年龄造成的学习记忆能力下降。其作用机制一方面与食源性低聚肽能增强抗氧化能力有关，另一方面与食源性低聚肽能调节脑组织中的一些物质如乙酰胆碱酯酶、海马组织中脑源性神经营养因子的活性与表达有关。对食源性低聚肽辅助改善记忆功能的研究，可为促进儿童智力的开发，延缓成年人记忆力的减退，以及为某些老年性脑部疾病如阿尔茨海默症的营养干预提供支持。

10. 对化学性肝损伤的辅助保护功能

肝脏是人体新陈代谢最重要的器官，其承担的作用包括参与代谢、分泌胆汁、解毒、凝血、免疫、产生热量、调节水和电解质平衡等。体内物质，包括摄入的食物营养素常常需要在肝脏内进行重要的化学变化，如有的物质要进行化学结构的改造才能被利用，有的物质经过转化后排出体外，所以肝脏有“体内的综合化工厂”之称。通过进食或服用药物而导致长期摄入化学物质过多，就有可能造成肝功能的损害。在日常生活中，引起化学性肝损伤的物质主要是酒精、药物和不慎摄入的一些工业有毒物质。对化学性肝损伤有辅助保护功能的物质首先应以安全无害为前提，由于化学合成的物质或多或少地会造成一定的肝肾损害，所以对食物来源物质的研究是本领域研究的重点。

食源性低聚肽对肝脏的保护作用也得到了研究证实，其中以玉米低聚肽和乳蛋白肽研究居多，它们能有效减轻由酒精、四氯化碳等物质造成的急慢性肝损伤，对于脂肪肝也具有明显的改善作用（付萍 等，2008；王双玉 等，2007；孙红 等，2002；顾芳 等，2018；印虹 等，2018）。研究认为，这与食源性低聚肽能明显提高肝组织的抗氧化水平有关。另外，玉米低聚肽、乳蛋白肽中支链氨基酸含量丰富，这可能是其发挥保护肝脏作用的主要物质基础，当然这些支链氨基酸也基本上是以低聚肽的形式存在。研究发现，玉米低聚肽还具有促进体内酒精分解、减轻饮酒后不适的作用，与姜黄等其他物质配合使用，还有助于提升作用效果，所以醒酒也成为玉米低聚肽的一个应用方向（魏颖 等，2019；朱晔 等，2019；潘兴昌 等，2016）。

11. 对皮肤的健康改善功能

皮肤健康是在弹性、润泽度、色斑等多个方面的良好状态。在保健食品可申报的保健功能中，对于皮肤的健康改善功能包括增加皮肤水分、祛黄褐斑、改善皮肤油分三项功能。通过有针对性地为皮肤补充所需营养，可在一定程度上改善皮肤健康状态。

食源性低聚肽对皮肤的健康改善功能，以胶原低聚肽最为突出。研究报道的胶原低聚肽对皮肤的健康改善作用主要体现在增加皮肤弹性、消除皱纹、祛除色斑和增加皮肤水分（Matsuda et al，2006；Koyama et al，2006；余宙，范青生，2010）。各种食物来源的胶原低聚肽也已成为美容食品的主要原料。除胶原低聚肽外，近年来研究发现，大米低聚肽也表现出明显的酪氨酸酶活力抑制作用；添加于化妆品基质中外部使用也有助于提升消除脸部皱纹的效果（李火云 等，2015）。将海洋鱼皮胶原低聚肽与大米低聚肽配合使用，效果更加明显（尹曼 等，2017）。这为开发皮肤健康改善食品提供了新的配料选项。

三、食源性低聚肽在功能食品中的应用

食源性低聚肽在功能食品中的应用，是以研究发现的食源性低聚肽的健康作用为导向，以食源性低聚肽为主要功能配料，添加或者不添加其他物质，开发具有相应功能的食品，并通过市场行为向消费者推广和被消费者消费体验的全过程。开发功能食品不是目的，适宜人群通过食用功能食品，健康状况因此获得改善才是目的。所以，针对目标人群的健康需求，合理选择适宜的食源性低聚肽，或者再与其他配料合理搭配，在保证安全的前提下，开发出作用显著的功能食品，才能最大限度地发挥食源性低聚肽的健康价值。根据当今公众的健康需要和前面介绍的食源性低聚肽的功

能，食源性低聚肽可用于开发涉及改善某些生理指标、改善某些组织器官健康状况、提高运动能力等多个方面的功能食品。现在，市场上已经有很多以食源性低聚肽为主要功能配料的功能食品，成为改善和提升公众健康的重要资源。

食源性低聚肽来源于蛋白质，属于营养型的功能物质，除了其本身具有易溶解、稳定性好和易消化吸收等基本特性之外，还能够促进钙、铁、锌等微量营养素的吸收和利用，如将胶原低聚肽与钙剂配合使用，更有利于增强骨密度。在一些功能方面，食源性低聚肽与其他一些植物化学物也存在协同增效的作用，如将海洋蛋白低聚肽与灵芝多糖搭配使用可以提升抗辐射效果。食源性低聚肽作为易消化吸收的氮源营养素形式，在开发具有减肥功能的代餐食品中经常被使用，可以迅速补充体力。因此，在利用食源性低聚肽开发功能食品时，应根据目标人群的健康需要和产品的功能特点来确定是以某一种或某几种低聚肽作为功能物质单独组方，还是将低聚肽与其他营养功能物质搭配使用。基于各种食源性低聚肽良好的食品加工特性，完全能够满足粉剂、液体剂、片剂、胶囊等各种功能食品剂型的要求。

第三节
肽类特殊医学用途配方食品的开发与应用

营养支持对临床患者的重要程度越来越被普遍接受，“当肠道有功能时，应采用肠内营养”已成为临床营养领域的共识。与临床营养支持的需求相匹配，我国也出台了有关特殊医学用途配方食品（以下简称“特医食品”）的一系列法规，用于指导和管理此类食品的研发、注册、生产、销售与应用。

特医食品是为了满足进食受限、消化吸收障碍、代谢紊乱或特定疾病状态人群对营养素或膳食的特殊需要，专门加工配制而成的配方食品。根据这一定义，要求特医食品应该能够满足特定疾病人群的进食问题，能够减轻消化吸收负担，有助于纠正（至少是不加重）代谢紊乱，或提供特殊的营养素（或者是营养素种类符合要求，或者是营养素比例适宜）。因此，合理选择和采用适宜的营养性配料是获得高质量特医食品的基础。

食源低聚肽常以蛋白质原料来源命名，现已工业化生产的食源性低聚肽包括海洋鱼皮胶原低聚肽、玉米低聚肽、小麦低聚肽、大豆低聚肽、豌豆低聚肽、酪蛋白肽等多种食源性低聚肽产品。由于食源性低聚肽具有分子质量小（一般低于1000u）、易于消化和吸收、营养高效的特点和生理调节功能的多样性，受到众多研究者的高度关注，也获得了国家相关法规的认可，以及食品行业的广泛应用。

在《食品安全国家标准　特殊医学用途配方食品通则》（GB 29922—2013）中也规定，肽类物质可作为蛋白质类营养素的原料。食源性低聚肽是预消化的蛋白质。基于其易消化吸收性、易溶解性、对酸热的稳定性，以及特定氨基酸组成的短肽对机体功能表现出的特定生理调节功能，决定了食源性低聚肽是有利于满足特定疾病人群营养健康需要、特别适合用于开发特医食品的一类氮源营养素形式。

一、食源性低聚肽的营养特点

食源性低聚肽的诸多营养特点使得其在作为氮源营养物质使用时，更利于满足特定疾病人群的营养需要。

（一）食源性低聚肽的构成

营养学界已经形成这样的共识：食物中的蛋白质经过胃内消化及在小肠腔的内肽酶和外肽酶协同作用下生成氨基酸和含有2~6个氨基酸的低聚肽，前者占1/3，后者占2/3（葛可佑，2004）。食源性低聚肽是食物蛋白质经生物酶解处理后的产物，实际上是预消化的蛋白质。所以，与蛋白质一样，食源性低聚肽也属于营养素。

1. 食源性低聚肽的氨基酸构成特点

食源性低聚肽是食物蛋白质分子中的片段，氨基酸也是其基本构成单位。与原蛋白质的氨基酸构成比较，低聚肽的氨基酸构成虽有一些变化，但各种氨基酸构成的比例趋势与相应蛋白质基本上是一致的。在氨基酸构成方面，食源性低聚肽基本保持了原蛋白质的氨基酸构成特点，如玉米低聚肽与玉米蛋白一样，也是支链氨基酸含量丰富，尤其以亮氨酸含量最为突出；小麦低聚肽与小麦蛋白一样，也是谷氨酸含量丰富，其中谷氨酰胺含量也非常高；海洋鱼皮胶原低聚肽与胶原蛋白一样，也含有丰富的羟脯氨酸。将不同食物蛋白质来源的低聚肽合理搭配使用，有助于满足特定人群特定氨基酸营养的需求（葛可佑，2004）。

2. 食源性低聚肽的分子质量分布与肽段分离鉴定

低聚肽的分子质量在1000u以下。而工业化生产的各种食源性低聚肽产品分子质量在1000u以下的各个区间比例分布不尽相同，但整体来看，各种低聚肽分子质量在1000u以下的组分比例基本上在70%~90%，如海洋鱼皮胶原低聚肽粉主要组分的分子质量主要集中在300~860u，占85.86%，其中范围在300~500u的组分占28.50%，700~800u的组分占48.09%（王军波 等，2008）。

食物蛋白质经酶解为低聚肽后，其中的组分非常复杂。研究人员也正致力于各种食源性低聚肽特征性肽段与功能肽段的分离鉴定。玉米低聚肽中分子质量为252.12u的二肽丙氨酰-酪氨酸（Ala-Tyr）已作为特征性肽段用于玉米低聚肽粉生产过程的质量控制。

（二）食源性低聚肽的营养效果

1. 易吸收性

低聚肽的易吸收性已被研究证实，尤其是二肽、三肽的直接可吸收性，已获得有力证据。体外测定是利用大鼠离体小肠进行肽的吸收研究，可以通过测定肽吸收前后的蛋白质含量，也可运用HPLC测定肽吸收前后分子质量图谱。研究发现，多种食物来源的小分子肽可以被小肠直接吸收，小肠各段均具有吸收肽的功能。被吸收的肽的分子质量多在1000u以内，小肠对肽的吸收率高于对氨基酸和蛋白质的吸收率（吴冬梅 等，2007）。利用离体的小鼠翻转小肠穿透模型，也证实了试验所使用的乳清蛋白肽、大豆低聚肽、胶原低聚肽都有一定数量能够穿透小鼠小肠黏膜（Suzukawa，2003）。受试者口服胶原蛋白肽后，血液中含羟脯氨酸的肽段数量明显增加，1~2h后达到高峰（20~60nmol/mL血浆）；口服4h后，降至高峰浓度一半的水平；并且发现在人的血清和血浆中可检测到食源性胶原蛋白肽的主要成分脯氨酰-羟脯氨酸（Pro-Hyp）；另外还含有一些其他的肽段，如丙氨酰-羟脯氨酸（Ala-Hyp）、丙氨酸-羟脯氨酰-甘氨酸（Ala-Hyp-Gly）、脯氨酰-羟脯氨酰-甘氨酸（Pro-Hyp-Gly）、亮氨酰-羟脯氨酸（Leu-Hyp）、异亮氨酰-羟脯氨酸（Ile-Hyp）、苯丙氨酰-羟脯氨酸（Phe-Hyp）（Iwai K et al.，2005；Ohara H et al.，2007）。用^{14}C标记的胶原蛋白肽饲喂小鼠，95%的胶原蛋白肽在前12h以内被吸收；被标记的胶原蛋白肽在不同组织中的分布，除软骨外，与标记的脯氨酸的分布相似，而在软骨内，观察到有明显的持续时间长的胶原蛋白肽的积聚（Oesser et al，1999）。还有研究报道，小分子的胶原蛋白肽是以肽的形式吸收进入血液，甘氨酰-脯氨酰-羟脯氨酸（Gly-Pro-Hyp）三肽保持在血液，并在肾脏蓄积；在皮肤中保持一个高的水平可持续到饲喂后第14d；对切除卵巢的自发性高血压大鼠，也可以增加左侧股骨有机质的含量和降低水分含量（Watanabe-Kamiyama et al，2010）。由以上可见，小分子肽具有小肠黏膜的穿透性，尤其是二肽、三肽可直接经肠吸收进入血液，并进入特定组织发挥作用。

早在20世纪中期，在开展体内试验进行肠内灌注过程中，在血液中检测到未水解的双甘氨酸二肽（Adibi et al，1971）。经口摄入相应的肽，在人体外周血中也检测到肌肽、鹅肌肽和羟脯氨酸肽（Silk et al，1985）。关于肽的吸收，研究认为，肽的转运可能存在双重水解。因此，一方面，与小肠黏膜刷状缘的氨基肽酶具有高亲和力的肽，主要由这些酶水解，并以游离氨基酸的形式吸收；而与这些酶具有低亲和力的肽，主要以肽的形式直接吸收。也有研究发现，胶原蛋白中特征性三肽Gly-Pro-Hyp可被小肠黏膜刷状缘的氨基肽酶部分水解，去除Gly，然后剩下的Pro-Hyp部分通过与氢离子匹配的PepT1转运进入小肠黏膜上皮细胞。三肽Gly-Pro-Hyp不能完整地通过上皮黏膜细胞，而Pro-Hyp可以对抗肠黏膜上皮细胞蛋白酶的水解（Aito-Inoue et al，2007）。

因此，小分子肽能够被吸收，但也受到具体肽段的氨基酸构成、氨基酸数量以及分子质量大小的影响。刷状缘肽酶水解在较大肽段的消化中发挥着关键性的作用。

2. 与整蛋白的营养效果比较

整蛋白需要经过消化后才能被吸收，其吸收利用率受个体消化能力强弱的影响。而低聚肽达到了不需要消化或稍加消化即可吸收的水平，具有更高的吸收效率，对于消化能力下降的人群来说是非常适合的氮源营养物质。诸多试验研究也都支持这一观点。

补充大豆低聚肽可显著提高机体对氮的表观消化率和氮储存率，提高小肠对氮的消化与吸收功能，并使机体处于较高水平的正氮平衡状态（李世成 等，2006）。大豆低聚肽混合物（OPM）膳食对蛋白质营养不良大鼠的营养效果优于大豆分离蛋白（SPI）膳食，研究者也建议对于手术治疗的患者禁食恢复时，应以OPM为氮源，而不以游离氨基酸和整蛋白为氮源（Arai，Kimura，1987）。在大鼠饥饿状态下，分别给予酪蛋白和酪蛋白水解物膳食，发现禁食后再饲喂酪蛋白水解物4d，足以使小肠功能完全恢复（Boza et al，1995）。给处于断乳期的饥饿大鼠饲喂蛋白质水解物，氮贮留也比给予整蛋白要高；给予低聚肽形式的氮源营养素，更有利于使机体获得体重增加，这与低聚肽具有更高的氮贮存率、较低的尿氮排泄有关（Boza et al，1995；Poullain et al，1989）。在胃肠消化功能减弱以及饥饿状况下，给予低聚肽形式的氮源，更有利于快速改善其蛋白质营养状况。因此，建议对患有营养不良或吸收不良综合征的患者应给予含有肽的膳食，而不是整蛋白膳食。

3. 与游离氨基酸的营养效果比较

虽然氨基酸是低聚肽的基本组成单位，但两者相比，低聚肽的营养优势更明显。动物试验研究发现，对于蛋白质营养不良大鼠，大豆低聚肽混合物膳食组的功效比值（PER）明显高于氨基酸（AAM）膳食组；OPM膳食组比AAM膳食组更有助于减少谷丙转氨酶（GPT）的升高（Arai，Kimura，1987）。对处于饥饿状况下的大鼠，研究也发现肽膳食组体重增加明显高于氨基酸膳食组（Boza et al，2000）。这说明低聚肽比游离氨基酸更有利于蛋白质营养不良状况的营养改善。另外，给予小肽形式的氮源营养素后吸收进入门静脉血的各种氨基酸的数量及其比例，与给予的小肽本身的氨基酸构成相近；而以氨基酸混合物形式给予的氮源营养素中，一些氨基酸，如L-酪氨酸、L-苏氨酸、L-丝氨酸、L-组氨酸等在血液中增加的速度比其他氨基酸慢，提示以小肽的形式提供比以游离氨基酸的形式提供吸收效率更高，具有更高的营养价值（Hara et al，1984）。给正常人肠内灌注蛋白质水解物（其中50%~80%的氮含量以小肽形式存在），从蛋白质水解物中吸收氨基氮的速度快于从相应游离氨基酸混合物中吸收的速度（Silk et al，1979）。当向肝病患者十二指肠注入低聚肽营养液时，门静脉血中氨基酸迅速出现，呈现良好平衡的单峰曲线；而注入氨基酸混合营养液时，门静脉血中氨基酸水平呈现双峰曲线，说明在相同时间内低聚肽中的氨基酸进入血液速度更快（Yamakawa et al，1997）。以含低聚肽为氮源的膳食给予受试者，与组成相同的游离氨基酸混合物为氮源的膳食相比，具有更低的肠道液体渗出（Silk et al，1979）。所以，在要素膳中，使用蛋白质的酶水解物作为氮源，比游离氨基酸对临床预后更有利。在以液体和电解质营养不良为特征的临床状况中，利用小分子低聚肽作为营养膳食的氮源，优势更明显。

另外，也有人认为，肽的吸收避免了氨基酸之间的吸收竞争，也是低聚肽吸收快的一个重要因素。总之，低聚肽的吸收及营养效果优于氨基酸。

4. 与多肽的营养效果比较

低聚肽分子质量低于1000u，含氨基酸残基数量较少；而多肽含氨基酸残基数量较多，分子质量也大。关于低聚肽与多肽形式的氮源的营养效果，研究人员从肽链长短和分子质量大小两个维度都进行了研究。从包含的氨基酸残基数量来看，得出这样的结论：含有2~5肽的小分子乳白蛋白水解物比主要含有10~15肽的较大分子乳白蛋白水解物能更快地吸收；主要含有二肽、三肽的卵白蛋白水解物，比主要含有四肽、五肽的卵白蛋白水解物，具有更快速的吸收效率（Grimble et al，1986；Grimble et al，1987）。选择分子质量大小不同的两组肽样品进行研究，发现分子质量小于1000u的低聚肽（主要是二肽、三肽）的吸收率，明显高于分子质量>1500u的肽的吸收率。在考虑了溶液浓度、渗透压以及钠离子浓度的情况下，均表现为低聚肽更容易吸收的特点（Horibe 1987）。另外，食源性低聚肽还具有低致敏性、等渗性的特点，作为营养性配料用于特医食品，也更能增加特定疾病人群的耐受性和使用上的安全性。

5. 食性低聚肽的吸收机制

小肠黏膜细胞的刷状缘及细胞液中存在一些寡肽酶，这些寡肽酶可以对低聚肽进行水解，从而将较大的低聚肽变成更小的二肽、三肽和氨基酸。游离氨基酸主要依赖于钠离子转运体系。肠黏膜上皮细胞膜上有转运氨基酸的载体蛋白，能与氨基酸、钠离子形成三联体，将氨基酸和钠离子转入细胞内，载体蛋白再借助钠泵排出细胞外，并消耗能量。一般认为这是一个耗能的主动吸收过程，消耗能量多，载体容易饱和，吸收慢。而低聚肽尤其是二肽、三肽的吸收，主要依赖氢离子或钙离子的转运体系，主要是与氢离子的同向跨膜转运方式相偶联。肠黏膜上皮细胞刷状缘可以表达一种“氢离子+肽同向转运系统”，它可以顺浓度差将氢离子转运到细胞内，同时逆浓度差将寡肽带入细胞内。这一过程需要钠泵的参与来维持氢离子的浓度差，也是一个耗能过程，但消耗能量低，转运速度更快。肽的吸收转运也有载体参与，寡肽载体在这一过程中也发挥着重要作用。目前已经发现的肽转运载体蛋白至少有5种，分别是肽转运载体1（PepT1）、肽转运载体2（PepT2）、肽转运载体3（PTR3）、大鼠的肽/组氨酸转运载体（PHT1）和人的肽/组氨酸转运载体（hPHT）。其中，对PepT1和PepT2的研究最为广泛，PepT1是高容量/低亲和力的载体，PepT2是低容量/高亲和力的载体，二者都能够转运二肽和三肽，并且以转运膜上的氢离子梯度为驱动力（李勇，蔡木易，2007）。

二、食源性低聚肽对不同疾病人群的营养改善作用

研究人员利用食源性低聚肽已经在多种不同类型的疾病人群中陆续进行了大量的临床研究，除能够改善机体的蛋白质营养状况外，还发现其对其他一些生化指标以及一些生理功能有着明显的影响，说明食源性低聚肽对临床患者的健康改善作用是多方面的、综合性的。

（一）食源性低聚肽对胃肠道疾病患者的营养干预

1. 食源性低聚肽在胃肠道手术人群中的应用研究

胃肠道是机体完成蛋白质消化与吸收的重要场所，胃肠道疾病无疑会造成胃肠道功能下降，而胃肠道手术以及由此造成的创伤会进一步加重胃肠道功能紊乱，影响对包括蛋白质在内的各种营养物质的消化吸收。就蛋白质营养来说，选择何种形式的氮源营养素直接关系到机体蛋白质营养状况的改善及愈后。

动物试验与人体试验均显示，在胃肠道手术状况下，给予低聚肽形式的氮源比给予整蛋白营养效率更佳。在给受试动物实施胃切除后大约10d的时候，饲喂酪蛋白膳食组动物的进食量和生长速度要比饲喂酪蛋白水解物（低聚肽）组低（Yamamoto et al，1985）。在以接受空肠造口术的患者为受试对象的临床试验中，采用整蛋白、整蛋白水解物（其中63%的氮为小肽，分子质量<1000u）以及以上两者的混合物分别作为受试物，发现小肽膳食组和混合膳食组每天氮的吸收明显增加，分别为（14.3±3.4）g和（13.1±2）g，而整蛋白膳食组仅为（10.9±2.4）

g（P=0.012），明显低于小肽组和混合膳食组；同时，小肽膳食组血尿素氮、尿中尿素氮增加，脂肪和能量的吸收、粪便质量、尿和粪便中钠、钾、钙、镁没有变化（Cosnes et al，1992）。这提示以小肽为基础的膳食对于短肠综合征的患者是有益的。另一临床研究发现，腹部手术后患者接受蛋白质水解物膳食（60%的小肽）后，有包括8种必需氨基酸在内的13种氨基酸的血浆浓度明显增加，术后恢复营养后血清胰岛素水平较术前停止营养时也明显增加，血浆白蛋白、转铁蛋白、视黄醇结合蛋白的浓度均发现明显增加；而腹部手术后接受整蛋白膳食的患者，只有2种氨基酸（苯丙氨酸和色氨酸）血浆浓度增加，也未见血清胰岛素和血浆白蛋白、转铁蛋白、视黄醇结合蛋白浓度明显增加（Ziegler et al，1990）。给予低聚肽补充，除引起氮的吸收率和血液中氨基酸浓度明显提升外，对相关蛋白质营养指标与免疫指标也有明显改善。对接受胃肠道手术的病人在术后给予7d的短肽制剂进行营养干预，能够有效减少术后患者体重、上臂围、臀围的下降幅度，明显升高血清白蛋白、前白蛋白、转铁蛋白的水平和血清免疫球蛋白IgG、IgM、淋巴细胞总数的水平，并能够有效降低C反应蛋白的水平，所有结果均明显优于给予整蛋白组（彭宏斌 等，2008a）。在一对于接受手术的93例患者的对照试验中，也得到相似的结果（柳园 等，2012）。

因此，对于接受腹部手术的患者，给予含有低聚肽的肠内营养支持，比给予等氮的含有整蛋白的膳食，在恢复血浆氨基酸和蛋白质营养水平方面更有效。

2. 食源性低聚肽在胃肠道功能减弱和胃黏膜损伤人群中的应用研究

非手术损伤造成的胃肠功能减弱或胃肠功能紊乱，在临床病人中更为常见。

对患有空肠憩室病、胃肠道淀粉样病变、结肠克罗恩病（Crohn病）和结肠造口术的患者进行前瞻性的双盲交叉对照临床试验，给予含肽膳食比给予整蛋白膳食具有更低的粪便湿重和氮含量（Rees et al，1992）。可见低聚肽具有更高的吸收率，并较少地引起肠液渗出，这对于小肠黏膜缺损严重的患者，以低聚肽为氮源比整蛋白具有更好的氮吸收。

对于活动性克罗恩病，以往给予要素膳是主要的营养治疗方法，并常采用以氨基酸为氮源的低脂膳食，但也常常导致必需脂肪酸如血浆亚麻酸浓度的降低。研究发现，给予这类患者含肽的高脂膳食（含33%脂肪），在改善蛋白质营养状况、提高身体蛋白质储备、消除临床症状方面，与使用含氨基酸的低脂膳食（含3%脂肪）结果相似，并且采用肽膳食因为不必过度限制脂肪摄入，更有利于维持和改善患者的必需脂肪酸营养状况（Royall et al，1994）。

食源性低聚肽对于胃肠道黏膜结构与功能的改善，也得到了细胞试验、动物试验以及临床研究的支持。给予大豆低聚肽可明显改善大鼠小肠黏膜组织形态结构，增加小肠绒毛高度和表面积，加深隐窝的深度，刺激小肠腺的发育；还可增加大鼠小肠黏膜蛋白质含量、氨基肽酶的活力，各方面效果均优于给予大豆蛋白组（李世成 等，2004）。小麦低聚肽对胃表面上皮细胞生长的促进作用，表现为胃肠黏膜细胞排列更为整齐，细胞间隙更为紧密，上皮细胞形态饱满。较大剂量的小麦低聚肽还能上调大鼠小肠黏膜Na^{+}-K^{+}-ATP酶活力（潘兴昌 等，2013）。小麦低聚肽通过增加前列腺素-2（PGE2）、表皮生长因子（EGF）和表皮生长因子受体（EGFR）的水平，提高大鼠血清超氧化物歧化酶活力，降低丙二醛水平，明显改善乙醇造成的胃黏膜组织损伤（杨贤 等，2016；Kan et al，2017）；对于药物造成的大鼠胃肠黏膜损伤也起到很好的保护作用，其效果优于谷氨酰胺组（刘文颖 等，2017）。小麦低聚肽能增强小肠黏膜上皮细胞的抗氧化力活性，对氧化应激损伤的体外肠上皮细胞也表现出良好的保护作用（YIN et al，2014a；YIN et al，2014b；张亚卓 等，2015）。临床研究发现，在使用以小麦低聚肽为主要成分的营养制剂对有胃黏膜损伤人群的营养干预过程中，随着胃肠黏膜损伤的修复，胃肠功能逐渐获得改善，受试者胃疼、打嗝、腹胀、酸反流、食欲不振等多种不适症状得到减轻甚至消除，摄食量也增加，生活质量明显提高；胃部的微生态环境明显改善（Kan et al，2020）。

食源性低聚肽的胃肠黏膜改善作用，与其中所含的谷氨酰胺密切相关。因为谷氨酰胺是肠道的主要能量来源，是肠道修复的最重要的营养物质；在疾病期间，肠道需要更多的能量，而这些能量的供应常常通过由肌肉分解提供更多的谷氨酰胺来获得（蒋朱明，吴蔚然，1993）。而在目前发现的各种常规食物蛋白与食源性低聚肽肽中，小麦低聚肽中的谷氨酰胺是最高的，达到（23.54 ± 0.49）%，明显高于大豆低聚肽、玉米低聚肽以及动物来源的乳清蛋白低聚肽等（金振涛 等，2011）。并且，以低聚肽形式存在的谷氨酰胺具有更好的稳定性和易吸收性，所以小麦低聚肽具有更明显的优势。

综上所述，小麦低聚肽不仅是良好的氮源营养素形式，对于提升蛋白质营养水平有帮助，同时对于胃肠黏膜损伤的修复以及胃肠功能的改善也有着积极的作用，对于胃肠功能减弱和胃黏膜损伤人群非常适宜。

（二）食源性低聚肽在癌症人群中的应用研究

癌症患者尤其是晚期癌症患者，往往存在蛋白质-能量缺乏，还常伴有血清白蛋白水平降低。营养支持对于癌症患者的疾病发展和预后非常重要，临床上对此也越来越重视。食源性低聚肽作为易于消化吸收的蛋白质营养素形式，对于癌症患者蛋白质营养改善的有效性已得到明确证实。给予恶性肿瘤化疗患者海洋鱼皮胶原低聚肽营养干预，其体质指数、上臂围、上臂肌围、总蛋白、白蛋白、球蛋白、前白蛋白、转铁蛋白较干预前的升高有统计学意义，而给予乳清蛋白的对照组干预前后各指标差异均无统计学意义；海洋鱼皮胶原低聚肽膳食组体质指数、前白蛋白的前后差值也较乳清蛋白组高（于凤梅 等，2011）。口服鱼皮胶原低聚肽能有效降低肺癌、胃癌患者治疗期间白细胞、血红蛋白的下降率，缓解骨髓抑制情况，减轻胃肠道反应，提高患者营养状况和生活质量（邹丽芳，2013）。日本研究者发现，以海洋鱼皮胶原低聚肽为主要配料的肠内营养剂PN-2能明显增加大肠癌术后患者血清白蛋白、总蛋白等营养指标的水平，在大肠癌患者围手术期使用安全，有助于降低术后合并症和改善营养状况（Yasueda et al，2016）。对食管癌、贲门癌术后患者给予短肽型肠内营养制剂，患者术后7d的血清白蛋白、前白蛋白和氮平衡水平均明显改善，并能有效减少术后不良反应的发生（罗洞波 等，2017）。癌症患者常常表现为厌食明显、嗅觉味觉改变等现象，再加上化疗药物的影响，进食能力与消化功能下降。在这种情况下，采用低聚肽形式的蛋白质营养素供应更有益处。

还有报道，给予自发肿瘤大鼠一定剂量的海洋鱼皮胶原低聚肽，有助于抑制自发肿瘤的发生率，还能缩小肿瘤的体积，明显延长荷瘤大鼠的生存时间（梁江 等，2011）。但在人体是否能产生这样的效果，还需要进一步研究。

（三）食源性低聚肽对酒精性肝损伤人群的保肝作用

肝脏是机体主要的代谢器官，参与蛋白质、糖、脂肪等物质代谢，还承担解毒功能。但肝脏又容易受到损伤，日常生活中的多种因素，如过量饮酒、某些药物、熬夜等都会加重肝脏负担，甚至引起肝功能异常。采用营养手段有效保护肝脏一直是营养学领域积极探索的一个方向。在这一方面，近年来对食源性低聚肽中玉米低聚肽的研究报道非常多。

玉米低聚肽对包括酒精在内的多种物质造成的急慢性肝组织损伤均能明显减轻肝组织病变程度，起到保护作用，对免疫性肝损伤也具有保护作用，其作用机制与增加肝糖原含量和增强抗氧化能力有关（孙红 等，2002；隋玉杰 等，2009；Guo et al，2009；林兵 等，2016；王双玉 等，2007；Li et al，2007）。玉米低聚肽减轻慢性酒精性肝损伤，表现在小鼠肝细胞脂肪变性及空泡细胞明显减轻，并且这种减轻作用还具有一定的剂量-效应关系（付萍 等，2008）。

诸多动物试验研究证实，玉米低聚肽对肝损伤具有保护作用，这为将玉米低聚肽应用于人体提供了依据。一项以慢性酒精性肝损伤人群为对象的研究发现，玉米低聚肽能显著降低血清中丙氨酸转氨酶、天冬氨酸转氨酶、丙二醛的水平以及肿瘤坏死因子α的活性，明显增加血液中超氧化物歧化酶和谷胱甘肽过氧化物酶的活力；同时显著降低血清中总胆固醇、甘油三酯的水平（Wu et al，2014）。这与动物试验研究中发现的玉米低聚肽通过阻止血清转氨酶升高，改善脂类代谢异常，从而减轻酒精导致的大鼠早期肝损伤是一致的（Zhang，et al，2012）。更值得指出的是，在人体实验中，玉米低聚肽对慢性酒精性肝损伤人群具有营养和保护效果，采用同样剂量的乳清蛋白并没有显示出同样效果。

从具体成分来看，玉米低聚肽对肝组织的营养与功能改善作用，可能与其含有丰富的支链氨基酸（亮氨酸、异亮氨酸、缬氨酸）有关。支链氨基酸是对肝组织有保护作用的氨基酸组分，可改善肝功能，缓解肝硬化和营养不良，临床上已广泛用于肝病的治疗，对改善肝硬化合并肝性脑病、延长肝癌患者的生存期都有一定的效果。玉米低聚肽中支链氨基酸含量高达21.24%左右，且基本上以低聚肽的形式存在，易于消化吸收，更有利于发挥对肝组织的营养与功能改善作用。临床上对于严重的肝病患者常常使用高F值（支链氨基酸/芳香族氨基酸的比值）蛋白质营养制剂。研究发现，玉米低聚肽不但支链氨基酸含量高，还具有较高的F值，这也有利于满足肝病患者的蛋白质营养需要，符合临床营养领域对肝病患者进行营养支持的理论。研究已经证实，一些特定的含支链氨基酸的肽段如焦谷氨酰-亮氨酸二肽（pEL）等发挥着重要作用。

（四）食源性低聚肽在烧伤人群中的应用研究

高能量和高蛋白的营养支持对烧伤患者有明显的改善作用。临床营养支持过程中最适宜选择哪种形式的氮源营养素也有一定的研究。对严重烧伤患者分别采用蛋白质水解物（60%为小肽）和氨基酸膳食进行营养干预，两组在每天和在试验15d后累积的氮平衡均没有明显差异；而小肽膳食组的C反应蛋白明显降低，说明给予小分子低聚肽更有利于减轻机体的炎性反应（Badetti et al，1994）。这一结果与对胃肠道术后人群的研究结果一致（彭宏斌等，2008a）。

另外，胶原蛋白是皮肤中的主要蛋白质成分，烧伤所造成的皮肤创伤不可避免地会引起皮肤中胶原蛋白成分的明显变化。在未予以特别营养干预的情况下，观察深Ⅱ°烧伤模型大鼠烧伤创面修复过程中羟脯氨酸和胶原蛋白的变化，发现烧伤后第14d和21d大鼠皮肤中羟脯氨酸含量均高于正常对照组，第7、14d和21d大鼠皮肤组织中Ⅲ/Ⅰ型胶原蛋白比例也高于正常对照组；皮肤深Ⅱ°烧伤创面在烧伤后第7～21 d主要表现为成纤维细胞增殖和新生胶原蛋白合成，在烧伤后第14～21d主要为表皮细胞增殖和迁移（张远贵，2010）。说明在烧伤发生的早期，皮肤中胶原蛋白合成的需求明显增加。因此，结合低聚肽有利于减轻机体炎性反应这一优势，临床上对早期烧伤患者的营养支持过程中，适当增加对皮肤胶原蛋白合成有促进作用的胶原低聚肽的应用，应更为适宜。

（五）食源性低聚肽改善术后人群营养与促进伤口愈合的研究

手术是为了应对某些疾病或意外创伤的发展而采取的一种创伤性的治疗措施。

接受手术的患者往往因为疾病与手术创伤的双重影响，消耗进一步增加，因此给予术后患者合理而充分的营养支持是促进伤口愈合和机体康复的必要手段。

食源性低聚肽作为易于消化吸收的氮源营养素形式，用于改善术后人群的蛋白质营养状况效果显著。以海洋鱼皮胶原低聚肽为主要配料制成肠内营养制剂用于术后人群的营养干预，体重、三头肌皮褶厚度、上臂围、体质指数等人体测量指标均未出现如对照组那样明显的降低，血浆总蛋白、前白蛋白、血红蛋白等指标明显升高，淋巴细胞、免疫抗体IgG、IgA、IgM也均有明显提高（柳园 等，2012）；能有效维持食管癌患者术后血浆蛋白水平，降低术后肺部感染的发生率，缩短术后住院时间（杨栋 等，2018）。

动物实验研究发现，采用低聚肽进行术后营养干预，还有助于伤口愈合。给予剖宫产大鼠一定量的海洋鱼皮胶原低聚肽，发现子宫切口的抗张力强度明显增加，并且随着给予海洋鱼皮胶原低聚肽剂量增大、时间延长，其抗张力强度也呈增加趋势；随着给予海洋鱼皮胶原低聚肽时间延长，伤口组织中羟脯氨酸含量也明显增加；伤口组织染色发现，采用海洋鱼皮胶原低聚肽营养干预后能明显增加伤口组织中成纤维细胞的数量，提示海洋鱼皮胶原低聚肽是通过促进伤口部位组织中胶原蛋白的合成，加速伤口愈合和提高伤口愈合质量（梁锐 等，2010）。

所以，对于术后患者更适合给予低聚肽形式的氮源进行营养支持，尤其是适合选择胶原低聚肽，以促进伤口愈合，减少伤口感染的发生。

（六）食源性低聚肽对糖尿病人群的营养改善与血糖调节作用

糖尿病尤其是2型糖尿病，属于膳食相关疾病。通过增加膳食纤维的摄入量，减少可利用碳水化合物的摄入量来调节血糖水平，已成为共识性的原则。近年来，研究人员在食源性低聚肽调节血糖水平和改善糖尿病状况方面也有了一些有意义的发现。

豌豆低聚肽调节2型糖尿病小鼠血糖水平、减轻胰岛素抵抗的效果与二甲双胍相当（Wei et al，2019）。进一步研究发现，其中有四条肽段（VLP、LLP、VA和LL）具有改善葡萄糖消耗、缓解氧化应激水平的作用（Zhu et al，2020），说明低聚肽调节血糖的作用与特定的功能性肽段密切相关。在2型糖尿病住院患者常规药物治疗的基础上，给予海洋鱼皮胶原低聚肽（6.5g/次，2次/d）干预，发现海洋鱼皮胶原低聚肽可以改善糖尿病患者胰岛素敏感性和胰岛素分泌功能，缩短糖尿病患者的血糖调整期，并有助于降低夜间低血糖的发生率（彭宏彬，2008b）。其作用机制可能是通过抑制或促进脂肪内分泌素如瘦素、抵抗素、脂联素等的表达来调节机体的血糖、血脂和胰岛素代谢，进而改善血糖代谢（朱翠凤 等，2010）。食源性低聚肽的开发和应用可能为糖尿病预防和控制提供一条新的思路。

（七）食源性低聚肽对肾病人群的营养改善作用

对于肾病患者尤其是肾功能衰竭人群，一方面需要满足其蛋白质营养需要，另一方面又要避免增加肾脏代谢负担，所以对于这类人群的蛋白质营养选择与补充一直是一个难题。食源性低聚肽是容易消化吸收的氮源营养物质，研究发现在肾损伤状况下给予低聚肽改善蛋白质营养的同时，对于修复和改善肾脏功能也具有一定的效果。动物试验研究发现，海洋鱼皮胶原低聚肽能够明显减少腺嘌呤在大鼠肾小管内的沉积，维持肾小管细胞核线粒体的完整性和肾小球基底膜的正常结构，有助于减轻肾损伤，提高大鼠血清肌酐和尿素氮的清除率（赵海峰 等，2008）。以海洋鱼皮胶原低聚肽制成的营养制剂对肾病透析患者进行营养干预，发现干预15d后患者体重、三头肌皮褶厚度、上臂围、上臂肌围等人体测量指标和白蛋白、血红蛋白等血液检测指标均呈上升趋势，免疫球蛋白（IgG、IgM和IgA）也呈上升趋势，血清尿素氮、肌酐水平明显下降，且低聚肽的营养改善效果优于乳清蛋白（羊长青 等，2011），提示可以考虑将食源性低聚肽作为肾病尤其是肾功能衰竭患者蛋白质营养供应的选择。

（八）其他

在食源性低聚肽用于改善老年性骨质疏松症和严重呼吸系统疾病患者的营养状况以及调节和控制高血压等方面也都有相应的临床研究，并发现使用低聚肽对于改善某些症状和体征都有帮助，这对于指导食源性低聚肽的临床应用也有一定的参考价值。

三、食源性低聚肽在特殊医学用途配方食品中的应用

食源性低聚肽作为氮源营养物质，达到了不需要消化或稍加消化即可吸收的水平，克服了整蛋白与单体氨基酸的劣势，适应临床患者的生理与病理需要，适合而且也应该在临床营养领域得到充分使用。根据对当前国内外食源性低聚肽临床应用研究的综合分析，食源性低聚肽的营养健康作用已涉及胃肠疾病、肝病、癌症、术后康复、糖尿病、肾病等多个临床疾病人群，在改善相应人群蛋白质营养状况的同时，对一些疾病的多个相关生理生化指标以及病变组织的微结构变化也都有着明显的改善作用，显示出可靠的健康保护效果。这为食源性低聚肽在临床营养领域的应用提供了理论支撑。

以食源性低聚肽为配料制备成不同形式的特医食品是实现其合理利用的有效途径。在我国，《食品安全国家标准　特殊医学用途配方食品通则》（GB29922—

2013）中明确规定，肽类可作为氮源营养物质用于特殊医学用途配方食品，以满足进食受限、消化吸收障碍、代谢紊乱或特定疾病状态人群的蛋白质营养需要。这为应用食源性低聚肽以及开发肽类特医食品，用于临床疾病人群改善营养状况提供了法规方面的依据。

根据食物蛋白质来源的不同，食源性低聚肽也有多个种类，其氨基酸组成以及特定功能性肽段也有一定的差异，在满足疾病人群蛋白质营养需要和功能改善方面也有一定的侧重。因此，结合食源性低聚肽在临床应用研究中的诸多发现、不同来源食源性低聚肽的物质构成特点，以及不同疾病人群和病变组织器官的营养需要，按照特医食品的标准及相关操作规范，开发更具有疾病和适用人群针对性的特医食品，形成一个系统的肽类特医食品集群，以丰富和扩大临床营养领域对特医食品的选择和使用，有利于实现对临床患者的个性化营养干预或营养治疗，这对于快速改善相应疾病患者的营养状况、促进康复将发挥重要作用。

在产品开发过程中，对于低聚肽的选择可参照以下原则进行。

1. 根据特定产品的营养要求确定低聚肽的使用比例

《食品安全国家标准　特殊医学用途配方食品通则》（GB 29922—2013）中规定，特医食品包括全营养配方食品、特定全营养配方食品和非全营养配方食品。根据不同食源性低聚肽的氨基酸组成特点，可以单独以低聚肽为氮源或与整蛋白、多肽（蛋白质水解物）搭配，用于全营养配方食品和特定全营养配方食品。低聚肽与整蛋白、多肽或蛋白质水解物搭配，能够实现氮源营养素的梯度吸收，有利于提高蛋白质营养物质的营养效率，也有助于增加患者的胃肠道适应性，提高患者的耐受度。

临床患者的病情常常因人而异，因时而异，对具体患者实施营养支持的方案需要由临床医生或临床营养师根据患者的情况而定。在某些具体情况下，对于使用何种食源性低聚肽以及用量多大，也应该是由临床医生或临床营养师根据患者具体情况决定。这就要求用于临床营养支持的低聚肽营养食品在产品纯度、包装形式与规格等方面应该具有相对独立性，以保障临床医生和临床营养师在使用和选择低聚肽产品时的灵活性。以符合标准要求的各种食源性低聚肽开发低聚肽组件产品，是满足临床医生和临床营养师以及临床患者对低聚肽需求的必要途径。低聚肽组件食品也符合《食品安全国家标准　特殊医学用途配方食品通则》（GB 29922—2013）中关于非全营养配方食品的相关要求。当然，对于食源性低聚肽组件食品，也应该明确标准，严格质量评价与管理，在游离氨基酸含量、低聚肽含量、特征性肽段等方面均应该有明确的规定，以确保食源性低聚肽组件食品质量可靠，这也是取得良好临床应用效果的基础。

2. 根据特定疾病人群的健康需要选择适宜来源的低聚肽

不同来源的食物蛋白质具有不同的氨基酸组成，以不同食物蛋白质制备的低聚肽也同样具有不同的氨基酸组成，并且其中的氨基酸基本上是以低聚肽的形式存在。特定的氨基酸组成以及某些特定的低聚肽片段对一些组织器官的营养和功能调节存在着一定的靶向性，如富含支链氨基酸的玉米低聚肽对于肝组织，富含谷氨酰胺的小麦低聚肽对于胃肠黏膜，富含羟脯氨酸的胶原低聚肽对于皮肤和骨骼，等等。随着对自然界食物蛋白质来源研究的不断深入，更多的具有特定氨基酸组成特点的低聚肽将会问世。根据所开发产品的适用人群和特定疾病人群的疾病特点与健康需要，有针对性地选择一种或几种低聚肽作为氮源，将会对患者的蛋白质营养改善、代谢紊乱的纠正以及生理功能的调节等多个方面起到有益作用。

3. 低聚肽可用于制备各种产品形式

食源性低聚肽具有良好的加工特性，如水溶性、酸热稳定性，可用于加工各种形态的食品，如液体、粉剂及其他固态形式，完全能够满足特医食品的加工需要。低聚肽的易溶性和稳定性也能满足用于鼻饲的流质食品对于原料的要求。

参考文献

[1] ADIBI S A. Intestinal transport of dipeptides in man: relative importance of hydrolysis and intact absorption [J]. Journal of Clinical Investigation, 1971, 50 (11): 2266-2275.

[2] AITO-INOUE M, LACKEYRAM D, FAN M Z, et al. Transport of a tripeptide, Gly-Pro-Hyp, across the porcine intestinal brush-border membrane [J]. Journal of Peptide Science, 2007, 13 (7): 468-474.

[3] ALMEIDA JACKIX E D, CUNEO F, AMAYA-FARFAN J, et al. A food supplement of hydrolyzed collagen improves compositional and biodynamic characteristics of vertebrae in ovariectomized rats [J]. Journal of Medicinal Food, 2010,13 (6): 1385-1390.

[4] ARAI S, KIMURA H. Comparative nutritional value for amino acids, oligopeptides and soybean protein [J]. Journal of the American Oil Chemists' Society, 1987,64 (12): 1692-1696.

[5] BADETTI C, CYNOBER L, BERNINI V, et al. Nutrition proteins and muscular catabolism in severely burnt patients. Comparative effects of small peptides or free amino acids [J]. Annales Francaises d Anesthesie et de Reanimation, 1994, 13 (5): 654-662.

[6] BOZA J J, MARTíNEZ-AUGUSTIN O, BARóL, et al. Protein v. enzymic protein hydrolysates: Nitrogen utilization in starved rats [J]. British Journal of Nutrition 1995a, 73 (1): 65-71.

[7] BOZA J J, MARTINEZ O, BARO L, et al. Influence of Casein and Casein Hydrolysate Diets on Nutritional Recovery of Starved Rats [J]. Journal of

Parenteral and Enteral Nutrition, 1995b, 19 (3): 216-221.

[8] BOZA J J, MOËNNOZ D, VUICHOUD J, et al. Protein hydrolysate vs free amino acid-based diets on the nutritional recovery of the starved rat [J] . European Journal of Clinical Nutrition, 2000, 39 (6): 237-243.

[9] COSNES J, EVARD D, BEAUGERIE L, et al. Improvement in protein absorption with a small-peptide-based diet in patients with high jejunostomy [J] . Nutrition, 1992, 8 (6): 406-411.

[10] GRIMBLE G K, KEOHANE P P, HIGGINS B E, et al. Effect of peptide chain length on amino acid and nitrogen absorption from two lactalbumin hydrolysates in the normal human jejunum [J] . Clinical Science, 1986, 71 (1): 65-69.

[11] GRIMBLE G K, REES R G, KEOHANE P P, et al. Effect of peptide chain length on absorption of egg protein hydrolysates in the normal human jejunum [J] . Gastroenterology, 1987, 92 (1): 136-142.

[12] GUO H, SUN J, HE H, YU G C, et al. Antihepatotoxic effect of corn peptides against Bacillus Calmette-Guerin/lipopolysaccharide-induced liver injury in mice [J] . Food and Chemical Toxicology, 2009, 47 (10): 2431 - 2435.

[13] HARA H, FUNABIKI R, IWATA M, et al. Portal absorption of small peptides in rats under unrestrained condition [J] . Journal of Nutrition, 1984, 114 (6): 1122-1129.

[14] HORIBE K. Studies on the absorption of elemental diets containing "small peptides" as a nitrogen source [J] . Nihon Geka Gakkai Zasshi, 1987, 88 (7): 808-815.

[15] IWAI K, HASEGAWA T, TAGUCHI Y, et al. Identification of Food-Derived Collagen Peptides in Human Blood after Oral Ingestion of Gelatin Hydrolysates [J] . Journal of Agricultural and Food Chemistry, 2005, 53 (16): 6531-6536.

[16] KAN J, CHENG J, XU L, et al. The combination of wheat peptides and fucoidan protects against chronic superficial gastritis and alters gut microbiota: a double-blinded, placebo-controlled study [J] . European Journal of Nutrition, 2020, 59: 1655-1666.

[17] KAN J, HOOD M, BURNS C, et al. A novel combination of wheat peptides and fucoidan attenuates ethanol-induced gastric mucosal damage through anti-oxidant, anti-inflammatory, and pro-survival mechanisms [J] . Nutrients, 2017, 9 (9): 978.

[18] KOYAMA Y, SAKASHITA A, KUWABA K, et al. Effects of oral ingestion of collagen peptide on the skin [J] . Fragr J, 2006, 34 (6): 82-85.

[19] LEEM K H, LEE S, JANG A, et al. Porcine skin gelatin hydrolysate promotes longitudinal bone growth in adolescent rats [J] . Journal of Medicinal Food, 2013, 16 (5): 447-453.

[20] LI H M, GUO P, HU X, et al. Preparation of corn (*Zea mays*) peptides

and their protective effect against alcohol-induced acute hepatic injury in NH mice [J] . Biotechnol Appl Biochemistry, 2007, 47 (3): 169-174.

[21] MATSUDA N, KOYAMA Y, HOSAKA Y, et al. Effects of ingestion of collagen peptide on collagen fibrils and glycosaminoglycans in the dermis [J] . Journal of Nutritional Science and Vitaminology, 2006, 52 (3): 211-215.

[22] MIYOSHI S, ISHIKAWA H, KANEKO T, et al. Structures and activity of angiotensin-converting enzyme inhibitors in an α-zein hydrolysate [J] . Agricultural and Biological Chemistry, 1991, 55 (5): 1313-1318.

[23] OESSER S, ADAM M, BABEL W, et al. Oral administration of ^{14}C-labeled gelatin hydrolysate leads to an accumulation of radioactivity in cartilage of mice (C57/BL) [J] . The Journal of Nutrition, 1999, 129 (10): 1891-1895.

[24] OESSER S, SEIFERT J. Stimulation of type II collagen biosynthesis and secretion in bovine chondrocytes cultured with degraded collagen [J] . Cell and Tissue Research, 2003, 311 (3): 393-399.

[25] OHARA H, MATSUMOTO H, ITO K, et al. Comparison of quantity and structures of hydroxyproline-containing peptides in human blood after oral ingestion of gelatin hydrolysates from different sources [J] . Journal of Agricultural and Food Chemistry, 2007, 55 (4): 1532-1535.

[26] POULLAIN M G, CEZARD J P, ROGER L, et al. Effect of whey proteins, their oligopeptide hydrolysates and free amino acid mixtures on growth and nitrogen retention in fed and starved rats [J] . Journal of Parenteral and Enteral Nutrition, 1989, 13 (4): 382-386.

[27] REES RG, HARE WR, GRIMBLE GK, et al. Do patients with moderately impaired gastrointestinal function requiring enteral nutrition need a predigested nitrogen source? A prospective crossover controlled clinical trial [J] . Gut, 1992, 33 (7): 877-881.

[28] ROYALL D, JEEJEEBHOY K N, BAKER J P, et al. Comparison of amino acid v peptide based enteral diets in active Crohn's disease: clinical and nutritional outcome [J] . Gut, 1994, 35 (6): 783-787.

[29] SILK D B A, CHUNG Y C, BERGER K L, et al. Comparison of oral feeding of peptide and amino acid meals to normal human subjects [J] . Gut, 1979, 20: 291-299.

[30] Silk D B A, Grimble G K, Rees R G. Protein digestion and amino acid and peptide absorption [J] . Proceedings of the Nutrition Society, 1985, 44: 63-72.

[31] SUZUKAWA K, TANI H, OSANAI H, et al. Penetration of different kinds of peptides or collagen through the intestinal membrane [J] . Japanese Journal of Physical Fitness and Sports Medicine, 2003, 52 (1): 99-110.

[32] TAKEDA S, PARK J H, KAWASHIMA E, et al. Hydrolyzed collagen intake increases bone mass of growing rats trained with running exercise [J] .

Journal of the International Society of Sports Nutrition, 2013, 10 (1): 35.

[33] WATANABE-KAMIYAMA M, SHIMIZU M, KAMIYAMA S, et al. Absorption and effectiveness of orally administered low molecular weight collagen hydrolysate in rats [J]. Journal of Agricultural and Food Chemistry, 2010, 58 (2): 835-841.

[34] WEI Y, ZHANG R X, FANG L, et al. Hypoglycemic effects and biochemical mechanisms of pea oligopeptide on high-fat diet and streptozotocin-induced diabetic mice [J] . Journal of Food Biochemistry, 2019, 43 (12): e13055.

[35] WU Y H, PAN X C, ZHANG S X, et al. Protective effect of corn peptides against alcoholic liver injury in men with chronic alcohol consumption a randomized double-blind placebo-controlled study [J] . Lipids in Health and Disease, 2014, 13: 192.

[36] YAMAKAWA M, MAEDA J, SUGISAKI K, et al. Peptide digestion and absorption in humans: portal vein, hepatic vein, and peripheral venous amino acid concentration [J] . Asia Pacific journal of clinical nutrition, 1997, 6 (2): 88-91.

[37] YAMAMOTO S, KORIN T, ANZAI M, et al. Comparative effects of protein, protein hydrolysate and amino acid diets on nitrogen metabolism of normal, protein-deficient, gastrectomized or hepatectomized rats [J] . The Journal of Nutrition, 1985, 115: 1436-1446.

[38] YASUEDA A, MIYAZAKI S, MATSUDA C, et al. Safety and efficacy of perioperative management using an oligopeptide-containing formulation in patients with colorectal cancer: an exploratory randomized controlled trial [J] . The Japanese Journal of Surgical Metabolism and Nutrition, 2016, 50 (1): 51-62.

[39] YIN H, PAN X C, SONG Z X, et al. Protective effect of wheat peptides against indomethacin-induced oxidative stress in IEC-6 cells [J] . Nutrients, 2014a, 6 (2): 564-574.

[40] YIN H, PAN X C, WANG S K, et al. Protective effect of wheat peptides against small intestinal damage induced by non-steroidal anti-inflammatory drugs in rats [J] . Journal of Integrative Agriculture, 2014b, 13 (9): 2019-2027.

[41] Zhang F, Zhang J, Li Y. Corn oligopeptides protect against early alcoholic liver injury in rats [J] . Food and Chemical Toxicology, 2012, 50: 2149 - 2154.

[42] ZHU Y, ZHANG H, WEI Y, et al. Pea-derived peptides, VLP, LLP, VA, and LL, improve insulin resistance in HepG2 cells via activating IRS-1/PI3K/AKT and blocking ROS-mediated p38MAPK signaling [J] . Journal of Food Biochemistry, 2020, 44 (11): e13454.

[43] ZIEGLER F, OLLIVIER J M, CYNOBER L, et al. Efficiency of enteral nitrogen support in surgical patients: small peptides v non-degraded proteins [J].

Gut, 1990, 31（11）: 1277-1283.

［44］陈文. 功能食品教程［M］. 2版. 北京：中国轻工业出版社, 2018.

［45］崔欣悦, 张瑞雪, 周明, 等. 豌豆肽缓解胰岛素抵抗形成效果探究［J］. 食品工业科技, 2019, 40（12）: 145-148.

［46］杜倩, 乌兰, 刘睿, 等. 核桃肽对幼年小鼠学习记忆能力的影响［J］. 中国生育健康杂志, 2017, 28（6）: 538-543.

［47］杜晓宁, 宋明鸣. 多肽类物质分析检测方法的研究进展［J］. 上海化工, 2009, 34（11）: 6-11.

［48］付萍, 杨铭, 陈颖丽, 等. 玉米肽对小鼠酒精性肝损伤保护作用的研究［J］. 中国中医药科技, 2008, 15（2）: 115-116.

［49］葛可佑. 中国营养科学全书（上下册）［M］. 北京：人民卫生出版社, 2004.

［50］顾芳, 席浩, 阮昕, 等. 乳源免疫调节肽对小鼠急性酒精性肝损伤的保护作用［J］. 中国药理学通报, 2018, 34（5）: 712-716.

［51］蒋朱明, 吴蔚然. 肠内营养［M］. 2版. 北京：人民卫生出版社, 1993.

［52］金其贯, 金爱娜. 模拟高原训练对大鼠心肌线粒体的影响及小麦肽的干预作用［J］. 体育科学, 2013, 33（9）: 64-69.

［53］金其贯, 佘奇, 金爱娜, 等. 模拟高原训练对大鼠小肠黏膜屏障的影响及其小麦肽的干预作用［J］. 西安体育学院学报, 2014, 31（2）: 225-230.

［54］金其贯, 张美玲, 潘艳娟, 等. 有氧运动和大豆多肽对高脂饮食大鼠胰岛素抵抗形成和血脂代谢的干预作用［J］. 北京体育大学学报, 2008, 31（1）: 40-43.

［55］金振涛, 马永庆, 刘艳, 等. 小麦低聚肽粉中谷氨酰胺含量测定方法及其临床应用前景［J］. 食品与发酵工业, 2011, 37（11）: 189-193.

［56］李火云, 万岳鹏, 曾茜, 等. 大米多肽抗衰老功效研究［J］. 香料香精化妆品, 2015（6）: 37-40.

［57］李升福, 闻海波. 玉米蛋白水解物的功能性—抗疲劳的研究［J］. 食品科学, 2006, 27（8）: 245-247.

［58］李世成, 王启荣, 杨则宜, 等. 活性肽在大鼠小肠吸收特点的实验研究［J］. 中国运动医学杂志, 2004, 23（3）: 271-276, 335.

［59］李世成, 杨则宜, 蔡木易, 等. 大豆低聚肽营养吸收特性的研究［J］. 食品与发酵工业, 2006, 32（10）: 13-16.

［60］李勇, 蔡木易. 肽营养学［M］. 北京：北京大学医学出版社, 2007.

［61］梁江, 裴新荣, 王楠, 等. 海洋胶原肽长期喂养对SD大鼠自发肿瘤的抑制作用［J］. 食品与发酵工业, 2011, 37（5）: 1-6.

［62］梁锐, 张召锋, 赵明, 等. 海洋胶原肽对剖宫产大鼠伤口愈合促进作用［J］. 中国公共卫生, 2010, 26（9）: 1144-1145.

［63］林兵, 马小陶, 王亚, 等. 玉米肽对酒精性肝损伤大鼠的作用研究［J］. 医学研究杂志, 2016, 45（3）: 135-138.

［64］刘洪宇，邓少伟，钮正睿，等. 日本保健功能食品管理制度及特定保健用食品批准情况概要［J］. 中国药事, 2012, 26（5）: 521-525.

［65］刘文颖, 林单, 林峰, 等. 小麦低聚肽对HepG2细胞胆固醇代谢的影响［J］. 食品工业科技, 2014, 35（7）: 126-129.

[66] 刘文颖, 杨贤, 曹珂璐, 等. 小麦低聚肽和谷氨酰胺对大鼠胃肠黏膜损伤的保护作用 [J] . 食品与发酵工业, 2017, 43 (11): 51-57.

[67] 刘志伟, 刘秀梅, 郑梦云. 大豆蛋白体外酶解物中血管紧张素转化酶抑制剂活性肽研究 [J] . 营养学报, 2007, 29 (1): 69-73.

[68] 刘艳, 张海欣, 魏颖, 等. 小麦低聚肽对H_2O_2所致HepG2细胞氧化损伤的保护作用 [J] . 食品与生物技术学报, 2015, 34 (6): 300-305.

[69] 柳园, 于凤梅, 饶志勇, 等. 海洋胶原低聚肽对术后患者营养状况及免疫功能的影响 [J] . 成都医学院学报, 2012, 7 (4): 566-569.

[70] 卢连华, 周连奎, 谢玮, 等. 大豆肽粉对低白细胞大鼠白细胞及NK细胞的影响 [J] . 食品与药品, 2014, 16 (4): 262-265.

[71] 罗洞波, 吕红博, 孙晓宏, 等. 乌司他丁复合短肽型肠内营养混悬液在食管癌与贲门癌术后康复中的应用 [J] . 中国临床研究, 2017, 30 (4): 479-481.

[72] 马丹丹, 王春蕾, 朱文丽, 等. 海洋胶原肽对糖尿病大鼠空腹血糖的影响 [J] . 现代预防医学, 2011, 38 (23): 4840-4842, 4849.

[73] 牟波, 朱翠凤, 彭宏斌, 等. 海洋胶原肽干预对糖尿病患者餐后血糖变化的影响 [J] . 中华临床营养杂志, 2012, 20 (5): 326-327.

[74] 潘兴昌, 蒋宝石, 谷瑞增, 等. 补充小麦肽对模拟高原训练大鼠骨骼肌蛋白质的影响及IGF-1的调节作用 [J] . 中国运动医学杂志, 2012, 31 (12): 1092-1097.

[75] 潘兴昌, 柳园, 戴婷婷, 等. 海洋鱼骨胶原低聚肽改善骨质疏松的效果观察 [J] . 预防医学情报杂志, 2011, 27 (5): 393-395.

[76] 潘兴昌, 印虹, 谷瑞增, 等. 小麦肽对大鼠氮代谢以及胃肠黏膜结构和功能的影响 [J] . 食品科学, 2013, 34 (5): 264-269.

[77] 潘兴昌, 曾瑜, 刘文颖, 等. 玉米低聚肽和姜黄素对小鼠的醒酒功能研究 [J] . 食品与发酵工业, 2016, 42 (11): 25-34.

[78] 裴新荣, 杨睿悦, 张召锋, 等. 海洋胶原肽抗皮肤老化作用的实验研究 [J] . 中华预防医学杂志, 2008, 42 (4): 235-238.

[79] 裴新荣, 杨睿悦, 赵海峰, 等. 海洋胶原肽改善老年记忆作用试验研究 [J] . 科技导报, 2009, 27 (16): 26-31.

[80] 彭宏斌, 朱翠凤, 李勇, 等. 海洋胶原肽对手术后患者早期营养状况和免疫功能的影响 [J] . 中国组织工程研究与临床康复 (增刊) , 2008a, 5: 195-197.

[81] 彭宏斌. 海洋胶原肽辅助降血糖和免疫营养功能的效果研究 [D] . 北京: 北京大学, 2008b.

[82] 齐微微, 卞辑, 蔡兴航, 等. 行为学研究乳清蛋白肽对衰老小鼠学习记忆的影响 [J] . 中国乳品工业, 2015, 43 (10): 4-8.

[83] 隋玉杰, 何慧, 石燕玲. 玉米肽对半乳糖胺诱导肝损伤小鼠的保护作用 [J] . 中国粮油学报, 2009, 24 (5): 36-39.

[84] 孙红, 于得伟, 崔志勇, 等. 玉米肽对动物实验性肝损伤的保护作用 [J] . 中药药理与临床, 2002, 18 (3): 10-11.

[85] 孙晓康. 企业标准体系实施指南 [M] . 北京: 中国标准出版社, 2003.

[86] 汤健, 温绍君, 王佐广, 等. 动物与临床试验——评价大豆低聚肽的降血压效果 [J] . 食品与发酵工业, 2006, 32 (3): 11-13.

[87] 王军波, 谢英, 裴新荣, 等. 海洋胶原肽的分子组成及其降血脂和抗氧化作用研究 [J] . 中华预防医学杂志, 2008, 42 (4): 226-230.

[88] 王启荣, 李肃反, 杨则宜, 等. 补充大豆多肽对中长跑运动员训练期生化指标的影响 [J] . 中国运动医学杂志, 2004, 23 (1): 33-37.

[89] 王双玉, 李坤, 阚国仕, 等. 玉米抗氧化肽的制备及其对小鼠急性酒精性肝损伤的保护作用 [J] . 食品研究与开发, 2007, 28 (3): 29-33.

[90] 魏颖, 鲁军, 刘艳, 等. 玉米低聚肽对HepG2细胞脂肪堆积和抗氧化活性的影响 [J] . 食品科技, 2013, 38 (10): 190-193.

[91] 魏颖, 马勇, 鲁军, 等. 小麦低聚肽抗氧化活性研究 [J] . 食品科技, 2015, 40 (4): 206-208, 214.

[92] 魏颖, 尹曼, 陈亮, 等. 玉米肽和姜黄素对酒精性脂肪肝的作用 [J] . 中国食品学报, 2019, 19 (3): 121-126.

[93] 吴冬梅, 唐良艳, 黄志玲, 等. 几种多肽在大鼠离体小肠中的吸收 [J] . 药物生物技术, 2007, 14 (5): 356-360.

[94] 徐娇.《中华人民共和国食品安全法》(2015) 解读 [M] . 北京: 中国标准出版社, 2015.

[95] 徐力, 刘立, 李相鲁, 等. 玉米功能短肽的制备及其类超氧化物歧化酶活性研究 [J] . 中国生化药物杂志, 2002, 23 (2): 78-80.

[96] 羊长青, 蔡木易, 潘兴昌, 等. 海洋胶原肽营养剂在透析病人中的临床观察 [J] . 成都医学院学报, 2011, 6 (4): 306-308.

[97] 杨栋, 胡雯, 李小丛, 等. 海洋胶原低聚肽对食管癌术后患者血浆蛋白及并发症的影响 [J] . 肿瘤代谢与营养电子杂志, 2018, 5 (4): 376-379.

[98] 杨贤, 王炎炎, 王锋, 等. 水解小麦蛋白肽对大鼠急性酒精性胃黏膜损伤的保护作用 [J] . 食品科学, 2016, 37 (13): 178-182.

[99] 印虹, 丁靖苇, 刘冀婕. 乳源β-酪啡肽-7对老年小鼠肝脏氧化应激的影响 [J]. 中国乳品工业, 2018, 46 (7): 21-22, 27.

[100] 尹曼, 魏颖, 马勇, 等. 胶原肽和大米肽对黑色素生成的影响 [J] . 食品科技, 2017, 42 (10): 244-247.

[101] 于凤梅, 饶志勇, 柳园, 等. 海洋肽对恶性肿瘤化学治疗患者营养状况及免疫功能的影响 [J] . 华西医学, 2011, 26 (8): 1203-1207.

[102] 余宙, 范青生. 鱼胶原蛋白粉的制备及其对人体皮肤水分调节作用的安全有效性 [J] . 食品工业科技, 2010, 31 (5): 339-342.

[103] 张强, 阚国仕, 陈红漫. 玉米抗氧化肽的分离制备及其体外抗氧化活性的研究 [J] . 中国粮油学报, 2005, 20 (5): 36-39.

[104] 张亚卓, 姜思萌, 魏颖, 等. 小麦低聚肽对体外肠上皮细胞氧化应激损伤的保护作用 [J] . 食品与发酵工业, 2015, 41 (1): 46-50.

[105] 张远贵.大鼠深Ⅱ° 烧伤创面修复中羟脯氨酸、胶原比例和真皮细胞DNA增殖周期动态变化 [J] . 江苏医药, 2010, 36 (02): 193-195.

[106] 张珍英，邓慧敏，黎军，等. MALDI-TOF MS 测定多肽和蛋白质混合物的可行性研究 [J] . 中山大学学报 (自然科学版) , 2002, 41 (6): 124-126.

[107] 赵海峰, 张召锋, 李琼, 等. 海洋胶原肽延缓腺嘌呤所致大鼠慢性肾功能损伤

[J] . 中华预防医学杂志, 2008, 42 (4): 231-234.

[108] 郑鸿雁. 玉米肽抗疲劳作用的实验研究 [J] . 中国粮油学报, 2005, 20 (1): 34-35.

[109] 周丽丽, 李素反, 高红, 等. 大豆多肽对大强度训练举重运动员肌肉代谢的影响 [J] . 中国食品学报, 2006, 6 (1): 40-43.

[110] 朱翠凤, 李冠智, 彭宏斌, 等. 海洋胶原肽对糖尿病患者脂肪内分泌激素表达的影响 [J] . 中国预防医学杂志, 2009, 10 (11): 964-968.

[111] 朱翠凤, 李冠智, 彭宏斌,等. 海洋胶原肽干预对高血压患者脂肪内分泌激素表达的影响 [J] . 中国预防医学杂志, 2010, 11 (1): 15-19.

[112] 朱晔, 田会婷, 郭呈斌, 等. 姜黄素-玉米肽复合物的制备及其对小鼠的醒酒保肝作用研究 [J] . 河南大学学报 (医学版) , 2019, 38 (1): 16-20, 29.

[113] 邹丽芳. 胶原蛋白寡肽在肺癌患者化疗期间的营养价值评价 [J] . 医学研究杂志, 2013, 42 (1): 65-68.

[114] 左倩, 朱建津, 张俊, 等. 大豆肽的体外抗氧化活性及对断奶仔猪生长性能和免疫功能的影响 [J] . 营养饲料, 2015, 51 (15): 56-60.

附录一　海洋鱼低聚肽粉

（GB/T 22729—2008）

1　范围

本标准规定了海洋鱼低聚肽粉的产品分类、技术要求、试验方法、检验规则以及标签、包装、运输和贮存。

本标准适用于海洋鱼低聚肽粉产品的生产、检验和销售。

2　规范性引用文件

下列文件中的条款通过本标准的引用而成为本标准的条款。凡是注日期的引用文件，其随后所有的修改单（不包括勘误的内容）或修订版均不适用于本标准，然而，鼓励根据本标准达成协议的各方研究是否可使用这些文件的最新版本。凡是不注日期的引用文件，其最新版本适用于本标准。

GB 2733　鲜、冻动物性水产品卫生标准

GB/T 4789.2　食品卫生微生物学检验　菌落总数测定

GB/T 4789.3　食品卫生微生物学检验　大肠菌群测定

GB/T 4789.4　食品卫生微生物学检验　沙门氏菌检验

GB/T 4789.5　食品卫生微生物学检验　志贺氏菌检验

GB/T 4789.10　食品卫生微生物学检验　金黄色葡萄球菌检验

GB/T 4789.15　食品卫生微生物学检验　霉菌和酵母计数

GB/T 5009.3　食品中水分的测定

GB/T 5009.4　食品中灰分的测定

GB/T 5009.5　食品中蛋白质的测定

GB/T 5009.11　食品中总砷及无机砷的测定

GB/T 5009.12　食品中铅的测定

GB/T 5009.15　食品中镉的测定

GB/T 5009.17　食品中总汞及有机汞的测定

GB/T 5009.92　食品中钙的测定

GB/T 5009.124　食品中氨基酸的测定

GB/T 9695.23　肉与肉制品　羟脯氨酸含量测定

3　术语和定义

下列术语和定义适用于本标准。

3.1　海洋鱼低聚肽粉　oligopeptides powder of marine fish

以海洋鱼皮、鱼骨或鱼肉为原料，用酶解法生产的、相对分子质量低于1000u的低聚肽（短肽）为主要成分的粉末状产品。

3.2　胶原　collagen

鱼、牛、猪等动物的皮、骨等组织中一类含特有的羟脯氨酸的无支链纤维蛋白质。

4　产品分类

4.1　分类原则

产品按原料分为三类。

4.2　类别

4.2.1　海洋鱼皮胶原低聚肽粉

以海洋鱼皮为原料生产的低聚肽粉产品。

4.2.2　海洋鱼骨胶原低聚肽粉

以海洋鱼骨为原料生产的低聚肽粉产品。

4.2.3　海洋鱼肉低聚肽粉

以海洋鱼肉为原料生产的低聚肽粉产品。

5　技术要求

5.1　原辅材料

海洋鱼皮、海洋鱼骨、海洋鱼肉：应符合GB 2733规定的要求。其他原辅材料应符合相应的国家标准或行业标准。

5.2　感官特性

产品的感官特性应符合表1的规定。

表1

项目	特性
形态	粉末状，无结块
色泽	白色或淡黄色
杂质	无正常视力可见的外来杂质

5.3　理化指标

产品的理化指标应符合表2的规定。

表2

项目		指标		
		海洋鱼皮胶原低聚肽粉	海洋鱼骨胶原低聚肽粉	海洋鱼肉低聚肽粉
总氮（以干基计）/%	≥	14.5	13.5	13.5
低聚肽（以干基计）/%	≥	85.0	75.0	80.0

续表

项目	指标		
	海洋鱼皮胶原低聚肽粉	海洋鱼骨胶原低聚肽粉	海洋鱼肉低聚肽粉
羟脯氨酸/% ≥	3.0	2.0	—
钙/（mg/kg） ≥	—	400	—
灰分/% ≤	7.0	—	7.0
相对分子质量小于1000u的蛋白质水解物所占比例/% ≥	85.0		
干燥失重/% ≤	7.0		

5.4 污染物指标

产品中污染物指标应符合表3的规定。

表3

项目	指标
无机砷/（mg/kg） ≤	0.5
铅/（mg/kg） ≤	0.5
镉/（mg/kg） ≤	0.1
甲基汞/（mg/kg） ≤	0.5

5.5 微生物指标

产品中微生物指标应符合表4的规定。

表4

项目	指标
菌落总数/（CFU/g） ≤	5000
大肠菌群/（MPN/100g） ≤	30
霉菌/（CFU/g） ≤	25
酵母/（CFU/g） ≤	25
致病菌（沙门氏菌、志贺氏菌、金黄色葡萄球菌）	不得检出

6 试验方法

6.1 感官检验

称取10g样品，散放在白色搪瓷平盘中，在自然光下直接观察样品的形态、色泽和杂质。

6.2 总氮

按照GB/T 5009. 5规定的方法测定。测定结果不进行蛋白质系数换算，以总氮质量分数表示。

6.3 低聚肽

6.3.1 方法提要

低分子质量的蛋白质水解物（包括低聚肽及游离氨基酸）可溶于三氯乙酸溶液；高分子质量的蛋

白质在三氯乙酸溶液中易沉淀。样品经三氯乙酸溶液溶解后，离心分离出沉淀蛋白质，收集离心清液。按照GB/T 5009.5规定的方法测定离心清液的酸溶蛋白质水解物含量，清液的酸溶蛋白质水解物含量减去游离氨基酸含量得到低聚肽的含量。

6.3.2　分析步骤

6.3.2.1　酸溶蛋白质水解物含量的测定

称取2g（精确至0.001g）样品，加入10mL 15%三氯乙酸溶液，混合均匀，静置10min。将样品溶液在4000r/min下离心10min后，取全部离心清液，按GB/T 5009.5规定的方法测定清液的蛋白质水解物含量，计算出样品中酸溶蛋白质水解物含量。蛋白质换算系数为6.25，检验结果根据样品的干燥失重，折算为干基。

6.3.2.2　游离氨基酸含量的测定

6.3.2.2.1　氨基酸自动分析仪测定法

称取0.02g~0.03g样品，精确至0.0001g，用3.5%磺基水杨酸溶液溶解均匀。将样品溶液转移至50mL容量瓶中，定容。将样品溶液在转速为4000r/min离心机上离心5min，取离心清液，再用0.45μm微孔滤膜过滤离心清液，将滤液转移至50mL容量瓶中，定容摇匀备用，然后按照GB/T 5009.124规定的方法，用氨基酸自动分析仪测定其游离氨基酸含量。

6.3.2.2.2　高效液相色谱仪测定法

6.3.2.2.2.1　方法提要

用三氯乙酸沉淀蛋白质后，以邻苯二甲醛（OPA）和氯甲酸芴甲酯（FMOC—Cl）分别作为一级氨基酸和二级氨基酸的衍生反应试剂，采用柱前自动衍生化反相高效液相色谱法测定海洋鱼低聚肽粉中的游离氨基酸总量。

6.3.2.2.2.2　仪器

a）高效液相色谱仪：配四元梯度泵，紫外检测器，自动进样器和化学工作站软件及在线脱气机。

b）分析天平：感量0.0001g。

c）pH计。

6.3.2.2.2.3　试剂

三乙胺、四氢呋喃、乙酸、硼酸，均为分析纯；甲醇、乙腈、氨基酸标准品、邻苯二甲醛（OPA）、氯甲酸芴甲酯（FMOC-Cl）均为色谱纯；超纯水。

6.3.2.2.2.4　测定

称取样品0.5g，精确至0.0001g，于25mL容量瓶中，加5%三氯乙酸10mL沉淀2h，定容摇匀，过滤，于10000r/min离心15min，取上清液上机，采用外标法进行测定。

色谱条件：分析柱：Hypersil AA-ODS，5μm，200mmX2.1mm（内径）。流动相：A液：含0.018%三乙胺（TEA）的20mmol/L乙酸钠缓冲液，用稀乙酸调至pH7.2，加0.3%四氢呋喃（THF）；B液：20%的100mmol/L乙酸钠缓冲液，用稀乙酸调至pH7.2，加40%乙腈和40%甲醇。

梯度洗脱程序：0min时A液为100%，在17min内B液由0%至60%；18min时B液为100%，并保持至24min；25min时B液回到0%。流速：18.1min前为0.45mL/min；18.5min升至0.8mL/min，并保持至23.9min；24min降回至0.45mL/min。紫外检测：测定一级氨基酸用338nm，二级氨基酸用262nm（15min后）。荧光检测：测定一级氨基酸激发波长340nm，发射波长450nm；14.5min后将波长切换到266nm（激发）和305nm（发射）进行二级氨基酸的测定。

6.3.3　结果计算

低聚肽含量X_1按式（1）计算：

$$X_1=X_2-X_3 \tag{1}$$

式中：X_1——样品中低聚肽含量（以干基计），%；

X_2——样品中酸溶蛋白质水解物含量（以干基计），%；

X_3——样品中游离氨基酸含量（以干基计），%。

6.4　相对分子质量小于 1000u 的蛋白水解物所占比例

按照附录A规定的方法测定。

6.5　羟脯氨酸

按照GB/T 9695.23规定的方法测定。

6.6　钙

按照GB/T 5009.92规定的方法测定。

6.7　干燥失重

按照GB/T 5009.3规定的方法测定。

6.8　灰分

按照GB/T 5009.4规定的方法测定。

6.9　无机砷

按照GB/T 5009.11规定的方法测定。

6.10　铅

按照GB/T 5009.12规定的方法测定。

6.11　镉

按照GB/T 5009.15规定的方法测定。

6.12　甲基汞

按照GB/T 5009.17规定的方法测定。

6.13　菌落总数

按照GB/T 4789.2规定的方法检验。

6.14　大肠菌群

按照GB/T 4789.3规定的方法检验。

6.15　霉菌和酵母

按照GB/T 4789.15规定的方法检验。

6.16　致病菌

沙门氏菌、志贺氏菌、金黄色葡萄球菌分别按照GB/T 4789.4、GB/T 4789.5、GB/T 4789.10规定的方法检验。

7　检验规则

7.1　检验分类

7.1.1　出厂检验

出厂检验的项目包括：感官特性、总氮、低聚肽、相对分子质量小于1000u的蛋白质水解物所占比例、干燥失重、灰分（海洋鱼骨胶原低聚肽粉除外）、菌落总数、大肠菌群。

7.1.2　型式检验

型式检验的项目包括5.2、5.3、5.4、5.5中规定的全部项目。

常年生产的产品每年应进行一次型式检验，但有下列情况之一时亦应进行型式检验：

——新产品投产时；

——原料、工艺有较大改变时；

——长期停产后恢复生产时；

——出厂检验结果与上次型式检验结果有较大差异时；

——质量监督机构提出进行型式检验的要求时。

7.2　抽样

7.2.1　组批

同一班次生产的，同一类型的产品为一批。

7.2.2　抽样方法和数量

从每批产品中随机抽取不少于3个最小包装单位样品，用取样工具伸入每袋的3/4处取样，所取试样不得少于100g。

将采取的试样混匀，装入清洁、干燥、带磨口玻璃瓶中，瓶上粘贴标签，注明生产班次、产品类别、批号、取样日期和地点。

微生物检验按无菌操作取样。

7.3　判定规则

7.3.1　出厂检验判定和复检

7.3.1.1　出厂检验项目全部符合本标准要求的产品判为合格品。

7.3.1.2　出厂检验项目中微生物指标不符合本标准或发现恶性杂质（如玻璃、金属、昆虫等），不得复检，判为不合格品。

7.3.1.3　出厂检验项目中除7.3.1.2提到的指标外，其他指标不符合本标准，可在同批产品中加倍抽样，对不合格项目进行复检，复检结果仍不符合本标准规定，判为不合格品。

7.3.2　型式检验判定和复检

7.3.2.1　型式检验项目全部符合本标准要求的产品判为合格品。

7.3.2.2　型式检验项目中微生物指标不符合本标准或发现恶性杂质（如玻璃、金属、昆虫等），不得复检，判为不合格品。

7.3.2.3　型式检验项目中除7.3.2提到的指标外，其他指标不符合本标准，可在同批产品中加倍抽样，对不合格项目进行复检，复检结果仍不符合本标准规定，判为不合格品。

8　标签、包装、运输和贮存

8.1　标签

8.1.1　产品标签上应标示产品名称、净含量、制造者及经销者的名称和地址、生产日期、生产批号、保质期、产品标准号等。

8.1.2　产品名称应符合第4章中的要求。

8.2　包装

包装容器应符合食品容器和包装材料的卫生标准。

8.3　运输

运输产品的工具、车辆应清洁、卫生、干燥，无污染物。运输产品过程中，应有遮盖，防雨防晒，不能与有毒、有害、有异味的物品混运。

8.4　贮存

8.4.1　产品不应露天堆放。成品仓库应清洁、干燥、通风，无鼠虫害。

8.4.2　产品堆放应有垫板，离地10cm以上，离墙20cm以上。

8.4.3　产品不应与有毒、有害、有异味、易腐败变质或潮湿的物品同仓库存放。

附　录　A

（规范性附录）

相对分子质量小于 1000u 的蛋白质水解物所占比例

（高效凝胶过滤色谱法）

A.1　方法提要

相对分子质量小于1000u的蛋白质水解物（包括低聚肽和少量游离氨基酸）所占比例，采用高效凝胶过滤色谱法测定。即以多孔性填料为固定相，依据样品组分分子体积大小的差别进行分离，在肽键的紫外吸收波长220nm条件下检测，使用凝胶色谱测定相对分子质量分布的专用数据处理软件（即GPC软件），对色谱图及其数据进行处理，计算得到蛋白质水解物的相对分子质量大小及分布范围，进而得到相对分子质量小于1000u的蛋白质水解物（包括低聚肽和少量游离氨基酸）所占比例。

A.2 试剂

A.2.1 乙腈：色谱纯。

A.2.2 三氟乙酸：分析纯。

A.2.3 水：超纯级或二次蒸馏水。

A.2.4 相对分子质量校正曲线所用标准品：

A.2.4.1 细胞色素C（cyyochrome，M_r12500）。

A.2.4.2 抑酞酶（aprotinin，M_r6500）。

A.2.4.3 杆菌酶（bacitracin，M_r1450）。

A.2.4.4 乙氨酸-乙氨酸-酪氨酸-精氨酸（M_r451）。

A.2.4.5 乙氨酸-乙氨酸-乙氨酸（M_r189）。

A.3 仪器和设备

A.3.1 高效液相色谱仪：配有紫外检测器和含有GPC数据处理软件的色谱工作站或积分仪。

A.3.2 流动相真空抽滤脱气装置。

A.3.3 超声波振荡器。

A.3.4 分析天平：感量0.0001g。

A.4 色谱条件与系统适应性实验

色谱柱：TSKgel G2000 SWXL 300mmX7.8mm或性能与此相近的同类型其他适用于测定蛋白质和多肽的凝胶柱。

流动相：乙腈：水：三氟乙酸为45：55：0.1（体积比）。

检测波长：UV220nm。

流速：0.5mL/min。

柱温：30℃。

进样体积：10μL。

为使色谱系统符合检测要求，规定在上述色谱条件下，凝胶色谱柱的柱效即理论塔板数（N）按三肽标准品（乙氨酸-乙氨酸-乙氨酸）峰计算不低于5000，低聚肽的分配系数（Kd）应在0~1之间。

A.5 相对分子质量校正曲线制作

分别用流动相配制成0.1%（质量浓度）的上述不同相对分子质量的肽标准品溶液，用孔径为0.2μm~0.5μm聚四氟乙烯或尼龙过滤膜过滤后分别进样，得到系列标准品的色谱图。以相对分子质量的对数（lgM_r）对保留时间作图或作线性回归得到相对分子质量校正曲线及其方程。

A.6 样品制备

称取样品20.0mg于10mL容量瓶中，用流动相定容至刻度，超声振荡10min，使样品充分溶解混匀，用孔径为0.2μm~0.5μm聚四氟乙烯或尼龙过滤膜过滤后，上机进样。

A.7 相对分子质量的计算

将第A.6章制备的样品溶液在上述色谱条件下分析。然后用GPC数据处理软件，将样品的色谱数据代入校正曲线方程中进行计算，即可得到样品中肽的相对分子质量及其分布范围。用峰面积归一化法计算相对分子质量范围在1000u以下的蛋白质水解物的峰面积相对百分比之和。

附录二 食品安全国家标准 胶原蛋白肽

（GB 31645—2018）

1 范围

本标准适用于食品加工用途的胶原蛋白肽产品。

2 术语和定义

2.1 胶原蛋白肽

以富含胶原蛋白的新鲜动物组织（包括皮、骨、筋、腱、鳞等）为原料，经过提取、水解、精制生产的，相对分子质量低于10000的产品。

3 技术要求

3.1 原料要求

3.1.1 可以使用的原料：

a）屠宰场、肉联厂、罐头厂、菜市场等提供的经检疫合格的新鲜牛、猪、羊和鱼等动物的皮、骨、筋、腱和鳞等；

b）制革鞣制工艺前，剪切下的带毛边皮或剖下的内层皮；

c）骨粒加工厂加工的清洁骨粒和自然风干的骨料；

d）可食水生动物鱼鳔、可食棘皮动物、水母等。

3.1.2 禁止使用的原料：

a）制革厂鞣制后的任何废料；

b）无检验检疫合格证明的牛、猪、羊或鱼等动物的皮、骨、筋、腱和鳞等；

c）经有害物处理过或使用苯等有机溶剂进行脱脂的动物的皮、骨、筋、腱和鳞等。

3.2 感官要求

感官要求应符合表1的规定。

表 1 感官要求

项目	要求	检验方法
色泽	白色或淡黄色	取2g试样置于洁净的烧杯中，用200mL温开水配制成1%溶液，在自然光下观察色泽和有无沉淀。闻其气味，用温开水漱口，品其滋味
滋味、气味	具有产品应有的滋味和气味，无异味	
状态	粉末状或颗粒状，无结块，无正常视力可见的外来异物	

3.3 理化指标

理化指标应符合表2的规定。

表2 理化指标

项目		指 标	检验方法
相对分子质量小于10000的胶原蛋白肽所占比例/%	≥	90.0	附录A
羟脯氨酸（以干基计）/（g/100g）	≥	3.0	GB/T 9695.23
总氮（以干基计）/（g/100g）	≥	15.0	GB 5009.5
灰分/（g/100g）	≤	7.0	GB 5009.4
水分/（g/100g）	≤	7.0	GB 5009.3第一法

3.4 污染物限量

污染物限量应符合表3的规定。

表3 污染物限量

项目	限 量	检验方法
铅（以Pb计）/（mg/kg）	1.0	GB 5009.12
镉（以Cd计）/（mg/kg）	0.1	GB 5009.15
总砷（以As计）/（mg/kg）	1.0	GB 5009.11
铬（以Cr计）/（mg/kg）	2.0	GB 5009.123
总汞（以Hg计）/（mg/kg）	0.1	GB 5009.17

3.5 微生物限量

微生物限量应符合表4的规定。

表4 微生物限量

项目	采样方案[a]及限量				检验方法
	n	c	m	M	
菌落总数/（CFU/g）	5	2	10^4	10^5	GB 4789.2
大肠菌群/（CFU/g）	5	2	10	10^2	GB 4789.3

a 样品的采样及处理按GB 4789.1执行。

3.6 食品工业用加工助剂

食品工业用加工助剂的使用应符合GB 2760的规定。

附 录 A

相对分子质量小于 10000 的胶原蛋白肽所占比例的检测方法

（高效体积排阻色谱法）

A.1 方法提要

采用高效体积排阻色谱法测定。即以多孔性填料为固定相，依据样品组分分子体积大小的差别进行分离，在肽键的紫外吸收波长220nm条件下检测，使用相对分子质量分布测定的专用数据处理软件（即GPC软件），对标准品和样品的色谱图及其数据进行处理，根据相对分子质量校正曲线方程，计算得到胶原蛋白肽的相对分子质量大小及分布范围。

A.2　试剂

A.2.1　乙腈：色谱纯。

A.2.2　三氟乙酸：分析纯。

A.2.3　水：GB/T 6682规定的一级水。

A.2.4　相对分子质量校正曲线所用标准品：

a）细胞色素C（cytochrome C，MW12384）；

b）抑肽酶（aprotinin，MW6512）；

c）杆菌酶（bacitracin，MW1423）；

d）乙氨酸-乙氨酸-酪氨酸-精氨酸（MW451）；

e）乙氨酸-乙氨酸-乙氨酸（MW189）。

A.3　仪器和设备

A.3.1　高效液相色谱仪：配有紫外检测器和含有GPC数据处理软件的色谱工作站。

A.3.2　流动相真空抽滤脱气装置。

A.3.3　超声波振荡器。

A.3.4　分析天平：感量0.0001g。

A.4　色谱条件与系统适应性实验

A.4.1　色谱柱：TSKgel G2000 SWXL 300mm×7.8mm（GEL LOT 502R）或性能与此相近的同类型其他适用于测定肽的分子量分布的凝胶柱。

A.4.2　流动相：乙腈：水：三氟乙酸，体积比为40：60：0.05。

A.4.3　检测波长：220nm。

A.4.4　流速：0.5mL/min。

A.4.5　柱温：30℃。

A.4.6　进样体积：10μL。

A.4.7　为使色谱系统符合检测要求，规定在上述色谱条件下，凝胶色谱柱的柱效即理论塔板数（N）按三肽标准品（乙氨酸-乙氨酸-乙氨酸）峰计算不低于5000，蛋白肽的分配系数（K_d）应在0～1之间。

A.5　相对分子质量校正曲线制作

分别用流动相配制成浓度为1.0g/L左右的上述不同相对分子质量的肽标准品溶液，用孔径为0.2μm~0.5μm聚四氟乙烯或尼龙过滤膜过滤后分别进样，得到系列标准品的色谱图。以相对分子质量的对数（1gMW）对保留时间作图或作线性回归得到相对分子质量校正曲线及其方程。

A.6 样品制备

用称量纸称取样品125.0mg左右，转移至25mL容量瓶中，用流动相定容至刻度，超声振荡10min，使样品充分溶解混匀，用孔径为0.2μm ～0.5μm聚四氟乙烯或尼龙过滤膜过滤，其滤液用于测定。

A.7 相对分子质量的计算

将A.6制备的样品溶液在A.4色谱条件下进样分析，然后使用GPC数据处理软件，根据相对分子质量校正曲线方程对样品的色谱图及其数据进行计算处理，即可得到样品中胶原蛋白肽的相对分子质量大小及分布范围。用峰面积归一化法计算相对分子质量小于10000的胶原蛋白肽的相对百分比之和。

附录三　玉米低聚肽粉

（QB/T 4707—2014）

1　范围

本标准规定了玉米低聚肽粉的术语和定义、要求、试验方法、检验规则和标志、包装、运输、贮存。

本标准适用于以玉米蛋白为原料，经酶解、提纯、干燥等工艺生产的玉米低聚肽粉。

2　规范性引用文件

下列文件对于本文件的应用是必不可少的。凡是注日期的引用文件，仅注日期的版本适用于本文件。凡是不注日期的引用文件，其最新版本（包括所有的修改单）适用于本文件。

GB/T 191　包装储运图示标志

GB 2760　食品安全国家标准　食品添加剂使用标准

GB 2761　食品安全国家标准　食品中真菌毒素限量

GB 2762—2012　食品安全国家标准　食品中污染物限量

GB 2763　食品安全国家标准　食品中农药最大残留限量

GB 5009.3—2010　食品安全国家标准　食品中水分的测定

GB 5009.4　食品安全国家标准　食品中灰分的测定

GB 5009.5—2010　食品安全国家标准　食品中蛋白质的测定

GB/T 5492　粮油检验　粮食、油料的色泽、气味、口味鉴定

GB/T 6543　运输包装用单瓦楞纸箱和双瓦楞纸箱

GB 7718　食品安全国家标准　预包装食品标签通则

GB 14881　食品安全国家标准　食品生产通用卫生规范

GB/T 22729　海洋鱼低聚肽粉

GB/T 23527　蛋白酶制剂

GB 25594　食品安全国家标准　食品工业用酶制剂

3　术语和定义

下列术语和定义适用于本文件。

3. 1　玉米低聚肽粉　oligopeptides powder of corn

以玉米蛋白为原料，用酶（蛋白酶）解法生产的，以相对分子质量小于1000的低聚肽为主要成分的粉末状产品。

3.2 丙氨酰－酪氨酸 alanyl-tyrosine（Ala-Tyr, AY）

由丙氨酸的α-羧基和酪氨酸的α-氨基形成的肽键连接而成的二肽。

4 要求

4.1 原辅材料

4.1.1 玉米蛋白粉

应符合GB2761、GB2762、GB2763规定的要求。

4.1.2 蛋白酶

应符合 GB/T 23527、GB 2760、GB 25594 规定的要求。

4.2 感官要求

应符合表1的规定。

表 1 感官要求

项目	要求
形态	粉末状，无结块
色泽	淡黄色到棕黄色
滋味，气味	具有产品特有的滋味和气味
杂质	无外来可见杂质

4.3 理化指标

应符合表2的规定。

表2 理化指标

项目		指标
蛋白质（以干基计）/（g/100g）	≥	80.0
低聚肽[a]（以干基计）/%	≥	70.0
相对分子质量小于1000的蛋白质水解物所占比例/%（λ=220nm）	≥	85.0
水分/（g/100g）	≤	7.0
灰分/（g/100g）	≤	8.0

a AY为玉米低聚肽的特征性肽段，仅在合同双方约定时给出，测定方法参见附录A。

4.4 污染物

应符合GB 2762—2012中谷物及其制品对应污染物限量的规定。

4.5 微生物

应符合GB/T 22729的规定。

4.6 生产加工过程的卫生

应符合GB 14881的规定。

5　试验方法

5.1　感官要求

滋味和气味按照GB/T 5492规定的方法进行检验：其他项目按照GB/T 22729规定的方法进行检验。

5.2　蛋白质

按照 GB 5009.5—2010 规定的凯氏定氮法进行测定，蛋白换算系数为6.24，结果以干基计。

5.3　低聚肽

按照GB/T 22729规定的方法进行测定，蛋白换算系数为6.24，结果以干基计。

5.4　相对分子质量小于 1000 的蛋白质水解物所占比例

按照GB/T 22729规定的方法进行测定。

5.5　水分

按照GB 5009.3—2010规定的直接干燥法进行测定。

5.6　灰分

按照GB 5009.4规定的方法进行测定。

5.7　污染物

按照 GB 2762—2012 规定的方法进行测定。

5.8　微生物

按照相应食品安全国家标准规定方法进行检验。

6　检验规则

6.1　检验分类

6.1.1　出厂检验

出厂检验项目为：感官要求、水分、灰分、蛋白质、低聚肽，微生物中的菌落总数、大肠菌群、霉菌和酵母。

6.1.2　型式检验

型式检验的检验项目包括本标准中规定的全部项目。常年生产的产品每12个月应进行1次型式检验，但有下列情况之一时亦应进行型式检验：

a）新产品投产；

b）正常产品如原料，工艺有较大改变，可能影响产品质量；

c）停产12个月后恢复生产；

d）出厂检验结果与上次型式检验结果有较大差异；

e）国家质量监督机构提出进行型式检验的要求。

6.2　抽样

6.2.1　组批

同一班次生产的同一类型的产品为一批。

6.2.2　抽样方法和数量

从每批产品中随机抽取不少于3个最小包装单位样品，然后用取样工具伸入每袋的3/4处，所取试样不应少于100g。

将选取的试样混匀，装入清洁、干燥带磨口玻璃瓶中，瓶上粘贴标签，注明生产班组、产品名称、批号及取样日期和地点。

微生物检验按无菌操作取样。

6.3　判定规则

6.3.1　所检项目的检验结果全部符合标准要求时，判该批产品合格。

6.3.2　微生物指标有1项不符合标准要求时，则判该批产品不合格，并不可复检。

6.3.3　污染物指标有1项不符合标准要求时，则判该批产品不合格，并不可复检。

6.3.4　其他项目当超过3项不符合标准要求时，则判定该批产品不合格，并不可复检；当不超过3项不符合标准要求时，可加倍抽样对不合格项目进行复检，复检结果仍有1项或1项以上项目不符合标准要求的，则判该批产品不合格。

7　标志、包装、运输、贮存

7.1　标志

产品标签应符合GB 7718的规定：包装储运图示标志应符合GB/T 191的规定。

7.2　包装

内包装材料应符合相关的食品卫生标准的规定；外包装材料应符合GB/T 6543的规定。内、外包装均应紧密、完整、清洁、牢固、不破裂、不变形。

7.3　运输

产品运输工具应清洁、卫生、干燥，无污染物。产品运输过程中，应遮盖，防雨防晒，严禁与有毒有害和有异味的物品混运，搬运时应小心轻放。

7.4　贮存

7.4.1　产品不应露天堆放。产品仓库应清洁、干燥、通风，无鼠虫害。

7.4.2　产品堆放应有垫板，离地10cm以上，离墙20cm以上。

7.4.3　产品不应与有易败变质、有不良气味或潮湿的物品同仓库存放。

附录 A

（资料性附录）

玉米低聚肽粉中丙氨酰－酪氨酸（AY）含量的测定（高效液相色谱法）

A. 1　原理

利用丙氨酰-酪氨酸（AY）在特定紫外波长有强吸收的特点，样品经前处理后，丙氨酰-酪氨酸经色谱柱分离，紫外检测器检测，外标法进行定量分析。

A.2　试剂和材料

A.2.1　乙腈：色谱纯。

A.2.2　三氟乙酸：分析纯。

A.2.3　水：符合GB/T 6682-2008规定的二级水。

A.2.4　标准品：丙氨酸-酪氨酸（纯度不小于99%,相对分子质量 252.27）。

A.2.5　微孔滤膜：孔径0.45μm（水系）。

A.3　仪器和设备

A.3.1　高效液相色谱仪：配有紫外检测器和色谱工作站。

A.3.2　流动相真空抽滤脱气装置。

A.3.3　超声波振荡器。

A.3.4　分析天平：感量0.0001g。

A.4　参考色谱条件

A.4.1　色谱柱：C18色谱柱（250mmX4.6mm,5μm）或性能与此相近的同类型其他适用于测定小分子肽的反相柱。

A.4.2　流动相：流动相A：水：三氟乙酸为100：0.1（体积比）；流动相B：乙腈：水：三氟乙酸为80：20：0.1（体积比）。

A.4.3　检测波长：280nm。

A.4.4　流量：0.6mL/min。

A.4.5　柱温：30℃。

A.4.6　进样体积：20μL。

A.4.7　梯度洗脱程序：流动相A和B的梯度洗脱程序参见表A.1。

表A.1　梯度洗脱程序

时间/min	A/%	B/%
0	100	0
10	95	5
25	91	9
30	88	12
35	30	70
40	30	70
42	100	0
52	100	0

A.5　校正曲线制作

用分析天平称取标准品AY约50mg（精确至0.001g）,用超纯水定容至50mL,配制浓度为1000mg/L的母液，并分别稀释；得浓度分别为100mg/L、50mg/L、20mg/L、2mg/L的不同浓度梯度的标准品溶液，用孔径为0.45μm的水系微孔滤膜过滤后分别进样，得到系列标准品的色谱图，AY标准品保留时间参见附录B。以浓度对峰面积作图或作线性回归得到校正曲线及其方程。

A.6 样品制备

分析天平称取样品约200mg（精确至0.001g）,用超纯水定容于100mL容量瓶中，超声振荡10min,使样品充分溶解混匀，用孔径为0.45μm的水系微孔滤膜过滤后，上机进样。

A.7 结果计算

样品中AY的百分含量按公式（A.1）计算：

$$X=\frac{cV}{m}\times10^{-4} \tag{A.1}$$

式中：X——样品中AY的百分含量，%；

c——通过标准曲线计算得到试样测定液中AY的浓度，单位为毫克每升（mg/L）；

V——样品定容体积，单位为毫升（mL）；

m——称取的试样质量，单位为克（g）。

以重复性条件下获得的两次独立测定结果的算术平均值表示，结果保留两位有效数字。

A.8 精密度

在重复性条件下获得的两次独立测定结果的绝对差值不应超过两次测定结果算术平均值的5%。

附录 B
（资料性附录）
丙氨酰－酪氨酸（AY）标准品色谱图

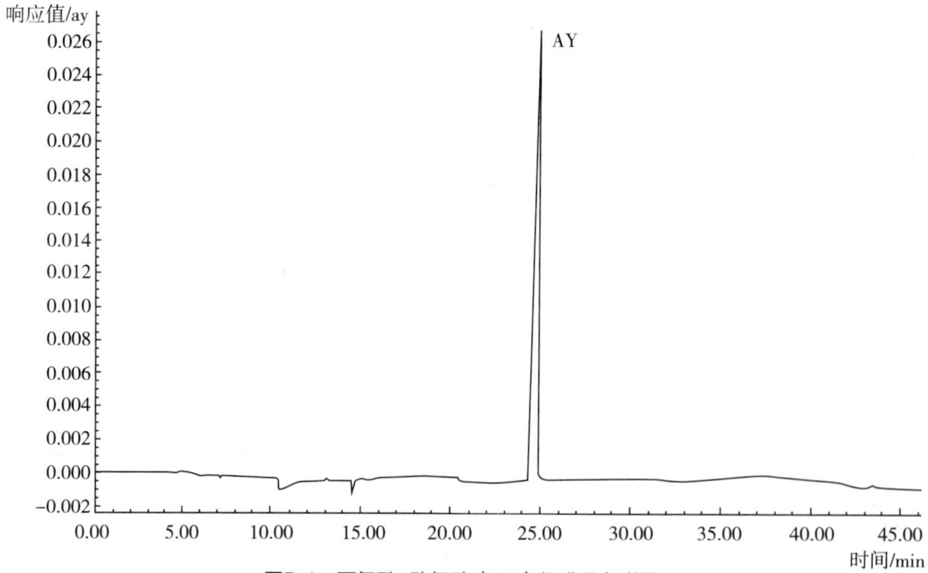

图B.1 丙氨酰−酪氨酸（AY）标准品色谱图

附录四　小麦低聚肽粉

（QB/T 5298—2018）

1　范围

本标准规定了小麦低聚肽粉的术语和定义、符号和缩略语、要求、试验方法、检验规则和标志、包装、运输、贮存。

本标准适用于小麦低聚肽粉的生产、销售。

2　规范性引用文件

下列文件对于本文件的应用是必不可少的。凡是注日期的引用文件，仅注日期的版本适用于本文件。凡是不注日期的引用文件，其最新版本（包括所有的修改单）适用于本文件。

GB/T 191　包装储运图示标志

GB 2761　食品安全国家标准　食品中真菌毒素限量

GB 2762—2017　食品安全国家标准　食品中污染物限量

GB 4789.1—2016　食品安全国家标准　食品微生物学检验　总则

GB 5009.3—2016　食品安全国家标准　食品中水分的测定

GB 5009.4　食品安全国家标准　食品中灰分的测定

GB 5009.5-2016　食品安全国家标准　食品中蛋白质的测定

GB 5009.124　食品安全国家标准　食品中氨基酸的测定

GB/T 5492　粮油检验　粮食、油料的色泽、气味、口味鉴定

GB/T 6543　运输包装用单瓦楞纸箱和双瓦楞纸箱

GB 7718　食品安全国家标准　预包装食品标签通则

GB 14881　食品安全国家标准　食品生产通用卫生规范

GB/T 21924　谷朊粉

GB/T 22729—2008　海洋鱼低聚肽粉

GB/T 23527　蛋白酶制剂

GB 25594　食品安全国家标准　食品工业用酶制剂

GB 28050　预包装食品营养标签通则

3　术语和定义

下列术语和定义适用于本文件。

3.1　小麦低聚肽粉　oligopeptides powder of corn

以谷朊粉（小麦蛋白粉）为原料，用酶（蛋白酶）解法生产的，以相对分子质量小于1000u的低

聚肽为主要成分的粉末状产品。

4 符号和缩略语

下列符号和缩略语适用于本文件。

$^{13}C/^{12}C$：稳定碳同位素比值，即稳定碳同位素^{13}C与^{12}C的原子丰度之比

$\delta^{13}C$：样品的稳定碳同位素比值相对于参考物质的稳定碳同位素比值的千分差

VPDB：美国南卡罗来纳州白垩纪皮狄组层位中的拟箭石化石，是稳定碳同位素比值的国际基准物质（Vienna-Pee Dee Belemnite）

IRMS：稳定同位素比值质谱仪（Isotope Ratio Mass Spectrometry）

BTI：[二（三氟乙酰氧基）碘]苯[Bis（trifluoroacetoxy）iodo benzene]

DABA：L-2，4-二氨基丁酸二盐酸盐（L-2，4-Diaminobutyric acid dihydrochloride）

Gln：谷氨酰胺（Glutamine）

5 要求

5.1 原辅材料

5.1.1 谷朊粉（小麦蛋白粉）

应符合GB/T 21924规定的要求。

5. 1.2 蛋白酶

应符合GB/T 23527、GB 25594规定的要求。

5.2 感官要求

应符合表1的规定。

表 1 感官要求

项目	要求
形态	粉末状，无结块
色泽	白色到浅灰色
滋味、气味	具有产品特有的淡苦味和气味
杂质	无外来可见杂质

5.3 理化指标

应符合表2的规定。

表2 理化指标

项目		指标	
		一级	二级
蛋白质（以干基计）/（g/100g）	≥	90.0	75.0
低聚肽[a]（以干基计）/（g/100g）	≥	75.0	50.0

续表

项目		指标	
		一级	二级
相对分子质量小于1000的蛋白质水解物所占比例/（%）（λ=220nm）	≥	85.0	—
谷氨酸/（g/100g）	≥	25.0	20.0
水分/（g/100g）	≤	6.5	
灰分/（g/100g）	≤	6.0	

a 稳定碳同位素比值（$^{13}C/^{12}C$）和谷氨酰胺为小麦低聚肽特征性指标，仅在合同双方约定时给出。

5.4　微生物

应符合表3的规定。

表3　微生物指标

项目	采样方案及限量（若非指定，均以/25g表示）			
	n	C	m	M
菌落总数/（CFU/g）	5	2	5000	50000
大肠菌群/（MPN/g）	5	2	0.3	1
霉菌/（CFU/g）	5	2	25	50
酵母/（CFU/g）	5	2	25	50
沙门氏菌	5	0	0	—
金黄色葡萄球菌	5	0	0	—

5.5　真菌毒素

应符合GB 2761的规定。

5.6　污染物

应符合GB 2762—2017中谷物及其制品对应污染物限量的规定。

5.7　生产加工过程的卫生

应符合GB 14881的规定。

6　试验方法

6.1　感官

滋味和气味按照GB/T 5492规定的方法检验，其他项目按照GB/T 22729—2008规定的方法检验。

6.2　蛋白质

按照GB 5009.5—2016规定的凯氏定氮法测定，蛋白换算系数为6.25，结果以干基计。

6.3　低聚肽

按照附录A规定的方法测定，蛋白换算系数为6.25，结果以干基计。

6.4 相对分子质量小于 1000u 的蛋白质水解物所占比例

按照附录B规定的方法测定。

6.5 谷氨酸

按照 GB 5009.124规定的方法测定。

6.6 水分

按照GB 5009.3—2016规定的直接干燥法测定。

6.7 灰分

按照GB 5009.4规定的方法测定。

6.8 污染物

按照GB 2762—2017规定的方法测定。

6.9 微生物

按照相应食品安全国家标准规定的方法检验。

6.10 稳定碳同位素比值（$^{13}C/^{12}C$）

参见附录C。

6.11 谷氨酰胺

参见附录D。

7 检验规则

7.1 检验分类

7.1.1 出厂检验

出厂检验项目为：感官、水分、灰分、蛋白质、低聚肽、菌落总数、大肠菌群、霉菌。

7.1.2 型式检验

型式检验的项目包括本标准中规定的全部项目。常年生产的产品每12个月应进行1次型式检验，但有下列情况之一时亦应进行型式检验：

a）新产品投产；

b）正常产品如原料、工艺有较大改变，可能影响产品质量；

c）停产12个月后恢复生产；

d）出厂检验结果与上次型式检验结果有较大差异；

e）国家质量监督机构提出进行型式检验的要求。

7.2 抽样

7.2.1 组批

同一班次生产的同一类型的产品为一批。

7.2.2 抽样方法和数量

从每批产品中随机抽取不少于3个最小包装单位样品，然后，用取样工具伸入每袋的3/4处，所取试样不应少于100g。将选取的试样混匀，装入清洁、干燥带磨口玻璃瓶中，瓶上粘贴标签，注明生产班组、产品名称、批号及取样日期和地点。微生物抽样按GB 4789.1—2016规定的三级采样方案采集样品。

7.3　判定规则

7.3.1　所检项目的检验结果全部符合标准要求时，判该批产品合格。

7.3.2　微生物指标、污染物指标和真菌毒素指标有一项不合格时，则判该批产品不合格，并不应复检。

7.3.3　感官要求及理化指标，当超过3项不合格时，则判定该批产品不合格，并不应复检；当不超过3项不合格时，可加倍抽样对不合格项目进行复检，复检结果仍有1项或1项以上项目不合格，则判该批产品不合格。

8　标志、包装、运输、贮存

8.1　标志

预包装食品标签应符合GB 7718、GB 28050的规定，包装储运图示标志应符合GB/T 191的规定。

8.2　包装

内包装材料应符合相关的食品安全国家标准的规定，外包装材料应符合GB/T 6543的规定。内、外包装均应紧密、完整、清洁、牢固、不破裂、不变形。

8.3　运输

产品运输工具应清洁、卫生、干燥、无污染物。产品运输过程中，应遮盖，防雨防晒，严禁与有毒有害和有异味的物品混运，搬运时应小心轻放。

8.4　贮存

8.4.1　产品不应露天堆放。产品仓库应清洁、干燥、通风，无鼠虫害。

8.4.2　产品堆放应有垫板，离地10cm以上，离墙20cm以上。

8.4.3　产品不应与有易败变质、有不良气味或潮湿的物品同仓库存放。

附录 A

（规范性附录）

低聚肽含量的测定

A.1　第一法　氨基酸分析仪法

A.1.1　方法提要

低分子质量的蛋白质水解物（包括低聚肽及游离氨基酸）可溶于三氯乙酸溶液，高分子质量的蛋白质在三氯乙酸溶液中易沉淀。样品经三氯乙酸溶液溶解后，离心分离出沉淀蛋白质，收集离心清液。按照GB 5009.5—2016规定的方法测定离心清液的酸溶蛋白质水解物含量，清液的酸溶蛋白质水解物含量减去游离氨基酸含量得到低聚肽的含量。

A.1.2　试剂和材料

A.1.2.1　三氯乙酸：分析纯。

A.1.2.2　磺基水杨酸：分析纯。

A.1.2.3　盐酸：质量分数≥36%。

A.1.2.4　水：超纯水或重蒸馏水。

A.1.2.5　微孔滤膜：0.45μm。

A.1.3　试剂配制

A.1.3.1　三氯乙酸溶液（5%）：称取50g三氯乙酸，加水溶解并定容至1000mL。

A.1.3.2　三氯乙酸溶液（30%）：称取300g三氯乙酸，加水溶解并定容至1000mL。

A.1.3.3　磺基水杨酸溶液（3.5%）：称取35g磺基水杨酸，加水溶解并定容至1000mL。

A.1.3.4　盐酸溶液（0.1mol/L）：吸取9.1mL盐酸，加水稀释并定容至1000mL。

A.1.3.5　盐酸溶液（0.002mol/L）：吸取20mL盐酸溶液（A.1.3.4），加水稀释并定容至1000mL。

A.1.4　仪器和设备

A.1.4.1　氨基酸分析仪。

A.1.4.2　凯氏定氮仪。

A.1.4.3　高温消化炉。

A.1.4.4　高速离心机。

A.1.4.5　流动相真空抽滤脱气装置。

A.1.4.6　超声波振荡器。

A.1.4.7　分析天平：感量0.0001g。

A.1.5　操作步骤

A.1.5.1　酸溶蛋白的测定

称取0.2g样品，精确至0.001g，于15mL～50mL离心管中，加入5mL水溶解充分后再加入30%三氯乙酸溶液5mL，充分混合均匀，静置10min。将样品溶液在约9000g下离心10min后，取全部离心清液，按GB 5009.5—2016规定第一法凯氏定氮法测定清液的蛋白质含量，计算出样品中酸溶蛋白含量，蛋白质换算系数为6.25。

A.1.5.2　游离氨基酸的测定

称取1g～2g样品，精确至0.001g，用5%三氯乙酸溶液或3.5%磺基水杨酸溶液20mL溶解均匀。将样品溶液转移至100mL容量瓶中，用0.002mol/L盐酸溶液定容。取2mL样品溶液于转速为9168r/min离心机上离心10min，取离心清液，稀释适当倍数，再用0.45μm微孔滤膜过滤，然后按照GB 5009.124 规定的方法，用氨基酸自动分析仪测定其游离氨基酸含量（不经消化）。

A.1.6　结果计算

低聚肽含量X_1按公式（A.1）计算。

$$X_1=\frac{c_2-c_3}{100-w}\times100\% \quad (A.1)$$

式中：X_1——样品中低聚肽的含量（以干基计），单位为克每百克（g/100g）;

c_2——样品中酸溶蛋白的含量，单位为克每百克（g/100g）;

c_3——样品中游离氨基酸的含量，单位为克每百克（g/100g）;

w——样品中水分，单位为克每百克（g/100g）。

A.2　第二法　高效液相色谱法

A.2.1　方法提要

用三氯乙酸沉淀蛋白质后，以邻苯二甲醛和氯甲酸芴甲酯分别作为一级氨基酸和二级氨基酸的衍生反应试剂，采用柱前自动衍生化反相高效液相色谱法测定样品中的游离氨基酸总量。

A.2.2　试剂

A.2.2.1　氨基酸分析混合标品：色谱纯。

A.2.2.2　乙腈：色谱纯。

A.2.2.3　三乙胺：分析纯。

A.2.2.4　四氢呋喃：分析纯。

A.2.2.5　无水醋酸钠：分析纯。

A.2.2.6　醋酸：分析纯。

A.2.2.7　甲醇：色谱纯。

A.2.2.8　邻苯二甲醛：色谱纯。

A.2.2.9　氯甲酸芴甲酯：色谱纯。

A.2.2.10　水：超纯水或重蒸馏水。

A.2.3　试剂配制

A.2.3.1　乙酸钠缓冲液（20mmol/L）：称取无水乙酸钠1.64g，用超纯水稀释至1000mL。

A.2.3.2　乙酸钠缓冲液（100mmol/L）：称取无水乙酸钠8.20g，用超纯水稀释至1000mL。

A.2.3.3　流动相A：称取0.18g三乙胺，加适量20mmol/L乙酸钠缓冲液溶解并定容至1L，用稀乙酸调pH至7.2，加3mL四氢呋喃混匀。

A.2.3.4　流动相B：100mmol/L乙酸钠缓冲液（用稀乙酸调pH7.2）：乙腈：甲醇（体积比）=20：40：40。

A.2.4　仪器

A.2.4.1　高效液相色谱仪，配四元梯度泵，荧光检测器，自动进样器和化学工作站软件及在线脱气机。

A.2.4.2　分析天平，感量0.0001g。

A.2.4.3　pH计。

A.2.5　测定

同GB/T 22729—2008中6.3.2.2.2.4。

A.2.6　结果计算

同A.1.6。

附 录 B
（规范性附录）
相对分子质量小于 1000u 的蛋白质水解物所占比例的测定

B.1　方法提要

以多孔性填料为固定相，依据样品组分分子体积大小的差别进行分离，在肽键的紫外吸收波长220nm条件下检测，高效液相色谱法测定相对分子质量分布，对色谱图及其数据进行处理，计算得到蛋白质水解物的相对分子质量大小及分布范围，进而得到相对分子质量小于1000u的蛋白质水解物所占比例。

B.2　试剂和材料

B.2.1　乙腈：色谱纯。

B.2.2　三氟乙酸：分析纯。

B.2.3　水：超纯水或重蒸馏水。

B.2.4　细胞色素C标准品：相对分子质量12500。

B.2.5　抑酞酶标准品：相对分子质量6500。

B.2.6　杆菌酶标准品：相对分子质量1450。

B.2.7　乙氨酸-乙氨酸-酪氨酸-精氨酸标准品：相对分子质量451。

B.2.8　乙氨酸-乙氨酸-乙氨酸标准品：相对分子质量189。

B.3　试剂配制

流动相：取乙腈450mL，加入超纯水550mL，加入三氟乙酸1mL，混匀。

B.4　仪器和设备

B.4.1　高效液相色谱仪：配有紫外检测器。

B.4.2　流动相真空抽滤脱气装置。

B.4.3　超声波振荡器。

B.4.4　分析天平：感量0.0001g。

B.4.5　微孔滤膜：0.2μm～0.5μm。

B.5　色谱条件与系统适应性试验

试验条件如下：

——色谱柱：300mmX7.8mm或性能与此相近的同类型其他适用于测定蛋白质和多肽的凝胶柱；

——流动相：乙腈：水：三氟乙酸（体积比）=45：55：0.1；

——检测波长：220nm；

——流量：0.5mL/min；

——柱温：30℃；

——进样体积：10μL。

B.6　相对分子质量校正曲线制作

分别用流动相配制成0.1%（质量浓度）的上述不同相对分子质量的肽标准品溶液，用孔径为0.2μm～0.5μm聚四氟乙烯或尼龙过滤膜过滤后分别进样，得到系列标准品的色谱图。以相对分子质量的对数为纵坐标，以系列标准品保留时间为横坐标，得到相对分子质量校正曲线及其方程。

B.7　样品制备

称取样品20.0mg于10mL容量瓶中，用流动相定容，40kHz超声振荡10min，使样品充分溶解混匀，用孔径为0.2μm～0.5μm聚四氟乙烯或尼龙过滤膜过滤后，备用。

B.8　相对分子质量的计算

吸取B.7制备的样品溶液lmL于样品瓶中，在上述色谱条件下（B.5）进样，利用化学工作站计算相对分子质量范围在1000u以下的蛋白质水解物比例。

附录 C

（资料性附录）

小麦低聚肽的稳定碳同位素比值（$^{13}C/^{12}C$）测定方法

稳定同位素比值质谱法

C.1　方法提要

有机物在元素分析仪中燃烧转化为二氧化碳气体，用IRMS测定燃烧产生的二氧化碳中的稳定碳同位素比值，再通过公式计算得出有机物的$\delta^{13}C$值。

C.2　试剂和材料

C.2.1　氧气（O_2）：纯度≥99.99%。

C.2.2　氦气（He）：纯度≥99.999%。

C.2.3　参考物质：可选择国际原子能机构或全国标准物质管理委员会认可的，或其他获得认可的同类参考物质，参见表C.1。

表C.1　参考物质示例　单位为‰

参考物质	名称	$\delta^{13}C_{PDB}$	机构
VPDB	美国南卡罗来纳州白垩纪皮狄组层位中的拟箭石化石	0	国际原子能机构
IAEA-CH-6	蔗糖	−10.49±0.03	
USGS40	谷氨酸	−26.39±0.04	美国国家标准与技术研究院
GBW04407	炭黑	−22.43±0.07	全国标准物质管理委员会
GBW04408	炭黑	−36.91±0.10	

C.3　仪器

C.3.1　元素分析仪。

C.3.2　IRMS：分析内精度优于0.05‰，配套连续流进样接口。

C.3.3　电子天平：感量0.0001g。

C.3.4　锡舟。

C.4　分析步骤

C.4.1　样品及参考物质准备

分别称取0.1mg～0.2mg（或根据元素分析仪的性能进行选择）小麦低聚肽样品和参考物质于相互独立的锡舟中，密封待用。

C.4.2　分析序列

采用两点标准漂移校正模式安排分析序列，每个分析序列应同时测定小麦低聚肽以及参考物质，参考物质的比例一般为样品个数的10%～20%。

C.4.3　样品测定

调整元素分析仪和IRMS至工作状态，根据已设定的分析序列进行测定。

C.5　计算

C.5.1　分析结果的表述

低聚肽样品的稳定碳同位素组成以其对参考物质中相应同位素比值的千分差（记为‰）表示，按公式（C.1）计算：

$$\delta^{13}C=\frac{(^{13}C/^{12}C)_{SA}-(^{13}C/^{12}C)_{RM}}{(^{13}C/^{12}C)_{RM}}\times 1000‰ \tag{C.1}$$

式中：　$\delta^{13}C$——样品的$^{13}C/^{12}C$测定值相对于参考物质的$^{13}C/^{12}C$测定值的千分差；

$(^{13}C/^{12}C)_{SA}$——样品的$^{13}C/^{12}C$测定值；

$(^{13}C/^{12}C)_{RM}$——参考物质的$^{13}C/^{12}C$测定值。

结果保留两位小数。

C.5.2　结果计算　核实

所测的稳定碳同位素组成结果应校准至国际基准PDB值，按公式（C.2）计算：

$$\delta^{13}C_{PDB}=\delta^{13}C_{RM}+\delta^{13}C_{RM-PDB}+\delta^{13}C_{RM}\times\delta^{13}C_{RM-PDB}\times 1000 \quad (C.2)$$

式中：$\delta^{13}C_{PDB}$——样品的$^{13}C/^{12}C$相对于PDB的$^{13}C/^{12}C$的千分差；

$\delta^{13}C_{RM}$——样品的$^{13}C/^{12}C$相对于参考物质的$^{13}C/^{12}C$的千分差；

$\delta^{13}C_{RM-PDB}$——参考物质的$^{13}C/^{12}C$相对于PDB的$^{13}C/^{12}C$的千分差。

结果保留两位小数。

C.6　精密度

C.6.1　重复性

在重复性条件下，两次独立测试所得结果的绝对差值不应超过重复性限（r）：r=0.26‰。如果差值超过重复性限（r），应舍弃试验结果并重新完成两次单个试验的测定。

C.6.2　再现性

在再现性条件下，两次独立测试所得结果的绝对差值不应超过再现性限（R）：R=0.66‰。

附　录D

（资料性附录）

小麦低聚肽粉中谷氨酰胺的测定方法

D.1　方法提要

将Gln残基（非游离及N末端Gln）通过BTI试剂衍生化，生成对酸稳定的二氨基丁酸。之后进行酸水解，消化液除酸过膜后稀释到合适浓度，通过氨基酸分析仪进行分析，外标法定量。

D.2　试剂和材料

除非另有说明，所有试剂均为分析纯。

D.2.1　BTI。

D.2.2　DABA标准品。

D.2.3　茚三酮：氨基酸衍生试剂。

D.2.4　吡啶。

D.2.5　盐酸：优级纯。

D.2.6　水：超纯水或重蒸馏水。

D.3　溶液的配制

D.3.1　50μmol/mL吡啶水溶液：吸取50μL吡啶，超纯水定容于25mL。

D.3.2　50mg/mL BTI-乙腈溶液：称取0.500g BTI，加入10mL乙腈溶解。

D.3.3　DABA溶液：

——母液（1000mg/L）：称取0.100g DABA，超纯水定容于100mL；

——工作液（40mg/L）：取1mL母液，超纯水定容于25mL。

D.3.4　盐酸溶液：盐酸：水（林积比）=1：1。

D.4 仪器和设备

D.4.1 氨基酸分析仪。

D.4.2 电热鼓风恒温箱。

D.4.3 流动相真空抽滤脱气装置。

D.4.4 电热恒温水浴锅。

D.4.5 分析天平：感量0.0001g。

D.4.6 氮吹仪。

D.5 样品制备

称取0.2g样品，精确至0.001g，用超纯水溶解并定容至100mL。可根据样品中谷氨酰胺的实际含量调整样品浓度。

D.6 试验方法

D.6.1 BTI衍生

分别吸取1600μL样品溶液于5个顶空瓶中，分别各自加入1600μL的5mg/mL、10mg/mL、15mg/mL、20mg/mL、25mg/mL新配制的BTI-乙腈溶液及400μL的50μmol/mL吡啶水溶液，混合均匀后充氮气，封盖后于电热鼓风温箱中50℃反应4h，氮吹吹干备用。

D.6.2 酸水解

BTI衍生后，样品中加入3mL~5mL盐酸溶液，充氮气后封口，110℃烘箱中水解22h~24h，水解液70℃左右氮吹至干（或70℃左右水浴蒸干），以适量氨基酸分析仪专用稀释液溶解并过滤定容于25mL容量瓶中。

D.7 测定

色谱参考条件如下：

——检测波长：570nm和440nm；

——流量：180μL/min；

——柱温：40℃；

——反应池：70℃；

——进样体积：20μL。

D.8 分析结果的表述

DABA工作液与样品测定液分别以相同体积注入氨基酸分析仪，以外表法通过峰面积计算样品测定液中DABA的含量，按公式（D.1）计算谷氨酰胺含量，以不同质量分数BTI衍生后测定的最大值表示样品中谷氨酰胺的含量。

$$X_4=\frac{A_1\times c_4}{A_2}\times\frac{146.15}{c_5}\times 100\% \quad \text{（D.1）}$$

式中：X_4——样品中Gln含量，单位为克每百克（g/100g）；

A_1——样品中DABA的峰面积；

A_2——DABA标准品的峰面积；

c_4——DABA标准品的浓度，单位为微摩尔每升（μmol/L）；

146.15——Gln相对分子量，单位为克每摩尔（g/mol）；

c_5——进样时样品浓度，单位为毫克每升（mg/L）。

附录五　关于批准蔗糖聚酯、玉米低聚肽粉、磷脂酰丝氨酸等 3 种物品为新资源食品的公告

（卫生部公告 2010 年第 15 号）

根据《中华人民共和国食品安全法》和《新资源食品管理办法》的规定，现批准蔗糖聚酯、玉米低聚肽粉、磷脂酰丝氨酸等 3 种物品为新资源食品。新资源食品的生产经营应当符合有关法律、法规、标准规定。

特此公告。

附件：3 种新资源食品目录

二〇一〇年十月二十一日

附件：

蔗糖聚酯（被卫生部公告 2012 年第 19 号替代）

<table>
<tr><td>中文名称</td><td colspan="2">蔗糖聚酯</td></tr>
<tr><td>拉丁名称</td><td colspan="2">Sucrose Ployesters</td></tr>
<tr><td>主要成分</td><td colspan="2">蔗糖聚酯（6、7、8 酯）</td></tr>
<tr><td>基本信息</td><td colspan="2">来源：大豆油
结构式：
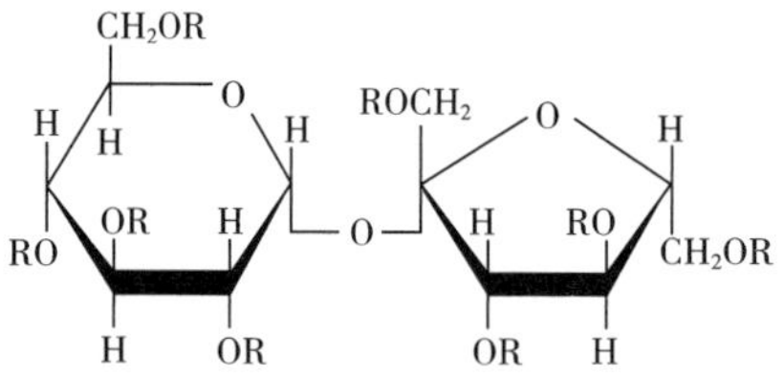
（其中 R 为 8-22 碳链长度的脂肪酸）
分子质量：2400-2800</td></tr>
<tr><td>生产工艺简述</td><td colspan="2">大豆油经精炼、氢化，与甲醇反应生成甲酯，甲酯和蔗糖在一定条件下再发生反应，生成蔗糖聚酯粗品；然后经精炼、水洗涤、干燥、蒸发等过程精制而成。</td></tr>
<tr><td>食用量</td><td colspan="2">≤3.1 克/天</td></tr>
<tr><td rowspan="2">质量要求</td><td>性状</td><td>凝胶状</td></tr>
<tr><td>蔗糖聚酯（6、7、8 酯）</td><td>≥97%</td></tr>
<tr><td>其他需要说明的情况</td><td colspan="2">1.使用范围：炸薯片、即热爆米花、烘烤小甜饼。
2.婴幼儿不宜食用，标签、说明书中应当标注不适宜人群和食用限量。</td></tr>
</table>

玉米低聚肽粉

中文名称	玉米低聚肽粉	
拉丁名称	Corn oligopeptides powder	
基本信息	来源：玉米蛋白粉	
生产工艺	以玉米蛋白粉为原料，经调浆、蛋白酶酶解、分离、过滤、喷雾干燥等工艺生产而成的。	
食用量	≤4.5 克/天	
质量要求	性状	黄色或棕黄色粉末
	蛋白质（以干基计）	≥80.0%
	低聚肽（以干基计）	≥75.0%
	AY（丙氨酸 - 酪氨酸）	≥0.6%
	相对分子质量小于 1000 的蛋白质水解物所占比例	≥90.0%
	水分	≤7.0%
	灰分	≤8.0%
其他需要说明的情况	1.婴幼儿不宜食用，标签、说明书中应当标注不适宜人群和食用限量。 2.AY为 Ala-Tyr的缩写，即丙氨酸 - 酪氨酸，相对分子质量为252.12。	

磷脂酰丝氨酸

中文名称	磷脂酰丝氨酸	
拉丁名称	Phosphatidylserine	
基本信息	来源：大豆 主要成分结构式： 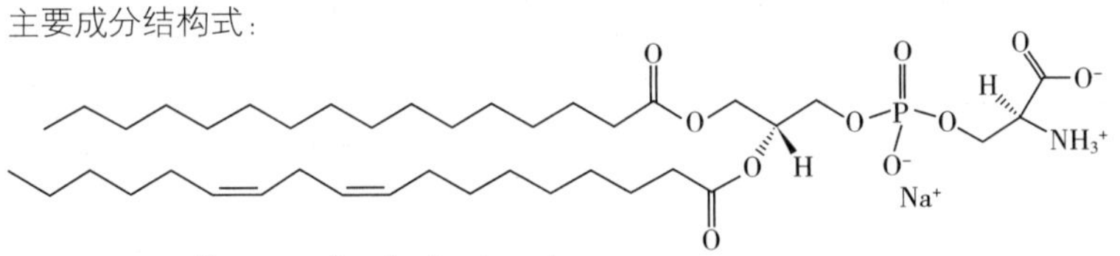 Structure of predominant species 分子量：750-850	
生产工艺简述	以大豆卵磷脂和 L- 丝氨酸为原料，采用磷脂酶转化反应后，纯化浓缩，再经过二次纯化，干燥后包装制得。	
食用量	≤600 毫克/天	
质量要求	性状	淡黄色粉末
	磷脂酰丝氨酸	50.0% —60.0%
	丙酮不溶物	≥95%
	水分	≤2%
	溶剂残留（正己烷）	≤25 ppm
其他需要说明的情况	使用范围不包括婴幼儿食品	

附录六　关于批准中长链脂肪酸食用油和小麦低聚肽作为新资源食品等的公告

（卫生部公告 2012 年第 16 号）

根据《中华人民共和国食品安全法》和《新资源食品管理办法》有关规定，现批准中长链脂肪酸食用油和小麦低聚肽作为新资源食品，增加菊芋作为新资源食品菊粉的原料，公布抗性糊精作为普通食品。生产经营上述食品应当符合有关法律、法规、标准规定。

特此公告。

附件：中长链脂肪酸食用油、小麦低聚肽和抗性糊精

卫生部

2012年8月28日

附件

中长链脂肪酸食用油

中文名称	中长链脂肪酸食用油	
英文名称	Medium- and long-chain triacylglycerol oil	
基本信息	来源：食用植物油、中链甘油三酯（来源于食用椰子油、棕榈仁油）	
生产工艺简述	以食用植物油和中链甘油三酯为原料，通过脂肪酶进行酯交换反应，经蒸馏分离、脱色、脱臭等工艺而制成。	
食用量	≤30克/天	
质量要求	性状	淡黄色透明状液体
	中长链脂肪酸甘油三酯/（g/100g）	≥18
	长链脂肪酸甘油三酯 /（g/100g）	≤77
	中链甘油三酯/（g/100g）	<3
	中链脂肪酸/（g/100g）	≥11
其他需要说明的情况	卫生安全指标应符合食用植物油卫生标准。	

小麦低聚肽

中文名称	小麦低聚肽
英文名称	Wheat oligopeptides
基本信息	来源：小麦谷朊粉

续表

中文名称	小麦低聚肽	
生产工艺简述	以小麦谷朊粉为原料，经调浆、蛋白酶酶解、分离、过滤、喷雾干燥等工艺制成。	
食用量	≤6克/天	
质量要求	性状	白色或浅灰色粉末
	蛋白质（以干基计）/（g/100g）	≥90
	低聚肽（以干基计）/（g/100g）	≥75
	总谷氨酸/（g/100g）	≥25
	相对分子量质量小于1000的蛋白质水解物所占比例（%）	≥85
	水分/（g/100g）	≤7
	灰分/（g/100g）	≤7
其他需要说明的情况	1. 婴幼儿不宜食用，标签、说明书中应当标注不适宜人群。 2. 卫生安全指标应符合我国相关标准要求。	

抗性糊精

中文名称	抗性糊精	
英文名称	Resistant Dextrin	
基本信息	来源：食用淀粉	
生产工艺简述	以食用淀粉为原料，在酸性条件下经糊精化反应制得的一种膳食纤维。	
质量要求	性状	白色至淡黄色粉末
	总膳食纤维/（g/100g）	≥82（根据GB/T 22224—2008第二法）
	水分/（g/100g）	≤6
	灰分/（g/100g）	≤0.5
	pH	4-6
其他需要说明的情况	卫生安全指标应符合我国相关标准要求。	

附录七　国家卫生和计划生育委员会 2013 年第 7 号公告

根据《中华人民共和国食品安全法》和《新资源食品管理办法》有关规定，现公布沙棘叶、天贝（以大豆为原料经米根霉发酵制成）作为普通食品管理。

以可食用的动物或植物蛋白质为原料，经《食品添加剂使用标准》（GB2760-2011）规定允许使用的食品用酶制剂酶解制成的物质作为普通食品管理。自本公告发布之日起，我委不再受理上述物质新资源食品的申请。生产经营上述食品应当符合有关法律、法规、标准规定。

特此公告。

国家卫生和计划生育委员会

2013年5月14日